Bir Hakeim

Événement et mémoires

Jean-Marc LARGEAUD a publié aux Indes savantes/La Boutique de l'Histoire :
– *Napoléon et Waterloo. La défaite glorieuse de 1815 à nos jours*
– *Mosaïque du récit de guerre. Essai* (à paraître)

Parutions sur la Deuxième Guerre mondiale, la déportation :
– Claude COLLIN, *Le « Travail allemand « , une organisation de résistance au sein de la Wehrmacht*
– Claude COLLIN, *De la Résistance à la guerre d'Indochine*
– Marie TYL, *Les Indésirables. Journal de guerre écrit à Cherbourg 1939-1945*
– Henri MOREAU, *Les Empochés. Poche de l'Atlantique 1939-1945*
– Jean-Baptiste BRUNEAU, *La Marine de Vichy aux Antilles juin 1940-juillet 1943*
– Jean-Louis CLÉMENT, *La Collaboration des évêques, 1920-1945*
– Jean AURILLAC, *Journal de captivité à Saigon et Loc-Ninh (9 mars-1er octobre 1945)*
– Stéphane WEISS, *Les Forces française de l'Ouest. Forces françaises oubliées ? 1944-1945*
– Olivier LALIEU, *La Déportation fragmentée. Les anciens déportés parlent de politique 1945-1980*
– Roger FOUCHER-CRÉTEAU, *Ecrit à Buchenwald, 1944-1945*
– Gérard BENGUIGUI, Frank SVENSEN, *La Rafle d'Angoulême, 8 octobre 1942, Angoulême-Drancy-Auschwitz racontée par des survivants*
– Gérard BENGUIGUI, *Rafles, déportation et spoliation des juifs en Charente. (De 1940 à nos jours)*
– Liêm-Khê LUGUERN, *Les « Travailleurs indochinois ». Étude socio-historique d'une immigration coloniale (1939-1954)*

À paraître :
– Laurent BUSSEAU, *« Quelques balles bien ajustées... » Un châtiment français oublié dans la mémoire poitevine (1944-1945)*
– Peter GAIDA, *Camps de travail sous Vichy. Les « Groupes de travailleurs étrangers » (GTE) en France et en Afrique du Nord 1940-1944*

Couverture : Légionnaires de la 13e demi-brigade à Bir Hakeim. 12 juin 1942. Cliché du sergent Chetwyn Len (n° 1 Army Film & Photographic Unit. Imperial War Museum).

ISBN : 978-2-84654-594-5
EAN : 9782846545945

Les Indes savantes, 94, boulevard Auguste-Blanqui, 75013 Paris
Mail : contact@lesindessavantes.com
Site Web : http://www.lesindessavantes.com

Jean-Marc Largeaud

Bir Hakeim

Événement et mémoires

les Indes savantes

À ceux qui n'ont pas baissé les bras :
- le radio de l'AS
- le capitaine des FTP
- l'aspirant-médecin de la 13e DBLE

Remerciements

En terminant ce travail, j'ai une pensée émue pour les vétérans de Bir Hakeim qui m'ont très aimablement accueilli, Jean-Mathieu Boris, Hubert Germain, Pierre Heitzmann, Claude Le Peu, Jacques Pigneaux de Laroche, Roger Nordmann, Bernard Lucas, Pierre Mayolle, Jean Renoux, André Salvat, Léon Tartivot, Gérard Théodore. Et je leur suis reconnaissant pour les discussions qui ont permis de comprendre leur expérience.

La liste de celles et ceux qui m'ont apporté leur aide est longue, à la mesure du nombre d'institutions fréquentées, je ne peux les citer tous. Durant mes séjours dans les centres de recherche et les dépôts d'archives, les bibliothèques, j'ai pu être aidé par des directeurs d'institutions, des documentalistes et des historiens qu'il me faut remercier pour leur concours, et leur bienveillance. Ma gratitude va particulièrement à Vladimir Trouplin (Musée de l'Ordre de la Libération), Philippe Oulmont (Fondation de Gaulle), Georges Caïtucoli et Sylvain Cornil-Frerrot (Fondation de la France Libre).

Pour leurs conseils et parce qu'ils furent des interlocuteurs stimulants, que Stéphane Audoin-Rouzeau (directeur d'études à l'EHESS et garant de l'Habilitation à Diriger des Recherches), Claude-Isabelle Brelot (professeure à l'Université Lyon II), Natalie Petiteau (professeure à l'Université d'Avignon), et Pascal Pinoteau (Université de Tours), reçoivent ici l'expression de ma grande reconnaissance.

Discussions et échanges avec des intervenants et des auditeurs du séminaire de Stéphane Audoin-Rouzeau sur la guerre à l'EHESS, du séminaire *Se battre pour des idées XVIII-XX*[e] *siècle* organisé par Gilles Pécout et Olivier Wiewiorka à l'ENS rue d'Ulm ont été fructueux et ont fourni matière à réflexion. Il me faut aussi remercier Jean-Christophe Notin, historien de la France Libre, Philippe de Callataÿ, ancien directeur du Musée Wellington à Waterloo, pour m'avoir fourni des archives de leur collection personnelle, David Zambon, pour des textes italiens difficilement trouvables en France et le vétéran des SAS Claude Sère pour un accueil incomparable à Londres.

Je dédie ce travail à l'intrépide équipage des navigations au long cours, Françoise, Anne, Bertrand, Jessica et Eliane.

Introduction

Bir Hakeim. Le nom claque comme un défi. La défense victorieuse de Bir Hakeim par les Forces Françaises Libres marque en effet un tournant dans l'histoire du général de Gaulle et du mouvement de la France Libre lancé dans des conditions difficiles en 1940. Le projet militaire et politique avait pour objectif de remettre la France dans la guerre après la défaite de la campagne de France. Et de le faire savoir internationalement. Contraints par leurs ressources et en conséquence, par les difficultés à se faire reconnaître comme un allié à parts égales, les Français Libres ont dû attendre deux ans pour, enfin, faire entendre leur voix. La bataille de Bir Hakeim, on l'a dit souvent, montrait que l'armée française n'était pas morte en 1940 et qu'elle avait réveillé les Français occupés. Le livre a pour objectif de reprendre cette histoire sous des angles divers, du récit de l'événement à la mémoire de l'événement. Il met en perspective une réflexion sur l'expérience de guerre et le récit de guerre qui s'articule autour de différentes notions complémentaires, bien connues des historiens : l'événement, la place de l'individu dans l'événement-bataille, la longue durée de l'événement, la mémoire et le jeu des représentations.

Un événement : raisons d'un choix

Avec Bir Hakeim, l'événement militaire et les questions qu'il soulève constituent un des premiers axes de l'analyse. Bir Hakeim permet de remettre en perspective le récit de guerre.

Depuis quelques années la voie est en principe ouverte à ceux qui souhaitent faire une histoire-bataille dans un processus plus large d'analyse des phénomènes militaires, sociaux, politiques et culturels On peut aussi uniquement se consacrer à la bataille. Et dans ce cas, on peut mettre en arrière-plan, voire ignorer les aspects culturels, sociaux ou économiques évoqués ci-dessus pour s'intéresser à ce qui faisait le succès de la « vieille » histoire militaire qui répondait naguère aux questions des professionnels avec un bonheur inégal. Les interrogations portaient sur l'organisation et la composition des armées, sur les niveaux de stratégie en fonction du renseignement, sur les problèmes tactiques, enfin sur la conduite des troupes dans le combat.

La guerre, la bataille ont changé d'échelle en 1914 (sinon avant). Hervé Drévillon écrit dans son introduction sur les *Batailles* :

> « Un lieu, une date, une concentration extraordinaire d'hommes, d'actions et de passions. La bataille est apparemment un objet fini délicatement ciselé dans la perfection de ses unités de temps, de lieu et d'action. Nul événement non égale l'intensité dramatique : la catastrophe d'un renfort arrivé trop tard, l'énigme d'une panique la délectation d'un stratagème réussi. Et que dire des innombrables épopées individuelles qui sont autant de répliques du drame joué collectivement ? La bataille est un comble d'événement. Elle est le paradigme d'une écriture de l'histoire scandée par le surgissement d'hommes et de faits exceptionnels. Surchargée d'anecdotes, de bons mots, de scènes édifiantes, cette histoire bataille a le charme désuet des récits auxquels on ne croit plus. Ses naïvetés l'ont disqualifié lorsque l'histoire a pris sa place dans le champ des sciences sociales jusqu'à ce que Georges Duby démontre dans *Le dimanche de Bouvines* que l'écume événementielle des jours pouvait contribuer à cause des structures mentales sociales économiques d'une époque... La bataille est un événement par décret[1]. »

Dans sa conclusion, notant l'extension énorme des combats terrestre, s'interrogeant sur la taille du champ de bataille de la Marne et celui de Verdun, il finit en évoquant un « monstrueux déploiement de l'échelle des batailles »... et le fait que la bataille au XXe siècle n'est plus devenue qu'« une façon de parler[2] ». Admettons la règle générale, et reconnaissons que c'est précisément la taille modeste de la bataille de Bir Hakeim qui a retenu notre attention pour la partie militaire de l'étude, alors qu'elle fait partie d'une bataille beaucoup plus vaste, sur la ligne de Gazala en mai-juin 1942. En tout état de cause, sur toute bataille, il faut répondre à la remarque « c'était là, quelque chose advint », et à la démarcation de la tragédie classique qui suppose unité de temps et de lieu. La difficulté est de tenir ensemble les différents genres et niveaux d'écriture, de l'histoire vulgarisée des batailles, à l'histoire militaire et aux témoins.

Une autre raison plus fondamentale a conduit à choisir Bir Hakeim. Cet événement n'est pas, pour nous, un prétexte à disserter doctement sur le récit de bataille. Bir Hakeim en 1942 marque l'intervention spectaculaire d'unités de la

1. Hervé Drévillon, *Batailles, Scènes de guerre de la Table ronde aux tranchées*, Paris, Le Seuil, 2007, p. 11.
2. *Ibidem*, p. 366.

France Libre dans la guerre. Aux enjeux militaires s'ajoutent donc des enjeux politiques puis de mémoire. Il faut les traiter sur le long terme. Comme l'écrit Pierre Laborie, « l'événement c'est ce qui advient à ce qui est advenu[3]. » L'affirmation de l'historien le conduit à revendiquer la notion de fabrication de l'événement, et à rappeler :

> « L'événement n'existe que par les traces qu'il laisse ou en tout cas qui se mettent en place au moment où il se produit. Or il n'y a pas de trace sans la réception qui elle-même contribue à produire ces traces, qui les filtre, les choisit et les fonde. C'est en cela que la réception est indissociable de l'événement lui-même[4]. »

Enfin, la bataille de Bir Hakeim a été aussi choisie parce qu'elle déplaçait le processus de reconstruction de mémoire dans celui de la victoire et non de la défaite que nous avions significativement étudiée auparavant. Mais événement militaire d'importance pour la France, il fallait aussi en faire l'histoire, avant d'en faire l'histoire d'une expérience puis l'histoire de la mémoire.

Une historiographie déséquilibrée, des sources dispersées

On dira aussi ce que l'étude n'est pas. Il a fallu abandonner l'idée de départ : faire une histoire comparative de l'action et de l'expérience des belligérants du désert, au moins les principaux, Britanniques, Italiens, Allemands... et Français. Cette histoire a maintenant un livre de référence, des plus récents[5]. Bir Hakeim, à l'origine, semblait donner l'occasion de faire ce travail et de l'étendre au domaine de l'anthropologie de la guerre. Or, si les archives militaires se trouvent en quantité intéressante des deux côtés, elles restent beaucoup plus nombreuses du côté de la VIIIe Armée britannique. De plus, les quantités de livres de mémoires et souvenirs sont très déséquilibrées. Les mémoires des Italiens, auxquels on fera tout de même des allusions ponctuelles, semblent dans nos recherches peu nombreux (jusqu'à présent) mais présentent un intérêt certain pour la qualité de l'interprétation, l'implication personnelle dans les épisodes de guerre. Les souvenirs allemands rassemblés laissent par contre sceptiques sur « leur » vérité de ce moment de la guerre du désert de mai-juin 1942. Reconstitutions très postérieures dans le style de l'histoire militaire héroïque voisinent avec des fabrications historico-mémorielles au contenu suspect.

3. Pascale Goetschel, Christophe Granger, « L'événement, c'est ce qui advient à ce qui est advenu », entretien avec Pierre Laborie, *Sociétés et Représentations*, n° 2, 2012, p. 167-181. Pierre Laborie développe une formule de Paul Ricoeur « l'événement, c'est plus que le quelque chose qui arrive en tant qu'il arrive » (p. 168) et s'appuie sur Michel Foucault, « Nietzsche, la généalogie et l'histoire », dans *Dits et Écrits*, vol. 2, 1976-1988, Paris, Gallimard, 1994, p. 136-156.

4. *Ibidem*, p. 171.

5. Nicola Labanca, David Reynolds, Olivier Wieviorka, (dir.), *La guerre du désert*, Paris, Perrin, 2019, 347 p.

On aurait pu, pour comparer, étendre le corpus des sources aux souvenirs des sièges et périodes statiques de guerre dans le désert, siège de Tobrouk du côté des Britanniques, arrêt et combats sur la ligne d'El Alamein pour les forces de l'Axe. Mais là encore les sources sont déséquilibrées en faveur des Alliés. Bir Hakeim restera donc dans ce livre, et à notre grand regret, un siège de la guerre du désert vu du côté français. Par conséquent, nous avons dû renoncer à une étude de plus grande envergure. Car qui veut faire une histoire de l'expérience du désert en guerre de 1940 à 1943 devra intégrer l'ensemble des histoires et souvenirs dans un corpus très riche où la production Britannique domine en quantité et en qualité pour les aspects historiques. La remarque s'applique aux questions culturelles et de mémoire si on intègre poésie et fictions diverses (romans et films)[6]. Le désert est l'affaire des Britanniques, et du monde de l'édition au Royaume-Uni. Et, il faudra y revenir, elle est aussi celle du souvenir lié à Rommel, puisque les deux adversaires traversent l'histoire et la mémoire française de cette partie de la guerre. La publication de l'ouvrage collectif sur la guerre du désert, rédigé par une équipe internationale, et dirigé par Nicola Labanca, David Reynolds et Olivier Wieviorka est en 2019 la première du genre à contester la domination de la production anglo-saxonne.

Faire la guerre avec la France (Libre) et reprendre les cheminements récents de l'histoire militaire, donc. En utilisant quelles archives ? Il semblait difficile de refaire une histoire des hommes de la France Libre même en se limitant à Bir Hakeim. Qu'ajouter à l'histoire de la France Libre, de l'engagement et des valeurs des Français Libres[7] ? Ils ont fait l'objet de plusieurs enquêtes, dont les deux plus importantes sont celle, pionnière du commandant Vincent entre 1978 et 1983[8], l'autre de Jean-François Muracciole[9]. L'histoire des plus distingués d'entre eux, les Compagnons de la Libération est encore mieux connue[10]. On sait donc que les troupes de la France Libre étaient constituées de 20 % de Français d'origine européenne, de 66 % de soldats originaires des colonies, le reste provenant du monde entier. Elles étaient encadrées par des réservistes civils (majoritaires) et des militaires d'active qui représentent un quart des effectifs européens et plus

6. Et même en ajoutant les documentaires produits pour la télévision depuis cinquante ans.

7. Parmi de très nombreux titres, distinguons Jean-François Muracciole, *Les Français libres, l'autre résistance*, Paris, Tallandier, 2009, qui couvre l'ensemble des questions posées par l'engagement, problèmes militaires compris.

8. 11 000 questionnaires ont été distribués par l'intermédiaire de la *Revue de la France Libre* qui coopérait avec le Service Historique de l'Armée de Terre, mais seuls 690 questionnaires ont été entièrement remplis, ce qui est un taux de réponse plutôt faible. Ils ont servi de base au livre de Jean-Noël Vincent, *1940-1943. Les forces françaises libres en Afrique*, Paris, SHAT, 1983.

9. Voir les sources de Jean-François Muracciole, *op. cit.*, p. 38-40. Plus de 2000 dossiers de Français Libres ont été constitués.

10. Outre le *Dictionnaire des compagnons de la Libération*, Paris. Elydis, 2010 sous la direction de Vladimir Trouplin, voir Jean-Christophe Notin, *1061 compagnons*, Paris, Perrin, 2000, François Thesmar, *L'Ordre de la Libération ou les Compagnons par eux-mêmes*, thèse de doctorat d'histoire sous la direction de Jean-Pierre Azéma, IEP de Paris, 1991, Henri Weill, *Les Compagnons de la Libération. Résister à 20 ans*, Toulouse, Privat, 2006.

de 40 % des officiers. Leurs motivations à poursuivre la lutte n'étaient pas *prioritairement* idéologiques, antinazies et antifascistes, mais d'abord patriotiques et pour certains, nationalistes. On refusait la défaite et l'abaissement du pays d'abord, ce qui ne signifie pas que les motifs d'engagement politique, religieux parfois, aient été en demi-teinte ou absents.

Retrouver véritablement les hommes des FFL n'est pas facile, car, problème récurrent de notre recherche, légionnaires et coloniaux échappent à l'investigation, alors qu'ils représentent près des deux tiers de la brigade française libre du général Koenig. La difficulté est double, aux problèmes d'archives liées à la maigreur des communications quotidiennes dans les institutions de recherche françaises et étrangères, s'ajoutent ceux du destin de ces hommes (et quelques femmes) après la guerre. Les carrières des Français Libres sont un peu plus connues pour des cadres, des militaires de carrière, mais cette « histoire de l'après » reste à faire pour les humbles et sans grade européens, africains, nord-africains, et il y faudra de la persévérance, ce n'était pas notre objectif.

Les archives militaires méritent une mention particulière. La brigade du général Koenig a perdu ses archives lors de la sortie de Bir Hakeim et le JMO[11] existant a été reconstitué. En outre, des rapports furent rédigés durant l'été 1942 sur la base de fragments de textes, d'ordres et papiers retrouvés, et en utilisant la mémoire des participants. Mais on ne peut tout réécrire, de sorte qu'il manque incontestablement beaucoup d'archives et ceci constitue un premier handicap, auquel d'autres se sont ajoutés. À Vincennes se trouvent les archives des unités de la France Libre ainsi que celles des régions de l'empire colonial d'où elles provenaient. Les premières sont incomplètes car manquent, faute de dépôt ou à cause des pertes signalées, des éléments importants. Nous leur avons donc ajouté d'autres séries, comme celles des archives orales de Vincennes et celles du SHD à Caen. La brigade française se trouvait dans la VIIIe Armée britannique et la logique impliquait de recourir aux archives britanniques (archives opérationnelles, des unités, de la 20e Mission Militaire de liaison avec les Français Libres, commission d'enquête sur le désastre de Tobrouk, déchiffrages du programme Ultra, archives médicales etc.). Comme les Français ont coopéré avec les Sud-africains sur le terrain, il a paru opportun de recourir à leurs archives militaires. Il a aussi fallu voir, à partir d'une indication de Jonathan Fennell, ce qui avait été conservé de la censure du courrier de la VIIIe Armée britannique en Nouvelle-Zélande où sont consultables les analyses et synthèses des censeurs de cette armée pour les contingents étrangers[12]. À ces archives ont été ajoutés les documents d'institutions diverses, en premier lieu ceux de l'Ordre de la Libération, dont le fonds « Bir Hakeim » est sans équivalent, ce qui s'explique par la présence à Bir Hakeim de plus d'un dixième des Compagnons de la Libération (128

11. *Journal de Marche et d'Opérations.*

12. Explications de Jonathan Fennell dans *Combat and morale in the North African campaign*, Cambridge, Cambridge University Press, 2010, p. 7.

sur 1 038). À la Fondation de la France Libre et à la Fondation de Gaulle se trouvent d'utiles compléments.

Comme de Gaulle voulait représenter un État en guerre il était logique de recourir aux archives institutionnelles de la France Libre : aux Archives nationales, dans les fonds de l'empire colonial sous autorité de la France Libre, AEF et Syrie, dans les archives des affaires étrangères à Nantes. Des éléments nombreux de textes de la France Libre se trouvent dans les archives de la Fondation de Gaulle, du Foreign Office ou des archives Churchill. Pour les questions liées à l'impact et à l'exploitation de la bataille dans la propagande de guerre, pour la mémoire d'après-guerre, les journaux ont été consultés, par sondage (France, Grande-Bretagne, Afrique du Sud en 1942). On a étendu l'investigation à ce qui nous semblait à tort ou à raison, « moderne ». À l'âge des médias de masse que devient l'événement militaire ? Ont été mobilisés les riches fonds de l'INA, avec la télévision, la radio, et ont été étudiés aussi les maigres tentatives de construire de la fiction autour de la bataille dans la bande dessinée, puisqu'il n'existe pas de grand livre de fiction sur cette bataille, ni de film. Et dans la partie sources du recueil, on trouvera la trace des différentes institutions ou fonds qui nous ont permis d'éclairer des aspects particuliers de la mémoire de l'événement (statues, monuments).

Devant la maigreur des archives écrites françaises, nécessité faisant loi, les témoignages écrits et oraux ont été aussi mis à contribution. Les écrits, on le verra, sont de formes diverses. Nous n'avons pas tenu compte des différences que l'on note en général entre les témoignages suscités par le Service Historique de la Défense ou d'autres institutions comme l'Imperial War Museum pour les Britanniques et l'entretien oral plus informel. Comme pour les écrits, c'est la formulation et l'information qui ont retenu en priorité notre attention. Les citations des témoins français renvoient 1) à la représentativité d'une partie de récit, d'un fait, confirmé par d'autres, 2) à la singularité absolue d'un texte ou d'une partie d'un entretien qu'il est nécessaire de mettre en avant pour l'apport ou les questions qu'il pose. Attentif aux problèmes posés par les textes de témoins depuis l'expérience de Waterloo[13], lecteur assidu des débats des historiens de la Première Guerre mondiale sur les témoignages, c'est en connaissance de cause que nous avons intégré au récit textes et entretiens : auteurs et témoins font irruption dans l'histoire avec leur expérience, leur mémoire, leurs représentations, leur structuration du témoignage. Le témoignage est un fait de langage comme un autre.

Au total, nous assumons le fait que la liste des sources utilisées, dans ses apports et ses lacunes, renvoie aux ambitions souvent démesurées de l'histoire culturelle et à notre vision de ce que devraient être l'histoire militaire et celle d'un événement militaire, même si Bir Hakeim reste hors normes par ses conséquences pour le destin de la France Libre et celui du pays.

13. Jean-Marc Largeaud, *Napoléon et Waterloo, La défaite glorieuse de 1815 à nos jours*, Paris, La Boutique de l'Histoire, 2006.

Les parties qui abordent l'histoire de l'événement Bir Hakeim (mai-juin 1942) et de ses protagonistes français conduisent de l'événement militaire à sa mémoire, dans ce qui reste comme une victoire de la France Libre. C'est l'occasion d'examiner du côté de la France Libre une historiographie française plus complexe qu'on ne le pense. Elle doit être comparée à ce qu'on sait d'historiographies et de sources étrangères. Sans souci de conserver à tout prix logique du récit et chronologie, sont arbitrairement distingués dans la bataille deux axes d'explications : la participation des Français Libres aux opérations de grand style d'une armée étrangère, et la mémoire de l'événement, du point de vue des témoins aux commémorations récentes.

1
Bir Hakeim : un ou des récits militaires ?

Introduction

Une bataille et des combattants, un espace et des unités, une histoire et des récits tels pourraient se définir l'objet des développements de ce chapitre. Il convient de mettre en place les grands ressorts qui structurent ce moment particulier de la Seconde Guerre mondiale.

Le programme peut paraître d'une ambition limitée, car précisément, les Français sont les grands absents de cette partie de la guerre mondiale, malgré les efforts de la France Libre.

Il est sans doute dans notre récit des lacunes, celles qui tiennent aux insuffisances de la recherche, celles qui renvoient à des pistes mal explorées. L'état des sources, ou aussi les possibilités d'un chercheur isolé constituent des obstacles dès lors que l'on veut faire une véritable histoire qui utilise les sources de tous les belligérants. L'enquête sur le récit de bataille doit tenir compte de ces paramètres, de ce qui est privilégié ou négligé ou perdu, donc des choix opérés par le chercheur et aussi des choix opérés dans l'historiographie passée et récente. Elle doit en conséquence renvoyer le plus précisément possible au contexte de la bataille du désert de 1942, à la conjoncture, aux données connues sinon objectives d'une histoire largement défrichée depuis des décennies par les historiens militaires de plusieurs pays. Dans ce qui est à la fois étude de la mise en place d'un récit de guerre français sur la guerre du désert, et récit au second degré de l'élaboration de ce récit, il faut analyser ensemble - la métaphore paraît adaptée - les deux côtés du ruban qui déroule le discours des batailles.

L'architecture suivie peut dérouter. On ne propose pas de théorie de l'analyse du récit de bataille, mais on met en exergue ce qui pourrait contribuer à en faire la théorie, du côté des sources, du côté des historiens. C'est un préalable indispensable à la mise en place des bases d'une histoire particulière à la fois connue et méconnue et à la mise en perspective critique de tout récit de bataille. Cette proposition théorique a des effets pratiques sur l'écriture même de l'histoire, il est donc important de s'en tenir d'abord à ce qu'on sait, ou croit savoir, de la réalité de l'événement, de sa chronologie, de ses liens avec d'autres événements. On propose donc une excursion dans les différents secteurs de l'événement militaire dans un double mouvement de description/explication, avec pour objectif de proposer une interprétation globale des deux semaines d'un événement militaire particulier, la bataille de Bir Hakeim.

On verra qu'il est différentes façons d'entrer dans une bataille. Celle de Bir Hakeim n'est pas des plus difficiles à raconter, au moins en apparence. Cependant, si les faits paraissent bien établis, si l'on trouve des récits fondateurs, presque des récits canoniques, du côté des sources et de l'historiographie la plus ancienne (ou la plus récente), il n'est pas de récit qui fasse réellement autorité sur un plan scientifique, même dans le domaine limité de l'histoire militaire. Car il n'existe pas aujourd'hui d'histoire exhaustive de Bir Hakeim fondée sur l'étude des archives qui puisse tenir lieu de référence[1].

Notre version de la bataille figurant dans ce chapitre pourrait-elle être intégrée telle quelle dans une partie de ce qu'il est aujourd'hui courant d'appeler le « roman national » destiné au public scolaire ? Non. Elle a néanmoins été délibérément rédigée en fonction des exigences narratives de l'« histoire militaire » traditionnelle, en fonction de l'historiographie la plus récente aussi, et en dehors de toute pensée hagiographique (du moins espérons-le !).

A. Une bataille dans le désert libyen en 1942

1. L'ordre du récit

Il est différentes manières de raconter et la sagesse des nations stipule qu'un croquis vaut mieux qu'un long discours. Admettons donc d'abord qu'il faille s'appuyer sur une carte. Car l'histoire militaire aime les cartes. Pour suivre ou faire suivre les opérations, la cartographie, plus ou moins inventive, est considérée comme un atout pour les auteurs et les éditeurs. Une carte est censée aider à comprendre l'événement militaire, elle peut faire partie du récit. Paradoxalement,

1. Voir la bibliographie où le nombre de livres avec le titre ou incluant le nom « Bir Hakeim » ne doit pas faire illusion.

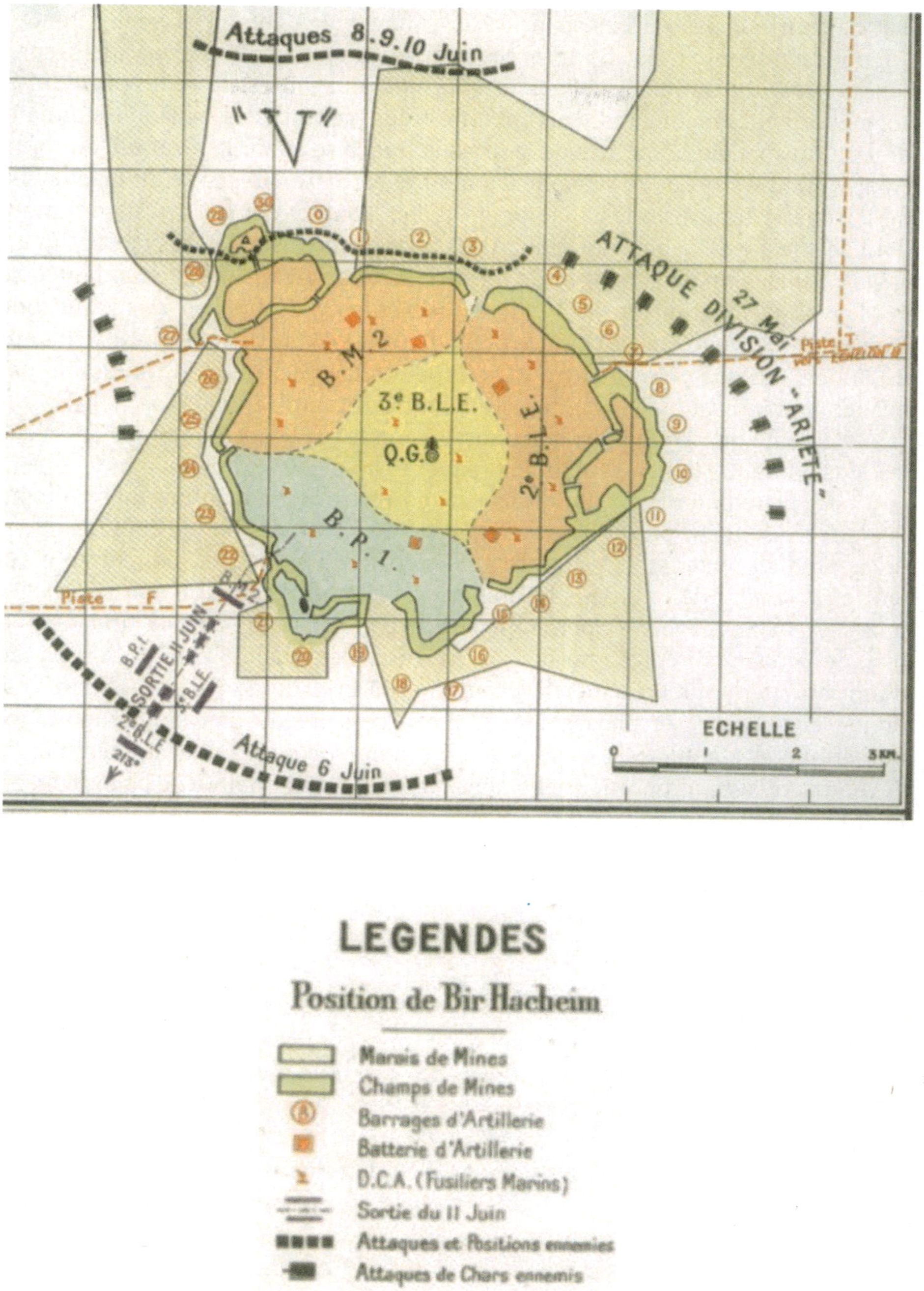
Attaques 8.9.10 Juin
"V"
ATTAQUE DIVISION "ARIETE"
27 Mai
B.M. 2
3e B.L.E.
Q.G.
2e B.L.E.
B.P. 1.
B.M. 22
Piste F
SORTIE 11 JUIN
B.P.1
3e B.L.E.
2e B.L.E.
Attaque 6 Juin
ECHELLE
0 1 2 3 KM.
LEGENDES
Position de Bir Hacheim
Marais de Mines
Champs de Mines
Barrages d'Artillerie
Batterie d'Artillerie
D.C.A. (Fusiliers Marins)
Sortie du 11 Juin
Attaques et Positions ennemies
Attaques de Chars ennemis

Bir Hakeim n'a pas eu besoin de cartes immédiatement : elles sont venues à l'appui du discours trois ans après les faits. Le plan qui suit est tout à fait représentatif des illustrations publiées jusqu'à nos jours. Il est le seul réalisé aussi soigneusement en couleurs. Son apport est des plus simples, puisqu'il donne la répartition spatiale des unités de la brigade française et fait la synthèse des principales attaques sur deux semaines. Il montre en outre une partie du plan de feu de l'artillerie française, les champs de mines continus et les marais de mines dont le tracé est inspiré de Vauban. Ils le rendent instantanément reconnaissable[2]. L'inclusion dans la ligne de défense de Gazala est aussi bien indiquée au nord avec la mention du « V », dont visiblement on suppose la signification connue. Bir Hakeim était en effet le point d'arrivée d'une double ligne de champs de mines, désignée par la lettre V. Ce type d'image, ici un plan, ne donne pas beaucoup d'indications. Il est nécessaire et insuffisant. D'où le récit…

Il est rare qu'un récit de guerre sorte de nulle part. La chronologie des récits les plus courants suit en général le premier texte de 1942, publié anonymement au Caire, et rédigé par un journaliste, Jean-Pierre Benard, brièvement témoin oculaire présent sur place. Il ne sera que tardivement mentionné comme auteur de ce premier texte, même s'il a republié le texte à New York. Son statut d'auteur était connu, de fait, dans les milieux de la France Libre[3]. Il suit le canevas proposé par le rapport d'opérations rédigé par l'état-major de la brigade[4]. Le récit de Benard est rédigé jour par jour, avec un début au 26 mai qui sert en fait d'introduction pour présenter la position et la brigade de Koenig. Benard distingue ensuite quatre phases dont il est nécessaire de préciser l'importance numérique et graphique. Le cadre défini oriente l'explication et la mémoire de l'événement avec, proportionnellement, un plus grand nombre de pages concernant la sortie :

- 27-31 mai attaque avec une division blindée (11 pages)
- 31 mai-2 juin la brigade se prépare à poursuivre l'ennemi en retraite (4 pages)
- 2-10 juin l'ennemi encercle Bir Hakeim (18 pages)
- nuit du 10 au 11 juin, sortie de vive force (6 pages)

Le second récit, qui servira aussi de référence au fil des années, s'appuie fortement sur le précédent. Il distingue trois grandes parties, « les chefs et les hommes, la bataille, les répercussions ». L'essentiel du texte (30 pages sur soixante) est bien évidemment consacré à la bataille avec un plan curieux et des inexactitudes dans l'exposé des faits. Le récit de Félix de Grand Combe doit servir à faire connaître Bir Hakeim aux Français qui sortent de l'occupation. Mais

2. SHD, Fonds Amiel.

3. *Bir Hakim*, Le Caire, Éditions de la Revue du Caire, 1942, 58 p. Reproduction du texte, Jean-Pierre Besnard (*sic*), « L'épopée de Bir Hakim, récit vécu », *Les Œuvres Nouvelles*, Tome III, Éditions de la Maison Française, New York, 1943, p. 77-139.

4. Un exemplaire de ce travail jamais publié se trouve au SHD, archives Koenig, 1K237.

dans ce petit opuscule de propagande de guerre du début de 1945[5], il donne des éléments passablement confus :

- « Attaque décisive »
- L'assaut
- Premier encerclement
- Le cinquième jour
- La seconde phase (2 juin)
- Les volontaires du Pacifique
- « Les Français fantômes »
- « La seule collaboration qu'ils veulent »
- « Je suis plénipotentiaire »
- « Récits des combattants »
- La lutte aérienne
- Nouvelle attaque de Rommel
- Un enfer
- Un nouveau Verdun
- Encerclés
- La trouée

Ce n'est que plus tard – il faudra y revenir – que l'exposé s'est à la fois simplifié (dans ses grandes lignes) et précisé (dans le détail), sans sur le fond apporter grand-chose de plus sauf rares exceptions. La plus grande partie des faits à diffuser, des représentations de la guerre des Français Libres dans le désert sont donc déjà en place entre 1942 et 1945.

On s'en tiendra, dans les lignes qui suivent, à un récit reprenant l'essentiel en respectant la chronologie de la bataille et sans anticiper sur l'étude des étapes de la mise en place d'une histoire entre 1942 et 2012.

2. 26 mai-30 mai 1942 : échec à Rommel

Fin mai 1942, Rommel lance une offensive de grand style. Il tente de faire croire à une tentative de percée de la ligne de Gazala au nord, tandis que la partie la plus mobile et la plus puissante des troupes germano-italiennes entame un mouvement tournant au sud. L'intention est de contourner la ligne de Gazala, de détruire les réserves blindées anglaises une fois la ligne tournée et de prendre Tobrouk. Puis d'attaquer l'Égypte qui est l'objectif de la campagne. Le XXe corps d'armée italien, formé de la division blindée « Ariete » et de la division « motorisée » Trieste est chargé de prendre Bir Hakeim à l'extrémité de la ligne de Gazala, où la position servira de pivot pour l'Afrika Korps. Les troupes de Rommel attaquent au nord vers 14 h, tandis que les forces mobiles commencent leur

5. Félix de Grand Combe, *Bir Hakeim*, Presses Universitaires de France, 1er Trim. 1945, 61 p.

mouvement vers le sud à 20h30. C'est durant l'après-midi du 26 mai que les Français commencent à percevoir le bruit du canon dans le nord. Le général Koenig est tenu au courant des observations des troupes anglaises chargées 1) de faire des reconnaissances en avant de la ligne fortifiée, et 2) de couvrir le déploiement d'une brigade indienne (3rd Indian Motor Brigade, 3e brigade motorisée indienne) au sud-est de Bir Hakeim. Comme les troupes britanniques se replient, la colonne française du BM2 qui partait en avant des lignes en mission de couverture et d'observation, signale d'importants mouvements de troupes dans l'après-midi. Ses deux groupements engagent un combat en retraite contre des formations importantes, jamais vues dans le secteur et prenant la direction du sud. Une partie de la colonne du BM2 rentre à Bir Hakeim au petit matin, l'autre reste au nord. La nuit n'est pas des plus calmes puisque le bruit des moteurs de l'Afrika Korps s'entend au loin et que les signaleurs ennemis envoient des fusées pour guider les assaillants. Vers 4 h du matin la 7e division blindée britannique, qui supervise la brigade française, a donné l'ordre de fermer les portes des champs de mines (en clair: de miner les passages qui permettaient de traverser la ligne de Gazala). Au petit matin, la colonne française sort par la porte est et reprend sa surveillance. Le général Koenig fait rentrer les éléments de la colonne de surveillance dans la position. Peu après 7 h, on entend des coups de canons au sud-est de Bir Hakeim, du côté de la brigade indienne. L'état-major de la 7e division blindée annonce l'attaque des blindés de l'Afrika Korps vers 7h30. À partir de ce moment les Français n'ont plus d'informations. Ils lancent des patrouilles qui identifient la présence d'ennemis à l'ouest, au nord, au sud-ouest.

Vers 8 h, ils voient nettement deux groupes de véhicules qui s'avancent vers Bir Hakeim, venant de la zone tenue auparavant par les Hindous de la 3e brigade. L'infanterie portée italienne qui accompagne les chars est arrêtée par l'artillerie française puis s'en va. Ce sont donc uniquement des chars et canons automoteurs du 132e régiment de chars de la division blindée Ariete qui vont attaquer depuis l'est les retranchements français tenus par le 2e bataillon de Légion étrangère. La division d'infanterie motorisée Trieste chargée de l'assaut est en effet absente, et en réalité divisée en deux parties à la suite d'erreurs de navigation et/ou de transmissions d'ordres fautives[6]. Pour les blindés du 132e régiment de chars italiens, les ennuis commencent à 1 200 mètres de la position française. Ils attaquent en deux vagues, se trouvent pris dans les champs de mines et commencent à tirer. Les Français ripostent avec leurs canons antichars et l'artillerie. Suivent 45 minutes de combat très violent où les Italiens laissent 32[7] chars sur le terrain, 15 morts, au moins 66 prisonniers[8]. Dans ces échanges,

6. La plus grande partie de la division est très loin au nord-ouest de Bir Hakeim, le reste avec l'état-major, à 8 km au sud de Bir Hakeim.

7. 31 M13/40 du 132e régiment de chars, 1 Semovente d'observation (de l'artillerie des divisions blindées italiennes) du 132e régiment d'artillerie.

8. Auxquels s'ajouteront d'autres dans les heures qui suivent, l'estimation d'une centaine est plausible pour la fin de journée ou le lendemain matin.

des chars italiens ont cependant réussi à rentrer dans la position et six d'entre eux ont dû être démolis pratiquement à bout portant. L'excellente organisation défensive de la Brigade Française Libre a sauvé d'entrée la position. Le renseignement de l'Axe avait sous-estimé l'étendue de la superficie minée et il n'avait – semble-t-il – pas compris que l'ensemble était solidement retranché sur toutes ses faces. On a attribué à une erreur de navigation l'attaque des chars italiens[9]. Dissipons partiellement ce brouillard volontairement entretenu : l'Afrika Korps avait des méthodes éprouvées pour, derrière un barrage d'artillerie, créer une voie pour permettre aux tanks de franchir des champs de mines, quitte à en immobiliser quelques-uns en créant le passage[10]. La procédure n'est pas suivie à Bir Hakeim d'abord parce que les officiers italiens avaient sous leurs ordres des chars plus légers que les chars allemands. Surtout, ils pensaient la position plus mal défendue du côté est et qu'il fallait faire vite pour l'emporter. Cinq tanks italiens ont tout de même passé le champ de mines, puis ont été détruits. Dans ce qui est un cas classique de sous-estimation de l'ennemi, la vitesse a primé et on voit mal comment des ordres formels n'auraient pas été donnés pour remplacer l'assaut de la division Trieste alors perdue plus au nord. La mésaventure de l'Ariete explique que Rommel ait plus tard renoncé à sacrifier des chars en les lançant dans des champs de mines plus denses que beaucoup d'autres dans le désert, et très lourdement défendus par les canons antichars et les 75 Français. Les unités allemandes avaient perdu douze chars contre le « box » de la 150e brigade à Gott el Oualeb, et Rommel ne tenait certainement pas à répéter l'expérience contre Bir Hakeim manifestement beaucoup mieux organisé et défendu.

Outre l'erreur de navigation des chars, d'autres arguments ont été avancés. Le colonel Prestisimone aurait été rendu lui-même enthousiaste par le succès éclatant remporté contre la brigade indienne, et on renverra à une volonté très audacieuse, à une folie de la guerre, voire à une volonté de mourir revendiquée personnellement par le colonel. On a aussi écrit que les Français n'avaient pu

9. Voir pour une explication détaillée de l'erreur de navigation dans le désert, Francesco Viglione, « *Tentativo di Ricostruzione di un Mattino di Guerra del 132° reggimento carri*, Ariete », SME - Ufficio Storico 1988, *Studi Storico Militari*, 1987, p. 637-645. Viglione est le premier historien-vétéran de l'Ariete à être véritablement remonté aux sources. Il n'exclut pas une autre possibilité au mouvement vers Bir Hakeim : la colonne de chars italiens aurait été poussée sur la gauche par la 90e division légère allemande.

10. On préférait bien sûr franchir des champs de mines non défendus. Mais contre des emplacements défendus la procédure était la suivante : « Les Allemands ont deux méthodes pour traverser les champs de mines, a) après avoir mis en place un écran de fumée ils lancent leurs troupes du génie déminer..., b) derrière un barrage d'artillerie, ils envoient un tank, jusqu'à ce qu'il saute sur une mine. Puis un second tank pousse le premier et reprend l'avance... Les Allemands en général traversent en perdant 3 ou 4 tanks. Comme le seul dommage subi est la perte de leurs chenilles, que le système de réparation allemand peut remplacer en 3 ou 4 heures, les Allemands ne regardent pas les mines comme un sérieux obstacle dans le désert. » US Army, War Departement, Military Intelligence Division, « Developments in desert warfare », *Intelligence Bulletin*, vo. I, n° 2, section IV. Dans le combat vital pour l'Afrika Korps contre la 150e Brigade Rommel perdra douze chars dans les champs de mines.

trouver d'ordre d'attaque de Bir Hakeim dans l'un des chars[11] puisque le 132e régiment devait dans le plan initial déborder la position, comme le reste des blindés de l'Afrika Korps. Ceci est exact, mais les défenseurs de l'argument oublient un peu vite qu'en l'absence de la division Trieste, chargée initialement d'investir Bir Hakeim, et parce que le commandement italien, ou allemand, pensait que Bir Hakeim était faiblement défendu, on pourrait prendre la position très rapidement[12]. Comme les journaux de marche du corps motorisé italien, de la division et des régiments engagés sont muets sur l'échec devant les Français ou mélangent sciemment les deux combats (contre les Indiens, contre les Français), les deux explications ne sont pas convaincantes[13]. Dans l'euphorie du combat commencé si heureusement contre les Indiens, le commandement italien (ou italo-allemand) a probablement donné l'ordre d'emporter la position dans la foulée. Sur le terrain, les tankistes italiens n'ont compris que trop tard que la bataille serait plus dure qu'avec la brigade d'infanterie indienne qui avait eu à peine le temps de s'installer dans le désert.

À la suite de ce fait d'armes, les Français attaquent les convois qui circulent autour de Bir Hakeim et prennent des camions, du ravitaillement et font des prisonniers. Ils vont continuer de faire pression sur la ligne de ravitaillement des unités de Rommel pendant plusieurs jours, du 28 mai au 1er juin. Une fois les contacts repris avec la VIIIe armée britannique, le chef du 30e corps, le général Norrie, a félicité les Français pour leur défense. Mais sur le plan militaire, les informations sont confuses. La seule certitude est que la brigade est dorénavant isolée. On apprend en outre que la 7e Division Blindée a perdu (en réalité momentanément) son chef, après la dispersion de la brigade indienne. On ne sait pas très précisément dans Bir Hakeim où se déroulent les combats et quelle est leur tournure. Le 29 mai révèle une surprise désagréable pour le chef de la garnison. Les éléments de la brigade envoyés pour garder ce qu'on appelle le « V », une étendue de terrain située au nord entre deux immenses champs de mines, y trouvent des troupes italiennes. Ils les attaquent avec succès, mais malgré les pertes causées (7 automitrailleuses, 2 tanks), ils se replient devant un ennemi agressif. Les renseignements qui parviennent ensuite du 30e corps indiquent que l'Afrika Korps est en train de se frayer un passage au nord dans les champs de mines et qu'il faut l'en empêcher. Par cette pénétration transversale, la division Trieste va sauver les blindés de Rommel qui étaient en réalité à court de carburant. Le passage sera défendu ensuite par des blindés et les troupes françaises, même en prenant des risques importants, ne pourront pas l'interdire.

11. Pierre Koenig, *Bir Hakeim 10 juin 1942*, Paris, Robert Laffont, 1971, p.225.

12. D'autant plus rapidement qu'il était possible que les défenseurs n'aient pas eu de dispositif établi en profondeur du côté est. Ce qui renvoie à la médiocrité des renseignements dont disposait l'attaquant.

13. Voir Francesco Viglione, p. 685-693 pour la reproduction des journaux de marche italiens. Celui du 132e régiment de chars prétend avoir pris une position défendue par des « troupes indiennes et congolaises » (« truppe indiane et congolesi », *ibid.*, p. 689).

La vie de la garnison reste rythmée par les servitudes du désert. Les soldats et leurs officiers sont confiants. L'analyse qui est faite alors dans le camp français, celle d'un Rommel pris au piège, prévaut. La seule réelle inquiétude des Français porte sur les réserves de munitions et d'eau. Les premières ont été entamées par les combats récents et les tirs de soutien ou de harcèlement qu'on déclenche de temps à autre. Les secondes ont été obérées par l'arrivée de 600 soldats hindous relâchés par les Italiens, auxquels s'ajoutent environ 200 prisonniers.

Le 30 mai, l'optimisme ambiant est confirmé par les nouvelles venues du 30e corps. On ne sait pas encore que les troupes de Rommel ont repoussé les assauts britanniques. Mais au soir du 30 arrivent des rescapés d'une autre position de la ligne de Gazala, celle de la 150e brigade, attaquée ce jour-là et enlevée par l'ennemi le 1er juin. Comme l'investissement de Bir Hakeim n'est pas complet, la position peut être ravitaillée par les échelons arrière de la brigade qui accompliront plusieurs exploits de ce genre au cours de la bataille. Les voyages de nuit des camions de ravitaillement français permettent de refaire des réserves d'eau et d'obus (antichars et explosifs). Le 31 mai la brigade possède donc à nouveau sept jours de réserve. De plus, les camions remportent vers l'arrière blessés, prisonniers (98 Allemands et 145 Italiens) et hindous. Les Français arrivent en outre à récupérer 3 canons de 25 livres de la brigade indienne détruite le 27 mai et des munitions.

3. 31 mai-2 juin : guerre de course autour de Bir Hakeim

Les 31 mai et 1er juin, le général Koenig ordonne à trois colonnes de harceler les troupes ennemies qui se trouvent près de Bir Hakeim. Le « V » est à nouveau le lieu d'échanges vifs de légionnaires commandés par le capitaine Messmer avec des blindés allemands. À l'ouest du « V » les troupes du BM2 sont utilisées pour agir en liaison avec les légionnaires. Au sud, une colonne renforcée par des automitrailleuses britanniques attaque une vingtaine de tanks et d'auto-mitrailleuses ennemies. Au 1er juin, la contribution française n'est pas négligeable. Elle a détruit 41 chars, 7 auto-mitrailleuses, un canon porté et divers véhicules.

Le général de Larminat, venu visiter les troupes, confirme l'impression des officiers français de la brigade et l'analyse des officiers britanniques : l'ennemi est partout en pleine retraite, les convois vont repasser sans encombre.

Le haut commandement britannique envoie l'ordre de se porter vers l'ouest pour inquiéter la retraite de l'ennemi et semer le désordre sur ses arrières. En réalité, un seul bataillon dispose de l'ensemble de ses camions, la plus grande partie des véhicules des autres unités se trouvant en fait avec les échelons arrière où l'on avait considéré qu'ils seraient plus à l'abri. Le 1er juin Koenig organise donc une colonne composée de fantassins (BP1) d'une batterie d'artillerie et d'éléments de DCA sous le commandement du lieutenant-colonel Broche. Cette colonne sera attaquée assez vite, perdra quelques camions et deux citernes, abattra quatre avions ennemis.

Des patrouilles françaises se heurtent à 7 km au nord-est et au nord à des unités qui viennent investir Bir Hakeim : division Trieste, 90e Légère allemande. Rommel envoie 12 000 hommes de l'Afrika Korps encercler Bir Hakeim, dont sa propre garde personnelle et des groupes spécifiques considérés comme troupes d'élite.

Alors que les bataillons de Légion se préparaient à se déplacer vers l'ouest à la suite du BP1, leur départ est remis à plus tard. En réalité, la confusion s'installe puisqu'ordres et contrordres se succèdent. Dans la soirée, l'ordre de mouvement est annulé. La position subit ce jour-là le premier bombardement de grande ampleur, avec des attaques de Stukas par vagues de 15/20 avions.

Une seconde phase de la bataille s'ouvre alors le 2 juin. Une attaque se dessine autour de Bir Hakeim. On signale des colonnes ennemies dans le « V » et le long du « V ». Mais on en voit aussi à l'est. Et au sud-est des fantassins commencent à faire mouvement vers Bir Hakeim. Avec circonspection cependant puisqu'ils sont sortis de leurs véhicules à 3 km de Bir Hakeim. L'artillerie française prend à partie les troupes et véhicules ennemis. Le général Koenig remanie son dispositif pour tenir compte de la menace ennemie et du départ du BP1 (utilisation de troupes de réserves et de canons de la Légion). Koenig reçoit finalement du commandement britannique l'autorisation de faire revenir au camp le BP1 aventuré dans des conditions de plus en plus dangereuses du côté de Rotunda Signali.

Un événement curieux se produit à peu près au même moment, en fin de matinée (vers 11 h) . Des plénipotentiaires italiens se présentent et demandent au général Koenig de se rendre, puisque Rommel serait selon eux déjà vainqueur dans la bataille du désert. Le refus de se rendre du général français est suivi d'un bombardement intensif ennemi puis de tirs de contre-batterie de l'artillerie française qui s'arrêtent dès que le vent chaud du désert, qui soulève le sable, rend le combat très difficile à mener (et à supporter). Après 19 h, la progression de l'infanterie ennemie, appuyée par son artillerie, reprend. Les fantassins ennemis commencent à s'installer en lisière de la position proprement, dite, c'est-à-dire au bord des « marais de mines » qui entourent Bir Hakeim. C'est le début de la guerre de siège.

4. Investissement de la place 3-6 juin

Les Français constatent que la position est maintenant réellement investie de près. Un effort supplémentaire est demandé aux troupes du génie de la brigade qui, en pleine nuit, renforcent le champ de mines défendu par la Légion étrangère à l'est (2e bataillon de la 13e DBLE). La colonne du BP1 exposée aux aléas de la guerre de mouvement en plein désert revient non sans difficultés d'une épreuve difficile. Au bout de deux jours, en manœuvrant habilement et avec de la chance, elle réintègre Bir Hakeim le 3 juin. Elle a perdu des soldats et des véhicules, mais ramène tous ses blessés. Le 3 juin, la demande de reddition, un ultimatum, est réitérée. Elle est cette fois de la main de Rommel et a été apportée par des soldats britanniques[14]. Koenig ne prend pas la peine de répondre à un texte qui le menace de destruction et lui demande de hisser le drapeau blanc… Il ordonne aux artilleurs français de tirer. Il demande aussi à tous les commandants des trois secteurs de faire sortir des patrouilles chargées d'empêcher les sapeurs ennemis de déminer.

Bir Hakeim est encerclé, mais les troupes adverses ne sont pas assez nombreuses pour fermer hermétiquement et complètement tous les passages durant les 3 premiers jours du siège (du 3 au 6 juin). Rommel dispose de la 90e division légère (allemande) au sud-est, de la division Trieste au nord-est, de deux groupes à l'ouest. Ces forces attaquent sans trop d'ensemble pendant deux jours. Elles reçoivent cependant un appui très important de l'aviation allemande et italienne, et le soutien d'une artillerie chaque jour plus nombreuse. Sur ordre du commandement britannique, et répondant à la demande des Français Libres, la RAF, alertée par les interceptions et le décodage des messages ennemis, intervient dans la bataille. Les attaques au sol de ces premiers jours de siège prennent à partie le BP1 au sud et la Légion à l'ouest. L'ennemi vise particulièrement les canons, les antichars et les mitrailleuses. Les canons Français de 75 qui stoppent les fantassins ennemis dès qu'ils s'aventurent hors de leurs trous, ont cependant une portée trop courte pour répliquer aux canons de 105 et de 155, puis de 210 de l'Afrika Korps. Ils sont constamment sous la menace de tirs de contre-batterie de plus en plus précis (notamment ceux des 76,2 mm russes). Les débuts de cette guerre de siège sont donc rythmés par le bombardement quotidien des canons et des avions ennemis. Ce sont des tonnes de bombes qui sont déversées à partir de cette période, sur Bir Hakeim. Les nuits sont en général calmes, dans la mesure où il n'y a ni bombardement, ni coups de main, encore moins de tentatives d'assaut. Cependant, des patrouilles circulent. Et, pendant presque toutes les nuits du siège, les troupes du génie des deux camps se livrent à un travail harassant, d'autant plus fatiguant pour les sapeurs français qu'ils ne peuvent se reposer pendant la journée. Les Français replacent des mines, mettent des pièges pour leurs ennemis qui sont ralentis dans leurs entreprises de déminage.

Les « germano-italiens » sont cependant dorénavant installés autour des champs de mines, dans des positions apparemment solides, et ils le font savoir, la nuit, par l'envoi de fusées éclairantes destinées à décourager les coups de main ou les sapeurs français. Le 4 juin des tentatives d'infiltration d'unités d'infanterie à l'est et au sud-est sont stoppées à 1 500 des lignes françaises par l'artillerie. Les Français Libres rationnent très sévèrement eau et munitions d'artillerie. Leurs officiers comprennent le 5 juin que les Britanniques ne réussissent pas à faire lever le siège même si le combat entre les Britanniques et leurs adversaires continue, très violent, au nord, le lendemain 6 juin.

14. Ces deux militaires anglais retrouvent leurs régiments respectifs dans les jours qui suivent, SANDFA, MADC. DIV DOCS Box 53 File GP1. 13 Corps Intelligence Reports, 26 May-16 June 1942.

À l'aube du 5 juin, une troisième demande de reddition est faite par un officier qui lit une déclaration, puis s'en va sans avoir été reçu par Koenig[15]… Rommel recherchait le gain de la bataille sans combattre alors que l'assaut de Bir Hakeim était retardé par les combats très durs des unités blindées dans le « Chaudron » (4-6 juin).

En fin de matinée, le 6 juin, après une importante préparation d'artillerie, un assaut d'infanterie se déclenche au sud, en direction de l'ancien fort. Les FFL en évaluent la force à deux bataillons. Cette attaque échoue après deux heures de combat. Une partie des assaillants est arrivée à 500 mètres des tranchées françaises. Une trêve tacite très courte permet aux ambulances ennemies d'enlever les blessés. L'attaque reprend avec nettement moins d'ardeur dans les minutes, puis les heures qui suivent. L'aviation allemande bombarde copieusement la position une grande partie de la journée. Au soir, des véhicules ennemis circulent le long du front ouest de Bir Hakeim, en tirant, pour obliger les antichars français à se démasquer. Dans le même temps, l'artillerie ennemie bombarde l'ensemble du camp. Le 7 juin, les forces ennemies se réorganisent, mettent en place de nombreuses armes de soutien d'infanterie (mitrailleuses, mortiers, canons de 50 mm). Les échanges de tirs sont plus mesurés ce jour-là, et l'aviation presque absente, sauf en fin de journée. À l'ouest, au soir, des blindés allemands recommencent à circuler en tirant, sans effet, ni réponse. Des tanks, une vingtaine semble-t-il, esquissent une attaque face aux tirailleurs sénégalais du BM2, puis se retirent sous les tirs de l'artillerie française.

5. Assauts et sortie 7-10 juin

Du 7 au 10 juin l'Afrika Korps lance plusieurs attaques. L'assaut contre Bir Hakeim prend des proportions inédites. Le commandement Français s'inquiète de l'épuisement des réserves d'eau, réduites le 7 juin à un litre et demi d'eau par homme. À la nuit presque tombée, un convoi de la brigade réussit à traverser les tirs d'artillerie et d'infanterie ennemis et force le passage, sauvant provisoirement la situation.

Le 8 juin, les Allemands profitent d'un brouillard inhabituel pour mettre en place les unités destinées à enlever les positions des tirailleurs sénégalais de la 6e compagnie du BM2 au nord. L'assaut commence vers 7 h 30 et est certainement l'un des plus importants efforts consentis par l'assaillant. Il est très déterminé. Rommel utilise quelques chars, beaucoup d'artillerie et d'avions en support direct. Les troupes du génie de l'Afrika Korps progressent mètre par mètre, en avant des lignes, dans un combat très violent. Les tirailleurs du BM2 résistent, non sans mal. La RAF intervient à deux reprises en soutien des Français et

15. Tous les récits signalent le côté cocasse de la demande, faite à la lueur des phares, et qui se termine sous les moqueries des légionnaires présents, plutôt surpris puis amusés par une entreprise qui tourne au ridicule. Car l'officier rentre dans ses lignes à pied, son véhicule ayant sauté sur une mine. Combien de témoins ont réellement assisté à la scène ?

pratiquement en rase-mottes. L'assaut est ralenti après plusieurs heures de combat vers 12 h Le BM2 a beaucoup souffert, une partie des positions au nord est en très mauvais état, littéralement hachée par les obus, un observatoire d'artillerie est encerclé. Et si les pertes ne sont pas trop importantes, malgré le déluge de feu, les blessés du BM2 sont pris au piège et ne peuvent pas être transférés à l'Antenne chirurgicale. La moitié des deux sections de renfort envoyées par la 22e CNA disparaît dans son mouvement de soutien au BM2 en fin de matinée. Après une accalmie de courte durée, le bombardement de l'artillerie ennemie reprend. Il est accompagné d'une intervention impressionnante de soixante bombardiers Junkers. La situation est jugée assez grave pour que le commandement français ordonne une contre-attaque avec ce qui lui sert de blindés : les Bren carriers, véhicules légers chenillés d'accompagnement d'infanterie au blindage très fin qui n'ont pas été conçus pour pareille mission. La section de Brens du BM2 contre-attaque, soutenue sur sa droite par les Brens de la Légion étrangère. L'artillerie française contribue à stopper les assaillants. Le combat est, dès lors, statique sur cette partie de la position, l'ennemi n'avance plus. La RAF intervient à nouveau dans l'après-midi à quatre reprises et mitraille au plus près les troupes d'assaut. L'échec de Rommel est clair, même si ses troupes ont réussi à progresser et ont neutralisé l'observatoire d'artillerie qui marque l'extrême nord de la position française à la côte 186 : la défense de Bir Hakeim est entamée à cet endroit. Cet échec doit être mis au compte de la bonne organisation française, au soutien britannique et au courage des troupes, sénégalais du BM2 et artilleurs en tête. À l'est et au sud de la position, précédée par un bombardement d'artillerie, l'Afrika Korps lance une autre attaque. Les fantassins soutenus par des blindés avancent mais sont rapidement stoppés, car la combinaison des feux de l'infanterie et de l'artillerie françaises suffit à les contenir.

Au soir, les premiers constats montrent que Bir Hakeim a subi de très importants dégâts, beaucoup de véhicules, pourtant à demi enterrés, brûlent. L'« hôpital » du Groupe Sanitaire Divisionnaire (surnommé « La cathédrale » à cause de sa taille) a été partiellement détruit par un bombardement, qui a fait de nombreux morts et rend très précaire la situation des blessés graves de Bir Hakeim.

Du côté du BM2, compte tenu des pertes et de la manière dont la position est investie, le général Koenig est obligé de revoir le dispositif de défense. Une compagnie de la Légion étrangère – celle du capitaine Messmer – remplace la 6e compagnie du BM2 au nord-ouest. Du fait de la destruction d'antichars du BM2, le général Koenig constitue une 2e ligne de défense avec des pièces de la Légion.

La situation des réserves d'eau et de médicaments (sulfamides, anesthésiques etc.) est devenue très préoccupante. On prend la décision de distribuer ce qui reste (4 litres et demi par homme). La RAF tente maladroitement de ravitailler la position par air, mais elle n'est pas à cette date, assez bien équipée ni assez experte pour ce type d'intervention : le matériel médical, la glace, arrivent au sol, pulvérisés.

Le 9 juin, l'assaut reprend. À 7 h 30 les mortiers et les canons lourds puis à 9 h 30, les bombardiers allemands attaquent à nouveau. Deux assauts simultanés sont lancés contre le BM2 et contre le BP1. Face au BM2 l'attaque (qui dure de 13 h à 17 h), soutenue par des chars, reflue après une contre-attaque des Bren-carriers du BM2 et de légionnaires. Au sud la situation est plus difficile pour les Français : les canons antichars du BP1 de première ligne sont neutralisés, ainsi qu'une partie de ceux de seconde ligne, l'assaut n'est stoppé qu'au niveau du champ de mines où l'ennemi tente d'infiltrer des fantassins, soit à environ 200 m des lignes françaises. Le chef du BP1, le lieutenant-colonel Broche et son adjoint sont tués par un coup au but. Au nord-ouest, les légionnaires et les coloniaux sous le commandement de Messmer n'ont pas été attaqués, et même peu bombardés. Au soir, une soixantaine d'avions noient Bir Hakeim sous un déluge de bombes. La RAF et les colonnes de la 7e DB ont un temps fait taire ou détourné le feu des batteries ennemies, moins violent en conséquence que le jour précédent.

Le bilan des pertes est relativement léger après une journée pareille. L'état-major de la 7th Armoured Division (7e Division blindée) a fait savoir le 9 juin en milieu de journée que la résistance de Bir Hakeim n'était plus nécessaire. Il a donné le choix entre un ravitaillement par air, vite rejeté pour les raisons techniques connues de tous depuis la nuit du 8 au 9 juin, et la sortie de la garnison. Koenig souhaitait sortir de suite, dans la nuit du 8 au 10, mais la 7e Division blindée ne pouvait fournir si rapidement les 30 ambulances et 60 véhicules supplémentaires nécessaires pour évacuer la plus grande partie de la brigade dont les moyens de transport avaient été soit détruits soit étaient restés avec les échelons arrière.

Le 10 juin est le dernier jour de bataille. Le niveau des munitions d'artillerie et des antichars, des armes antiaériennes, de l'eau, des vivres est plus qu'alarmant. Koenig réitère ses ordres et ses instructions pour stopper toutes les attaques ennemies. Les blessés doivent en outre rester au niveau des bataillons. Koenig félicite ses troupes :

> « Nous remplissons notre mission depuis quatorze nuits et quatorze jours, je demande que ni les cadres, ni la troupe ne se laissent aller à la fatigue. Plus les jours passeront, plus ce sera dur, ceci n'est pas pour faire peur à la Première Brigade Française Libre. Que chacun bande ses énergies. L'essentiel est de détruire l'ennemi chaque fois qu'il se présente à portée de tir. »

La recommandation résumait les options tactiques qui restaient aux assiégés. Après une période de brouillard matinal un peu plus longue qu'à l'habitude (jusqu'à 9 h du matin). Le combat reprend avec la lumière du jour, et l'on s'aperçoit que les troupes germano-italiennes sont au plus près des positions françaises, au nord, au sud, et nouveauté, à l'est où les assaillants arriveront ici et là à portée de grenade. L'attaque reprend au nord-ouest aussi violemment que les jours précédents en début d'après-midi. Une section de légionnaires et une section de la 22e CNA sont mises hors de combat ou faite prisonnières par l'action combinée des chars et de l'infanterie d'élite du 115e régiment d'infanterie.

Toutefois, si le dispositif de défense est entamé, il n'y a pas de percée réelle. Sur l'ordre de Koenig qui ne possède plus de renseignements précis, puisque les communications sont coupées, l'artillerie française et les mortiers des bataillons proches tirent sur l'ensemble de la position nord-ouest sans tenir compte des tranchées et emplacements français. Ce tir de barrage sauve Bir Hakeim. Car il est suivi de l'intervention de deux sections d'infanterie du BM2 et des Bren carriers de la Légion qui stoppent l'assaillant définitivement et sauvent ce qui reste de la compagnie Messmer. À l'est, une diversion britannique sert à enrayer l'attaque en cours. Le bombardement de l'artillerie ennemie dure tout l'après-midi, il est renforcé, avant 18 h, par l'intervention d'une centaine de bombardiers. Les artilleurs et la DCA de la brigade répliquent avec toutes les munitions qui leur restent.

Koenig n'a jamais envisagé de se rendre, ni estimé possible d'abandonner blessés et armes lourdes. La sortie est préparée rapidement, en demandant le plus grand secret : tout ce qui ne peut être emporté doit être détruit. La brigade doit faire sortir tous ses hommes, les blessés, les prisonniers et les armes lourdes avec les véhicules encore en état de marche. Le général table sur la surprise et ne choisit pas la direction de l'est pour porter son effort. Les points de sortie se trouvent en effet l'un au sud-ouest, pour les véhicules, les armes lourdes, les ambulances et trois bataillons d'infanterie, l'autre au sud du fort pour le BP1. Les troupes du génie de la brigade déminent en hâte, mais n'ont pas le temps de créer un très large passage ; il mesure cependant 57 m. Koenig a donné l'ordre de tenter deux sorties, sans doute pour semer le doute chez l'ennemi. L'une a lieu par la porte principale, sud-ouest, l'autre vers le sud et à gauche du fort, par une sortie de secours. Une fois l'attaque lancée par les troupes d'assaut, les véhicules passeront d'abord par groupes, puis le reste des troupes à pied suivra. Le rassemblement des voitures et camions dans un certain désordre, a, semble-t-il, inquiété l'ennemi. La colonne motorisée était prête à 22 h 30. Elle aurait dû progresser lentement par groupe de dix à quinze camions mais n'a pu être mise en mouvement, car les unités d'infanterie étaient en retard. À minuit et demie, les légionnaires du 2e bataillon de la 13e DBLE attaquent à pied, suivis par des Bren carriers menés par l'aspirant Bellec et quelques camions. Se déclenche alors un immense tir de barrage : artillerie, fusées, mitrailleuses Breda et quelques nouvelles mitrailleuses MG42, balles traçantes, illuminent la nuit et dévoilent trois lignes de défense à 800 m, 1 200 m, 2 000 m. La confusion se déclenche vite dans les rangs français car des véhicules, engagés dans une mauvaise direction, dans le marais de mines, ont sauté sur des mines et les épaves attirent le feu de l'ennemi en dévoilant le reste des colonnes. Le général Koenig sort après la première colonne motorisée, bloquée. Il donne l'ordre de changer de direction et de foncer vers le sud. Un premier groupe d'une cinquantaine de véhicules réussit à traverser les lignes de défense. Le général décide alors de le suivre vers 1 h ou 1 h 30 et passe à son tour, emmené par Susan Travers, et accompagné du lieutenant-colonel Amilakvari. Mais tout le reste du convoi n'a pas suivi ou même compris ce qui se passait. Vers 2 h du matin, ou 2 h 30, la plus grande partie de la brigade reste bloquée à la porte sud-ouest. Il est dorénavant établi qu'après discussion entre les officiers présents le capitaine Gravier a proposé de rompre le dispositif ennemi à l'aide des sections de Bren carriers qui restaient. Il donne l'exemple en accompagnant le lieutenant Devé avec sa section. Les trois lignes d'investissement ennemies sont en effet rompues par la charge. Des Brens reviennent en arrière pour éliminer des pièces ou des mitrailleuses qui s'étaient tues à leur passage. Ainsi, Gravier et Devé retournent vers les camions pour éliminer un canon qui gênait la sortie des troupes restées en arrière. À gauche et à droite du couloir, une partie des fantassins réussit à franchir les lignes aussi, non sans pertes, puis à bifurquer vers la position de recueil britannique. La bataille est à la fois plus ou moins intense selon les endroits où l'infanterie progresse, extrêmement violente dans le couloir des véhicules et désordonnée. Il n'y a pas en effet d'unité de commandement, les capitaines conduisent l'entreprise menée à bien par de petites unités, et, dans la nuit, le chaos est total. Ce sont donc plusieurs groupes de voitures ou de fantassins qui sortent du piège, stimulés par leurs officiers et leurs sous-officiers. Les tirailleurs du BM2 ferment la marche. Ils ne sortent qu'à partir de 3 h du matin face à un barrage qui s'est renforcé et ont beaucoup de mal à rattraper leurs camarades de la brigade. Il a fallu au total une épreuve de plus de six heures (en comptant le temps du rassemblement à partir de 23 h 30) pour faire sortir la plus grande partie de la brigade de Bir Hakeim dans la direction de l'azimut 213 où les Britanniques de la 7th Motor Brigade (7e Brigade Motorisée) attendent avec leurs automitrailleuses, leurs camions et leurs ambulances qui sont venues en complément des camions de l'échelon arrière de la brigade française. Des voitures et un ou deux Bren carriers restés dans Bir Hakeim et chargés, en tirant de temps à autre, de faire croire que la position restait tenue par les Français font mouvement après 3 h 30[16].

Une grande partie de la brigade a donc réussi à passer les trois lignes ennemies dans ce combat nocturne. Un tiers des soldats a été perdu : tués, blessés, prisonniers dans la nuit ou au petit matin. Car un nombre de Français impossible à déterminer a dû se retirer sur la position pendant la nuit et ils sont pris par l'adversaire. Au point de recueil, les Britanniques de la 7e Motor brigade évacuent rapidement les rescapés en plusieurs convois et attendent jusque vers midi. Quelques isolés arriveront, exploit rarissime, et parfois extraordinaire pour ceux qui l'ont réussi à pied, à rejoindre des unités britanniques en retraite quelques jours plus tard[17]. Au total – et ici nous restons sur les chiffres généralement reconnus – sur les « 3 600/3 700 » hommes de la garnison plus de « 2 700 » ont été récupérés. À cause du désordre, la brigade n'arrive pas immédiatement à faire ses comptes et dénombre par exemple une partie seulement des tués/

16. Une voiture du BM2 quitte Bir Hakeim à l'aube.

17. C'est le cas de ce qui restait de la section Pavitechvitch de la compagnie Messmer, mais nous n'avons pas retrouvé le rapport de Pavitchevitch. L'histoire est racontée de façon distancée par Pierre Messmer, dans *La patrouille perdue, et autres récits extraordinaires*, Paris, Albin Michel, 2002.

disparus. Les services de la France Libre finiront par compter plus de 600 prisonniers au cours des mois qui suivent.

Au petit matin, des avions survolent le périmètre défensif sans susciter de réaction. Ils n'ont pas bombardé la position. Après quelques tirs d'artillerie, l'infanterie de l'Afrika Korps rentre sans opposition dans Bir Hakeim. La bataille est terminée. Ses conséquences sont importantes. Avec la chute de Bir Hakeim, on est à un tournant de la bataille de Gazala. Les Français Libres ont été assiégés au début par moins de 7000 hommes, et à la fin du siège, presque à dix contre un, par trente mille hommes renforcés d'au moins 130 canons, de peut-être 270 canons, dont les 9/10 sont d'un calibre supérieur au canon de 75 des Français, et par de très nombreux avions de bombardement[18]. En fixant pareille force, la brigade a rendu un signalé service aux Britanniques.

Écrite uniquement du point de vue des Français, dans la tradition de l'« histoire batailles », elle doit être complétée en incluant davantage d'éléments pris du côté de l'Axe ou du côté Britannique : dans le désert, les Français ne mènent pas la guerre. Nous proposons de replacer Bir Hakeim dans le contexte général de la guerre du désert et dans la politique menée par le général de Gaulle pour lancer dans le combat les unités françaises libres. La mise en contexte suivra ici quatre temps du dévoilement : les problèmes de la France Libre, l'évolution de la guerre du désert, les raisons de la mise en place de la ligne de Gazala, la bataille des lignes de ravitaillement[19].

B. Dévoilement 1 : 1941-1942 la France Libre des temps difficiles

Se lancer dans le combat... et remettre la France dans la guerre. C'était depuis le début, depuis l'accord de Gaulle-Churchill du 7 août 1940 la raison d'être de la France Libre. Commandées par le général, en liaison avec le commandement britannique, mais dépendant du gouvernement britannique pour les dépenses et l'équipement, les unités de volontaires pourraient reprendre la guerre. Dans la mesure où l'accord reconnaissait l'existence d'un organisme civil, comportant les services rendus nécessaires à la reconstitution d'une armée française alliée, de Gaulle disposait d'un embryon de gouvernement de guerre, et du moyen juridique de l'étendre. Les Français Libres ont en outre obtenu, certes en termes vagues, la justification politique de l'accord qui engage l'avenir. Le gouvernement britannique s'est en effet dit décidé à « assurer la restauration de l'indépendance et de la grandeur de la France ». La France Libre, aucun doute, c'est la France en guerre... une France coloniale. Est-il utile de retracer ici l'ensemble des vicissitudes qui ont amené de Gaulle à imposer, en partie, son point de vue ? On sait depuis longtemps que la lutte politique puis militaire du général s'inscrivait dans une situation complexe où l'Empire colonial et la flotte française

18. Remarques sur ces questions dans la revue *Icare*, *Bir Hakeim*, volume 1, 1982, p. 38-41.
19. Nous renvoyons à la bibliographie pour les histoires de la guerre du désert et celles de la France Libre.

constituaient d'énormes enjeux militaires et politiques alors que les Britanniques restaient discrètement en contact avec le régime de Vichy.

En réalité, les choix stratégiques de la Grande-Bretagne ont été déterminants. Le général de Gaulle a dû à la fois s'intégrer dans la stratégie britannique et s'en démarquer pour faire exister la France Libre. La Grande-Bretagne a pour au moins trois raisons soutenu l'effort de la France Libre lancée dans la conquête de l'Empire, malgré l'échec de Dakar en septembre 1940. Elle avait d'abord besoin de neutraliser l'Empire Français, à tout le moins d'empêcher ses adversaires de s'y installer et d'y implanter les commissions d'armistice qui surveilleraient de près forces militaires et économies locales. Il s'agissait en même temps de soutenir la résistance dans les territoires encore sous contrôle de Vichy. Il lui fallait aussi protéger les routes maritimes et notamment les routes maritimes africaines, et assurer une sécurité raisonnable des déplacements des troupes le long des frontières coloniales françaises. Elle fut donc amenée à accepter les initiatives indépendantes des Français Libres au Gabon et la constitution d'un bloc Français Libre dans l'AEF ralliée à de Gaulle. Il servait ses intérêts. Un simple regard sur la carte de l'Afrique permet de comprendre le rôle important de l'AEF dans la guerre du désert comme zone de passage aérienne sûre en direction de l'Égypte en 1941-1942.

La conquête de la Syrie ne peut être tout à fait replacée dans ce cadre. La révolte en Irak, le soutien demandé par les insurgés à l'Allemagne nazie ont inquiété les Britanniques menacés d'intervention armée sur les arrières de l'Égypte. Ils imposent un gouvernement pro-britannique en Irak (fin mai 1941). Leurs craintes sont renforcées par les Protocoles de Paris négociés entre l'Allemagne nazie et Vichy (27-28 mai 1941) qui prévoient que l'aviation allemande pourra s'installer en Syrie. Après la défaite en Grèce et en Crète (avril-mai 1941), ces menaces sont intolérables pour le commandement britannique au Moyen-Orient. La campagne de Syrie (juin-juillet 1941) est donc engagée par les troupes franco-britanniques (et australiennes, indiennes) qui doivent faire face à une résistance très dure du général Dentz et des troupes de Vichy. La victoire alliée est chèrement acquise, et le prix à payer pour la France Libre est lourd. Les accusations vichystes d'avoir conduit l'armée française dans une lutte fratricide, dans la guerre civile, le refus de la plus grande partie de l'armée de Dentz de rejoindre de Gaulle après l'armistice laissent des traces et dans l'immédiat affaiblissent la position de la France Libre. En outre, la Grande-Bretagne s'est portée garante de l'indépendance de la Syrie et du Liban, dans une déclaration distincte de celle de la France Libre du 8 juin 1941, ce que de Gaulle considère comme une menace pour le Mandat Français.

Avant Bir Hakeim, une autre crise franco-britannique s'ouvre, celle de Madagascar le 5 mai 1942. Là encore, les impératifs stratégiques britanniques priment : la bataille en Asie Pacifique tourne à l'avantage du Japon et on craint que la grande île ne puisse devenir une base japonaise qui menacerait l'Inde britannique. Les États-Unis appuient l'opération. La France Libre est mise devant le fait accompli. Et même si l'accord du 13 mai 1942 avec le gouvernement britannique prévoit que le Comité national français prendra le contrôle des territoires libérés, les Français Libres sont à Madagascar tenus à l'écart, alors que la résistance vichyste se prolonge jusqu'en novembre 1942.

Pour de Gaulle, la partie qui se joue au printemps 1942 est d'importance. Comme il en a conscience depuis le début, la crédibilité de la France Libre, la légitimité politique de son organisation et de son chef imposent de participer davantage aux combats.

Avec quels moyens ? Les Français Libres avaient en fait été engagés très tôt. Le Bataillon d'Infanterie de Marine (BIM) dès 1940 s'était retrouvé contre les Italiens dans le désert. La Brigade française d'Orient, a, elle, participé à la victorieuse campagne d'Érythrée (février-avril 1941), puis à la campagne de Syrie. De Gaulle avait bien analysé la situation : il fallait combattre là où se jouerait le destin du pays, soit en Afrique du Nord, soit en France même. En attendant, il fallait montrer les capacités de l'armée française placée sous ses ordres. Avec la Syrie pour base arrière, de Gaulle songeait logiquement à l'employer dans la guerre du désert. Mais devant les hésitations britanniques il n'hésita pas à faire pression et à annoncer qu'il serait prêt à envoyer une division en Union Soviétique si nécessaire puisque Moscou avait reconnu officiellement la France Libre le 21 septembre 1941... L'engagement des Français Libres aura lieu dans le désert, car les Britanniques ont vu un nouveau front s'ouvrir en décembre 1941 contre les Japonais et ont besoin de renforts.

Les moyens de la France Libre étaient en Syrie, très limités, même avec le ralliement de 6000 soldats des troupes régulières de Dentz (sur 36000) et des irréguliers locaux de Syrie et du Liban. Tout en conservant un nombre raisonnable d'unités pour maintenir l'ordre en Syrie-Liban, on prévoyait de constituer au moins deux brigades ou divisions légères à 4 ou 5 bataillons d'infanterie, avec les moyens organiques nécessaires : artillerie, DCA, génie, transmissions, service de santé, etc. L'essentiel de l'armement, grâce aux stocks récupérés en Syrie, serait d'origine française. Mais il faudrait rajouter des pièces de DCA et surtout des moyens de transport modernes, adaptés aux conditions très rudes du désert. Seuls les Britanniques étaient en mesure de les fournir et donc aussi de juger si et quand les unités françaises seraient considérées « *desert worthy* », (« adaptées au désert ») et capables d'être réellement intégrées dans la VIIIe Armée, de servir dans ce théâtre d'opérations si particulier.

La première Brigade Française Libre (1re BFL) en anglais, 1st Free French Brigade (ou 1st FFB) était à peu près prête à la fin de l'automne 1941. Considérée « *desert worthy* » à l'extrême fin du mois de décembre, puis engagée en janvier, la brigade participe aux combats de la passe d'Halfaya où elle découvre la manière dont les Allemands ont organisé leur position défensive. Elle est ensuite des reculs et des accrochages qui suivent l'offensive italo-allemande de janvier 1942. Le 14 février 1942, elle reçoit l'ordre de s'installer à Bir Hakeim. En parallèle, la 2e brigade a été constituée plus lentement, est plus faiblement dotée en anti-chars et en artillerie, mais est incorporée au dispositif britannique en mai 1942. On rappellera, même si ces unités ne sont pas spécifiquement rattachées aux brigades d'infanterie françaises, que les aviateurs français de la France Libre (FAFL) ont constitués trois groupes, engagés dans la bataille du désert, mais pas à Bir Hakeim.

C. Dévoilement 2 : enjeux de l'affrontement de mai 1942 et aléas de la guerre du désert

En matière de récit, une autre approche doit être tentée pour présenter le cadre dans lequel la bataille s'insère. La guerre du désert a fasciné les combattants puis les historiens et leur public pour sa faculté à dévorer l'espace. La notion de « théâtre de la guerre », inventée en Hollande au début du XVIIIe siècle avait permis de commencer à situer les conflits européens et même, ici ou là, d'en discuter dans les cafés ou les rues. La notion s'est maintenue : à chaque guerre ou partie de guerre son « théâtre ». La carte résume. En voici une qui en vaut d'autres, pas plus parlante que d'autres, en surplomb, mais indispensable. Comme la carte précédente, elle est d'origine française et tirée des mêmes archives. Elle est choisie pour son esthétique plus que pour la quantité de renseignements donnés. L'échelle choisie ne rend pas justice à l'effort des cartographes, pas plus qu'elle ne renseigne véritablement. Au moins peut-on visualiser les espaces, les villes, les routes et en ce qui concerne cette étude, la ligne de défense de Gazala qui se termine à Bir Hakeim[20].

Faut-il vraiment resituer la bataille dans le grand affrontement du printemps 1942 ? La réponse doit être affirmative pour en mesurer l'importance dans cette partie de la guerre mais aussi et surtout pour montrer les choix des principaux adversaires : Italo-Allemands et Britanniques.

Alors, pourquoi Bir Hakeim ? La guerre du désert est une conséquence de la politique d'expansion italienne depuis la déclaration de guerre de juin 1940. Elle s'inscrit plus largement dans l'enjeu stratégique qu'est devenue la Méditerranée et pose le problème du contrôle de l'Égypte et du canal de Suez. En outre, les enjeux pétroliers du Proche-Orient sont parfaitement clairs pour tous les belligérants, en premier lieu les Britanniques et les Allemands. Ces derniers ont aussi – on l'oublie trop souvent dans ce théâtre d'opérations – des objectifs antisémites spécifiques, pas seulement pour obtenir la bienveillance des populations arabes d'Afrique du Nord et du Moyen-Orient. Des unités SS du type Einsatzcommando chargées de la solution finale étaient prêtes en 1942[21], non seulement à intervenir en Égypte conquise, mais aussi en Palestine, au Liban, en Syrie, en Irak, régions où les juifs se savaient particulièrement menacés, et d'abord en Palestine où la situation est particulièrement tendue entre juifs et arabes[22].

L'Italie a ouvert les hostilités en septembre 1940. Ayant pour objectif le canal de Suez, elle s'est en fait arrêtée après avoir conquis quelques pans de côte et

20. SHD, fonds Amiel.
21. Voir Klaus-Michael Malmann et Martin Cuppers « Das Einsatzcommando bei der PanzerarmeeAfrika 1942 » dans Jurgen Mathaus et Klaus-Michael Malmann (dir.), *Deutsche, Juden, Völkermord, Der Holocaust als Geschichte und Gegenwat*, Darmstadt, Wissenschaftliche Buchgesellschaft, 2006, p. 153-176.
22. Bibliographie immense sur le sujet, voir Nicola Labanca, David Reynolds, Olivier Wieviorka (dir.), *op. cit.*, et la présentation qu'en fait Henry Laurens, « La guerre du désert », dans Alya Aglan et Robert Frank, *La guerre-monde*, tome I, Paris, Gallimard, 2015, p. 494-526.

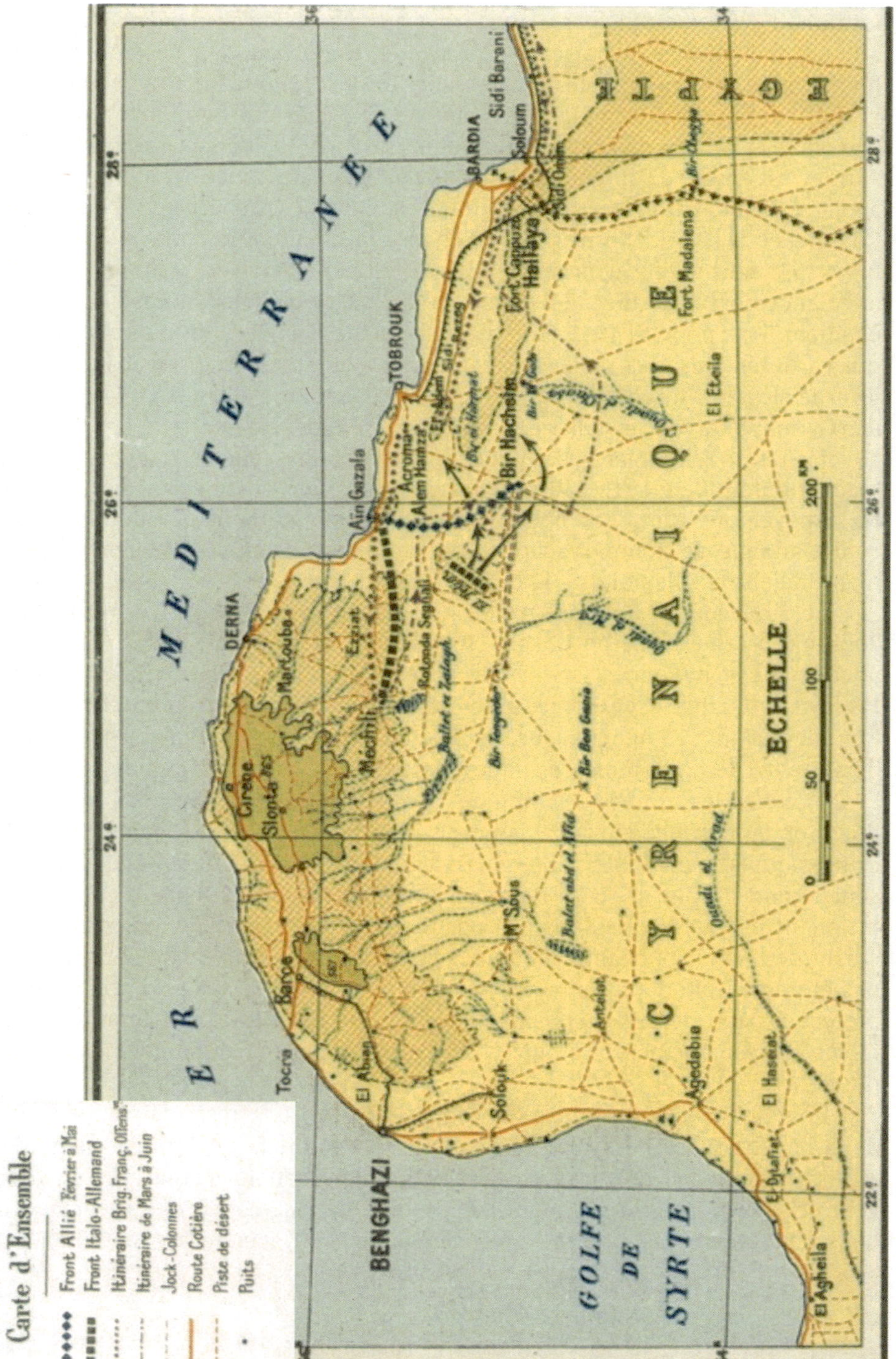
Carte d'Ensemble
Front Allié Février à Mai
Front Italo-Allemand
Itinéraire Brig. Franç. Of Tens.
Itinéraire de Mars à Juin
Jock-Colonnes
Route Cotière
Piste de désert
Puits
M E D I T E R R A N É E
C Y R E N A I Q U E
GOLFE DE SYRTE
BENGHAZI
DERNA
TOBROUK
BARDIA
Sidi Barani
Soloum
Sidi Omar
Hallaya
Fort Capuzzo
Fort Madalena
Aïn Gazala
Acroma
Alem Hamza
El Adem
Bir Hacheim
El Eteila
Mechili
Martouba
Cirene
Slonta
Barce
Tocra
El Abiar
Solouk
M'Sous
Antelat
Agedabia
El Haseiat
El Agheila
ECHELLE
0
50
100
200 KM
22°
24°
26°
28°
34°
36°

localités égyptiennes. Elle n'a progressé que de 80 km seulement. La contre-attaque de l'armée anglaise est un succès important. De décembre 1940 à février 1941, les Britanniques progressent de 800 km, font 40 000 prisonniers. Ce brillant succès est incomplet. L'Empire de Sa Majesté a besoin de troupes en Abyssinie et surtout en Grèce au printemps 1941... Et Hitler, en Grèce comme en Afrique est amené à soutenir son allié italien défaillant, lancé dans la guerre sans avoir réellement tous les moyens modernes de la faire. L'arrivée du général Rommel et de l'Afrika Korps en Libye change la situation. Rommel attaque début mars 1941 sans même avoir pris le temps d'attendre l'arrivée de toutes les unités allemandes prévues, tirées en partie de la 3e Panzer division. Les succès s'enchaînent. À la mi-avril 1941, Rommel encercle le port de Tobrouk pour un siège qui va durer plusieurs mois. Les deux contre-attaques britanniques pour faire lever le siège de Tobrouk, sont des échecs. Les renforts allemands, la résistance des Germano-Italiens installés dans la passe d'Halfaya, la nécessité pour les deux adversaires de se réorganiser expliquent l'arrêt momentané de la guerre de mouvement durant l'été 1941. Elle reprend par une offensive de l'armée britannique le 18 novembre 1941. Les opérations qui suivent ne sont pas décisives, une contre-attaque de Rommel échoue. Les pertes en matériel contraignent finalement Italiens et Allemands à la retraite

Le 7 décembre, Rommel recule jusqu'à une ligne défensive à l'ouest de Tobrouk, à la verticale de Gazala. Tobrouk est libéré 16 décembre. Les unités allemandes et italiennes laissées en arrière capitulent à Bardia le 2 janvier, à Halfaya le 17 janvier. Les forces alliées continuent leur offensive et reconduisent Rommel jusqu'à El Agheila, sur ses positions de départ de mars 1941. À partir du 5 janvier 1942, Rommel reçoit des renforts et envisage d'attaquer à nouveau. Le 21 janvier, les troupes britanniques sont surprises et battues. Les troupes de l'Axe reprennent Benghazi (29 janvier), Timimi (3 février). Le commandement britannique a, dans l'intervalle, réussi à constituer un début de ligne défensive sous le port de Gazala. Il va renforcer cette ligne dans les mois qui suivent en installant des garnisons dans des positions fortifiées appelées « boxes » et en créant de très longs champs de mines jusqu'à Bir Hakeim inclus, puisqu'il n'a pas été jugé utile d'aller plus loin au sud. 24 mai 1942. À l'abri relatif de ces protections fortifiées et de champs de mines, la ligne Hacheim-Tobrouk est en même temps considérée comme base d'attaque par le commandement britannique[23].

Rommel installe un rideau de troupes mobiles et de reconnaissance le long de la ligne et place l'essentiel de ses unités vers Antela et Marsa el Brega. Les renforts qu'il reçoit de janvier à avril 1942 lui permettent d'envisager une nouvelle offensive. Il la prévoit pour la fin du mois de mai alors qu'il sait, grâce à de bons renseignements, que ses adversaires prévoient, eux aussi, une attaque de

23. SANDFA, MADC. Div Docs Box nr 64. Group 1. 1 SA Operational Report. Order N°. 34. Gazala. May - June 1942.

grand style, avec 900 chars (contre 540 chars italo-allemands dont 250 chars allemands parmi les mieux équipés à cette date de la guerre).

Dans l'après-midi du 26 mai 1942, l'Afrika Korps attaque.

Les deux cartes qui suivent montre comment la cartographie d'état-major n'a pas besoin des artifices ou des précisions (relatives) des cartes de synthèse. Tirée des archives sud-africaines, la première carte situe l'effort de Rommel, c'est un combiné de renseignements et de déductions qui sert à prendre des décisions, autant dire qu'elle ne prétend pas être précise ou juste en tous points. Elle montre les emplacements des unités connus par les Britanniques le 9 juin 1942[24].

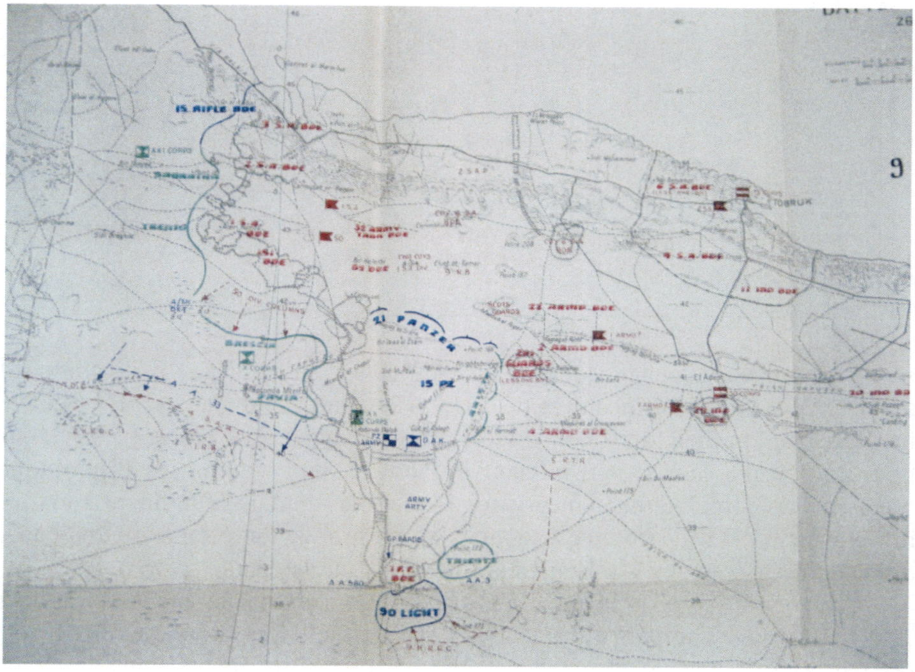

La seconde carte est une carte de synthèse postérieure réalisée dans les années soixante par des militaires américains[25]. La situation militaire au soir du 27 mai 1942, donc au début de l'opération « Venise » y est plus ou moins clairement apparente, puisque les cartographes ont abusé des possibilités de figurer les déplacements de troupes sans qu'on puisse toujours vérifier l'exactitude des trajets, qui peut avoir, on s'en doute, quelque importance… L'essentiel est dit et est un substitut au récit, qu'il faut cependant reprendre.

24. SANDFA, UWH box 377 Gazala maps 26 May -9 June 1942.
25. United States Military Academy, Department of History

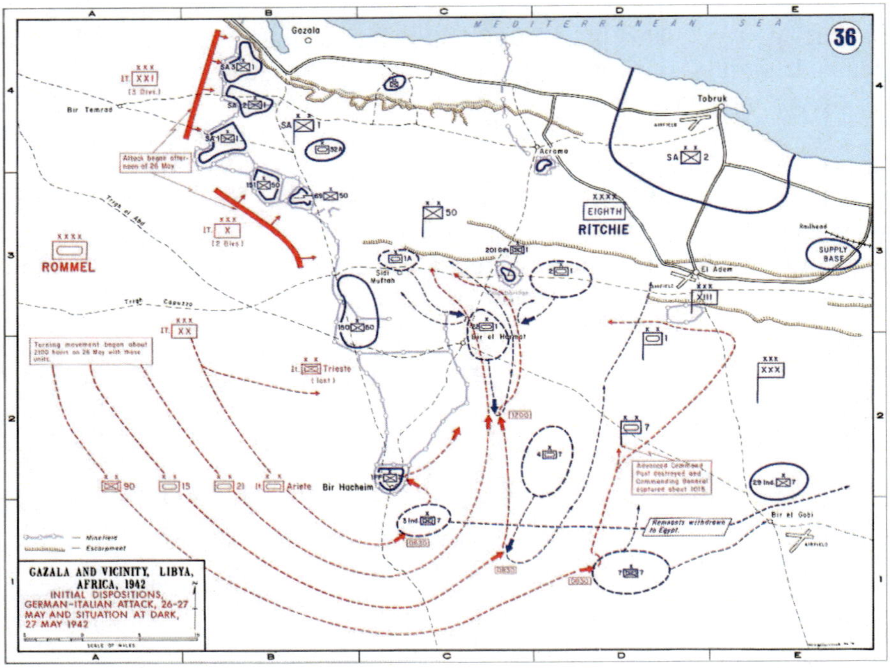

La bataille de la ligne de Gazala commence au nord par une attaque de diversion contre les fortifications de Gazala. Pendant ce temps, les forces les plus mobiles de Rommel (divisions motorisées et blindées) se lancent vers le sud pour contourner la ligne en passant au sud de Bir Hakeim. Les Britanniques n'étaient pas complètement surpris par la manœuvre mais ils tiennent à maintenir la pression sur les troupes italiennes au nord de la ligne sans aucune conséquence importante sur le déroulement de la bataille au sud.

Car c'est au sud de la ligne de Gazala que les événements importants se situent. Dans les combats du 27 mai et des jours suivants, alors que Bir Hakeim n'a pas été pris par les troupes italiennes, l'Afrika Korps disperse les unités qui se trouvaient le plus près de Bir Hakeim (3e brigade indienne), 7th Armoured Brigade (7e brigade blindée). Mais il se trouve rapidement en grande difficulté plus au nord. Rommel s'installe derrière le milieu de la ligne de défense et résiste dans ce que les troupes allemandes vont appeler le « Chaudron » pour signifier l'intensité de l'engagement et des bombardements d'artillerie et d'aviation. Les troupes britanniques ont la possibilité de vaincre en coupant les troupes de Rommel de leurs arrières. Les forces de l'Axe sont sauvées par la division motorisée italienne Trieste qui s'était égarée le 27 mai alors qu'elle devait prendre Bir Hakeim, mais qui a réussi à passer dans le champ de mines au nord. Elle ouvre ainsi un passage pour ravitailler les unités de Rommel. Le général allemand attaque ensuite le « box » de la 150e brigade britannique qui est obligé de se rendre après une résistance remarquable, très coûteuse en hommes, mais de courte durée. Rommel dirige de près l'opération. Débarrassé du danger représenté par la 150e brigade, il peut regrouper ses forces et attendre la prochaine attaque britannique. À l'extrême droite de son champ de bataille, Bir Hakeim reste un danger puisque les Français sont en mesure d'intercepter les communications et de prendre à partie les convois de ravitaillement qui contournent la ligne de Gazala.

C'est début juin qu'il resserre l'investissement de Bir Hakeim. Il prend le risque – calculé – de distraire des troupes contre la brigade française parce qu'il est en train de prendre le dessus (dans le « Chaudron » les 4-6 juin, véritable tournant de la bataille de Gazala) sur les formations britanniques dont les mouvements sont lents et prévisibles. Il souhaiterait en finir avec Bir Hakeim dès le 2 juin et envoie la 90e division légère et la division Trieste. Dans les 3 jours qui suivent (3-5 juin) les troupes de l'Axe assiégeant Bir Hakeim subissent des lourdes pertes car la RAF bombarde et attaque les convois. Les deux divisions, 90e légère et Trieste, font peu de progrès contre les assiégés[26]. Et il devient évident que le matraquage de la Luftwaffe ne peut détruire une par une les positions des défenseurs.

Le 5 juin, le chef de la VIIIe Armée britannique, le général Ritchie, lance l'opération *Aberdeen* pour éliminer les troupes de Rommel qui se trouvent dans le « Chaudron ». Les attaques blindées (22e Brigade blindée à l'est, 32e Brigade blindée au nord) échouent avec de lourdes pertes contre les canons anti-chars des Allemands dont l'emploi tactique est déterminant. Dans l'après-midi du 5 juin Rommel, avec l'Afrika Korps et la division blindée Ariete, est en mesure de mener deux attaques, l'une au nord, l'autre contre le « box » de Knightsbridge à l'est. Le succès du mouvement vers l'est est tel qu'il permet de disperser plusieurs unités et leurs quartiers généraux, de refouler la 22e brigade blindée britannique qui perd un tiers de ses chars contre la 15e Panzer division. Les succès remportés sur les chars britanniques font de Rommel le vainqueur de cette bataille d'usure du désert, malgré la résistance des unités de la VIIIe armée, surclassée tactiquement et dont le commandement paraît dépassé par les événements. Capable de conserver l'initiative, Rommel fait dans l'immédiat (les 5 et 6 juin) des tests pour évaluer la résistance de l'adversaire sur plusieurs points de la ligne défense alliée. Le général Ritchie ne peut que conserver ce qui lui reste de tanks et se refuse à les engager de nouveau. Un mouvement dans n'importe quelle direction aurait d'ailleurs pour résultat d'ouvrir à Rommel la route de Tobrouk au nord ou celle de l'est vers Belhamed.

Fort des succès obtenus au nord, Rommel décide à partir du 6 juin d'en finir avec la garnison française à Bir Hakeim. Isolées, les troupes de Koenig reçoivent un appui indirect. Les unités britanniques (7e brigade motorisée, 29e brigade indienne) chargées au sud et au centre de couper ou de gêner les lignes de

26. Le 3 juin, l'attaque du colonel Menton et de la 90e division légère est retardée jusqu'à 9 h 30, car le colonel ne trouvait pas le PC de la division dans les sables autour de Bir Hakeim, ce qui en dit suffisamment sur les difficultés du combat dans le désert, SANDFA, MADC. UWH Box nr. 377. Narratives. The Battle of the Gazala Line. Part 2. 26 May - 18 June 1942.

communication italo-allemandes continuent leurs opérations sans obtenir de résultats probants. Mais des unités de la 7e brigade motorisée perturbent plusieurs fois les attaques italo-allemandes sur Bir Hakeim. Les assauts de l'Axe le 7 juin sont repoussés malgré leur violence et l'appui apporté par l'aviation allemande. L'organisation et la détermination des Français sont bien secondées par la RAF qui apporte une aide puissante (mais le chiffre de 478 sorties le 8 juin paraît très exagéré). L'assaut reprend le 9 juin, et ce jour-là, les troupes britanniques du XXXe corps interviennent. Unités de la 4e brigade blindée, 29e brigade indienne, 7e brigade motorisée attaquent à nouveau, mais elles ne sont pas assez puissantes pour faire une vraie diversion. Elles obligent cependant des éléments de la 90e division légère allemande à quitter le siège de Bir Hakeim et à se redéployer pour faire face à l'une des attaques. Le 10 juin, l'assaut conjugué des forces terrestres et aériennes reprend, encore plus violent. La situation critique de Bir Hakeim et les échecs des unités blindées face à Rommel conduisent le commandement britannique à ordonner la sortie, tentée et réussie de vive force par les Français Libres. Les rescapés sont logiquement pris en charge par la 7e brigade motorisée qui a au cours du siège assuré l'essentiel du ravitaillement de la place en liaison avec les échelons arrière de la BFL. La brigade française a permis à la VIIIe armée de gagner du temps.

Après l'évacuation de Bir Hakeim, Rommel va pousser le 11 juin la 15e Panzer division et la 90e division légère allemande vers El Adem où la 29e brigade indienne résiste, puis forcer la 201e Brigade des Guards à quitter la position fortifiée de Knightsbridge le 13. La bataille est définitivement perdue le 13 juin. La virtuosité tactique des unités allemandes et les décisions rapides de Rommel font perdre aux Britanniques les deux tiers de leurs chars, et obligent les unités qui se battent dans le désert à reculer. En conséquence, les troupes qui tiennent encore le nord de la ligne de Gazala sont menacées d'être coupées de leurs arrières. Le général Auchinleck, commandant en chef sur le théâtre d'opérations du Middle East, autorise le général Ritchie à faire retirer ses troupes de la ligne de Gazala. Alors que la 1re division sud-africaine peut passer, difficilement vers l'est, deux brigades imitent les Français en attaquant vers l'ouest les Italiens des divisions Pavie et Brescia et font un grand tour du désert pour rejoindre les lignes britanniques. Les tentatives de résistance à l'ouest de Tobrouk des 15-17 juin ne sont pas couronnées de succès. En conséquence le commandement britannique donne l'ordre de retraite générale. L'encerclement de Tobrouk ne peut être empêché. Les unités de la VIIIe armée se replient de 150 km vers la frontière égyptienne en espérant que la place de Tobrouk résistera et qu'elle jouera, comme en 1941, le même rôle de menaces sur les lignes de communication ennemies.

Malheureusement, en janvier 1942, les généraux britanniques n'avaient pas jugé opportun ni essentiel de renforcer les défenses de Tobrouk, car le port n'était pas considéré comme vital. Le dispositif de défense qui s'était montré efficace durant l'année 1941 fut même partiellement démantelé. De sorte que les troupes allemandes ont tout de suite trouvé les points faibles d'une place forte réorganisée en hâte. La défense de la ville fut en outre mal conduite par le général sud-africain Klopper, bien qu'il ait été officiellement considéré comme non coupable dans cette affaire dans une enquête de 1943. À l'exception de quelques irréductibles qui refusent la capitulation, et s'évadent, la plus grande partie de la garnison se rend le 21 juin avec une grande quantité de matériel.

C'est une lourde défaite pour les Britanniques, et la victoire vaut à Rommel son bâton de maréchal. La VIIIe armée a subi d'importantes pertes, 50 000 hommes tués, blessés, prisonniers, dont 35 000 hommes pris à Tobrouk. Les troupes de l'Axe ont perdu près de 6 000 hommes. Là où les divisions de l'Afrika corps ont perdu 400 blindés, les Alliés en ont perdu bien davantage, 1 100, en plus des tonnes de ravitaillement laissées à Tobrouk.

Les forces de l'Axe sont dorénavant en mesure d'attaquer l'Égypte dans un délai très court. Le général Auchinleck prend la mesure des problèmes, assume à partir du 25 juin le commandement direct des troupes et remplace Ritchie à la tête de la VIIIe armée. Les adversaires se retrouvent face à face, sur des positions statiques, sur une nouvelle ligne de défense. Le choix des Anglais est judicieux : la ligne est la plus courte que l'on puisse trouver dans cette partie de l'Afrique du Nord, puisqu'elle va de la mer, quelques kilomètres avant El Alamein, jusqu'à la dépression de Quattara, mer de sable considérée comme impraticable aux grandes unités de la guerre du désert. Le crochet/contournement, manœuvre favorite de Rommel est ici impossible. Auchinleck livre à partir du 1er juillet la première bataille d'El Alamein avec une supériorité aérienne et blindée appréciable. Rommel est capable d'avancer encore les 2 et 3 juillet, mais l'occasion de percer vers l'Égypte est en fait définitivement passée. Les nouvelles attaques menées les 13 et 14 juillet par la 21e Panzer division sont repoussées. Ce sera au tour du général Montgomery, nommé à la tête de la VIIIe armée le 8 août de contenir l'attaque de l'Afrika corps à Alam Halfa le 30 août puis de contre attaquer. Rommel réduit à la défensive, mal ravitaillé, réduit à une défense statique, perdra contre Montgomery la seconde bataille d'El Alamein (23 octobre -11 novembre 1942).

Dans la bataille de Gazala, les Français Libres ont réalisé un exploit. Il faut brièvement le resituer dans l'expérience de la guerre du désert de l'armée britannique. Elle a été vaincue à deux reprises dans les opérations offensives durant l'opération Brevity (15-16 mai 1941), et l'opération Battleaxe (15-17 juin). Elle n'a pas pu obtenir de victoire décisive dans l'opération Crusader (18 novembre-30 décembre 1941). Sur la ligne de Gazala, elle possédait la supériorité en effectifs et en armement et a finalement perdu la bataille dans une série d'opérations défensives et de contre-attaques maladroites et décousues, comme si l'expérience de 1940-1941 n'avait pas réellement servi. Défaites et succès relatifs ont mis en relief les faiblesses de l'armée britannique dans les opérations interarmes, dans la conception de leurs matériel et l'entraînement d'une partie de leurs troupes. Les opérations de mai-début juin 1942 ont par contre montré la supériorité tactique et la meilleure organisation des forces de l'Axe capables de tirer le meilleur parti de la vitesse et du couple offensif/défensif redoutable formé par l'artillerie motorisée et les chars.

D. Dévoilement 3 : à quoi sert une ligne de défense dans le désert ?

Le va-et-vient des armées dans le désert, ce que les Anglais appellent le « *ebb and flow of battle* » des batailles terrestres prend de toutes autres proportions en Libye ou le « *pendulum of war* », littéralement « le mouvement de pendule de la guerre » est une donnée bien connue de la guerre du désert. On a pu considérer les zones désertiques comme le paradis des tacticiens et des stratèges lancés dans une guerre d'escadres et comme le cauchemar des logisticiens perdus dans l'immensité. C'est en vérité céder à une image commode, propagée par les militaires anglais, allemands, italiens. Les Français Libres la partageaient, parlant de « guerre de course ». Or, quand on regarde les dates et les faits, une réalité apparaît, incontournable : les périodes de guerre de mouvement dans le désert ne sont pas plus nombreuses que les périodes de guerre statique.

La création de la ligne de Gazala fait donc partie de ces périodes de guerre lente et il faut maintenant évoquer les raisons de sa mise en place. Les pages qui précèdent ont laissé peu de place aux calculs du commandement britannique de février à mai-juin 1942. Il a constitué une immense ligne de défense dans une zone qui s'y prêtait fort peu. C'était d'abord une manière de compléter la réorganisation des unités de la VIIIe armée et de tenir compte de l'infériorité de l'armement britannique. Les ratés de la coopération infanterie/chars/artillerie des Anglais sur le champ de bataille rendaient la réorganisation indispensable. Pour vaincre l'armée allemande, il fallait éviter que chars et infanterie livrent des batailles séparées là où les Allemands savaient faire coopérer toutes les armes.

La réorganisation a donc mis l'accent sur la constitution de 3 types de grandes unités. Les brigades blindées ont 3 régiments de chars, 1 bataillon d'infanterie motorisée, 1 régiment d'artillerie et 1 régiment anti-chars. Dans une division blindée, une brigade blindée est associée à une brigade d'infanterie motorisée à 3 bataillons, complétées par un régiment d'artillerie. La division blindée reçoit en outre des éléments du génie, de DCA etc. Les brigades blindées de l'armée doivent être distinguées des précédentes car elles regroupent les chars les plus lents qui ne peuvent être associés à ceux des divisions blindées et elles restent indépendantes. L'infanterie est aussi réorganisée. Chaque division d'infanterie comprend 3 brigades. Chaque brigade comprend 3 bataillons d'infanterie, un régiment d'artillerie à 24 canons et une batterie antichars à 16 canons, des unités du génie de transmissions, de DCA. Le général Auchinleck pensait que la brigade, plus que la division, constituait le format idéal des unités de manœuvre et de combat de la guerre du désert. Mais cette organisation avait l'inconvénient de réduire la capacité de l'artillerie britannique à concentrer ses feux, ce qui était une leçon de la bataille moderne depuis 1914 au moins. En outre, chefs et soldats britanniques espéraient que les nouveaux chars américains des divisions blindées (chars *Grant*) leur donneraient l'assise nécessaire pour battre les troupes de Rommel. On place beaucoup d'espoirs dans de nouveaux matériels.

Maîtres de la logistique dans le *Western Desert*, les Britanniques ont considéré que leurs alliés devaient se conformer à cette organisation, qu'ils ont, nous en verrons les détails, détourné... Mais ils ont laissé aux Français toute latitude quant à l'emploi de l'armement d'origine française. Ils ont simplement consenti à moderniser son armement antiaérien. À notre avis, bien qu'ils ne l'aient jamais véritablement formulé aussi directement, les Anglais ont considéré comme intéressant – habile ; judicieux ? – de placer en bout de ligne, à Bir Hakeim, une unité correctement armée en artillerie de campagne (mais qui manquait de batteries lourdes) et lourdement armée en anti-chars qui serviraient pour le harcèlement, la défense ou l'attaque. Et qui tiendrait fermement quelques jours dans une position dont la destinée était, dans le plan d'attaque britannique initial, de servir de pivot pour les unités blindées britanniques qui attaqueraient vers le nord et l'ouest une fois l'avance décidée à partir de/ou en contournant Bir Hakeim. Ils savaient aussi que l'armement Français n'était pas de si mauvaise qualité pour la guerre du désert, même si le vieux « 75 » commençait à dater en 1942. Les armes anglaises ne leur étaient en effet guère supérieures, à deux exceptions près, le canon antichars de 6 livres qui commençait à peine à arriver dans le *Western Desert* (et à remplacer le canon de 2 livres, inférieur à presque tous les canons de l'Axe et même à tous les canons antichars français, sauf celui de 25 mm) et le canon de 25 livres de l'artillerie de campagne anglaise. Le *25 pounder* (25 pdr) était efficace dans le bombardement et contre les tanks. Il était cependant très difficile, du fait de son poids, à manier en antichars et ce n'était pas sa mission première : on retrouve ici le problème de la concentration des feux de l'artillerie britannique. Ce n'était pas le seul problème. Le colonel sud-africain Newton-King qui eut l'occasion d'accompagner les Français en Jocks columns estimait en outre qu'aucun canon tracté en situation d'attaque n'avait de chance contre les tanks[27].

La ligne de Gazala fut une combinaison de zones minées et de « boxes », positions défendues par des unités d'infanterie. Ce qu'on appela « marais de mines » comporta au moins 500 000 mines antichars de Gazala à Bir Hakeim. Les militaires britanniques, par précaution, ont créé « le V », la zone comprise entre la première ligne minée et une seconde ligne de champ de mines qui commençait au-dessus de la position française. Il s'agissait incontestablement de ralentir voire de stopper les unités blindées et motorisées de l'Axe sur cette seconde ligne le cas échéant. Le dispositif présentait de graves inconvénients. Les « boxes » étaient très éloignés les uns des autres et ne pouvaient se soutenir. Une fois encerclés, ils ne pouvaient être correctement ravitaillés. Surtout d'énormes surfaces minées entre les boxes n'étaient pas réellement couvertes par le feu de l'artillerie. Or que vaut à la guerre un obstacle non défendu ? Le commandement de la VIIIe armée n'a jamais explicité ses choix. Il n'existe donc pas de réponse sûre à cette organisation singulière, et les historiens militaires britanniques n'en

27. Il remarquait aussi que le canon antichar de 47 mm italien était égal au 2pdr britannique en antichar, mais au bout du compte, supérieur, car il pouvait utiliser des obus explosifs « traditionnels », ce qui était impossible avec le 2pdr, dans SANDFA, MADC. UWH Box nr. 132. 4 Armed C. Regt. Narrative by Col. Newton King. January - June 1942. Newton-King ne parle pas du canon de 75 français.

donnent pas de réellement satisfaisantes, insistant seulement sur la manière dont l'armée britannique a réussi à stopper l'avance de Rommel en février, et à se réorganiser sur place en improvisant.

Des raisons stratégiques ont joué. La ligne de Gazala était d'abord destinée à servir de base pour les prochaines opérations offensives. C'était une position d'attente pour se garer de toute surprise. La ligne bloquait toutes les routes vers l'ouest, la route de la côte, plus au sud, la Via Balbia, les pistes à l'ouest d'Acroma, les deux routes du désert le long du Trigh Capuzzo et du Trigh El Abd. Deux positions furent aussi construites derrière la ligne principale. L'une pour défendre Acroma, l'autre, appelée *Knightsbridge* au carrefour important entre la route au sud d'Acroma et le Trigh Capuzzo. Cette organisation tenait aussi compte de Tobrouk, destinée à servir de base arrière, mais dont les fortifications ne furent pas réévaluées : il ne devait pas y avoir de nouveau siège de Tobrouk comme en 1941. En cas de menace d'encerclement, la garnison se replierait vers l'Égypte

À partir du moment où le commandement britannique prend conscience que Rommel sera prêt à attaquer avant les Alliés, d'autres problèmes se posent. La ligne de Gazala devient véritablement une ligne de défense pour une bataille d'arrêt et les généraux britanniques hésitent sur la position à donner à leur masse de manœuvre blindée placée en réserve derrière cette ligne. Au début de mai 1942, l'état-major de la VIIIe armée fait donc des plans défensifs tout en continuant de planifier son attaque à l'ouest. Les options sont peu nombreuses : les Britanniques pouvaient soit concentrer toutes leurs forces blindées en risquant d'être coupés de leurs bases par les blindés de Rommel, soit étendre leurs unités de façon à obliger l'ennemi à faire de même et à allonger ses lignes de communication. Il ne resterait plus alors qu'à attaquer au nord, à écraser les unités les moins mobiles de l'armée italienne, à progresser le long de la côte et passer derrière les troupes de l'Afrika Korps. La deuxième option fut choisie, mais l'ensemble des unités blindées et motorisées, sur la suggestion d'Auchinleck, fut rattaché au XXXe corps pour que les unités blindées opèrent groupées. Ce qui explique que le XIIIe corps fut chargé de la défense de la ligne de Gazala jusqu'au sud de *Knightsbridge*. Et que le reste de la ligne de Gazala, Bir Hakeim compris, releva du XXXe corps. La brigade française fut ainsi rattachée aux « Rats du désert » de la 7e division blindée, ce qui représentait un choix pour le moins surprenant, même en tenant compte du rôle possible de Bir Hakeim comme pivot de brigades ou divisions blindées en cas d'offensive de la VIIIe armée. Les unités blindées britanniques, sur l'ordre du général Ritchie, furent en fait, installées au sud du Trigh Capuzzo, plus au sud qu'Auchinleck ne le souhaitait, mais Ritchie était persuadé que la menace la plus importante pourrait venir du sud. Car Bir Hakeim conçu comme point de défense devait obliger l'ennemi à attaquer en faisant un détour, s'exposant à être menacé sur sa ligne de communication. La défense à tout prix de la position tenue par les Français était donc à l'ordre du jour, or les généraux britanniques, Norrie, Ritchie (pas Auchinleck qui laisse cependant Ritchie juge de la situation) changent d'avis le 6 juin. Norrie veut la 7e Motor Brigade sur son flanc pour assurer sa protection plutôt que la voir soutenir Bir Hakeim. À la suite de divers incidents, sur lesquels nous reviendrons[28], ils concluent que les Français n'en « veulent » plus et acceptent l'idée d'une évacuation[29].

Durant leur séjour à Bir Hakeim et à la fin de la bataille, les Français de la BFL ont eu l'impression qu'on les oubliait dans un lieu isolé. Ils ont eu en fait l'honneur redoutable d'avoir à défendre la place de Bir Hakeim dans le contexte d'une stratégie incertaine de l'état-major britannique.

Il est facile, *a posteriori* de s'étonner de cette incertitude. Car on sait depuis les années soixante-dix l'intense effort de décryptage des communications allemandes réalisé par les Britanniques dans le programme Ultra. Après des années de tâtonnement on commence à peine, en juin 1942, à lire avec un délai court les communications cryptées allemandes. Le décryptage avait une semaine de décalage jusqu'à la fin mai, le délai est réduit à 24 heures à partir du début du mois de juin.

La VIIIe armée britannique a donc été une des armées les mieux renseignées de toute la guerre, mais pas tout le temps, et elle n'a pas pu par exemple deviner le plan d'attaque de Rommel le 26 mai. Le délai de 24 heures obligeait lui aussi à interpréter et les aspects tactiques constituaient la partie la plus faible du décryptage[30]. La VIIIe Armée savait cependant que Rommel voulait prendre Tobrouk à J + 4. Les documents Enigma conservés montrent que le renseignement britannique savait aussi le 8 juin que la priorité avait été donnée à Bir Hakeim le 6 juin, au moment où Rommel avait personnellement pris le commandement sur place. Ils découvrent en outre le 9 juin qu'il refuse d'engager les tanks... Les erreurs tactiques ont empêché le commandement britannique d'exploiter au mieux la quantité considérable et la qualité des renseignements dont il disposait.

La bataille de Gazala est donc un moment représentatif de la guerre du désert. Les combats statiques et les opérations et mouvements des unités blindées et motorisées ont été des plus violents. On s'est battu sur toute la ligne de Gazala, dans toutes les positions tenues par les Britanniques. Ces positions préparées à l'avance ont été perdues car Rommel a su utiliser les ressources de la guerre de mouvement et de l'arme blindée pour les tourner et les faire tomber. Le cas échéant, il a su aussi faire le siège des « boxes », et prendre Tobrouk. Il a ainsi remporté sa plus grande victoire.

Pour autant, l'exposé sur les opérations de guerre est encore incomplet. Il faudrait ici suivre avec précision les mouvements des escadrilles de chasse et les

28. Par exemple le refus de Koenig de laisser rentrer 35 camions de ravitaillement, voir le dernier chapitre.

29. Décisions et arguments du commandement britannique sont bien expliqués dans l'histoire inédite du Brigadier C.J.C. Molony, SANDFA, MADC. UWH Box 322 File. The German Assault on the Gazala Position and the Fall of Tobruk.

30. Sur tout ceci voir Hinsley, F. H. *British Intelligence in the Second World War*, London, Her Majesty Stationary Office, 1981, p. 367-381.

groupes de bombardement qui ont joué un rôle très important dans les opérations de la guerre, au désert comme ailleurs. Ce n'est pas chose facile. La plus remarquable étude dans le genre, compilation encyclopédique des archives de tous les belligérants (sauf celles des Français Libres) est extrêmement fastidieuse à lire. Elle fournit des commentaires d'aviateurs des deux camps, de très nombreux renseignements factuels (pertes sûres, victoires probables, lieux de combats etc.), quelques analyses intéressantes sur les batailles, la stratégie aérienne des belligérants et les tactiques des aviateurs. Curieusement, elle ne comporte que peu de cartes[31].

La position de Bir Hakeim a été défendue par trois groupes de la Royal Air Force appartenant à la Desert Air Force. Le 233e groupe était basé à Gas-el-Arid, et comprenait deux squadrons (escadrilles) de la RAF (équipés de Curtiss P-40 Kittyhawk), n° 94, 260 et deux puis trois squadrons de l'aviation Sud-Africaine (South African Air Force, SAAF, squadrons 2,4,5, équipés de Curtiss et de P-40 Tomahawk). Le 239e groupe était basé à Gambut. La RAF fournissait deux squadrons (n° 112 et 250), et la Royal Australian Air Force deux squadrons aussi (n° 3 et 450). Les appareils des 4 groupes étaient des Curtiss p-40 Kittyhawk, renforcés début juin le squadron n° 6 équipé de Hurricane IID. Le 243e groupe basé à Sidi Heinesh était formé des 33e, 73e, 284e squadrons, équipés de Hurricane, et du squadron 145 équipé de Spitfire. Le groupe est renforcé le 5 juin par le 213e squadron.

Ce sont au total 168 Curtiss P-40 (en additionnant les deux versions de cet avion américain), et 84 Hurricane, qui ont pris en charge la majorité des opérations aériennes autour et sur Bir Hakeim (la vingtaine de Spitfire du squadron 145 ne fut pas engagée sur ce front-là).

Si les soldats français ont pu voir les Curtiss et les Hurricane opérer contre les avions et contre les véhicules ennemis, d'autres squadrons de la RAF ont effectué des missions spécifiques. Les reconnaissances quotidiennes complétaient ou confirmaient les renseignements. Et la RAF a utilisé des bombardiers dans la zone: Baltimore du 233e squadron, Boston des 12e et 14e squadron, Wellington du VIIe groupe de bombardement, Beaufighter et Albacore du 201e groupe.

Les missions sur Bir Hakeim ont été relativement nombreuses, pas aussi importantes qu'on l'a dit, particulièrement chez les Français Libres après la guerre. Il faut réinsérer ces missions dans la stratégie aérienne des Britanniques. Deux périodes sont à distinguer: 1) 27 mai-2 juin, 2) 2-10 juin. On voit donc que la bataille aérienne a sa propre chronologie. Dans la première phase Bir Hakeim est une des zones qui demandent un soutien rapproché, dans le cadre d'une grande bataille aérienne ou chacun des adversaires essaie d'acquérir la supériorité aérienne sur l'ensemble du champ de bataille. La chasse britannique a assuré

31. C. Shores, G. Massinello, R. Guest, F. Olynyk, W. Bock, *A History of the Mediterranean air war, volume 2, North AFrican Desert campaign February 1942-March 1943*, Grubb Street, London, 2012, 736 p.

plus de 200 sorties par jour en moyenne. Dans la 2e phase, les Britanniques consacrent la plus grande partie de leurs forces aux combats autour de Knightsbridge les 5, 6 et 7 juin. Mais Bir Hakeim est en seconde position pour le nombre de sorties. Et après le 7 juin, malgré les difficultés et l'intervention massive des escadrilles de l'Axe, la RAF assure encore 200 sorties par jour sur Bir Hakeim. Le 10 juin, l'effort de la RAF pour soutenir la garnison est considérable et assez efficace. Il est à signaler l'apparition d'un changement tactique très important dans l'action d'unités de la RAF au moment de Bir Hakeim, à notre connaissance jamais ou rarement indiqué parce qu'il s'agit d'une expérimentation. Comme l'a dit un pilote de Hurricane IID du Squadron n° 6 :

> « Dans le désert nos cibles étaient les unités de transport, pas les tanks. En Europe on attaquera les tanks avec des rockets. Bir Hacheim est une exception, nous avions une unité au sol avec les Français Libres, pouvez-vous le voir, pouvez-vous vous en occuper ? ; le système d'appui au sol a été expérimenté à Bir Hacheim, dans les derniers jours de la bataille[32]. »

Durant la 2e période, on notera que les Britanniques n'ont pas été en mesure d'intercepter toutes les attaques de la Luftwaffe et de l'aviation italienne. Sur 24 opérations de grande envergure, seules 4 furent combattues par la RAF et partiellement dispersées. D'où le copieux bombardement aérien de la position. Cet échec s'explique d'abord par le repli d'une unité de radar britannique qui avait la mission de détecter les avions opérant à basse altitude. Le commandement britannique a aussi protégé le programme Ultra et évité de compromettre cette source extraordinaire de renseignements de toutes sortes. Koenig a connu plus tard en Grande-Bretagne l'existence de ces décryptages qu'il mentionne en passant dans ses mémoires sur Bir Hakeim et uniquement à propos de l'aviation[33]. L'effort considérable des forces aériennes appuyant Rommel est moins bien documenté dans les histoires publiées en Grande-Bretagne et en France. On n'y trouve pas avec une grande précision le nombre exact d'appareils et d'escadrilles engagés spécifiquement contre Bir Hakeim. Mais il a été remarquable et signalé comme tel par les combattants français soumis à un déluge de feu. Ils compteront par exemple 110 avions à midi le 10 juin sur Bir Hakeim. Le bombardement n'a pas été en soi décisif, même s'il a constitué une épreuve difficile pour les fantassins et les artilleurs français. Le maréchal Kesselring fera part de son mécontentement à Rommel le 11 juin, notant que les attaques « victorieuses » des Stukas du 10 juin n'ont pas été suivies de vigoureuses offensives des tanks

32. IWM, Entretien « Oral History », n° 27073, Drake Billy, 2004. Les Britanniques travaillaient depuis octobre 1941 sur l'usage d'avions équipés de munitions antichars, qu'ils expérimentent à Bir Hakeim et améliorent notablement à El Alamein.

33. Koenig, *op. cit.*, p. 284 « la coïncidence des attaques et des ripostes est stupéfiante », raison pour laquelle les aviateurs britanniques ont limité le nombre de « coïncidences ». Quand Koenig travaillait à ses mémoires, le décryptage n'avait pas été encore rendu public.

et de l'infanterie de l'Afrika Korps, ajoutant que « nombre d'autres missions importantes n'ont pu être exécutées[34] » en donnant la priorité au bombardement de Bir Hakeim.

Malgré les lacunes des archives et la manière incertaine dont étaient comptabilisées les pertes aériennes, le bilan est intéressant. Les comptes de C. Shores et de ses collègues montrent que les Britanniques ont perdu 173 avions dans la bataille de la ligne de Gazala (et autour) du 26 mai au 11 juin. Dans la même période, les pilotes de la RAF et leurs alliés ont revendiqué 189 victoires sur leurs adversaires. Les pertes réelles sur et autour de Bir Hakeim sont au nombre de 20 sur 173, dont 10 les 8, 9 et 10 juin. Les victoires proclamées sont plus nombreuses autour du camp retranché : 51, dont 36 les 8, 9 et 10 juin et confirment l'intensité de l'engagement de la fin de la bataille de Bir Hakeim.

Leurs adversaires auraient réellement perdu 136 appareils sur l'ensemble du front et pour la même période, dont une dizaine dans les opérations sur Bir Hakeim et ses alentours. Ces chiffres sont difficilement conciliables avec les estimations britanniques. Les Allemands et les Italiens ont revendiqué 216 victoires (111 pour la Luftwaffe, 105 pour la Regia Aeronautica, dont 25 vers et sur Bir Hakeim). La comparaison des pertes des 6-11 juin pour l'ensemble des opérations montre un net avantage des forces de l'Axe (35 avions perdus contre 53 pour les Britanniques, dont les 10 perdus à Bir Hakeim).

Le bilan est donc éloquent et fait pencher la balance en faveur de l'aviation qui soutenait Rommel. Il est représentatif des choix des différentes armées. L'Axe conservait des pilotes qui avaient 12 à 18 mois d'expérience, alors que les Britanniques mettaient en ligne des aviateurs inexpérimentés avec peu d'heures de vol. Leurs meilleurs pilotes, les plus anciens, avaient été perdus dans les deux années précédentes et ceux qui restaient étaient réservés aux missions d'instruction. Beaucoup de nouveaux pilotes avaient suivi les cours de formation dispensés dans le cadre du Plan d'entraînement aérien du Commonwealth britannique (British Commonwealth Air Training Plan, créé en 1939 et qui fournira la moitié des pilotes des armées du Commonwealth pendant la guerre). En outre, la qualité des avions de la RAF à ce stade de la guerre, dans le désert, était quelque peu inférieure à celle de ses adversaires. Seul le Spifire, dont il est difficile de comprendre pourquoi il n'a pas été engagé en plus grand nombre dans le désert en 1942, était supérieur aux Messerschmit Bf 109F et G.

Utilisant des archives opérationnelles, ce bilan ne donne pas de vues très nettes sur les missions, sur la bataille aérienne de Bir Hakeim. Dans un autre registre, humainement plus important, il ne dit rien de la vie et des épreuves des aviateurs en guerre en Libye. Elles sont donc mal connues, d'autant plus mal que les pilotes ont laissé peu de mémoires sur cette partie de la guerre du désert de mai-juin 1942. Là comme à terre, les hommes se sont adaptés. Il ne s'agissait pas

34. Décryptage Ultra 0620 du 11 juin 1942, NA, DEFE 3/758. Avant la divulgation des documents du programme Ultra, la colère de Kesselring était déjà connue, par les carnets de Rommel et les mémoires de Kesselring.

seulement de détruire l'adversaire au sol ou en combat et d'appliquer les leçons sur les formations et les évolutions spécifiques aux missions. Il a fallu aussi apprendre à utiliser le soleil, à repérer les maigres ombres, à lire les traces du désert. On a été contraint d'accepter des conditions de vie au sol assez dures : baraques avec un confort rudimentaire, peu de loisirs, sauf au Caire ou à Alexandrie pour les Britanniques, une nourriture généralement exécrable (conserves, biscuits secs, thé plus ou moins salé côté anglais, vu la qualité de l'eau...)[35]. On notera que les pilotes allemands et italiens se sentaient bien plus vulnérables à des opérations commandos nocturnes que leurs adversaires à qui ce stress très particulier fut épargné.

E. Dévoilement 4 : l'arrière-plan décisif ? la bataille du ravitaillement

La guerre du désert présente de nombreuses spécificités. Depuis 1945, de nombreuses études ont analysé avec précision ce que furent les efforts logistiques des deux camps[36]. Ils ont dû s'adapter à l'immensité du terrain à parcourir. Qu'on en juge : à deux reprises, en 1941 et en 1942, Rommel (et ses adversaires) ont effectué un aller-retour de 2400 km ! On a souvent du mal à imaginer ce que ces mouvements, appelés à juste titre « *pendulum of war* » par les Britanniques, représentent. Un adage américain bien connu veut d'ailleurs que les historiens militaires amateurs s'intéressent davantage aux opérations que les militaires professionnels qui, eux, étudient, d'abord et par-dessus tout, la logistique.

En ce domaine, la guerre du désert offre un cas d'école : la nécessité absolue pour les armées modernes de transporter tout leur ravitaillement et l'impossibilité de recourir aux ressources locales. Les enjeux étaient considérables. Comment entretenir des armées capables, pour l'Axe, d'aller jusqu'en Égypte en combattant à plusieurs centaines de kilomètres des bases et points d'arrivée de l'essence, des marchandises, des munitions ? La plus grande partie de ce ravitaillement devait être fabriquée en Italie (mais les munitions de la Wehrmacht exclusivement en Allemagne), transportée en Libye par mer, puis distribuée aux unités. Les troupes de l'Axe avaient besoin, selon les auteurs, de 70000 à 100000 tonnes de ravitaillement par mois. Au cours de la période novembre 1941-octobre 1942, le minimum ne fut pas toujours atteint et les 125000 tonnes de juin 1941, les 72000 tonnes livrées de juillet à octobre 1941, 91000 tonnes en juillet 1942 sont plutôt les exceptions que la règle. Il y eut aussi des périodes désastreuses : 39000 tonnes furent livrées en décembre 1941. La guerre sur mer

35. Il faut lire attentivement les archives pour trouver les plaintes, par exemple, celles de pilotes sud-africains basés près d'Alexandrie, sur la nourriture (27 sept 42), dans SANDFA, SAAF vol.80 Middle East narratives July sept 1942.

36. Voir par exemple, M. Van Creveld, *Supplying war, Logistics from Wallenstein to Patton*, Cambridge, Cambridge University Press, 1977, p. 181-201, et S. Bungay, *Alamein*, London, Aurum Press, 2002, p. 41-66.

et la pression exercée par l'aviation Alliée expliquent ces variations. La marine italienne a perdu les deux tiers de sa capacité de transport de 1940 entre novembre 1940 et la fin de 1942. Mais renforcée par la marine allemande et par les prises de guerre (Grèce etc.), elle a récupéré des navires. De sorte qu'à la fin de 1942, les pertes sont partiellement compensées et les capacités de transport représentent environ les deux tiers de celles qui existaient en 1940. La marine italienne a incontestablement fait le maximum d'efforts pendant deux ans.

La chaîne de ravitaillement présentait de nombreuses imperfections. Il fallait tenir compte de la capacité effective d'accueil des ports, qui diminuait très sensiblement de l'ouest vers l'est. On l'établissait de 1 500 tonnes par jour à Tripoli, de 700 tonnes par jour à Benghazi (avec une capacité théorique de 2 500 tonnes fortement réduite par les attaques aériennes), de 600 tonnes par jour à Tobrouk (en moyenne). Autrement dit, ces quantités représentaient un minimum, et encore, à condition de n'avoir pas à acheminer le ravitaillement trop loin. Car, à partir des ports, il fallait transporter les marchandises et munitions uniquement par la route, ce qui impliquait de tenir compte de la consommation des unités de transport routier sur des distances plus ou moins longues. On a jugé que la distance maximale des lignes de ravitaillement dans le désert pouvait être de 450-480 km (300 miles), alors qu'en Europe, les états-majors considéraient que la longueur ne devait pas excéder 320 km. À ces questions de distance s'ajoute un handicap essentiel pour les armées de l'Axe : le nombre d'unités de transport et de camions a toujours été insuffisant sur ce théâtre d'opérations, malgré les réclamations de Rommel, d'ailleurs parfaitement irréalistes quand il demandait qu'on lui fournisse 8 000 camions alors que les armées blindées allemandes sur le front russe n'en avaient que 14 000. Une des raisons qui explique que l'Afrika Korps n'ait pas été renforcé outre mesure en 1942, avant la Tunisie, tient aux capacités de transport. Une division motorisée allemande avait par exemple besoin de 350 tonnes par jour, de 10 000 tonnes par mois (en théorie). Il fallait pour les convoyer 1 170 camions de 2 tonnes groupés en 39 colonnes (au minimum). Et il était considéré comme inévitable de consommer une tonne d'essence pour 10 tonnes transportées... On conclura de qui précède que l'Afrika Korps de Rommel ne pouvait être renforcé davantage dans la guerre du désert.

Ces problèmes logistiques ont influé sur les relations entre Italiens et Allemands. Les Italiens ont toujours préféré Tripoli comme port de débarquement, à la fois pour assurer un ravitaillement plus conséquent et pour minimiser leurs pertes maritimes, quitte à recourir à une très longue route de ravitaillement vers le front, à la constitution de réserves et dépôts dans l'ouest de la Libye, etc. Alors que Rommel poussait à débarquer les marchandises au plus près des troupes. Les résultats ont été très différents. En juillet 1942 par exemple, 191 000 tonnes débarquées sont arrivées à Tripoli et Tobrouk et 5 % des capacités de transport ont été coulées. En août 1942, Rommel a demandé qu'un gros effort soit fait en direction de Tobrouk, avec pour résultat une nette diminution des quantités transportées (41 000 tonnes) et une multiplication par 4 des pertes en tonnage. Sur le plan stratégique, les Italiens et même le Grand État-Major allemand, l'OKW, ont recommandé à Rommel la prudence, précisément pour tenir compte des capacités de transport de son armée. En outre, Italiens et Allemands avaient des désaccords sur des territoires adjacents : Malte, la Tunisie. L'appétit de Mussolini pour la Tunisie était connu de longue date dans le cadre de la création d'une Méditerranée fasciste héritière de la Rome antique. Il a été renforcé par l'évolution de la guerre du désert. Le Duce soulignait que le port de Bizerte pouvait représenter une solution aux questions de ravitaillement. Hitler l'a freiné à plusieurs reprises, craignant de donner des prétextes à Vichy pour changer de camp, et surtout indiquant que prendre Bizerte ne pourrait en aucun cas résoudre la question du transport routier vers l'Égypte. Les ambiguïtés seront levées en novembre 1942 avec le débarquement Allié au Maroc et en Algérie.

Du côté britannique, les problèmes étaient différents et les choix plus faciles. L'armée du Commonwealth bénéficiait d'une route maritime assez sûre de la Grande-Bretagne au canal de Suez en passant par le Cap. La marine britannique était en outre maîtresse de la Méditerranée, même si cette supériorité était contestée. En outre, deux routes aériennes ont joué un grand rôle, celle qui passait par l'AEF et celle qui joignait Le Cap au Caire. L'occupation de l'Irak, la neutralisation de l'Iran, la présence anglaise en Palestine, au Soudan, en Érythrée, la libération de l'Éthiopie et le contrôle de la Syrie par la France Libre permettaient de voir l'avenir avec sérénité. La véritable base arrière de l'armée de Churchill se trouvait en Égypte, étroitement contrôlée malgré l'opposition nationaliste et pro-allemande dans le pays. La présence militaire des troupes britanniques, australiennes, sud-africaines, indiennes a été renforcée au Moyen-Orient, particulièrement en Égypte : casernes, dépôts, hôpitaux, camps d'entraînement. L'Égypte constitue alors un immense camp militaire pour la VIIIe armée, ce qui n'est pas réellement le cas de la Libye pour les troupes de l'Axe.

L'armée britannique dispose d'autres avantages. Une ligne de chemin de fer va vers l'ouest jusqu'à Marsah Matrouh, et joue un grand rôle tout au long de la guerre du désert. Elle a même été prolongée jusqu'à la frontière libyenne en février-mars 1942. Les Britanniques ont aussi une meilleure conception des servitudes de la guerre moderne et de celle du désert (ou des guerres coloniales). Avec de petits effectifs durant l'entre-deux-guerres, ils ont motorisé leur armée à des niveaux bien supérieurs à ceux des armées italienne, allemande ou française. De sorte qu'une division d'infanterie britannique dispose de 3 700 véhicules alors qu'une division blindée de Rommel n'en a que 2 100. L'armée britannique a en conséquence logiquement développé unités de transport et de ravitaillement, unités de maintenance et de réparation, Seule l'armée américaine la dépassera sur ce plan au cours de la guerre. Enfin, un système original de dépôts a été mis en place dans le désert même, et a prouvé son efficacité durant toute la période.

Deux autres éléments d'explication à l'échec italo-allemand doivent encore être retenus. D'abord l'attitude de Rommel lui-même qui a constamment minimisé les problèmes logistiques en 1941-1942 et, le cas échéant, a accusé les Italiens de ne pas faire davantage d'efforts. Rommel a en outre outrepassé ses ordres, qui étaient d'abord de sécuriser et de défendre la partie de la Libye menacée. Il est constamment allé au-delà. Sa capacité tactique a fait sa renommée, mais il a été durement rappelé aux réalités à plusieurs reprises et surtout à l'été 1942. L'étirement des lignes de communication et les difficultés de ravitaillement sur les routes d'Afrique étaient tels que si les prises de guerre de Tobrouk, 1 400 tonnes d'essence, 5 000 tonnes de ravitaillement, 2 000 véhicules ont aidé à relancer l'offensive vers l'Égypte, elles n'ont absolument pas suffi à contrebalancer la supériorité britannique retrouvée sur la ligne d'El Alamein. Rommel, beaucoup trop loin de ses bases, pouvait-il vaincre ? La réponse est dans la question.

Ensuite, il est intéressant de rappeler l'importance des opérations en Méditerranée et surtout la bataille de Malte. La guerre des convois maritimes a été gagnée par les Britanniques, non sans mal. Mais la victoire n'a pas été décisive puisque nourriture, essence, munitions sont toujours passées d'Italie en Afrique en 1941, en 1942 et en Tunisie quoiqu'en quantités de plus en plus réduites. En outre, la supériorité aérienne britannique a été longue à se mettre place et a été longtemps contestée.

Il reste que dans la période de l'occupation et de la défense de Bir Hakeim, les combats aériens menés sur Malte, le rôle du port et des aérodromes de l'île ont constitué une importante source d'inquiétude et d'espoir pour les généraux italiens et allemands. Sans rentrer dans le détail de cette lutte épique, rappelons que dès 1940, Malte a servi de base aux avions qui ont coulé de nombreux bateaux de ravitaillement. En 1941 et 1942, les résultats ont été améliorés grâce aux renseignements fournis par le programme de décryptage Ultra. En retour, les avions de l'Axe, au cours de plus de 3 000 missions, ont copieusement bombardé l'île et ses habitants dont le courage leur a valu, collectivement, la Croix de Georges. Le haut commandement italo-allemand voulait réaliser un débarquement, pour en finir avec cette île porte-avions qui envoyait des appareils sur les convois maritimes et sur les ports et routes de Libye.

Or, la défense de Malte était bien organisée et l'opération promettait d'être coûteuse. Pour cette raison, il y avait des hésitations au plus haut niveau. En raison des pertes des parachutistes allemands en Crète en 1941, et de l'engagement immédiat des civils crétois contre les troupes allemandes sur place[37], Hitler s'est montré réticent à donner son accord à un débarquement couplé avec une opération aéroportée. Il s'est fermement opposé à l'avis des généraux italiens et du maréchal Kesselring. De sorte que l'occasion a été manquée en juin-juillet 1942. Malgré d'excellents résultats des bombardements sur l'île début juin 1942, la chute de Tobrouk a en fait sauvé Malte : la priorité a alors été donnée à l'assaut sur l'Égypte. Dans les semaines et les mois qui ont suivi, bien que toujours

37. Troupes qui se livrèrent à nombre d'atrocités envers les civils, ce qu'il est utile de rappeler.

assiégée, toujours sous la menace des raids aériens très violents, Malte a pu se renforcer. À la mi-octobre 1942, le siège était terminé à l'avantage des défenseurs. La Luftwaffe a été obligée de scinder son effort, une partie est restée tournée vers Malte, mais avec l'avance de Rommel vers l'Égypte, un appui aérien et donc une réorganisation au sol, ont été nécessaires, mais insuffisants. Une fois la bataille d'El Alamein perdue et avec l'opération Torch en novembre, l'aviation allemande et l'aviation italienne sont dorénavant tournées vers la Tunisie à l'ouest. À l'est, il ne s'agissait plus que d'épauler ce qui restait des troupes de Rommel en retraite après la défaite contre Montgomery.

Cette histoire des questions logistiques est une esquisse. Elle ne rend pas compte de l'ensemble des problèmes. Comment, par exemple, intégrer au récit les statistiques du transport et les problèmes de réparation du fait de la durée de vie plus courte des moteurs dans le désert ? Ou encore : comment intégrer les dépôts des armées ou l'organisation spécifique de la logistique aérienne (maintenance des avions, unités de garde des aérodromes, unités d'entraînement pour les opérations) ? L'ensemble de la démonstration reste beaucoup trop vague : y faudrait-il un livre ? La manière d'écrire les ordres et les résultats des missions la rend d'ailleurs difficile à faire : les archives des unités de transport mentionnent des déplacements et leurs aléas, mais succinctement. Elles sont muettes sur les contenus transportés, ou bien n'en parlent que très rarement. Suivre les camions du RASC britannique, suivre aussi ceux de la BFL n'est donc pas, dans ce cadre, très facile. De plus, cette histoire, de par la nature même des archives subsistantes, très techniques, ne dit pas grand-chose de l'effort et des peurs des hommes de la guerre du ravitaillement : marins, convoyeurs, dockers, aviateurs. Les logisticiens n'ont que faire du sang des hommes.

Conclusion

À l'histoire et notamment à l'histoire des guerres faut-il des récits circonstanciés, documentaires ? On ne peut en faire l'économie, pour ce qu'ils disent de la guerre, pour le découpage du récit, pour l'attachement aux certitudes de l'histoire militaire. Encore faut-il s'entendre sur le sens et la portée de ces textes. Les opérations militaires doivent pouvoir être comprises comme n'importe quel événement, dans leur complexité, dans l'exposé des succès comme dans la reconnaissance des erreurs. Il s'agit d'expliquer l'histoire militaire, avant de pouvoir, éventuellement, tirer le genre de leçon – de tirer profit de ? – dont des milliers de pages ont tenté de faire l'inventaire depuis au moins deux cents ans. Est-il utile de reprendre le débat sur les vertus attendues de l'histoire militaire pour les professionnels ? Les récits rédigés dans la tradition d'une histoire militaire des plus classique, ou renouvelée, même s'ils sont exacts, ne permettent pas toujours de mesurer les véritables servitudes et problèmes posés par la guerre, du désert ou d'ailleurs. Sur le plan humain, certaines particularités de la guerre du désert, le sable, la soif sont souvent mentionnées comme très pénibles, ce qui est vrai, mais reviennent comme des lieux communs, ce qui est plus que dommageable pour la compréhension des enjeux[38]. Un certain type de savoir semble pourtant réutilisable selon les critères du commandement moderne. En 1952, le général allemand Alfred Toppe rédigea pour l'armée américaine *Desert Warfare : German experiences in World War II*, en deux volumes. Il est à noter que le second volume, portant sur la manière de s'adapter au désert fut réédité à l'intention des Marines américains engagés contre l'Irak en 1990-1991, au motif que les Allemands, novices, découvrirent conditions de vie et de combat dans le désert *après* leur arrivée en Afrique.

Dans les cinq récits qui précèdent on a tenté de mettre en perspective, par dévoilements successifs, ce que fut la bataille de Bir Hakeim replacée dans le contexte global de ce moment de la guerre et dans la stratégie politique et militaire de la France Libre. On pourrait d'ailleurs intervertir les récits précédents, utiliser un autre ordre, passer par exemple du plus général au plus singulier et finir par ce qui a été notre point de départ : la bataille vue du côté Français. Il ne s'agit pas d'une reconstitution arbitraire. Notre conviction est que l'exposé kaléidoscopique auquel nous nous sommes livré dans ce chapitre constitue une vérité possible du récit de guerre. Mais qui implique prendre en considération les limites inévitables - considérables ? - du genre « histoire militaire ». L'histoire militaire navigue en effet entre plusieurs écueils, le récit formaté de la bataille, les oublis ou les exagérations sur la mise en scène des hommes (qui étaient-ils et qui étaient leurs chefs ?) , les paragraphes plus ou moins techniques - parfois très techniques, ce que nous avons à dessein évité - sur les armes et leurs capacités (types d'armes, d'avions, de chars etc.), les détails sur les aspects stratégiques et tactiques, et *last but not least*, les considérations sur « ce qui se serait passé si... » , mode d'écriture caractéristique de beaucoup d'études militaires. Pour l'écrire brièvement, il convient de tenir compte des problèmes posés par les méthodes et l'écriture de l'histoire militaire, on n'ose pas dire : par les sources qui circonscrivent son objet.

38. Récapitulation des conditions de vie et des servitudes de la guerre du désert dans Benoît Rondeau, *Être soldat de Hitler*, Paris, Perrin, 2019, p. 113-117.

2
Les enjeux du récit subalterne de la France Libre

Introduction

Le récit global de la guerre de la France Libre, repris par celui des témoins, malgré Mers El Kebir, malgré Madagascar, malgré le conflit de Gaulle-Churchill... est en général très reconnaissant pour l'aide apportée depuis 1940 par l'allié britannique sans qui la France Libre n'aurait pu exister. Mais les Français occupent dans la guerre depuis la défaite de 1940 une position subalterne qui limite considérablement leurs possibilités politiques et militaires. Une longue tradition historiographique, les mémoires du général de Gaulle, les archives, ont depuis longtemps montré les difficultés de la France Libre et les hésitations des Alliés envers un mouvement dont on ne savait pas toujours quoi faire durant la guerre même si on était persuadé, au moins du côté anglais, qu'on aurait besoin de la France en Europe à l'issue d'une guerre victorieuse. Est-il utile de rappeler que la vigueur avec laquelle De Gaulle a représenté la « France qui se bat » est un témoignage parmi d'autres de la situation d'allié mineur ?

À l'été 1942, le « bel été de la France Libre », la bonne tenue de la brigade au combat ne doit pas masquer le fait que les Français reviennent de très loin. Dans les conflits de l'ère industrielle, les transformations de la guerre sont rapides. Est-il nécessaire de rappeler que les Français vaincus en 1940 ne peuvent combler le retard ni en France occupée ni dans les territoires contrôlés par Vichy ?

Les Français Libres, ceux qui veulent combattre, dépendent de la modernité industrielle, technologique, des Britanniques, puis des Américains. À ce stade de la guerre, en 1942, la Grande-Bretagne domine du côté Allié. Elle est le plus important producteur d'armes au monde, car les usines américaines ne tournent pas encore à plein régime. Malgré d'énormes efforts, elle ne s'est pas encore trouvée en situation de remporter la grande victoire que ses sacrifices et son organisation méritent. Pourtant, depuis l'entre-deux-guerres, la Grande-Bretagne, à la différence de la France, a préparé une guerre moderne, une guerre à base de science et d'invention technique, une guerre de machines, de bateaux de guerre modernes, d'avions et de tanks. Il se trouve cependant que son nouveau matériel n'est pas le meilleur, a été dépassé en 1941, ou, parfois, n'est pas vraiment adapté. Il est surtout mal utilisé en fonction de choix tactiques ou d'organisation dépassés ou contestables. Les Britanniques perdent des batailles contre des adversaires moins bien équipés : Italo-Allemands, Japonais[1].

La guerre du désert, où les Britanniques piétinent, illustre pleinement leurs qualités et leurs difficultés dans ce moment particulier de la guerre. Or le désert incarne la modernité de la guerre. Ce théâtre d'opérations a en effet immédiatement fasciné les populations des États en guerre et les soldats professionnels (ou non) pour l'image des grands espaces, la technicité des affrontements et la mobilité nécessaire des unités combattantes. Les militaires de la France Libre, leur chef en particulier, mais aussi ses représentants en Syrie, sont bien conscients du retard. La France Libre, après le début de guerre civile en Syrie, veut faire une rentrée effective et si possible remarquée contre l'Allemand qui occupe le pays. Mais elle doit adapter son outil militaire aux réalités de la guerre telle qu'elle est vue et conduite par les Britanniques. Le récit de bataille français doit maintenant être revu en fonction de plusieurs questions. Il faut revenir aux causes de la présence française en Libye et à la manière dont elle est défendue sur le moment, aux conséquences de la bataille dans l'euphorie d'un combat victorieux où se rejouent des tensions franco-britanniques au niveau du commandement. En outre, le récit des Français traite sur un mode léger de deux problèmes en général sous-estimés dans le récit de la bataille : la question de l'adaptation des Français, non au désert mais à l'armée britannique, la volonté d'unités de se montrer « françaises » en toutes circonstances. Le récit de guerre et de bataille renvoie non seulement à l'identité, mais aussi à la prégnance d'une culture militaire spécifique contrainte de s'adapter aux circonstances.

1. Dans l'immense production historique sur le sujet « économie et société » en guerre en Grande-Bretagne voir en premier lieu David Egerton, *Britain's War Machine*, London Penguin, 2015, (voir par exemple, p. 2-5, p. 248, p. 272).

A. Imposer un partenaire à l'armée britannique ?

1. Moyens : De Gaulle et la volonté de combattre

Les troupes terrestres de la France Libre n'étaient pas nombreuses à l'origine, et le personnel rallié en Syrie, 6000 hommes, insuffisant pour créer de nombreuses unités capables de combattre. Néanmoins, De Gaulle et ses généraux considèrent qu'il est nécessaire et même urgent de faire participer les Français Libres au combat. Et du fait de la place stratégique de la Syrie au Moyen-Orient, il importe d'y regrouper le plus de moyens possibles à ce moment de la guerre. De Gaulle va insister beaucoup pour faire combattre ses troupes, allant, comme on sait, jusqu'à faire du chantage auprès des Britanniques. Il va en effet proposer aux Soviétiques d'employer ses troupes, puisqu'il considère que le haut commandement britannique est réticent et tarde à livrer des équipements modernes aux unités nouvellement constituées[2].

Quels sont les moyens de la France Libre ? Engagée contre les troupes de Vichy en Syrie, la première version de la 1re Division Française Libre, la « 1re Division Légère Française Libre », est dissoute le 20 août 1941. Avec les troupes ralliées et celles qui ont fait la campagne de Syrie aux côtés des Britanniques, avec des renforts venus d'Angleterre ou de l'Empire sont organisées deux nouvelles unités. On réduit alors au minimum les troupes chargées de tenir la zone du mandat Syrie-Liban. Koenig dans son livre utilise le nom de « divisions légères » pour ces nouvelles unités. Le nom de division n'est pas complètement usurpé, malgré la faiblesse des effectifs. Car, ces deux, puis trois divisions « légères », auront un effectif correspondant à des brigades, et, de fait, elles recevront plus tard le nom de « Brigades indépendantes, ». Cependant, avec 5 bataillons d'infanterie, un régiment d'artillerie et des détachements de reconnaissance, génie, transmissions, DCA, elles sont bien pour De Gaulle des « divisions légères » et il tenait à ce nom comme il l'écrit dans les *Mémoires de guerre*[3]. Il fallait utiliser le mot « division » pour marquer le choix du retour au combat et la volonté de participation à des opérations offensives. Ce qui les distingue des unités plus traditionnelles de l'armée française de 1940 tient dans la volonté d'en faire des unités complètement motorisées sachant faire coopérer toutes les armes et dans leur capacité à tenir le terrain avec une puissance de feu inédite.

Car si elles correspondent à des brigades pour les effectifs, ce n'est pas le cas pour l'armement, du fait des choix opérés par le commandement. Les mémoires de Koenig[4] décrivent l'esprit et les décisions de l'été 1941. Il loue l'anticonformisme du général de Larminat pour ne pas avoir constitué une seule division du « type français 1940 ». Les arguments donnés par Koenig ne sont pas tous convaincants. Il avance que la division française 1940 bien connue des autorités

2. Jean-Louis Cremieux-Brilhac, *La France Libre*, Paris, Gallimard, t. 1. p. 425.
3. Général de Gaulle, *Mémoires de guerre*, t. 1, *L'Appel*, Paris, Livre de Poche, p. 313-314.
4. Koenig, *op. cit.*, p. 94 et suivantes.

britanniques ne les aurait pas dépaysés et en se conformant aux effectifs voulus par l'armée britannique, elle n'aurait posé aucun problème d'organisation, ce qui n'est absolument pas avéré. Il ajoute que les soldats français avaient un mauvais souvenir – ou de fortes prévenances – contre ce type de division qui n'avait pas fait ses preuves en 1940. Il reconnaît surtout qu'il fallait absolument « faire du neuf ». Le général de Larminat a ici été déterminant en réunissant à deux reprises ses officiers pour évoquer l'enseignement des campagnes depuis 1940 (France, Norvège, Érythrée, Syrie, Libye). De Larminat, suivant les ordres du général de Gaulle, voulait être prêt à engager des unités dès octobre 1941[5].

Les leçons retenues étaient simples dans leurs grandes lignes. L'armée française avait été vaincue par deux procédés tactiques, l'attaque frontale très puissante avec coopération étroite de toutes les armes terrestres et de l'aviation, et les attaques de flanc et de revers qui avaient complètement désorganisé et dispersé les échelons arrières avant de s'en prendre aux unités de première ligne[6]. Les solutions n'étaient pas absolument neuves si l'on décidait que tout bataillon, unité de base, devrait pouvoir résister ou attaquer dans toutes les directions[7].

Il fallait donc permettre à l'infanterie d'affronter un ennemi « puissant » et aguerri et assurer l'autodéfense de toutes les unités des divisions. On voulait en même temps éviter des effondrements du moral. On a d'abord réorganisé l'infanterie en la dotant d'armes antichars absolument nécessaires pour lui donner confiance dans les combats à venir. La solution originale fut d'utiliser les canons de 75, rendus plus maniables. On en donna au début de 3 puis 6 par bataillon, en complétant avec des armes antichars de plus petit calibre utiles contre tous véhicules, mais obsolètes contre les tanks les plus modernes de l'ennemi. En outre la puissance de feu de l'infanterie est renforcée. Là ou le groupe de combat de 1939 ne disposait que d'un fusil-mitrailleur (FM), d'un lanceur de grenades VB et de 10 fusils, le « nouveau » groupe reçoit deux FM et une mitraillette en plus de la dotation en fusils. On renforce l'armement à tous les échelons, par exemple en donnant deux mortiers de 81 mm là ou en 1940 on avait un mortier de 60 mm.

Toutes les unités ont été armées, y compris les unités de services et de transport : la logique de l'autodéfense prime. Les officiers de Larminat rejoignaient ici d'autres commentateurs, dont Marc Bloch qui avait lui-même conseillé d'armer les soldats chargés du ravitaillement dans son « rapport sur les ravitaillements » dans la campagne des Flandres en 1940[8]. Les échelons de commandement ont reçu armement et entraînement équivalent à ceux des unités de première ligne.

5. Synthèse sur la carrière de de Larminat dans Philippe Oulmont (dir.), *Larminat, un fidèle hors-série*, Paris, Éditions LBM, 2008.

6. Koenig, curieusement, ne fait pas allusion aux techniques d'infiltration de l'armée allemande qu'il connaissait certainement très bien depuis 1918.

7. Koenig, *op. cit.*, p. 97. Koenig fait allusion aux « hérissons » mais qui manquaient de « piquants », imposés par Weygand, dans la deuxième phase de la campagne de 1940.

8. Marc Bloch, *L'étrange défaite*, Paris, Gallimard, 1990, p. 292.

On a aussi organisé la défense des véhicules, dotés aussi d'armes automatiques, et la compagnie du train a eu ses propres moyens antichars et antiaériens. Pour Koenig, ceci donnait une « impression de levée en masse[9] ».

2. Divisions légères

La France Libre crée donc en Syrie deux divisions légères à l'été 1941. Il leur faut des états-majors et services qui sont organisés avec le plus grand soin. L'effort est coordonné par Larminat, Koenig, le colonel Brosset. Le général Catroux, Haut-Commissaire au Levant supervise, soutient et finance. L'entreprise est énorme puisqu'il faut construire de toutes pièces la base arrière d'un corps expéditionnaire avec les restes - pour ne pas dire les épaves - de l'armée de Vichy au Levant.

Koenig, dans son énumération insiste à juste titre sur deux éléments essentiels de la première division légère: le service de santé et le service auto. Les Français Libres tenaient à la motorisation efficace du service de santé, leçon de 1940. En outre, ils ne voulaient pas que leurs blessés soient perdus dans le circuit des hôpitaux britanniques où il serait long et difficile de les retrouver. Il a donc été mis en place un Groupe Sanitaire Divisionnaire, avec médecins et infirmiers français. Il est renforcé par l'ambulance chirurgicale légère (ACL). Parmi les conducteurs des ambulances et autres véhicules, il faut noter la présence de quakers américains. En principe loin des combats, des jeunes femmes britanniques servent aussi de conductrices. Cette structure de combat est soutenue à l'arrière par les éléments de l'hôpital Hadfield-Spears, du nom de ses donatrices et dirigé par madame Spears, l'épouse du chef de la 20e Mission militaire, le général Spears[10]. L'hôpital est parfaitement intégré à l'ensemble et fournit les camions opératoires équipés pour les opérations chirurgicales graves. Au final, il est prévu un circuit pour les blessés qui devront, après les soins dans la division puis à l'arrière, se retrouver en convalescence en Syrie.

L'échelon auto est une création particulière, comprenant « ateliers légers » de maintenance et un « atelier lourd » chargé des réparations et de récupérations. Il est à signaler qu'un grand nombre de « mécanos » sont des civils, en majorité des Arméniens, sous contrat spécial d'ouvriers militarisés, créé par le général Catroux[11]. Nous n'avons pu trouver ni la mention ni le nombre exact de ces ouvriers dans les archives militaires et dans celles du Mandat. Et il est sûr que certains d'entre eux se trouvaient à Bir Hakeim et pas seulement à l'atelier lourd de la brigade, à l'arrière.

9. Koenig, *op. cit.*, p. 99.
10. L'ambulance Hadfield-Spears avait été créée en 1940 et avait pu s'échapper de France au Vernon le 20 juin 1940, voir pour un historique rapide, J.-J. Monsuez « Les étrangers du service de santé dans la campagne de France », *Revue Historique des Armées*, n° 265, 2011, p. 35-45 (p. 37-40 pour l'ambulance Hadfield-Spears en 1940 puis avec la France Libre).
11. Koenig, *op. cit.*, p. 108.

Ces solutions sont dictées par l'urgence et la perspective de combattre dans le désert. Elles reposent sur des analyses plus intéressantes, militairement, que celles qui étaient défendues par d'autres officiers, ailleurs à Vichy, en Afrique du Nord, et même en captivité. Les deux parties divisées de l'armée française cherchaient des solutions nouvelles à employer sur le champ de bataille. Comme nombre d'autres officiers de l'armée vaincue, le général Giraud avait rédigé un long texte dès l'été 1940. Une copie de ce rapport se trouvait... à l'ambassade du Caire, et nous n'avons pu nous expliquer sa présence à cet endroit[12]. Nous ignorons si les Français Libres ont pu le lire. En avaient-ils besoin ? Giraud, comme d'autres officiers de l'armée de Vichy tire des leçons de la campagne en termes très généraux : plan de bataille hasardeux, états-majors incompétents, pouvoir politique au-dessous de sa tâche. En ce qui concerne les soldats, la critique est aussi sévère que générale. C'est le procès des jeunes générations et du Front populaire : refus de combattre, indiscipline, loisirs trop nombreux, manque d'éducation militaire et d'éducation tout court etc. Ce texte rejoint les thématiques de Vichy qui, d'ailleurs, l'appliquait surtout à la République et aux civils et dans l'ambivalence déjà constatée, plus ou moins aux prisonniers qu'il fallait faire revenir[13]. Ce n'étaient peut-être pas de bonnes bases de départ pour former une armée de la revanche, plus axée sur l'éducation morale et sur la gymnastique que sur le perfectionnement de l'apprentissage du combat moderne[14]. On ignore les questions tactiques précises[15] auxquelles les Français Libres tentent de trouver une réponse originale alors qu'ils sont bien conscients, comme nombre d'officiers de l'armée d'armistice, d'insuffisances tactiques. Les généraux de l'armée d'Afrique ont longtemps prétendu avoir très bien préparé leurs régiments en Afrique du Nord[16]. Les taux élevés de pertes dans la campagne de Tunisie[17] et encore dans les opérations en Italie tendent à prouver le contraire. Tirant les leçons de la Première Guerre mondiale, et du début de la seconde, le général Juin a reconnu lui-même que l'infanterie française n'a su manœuvrer « à l'allemande » qu'à partir de la campagne d'Italie, en 1944[18].

Les divisions légères/brigades n'étaient pas sans défauts. On a voulu pour des raisons de coût, de rapidité, d'entraînement utiliser une partie de l'armement

12. AD Nantes, Le Caire Ambassade 571, Rapport Giraud,26 juillet 1940.

13. Voir les réflexions de Marc Bloch sur les officiers dans *L'Étrange défaite, op. cit.*

14. Voir par exemple Robert Paxton, *L'armée de Vichy*, Paris, Tallandier, 2004, p. 219.

15. Les documents n'en donnent ni description ni liste.

16. Voir Christine Levisse-Touzé, *L'Afrique du Nord dans la guerre*, Paris, Albin Michel, 1998, et Jacques Favreau, *La campagne de Tunisie, Le retour de la France au combat*, Paris, Economica, 2016, pour une lecture très hostile à la France Libre.

17. *Idem*, p. 152, l'auteur évalue les pertes à 2 550 tués et 10 500 blessés sur 80 000 h engagés, pertes qui « dépassent en pourcentage celles de nos alliés » (p. 152). En réalité, en avril 1943, 68 817 militaires français et coloniaux sont engagés. Les pertes globales sont plus élevées d'après les archives : 2 500 tués, 13 500 blessés (SHD, DAT 10P241 État des pertes sur le Front Tunisien du 20 novembre 1942 au 15 mai 1943).

18. Citation de Juin dans Jean Doise, Maurice Vaïsse, *Politique étrangère de la France, Diplomatie et outil militaire 1871-1891*, Paris, Le Seuil, 1987, p. 281.

français des années 1918-1940 qui avait été conservé. En conséquence, l'armement lourd des unités était hétéroclite et il est curieux qu'un seul officier supérieur ait évoqué précisément la valeur des armes servies par l'infanterie française dans le désert à Bir Hakeim[19]. De plus, les moyens de transport étaient en Syrie, de très mauvaise qualité. Il était d'ailleurs impensable de pouvoir les utiliser dans le désert libyen, à l'exception d'une partie des camions du train, et sur ce plan-là comme sur d'autres, les Français étaient conscients de leur extrême dépendance.

De Gaulle, dans un télégramme du 30 novembre 1941, prend en compte les insuffisances en transports, armes et munitions (notamment pour les armes automatiques) des troupes du Levant[20]. Il est aussi désireux de conserver des unités en Syrie en vue « d'opérations éventuelles » – qui incluent sans doute le maintien de l'ordre – et définit le format de l'unité à engager : une « forte brigade mixte ». De Gaulle tient à ce qu'elle reste groupée, à ce que ses unités ne soient pas dispersées dans d'autres formations de l'armée d'Auchinleck. Cette brigade aurait 4 bataillons, un escadron de reconnaissance, une compagnie de chars, deux batteries d'artillerie renforcées par 4 pièces de 25 livres britanniques, une batterie anti-chars. En intégrant unité de reconnaissance et blindés, de Gaulle évoque un format incompatible avec l'organisation britannique existante. Mais avec la mention de quatre bataillons, il tient compte des réalités. Pour lui, la solution sera plus acceptable pour les généraux de la VIIIe Armée car elle a l'avantage de limiter la quantité de matériel britannique à fournir aux Français. En outre, elle prend en considération les stocks de munitions d'armes automatiques françaises insuffisants en Syrie. Il indique cependant qu'il ne verrait pas d'inconvénient à former d'autres unités si l'équipement nécessaire leur était fourni. Ce qui va permettre de négocier l'intégration de la 1re division légère pratiquement en entier, dans la composition décidée par les chefs de la France Libre.

3. Négociations

Il fallait d'abord obtenir l'agrément des Britanniques. De Larminat avait entamé des négociations qui n'aboutissaient pas. Catroux les reprend avec Koenig en arrivant au Caire le 28 novembre 1941. Le 29 novembre, le comité de défense qui se tient avec Sir Maitland Wilson, Catroux, Auchinleck pose les bases de la discussion. L'accord se fait dans l'immédiat sur l'engagement d'une

19. Henri Amiel, *Mémorial d'un bataillon de Marche de la France Libre, BM2*, Paris, Cedocar, 1981, p. 391. Amiel passe en revue tout ce dont le BM2 a pu disposer et qui est représentatif de l'armement de la brigade. Il indique que la mitrailleuse de 8 mm Hotchkiss, malgré sa cadence très inférieure à la mitrailleuse MG34 allemande, reste une bonne arme. De surcroît, Amiel considère que les difficultés de ravitaillement en munitions seraient plus grandes si la cadence de tir de la Hotchkiss était supérieure. Par contre, le FM 24/29 est jugé fragile et inutile dans le désert, inférieur au FM Bren de l'armée anglaise (le FM 24/29 est resté une arme de réserve de l'armée française jusqu'au début des années 1980).

20. TNA WO202/102, Télégramme chiffré du 30 novembre 1941, référence 5549A-5696A.

des brigades, mais les Français comptent toujours sur la seconde. Dans son livre, Koenig reconnaît que les discussions du 30 novembre au 10 décembre ont été très difficiles. L'officier d'état-major de la 20e Mission Militaire britannique qui a rédigé le rapport sur ces entretiens le confirme[21]. Koenig est assisté par le capitaine Thoreau, qui était dans le civil le P.-D.G. d'une compagnie d'assurances au Caire. Il commandait les services de la première brigade et a eu la redoutable tâche d'analyser les tableaux des brigades anglaises pour que la brigade française puisse adopter leur format d'effectifs et d'exigences de ravitaillement.

Dans un premier temps, les interlocuteurs de Koenig ignoraient les choix du général de Gaulle. Tout en insistant sur le fait qu'ils ne voulaient pas critiquer l'organisation française, ils ont d'abord dit nettement qu'à leur avis, compte tenu des ressources en Syrie, les moyens n'existaient pas pour deux divisions légères. Ils limitent dans un premier temps le choix des Français à l'engagement d'une seule brigade et estiment que le matériel français, sauf l'armement, est en très mauvais état. Ils trouvent aussi l'artillerie insuffisante, avec un seul régiment pour deux brigades. Les responsables du transport et du ravitaillement, (lt-colonel Mindley, colonel Sherston, général Temple) sont les moins encourageants puisque, selon eux, la priorité absolue est donnée aux unités britanniques déjà dans le désert ou arrivant de Grande-Bretagne. Même après la transmission des instructions de De Gaulle, le général Arthur-Smith, chef d'état-major, signifie à Koenig le 8 décembre que l'équipement d'une brigade ne pourrait pas être donné avant la fin mars 1942. Il ajoute que la décision finale appartient au général Auchinleck. Ce qui n'est pas tout à fait exact : Churchill a informé De Gaulle qu'il a déjà donné son accord pour l'emploi d'une unité française le 7 décembre 1941.

Auchinleck prend donc la décision de faire participer *immédiatement* la première brigade à la campagne du désert au sein de la VIIIe armée. Catroux et De Gaulle sont assurés que l'unité française sera traitée à l'égal des unités britanniques. Catroux fait passer une première liste de matériel établie par Larminat et demande expressément que le général de Larminat prenne le commandement. Il aura Koenig pour adjoint. Catroux estime en effet qu'il faut un général de division sur le terrain, en évoquant deux hypothèses : l'arrivée d'autres unités françaises de Syrie, l'intégration de Leclerc aux opérations de la VIIIe armée.

Les officiers de la VIIIe armée ont demandé que l'organisation adoptée soit la plus proche possible des brigades britanniques. Chaque brigade d'infanterie motorisée anglaise comprend alors 3 bataillons d'infanterie, un régiment d'artillerie à 24 canons et une batterie antichars à 16 canons, des unités du génie, de transmissions, de DCA (12 canons), une compagnie de transports. Un document de fin novembre 1941 donne la liste de tous les bataillons, compagnies, escadrons français disponibles au Levant, avec leur effectif, sans indiquer leur appartenance à une plus grande unité du type « division légère ». Le tableau, annoté par le major Watson mentionnait que la Force L (Larminat) pour les Français,

21. TNA, WO/202/102 rapport du 5 décembre 1941 au général Spears, chef de la liaison.

pourrait compter 5 138 officiers et hommes de troupe, sur les 13 027 réellement disponibles en Syrie[22]. Or, dans cette version de la Force L, les 667 hommes du Bataillon d'Infanterie de Marine n'apparaissent pas.

Les officiers Français ont un peu joué avec les tableaux britanniques. Dans l'organisation française, la 1re division légère comportait à l'origine une unité de blindés, complètement obsolètes (R35 Renault), la moitié du 1er régiment d'artillerie, des compagnies du génie et transmissions. L'infanterie était à l'origine groupée en 5 bataillons d'effectifs assez variables : deux bataillons de Légion, le bataillon du Pacifique récemment arrivé, le BM2 et le vétéran de Libye, rallié dès 1940 à Chypre, le Bataillon d'Infanterie de Marine. Elle était différente de l'unité équivalente britannique, et le resta même après une réorganisation en deux groupements de 2 bataillons chacun.

Larminat et Koenig tiennent à conserver l'essentiel et négocient au mieux. Dans une lettre du 8 décembre, Larminat accepte que les tankistes soient pour l'heure laissés de côté, puisqu'ils n'ont pas leur place dans les brigades d'infanterie de la VIIIe armée[23]. Ils doivent de toute façon suivre un entraînement sur du matériel britannique nouveau pour eux et seront rattachés à une autre unité de la VIIIe armée. Il accepte aussi que la totalité de l'artillerie mise sur pied de guerre par les Français passe dans la 1re brigade. Larminat mentionne dans cette lettre quatre bataillons d'infanterie, « 3 blancs, 1 noir ». Car, avec Koenig, il veut maintenir la cohésion d'un outil de bataille forgé depuis plusieurs mois en Syrie.

En décembre 1941, les unités suivantes sont prêtes à participer à la bataille du désert :

Premier groupement : lieutenant-colonel Amilakvari (13e DBLE demi-brigade de Légion étrangère).
2e bataillon/13e DBLE et 3e bataillon/13e DBLE

Deuxième groupement : lieutenant-colonel de Roux (demi-brigade coloniale)
Bataillon de marche n° 2 de l'Oubangui (BM 2) et Bataillon du Pacifique (BP1)

Artillerie et DCA :
1er régiment d'artillerie
1er bataillon de fusiliers marins chargé de la défense anti-aérienne (DCA)

Éléments organiques de la division :
22e compagnie nord-africaine
1re compagnie anti-chars
1re compagnie de sapeurs-mineurs
1re compagnie de Transmissions

22. TNA WO202/102 lettre et tableau à l'intention du Major R.M. Watson.
23. TNA WO202/102 lettre de Larminat au général Auchinleck, 8 décembre 1941.

101e compagnie auto
1er atelier lourd de réparations auto
Groupe Exploitation n° 1 (intendance)
Groupe sanitaire divisionnaire n° 1
Ambulance Chirurgicale Légère
Hopital de campagne Hadfield-Spears
20e Mission britannique de liaison

À Bir Hakeim même, en mars 1942, la DCA de la brigade sera renforcée par la section (« troop ») D de la 43rd battery, 11th COLYRAA (City of London Yeomanry Regiment Royal Artillerie), équipée de canons Bofors bien supérieurs aux canons antiaériens français de 25 mm.

Dans cet organigramme, 4 bataillons sont mentionnés, correspondant à peu près aux effectifs complets de 3 bataillons britanniques. Les Français tenaient à avoir une réserve que l'organisation ternaire des Britanniques ne permettait pas de constituer. Le 5e bataillon d'infanterie de la division légère d'origine, le BIM, disparaît de l'ordre de bataille mais son existence administrative demeure. Il est inclus dans la brigade, mais plus comme unité constituée car ses compagnies sont détachées. En fait, deux compagnies ont été versées dans un bataillon de chaque groupement (3e BLE et BP1), la troisième sert de compagnie anti-chars organique divisionnaire. Enfin, la compagnie de commandement est en principe destinée à encadrer les échelons arrières. Ces modifications ont été jugées nécessaires pour se conformer, en gros, aux effectifs sinon à l'organisation des brigades de l'armée britannique sans avoir à se séparer d'unités. Les soldats et officiers du BIM ont toujours regretté – et plus tard contesté – cette décision qui démembrait leur bataillon. En outre, l'organisation de la brigade a été bousculée la veille de la bataille. Le BIM aurait dû être retiré de Bir Hakeim. Koenig dit bien que l'ordre est venu de Londres : le BIM servirait à former des commandos pour opérer sur les côtes de France. Il ajoute sans preuve que les « camarades du BIM ne se consolaient pas d'avoir été tronçonnés et avaient intrigué pour partir[24] ». Le général de Gaulle est seul responsable de cette mauvaise décision, contestée par le général Koenig ennuyé de voir « affaiblir nos forces en lesquelles il a pris entière confiance », contestée aussi par de Larminat qui estimait à juste titre qu'une centaine seulement de soldats du BIM serait apte à intégrer les commandos. De Gaulle voulait absolument voir les troupes de la France Libre au combat :

> « Je considère comme essentielle notre participation aux opérations sur les côtes françaises et je dois maintenir ma décision de faire venir ces éléments… Sans méconnaître l'intérêt des opérations de détail actuellement en cours en Libye, je ne crois pas qu'elles justifient l'immobilité indéfinie de presque tous

24. Koenig, *op. cit.*, p. 107. Les archives ne confirment pas l'assertion, les vétérans du BIM consultés sur ce point pas davantage.

nos moyens actifs. J'ajoute que j'aurais certainement poursuivi l'idée d'envoyer deux bonnes brigades en Russie si j'avais prévu la stabilisation de Libye[25]. »

Le BIM fut effectivement retiré, envoyé sur la côte puis renvoyé à Bir Hakeim, sans doute sur les instances de Larminat et Catroux[26]. Koenig écrit que la réinstallation du BIM se fit « dans l'énervement général ». En fait, les soldats du BIM n'ont pas toujours retrouvé leurs emplacements ni même l'armement complet qu'ils avaient laissé à leur départ[27]. Du moins étaient-ils rentrés à temps sur la position où on avait, la suite le prouva, absolument besoin de réserves pour les contre-attaques.

Au bout du compte, les partenaires britanniques ont laissé faire les Français car l'organisation et le tableau d'effectifs leur convenaient (mais sans plus). La 1re division légère ou Force L (Larminat) pour les Français devient le 1 + Free French Brigade Group, ou 1st Free French Group pour les Britanniques. L'en tête des ordres portera « 1st FFG », ce qui constitue après tout une intégration plus que symbolique dans l'ordre de bataille de la VIIIe armée qui ne connaît pas de « L Force ». Le 1st Free French Brigade Group a une particularité qui explique peut-être, on l'a dit, son envoi à Bir Hakeim : la quantité très remarquable d'armes anti-chars dont il dispose, très supérieure (trois fois supérieure) à la dotation normale (16 pièces) des unités anglaises équivalentes, avec 18 canons de 25 mm, 14 canons de 47 mm et 30 canons de 75 mm[28]. Les Français ont en effet utilisé tout ce qui était en bon état et ne posait pas de problèmes de ravitaillement en munitions : canons de 25 mm et de 47 mm français, quelques canons de 47 mm italiens. Surtout, ils n'ont pas hésité à modifier considérablement le vénérable canon de 75 mm, en l'allégeant (en enlevant le bouclier et en modifiant l'optique de visée) et en lui fournissant des roues adaptées à la circulation dans le désert et surbaissées. Moins lourd que l'original, (on passe de 1,200 kg à 700-800 kg) ce nouveau modèle n'est pas une arme antichar idéale du fait de la vitesse initiale faible de son projectile. Mais il est utilisable en dérive malgré son poids et reste une arme suffisante et d'excellente qualité dans la plupart des situations. Il manque cependant encore de mobilité et il a fallu trouver des solutions adaptées à la guerre moderne et à la bataille du désert, nous y reviendrons. Ainsi, une trentaine de canons de 75 mm récupérés sur les stocks de Syrie constituent l'ossature antichar de la brigade (on passe de 3 canons par bataillon à l'origine, à 6). Vingt-quatre autres pièces de 75 mm sont données au 1er régiment d'artillerie, 8 sont des canons antichars sur le modèle précédent, 16 des pièces plus légèrement modifiées (au lieu des roues d'origine, on utilise des roues d'avant-train de canons de 105 mm pour le déplacement dans le désert).

25. Échanges entre le général Catroux et De Gaulle respectivement les 15 et 16 mai, A. N, 3AG1/298.
26. Le général Saint-Hillier prétendait que le motif réel était la présence d'Allemands dans le BIM, impossibles à intégrer dans les commandos devant opérer en France, S.H.D, 3 K6 n°3/005.
27. Dans leurs interviews MM. Pierre Heitzmann et Léon Tartivot ont beaucoup insisté sur ce point.
28. SHD, 11P 25, Tableau récapitulatif, avril 1942.

Koenig écrira plus tard :

> « Par son esprit très particulier, par l'organisation de ses unités, leurs armements et leurs matériels, la division fut d'inspiration française. C'est à ces caractéristiques qu'elle dut sa survie. S'il en avait été autrement, son histoire aurait été éphémère ; elle se serait arrêtée vraisemblablement dans la matinée du 27 mai 1942, comme fut scellé ce jour-là le sort de plusieurs grandes unités britanniques anéanties en quelques heures de combat violent malgré des prodiges de bravoure et de discipline sous le feu. Les Français libres ne pouvaient courir un tel risque en raison de la pauvreté de leurs effectifs de remplacement, en raison surtout de la pénurie en cadres expérimentés[29]. »

Les Britanniques acceptent donc la 1re division légère/brigade, (puis la seconde) avec l'armement français. C'est une concession importante, car le ravitaillement en munitions de la brigade vient de Syrie, puis est stocké dans les dépôts de la VIIIe armée et distribué à partir d'Alexandrie. Ils équipent presque complètement le 1st Free French Brigade Group en camions et engins divers. Ils donnent aussi aux Français des armes de complément pour l'infanterie (FM Brens etc.). Mais les canons anti-aériens modernes (Bofors) qui leur manquent ne seront fournis que bien plus tard, en avril, à Bir Hakeim même où les fusiliers marins seront instruits sur place par les hommes de la 43rd battery, 11th COLYRAA.

Ils fournissent enfin les uniformes nécessaires – jugés par la brigade bien meilleurs et plus pratiques que les uniformes français – et les casques. La 1re DFL de 1943-1945 conservera ces casques (et parfois les bérets) britanniques durant toute la guerre, en Tunisie puis en Europe pour se différencier de l'armée d'Afrique. Mais dans l'immédiat, il faut montrer que l'on est français et l'on continue à porter les képis, calots, bérets, fez et chèches de l'armée française.

C'est à El Daba, début janvier 1942 que les Français perçoivent ce qui va faire du 1st FFG une unité « prête pour le désert » (« desert worthy »). L'équipement et les uniformes ne posaient pas de problèmes majeurs. Cependant, l'emploi des camions a fait l'objet de vives discussions. Koenig les a réservés aux unités combattantes, alors que la plus grande partie, dans l'organisation britannique relevait de l'échelon ravitaillement, donc du train. Selon Koenig la décision était justifiée pour permettre aux unités combattantes de la division d'avoir leurs propres moyens de déplacement, à la différence de ce qui s'était produit en 1940. Pourtant, cette répartition ne signifiait pas que l'on pouvait se déplacer comme des unités entièrement motorisées modernes. Koenig et ses chefs d'unité ont compris très vite que les gros camions qui équipent l'infanterie ne permettent pas de manœuvrer de façon très « fluide » dans des situations tactiques où la plus grande réactivité sera requise. Ils regretteront de n'avoir pas assez de

29. Koenig, *op. cit.*, p. 94.

véhicules légers tout au long de leur séjour dans le désert, en comparant leur dotation avec celle des unités britanniques, très motorisées.

Les officiers britanniques s'inquiétaient de la culture militaire et du niveau français d'entraînement exigés pour la guerre des sables. Les troupes anglaises et celles du Commonwealth pratiquaient cette guerre depuis deux ans et les contingents étrangers (Grecs, Polonais, Tchèques), depuis un an. Les Français étaient donc considérés comme des novices. Pourtant, le BIM s'était parfaitement intégré dans le dispositif de la VIIIe armée en 1940 et 1941 et la Légion avait la réputation bien établie d'avoir fait du désert une de ses spécialités en Algérie et au Maroc.

Le commandement britannique a donné les ordres en conséquence. Car, depuis la défaite de 1940, et avec de pauvres moyens en effectifs, les Français ne sont pas en mesure de discuter d'égal à égal. Le général Koenig mesure avec justesse ces problèmes dans ses mémoires et reconnaît volontiers que l'humiliation de 1940 n'avait pas permis de justifier la condescendance dont on avait usé envers l'armée britannique en 1939. Il savait aussi de longue date qu'une armée en position dominante dans une alliance est tentée d'imposer ses vues. Mais on sent bien, derrière l'urbanité des propos, et un peu d'humour, qu'il y eût pour lui une véritable surprise et même de la « stupéfaction » dans la manière dont les officiers de la VIIIe armée reprirent les bases de l'enseignement en vue de (re) donner aux Français une formation militaire[30]. L'effort n'est pas limité aux cours et à la brigade car la 20e Mission militaire prêtait des films pour l'entraînement tactique des soldats en Syrie et au Liban[31]. Le long commentaire de Koenig sur cet enseignement est d'ailleurs singulier dans les sources. Les témoins qui ont suivi ces cours en parlent souvent sans aucun détail dans leurs mémoires[32]. Ils avaient une moins bonne mémoire que leur général. Car les archives britanniques détaillent les difficultés. Les cours sont en Anglais, seuls y assistent les officiers français qui ont, sauf rare exception, une bonne connaissance de la langue car la VIIIe armée manque d'interprètes. Le bilan d'étape fait en 1942 déplore que les brigades n'envoient les officiers que s'ils n'ont rien de plus urgent à faire. Plus grave encore, les organisateurs des cours ne sont avisés des défections qu'au dernier moment. En bref, « les Français ne réalisent pas l'importance des cours[33]. » Les Français Libres ont ignoré les leçons tactiques. Et, sauf chez les

30. Koenig, *op. cit.*, p. 120-121.

31. Le 19 avril 1942 le 3e Bureau de l'état-major du Levant réceptionnait les films 35 mm suivants, « Platoons in defense », « Recognition of Aircrafts », « Bridge demolition », « Anti personnel obstacles », « Camouflage for all ranks », « Wireless n° 9 Gd Stat. », « Boys anti tank rifle », « Guns 4.5 inch, « Interrogation of prisoners of war », « Anti vehicle obstacles ». Ces films devaient être montrés aux unités des garnisons suivantes: Damas, Hama, Alep, Deir-es-Zor, Lattaquié, Beyrouth, FFL, état-major du commandant en chef, 3e Bureau, 19 avril 1942, SHD, 4H 337.

32. Par exemple Paul Morlon, alors lieutenant au 1er RA dit simplement que « des instructions sur le combat et le bivouac nous sont données », dans *Souvenirs d'un officier d'artillerie coloniale*, Malesherbes, Ed. Bookpole, 2001, p. 81.

33. TNA WO202/82, Rapport du 5 mai 1942.

artilleurs – et les fantassins du BIM qui les connaissaient déjà –, les leçons d'hygiène ne reçurent pas initialement le succès escompté. Les officiers des brigades ont été beaucoup plus intéressés par la manière de former des campements provisoires en fin de journée. On devrait constituer des « *leaguers* », des camps clos durant la nuit, pour éviter toute surprise. Mais ce sont les méthodes de déplacement dans le désert qui ont reçu la plus grande attention.

À vrai dire, très peu d'officiers Français Libres avaient l'expérience du désert et encore moins celle des « voyages sahariens au long cours[34]. » Parmi les plus expérimentés figuraient le commandant Delange, finalement jugé plus utile en Afrique Noire puis au Fezzan, et d'Ornano, adjoint de Leclerc, qui avait disparu en janvier 1941 dans un raid sur Mourzouk tenu par les Italiens. Très compétent aussi, le capitaine Garbit, lui aussi vrai méhariste, avait été de l'expédition de 1934 entre le sud algérien et la Mauritanie, ancien commandant du groupe nomade de l'Ennedi (Tchad) en 1936, mais était malheureusement décédé en Syrie en décembre 1941. Diego Brosset, lui aussi méhariste, était à l'état-major de Catroux en Syrie. Au mieux, quelques officiers avaient été en poste aux confins du désert, soit dans le Sud marocain (comme Koenig) et dans le Sud algérien, soit en Mauritanie (comme Amiel) et au nord du Tchad. Là, en poste à Faya-Largeau, le lieutenant Morlon avait reçu Théodore Monod, alors directeur de l'Institut Français d'Afrique Noire, un des meilleurs connaisseurs français du désert, partant pour une expédition vers Moussoro[35]. Les officiers subalternes, sous-officiers et soldats n'étaient pas tous préparés à ce que la brigade aurait à connaître. Alors que les légionnaires étaient depuis longtemps renommés pour leur familiarité avec le désert, il ne semble pas que ceux de la 13ᵉ DBLE aient eu une immense expérience du terrain. En tout cas, elle ne transparaît pas dans les archives et les mémoires. Certes, les Français Libres n'auraient pas à affronter la partie la plus dure et la moins connue du désert au sud-est de la Libye. Cette portion du désert africain n'avait été vraiment bien explorée et cartographiée que récemment, dans les années Trente, par des savants comme Bagnold, futur fondateur du Long Range Desert Group (LRDG) en 1940, Clayton, qui sera un des chefs puis le premier historien du LRDG, ou Almasy, aventurier hongrois au service des nazis en 1941-1942. Théodore Monod, n'y était pas venu. Les connaissances accumulées des scientifiques ont été immédiatement réinvesties dans les opérations de guerre[36]. Le LRDG assurera de nombreuses missions et raids sur des milliers de kilomètres vers l'ouest à partir des bases de Koufra beaucoup plus au sud, ou de Siwah.

Le théâtre de la guerre, pour le 1st FFG, sera circonscrit à la zone des combats utilisée depuis 1940, la bande côtière surtout. Elle est mieux connue par les travaux de cartographie italiens et anglais et couvre la partie du désert comprise

34. Théodore Monod, *Désert libyque*, Paris, Arthaud, 1998, p. 107.
35. Paul Morlon, *op. cit.*, p. 19-20 pour le récit enlevé et pittoresque de la réception du savant-caporal Monod à l'automne 1939.
36. Récit résumé des expéditions pacifiques et guerrières dans T. Monod *op. cit.*, p. 109-140.

entre la frontière égyptienne et Tobrouk/Benghazi au Nord, et entre Djarabub, Siwah et la dépression de Quattara au sud.

La brigade va apprendre à se déplacer et ne manœuvrera dans le désert, en tant qu'unité complète, que pendant les quelques semaines qui la conduisent des premiers engagements à l'installation à Bir Hakeim (janvier-février 1942). La manière dont les véhicules forment escadre est restée présente dans les mémoires, pour l'impression de puissance et la majesté de certains paysages. Pour des raisons diverses, souvent avouées sur le mode de la nouveauté, de la fascination pour le décor, des défis à soi-même, certains officiers se sont pris de passion pour la navigation dans le désert. Hubert Germain, devenu officier orienteur à 21 ans, est captivé par le désert. Il a dit sa « grande joie » d'avoir participé à de longs déplacements, pour les reconnaissances ou le ravitaillement. Et il a insisté sur le côté formateur de l'exercice : « Il faut croire à la boussole, pas à ses impulsions. Même pour 20 mètres, il faut un cap, ou on se perd[37]. » Des hommes de troupe se sont révélés aussi très bons dans les repérages nécessaires à la navigation dans le désert.

B. La défense française

À partir de février, la plus grande partie de la brigade a passé son temps à aménager la position de Bir Hakeim, très étendue pour un effectif modeste. Les vétérans de la Grande Guerre, Larminat, Koenig sont à la manœuvre. Selon Koenig :

> « Aux yeux de Larminat et aux miens, il ne s'agissait pas d'un travail pour rire. Nous étions tous deux des fantassins d'origine et nous avions fait la Première Guerre dans les tranchées... Je savais par expérience qu'un guerrier résolu, installé dans un trou profond et étroit avec ses munitions et de quoi vivre est un Dieu, maître du terrain environnant[38]. »

Le général de Larminat a été le concepteur de la défense. Il a commandé directement sur le terrain jusqu'au 24 avril, c'est-à-dire pendant la quasi-totalité de la phase qui précède la bataille, alors que Koenig dirige les unités qui sont en *Jock columns*. Se souvenir de la Grande Guerre est une nécessité, elle est encore suffisamment proche et les militaires de la brigade ont eu l'occasion de méditer sur la guerre de position et l'organisation du terrain dès leur entrée dans le désert libyen. Au bout d'un dispositif de défense, les Français du désert de Libye héritaient d'une situation de guerre dont ils n'avaient pas été les concepteurs. S'ils ont eu des doutes sur la manière dont la ligne de Gazala avait été bâtie, ils n'en ont jamais fait la critique. En outre, à Bir Hakeim, les unités britanniques avaient

37. Hubert Germain, entretien du 2 avril 2009.
38. Koenig, *op. cit.*, p. 164-165.

seulement commencé à organiser la position défensive. La manière dont le commandement français reprend le travail et améliore la position présente quelques particularités. L'idée de faire reposer la défense sur le couple champ de mines/tirs d'artillerie n'est pas en soi original, c'est un héritage. La vraie originalité tient dans la manière rigoureuse dont les officiers s'y sont pris pour créer le système défensif. Le commandant Laurent-Champrosay a organisé ses batteries d'artillerie de manière à pouvoir couvrir instantanément l'ensemble du pourtour. Il a donc fait construire progressivement des emplacements circulaires pour les canons, et des tranchées/boyaux autour de chacun d'entre eux pour protéger les artilleurs si nécessaire. L'ensemble des tirs est rigoureusement prévu avec des coordonnées préparées à l'avance. Les tirs sont numérotés et les artilleurs sont très bien préparés à les utiliser dans toutes les conditions de combat[39]. Le chef du génie de la brigade, le capitaine Gravier a imaginé un plan à la Vauban pour matérialiser une de ses idées, avec des « marais de mines » qui complétaient les champs de mines continus (surtout antichars) entourant le périmètre et les points d'appui et relié aux autres zones minées de la ligne de Gazala. Les sapeurs de la brigade, les pionniers de la Légion et une compagnie du génie britannique vont poser plus de 132 000 mines. La forme générale de ces « marais » rappelait les bastions du célèbre maréchal de Louis XIV. Gravier est allé plus loin dans le détail. Dans les marais sont placés des paquets d'une centaine de mines, avec une faible densité, éventuellement balisées, pour inciter l'adversaire à avancer dans les espaces libres. Le génie français y a ajouté de nombreux pièges, ce qui le différencie des autres « marais » posé par les Britanniques sur la ligne de Gazala. Les étendues des marais de mines français sont soigneusement choisies pour canaliser fantassins et véhicules ennemis vers les zones battues par les feux de la brigade. Les emplacements des armes lourdes de l'infanterie et les tirs des canons de l'artillerie sont préparés en coordination avec le plan de défense du génie approuvé par de Larminat. Le général insiste dans toutes les unités sur la nécessité de se protéger en creusant tranchées, boyaux et abris, le plus profond possible, même là où le sol est extrêmement dur. L'ordre sera d'ailleurs inégalement obéi avant la bataille, artilleurs, légionnaires, une grande partie des coloniaux et des soldats des éléments organiques de la brigade ont beaucoup creusé. Mais certains tirailleurs, sur la position nord-ouest, auront des tranchées moins profondes que d'autres. Et les fusiliers marins seront aussi réticents à adopter des réflexes de poilus d'une autre guerre. À l'ouverture des hostilités tout le monde aura compris et il y aura des séances de rattrapage pour les nouveaux convertis aux boyaux et tranchées[40].

Les Français Libres, du fait de la maigreur de leurs effectifs et de l'importance de la mission de la brigade, matérialisant le retour de la France au combat,

39. Description du fonctionnement du système au profit du BM2 dans Amiel, *op. cit.*, p. 136.
40. Koenig, *op. cit.*, p. 166, le général le reconnaît et des témoins le confirment : « Ceux qui s'assujettirent à ce travail exténuant durent nous bénir plus tard, Quant aux autres, à la grâce... ! Certains le payèrent chèrement. »

sont allés plus loin que les Britanniques qui n'ont pas conçu leurs autres « box » de façon aussi rigoureuse. Ils se sont adaptés à la guerre du désert qu'on leur faisait faire, plutôt statique. Avec l'idée de créer un môle très fortement défendu où des forces importantes sont enterrées et prêtes à conduire des actions inattendues on met en place la seule menace crédible dans ce type de terrain particulier qu'est le désert. Les raids des *Jock columns* ne peuvent lui être comparés, car ils ne font pas de dégâts significatifs et ne modifient pas le rapport de force entre les adversaires. Les regrets de Koenig (qui a pris le commandement le 24 avril) de ne pas disposer d'un régiment d'artillerie lourde supplémentaire, de quelques blindés et de moyens de transport plus nombreux signalent qu'il avait parfaitement compris comment Bir Hakeim pourrait être utilisé en position défensive/offensive. Dans une guerre des plus modernes, sous pavillon britannique, ce qui n'était pas complètement inédit depuis 1941, mais va se révéler à la fois fructueux et difficile à certains moments de la guerre du désert.

C. Les Français sous contrôle

Il manque une étude complète sur la manière dont l'armée britannique a intégré des contingents étrangers, de 1940 à 1945, de l'Angleterre au désert, de la Tunisie à l'Italie, à la France puis l'Allemagne[41]. Pour les contingents français, l'épreuve a été plus courte que celle des Polonais, par exemple. Cette histoire reste cependant à faire aussi. On en exposera ici quelques jalons à partir de sources qui, curieusement, sont pour le moins lacunaires dans les archives de l'armée britannique et de l'armée française.

En 1941-1942, Il n'est plus question pour les Britanniques d'utiliser les mêmes procédures qu'entre 1914 et 1918. Pour la Première Guerre mondiale, le rôle des « interprètes » du camp allié est maintenant précisément connu[42]. Franziska Heimburger, estime qu'entre 1914 et 1918, la coalition alliée « a certes connu des moments de mésentente, mais l'équilibre des forces aux niveaux hiérarchiques inférieurs ainsi qu'un pragmatisme appuyé ont maintenu un esprit cordial qui a permis à la coalition de sortir victorieuse du conflit[43] ». Vingt ans plus tard, la situation est très déséquilibrée. Avec des partenaires peu nombreux, et de surcroît suspects de médiocrité militaire avérée depuis 1940, les Britanniques estiment nécessaire d'encadrer souplement mais sérieusement les unités françaises invitées à faire partie de l'effort commun. Ils ont recours aux officiers de liaison, en l'occurrence ceux de la 20e Mission militaire (20th Military Mission), qui ont en charge les contingents français. Les archives de cette mission donnent

41. Voir Stephen O'Connor, Martin Guttmann, « Under a foreign flag, Integrating foreign units and Personnel in the British and German armed forces, 1940-1945 », *Journal of Modern European History*, 14, n° 3, August 2016, p. 321-341.
42. Franziska Heimburger, *Mésentente cordiale ? Langues et coalition alliée sur le front de l'Ouest de la Grande Guerre*, thèse EHESS, 2014, sous la direction de John Horne et Christophe Prochasson.
43. *Ibidem*, p. 310.

une impression très contrastée de la capacité des Français à accepter les exigences de la VIIIe armée.

Nous n'avons pu avoir accès aux dossiers personnels de ces officiers de liaison. Leur carrière et leur activité nous sont donc mal connues[44]. Les seules mentions précises concernent leurs grades et leur capacité à parler le français. Il n'existe pas à notre connaissance de « *vade-mecum* » de l'officier de liaison britannique auprès d'unités étrangères. Leurs instructions étaient cependant précises. Le recours aux archives et aux rapports permet de comprendre l'étendue de leurs obligations. Les rapports qu'ils rédigent sont de deux sortes, l'une, stéréotypée, recense diverses rubriques (opérations, entraînement, organisation etc.) et pointe lacunes et progrès dans chacune, l'autre, plus libre, permet aux rédacteurs de s'expliquer plus franchement sur des questions urgentes ou difficiles. Qu'ils aient eu d'abord à bien comprendre le Français, à faire comprendre les tours et détours du système de commandement britannique et à traduire précisément les ordres de l'armée et de la division de rattachement tombe sous le sens. On a, sur les leçons de l'expérience, jugé que les tâches de ces officiers requéraient de multiples capacités pour la guerre moderne et la campagne du désert. Les officiers de liaison seraient ainsi les Pic de la Mirandole et les Tintin de l'armée britannique. Ils doivent posséder, connaissances tactiques et expérience de la guerre, capacité à suivre les unités en marche, capacité à être en contact personnel avec les officiers britanniques, capacité à agir en tant qu'officier d'état-major en arrivant sur une position donnée (ce qui signifie : être en contact des officiers chargés du transport et du ravitaillement et être au courant de la situation tactique), capacité à agir de leur propre initiative si nécessaire, être accompagnés par un officier Allié lors de la visite à des QG britanniques ce qui permet de gagner du temps, capacité à utiliser tous modes de transport, à conduire, utiliser les postes radio, à lire les cartes et à naviguer dans le désert de nuit[45].

À l'occasion de la crise de l'été 1942 dont il sera question plus loin, le lieutenant-colonel Knox est amené à préciser leur rôle institutionnel :

> « Il a toujours été compris par cette mission que l'état-major de liaison avec les formations françaises servant aux côtés des formations Britanniques était placé par ce Quartier-Général à la disposition de l'officier Britannique commandant l'unité à laquelle les Français sont rattachés, pour lui permettre de commander les formations Alliées, c'est-à-dire de voir si les Français obéissaient à ses ordres et instructions, s'ils étaient compris, si toutes les informations demandées par l'officier Britannique en charge avaient été fournies et lui avaient été transmises régulièrement et précisément[46]. »

44. Ces archives ne sont pas ouvertes.
45. TNA WO202/82, note du major Garrick d'avril 1942.
46. TNA WO202/82, Rapport du 20 juin 1942 qui porte : « *It has always been believed by this mission that the liaison staff with French formations serving with British formations were placed by this*

Ils devaient donc aussi s'assurer de l'obéissance aux ordres et rendre compte de la manière dont les Français s'adaptaient à l'organisation britannique de la guerre du désert.

Dans les deux années de guerre au désert, ces officiers ont eu des commentaires récurrents sur des lacunes spécifiques des brigades françaises. Il n'est pas possible ici d'en faire le détail, on se limitera donc aux questions d'hygiène, de ravitaillement et aux problèmes posés par l'emploi des troupes coloniales dans le génie et les transmissions. Les notions d'hygiène à mettre en œuvre dans le désert, strictement appliquées dans l'armée britannique étaient selon eux traitées avec trop de légèreté dans les unités françaises, dans la 2e et parfois dans la 1re brigade. Une des causes est l'absence d'inspections hebdomadaires « qui ne font pas partie de la routine Free French ». En août 1942 la mauvaise réputation de la 2e brigade est telle qu'on lui refuse des demandes supplémentaires d'hébergement, de tentes, dans des camps où elle est déjà passée[47]. En novembre 1942, un autre rapport regrette que les médecins français ne prennent pas ce problème au sérieux, et précise que les Français ayant une haute opinion de leurs médecins, prendraient très mal toute tentative de les diriger en cette matière.

Ils dénoncent aussi un autre travers des Français qui consiste à réclamer plus de rations et de ravitaillement comme s'ils mettaient peu d'empressement à faire correspondre les tableaux de fournitures français et britanniques… La nourriture a été selon les périodes, un point sensible. Par exemple, côté français on tient à recevoir des légumes frais, pour les troupes coloniales d'abord, ce qui n'est pas toujours possible, ou pose des problèmes de santé dans le delta du Nil.

Ils posent enfin la question de l'adaptation des coloniaux à la guerre moderne. Sans jamais employer le mot « indigène », ils décrivent le manque d'« instruction », voire d'« intelligence » des Nord-Africains et des Noirs dans deux catégories d'unités essentielles pour la guerre moderne : le génie et les transmissions. L'artillerie échappe ici à la critique. Le rapport sur les deux compagnies du génie d'août 1942 (celle d'une brigade en formation vient à cette date d'arriver de Syrie en remplacement de la compagnie malmenée à Bir Hakeim) signale qu'elles sont mal vues de leurs chefs de brigade respectifs. Ils décrivent les soldats (« Syriens, Nord-Africains, Africains de l'Ouest, Algériens, Marocains ») comme très inférieurs aux Pionniers anglais, comme peu éduqués et analphabètes. La 2e compagnie est en outre indisciplinée, il faut donc surveiller ses travaux de près. L'encadrement est cependant au niveau et capable de bien entraîner les hommes. En passant, l'officier du génie britannique note deux très grandes différences de culture militaire. Sur une position britannique le génie prendra à sa charge l'ensemble de l'organisation de la défense, ce qui n'est pas

Headquarters at the disposal of the British commander under whose orders the French cometo enable him to command the Allied formations, i.e. to see that his orders and instructions were delivered by the French, were understood by them, and to see that all information which the British commander asked for was transmitted regularly and accurately to that Commander. »

47. TNA WO/202/82, Rapport de synthèse du capitaine Edmeades, août 1942.

le cas des Français qui répartissent les sections du génie entre différentes unités. Et plus important encore, les Français tiennent à leurs conceptions d'organisation des positions défensives qui ne sont pas celles des Britanniques d'où des problèmes de compréhension mutuelle[48]. On mesure ici combien la 1re brigade a pu bénéficier d'un relatif éloignement à Bir Hakeim pour organiser la position, combien aussi la direction du capitaine (du génie) Gravier a été efficace.

Les transmissions resteront pour les LO's (*liaison officers*, officiers de liaison) un point très faible des unités françaises jusqu'en 1943, par manque de personnel qualifié, en raison aussi de conceptions que les Britanniques jugent surannées. Dans la 2e brigade, on déplore l'organisation défectueuse pour les communications sans fil comme pour les transmissions par câble qui ne sont pas bien protégées. L'état-major est mis en cause car les officiers estiment que la compagnie de transmission n'existe que pour leur convenance personnelle (« *personal convenience* »)[49]. En d'autres termes, on regrette que la compagnie n'ait qu'un rôle tout à fait subalterne en fournissant les moyens de communiquer, sans avoir un bureau central qui superviserait les échanges, pour recenser et classer les messages, ce qui serait aussi nécessaire pour les courriers motorisés[50]. En conséquence, il est jugé inutile, pour le moment, de fournir du matériel plus moderne aux Français En bout de ligne, l'état-major de Larminat a un problème avec Beyrouth : les messages cryptés sont adressés à un personnel civil incompétent : le capitaine Bouquin qui commande les transmissions est obligé à chaque fois de demander qu'un militaire compétent se saisisse de la transcription du message. Bir Hakeim revient dans ce cadre avec le rapport du lieutenant Potts qui a pu observer le fonctionnement des transmissions pendant la bataille, car il y a été envoyé pour travailler au profit du XXXe corps et de la 7e division blindée britannique. Il rappelle que les communications externes de la brigade avec le XXXe corps, la 7e division blindée, la 7e brigade motorisée et la RAF ont été assurées par des équipes britanniques. Le chiffrage a été assuré par un sous-officier anglais, ce qui a « beaucoup soulagé la tâche des Transmissions Françaises qui n'auraient jamais été capables de l'assumer ». Potts confirme que la communication interne dans la brigade a très bien fonctionné, car - c'est une très grande différence avec la 2e brigade - les opérateurs sont compétents pour les communications sans fil, suivent étroitement les ordres du XXXe corps à propos des changements quotidiens de fréquences, et savent entretenir le matériel. Il trouve absolument normal que les transmissions par câble dans la position aient aussi bien fonctionné car la brigade était immobile et ses unités pas espacées de plus de « 3 miles ». Saluant en passant le courage des hommes du capitaine Renard, il pointe les défauts de l'organisation française des transmissions sur la position :

48. TNA WO202/82, Rapport du capitaine des Royal Engineers de la liaison, août 1942.
49. TNA WO202/82, Rapport du Capitaine Hessling des Royal Signals, août 1942. L'auteur insiste sur la manière défectueuse dont le cryptage est effectué.
50. Les officiers français ont des courriers à moto dont le travail n'est ni centralisé ni recensé.

> « Le câble utilisé à Bir Hakeim était de mauvaise qualité, n'était pas étiqueté ou enterré nulle part. Les très durs bombardements de l'artillerie et de l'aviation ont coupé les lignes plusieurs fois. Les soldats ont refusé de se mettre à l'abri et ont assuré le travail, mais ils étaient souvent à vagabonder au hasard, réparant de vieilles cassures sur lesquelles ils tombaient (ils n'avaient pas de bande isolante ou de pinces, un couteau de poche suffisait). Les joints étaient de simples nœuds. La maintenance des téléphones n'était pas bonne et la qualité des échanges au-delà des lignes les plus courtes, pas bonne. Les ateliers de recharge des batteries donnaient une impression de gaspillage et je pourrai ajouter que notre système de maintenance quotidienne n'a pas d'équivalent[51]. »

Potts déplore le « *low standard of intelligence* » du personnel et regrette que l'état-major français ne reconnaisse pas l'importance des transmissions. Il recommande en conséquence que les Français soient entraînés et convertis à l'organisation des Signals/Transmissions en suivant les méthodes de l'armée britannique[52]. L'analyse de la mission de liaison de l'été 1942 montre que la transition vers ce que la VIIIe armée considère comme un système moderne de transmissions vient à peine de commencer pour les Français qui ne veulent pas toujours admettre leur retard.

L'intégration complète des brigades françaises dans la VIIIe armée relève d'un processus lent où l'on peut identifier deux difficultés récurrentes dans la reconstitution de l'armée française de 1943-1944 : la sous-estimation du nombre nécessaire du personnel des unités qui ne sont pas systématiquement placées en première ligne, et la qualification des soldats des colonies pour la guerre moderne. Les Britanniques instruisaient-ils ici à leur manière le procès de la France et de l'armée coloniales ? Leurs critiques et commentaires ont été plus ou moins bien acceptés même si – heureusement ! – les militaires français n'ont jamais connu le détail des remarques les plus dures. Dès le printemps 1942, les occasions de contester les méthodes anglaises n'avaient pas manqué. Elles surgissent en pleine lumière durant l'été 1942.

D. Deux mois de tensions franco-britanniques à l'été 1942 : conséquences de Bir Hakeim ?

Les souvenirs et mémoires ont fait l'impasse sur ces tensions. La crise de juillet-août 1942 a été très aiguë durant deux mois entre le commandement britannique et les Français Libres à propos du rôle des officiers de liaison. Les responsables de la 20e Mission Militaire, en premier lieu le lieutenant-colonel Knox qui supervisait la mission dans le désert, ont donné suite aux appels des officiers de liaisons se trouvant dans les deux brigades. Ils ont fait une analyse

51. TNA WO202/82, Rapport du lieutenant Potts, 15 juin 1942.
52. *Ibidem*, notre traduction.

précise des « difficultés considérables » créées par les Français et justifié de faire remonter leurs doléances au général Spears qui commande la Mission au Moyen-Orient[53].

Le contentieux remontait assez loin et concernait les deux brigades. De quantité et d'intérêt inégal, les archives montrent cependant de nettes différences entre les deux brigades françaises

Elles sont généralement élogieuses pour le FFBG de Koenig, même après l'échec sur El Himeimat le 24 octobre 1942. Pour autant, la 1re brigade avait-elle eu de bonnes relations avec ses officiers de liaison durant son séjour dans le désert et à Bir Hakeim depuis janvier 1942 ? Le capitaine Tomkins a toujours fait l'éloge de relations de confiance entre la liaison et les officiers français après la guerre. Mais, dans les archives conservées, il manque des rapports pour la période de présence à Bir Hakeim, de février au 27 mai avant la bataille. Ce qui est inexplicable, même si deux officiers dirigeant la mission de liaison sur la position ont été faits prisonniers, le capitaine Tomkins le 2 juin, le capitaine Fitzgerald lors de la sortie. On voit mal pour quelle raison le commandement britannique n'aurait pas été intéressé par au moins un rapport sur le comportement des Français dans les « *Jock columns* » pratiquées pendant deux mois ?

Dans ses mémoires, Koenig tient des propos mesurés et parfois sibyllins sur le fonctionnement de la liaison. Il signale d'excellentes relations avec « ses » officiers de liaison du temps de la présence à Bir Hakeim, mais reconnaît implicitement des frictions qui font que ces officiers sont pris « entre le marteau et l'enclume », entre la brigade et le commandement britannique[54]. Ce qui est une simplification et une commodité de langage propre au genre des mémoires où l'auteur oublie opportunément certains détails. On ne connaît pas la teneur de ses discussions sur ce sujet délicat avec de Larminat lors de sa visite à Bir Hakeim. Or, dans un échange avec le général Whiteley de l'état-major de l'armée britannique, de Larminat a évoqué dès le 2 juin – en pleine bataille donc – les « malentendus en ce qui concerne les officiers de liaison britanniques, et la trop grande superficie des « Box » préparés par les Anglais » (sic)[55]. Le général mettait en cause deux éléments de l'organisation britannique.

Les archives britanniques sont plus explicites que les mémoires ou les archives françaises. Dans une lettre du 14 juin 1942, le major Snead-Cox, le plus haut gradé de la mission sur le terrain, décrit une altercation avec Koenig qui provoque une crise juste après Bir Hakeim. Le 13 juin le général lui a demandé de débarrasser la brigade de tous les officiers de liaison, considérant que cette mission n'aurait jamais dû exister, que son comportement était insupportable, que les officiers britanniques n'avaient ni à critiquer ni à donner de conseils.

53. TNA WO202/82, Rapport du 17 juillet 1942 (classé « Most secret »).
54. Koenig, *op. cit.*, p. 118.
55. SHD, 11P 6, JMO de l'État-Major des FFWD, 2 juin 1942. La nature même du document explique qu'aucun détail ne figure sur le contenu des conversations.

Koenig donne des justifications qui paraissent bien maigres au major[56]. Le capitaine Fitzgerald aurait dit avec force au lt-colonel Amilakvari que la division avait donné l'ordre de ne pas brûler les tanks immobilisés, alors qu'Amilakvari avait demandé à ses légionnaires de le faire. Considérant que Fitzgerald avait raison de faire la remarque, le rapporteur ajoute que « la théorie de Koenig est qu'il a le droit de désobéir si cela lui semble nécessaire » (« *Koenig's theory is that he has every right to disobey if he sees fit* »). Koenig va plus loin encore en disant « qu'il a été traité comme un petit enfant et qu'on lui a donné une poignée d'officiers pour tenir sa main et lui dire quoi faire ». Koenig explique donc qu'il a juste besoin d'un lieutenant ou d'un capitaine pour traduire les ordres et d'un système de transmissions sans fil et que la présence du rédacteur n'est plus nécessaire. Snead-Cox prend la peine d'expliquer la colère de Koenig à son égard. Officier près de Larminat et se trouvant dans le désert, il a été affecté à Koenig dès le 11 juin, alors qu'il était en train d'aider à la recherche des soldats de Bir Hakeim. Il a donc su tout de suite que Koenig était arrivé 6 heures avant tout le monde à Trigh Capuzzo et précise : « Je pense qu'il réalise qu'une explication extrêmement peu charitable peut être avancée sur cette action. » Il ajoute que Koenig cherche un bouc émissaire et que les « faveurs du moment désignent Masson ».

Le major attribue ces problèmes et ce « changement de front », une attitude complètement nouvelle selon lui, aux discussions de Koenig avec les généraux Cazaud et Larminat. Il y aurait donc eu une action concertée pour se « débarrasser de la Perfide Albion ». À titre collectif, compte tenu des services rendus par la mission, et à titre personnel, il demande à être entendu de vive voix et à être relevé de son poste avec d'autres collègues, dont le capitaine Ford, responsable du ravitaillement, en liaison avec le capitaine Thoreau[57].

Koenig a en effet adressé une lettre à de Larminat le 14 juin. Il est raisonnable de penser qu'elle reprend en tout ou partie les questions posées par Larminat le 2 juin. Il récapitule les problèmes causés par la liaison britannique : la place qu'elle tenait à Bir Hakeim, et qui « l'alourdit » avec ses 8 voitures contre les 11 de son état-major, le trop grand nombre d'officiers qui seraient selon lui plus utiles ailleurs. Il a admis que la mission était sans doute nécessaire à l'arrivée de la brigade, mais qu'après 6 mois d'expérience du désert et de l'armée britannique, elle devrait être réduite à un officier de liaison, 1 officier d'état-major spécialiste du ravitaillement, un interprète officiel… Cette lettre a été transmise au général en chef de la VIIIe armée – avec un avis favorable – par de Larminat. La demande des Français Libres est singulière. Ils critiquaient certainement le commandement britannique et la défaite de la ligne de Gazala et malgré la gloire, ressentaient durement les pertes enregistrées à Bir Hakeim. De Larminat avait en outre fait une analyse précise des lacunes tactiques

56. Il semble que le major et les autres officiers de liaison aient ignoré que Susan Travers, chauffeur du général était sa maîtresse après avoir été l'amante du lieutenant-colonel Amilakvari.
57. TNA WO202/82, Extraits de la lettre du major Snead-Cox incluse dans le rapport du 17 juillet 1942.

britanniques[58]. Au temps de la France combattante les généraux français pensaient sans doute aussi pouvoir revendiquer plus d'autonomie du fait de la brillante conduite de la 1re brigade. D'autres facteurs ont aussi joué. Comme l'avait supposé Snead-Cox, Koenig a sans doute eu vent de critiques qui le visaient personnellement pour son arrivée bien avant des troupes après Bir Hakeim. Il n'en a jamais fait part et il n'en connaissait vraisemblablement pas l'étendue, nous y reviendrons. S'il estime ne plus avoir besoin de neuf officiers de liaison mais de deux et d'un traducteur, c'est pour limiter leur champ d'action et empêcher de faire des commentaires sur l'emploi des moyens, la pertinence de l'application des ordres ou la tactique ou encore le comportement des gradés. En officier de la guerre de 1914, décoré pour son action dans les Flandres (où son unité avait été au contact des Britanniques), il sait ce qu'est le rôle limité d'un interprète. Koenig a-t-il mis en scène sa colère ? L'entrevue avec Snead-Cox le laisse penser, ainsi qu'une autre discussion avec un officier nommé en juillet 1942. Le capitaine William Crawshay, dit avoir été reçu très fraîchement par le général :

> « *He looked at me a long time and said*: Mon capitaine, à ce moment-ci, nous n'aimons pas trop les Anglais. La meilleure chose que vous puissiez faire est de rentrer à votre régiment, qui est un très bon régiment. »

Crawshay attribue le sermon au fait que les Français se plaignaient de n'avoir pas assez reçu de vivres et de munitions à Bir Hakeim. Il précise d'ailleurs qu'on lui avait prouvé que ce n'était pas le cas, et que les Français avaient tendance à toujours demander plus qu'il n'était nécessaire[59].

Le major Snead-Cox n'a peut-être pas tort en désignant le général Cazaud comme l'origine d'une partie des problèmes de la 20e Mission Militaire. Notre opinion est pourtant que Koenig a saisi l'occasion, mécontent du fonctionnement de la liaison avec les Britanniques et connaissant le contentieux entre la liaison et l'état-major de la 2e brigade. Il est intéressant de comparer les commentaires du général Koenig avec ce que les officiers de liaison ont dit de la 2e brigade pour comprendre les enjeux. La 2e brigade était sous le feu des critiques depuis son arrivée dans le désert. Le général Cazaud estimait que les officiers de liaison ne devaient obéir qu'à ses ordres. En conséquence, les relations des officiers de la 20e Mission avec le commandement de la brigade (général Cazaud, colonel Alessandri) étaient très mauvaises, au point que certains des officiers Britanniques disaient ne respecter que le lieutenant-colonel Garbay. Ils ont régulièrement pointé les lacunes de la brigade. Le capitaine Barton commandant la liaison s'est montré particulièrement virulent et caustique dans plusieurs

58. On en trouvera une trace dans une lettre au général Leclerc (13 août 1942).

59. IWM Oral History, Crawshay William, n° 12521 (entretien de 1992). Officier au Kenya, engagé en Somalie et en Éthiopie en 1941, puis dans la 20e Mission Militaire Crawshay a été plus tard membre du SOE et d'une équipe Jedburgh dans l'Indre en 1944. Il indique que c'est avec l'appui de Gaston Palewski qu'il a pu rejoindre les Français Libres. Il est passé à la 2e brigade en août 1942.

rapports et notes. Ses notes les plus dures sont rédigées au moment où la brigade est obligée de reculer alors que le combat fait rage à Bir Hakeim et que la 2e brigade souhaitait contribuer à rompre le siège. Or, la brigade, comme le reste de la VIIIe armée est tenue alors de reculer et de se réinstaller chaque soir. Barton critique le commandement français, son organisation, ses rites désuets (les repas de midi pris par tous les officiers alors que seuls des plantons restent pour répondre au téléphone) et un grand désordre qui montrent l'inadaptation à la guerre du désert.

Une longue note commencée le 10 juin 1942 et poursuivie jusqu'au 24 juin décrit avec beaucoup de détails le manque d'organisation et de réactivité de la brigade qui devrait pouvoir partir en 15 minutes mais ne réussit pas à faire mieux que 35 minutes La note du 15 juin précise que le désordre est toujours présent dans les bonds en arrière successifs, qu'ils sont mal préparés voire lancés sans ordres précis et qu'il est heureux que la brigade n'ait pas encore eu à se déplacer de nuit. Le désordre, immense, (« pandemonium » écrit l'officier) est à son comble le 24 juin. L'unité est alors mélangée à une brigade indienne et un régiment britannique. Toutes ces troupes tentent de s'installer sur une position de défense temporaire alors que personne ne se comprend dans une vraie « tour de Babel » : les conducteurs africains et les téléphonistes syriens de la brigade ne comprennent ni l'anglais ni l'hindi. Barton dit bien que si l'état-major de la brigade n'est pas au niveau, si la brigade n'est pas entraînée suffisamment à se déplacer vite et efficacement, la responsabilité est partagée entre Français et Britanniques, car « rien n'a été fait correctement[60] » pour l'entraîner et même l'équiper[61] depuis son arrivée dans le désert. Il juge que l'envoi d'unités de la brigade pour des missions spécifiques l'a inutilement démembrée et empêchée de fonctionner correctement.

La brigade ne sera considérée sur la bonne voie que le 30 septembre 1942, car « pour la première fois, elle a commencé à apprendre les habitudes de l'armée britannique qu'elle ne trouve pas aussi ridicules qu'elle a été amenée à le croire ». Le capitaine Barton pense que cette amélioration ne durera pas si elle est ramenée vers l'arrière, « ou par la plus grande des tragédies », si elle retombe sous le commandement de Larminat et de son état-major dont on dénonce souvent la lenteur voire l'« épouvantable procrastination » (« *appalling procrastination* »)[62].

Dans cette brigade, le BM11 est une exception. Il est jugé avec son chef, le commandant Bavière, bien entraîné et tenu en mains, assez bon pour opérer seul, en enfant perdu, au sud des lignes britanniques, ce qui n'est pas un mince compliment. L'autre « bon » bataillon de la brigade, le 1er bataillon de la 13e

60. TNA WO/202/69, Rapport du capitaine Ronald Barton au lieutenant-colonel Knox du24 juin 1942. *Ibidem*, Lettre de Barton au Major Garrick, (3 août 1942).
61. Barton s'est laissé entraîner : la 2e brigade a reçu plus de moyens de transport que la 1re brigade au cours des trois premiers mois de présence dans le désert.
62. TNA WO 202/82, Rapport du capitaine Ronald Barton, 30 septembre 1942.

DBLE a été détaché au nord pour des missions de surveillance puis est retourné avec la brigade. Le BM11 va s'illustrer en juin 1942 par des opérations sur le flanc de l'ennemi et par une manœuvre en retraite qui permet de sauver l'unité en passant par la dépression de Quattara. Elle était pourtant jugée impraticable pour les colonnes de camions et les tanks par les spécialistes du désert de toutes nationalités. Le rapport de l'officier de liaison est très élogieux sur la manière dont, dans le désert, sans piste, les Français ont pu faire passer leurs véhicules par la dépression, et il fournit la meilleure carte existante de l'exploit sans précédent de la colonne du BM11[63]. La traversée de la dépression a duré 20 heures puisqu'il a fallu remorquer par câbles manœuvrés à la main 190 véhicules sur 250. Bavière et ses officiers ne perdront que 4 camions dans cette odyssée du désert de 400 miles de Djaraboub au Caire, du 26 juin au 5 juillet 1942 (en passant par Gizeh le 3 juillet).

Mis au courant des évaluations et des performances des unités, les responsables de la 20e Mission Militaire étaient conscients des problèmes relationnels entre officiers de liaison et états-majors français. Le lieutenant-colonel Knox qui la commande dans le désert a joué un rôle essentiel pour faire fonctionner au mieux la liaison avec des Français très susceptibles. Il a demandé à certains de ses officiers, méprisants ou sceptiques envers l'armée française, de modérer leur jugement, voire d'en changer. Il indique qu'il faut respecter les Français et se départir de réflexes de supériorité, car les Français sont de bons soldats. Son commentaire sur le rapport concernant la 2e brigade du capitaine Barton envoyé le 3 août est rédigé en termes peu amènes[64]. Knox pense que Barton exagère sa critique dans tous les domaines. Il récuse l'argument du démembrement de la brigade, indiquant que c'était une volonté des commandements français et britanniques de tester isolément des unités en combat. Il utilise l'exemple du BM11 pour montrer que la 2e brigade possède de bonnes unités et ajoute que le bataillon sera cité à l'ordre de l'armée. Il récuse aussi l'idée que les officiers de liaison sont dans une situation impossible dans la 2e brigade en estimant que les relations sont en train de s'améliorer. Ce qui n'est pas encore vrai à cette date, mais Knox a besoin pour le moment de ces officiers qu'il ne peut remplacer au pied levé. Auparavant, le 17 juin 1942, en plein conflit, Knox a soigneusement évité d'envenimer les relations avec Koenig et les Français Libres. Il a alors écrit au général Spears en décrivant sans fioritures problèmes et questions en suspens. La longue citation qui suit permet de mesurer l'effort et l'enjeu de l'utilisation des Free French en combat, ce qui ramène à Bir Hakeim :

63. TNA WO/202/102 Rapport récapitulatif de 1943. Le BM11, forme l'essentiel de la colonne DENCOL chargée d'une opération classique de déception dans le désert. Il était accompagné par une batterie d'artillerie (une batterie britannique remplacée par une batterie de 75 mm française), des éléments du génie, une section de Commandos, et une section d'automitrailleuses de l'armée sud-africaine. Depuis Djaraboub, avant d'être coupé du reste de la VIIIe armée, il avait lancé plusieurs expéditions sur le flanc puis l'arrière de l'Afrika Korps afin de faire croire qu'il avait les effectifs d'une brigade.

64. TNA WO/202/69, Lettre du lieutenant-colonel Knox au capitaine Barton, 4 août 1942, « complètement pourri » est une des formules utilisées pour qualifier un argument de Barton.

« Je pense que la liaison avec les Free French est en balance et qu'il est important que le Quartier général se saisisse de la question avec tact mais fermement. Je vous serais reconnaissant de faire venir le général de brigade Hutchins au Caire pour qu'il écoute les deux chefs de mission des brigades et me donne son aide… Je suis conscient que cette manière de faire est extrêmement gênante et difficile, mais d'un autre côté je pense que si ce problème est amené à être mis de côté maintenant, toute la question de notre liaison avec les Français va amener à la rupture.
Les Français réalisent qu'ils sont en ce moment les petits héros aux yeux de l'armée britannique et ils ne seront pas lents à saisir l'occasion d'en obtenir des avantages pour eux-mêmes, même si c'est une politique à courte vue car ils ne savent pas grand-chose sur le peu de résultats qu'ils auraient obtenus sans l'aide de la Mission…
J'ai ordonné à tous les officiers (de liaison) de la 1re brigade de garder le silence complet sur les derniers jours de Bir Hacheim et l'évacuation. J'ai dit que l'objectif qui devait être atteint a été atteint dans la mesure où les Français Libres se sont fait un nom en se battant contre les Allemands et que rien, même si c'est injuste, ne serait autorisé pour abîmer cette image. J'ai montré aux officiers uniquement les documents qu'il leur était nécessaire de voir.
Je voudrais ajouter que d'après tous les compte-rendus sur les troupes et les officiers, l'artillerie et la Légion étrangère ont été superbes d'un bout à l'autre. Le commandant Masson, chef d'état-major a aussi été absolument de première classe[65]. »

Les principaux chefs de la Mission de Bir Hakeim étaient prisonniers, il est donc difficile de savoir quels officiers de liaison l'ont renseigné. En outre, nous n'avons pas trouvé les documents auxquels Knox fait référence, ont-ils été détruits ? Comme on le verra plus loin, Knox fait peut-être allusion aussi à des

65. « *I feel that the essence of the operational liaison with the Free French is at stake and that it is virtually important that this situation should be dealt fully but very firmly by this headquarters... If it is possible, I would be much obliged if you could allow Brigadier Hutchins to come to Cairo See the two C.2S who are coming back from the front, hear their story and give me the assistance at this Headquarters with his rank, backed by the personal view would give me. I realise that this lay be extremely awkward and difficult, but on the other hand I think that if this matter is allowed to slide now, the whole question of our liaison with the Free French will break down. The French realise they are the little heroes in the eyes of the British army at the present moment and they will not be slow to seize the opportunity to take the advantages for themselves, though this is a short sighted policy as they little know-how little they would have got without the Mission to assist them... I have instructed all the officers with the 1st Brigade to keep their mouth shut on the subject of the last days at Bir Hacheim and the evacuation. I said the object which was to achieved has been achieved in that the Free French have made a name for themselves in battle against the Germans and that nothing, no matter how unjust, should be allowed to spoil this picture. I have only shown these documents to the Officers to whom it has been necessary to show them. I would like to add that from all accounts the behavior of the troops and of the officers in the units, particularly the Artillery and the Foreign Legion was superb throughout. Masson Commandant, Chief of Staff, was absolutely first class* », TNA WO/202/82, Lettre du lieutenant-colonel Knox au général Spears, 17 juin 1942 (notre traduction).

critiques sévères envers Koenig, sur la foi d'un rapport d'un officier de la Rifle Brigade ayant passé les derniers jours sur la position[66]. Le général Spears a donné son avis, tranché, dans une réunion tenue à Beyrouth en urgence le 19 juin 1942. Son projet de réponse aux exigences françaises est cinglant. Il estime que les Français doivent considérer leur participation à la guerre dans la VIIIe armée comme un grand privilège et qu'il leur faut accepter de se conformer sans délai ni murmure au système militaire britannique. Il assure que seule la fermeté sera payante : il faut indiquer aux Free French que les tous les officiers de liaison seront retirés et qu'en conséquence les deux brigades devront quitter l'armée. Plus précisément, il suggère de se débarrasser de Larminat et de son état-major si on décide d'employer quand même les brigades françaises[67].

Spears n'a pas été suivi, ou s'il l'a été sa proposition a été discutée. Les échanges n'ont pas laissé de traces dans les archives. Mais après Bir Hakeim l'intégration des Français Libres (re)commence sur les bases requises par les Britanniques.

Fin août 1942, une conclusion de rapport dit que les relations sont bien meilleures que dans les mois précédents et attribue le résultat aux discussions franches avec de Larminat et Koenig, et surtout aux changements de personnel parmi les officiers de liaison et dans les unités françaises. Les Britanniques ont donc réglé à leur avantage le problème d'organisation et d'autorité causé par les Français. Ils ont jugé que les officiers de liaison étaient absolument nécessaires partout, à tous les échelons de commandement, dans les échanges radio avec le commandement britannique, comme cela s'était produit à Bir Hakeim[68]et dans les discussions d'état-major où les officiers français ne peuvent venir seuls. Ils ont en définitive considéré que ces officiers n'étaient pas en poste au profit du commandement français, mais qu'ils étaient en service au bénéfice exclusif du commandement britannique chargé de la sécurité de l'armée qui devait être certain que ses ordres étaient et seraient obéis ponctuellement. La nécessité de rééquiper les Français durant l'été est venue à point pour les autorités militaires britanniques. Elles ont tenu compte à leur manière de la contestation et de la propagande autour de Bir Hakeim : les Français sont restés dans le désert. Diego Brosset analysa le problème sans détour dans ses carnets personnels en évoquant une autre crise alors en cours, l'inaction de 1943, avant l'intervention tardive de la DFL dans la campagne de Tunisie :

> « Nos chefs, nos officiers, notre propagande, nous ont rendus très "bâton merdeux", le général Alexander n'a aucun désir de nous employer. Nous n'avons

66. Voir plus loin la discussion sur les critiques adressées à Koenig.
67. TNA WO202/82 Notes of a discussion at Beirut on 19 June 1942. Spears dit que « vis-à-vis des Français la menace de la politique de la chaise vide est payante. Il indique que la veille de la bataille... de la Marne, estimant que le commandement britannique avait été délibérément tenu à l'écart il avait exigé des excuses et menacé de partir définitivement s'il ne les obtenait pas... » (notre traduction).
68. Où ces officiers étaient tenus de rendre compte toutes les deux heures.

pas su nous plier aux tableaux d'effectifs, à la discipline, exécuter simplement les ordres ; le coup de Bir Hakeim, nous a, à cause du battage fait autour, comme celui de Massaouah, fait plus de tort peut-être que de bien[69]. »

E. Rester Français dans le désert

1. Questions d'images

Les exigences de l'armée de Sa Majesté étaient dans le Western Desert, nouvelles. Depuis 1940, les Français Libres avaient en effet participé à plusieurs campagnes et opérations sous les ordres des Britanniques. Le BIM dans le désert dès 1940, puis en 1941 en Syrie, la Légion étrangère, l'artillerie, les tirailleurs coloniaux en Érythrée et en Syrie pour ne tenir compte que des plus récentes campagnes. Le contrôle n'avait pas été alors aussi étroit.

Au premier abord, il est surprenant de constater que peu d'images des troupes françaises sous commandement britannique, ou de souvenirs subsistent à propos de ces premiers engagements. Qui, en effet, a jamais entendu parler du rôle de la brigade Française d'Orient en Érythrée (mars-avril 1941) ? La « guerre de Syrie » est-elle mieux connue du grand public pour ses aspects de guerre fratricide ? Qui en a jamais vu des photographies ? L'historien Henri de Wailly a pu récemment parler de « guerre occultée » délibérément pour ne pas ternir la mémoire gaulliste[70]. Ce qui est une appréciation contestable et permet de mettre au second plan les problèmes nés de la collaboration de Vichy – et particulièrement de Darlan – avec les nazis au Proche-Orient. Le livre d'Henri de Wailly rend les gaullistes responsables de l'affrontement entre Français tout en reconnaissant la responsabilité de Darlan dans la signature des Protocoles de Paris (mai 1941)[71] qui ouvrent les aéroports français de Syrie à la Luftwaffe[72]. Si les Protocoles ne sont finalement pas ratifiés par le gouvernement de Vichy, en raison de l'opposition d'une partie des généraux et ministres de Vichy, et à cause du manque d'enthousiasme des Allemands pour s'engager dans les premiers dans une négociation réelle avec la France, les premiers avions allemands apparaissent en Syrie, ce que les autorités françaises tentent de cacher ou nient. Et le

69. Diego Brosset, « Carnets de guerre, correspondance », dans Guillaume Piketty, *Français en Résistance*, Paris, Laffont, 2009, entrée du 14 février 1943.

70. Henri de Wailly, *Syrie 1941, La guerre occultée*, Paris, Perrin, 2006.

71. Tout en choisissant soigneusement les références sur les Protocoles de Paris, voir la note 23 du chapitre 8, Benoit-Méchin et Coutau-Begarie, Claude Huan, *Darlan*, Paris Fayard, 1989. Voir en dernier lieu les commentaires d'Olivier Wieviorka, dans Hervé Drévillon Olivier Wieviorka, *Histoire militaire de la France*, t. 2, Paris, Perrin, 2018, p. 408 et p. 682 pour les références.

72. Comme on sait, les protocoles additionnels du 27 mai prévoient des livraisons militaires à l'Irak insurgé contre la Grande-Bretagne, la mise à disposition des ports de Bizerte (pour l'Afrika Korps) et de Dakar (pour les sous-marins allemands). Voir la discussion sur le nombre d'avions italiens et allemands en Syrie (94 ?) dans H. de Wailly, *op. cit.*, p. 157. Les appareils ont modestement aidé les insurgés irakiens.

général Dentz livre 300 tonnes d'armes et de munitions en Irak. La guerre de Syrie laisse des souvenirs amers du côté des Vichystes, des regrets chez les Gaullistes[73]. En tout état de cause, les Britanniques, stratégiquement, ne pouvaient pas laisser une menace se développer sur leur base arrière d'Égypte ou vers les puits de pétrole de l'Irak. La France Libre ne pouvait que soutenir une entreprise logique dans la guerre en cours. La responsabilité de Vichy, celle des autorités locales du Mandat français est écrasante, militairement et politiquement face aux Alliés, face au nationalisme syrien. Le reproche fait à la France Libre d'avoir rabaissé le prestige de la France au Moyen-Orient et dans le monde est pour le moins discutable. Les mêmes erreurs se reproduiront en novembre 1942 en Afrique du Nord quand l'armée française d'Afrique tirera sur les Américains qui débarquaient au Maroc et en Algérie alors qu'elle laissait l'initiative aux forces de l'Axe en Tunisie.

La Syrie sous contrôle gaulliste sert dorénavant de base arrière lointaine aux forces de la France Libre après la campagne. C'est dans le désert qu'il faut maintenant prouver la valeur française et restaurer l'honneur militaire de l'armée. Pour cela, il faut montrer que les Français sont là. Mais comment ? Il faut rester « Français » dans le désert, dans les apparences, l'image que l'on donne, et dans la vie de tous les jours. Le canon de 75 n'est pas immédiatement une garantie d'identification ! Les photos prises lors de visites de cameramen de l'armée britannique (puis de l'armée française), ou prises par des militaires de la brigade montrent la manière dont on conserve l'identité des unités et des armes dans les brigades de la France Libre. Des photos posées, des portraits notamment, sont destinés à signifier l'engagement de l'Empire colonial. Les coiffures et une partie des uniformes sont certainement des effets fournis par l'armée française. Encore aujourd'hui ce type de photographie sert à montrer la diversité raciale et ethnique des troupes engagées à Bir Hakeim[74]. Ces photos-portraits ont été prises par les opérateurs britanniques, qui ont aussi fourni nombre de clichés dont deux ont connu une large diffusion.

Les meilleures images des Français dans le désert sont britanniques. On les trouve aujourd'hui regroupées dans leurs séries originales à l'Impérial War Museum. Les choix des opérateurs prouvent qu'elles étaient explicitement destinées à illustrer l'effort de guerre de la France Libre. Dans l'ensemble, elles montrent d'abord une hybridation discrète des tenues, bien différentes de beaucoup de photos de propagande. La VIIIe armée avait en effet fourni des uniformes anglais plus adaptés à la guerre du désert et plébiscités par les soldats et les officiers de la brigade. Les Français les utilisent en rajoutant ou substituant des pièces d'uniforme français. Képis (blancs ou bleus), chèches, calots, bérets, bachis des marins et insignes des unités complètent les tenues britanniques. Les casques utilisés sont très majoritairement les casques britanniques pour des

73. Comme l'a dit un homme du rang, « c'était pas des solutions », Pierre Heitzmann, entretien du 4/11/2007.

74. Voir François Broche, *Bir Hakeim, La France renaissante*, Paris, Italiques, 2002, p. 48.

raisons de sécurité évidentes, même si certains ont dit avoir conservé le casque Adrian, et plus rarement le casque des tankistes et des dragons portés de 1940. Les photographies d'officiers les montrent généralement avec des coiffures françaises Il semble qu'ici, fierté nationale et *ethos* de l'officier colonial qui doit être vu de ses hommes se soient conjugués, même si, au combat à Bir Hakeim, en principe toute la brigade devait porter le casque : les témoins interrogés nous ont tous répondu dans le même sens, celui de la valeur d'exemple. La comparaison des photographies prises avant et après les opérations est instructive. Les cameramen de la VIIIe armée ont, juste après la sortie, pris les clichés qui montrent que les combattants[75], enterrés dans le désert depuis des semaines, portent pour la plupart le casque, et qu'ils avaient transformé leur uniforme en l'adaptant aux conditions du moment : le siège et la sortie. L'hybridation des uniformes, la transformation ou la modification des tenues réglementaires sont de rigueur dans les unités en campagne au XXe siècle. Il est donc logique de la retrouver pour les hommes de la 1re brigade[76], surtout après un séjour de plusieurs mois dans le désert et deux semaines de combat sur une position enterrée.

2. En français dans le texte : « D » comme « débrouillards »

Marc Bloch n'aimait pas entendre l'expression « qu'ils se débrouillent ». Elle signifiait pour lui la condescendance ou la désinvolture d'officiers « médiocrement attentifs au bien-être de leurs soldats » laissés à eux-mêmes[77]. Cependant, la notion est ambivalente puisqu'elle a aussi un côté considéré comme positif. La débrouillardise passe même pour une tradition militaire française. Odile Roynette l'identifie durant la Grande Guerre dans les « mots des soldats[78] », elle était peut-être antérieure, elle dure toujours aujourd'hui[79]. Beaucoup de témoins de la guerre du désert de 1942 ont insisté sur la capacité des Français Libres à se procurer ou à trouver des ressources imprévues avec des moyens qu'on qualifiera de « non conventionnels ». Le capitaine de Sairigné, par exemple, évoque une « mission de récupération à l'est d'El Gobi ». Il ramène d'un cimetière de « voitures

75. Pour la plupart, il s'agit de soldats du Bataillon du Pacifique (BP1).
76. Sans entrer dans des détails fastidieux, signalons en outre que certains soldats avaient les ceintures de l'équipement français, et non le « webbing » (harnachement, c'est-à-dire le système de ceintures et de courroies) britannique, les lunettes de soleil anglaises, les foulards britanniques et/ou français.
77. Marc Bloch, *Écrits de guerre*, Paris, Armand Colin, 1997, p. 147.
78. Odile Roynette, *Les mots des soldats*, Paris, Belin, 2004, p. 90, article « D, système ».
79. *Doctrine d'emploi des forces*, n° 127, juillet 2011, de l'armée française qui énumère « les principales valeurs traditionnelles (qui doivent) être rappelées avec force et entretenues constamment, car elles ne sont jamais définitivement acquises… l'esprit d'initiative, la débrouillardise, l'esprit au sens français du terme », dans Gilles Malvaux, « L'armée française vue en 1914 par un officier britannique et quelques réflexions actuelles », *defnat.fr*, 16 novembre 2018, p. 5. À partir d'exemples d'engagements très récents de l'armée française, un auteur souligne la solidarité qu'impliquent les situations où il faut être « débrouillard », dans André Thiéblemont, « Faire avec… », *Inflexions, le corps guerrier*, n° 12, Paris, La Documentation française, 2009, p. 69-78 (p. 78 particulièrement).

allemandes et italiennes », deux véhicules[80]. Les Français cherchaient divers types de véhicules, légers et lourds. Koenig utilise l'expression « d'écumeurs des sables », excuse certaines rapines comme celle d'un camion-citerne pris à la municipalité de Tobrouk. Il rend hommage au personnel des ateliers qui travaillaient durement pour réparer les véhicules[81]. Pour des raisons évidentes, la brigade n'a pas tenu à jour un compte exact, ni de ces prises de guerre, ni des dons des alliés britanniques. Dans l'histoire et le « folklore » de la division, d'autres transformations sont restées célèbres, manifestant le côté « débrouillard » reconnu par les officiers de liaison britanniques qui, amusés, ou médusés, utilisent le mot dans plusieurs rapports. Cette volonté des Français de passer pour les grands maîtres du « système D[82] » avait pour origine le souhait d'augmenter la mobilité et la puissance de feu des unités. À suivre Koenig, il y eut dès l'origine deux équipes d'officiers habiles à concevoir et réaliser des transformations importantes de leurs véhicules et à assurer l'hybridation de matériel français avec du matériel anglais ou américain. La Légion, avec le lieutenant Devé, (généralement orthographié « Dewey ») imagina de remplacer le fusil-mitrailleur de certains Bren carriers par un canon antichar de 25 mm français, malgré la réprobation des officiers de liaison britanniques qui ne furent pas soutenus par leur hiérarchie[83]. En plus de deux Brens par section ainsi équipés, ces véhicules destinés primitivement au transport des munitions et des armes reçoivent des fusils-mitrailleurs supplémentaires pour assurer la défense anti-aérienne. Avec ces Bren carriers légèrement suréquipés, Koenig tenait sa réserve mobile qui joue en effet un rôle important lors des derniers jours de la bataille.

Dans le BM2, une autre équipe a tenté d'améliorer la mobilité des 75 mm anti-chars de la brigade. Trois officiers, les capitaines Bayrou et Belan, le lieutenant Conus, ont proposé plusieurs solutions. La première, la plus simple et utilisant le matériel de Syrie (voir plus loin), permettait de transporter un camion de 75 tourné vers l'arrière, avec une capacité de tirer limitée. La seconde a rendu le camion moins visible (puisque la cabine a été enlevée et a donné au canon 60° de débattement, ce qui constituait une « amélioration considérable »). Tous les 75 antichars de la brigade pouvaient ainsi être retirés de leurs emplacements enterrés et placés sur leurs camions. La dernière version, un vrai camion automoteur, est, selon Koenig, apparue peu avant la bataille. Le 75 était monté en utilisant des éléments d'une tourelle découpée de char italien, de façon à protéger les servants. Nommé « Conus Gun », l'automoteur, fabriqué par les ateliers lourds britanniques du Caire, a notablement renforcé la brigade en octobre 1942 et le général Leclerc

80. Dans *Les Carnets du lieutenant-colonel Brunet de Sairigné*, Paris, Nouvelles éditions Latines, 1990, p. 117.

81. Koenig, *op. cit.*, p. 189.

82. Le mot « débrouillard » comme constitutif d'une identité française se retrouve en Afrique du Nord quand les Français critiquent la technicité des mécaniciens américains. Voir Julie Le Gac, *Vaincre sans gloire, Le corps expéditionnaire français en Italie*, Paris, Les Belles Lettres, 2013, p. 210.

83. Koenig, *op. cit.*, p. 188, pour l'hilarité des officiers d'État-Major de la VIIIe armée qui autorisent la poursuite des travaux.

en février 1943, mais le prototype se trouvait-il sur la position en mai 1942[84] ? L'exploit fut de réaliser les premières versions de ces véhicules anti-chars dans le désert, à Gambut. La brigade construisit aussi les « derviches », des petits camions Morris armés de canons de 25 mm français qu'un témoin décrira comme « un bricolage français libre, léger, élégant et médiocrement efficace[85]. »

Les Français Libres n'avaient pas les moyens de l'armée française de 1940 qui disposait de plates-formes Arbelle pour installer efficacement ces canons sur des camions. Ils n'avaient pas non plus les moyens de l'armée de Vichy en Syrie. Elle avait créé les automitrailleuses bricolées sur camions appelées « Tanakés » dont on attribue généreusement l'invention aux « Free-French ». Koenig l'a écrit et l'erreur s'est maintenue au fil du temps[86]. Plus justement, Henri de Wailly détaille l'effort entrepris pour rénover et renforcer la composante motorisée de l'armée de Dentz. Le colonel Keime, commandant la cavalerie et les chars de Syrie, et le capitaine Bich ont donc amélioré des engins existants (39 automitrailleuses White Dodge) et créé « l'AM à bouclier Dodge » avec un canon de 37 mm et deux fusils-mitrailleurs. On comprend mieux alors pourquoi le livre d'Henri de Wailly montre en couverture un Tanaké des FFL dans le désert[87] ! Il attribue aussi l'invention du canon de 75 sur camion à l'armée de Syrie, Elle serait apparue dans l'armée Dentz très tôt, dix jours après le début des combats dans le territoire du Mandat : le « camion-canon de cavalerie », camion Dodge portant un canon de 75. Henri de Wailly ajoute en note que ces engins se « couvrirent de gloire » à Bir Hakeim[88]. Belle image et édifiante, certes : l'armée de Vichy parrainant l'armée du général de Gaulle… La filiation évoquée par H. de Wailly à propos des canons portés est difficile à accepter telle quelle. C'est ignorer le travail de l'équipe du BM2 évoquée plus haut. Son chef, le commandant Amiel précise les raisons de l'intervention de ses officiers :

> « Lors de la constitution de notre brigade, ce sont des canons de 75 mm d'artillerie, récupérés en Syrie et sur lesquels les roues d'origine avaient été remplacées par des roues à pneumatiques d'automitrailleuse, qui ont été affectés aux différentes unités comme armes antichar. Pour leur transport, il était prévu des plates-formes métalliques de Ford 3 tonnes, les canons devant être malheureusement descendus au sol pour être mis en position de tir. Ce genre de manœuvre qui, malgré l'excellent entraînement de nos servants, prenait beaucoup de temps, avait le grave inconvénient de présenter au combat des dangers non négligeables de neutralisation de nos antichars et cela plus particulièrement en

84. Voir Koenig, *op. cit.*, p. 186-187, nous savons que ce camion automoteur a été définitivement mis au point après El Alamein. Il y a donc peu de raisons de penser qu'il ait fait son apparition avant la bataille de Bir Hakeim.
85. Pierre Messmer, *Après tant de batailles*, Paris, Albin Michel, 1992, p. 96.
86. De Koenig, *op. cit.*, p. 185, à F. Broche, *op. cit.*, 2002, p. 62, qui mentionne le capitaine Bich sans indiquer son appartenance à l'armée du Levant.
87. Henri de Wailly, *op. cit.*, p. 67.
88. *Ibidem*, p. 466.

> cas d'attaque sérieuse de blindés ennemis rapides. Il est apparu nécessaire dans ces conditions de rechercher d'urgence une solution pouvant permettre le tir sur plate-forme du véhicule avec possibilité d'orientation facile, suffisante et rapide, sans que soit modifiée pour autant l'arme elle-même qui, de retour de patrouille, devait être replacée intacte dans son emplacement de combat[89]. »

La solution a donc été apportée par les capitaines Bayrou et Belan, dans le désert, à Gambut et non en Syrie. François Cochet est-il plus prêt de la vérité que H. de Wailly quand il note que les Français Libres ne font que reprendre

> « l'idée des camions Laffly S2OTL tout terrain à six roues qui sont équipés en hâte en mai 1940 d'un canon de 47 mm et qui se révèlent dans le courant de leur activité de redoutables "tueurs de chars allemands" ».

F. Cochet ajoute, ce qui pourrait être plus judicieux encore :

> « Aujourd'hui, sur un grand nombre de théâtres d'opérations africains, du Congo à la Somalie, le principe d'un tout-terrain portant une mitrailleuse lourde ou un canon léger est largement employé par des armées de circonstance ou des milices[90]. »

Commentaire qui renvoie au terrain autant qu'à la débrouillardise. Pour ce qui est ici de la superstition historienne des origines, disons simplement que les Français Libres avaient au moins sous les yeux les matériels de leurs alliés et de leurs adversaires, et la conscience aigüe de leurs difficultés. Quant au Laffly S20TL, le prototype était prêt en janvier 1940, mais il n'avait été mis en production que le 24 mai 1940.

Cette capacité de transformation souligne la pauvreté des Français Libres et leur détermination. Contrairement à ce qu'ils ont pensé, ils n'étaient pas seuls à mener une guerre de pauvres, à bricoler et à cannibaliser les véhicules. Les Italiens, peu motorisés, étaient dans le même cas, car leurs fabrications et leur logistique étaient loin derrière la qualité des véhicules et l'organisation des Britanniques et des Allemands. Et il est connu depuis longtemps que la « cannibalisation » des véhicules était largement pratiquée dans l'armée de Mussolini. Car la guerre du désert, contrairement à des clichés répandus, n'était pas prioritaire à Rome, même si le Duce rêvait d'entrer à Alexandrie sur un cheval blanc. Il y avait plus d'hommes en Russie, à Nice et en Corse (200 000 dans les deux cas en 1942 contre 150 000) et plus de matériel en Russie que dans le désert libyen[91]. G. Rochat utilise

89. Henri Amiel, *op. cit.*, p. 151. On trouvera la description technique de la transformation des camions p. 152.
90. François Cochet, *Armes en guerre, XIX*e*-XXI*e *siècles*, Paris, CNRS Éditions, 2012, p. 244.
91. Georgio Rochat, *Le guerre Italiane, 1935-1943*, Torino, Einaudi, 2005, p. 312. Aux 150 000 soldats de l'armée de terre, G. Rochat ajoute 50 000 marins et aviateurs.

l'expression de « guerre subalterne en Afrique » pour désigner l'inféodation de l'armée royale italienne à l'armée nazie. L'expression « guerre subalterne » peut être étendue à la manière dont l'Afrique est devenue un front secondaire aux yeux des dirigeants italiens qui y ont consacré moins de moyens qu'il était nécessaire. L'infanterie italienne a manqué de véhicules de transport dans une armée dont l'équipement est vétuste ou inférieur à celui de l'ennemi. Sur les 3419 tanks produits par l'industrie italienne jusqu'en 1943, 391 étaient armés d'un canon de 75 ou d'un canon de calibre supérieur[92]. Une partie seulement de ces blindés a combattu en Libye (200 à 250, 238 en mai 1942)[93]. On peut considérer que la « guerre de pauvres » des Italiens et des Français illustre l'incapacité à lancer un pays dans la guerre totale dans le premier cas, les résultats de la défaite et de l'occupation dans le second. En arrière-plan, le refus de créer des industries lourdes en Afrique du Nord et au Levant a aussi pesé. La guerre du désert est la sanction de l'immobilisme colonial. Pour les Italiens comme pour les Français.

L'image de la « débrouillardise » des Français Libres a été utilisée pour montrer leurs facultés d'adaptation à une guerre d'un nouveau genre, peut-être la guerre de mouvement « par essence ». On peut se demander ici si les exploits – et le discours sur ces exploits – de la brigade dans le « système D » n'ont pas masqué les déficiences d'autres unités françaises. En juin 1942, le capitaine Barton, officier de liaison, s'étonnait. La colonne mobile de la Légion appartenant à la 2e brigade était non seulement lente, mais fait encore plus curieux, les Bren carriers n'étaient pas armés :

> « Questionnés sur le sujet, ils ont répondu que les FM Brens ne leur avaient pas été livrés et que leurs FM n'étaient pas adaptés (alors que l'ajustement requis est très facile à faire) et de toutes façons qu'ils sont inutiles dès qu'il y a du sable dessus. Ils sont en conséquence gardés à l'arrière des véhicules enveloppés dans un tissu de coton. Il est curieux que des gens comme des légionnaires, qui sont si « débrouillards » [en français dans le texte] de diverses manières et qui ont harcelé l'État-Major pour des pièces détachées n'aient jamais évoqué le sujet des FM qui sont une assez importante partie des Bren carriers[94]. »

Quand, effectivement, on compare ces engins désarmés avec ceux de la 1re brigade transformés par le lieutenant Conus du BM2 et par les légionnaires de Koenig, on ne trouve pas d'explications satisfaisantes, sauf à considérer que les inventeurs les plus habiles se trouvaient uniquement à Bir Hakeim. Les ruses photographiques de l'histoire sont pourtant sans pitié : ce sont les *Bren carriers* désarmés de la 2e brigade, photographiés par les opérateurs britanniques, qui servent depuis des décennies à illustrer les exploits de la 1re brigade !

92. Fortunato Minnutti, « Il problema degli armamenti nella preparazione militare italiana dal 1935 al 1943 », *Storia Contemporanea*, n° 1, Feb. 1978, p. 27.
93. G. Rochat, *op. cit.*, p. 349.
94. TNA, WO202/69, Lettre du capitaine Barton, 10 juin 1942.

Quelle autre façon d'être débrouillard et français a-t-on mis en lumière au fil du temps ? Avoir accès à de la nourriture rare dans le désert, caractéristique de l'identité française telle qu'on la revendiquait est parfois mis en avant. À Bir Hakeim, quelques repas sont restés dans la mémoire des officiers. Par exemple, celui du 20 février 1942 au BM2 qu'il faut comparer à l'ordinaire et au moins ordinaire :

« Le ravitaillement, uniforme pour tous, quels que soient la couleur et le grade, a pour base les biscuits de troupe, le corned-beef, le riz, les pâtes et quelques conserves. Dans les popotes anglaises que nous avons l'occasion d'approcher, ça ne donne pas de résultats très encourageants. Par contre, les Français ayant n'importe où le goût de la cuisine s'ingénient à varier leurs menus tels que :
- sardines grillées, thon, corned-beef sur lit de petits pois à la sauce brune, ananas au jus, café ;
- ou encore pâté, maquereaux au vin blanc, corned-beef et riz au curry, carottes sautées, marmelade, le tout arrosé du pinard réglementaire. [...]
Menu de la popote du P.C. B.M.2 pour le repas de midi de ce vingtième de février de l'an de grâce quarante deuxième du siècle vingt :
Hors-d'œuvres variés :
Le Saucisson de nos aïeux en tranches fines
Le Pâté dit de Foie rare
Les Lèches de Jambon d'Angleterre
La Langouste de Mauritanie
Les Cubes de Beurre de Bretagne
Le Lit frais de Salade Saintongeaise
La Vinaigrette de Mâcon
Les Poulardes d'Alexandrie à la Mode de Provence, vachement découpées sautées au Beurre frais et Cuites au Vin
Les Pommes de Terre en Robe des Champs sur Lit de Salade fraîche
La Salade, Fruits
Bière - Vin - Café - Alcool
Et les cigares du commandant à l'occasion de l'anniversaire de Madame Amiel[95]. »

Jean-Mathieu Boris dit avoir mangé du canard à l'orange dans le désert et, après, avoir cru aux miracles[96]. Ces allusions culinaires sont en réalité très peu nombreuses dans les témoignages écrits et oraux, il faut donc conclure que ces occasions d'améliorer l'ordinaire furent rares. En réalité, on devait se contenter des conserves britanniques, des légumes envoyés assez régulièrement à la brigade pour éviter le scorbut, et d'abord chez les Africains du BM2. La brigade dut

95. Henri Amiel, *op. cit.*, p. 141.
96. Jean-Mathieu Boris, *Combattant de la France Libre*, Perrin, 2012, p. 125.

en outre se convertir au thé et oublier provisoirement le vin, sauf très rares exceptions[97]. Le capitaine Guénon signale par exemple qu'une bouteille prévue pour le vin de messe fut partagée la veille de la sortie[98].

Au-delà de la « débrouillardise » se pose la question d'activités à la limite de la légalité ou en dehors des lois. P. Morlon signale qu'un de ses sous-officiers a certainement été mêlé à un trafic de haschich découvert au moment où la brigade entrait en Égypte[99]. Un ordre signé Koenig, et qui ne se trouve que dans ses archives personnelles, énumère des tâches des gradés et des hommes à réaliser chaque matin et signale des problèmes de consommation de tabac en précisant qu'il est difficile d'en augmenter la quantité malgré des commandes à Alexandrie et au Levant. Il conclut sur l'interdiction de trafics de contrebande divers où des soldats de la brigade ont pu être impliqués[100]. Il est juste d'ajouter qu'aucun des officiers et témoins interrogés ne se souvenait de la partie « interdiction de contrebande et produits illicites » de cet ordre. Hubert Germain a d'ailleurs estimé que, dans le désert, les légionnaires avaient peu d'options mais que les possibilités étaient plus grandes en Italie et en France[101].

3. D comme discipline ou I comme indisciplinés ?

Un commentaire de Koenig avait attiré notre attention sur la « discipline » avant même de rencontrer « nos » témoins. Le général s'insurgeait en termes vigoureux :

> « La discipline était diantrement plus respectée que certains ne l'imaginent ou ne tentent de le faire accroire. [...] À tout bien peser, notre discipline fut un mélange des règles en honneur dans l'armée française, dans notre marine de guerre, et dans les armées britanniques. Si le Free French ne saluait pas, ce n'était pas par indiscipline, mais parce qu'il avait adopté sur ce point une coutume britannique ; toutefois, il saluait toujours ses officiers. S'il ne portait pas la barbe entière, il devait se raser tous les jours et il le faisait, même pendant les derniers jours de Bir Hakeim[102]. »

97. Seuls les officiers mentionnent la présence occasionnelle de whisky.
98. Capitaine Guénon journal, 1K 237, Archives Koenig, p17.
99. P. Morlon, *op. cit.*, p. 80 « les tubes [des canons] étaient bourrés de haschich. »
100. 1 K 237, Archives Koenig. Note personnelle du commandant de la Brigade du 21 avril 1942, où on peut lire : « Je demande aux chefs de corps et de services d'interdire la contrebande semi-officielle (système d'achats directs) sauf pour les produits de luxe et de pourchasser impitoyablement la contrebande tout court ; cette dernière se fait surtout par les organes de l'arrière (ateliers, échelon B, ravitaillements, etc.). »
101. Hubert Germain, entretien du 29 juin 2008, où il se rappelait que dans les Alpes en 1944, les légionnaires ont ostensiblement délaissé le vin trop surveillé pour « siphonner » de l'huile ensuite revendue.
102. Comme les officiers. Citation tirée de Koenig, *op. cit.*, p. 87.

Nous n'avons pu découvrir d'où, véritablement, sortaient les remarques sur l'indiscipline ou sur une discipline relâchée des Français Libres. Il est clair cependant que Koenig répond à des critiques venant de l'armée de Vichy en Afrique. Certes, dans les mémoires des Français Libres, dans les entretiens revient souvent, comme chez Koenig, le fait que dans la brigade on saluait « à l'anglaise », au lieu de garder la posture extrêmement rigide du salut à la française qu'implicitement ou explicitement on associe à l'armée de Vichy restée figée dans l'obéissance aveugle et fidèle aux procédés surannés qui avaient conduit à la défaite de 1940. Mais de nombreux commentaires et l'étude des réalités de la bataille font comprendre que la discipline était très stricte dans la brigade. Comme l'a dit, bien plus tard, le général Hautefeuille : « Nous étions de grands disciplinés[103]. » C'était une tradition de la Légion et le lieutenant-colonel Amilakvari était dur pour les légionnaires qui, selon A.P. Comor, ne l'aimaient pas beaucoup pour sa « rudesse dans le service[104] ». Amilakvari avait exigé dès l'entrée dans le désert : « La tenue doit être militaire et légionnaire. » Les traditions de la « coloniale » en matière disciplinaire ont été respectées au moins pour le décor. Selon Guillaumou, il y avait un « tombeau », un trou dans la terre, pour les militaires punis du 1er R. A[105]. Gérard Théodore en a confirmé l'existence mais a ajouté qu'à sa connaissance personne n'y avait jamais été conduit[106].

Koenig a fourni la liste des fautes, mais pas celle des sanctions :

> « Le bâton de justice tombait pour sanctionner les fautes classiques dans des unités telles que la Légion, la Coloniale, les Tirailleurs vivant en pays désertique et chaud. Les fautes considérées comme les plus graves étaient les accidents de circulation, les excès de vitesse, les accidents mécaniques qui entraînaient une sanction exemplaire allant jusqu'à l'exclusion des armes combattantes. Le reste n'était que broutille[107]. »

Après Bir Hakeim, le témoignage de P. Morlon de la 2e batterie signale qu'un sous-officier a été envoyé dans le camp disciplinaire de la VIIIe armée, le Field Punishment Camp[108]. Nous ignorons si d'autres soldats y ont été envoyés. Ceux qui avaient commis des fautes très graves ont été ramenés en Syrie[109].

103. Général Hautefeuille, *Bir Hakeim, Diners débats de la résistance*, conférence 24 mars 1981, dossier Hautefeuille, AOL.

104. André Paul Comor, *L'épopée de la 13e demi-brigade de Légion étrangère, 1939-1945*, Paris, Nouvelles Éditions Latines, 1988, p. 216.

105. Le tombeau était toujours d'usage en Italie en 1944, voir Julie Le Gac, *op. cit.*, p. 334. Au Tchad, l'emploi de la « chicotte » sur un soldat, un chrétien camerounais obstinément récalcitrant, est signalé par Michel Chauvet, *Le sable et la neige, Mes carnets dans la tourmente, 1939-1945*, Éditions du Petit Véhicule, 1996, p. 161. Nous n'avons trouvé aucun exemple de coups dans le désert libyen.

106. Entretien avec Gérard Théodore, 2 novembre 2007.

107. Koenig, *op. cit.*, p. 88.

108. P. Morlon, *op. cit.*, p. 135.

109. Après avoir été jugés par le tribunal militaire de campagne, voir le témoignage de René Duval, *Revue de la Fondation de la France Libre*, juin 2012, p. 62.

Les militaires français étaient confrontés à la discipline britannique. Ils ont relevé une sévérité plus grande que dans l'armée française dans les casernes et un côté trop tatillon dans le désert. Qui connaît l'histoire de l'armée britannique ne peut dire qu'une discipline relâchée ou paternelle en soit le caractère le plus distinctif ! J. Fennell indique cependant pour janvier-juin 1942 des problèmes de discipline liés à une longue période d'inaction des unités britanniques dans le désert[110]. Les Français ne semblent pas avoir eu l'occasion de noter les critiques de la troupe britannique envers ses chefs, ils n'ont pas non plus perçu de relâchement de la discipline. Les officiers de liaison étaient plus à même de faire état de différences entre les deux armées. Selon l'un d'entre eux :

> « La conception française de la discipline est assez différente de la nôtre. Ils ne considèrent pas l'élégance de l'apparence et un haut niveau de dressage [drill] comme essentiels. D'un autre côté, dans la majorité des unités, les officiers ont un excellent contrôle sur leurs troupes[111]. »

En juillet 1942, ces officiers de liaison jugeront que les deux brigades françaises installées dans le Delta égyptien connaissent un plus grand relâchement de la discipline qu'auparavant lors de la fréquentation de bars et de bordels. Les rapports de la police militaire de la VIIIe Armée se succèdent, au point qu'il a fallu placer des officiers et des membres de la police militaire française dans les casernes anglaises[112]. Il reste que la discipline se juge au feu et si les règles de priorité de tir étaient strictes, elles ont été ponctuellement obéies. Dans son livre-mémorial sur le BM2, le commandant Amiel les rappelle pour les chars avec une grande précision :

> « Discipline de tir.
> - D'une façon générale, le barrage antichar ne sera déclenché que sur ordre du personnel du commandant du bataillon. Lui seul se réserve la responsabilité de déterminer si l'attaque blindée ennemie est vraie ou simulée et, en conséquence, décide l'ouverture du feu dans le secteur intéressé ou même dans l'ensemble du quartier.
> - De toutes façons, les pièces ne se révéleront que l'une après l'autre si possible ; des instructions de détails sont données sur place aux chefs de pièce.
> - Utiliser les emplacements de rechange si nécessaire.
> - Combattre sans esprit de recul, même à bout portant, jusqu'à destruction de la pièce ou de l'engin[113]. »

110. Jonathan Fennell, *Combat and morale in the North African campaign*, Cambridge, Cambridge University Press, 2011, p. 110-111, les militaires du rang critiquent l'égoïsme et l'incompétence de leurs officiers.
111. TNA WO 202/82, rapport du 20 mars 1942.
112. TNA WO 202/82, rapport de juillet 1942 envoyé le 18 août.
113. H. Amiel, *op. cit.*, p. 134. Le tir antichar ne pouvait être déclenché qu'à moins de 400 m.

4. N comme Noirs

L'emploi des troupes coloniales venues d'Afrique Noire française[114] dans le désert n'était pas du goût des Britanniques. Ils réitéreront leur opposition au moment de la constitution de la 9e Division d'Infanterie Coloniale destinée à opérer en Europe. Ils ont eux-mêmes renoncé à utiliser leurs troupes africaines en combat en Afrique du Nord et en Europe. Toutefois, quelques régiments de Noirs d'Afrique du Sud ont été employés en Égypte et à la périphérie du désert comme chauffeurs du train etc., sans être engagés en opérations. Avec les fluctuations rapides de la guerre du désert certains de ces convoyeurs ont été faits prisonniers par les Italiens et les Allemands. Ce n'est qu'en Érythrée (1941) puis en Birmanie (1943-1945) que l'armée anglaise a envoyé se battre des troupes de couleur d'Afrique de l'Ouest et de l'Est (du Kenya etc.), contre les Italiens puis les Japonais. Les motifs invoqués par les Britanniques pour exclure les unités noires du désert concernent l'alimentation et le ravitaillement des tirailleurs noirs. Leurs rations sont considérées comme supérieures en quantité à celles des troupes du Commonwealth ou des Britanniques, Nord-Africains et Français. Ils n'ont pas invoqué clairement d'autres motifs, même si l'on peut penser que le niveau d'instruction ou la présence de populations arabes racistes ou potentiellement racistes pouvaient servir d'arguments dans les discussions. Les Français Libres n'avaient pas ce genre de préventions et ils n'avaient pas le choix. Ils suivaient une tradition déjà ancienne et récemment renouvelée par l'armée française. En effet, les tirailleurs sénégalais, montés au feu dans la Grande Guerre étaient considérés depuis l'entre-deux-guerres comme un élément essentiel de la défense nationale, et les régiments casernaient en métropole comme dans l'Empire colonial. 100 000 tirailleurs ont été mobilisés en 1939 et, après la défaite 70 000 (ou 100 000) seront appelés sous les armes. La France Libre a doublé les effectifs en Afrique Équatoriale Française et on estime à 27 000 le nombre total d'Africains mis sous les armes entre 1940 et 1943[115], en faisant appel aux volontaires, mais avec recours parfois au recrutement forcé (par exemple au Tchad). Dans ces années 1940-1943, les bataillons de Marche d'Afrique Équatoriale Française, puis de Djibouti forment la plus grande partie de l'infanterie des Français Libres, et en 1944 se trouveront en grand nombre dans la 1re D.F.L. héritière de la 1re Brigade et dans la 9e D.I.C : 20 000 Africains sont intégrés à l'armée De Lattre en 1944.

Les « Bataillons de Marche » de la France Libre ont été très utiles au mouvement dès le début de la conquête de l'Empire colonial. Le BM1 combat dès 1940

114. Nous renvoyons aux livres et articles suivants : Jean-François Muracciole, *Les Français Libres, l'autre résistance,* Paris, Tallandier, 2009, Eric Jennings, *La France Libre fut africaine,* Paris, Perrin, 2014, Martin Thomas, *The French Empire at war,* Manchester, Manchester University Press, 2009., Julien Fargettas, *Les tirailleurs sénégalais,* Paris, Tallandier, 2012, Myron Echenberg, *Les tirailleurs en Afrique Occidentale Française,* Paris, Karthala, 2009., Jacques Frémeaux, « Les contingents impériaux au cœur de la guerre », *Histoire, Economie, Société,* vol. 23, n° 2, 2004, p. 215-233.
115. Eric Jennings, *op. cit.*, p. 11.

au Gabon puis en Syrie. Le BM3 du Tchad est le plus mis à contribution en 1941 (Érythrée puis Syrie). Les BM5 et BM4 du Cameroun n'interviennent que plus tard dans les opérations actives. Le BM2, bataillon de marche de l'Oubangui-Chari, formé de tirailleurs ralliés dès 1940 comme au Cameroun et au Gabon, participe à la guerre en Syrie, à des opérations de maintien de l'ordre en Syrie toujours, puis à la campagne du désert. Il a été choisi pour faire partie de la 1re Brigade en raison de sa solidité et de la qualité de son encadrement. À ces tirailleurs il faut ajouter le BM11, héritier du BM1, et les artilleurs africains et malgaches du 1er R.A.

En résumé, la France Libre a hérité puis amplifié l'effort remarquable d'organisation de la « force noire » commencé après 1918 et accéléré dans les deux dernières années de la IIIe République. Mais elle a *tout* reçu en héritage, qualités, défauts et surtout cadre d'organisation. Ce qui montre qu'on ne change pas la culture d'une armée facilement, du jour au lendemain, particulièrement en système colonial.

Si l'écrasante majorité de ces soldats sont des tirailleurs, donc des fantassins, ceci correspond à la volonté de l'armée française qui a jugé nécessaire de constituer des unités de combattants de première ligne, unités « noires » ou mixtes avant juin 1940. Les archives montrent clairement de grandes disparités dans les unités installées ou arrivées en France au début de la guerre. Toutes ne sont pas entraînées suffisamment, et certaines souffrent d'un déficit d'encadrement. Néanmoins, l'État-Major a confiance dans les aptitudes guerrières de ces unités de choc qui ont permis de constituer huit divisions d'infanterie coloniale qui se sont, de Monthermé à Lyon, durement battues dans des conditions très difficiles, contre un ennemi qui ne faisait guère de quartier dans la campagne de France.

Grâce aux pages que leur a consacré Eric Jennings, nos connaissances sur les tirailleurs de la France Libre sont aujourd'hui meilleures. Mais on ne peut suppléer aux manques des archives et à ceux des souvenirs qui donnent plus de renseignements sur les « Européens » que sur les « Africains », ou « indigènes » pour rester dans les dénominations du temps. Et l'armée de la France Libre n'a pas fait la promotion d'officiers indigènes[116]. Le commandant Amiel donne par exemple une longue liste des officiers et sous-officiers français du BM2. Et s'il consacre cinq lignes au « père des tirailleurs », l'adjudant Koudoukou, seul officier indigène du BM2, marié à une Française, artisan du ralliement des troupes de Bangui à la France Libre en 1940, quatre lignes suffisent pour les autres gradés et les ordonnances « dévoués jusqu'à la mort », six lignes pour les aires de recrutement et les races des soldats du bataillon[117]. Amiel ne donne donc guère

116. Eric Jennings, *op. cit.*, p. 167-168. L'auteur compare le cas de Koudoukou à celui de Idriss Doursan, Compagnon de la Libération en mai 1941, dont les biographies mentionnent la présence à Bir Hakeim (ce qui n'est absolument pas prouvé), et qui ne put jamais devenir officier.

117. Henri Amiel, *op. cit.*, p. 25, voir aussi la page 28 où une photo montre 46 « sous-officiers européens » et une autre, 56 « sous-officiers africains ».

d'indications sur les 700 soldats africains, ni même, reconnaissons-le, sur la plupart des 115 sous-officiers, européens compris. Les cadres de ce bataillon ont laissé peu de souvenirs, et on n'en connaît pour l'essentiel que ce que le commandant Amiel a conservé au moment où il rédigeait le texte du *Mémorial* de son bataillon. On ne retrouve donc pas de commentaires précis sur les éléments du bataillon et absolument rien d'équivalent aux brèves analyses du capitaine Bricogne sur les Malgaches du 1er RA : « Pour Bricogne, le niveau intellectuel de mes canonniers malgaches est supérieur à celui des canonniers français. Au repos, les premiers lisent la Bible, les seconds ne font rien s'il n'y a rien à boire[118]. »

Beaucoup plus tard, d'anciens aspirants du 1er RA ont pu déplorer l'hygiène relative de leurs soldats[119] et regretter d'avoir usé des numéros matricules et pas des noms propres pour appeler les Malgaches[120]. L'un de ces vétérans a confirmé dans ses entretiens puis ses mémoires ses étonnements d'alors, face à son « grand escogriffe » d'ordonnance capable de repriser des effets militaires au « point de milan[121]. » À soixante-dix ans de distance, la surprise de jeunes aspirants de 1942 devant les traditions de « la coloniale » était encore présente. L'armée de la France Libre n'avait ni l'intention ni la possibilité de régler des questions liées à l'habitus colonial. S'il y avait une fraternité entre Européens, Africains, Maghrébins, les différences de culture et des formes de paternalisme se sont maintenues. Roger Nordmann s'amusait encore en 2007 des réactions de ses soldats qui ne comprenaient pas que la technique du lancer de poids était aussi importante que la force musculaire pour réaliser des exploits athlétiques : « Cela leur semblait sorcier[122] ! »

Après juin 1940 la démobilisation et le renvoi en Afrique des tirailleurs sénégalais ne se sont pas faits sans heurts. Plus de 36000 hommes sont retournés entre juillet et décembre 1940 dans un grand désordre. La Guinée connut en novembre 1940 une vraie révolte. Dans l'armée de la France Libre on voit surgir de temps à autre des actes d'indiscipline, des mutineries et même des révoltes dans quelques unités : BM1, BM11, Spahis Soudanais, BM3, BM4, 1er RA... Toutes ces unités ont inquiété le commandement français à des moments et à des degrés divers. Mutineries, désordre de l'arrière en Syrie et même en Afrique reviennent périodiquement dans les archives à propos de primes non versées, de la solde, de la nourriture. Les plaintes des tirailleurs reprendront après le combat en 1945 au moment des rapatriements organisés dans des conditions souvent lamentables. Ils se plaindront alors du manque de vêtements dignes de leur condition de

118. Paul Morlon *op. cit.*, p. 80.

119. Entretien avec Jacques Pigneaux de Laroche, 23/7/2007. Le manque d'hygiène revient systématiquement dans les rapports des officiers de liaison britanniques qui regrettent que le corps médical français et les chefs d'unités ne fassent rien. Rapport n° 10 de novembre 1942, TNA Wo/202/82.

120. Ainsi Gérard Théodore dès notre premier entretien, le 20 juin 2007.

121. Jean-Mathieu Boris, *op. cit.*, p. 96.

122. Roger Nordmann, entretien du 19 juin 2007.

soldats : ils n'ont plus que des uniformes incomplets depuis le « blanchiment » des unités de la 1re Armée Française de De Lattre et ils ne sont pas prioritaires en ce qui concerne l'équipement. Ce n'est pas le cas en 1942 pourtant. Les tirailleurs des deux brigades sont traités à l'égal des autres unités. Les officiers ont tenté d'analyser les raisons qui poussaient les tirailleurs à se révolter plus ou moins violemment en 1941-1942. Les cadres des unités ont toujours eu tendance à signaler des agents extérieurs : propagande italienne, vichyste en 1942 par exemple. La maladresse ou la violence des cadres est surtout à retenir. Au 1er RA, le commandant Laurent-Champrosay se débarrasse d'un capitaine à la sévérité jugée excessive.

L'affaire la plus grave concerne le BM3. Le lieutenant-colonel Ingold mettra nettement en cause une partie de l'encadrement du bataillon et les maladresses d'un officier dans le déclenchement d'une révolte d'envergure. Elle sera réprimée avec la mise en jugement d'une cinquantaine de soldats et mènera finalement à la dissolution du bataillon[123]. Or cette affaire du BM3 tombait très mal, en plein recul de la 2e brigade vers l'Égypte au moment de la poussée de Rommel vers le canal après Bir Hakeim.

Un officier de liaison britannique de la 2e brigade avait une vision légèrement différente de celle des Français dans un rapport de juillet 1942. Pour lui l'élément déclencheur était le problème des transports. Mais il posait deux questions, sur la défiance des tirailleurs envers le commandement, et sur la crainte des exactions allemandes :

> « Le BM3 a été laissé au camp d'El Alimiem toute une journée sans moyens de transports alors que des Sud-Africains leur disaient que les Allemands arrivaient derrière eux et qu'il était certain qu'ils seraient faits prisonniers. Des moyens de transport ont été fournis à temps… Mais de gros dégâts ont été faits. Les Indigènes qui ont eu des contacts avec la propagande de l'Axe en Syrie étaient fermement convaincus que les Français les abandonnaient aux Allemands et que seule l'intervention des Anglais les a sauvés… Au camp de Mena, 130 ont refusé de rejoindre leur unité et demandé à rentrer dans l'armée britannique. »[124]

Lors de cette crise, visible par beaucoup d'unités de l'armée, l'État-Major britannique a négocié avec de Larminat et l'accord s'est fait sur trois points. Le BM3 doit retourner au Tchad, les 130 soldats pourront rester dans un camp britannique et ne seront pas forcés à retourner dans l'armée française. Enfin, on a voulu séparer 17 meneurs des autres et on a donc donné la possibilité à ceux qui n'étaient pas les meneurs de retourner au Tchad. Par crainte des

123. Jean-François Muracciole, *op. cit.*, p. 64, qui note que le commandement « répond avec beaucoup plus de mansuétude (transfert des unités vers d'autres théâtres), que de sévérité (quelques peines de prison) ».

124. TNA WO/202/82, rapport de juillet 1942, notre traduction.

conséquences de ce type de rébellion en système colonial, la proposition n'a pas été saisie puisque les tirailleurs ont voulu rester en Égypte. Ils ont profité de la possibilité d'être des travailleurs de force de l'armée britannique pour la durée de la guerre. Contrairement à ce que pensaient les officiers français et certains officiers britanniques, la question des transports à un moment critique n'est pas la seule cause d'un malaise qui avait des racines antérieures, et d'abord le maintien très long en zone d'opérations. Mais, plus profondément, ces crises répétées sont issues des conséquences de la défaite française de 1940. Les mutins de Syrie comme d'Égypte préfèrent visiblement ceux qui n'ont pas été vaincus. Ils ignoraient de toute évidence que la discipline était plus sévère et le racisme plus présent encore dans les unités africaines de Sa Majesté, que dans l'armée française[125].

Le BM2 n'a pas connu ces difficultés. Il est devenu une des unités « Compagnon de la Libération » en 1945. L'excellent comportement du bataillon dans les opérations de guerre, de la Syrie à la poche de Royan en passant par Bir Hakeim, justifie l'honneur aux yeux de De Gaulle et des cadres de la France Libre. Les Français Libres, durant et après la guerre, ont insisté sur la remarquable qualité de l'encadrement du bataillon. À regarder de près les listes des « Européens » fournies par le commandant Amiel, la conclusion s'impose : ces cadres avaient l'habitude de mener leurs hommes sans ménagement même durant le temps de paix. La discipline exigée des militaires a renforcé une autorité « naturelle » au système colonial. Il est cependant très clair aussi que les tirailleurs du BM2 avaient confiance dans leurs officiers et sous-officiers et que la présence de l'adjudant Koudoukou héros du ralliement à la France Libre, héros de Bir Hakeim, l'a renforcée. On aimerait cependant savoir comment le bataillon a promu des sous-officiers africains après Bir Hakeim, et lesquels, ce que les archives ne dévoilent pas avec précision.

Opposer tirailleurs et encadrement ressort de la paresse d'esprit, et ne suffit pas à l'analyse de ces unités coloniales. Faute d'interviews, de lettres, pourrait-on dire que le sens du combat de la France Libre pour la grandeur de la France, de la liberté contre le nazisme a échappé aux tirailleurs ? Ce n'est pas du tout certain car Amiel et ses adjoints ont visiblement informé leurs soldats. Ils n'ont pas parlé seulement de la gloire passée et à venir et des liens unissant les officiers aux tirailleurs. Les réactions des soldats noirs en Syrie et en Égypte et la crainte des Allemands permettent de se demander si les troupes noires avaient eu connaissance non seulement du racisme des Allemands, et des Italiens, mais encore des exactions de l'armée de Hitler en mai-juin 40 contre les troupes noires[126]. Des indices et des documents permettent de répondre par l'affirmative.

125. Voir par exemple Timothy H. Parsons, *The African rank and file,* Heinemann, 1999, et David Killingray, *Fighting for Britain African soldiers in the Second World War,* Londres, James Currey, 2010.
126. Les anciens aspirants du 1er RA interrogés n'avaient cependant pas le souvenir que les massacres de tirailleurs de 1940 aient jamais été évoqués au régiment, notre opinion est que les artilleurs noirs, comme les tirailleurs, étaient au courant, voir note suivante.

Mais est-il besoin d'être si prudent ? La violence des combats et celle des soldats noirs contre les Allemands depuis 1940 est une preuve que les tirailleurs étaient au courant des massacres. L'infirmier camerounais Raphaël Onana, dans un témoignage rédigé tardivement avec l'aide d'un journaliste, dit très clairement sa crainte, blessé, d'être achevé ayant de ces chefs « toutes les informations utiles ». Il indique, et il faut souligner que cette remarque est absolument singulière dans les sources, que le sort des Hindous de la 3e brigade indienne, lâchés dans le désert sans eau équivalait à une « exécution capitale » et « (ils) donnent à nous autres Français noirs une petite idée édifiante du sort et du traitement qui nous attendaient au cas où les Allemands nous prendraient vivants[127]. »

Le BM2 a vengé ses morts, et ses 40 % de pertes de Bir Hakeim à Royan en 1945. Il a suivi un long périple après le 11 juin 1942 : Syrie, Madagascar, retour en Oubangui (septembre 1943), Afrique du Nord (janvier 1944), France (janvier 1945). De Larminat qui avait besoin de troupes entraînées contre les « Poches de l'Atlantique » a tiré le bataillon du purgatoire où la réorganisation de l'armée l'avait laissé depuis août 1943. Le commandant Amiel avait pris soin de réentraîner ses hommes à Madagascar et surtout à Bangui quand il avait fallu compléter les effectifs et recruter.

Il n'existe pas à notre connaissance d'analyse d'ensemble des performances tactiques des bataillons de marche d'Afrique. Certaines d'entre elles n'avaient pas impressionné les officiers de liaison britannique. Commentant un exercice du BM5 en septembre 1942, l'un d'eux remarque que les sections et compagnies perdent du temps dans l'action à cause des chefs de sections qui discutent de la tactique à adopter sous le feu. Des fautes élémentaires sont commises : les soldats restent trop groupés, vont au sol dans des lignes parfaitement droites, tentent de franchir des obstacles en rampant plutôt qu'en accélérant, masquent le champ des tirs des FM des sections. La méthode d'attaque favorite du BM5, l'attaque par bond (en anglais : *leap-frog*) où la section de tête arrive sur l'objectif puis est remplacée par celle qui suit avant de passer à l'objectif suivant, n'impressionne pas les observateurs britanniques qui notent justement que les mitrailleuses de soutien auraient en combat à faire passer leurs tirs juste au-dessus des sections d'assaut, ce qui serait « une expérience très stressante » pour les attaquants. Dans ce bataillon qui a pourtant deux ans d'existence, il est recommandé de revenir à l'entraînement réservé aux jeunes recrues. En outre, les tirailleurs servent des canons antichars de 75. Le lieutenant Farley considère que les six pièces du bataillon fournissent un tir d'excellente qualité et que les performances des indigènes sont assez bonnes. Mais il critique le manque de discipline concernant la portée des tirs et la façon dont les sous-officiers européens

127. Raphaël Onana, *Un homme blindé à Bir Hakeim, Récit d'un sous-officier Camerounais qui a fait la guerre de 39-45*, Paris, L'Harmattan, 1996, p. 12, p. 246, p. 240. On notera par contre que dans le récit romancé à la gloire des tirailleurs du BM2 du journaliste Pierre Sammy-Macfoy, *De l'Oubangui à La Rochelle ou le parcours d'un bataillon de marche*, Paris, L'Harmattan, 2010, l'enjeu du racisme nazi est absent. Est-ce à ce genre de détail que l'on reconnaît la littérature post-coloniale ?

passent devant les pièces chargées pour des ajustements de dernière minute[128]. En résumé, le lieutenant reproche au commandement français « d'apprendre à leurs hommes à courir avant qu'ils ne sachent marcher ». C'est ici poser frontalement la question de l'adaptation des unités noires d'infanterie coloniale à la guerre moderne. Pourtant, le BM5, qui certes avait eu le temps de se remettre à l'entraînement, sera l'auteur remarqué d'un exploit militaire dans la campagne de Tunisie, le 11 mai 1943, à Takrouna. L'attaque est en l'occurrence « menée par des officiers qui en veulent à bloc, suivie par des tirailleurs assez gonflés, bien servie par notre artillerie organique, assez mal par l'artillerie anglaise » ainsi que l'explique le chef de la 2e brigade, concepteur du plan d'attaque, Diego Brosset[129].

Quelles étaient les analyses de 1942 ? Chez les Français Libres la nécessité d'engager des troupes rendait incontournable l'utilisation des unités d'Afrique Noire. Mais pour certains, c'était faute de mieux. Le général Koenig ayant vu manœuvrer les servants de canons antichars du BM2 lors des « Jock columns » dans le désert paraît avoir douté avant la bataille[130]. Il a été encore plus net après :

> « Si l'on veut que les unités noires soient aptes au combat moderne sous toutes ses formes, il faut que les bataillons soient composés de la façon suivante : 1/3 Européens ; 2/3 Indigènes soit le bataillon, 200 Européens pour 400 Indigènes. Le BM2 s'est parfaitement comporté à Bir Hakeim. Mais nous étions en situation défensive et il est beaucoup plus facile de résister que d'attaquer. Le jour où nous passerons à l'offensive, nous ne pourrons utiliser dans le désert nos unités noires, car ce n'est pas à un indigène que l'on pourra dire : marcher pendant tant de kilomètres sous tel angle de marche, puis prendre tel autre azimut. La guerre actuelle nécessite dans chaque unité un nombre de plus en plus grand de spécialistes ; le terme spécialiste n'étant d'ailleurs pas exact. Il faudrait plutôt dire une troupe apte à toutes les missions, tous les travaux, tous les besoins, Ce n'est qu'avec des Européens que l'on pourra avoir satisfaction[131]. »

Au moment d'écrire ses mémoires, le général n'avait pas du tout oublié cette analyse. C'est donc à la lumière de ce qui précède, et malgré le ton détaché du narrateur, qu'il faut lire le passage suivant, concernant le BIM et son chef, le commandant Savey. Selon Koenig :

> « Les coloniaux du BIM n'étaient pas des moutons bêlants. Le BIM était le seul bataillon blanc composé entièrement de Français. On voudra bien me

128. TNA WO/202/82, Rapport du lieutenant Farley au Major Garrick, 30 septembre 1942.

129. Diego Brosset, « Carnets de guerre, correspondance », dans Guillaume Piketty, *op. cit.*, p. 283, entrée du 12 mai 1943. Brosset conclut du succès : « La première brigade qui croyait pouvoir vivre de souvenirs est enfoncée. »

130. Koenig, *Bir Hakeim, op. cit.*, p.v185.

131. Général Koenig, rapport s.d, SHD, 6H10, cité par Julien Fargettas, *Les tirailleurs sénégalais, les soldats noirs entre légendes et réalités*, Paris, Tallandier, 2012, p. 196.

pardonner la trivialité de l'expression, mais c'était gâcher la marchandise que de faire servir comme 2e classe des hommes expérimentés dont la plupart auraient fait d'excellents sous-officiers au feu. Mais ils ne voulaient pas se quitter. Leur histoire s'en trouva marquée, au gré des pertes et des besoins d'autres unités en spécialistes français. C'est ainsi que ce bataillon fut tour à tour rassemblé, puis tronçonné en compagnies indépendantes, puis fusionné, au soir de Bir-Hakeim, avec le bataillon du Pacifique[132]. »

On retrouve ici la question récurrente de l'encadrement. Le déficit de cadres était considérable dans la France Libre et au moment de la dissolution du BM3, de Larminat et Leclerc voulurent incorporer les européens du BM3 dans « leurs » unités. Catroux trancha au profit de Leclerc[133].

Conclusion

Le texte qui précède explique d'une autre manière la bataille de Bir Hakeim et le récit qui l'accompagne depuis des décennies. Notre récit est dans les creux, dans les silences, dans l'envers du décor. Le recours à de nouveaux documents l'enrichit et le précise, le gauchit aussi puisque l'analyse serrée des archives où le corpus britannique permet de voir d'un œil neuf la mise en scène héroïque de Bir Hakeim. Dans le récit traditionnel de la bataille la focalisation sur ce que les Français ont fait sur la position avant et pendant la bataille prime sur le reste. On ne fait donc pas grand cas de l'habitus colonial de l'armée de la France Libre, sauf pour louer les bonnes relations entre les indigènes et les Français. Or la structure même des unités françaises est importante pour comprendre la discipline, le haut degré d'engagement, l'encadrement ferme et remarquable réalisé par un mélange d'officiers de réserve et d'active issus en grand nombre des troupes coloniales françaises. En outre, la pénurie de matériel avait conduit à constituer une division légère surarmée, une brigade au sens britannique, avec l'armement d'une division française de 1940. Ces choix ont permis de résister victorieusement à un ennemi très supérieur. Ils ont aussi justifié une sensibilité française exacerbée dans le moment où il fallait affirmer la présence de la France Libre dans le combat des Alliés. Le récit de la bataille gomme en général les aspérités. Au motif que la 1re brigade ne connut pas les problèmes du BM3 et les difficultés de la seconde brigade, on passe sur des allusions de témoins, sur des traces dans les archives françaises, sur les affirmations bien plus nettes, mais très rarement lues, des archives britanniques.

Du récit qui précède, que conclure ? Que les Français de Koenig ont fait leurs preuves pour permettre au général de Gaulle d'utiliser ce retour au combat sur les plans militaires et politiques. Mission accomplie, donc. On retiendra aussi

132. Koenig, *op. cit.*, p. 65.

133. Voir les échanges et la critique de Leclerc par de Larminat dans SHD, 11P 6 1re DFL, Lettre de Larminat à Catroux, 17 octobre 1942 et réponse de Catroux.

qu'en 1942 l'armée du désert de la France Libre doit apprendre une guerre nouvelle et s'accommoder des traditions et usages d'une autre armée, très mobile, motorisée, moderne, l'armée britannique. Qu'elle a relevé le défi de rappeler ce qu'était la grande tradition militaire française sérieusement malmenée en 1940. Et que ce résultat fut obtenu avec l'appui constant des Britanniques malgré des frictions importantes au niveau du commandement et de la liaison britannique.

La camaraderie de combat entre Français Libres et Britanniques naît dans l'action. Elle est encore plus nette après l'épreuve de 1942 qu'avant, et elle ne s'est pas démentie jusqu'à nos jours. Les militaires français sont reconnaissants pour l'appui donné à la France Libre et ne connaissent pas les difficultés, le dessous des tractations et des contentieux entre De Gaulle et ses alliés. Les militaires britanniques du rang et les officiers subalternes ont souvent reconnu les mérites des combattants Free French.

La guerre des Alliés, guerre de coalition, est une épreuve difficile quand les partenaires sont d'importance équivalente. Elle l'est encore plus quand l'un des partenaires est dans une position subalterne et cependant conscient de sa valeur et de la sûreté de ses analyses. Par voie de conséquence, beaucoup d'historiens (français) ont sous-estimé le degré d'adaptation nécessaire aux usages, pratiques, et ordres d'une armée qui avait les effectifs et les moyens de faire vraiment la grande guerre et n'avait pas à se contenter de la « débrouillardise » devenue signe d'identité française. Les archives montrent en effet que la position subalterne des Français dans le désert libyen a été plus ou moins bien acceptée par le commandement français. Il avait, reconnaissons-le, en dehors de la maestria logistique et technique en usage dans la VIIIe armée, quelques raisons de parfois douter du bien-fondé du sentiment de la supériorité britannique par rapport à l'armée française. La VIIIe armée n'avait pas constamment brillé au combat fin 1941 et début 1942, (le Corps Expéditionnaire britannique de 1940 en Belgique et en France encore moins) et ses échecs répétés face à l'Afrika Korps pouvaient à juste titre laisser sceptique sur les possibilités de victoire à court terme. Les sentiments étaient cependant ambivalents, car on craignait d'être oubliés dans les opérations de grand style de la guerre du désert, punition que le général Montgomery imposera aux Français après El Alamein. De plus, dans les relations quotidiennes, les Français des deux brigades eurent souvent - à différents niveaux - l'occasion d'apprécier la sollicitude, le pragmatisme, l'excellente organisation et l'aide militaire des Britanniques et des Sud-Africains qu'ils côtoyaient. Ils n'appréciaient pas d'être vus comme des « râleurs » cependant. Un aspect intéressant des relations et des témoignages réside dans la façon dont des stéréotypes sur les Britanniques ont été recyclés, bien que ce type de remarques soit moins présent qu'on aurait pu le penser dans le récit traditionnel de la bataille très centré sur « les Français ». Ceux qui parlent des « Anglais » reconnaissent leur sens de l'organisation surtout. Ils tiennent compte de l'« excentricité », du « flegme » ou du côté trop rigide des militaires britanniques figés dans leur respect des consignes dans des moments qui requièrent aux yeux des Français un grand sens de l'improvisation. Dans ses mémoires, P. Messmer rapporte avec beaucoup d'ironie la manière dont il a justifié la récupération de nourriture dans un dépôt que l'armée britannique détruisait dans sa retraite en janvier 1942 :

> « Le lieutenant anglais… m'interpelle, avec une pointe d'insolence et un bel accent d'Oxford :
> — Vos hommes pillent le dépôt que j'ai mission de détruire. C'est une "disgrâce".
> — Je suis choqué, lui dis-je, d'entendre qualifier de pillage le sauvetage de biens appartenant à la couronne britannique[134]. »

Le même auteur, à peine sorti de Bir Hakeim, venant d'assister à l'enterrement d'un légionnaire dans la brume du petit matin, se voit proposer une tasse de thé par un soldat du RASC : « Les Anglais ont l'art d'atténuer les drames par la répétition des gestes journaliers[135]. » Le geste et le commentaire valent mieux que les stéréotypes. Et, reconnaissons-le, c'est là une façon de faire rebondir le récit sans régler la question des différents degrés d'anglophilie dans la France Libre.

134. P. Messmer, *Après tant de batailles… op. cit.*, p. 84.
135. *Ibidem*, p. 109.

3

Les hommes de la brigade : effectifs, pertes, prisonniers

Introduction

Vieille histoire. Un récit de bataille a souvent des zones d'ombre. Les lacunes de l'histoire militaire sont récurrentes pour les chiffres d'effectifs et ceux des pertes, approximatifs, souvent faux, ou carrément fantaisistes. Pour l'Antiquité, le Moyen Âge, les guerres napoléoniennes, la précision varie considérablement. On incriminera alors les erreurs involontaires et volontaires, les modes de calcul, les mensonges, le manque d'archives, l'impossibilité de s'assurer des chiffres donnés par des compilateurs ou des historiens anciens ou récents. La question est en principe difficile à traiter pour toutes les guerres et aussi pour certains combats acharnés ou difficiles du siècle passé, malgré les archives considérables des bureaucraties militaires des armées modernes. En effet, le bilan des batailles du XXe siècle donne plutôt des ordres de grandeur que des résultats à l'unité près. L'immensité des champs de bataille et la taille des armées l'expliquent aisément. Or Bir Hakeim est une bataille de taille plus raisonnable et on aurait pu penser trouver des chiffres très précis. Pour les Français Libres on fait le constat de certitudes et d'incertitudes dues aux conditions chaotiques de la sortie et à la perte des archives.

En ce qui concerne les hommes de la brigade, comme indiqué dès l'avant-propos, il ne s'agit pas de refaire l'inventaire et la tournée du monde colonial et métropolitain français qui fournit les troupes et l'encadrement du 1st FFBG. Plutôt que se parer des vertus pédagogiques de l'étonnement factice, il vaut mieux considérer que la question du nombre d'hommes, des pertes et du nombre de prisonniers français de Bir Hakeim sont un bon exemple d'incertitude comptable des guerres contemporaines et reste plutôt en zone grise qu'en pleine lumière[1].

Les récits de bataille contiennent un ou des bilans chiffrés, ce qui n'est évidemment pas exceptionnel dans le récit de guerre et de bataille rédigé tout près de l'événement, même quand on ne dispose d'aucune archive. Les combats causent des pertes et il faut pouvoir en donner une évaluation. Le premier récit de Bir Hakeim est conforme à cette règle. Tout commence en 1942, Dans sa conclusion, le rédacteur anonyme informait sobrement ses lecteurs, après avoir eu accès aux recollections de la brigade :

> « Les pertes infligées à l'ennemi furent les suivantes : 50 chars, 11 automitrailleuses, 5 canons portés, 7 avions. La brigade fit 125 prisonniers allemands dont un officier et 154 prisonniers italiens dont 9 officiers. Les pertes du côté français furent les suivantes : 900 tués, blessés, disparus ou prisonniers, dont 600 au cours des combats de la nuit du 10 au 11 juin ; 40 canons de 75 détruits, 8 canons Bofors, 5 canons de 47 et 250 véhicules[2]. »

Comme il est d'usage en temps de guerre, les lacunes de ce petit livre de propagande étaient calculées. Le bilan était juste pour les pertes ennemies recensées par les Français[3], mais passait sous silence les autres armes perdues par la brigade : canons de 25 mm antichars et antiaériens, les 2 canons de 25 *pounder* britanniques récupérés dans les épaves de la 3rd Indian Motor Brigade, au moins un canon antichar de 6pdr laissé par une unité britannique de passage au tout début de la bataille dans le secteur du BM2, les armes lourdes d'infanterie. Fait qui n'apparaît nulle part dans les histoires courantes de Bir Hakeim encore aujourd'hui, il ne mentionnait pas non plus que durant la nuit de la sortie, les prisonniers allemands encore présents sur la position le 10 juin s'étaient

1. La remarque s'applique aussi aux troupes de l'Axe dont les pertes humaines ne sont pas connues avec précision, entre 1500 et 2000 voire 3300 (par exemple B. Rondeau, *AfrikaKorps, L'armée de Rommel,* Paris, Tallandier, 2013), selon les historiens militaires français, ce qui reste une estimation plausible. Le chiffre de 1500 représente une hypothèse trop basse. L'Axe donnait des bilans globaux quotidiens de pertes, il faudrait pouvoir remonter jusqu'aux régiments, et même dans ce cas, il n'existe aucune garantie de fiabilité des comptes pour la durée de la bataille, dans la mesure où des parties d'unités ne sont pas présentes à Bir Hakeim, alors que leurs pertes sont comptées dans les bilans quotidiens. Le journal de marche de la division Trieste donne des indications pour les jours avec et sans attaque, elle a perdu le 1er juin, 53 tués et 126 blessés, le 10 juin 10 tués, 9 blessés, selon les chiffres donnés par Salvatore Loï, *Aggredisci e vincerai*, Mursia, Milano, 1983, p. 147-150. Mario Montanari, *Le operazione in Africa Settentrionale, vol. III Gennaio-novembre 1942*, Roma, 1985, donne pour la Trieste le 7 juin un total de 450 hommes perdus : 83 tués, 340 blessés, 128 disparus (p. 251-252).

2. *Bir Hakim, op. cit.*, p. 52.

3. Il existe des variations minimes : 51 chars, 13 automitrailleuses, 154 prisonniers italiens et 123 allemands.

échappés. Ils ont profité du désordre de la nuit de la sortie pour quitter en plein désert les camions où ils étaient gardés par des soldats de la compagnie du génie de la brigade[4]. Le constat d'incertitudes remarquables s'applique aussi aux troupes de l'Axe dont les pertes humaines ne sont pas connues avec précision, entre 1 500 et 2 000 voire 3 300 selon les historiens militaires français, ce qui reste une estimation plausible, le chiffre le plus bas constituant un minimum[5]. L'Axe donnait des bilans globaux quotidiens de pertes, il faudrait pouvoir remonter jusqu'aux régiments, et même dans ce cas, il n'existe aucune garantie de fiabilité des comptes pour la durée de la bataille, dans la mesure où des parties d'unités ne sont pas présentes à Bir Hakeim, alors que leurs pertes sont comptées dans les bilans quotidiens. Le journal de marche de la division Trieste donne des indications pour les jours avec et sans attaque, elle a perdu le 1er juin, 53 tués et 126 blessés, le 10 juin, jour de gros combat à l'ouest de Bir Hakeim, sont mentionnés 10 tués, 9 blessés[6]. Les synthèses sont rares dans l'historiographie des ennemis des Français et les origines des chiffres ne sont pas données. Mario Montanari donne ainsi donne pour la Trieste le 7 juin un total de 450 heures perdues : 83 tués, 340 blessés, 128 disparus[7].

Les incertitudes sont à la fois des données du temps de guerre et des lacunes des recherches d'après-guerre. Et c'est ce qu'il faut remettre en perspective en insistant maintenant sur ce qui manque dans le récit généralement accepté de la bataille. Corriger les informations, en proposer d'autres, identifier les causes possibles des lacunes fait partie de la mise à jour du récit de bataille.

A. E comme effectifs

Combien étaient les Français Libres de la brigade ? Compte tenu des efforts de l'armée et des services de la France Libre il est très étonnant qu'on puisse encore aujourd'hui avoir à discuter du nombre et des pertes d'hommes de la BFL à Bir Hakeim. Et pourtant…

Le nombre d'hommes : a) de l'ensemble de la brigade en comptant l'échelon B de l'arrière, b) présents sur la position ; c) ayant participé à la bataille (en comptant les participants aux convois, les renforts, etc.) n'est pas connu précisément. On trouve les chiffres suivants (recension non exhaustive des auteurs et des chiffres). Pour l'ensemble de la brigade : 5 600 h à l'entrée en Égypte en décembre 1941. Dans Bir Hakeim, on aurait groupé 3 826 hommes selon P. Montagnon, 3 296 selon H. Longuechaud[8], et « 3 733 » ou « 3 723 ». Ce dernier

4. Ces prisonniers, étaient au nombre de 30 dont un officier de la Luftwaffe, qui venait de Bordeaux et parlait très bien le français, entretien avec Bernard Lucas, 4 juin 2009.

5. Voir par exemple B. Rondeau, *AfrikaKorps, L'armée de Rommel*, Paris, Tallandier, 2013, p. 201.

6. Salvatore Loï, *Aggredisci e vincerai*, Mursia, Milano, 1983, p. 147-150.

7. Mario Montanari, *Le operazione in Africa Settentrionale, vol. III Gennaio-novembre 1942*, Roma, 1985, p. 251-252.

8. Pierre Montagnon, *La grande Histoire de la Seconde guerre mondiale*, Paris, Pygmalion, 1999, Henri Longuechaud, *Les cheminements du retour*, Paris, Éditions du Terroir, 1982.

chiffre est reproduit très souvent dans l'historiographie de la bataille pour donner le nombre de soldats présents sur la position. Nous n'en connaissons pas l'origine véritable, puisqu'il ne figure sur aucun papier de la brigade. Le chiffre de « 3 733 » est, lui, tiré d'un document du 8 juin 1942, un des rares comptes sauvés par la brigade lors de la sortie. Il donne le nombre de rationnaires pour la distribution de l'eau[9]. Estampillé par une haute autorité des archives militaires de l'après-guerre, ce document est censé donner l'idée la plus exacte des effectifs. Ce n'est pas le cas. Remarquons d'abord qu'il s'agit de distribution d'eau et dans ce cas, même le 8 juin, les officiers en sont-ils à comptabiliser à une unité près ? À première vue on pourrait donc admettre le chiffre, et la différence avec la réalité serait marginale. Mais un examen attentif du document fait naître quelques doutes. Il interdit de conserver le chiffre de 3 733 tel quel. Car si on doit compter les hommes des unités rattachées à la brigade, a) les membres de la liaison Britannique (17 ou 19[10]), et b) ceux du 43th COLYRAA (DCA britannique, 82), divers « invités » figurent en outre dans la liste. En effet sont aussi comptés, a) les officiers et soldats britanniques des unités de transport du RASC coincés sur la position, (57 en tout), b) les prisonniers allemands et italiens non évacués (30). Ce document donne donc : 3 646 hommes pour la brigade, renforcée par la 20e Mission et la D.C.A britanniques (99 ou 101). Les unités françaises représentent dans ce calcul : 3 545 h. Le total intègre les blessés et le personnel médical du G.S.D. sans qu'on puisse faire de distinction. Et on ne voit pas dans le tableau où se trouvent les personnels du dernier convoi français arrivé de l'échelon B.

En septembre 1942, la brigade a fait le point des recherches entamées depuis juin sur les pertes en hommes avant la sortie, calcul nécessaire pour tenter d'évaluer celles de la nuit du 10 au 11 juin. Et pour identifier les survivants prisonniers, les disparus, les morts. Le document inclut les tués et les blessés des deux derniers jours. Les défenseurs n'ont pas été aussi malmenés que leurs adversaires le pensaient, avec 89 tués, 79 blessés[11] ; ou selon Koenig plus tard : 99 tués et 109 blessés[12]. Hasard des comptes et de la guerre, les 168/208 tués et blessés s'équilibrent plus ou moins avec les militaires britanniques (ceux qui étaient rattachés organiquement et les membres du RASC), et les prisonniers allemands et italiens présents le 8 juin (on arrive à un total de 186/188).

La brigade aurait donc eu 3 545 hommes environ au tout début des combats ? L'affirmation est hasardeuse car la 22e CNA est amenée sur la position au moment du départ du BP1 vers Rotunda Signali le 2 juin. Un autre document,

9. SHD, 11P 250, *Tableau du 8 juin*, rations d'eau et distribution. Les prisonniers n'ont droit qu'à un litre d'eau par homme et par jour.

10. Plus probablement 19. Rappelons que le capitaine Tomkins avait été fait prisonnier, mais qu'un des ultimatums de Rommel avait été apporté par deux soldats britanniques – dont le chauffeur de Tomkins – qui sont restés avec les Français.

11. SHD 11P 250, Rapport d'opérations, état des pertes au 27 septembre 1942.

12. Koenig, *op. cit.*, p. 393. Nous ne savons pas sur quelles bases le général a modifié les comptes.

dont un exemplaire figure dans une des vitrines de l'Ordre de la Libération aujourd'hui, ce qui signale son importance hautement symbolique, donne une longue liste nominative établie *a posteriori*. Cette liste ne livre que 3 255 noms. Elle a été utilisée comme élément d'une base de données à la Fondation de la France Libre et là, malgré quelques ajouts, le chiffre n'est guère supérieur : 3 474. La liste de 1943 ne permet pas de résoudre les contradictions. Il y a par exemple des discordances avec les données figurant dans les livres sur les unités de la brigade. À la 13e DBLE : A.P. Comor recense 693 présents au lendemain de la bataille et 265 pertes, soit 958, ce qui ne correspond pas aux 840 du document de 1943, mais est proche du document du 8 juin (rations d'eau) : 956... La liste donne un chiffre de 230 fusiliers marins en 1943, alors qu'il y a 143 « rationnaires » le 8 juin 1942. L'*Annuaire de la France Libre* publié en 1972[13] donne de son côté : 185 fusiliers marins. Pour le BM2, l'écart est aussi important : 642 « rationnaires », 516 noms en 1943 (Amiel écrit dans son livre : 712 – soit 30 officiers et 682 sous-officiers et soldats – au 7 juin 1942 et 450 au 19 juin). Pour le BIM et le BP 1 : 809 « rationnaires » mais 731 dans la liste. Pour l'artillerie, aux 357 artilleurs, il faudrait rajouter les 34 soldats du parc d'artillerie, donc 391, ce qui est proche du chiffre de « rationnaires » : 398. Mais on voit dans le même document que le P.A.D. est compté avec le QG 51... En bref, aucun chiffre ne correspond exactement, même si les contradictions ont tendance à s'estomper légèrement avec le dernier décompte de la Fondation de la France Libre.

Versons une pièce jamais signalée jusqu'ici dans un dossier peu clair. Toute unité a des malades, des soldats accidentés... La brigade a eu les siens et le document de synthèse compilé par le service de Santé ne peut être mis de côté. Doit-on considérer que les soldats évacués entre février et mai et qui auraient rejoint la position ont été comptés dans les calculs les plus généreux ? Or le service de Santé de la brigade a enregistré 312 malades et 72 blessés évacués de début février au 26 mai, et 17 blessés français évacués durant la bataille[14]. Il aurait donc manqué l'effectif de trois compagnies au moment du déclenchement de l'attaque ? Ce calcul de l'absence définitive de 384 soldats le 26 mai est à rejeter. Il paraît trop élevé, car une partie des malades, en trois mois, a certainement pu guérir et rejoindre les corps, mais combien ?

La perte des documents lors de la sortie est donc irréparable et ne permet que des estimations pour donner le nombre des présents dans la garnison. Avec des chiffres oscillant entre 3 255/3 500 et 3 723/3 733, la circonspection est de rigueur. Le général Koenig a donné deux chiffres différents dans le même livre : 3 826 dont 103 Britanniques, et l'on trouve ainsi le chiffre de 3 723 militaires

13. Édition sans indication d'auteur, ni d'éditeur, faite pour les adhérents de l'association des Français Libres. Le niveau des renseignements est inégal. Pour une histoire de la mémoire de la DFL, les adresses personnelles fournies pour environ un tiers des adhérents anciens combattants, sont une mine. Seul l'historien Jean-François Muracciole l'a utilisée en 2002-2005 pour retrouver les Français Libres encore vivants et leurs familles.

14. Rapport du service de santé, AOL.

« français » (et non 3 733) souvent indiqués et encore par F. Broche en 2019[15]. Il a aussi donné celui de 3 296 réellement contradictoire mais pour le début de la bataille moins absurde que le précédent comme on va le voir[16].

Tout lecteur attentif de l'*Annuaire de la DFL* de 1972, compilation des faits d'armes, des noms des camarades tués et des adhérents de l'association des Français Libres sait qu'il spécifiait un effectif de 3 300 h et considérait comme fiable la liste de 1943. Les auteurs anonymes de l'*Annuaire* ajoutaient que le nombre de « rationnaires » était de 3800, chiffre établi par l'Intendance pour les effectifs présents à Bir Hakeim et ceux de l'échelon arrière à Bir Bou Maafes au début de la bataille, avec « une majoration de 5 % pour satisfaire aux besoins des militaires de passage[17] ». Enfin, il faut considérer l'apport du médecin Guy Chauliac. Il donne des chiffres sans préciser ses sources, mais leur intérêt est évident. Pour lui le chiffre de 3 700 est celui de février 1942 à l'arrivée sur la position, ce qui nous paraît plausible sans relever d'une précision à l'unité près. Et en mai la brigade aurait eu un effectif de 3 296 hommes. Ce dernier chiffre a donc été fourni par le service de Santé au général Koenig [18]. Sa fiabilité à 100 % n'est pas pour autant garantie.

La plupart des témoins, sauf Koenig, et les historiens, ont le plus souvent, estimé l'effectif à : 3 700[19]. Ce qui est généreux pour la période de la bataille. Combien d'hommes ont alors échappé à l'ennemi ? C'est ici ouvrir le dossier des pertes de la brigade pour voir si une autre estimation, 2 700 à 2 900 Français Libres sauvés, est crédible.

B. Les pertes de la brigade : ouverture

Le recul en catastrophe de la VIIIe armée en juin 1942 a notablement compliqué le travail de recherche des officiers de la brigade, qui étaient dans l'impossibilité de savoir où se trouvaient certains soldats, dans des hôpitaux britanniques, dans des rattachements de fortune à des unités britanniques etc. Sans nouvelles rapides de tous les prisonniers durant l'été, on a patiemment tenté de retrouver, unité par unité, l'ensemble des pertes connues à ce moment-là. À l'été 1942, un rapport du service des pensions recensait 827 disparus en plus des pertes considérées comme définitives[20]. Un autre document – de la brigade – daté de septembre 1942 est souvent utilisé comme document définitif pour les pertes du FFBG[21]. Il pose cependant un certain nombre de problèmes et il ne peut passer pour « définitif » puisqu'il comporte des morts dans les « disparus » et que tous les

15. François Broche, *Bir Hakeim*, mai-juin 1942, Paris, Perrin, 2008, p. 146, *La cathédrale des sables, Bir Hakeim (26-mai-11 juin 1942)*, Paris, Belin, 2019, p.373, *Koenig*, *op. cit.*, p. 212.

16. Koenig, *op. cit.*, p. 393, chiffre repris par P. Montagnon.

17. *Annuaire de la DFL*, 1972, p. C-53.

18. Guy Chauliac, *Le service de santé de la France Libre 1940-1943*, Paris, chez l'auteur, p. 144.

19. Par exemple Amiel, *op. cit.*, p. 221.

20. SHD Archives de Caen, 24P, « Prisonniers de guerre Français libres capturés à Bir Hacheim », s.d., mais de juillet ou août 1942, p. 2.

21. SHD 11P 250, *État des pertes*. Rapport d'opérations.

disparus ne sont pas comptés ou même encore connus. On peut le comparer à la liste définitive du monument aux morts de Bir Hakeim. Elle donne la liste des militaires tombés dans la bataille, mais on y a ajouté ceux d'autres combats de 1941 et de 1942 (19). Certains corps n'ont pas pu être identifiés sur la position : 31. Le monument indiquera donc finalement 206 morts à Bir Hakeim pour la brigade. En septembre 1942, l'état des pertes donnait 89 tués, 79 blessés, durant la bataille jusqu'au 10 juin et évaluait à 49 tués et 125 blessés les victimes de la sortie. À cette date on avait déjà la liste de 148 hommes prisonniers des Italiens et on était toujours sans nouvelles de 666 disparus, dont une partie ne réapparaîtra jamais. Dans un état de mars 1943, les services de la France Libre établissent le bilan par année des pertes en hommes. Il donne 89 pertes pour les « combats de Libye » et 303 morts pour « Bir Hacheim » : 20 officiers, 37 sous-officiers 246 hommes[22]. Ce chiffre ne sera pas confirmé, encore faudrait-il savoir comment il a été établi.

La littérature historique n'est ici pas d'un grand secours même quand elle n'est pas fantaisiste. Les estimations globales des pertes varient de 600 à 1 200 chez ceux qui n'ont pas eu accès à des sources primaires, ceux qui ont eu accès – ou devraient avoir eu accès à des archives – présentent une variation de 970 à 1 100... L'imprécision de ces comptes est caractéristique des périodes d'opérations actives, rapides, de la Deuxième Guerre mondiale et de la désinvolture de certaines histoires militaires anciennes et récentes. Il est cependant surprenant que les vétérans qui à un moment ou à un autre eurent de hautes responsabilités comme Koenig et Messmer, ministres en charge des armées à des moments différents, n'aient pas demandé un décompte des plus précis à leurs services à une époque où les archives les mieux documentées n'étaient pas encore ouvertes.

En reprenant les calculs, nous avons été surpris de voir que les difficultés de comptage étaient considérables dans les unités, du fait de la perte des archives et de la difficulté à identifier et même à orthographier correctement les noms des soldats coloniaux[23], du fait des problèmes de la France Libre qui a dû lutter pour se faire reconnaître comme belligérant à part entière, et enfin parce que les services italiens n'ont pas été très efficaces et n'ont pas établi correctement les listes. De quels chiffres sûrs disposons-nous ? Pour la période septembre 1942-septembre 1943, de ceux du service des prisonniers de la France Combattante, puis de ceux de la délégation du Comité Français de la Libération Nationale situé à Londres (commissariat aux prisonniers et délégation des Finances). En janvier 1944, une liste récapitulative de la délégation fournit le dernier état des prisonniers Français Libres, ceux de Bir Hakeim et des autres unités de la France Libre, document qui reste à ce jour le document le plus fiable[24].

22. État des pertes de la France Libre mars 1943, 4P13.
23. Qui obligeait le service des Prisonniers de la France Libre à faire des recherches poussées et à multiplier les correspondances, du fait d'homonymies, d'erreurs sur les numéros matricules et les noms etc. C'est une des preuves que l'administration italienne n'a pas bien fait le travail d'identification nécessaire.
24. SHD Archives Caen, 24P document récapitulatif du 29 janvier 1944.

C. Les pertes de la brigade et la Croix-Rouge

Il faut remettre ces chiffres et listes dans un contexte plus large, celui des démêlés de la France Libre avec la Croix-Rouge de 1940 à 1943. La question est mal connue, on se référera en priorité à la notice de Jean-Marc Dreyfus dans le *Dictionnaire de la France Libre*[25] et à l'étude de Martin Thomas sur les prisonniers de Vichy et de la France Libre[26].

Les premières listes de prisonniers français ont été transmises en Syrie-Liban par le représentant du Vatican au Congo Belge. Ce qui n'est pas si courant au XXe siècle pour les « grands » pays en guerre. Le CICR se trouvait depuis 1940 dans une situation inédite, avec deux armées françaises, un État reconnu, et un État en exil, mais sans reconnaissance internationale sinon celle de la Grande-Bretagne et de quelques gouvernements en exil eux aussi. Le CICR a été, dès 1940, réticent à établir des contacts officiels avec la France Libre puisque l'acte valait pour une reconnaissance de légitimité internationale. On trouvait à Genève la situation confuse, puisqu'il fallait et faudrait tenir compte de deux comités de la Croix-Rouge française. En outre, le CICR et la Convention de Genève prévoyaient que face à la puissance détentrice de prisonniers, il fallait une puissance protectrice, neutre, qui puisse traiter d'égal à égal avec le belligérant détenteur de prisonniers. Et il fallait en même temps s'assurer de la réciprocité du traitement des prisonniers entre pays en guerre.

Or la France Libre posait plusieurs problèmes : comment étaient traités les vichystes pris par les gaullistes et réciproquement ? Quelles seraient les puissances garantes pour les adversaires prisonniers des Français Libres et celle(s) des Free French pris par les armées allemande et italienne [27]? Le CICR s'inquiétait plus pour les vichystes prisonniers de la France Libre que pour les Français Libres, pourtant plus mal traités car considérés comme des traîtres car Vichy n'avait jamais eu l'intention de considérer les gaullistes comme des prisonniers d'une armée régulière. Une longue lettre du 10 février 1942 résume l'état des tractations entre le CICR et le général de Gaulle[28]. Le président de la Croix-Rouge, Max Huber, rappelle sa lettre du 1er août 1941 et la réponse tardive du général le 19 novembre 1941. Il confirme que la Croix-Rouge britannique servirait encore d'intermédiaire pour les renseignements concernant les prisonniers détenus par les Italiens et les Allemands. Il prend aussi acte du fait que les renseignements sur les militaires italiens et allemands pourront être envoyés directement à l'agence centrale de Genève, mais insiste sur le fait que jusqu'à présent les

25. *Dictionnaire de la France Libre* (F. Broche, G. Caïtucoli, J.-F. Murraciole, dir.), Paris, R. Laffont, 2010, notice « Croix-Rouge » par Jean-Marc Dreyfus, p. 388-389.

26. Martin Thomas, « Captives of their Countrymen : Free French and Vichy French POW's in Africa and the Middle East, 1940-1943 », dans Bob Moore & Kent Fedorovitch (dir.), *Prisoners of war and their captors in World War II*, Oxford, Berg, 1996, p. 87-118.

27. Comme le remarque Martin Thomas, les Britanniques gardaient plus de prisonniers vichystes que la France Libre, art.cité, p. 89.

28. SHD Archives Caen, 24 P, Lettre de Max Huber 10 février 1942.

renseignements fournis par la France Libre sont fragmentaires. La « vive satisfaction » de M. Huber tient dans l'application de la Convention dans les territoires contrôlés par la France Libre en Afrique, en Syrie, à Tahiti. De fait les prisonniers italiens aux mains des Français Libres étaient bien traités[29]. Mais M. Huber regrette que les rapports des délégués de la Croix-Rouge et notamment ceux de M. Arnold, son représentant en Afrique, ne lui soient pas parvenus. Curieusement, cette lettre parle peu des militaires et du traitement des prisonniers dans les camps et encore moins des conditions matérielles ou des colis (certes ce n'est pas l'objectif de la lettre, mais l'omission de ce genre de détails surprend). La plus grande partie de la lettre concerne en fait les civils, ceux d'Afrique en priorité, qui Italiens, Allemands... ou Français favorables à Vichy sont coupés du monde extérieur. De Gaulle a jugé que les vichystes sont les bénéficiaires d'un régime très libéral, vivent en famille et ne sont pas menacés tant qu'ils ne causent pas de problèmes... politiques ou d'ordre public. Le CICR, au nom des considérations humanitaires mises en avant dans la première lettre d'août 1941, tient à dissiper un malentendu et reconnaît volontiers que les vichystes ne sont pas des prisonniers de guerre. Mais pour les Français, comme pour les civils allemands et italiens, il tient à être rassuré sur les facilités données pour la correspondance privée et familiale, soulignant la « réelle anxiété de la part des requérants » qui ont saisi le CICR de ce problème de correspondance.

Les rapports entre De Gaulle et le CICR étaient en réalité très tendus. Dans sa réponse du 8 mai 1942, le général se montre intransigeant sur un point essentiel : il tient à ce que les échanges concernant les prisonniers de guerre soient assurés directement entre le service des prisonniers de guerre de la France Libre et le CICR. Car « les Français Libres ont un pays d'origine qui est la France et ils ne servent qu'une seule puissance, la France. Admettre la transmission des communications par l'entremise d'une organisation étrangère, même étroitement alliée, pourrait provoquer une équivoque[30]. » Pour la réciprocité concernant les civils internés, le général renvoie la Croix-Rouge à la manière dont la France Libre transmet le courrier aux familles de vichystes alors qu'à Vichy et en A.O.F les lettres destinées aux Français Libres sont « retenues ». La partie se joue en réalité à trois. La Grande-Bretagne est pour le moins réticente à accepter des contacts directs France Libre-CICR qui mettraient en danger la sécurité des communications de leur armée. Elle veut surtout éviter qu'en cas de problèmes graves causés par la France Libre, des prisonniers britanniques soient l'objet de représailles de la part des Italiens et des Allemands. Le premier argument n'est guère convaincant, le second l'est davantage mais n'est pas formulé clairement vis-à-vis des Français Libres. Les Britanniques ne donneront leur accord sur les

29. Romain Rainairo, *Le « serment de Koufra », regards italiens sur la campagne saharienne de Leclerc*, Paris, Éditions Publisud, 2011, p. 238, l'auteur remarque que les prisonniers italiens gardés en Afrique du Nord après la campagne de Tunisie furent plus mal traités que les Italiens pris par Leclerc et ses hommes, gardés en AEF.
30. SHD Archives Caen, 24 P, Lettre de Gaulle 8 mai 1942.

relations directes France Libre-CICR qu'en février 1943, au moment où la situation politique française change en Afrique du Nord.

Le 26 mars 1943, Jacques Chenevière, au nom du CICR, fait le point sur la situation, sans mentionner l'attitude réticente des Britanniques jusqu'en février sur la question des contacts/communications directs. Il fait état du sérieux et de la bonne volonté du CICR en envoyant une liste de « 376 noms et 244 adresses » de prisonniers français « capturés en Libye en juin 1942 ». Il indique en outre qu'il s'efforce d'obtenir des autorités italiennes les informations complémentaires nécessaires. Mais l'essentiel de la lettre a pour but de convaincre les Français Libres, le Comité National Français, que l'aide britannique est fondamentale et nécessaire. J. Chenevière avance à ce sujet trois arguments. Le premier est historique, car les représentants de la Croix-Rouge ont depuis la fin de 1940 assuré l'envoi des colis britanniques aux détenus Français Libres. Le second est politique, même si le CICR refuse d'en discuter les raisons : « Les Puissances de l'Axe assimilent les prisonniers de guerre Français Libres à des prisonniers de guerre britanniques. » Le dernier argument est de commodité. Il sera plus facile de passer par la Croix-Rouge britannique que d'envoyer des colis depuis l'Empire puisque le « mode d'envoi des colis individuels » est le même que pour les prisonniers britanniques[31].

La conclusion est claire : les prisonniers de Bir Hakeim ont souffert de la méfiance réciproque du CICR et de la France Libre, pas seulement de la position subalterne dans la grande alliance de la « France Combattante » qui en était la cause première. On comprend mieux alors pourquoi ce qui tient lieu de document « définitif » sur les pertes de Bir Hakeim date de janvier 1944 seulement.

D. Les pertes de la brigade : estimations diverses

Nous publions en fin de chapitre, plutôt qu'en annexe, la liste récapitulative de la France Libre du 29 janvier 1944 ajoutée au relevé nominal par unités. Elle donne 683 prisonniers identifiés, dont 118/124 ont disparu dans le naufrage du *Nino Bixio*, bateau de la *Regia Marina* coulé par un sous-marin de la *Royal Navy* en 1942. 11 ont été rapatriés[32], 5 se sont évadés, 9 sont morts dans un camp de prisonniers, 3 ont été envoyés en Allemagne nazie parce qu'ils étaient de nationalité [33]allemande ou autrichienne. Le document indique en outre que, parmi les prisonniers Français Libres, 41 restent – il faudrait s'en étonner si l'on ne tenait pas compte des erreurs et de la manière dont l'armée italienne a effectué le

31. SHD Archives Caen 24P, lettre de Jacques Chenevière, membre du CICR, 26 mars 1943.

32. Les services de la France Libre avaient été prévenus par les Britanniques qui ont transmis les décisions de rapatriements pour 10 hommes (dont 2 SAS, et des vétérans de Bir Hakeim comme le lieutenant Roger André et le caporal Spitz) le 19 avril 1943. Le télégramme du 19 avril précise la nature des blessures. Les deux premiers soldats rapatriés sont les 2°classe Holm et Legoff, arrivés au Caire le 13 mai 1943, avec des prisonniers britanniques (Télégrammes des 19 avril et 27 mai 1943 SHD Vincennes, 4H 300).

33. Selon David Rodogno, *Il nuovo ordine mediterraneo*, Torino, ed. Bollati Boringhieri, 2003, p. 452.

travail – non identifiés en 1944, dont 20 « ayant été capturés à Bir Hakeim[34]. » On peut donc, pour Bir Hakeim, donner le chiffre de 703 prisonniers arrivés dans un camp en juin 1942. Au 31 décembre 1942, l'administration italienne comptait : 681 prisonniers français *Di Gaullisti*, les seuls prisonniers identifiés donc, 71 227 Britanniques, 446 Américains internés en Italie. Pour les tués, en 1955 le document édité pour le pèlerinage ne donnait que 206 tués dont 31 non identifiés[35]. On arrive à un chiffre plus élevé avec les archives de la France Libre, du service des pensions, qui fournissent les noms de 239 militaires de la brigade, alors que la recherche sur le site *Mémoire des hommes* du ministère de la Défense donne aujourd'hui : 256 morts et inclut sans doute des disparus. Il est difficile d'être plus précis, car il manque certainement des noms. Comme on le verra plus loin, l'adjudant Goubin a, dans deux témoignages, signalé la disparition de 23 soldats prisonniers sur la position quelque temps après la bataille. Nous ignorons s'ils ont tous été pris en compte ou non dans les calculs de la brigade, et nous penchons pour la négative au moins pour une partie d'entre eux. En outre, il se peut que tous les corps n'aient pas été retrouvés, soit à Bir Hakeim même, surtout pour les corps ensevelis à la hâte à la fin de la bataille, soit sur les pistes. Le corps du lieutenant Devé fait partie de ce groupe[36], alors que J.-M. Boris, après quatre jours de recherche et l'étude de plusieurs cadavres déterrés, a retrouvé celui du capitaine Gufflet sur l'injonction expresse du colonel Laurent-Champrosay[37]. L'absence d'une liste fiable des présents à la bataille est donc rédhibitoire. De plus, l'incertitude reste absolument complète sur les « civils militarisés » de la brigade présents à Bir Hakeim : seuls deux noms apparaissent dans les listes des morts du service de la France Libre.

Pierre Messmer a fourni en 1986 une estimation : « La brigade a perdu de 450 à 500 morts, autant de prisonniers et autant de blessés graves… Sur les 3 700 hommes engagés dans la bataille, les pertes s'élèvent à 1 500[38]. » Le problème de cette phrase est « dans la bataille ». Dans ses mémoires, il a revu ce calcul en trois tiers pour proposer une autre estimation. Pour les morts, 99 durant le siège, 72 durant la sortie, 95 retrouvés, considérés auparavant comme « disparus » : soit 266. Messmer compte en outre 668 prisonniers/disparus, indique un

34. SHD Archives Caen, 24P document cité du 29 janvier 1944.

35. Le plan du monument devrait d'ailleurs avoir eu au moins 214 tombes en 1955, voir plus loin…

36. Est-ce le corps « en 5 morceaux » vu par le capitaine I.M. Harper ? IWM, 67/408/1, War Diary, 11 juin 1942.
P. Messmer écrira que le corps de Devé rapatrié en France n'est pas le bon, AOL, dossier Devé.

37. Jean-Mathieu Boris avait enterré dans le désert le capitaine tué lors de la sortie. Le colonel obéissait à une demande de la veuve du capitaine Gufflet qui voulait « donner une sépulture chrétienne à son mari ». Le colonel a épousé la veuve du capitaine. Voir le récit des mémoires de Jean-Mathieu Boris, *op. cit.*, p. 128. En entretien, J.-M. Boris a commenté en termes militaires fort peu diplomatiques, non reproduits dans ses mémoires, la raison pour laquelle il n'a pas été invité au mariage : « Je lui ai dit : "Maintenant mon colonel vous pouvez épouser madame Gufflet." J'étais furieux d'avoir arpenté le désert, déterré plusieurs cadavres, parce qu'il voulait tirer son coup », entretien du 18 novembre 2007.

38. Pierre Messmer, « La bataille de Bir Hakeim », *Espoir*, n° 56, septembre 1986, estimation au bout du compte pratiquement identique dans Jean-Louis Crémieux-Brilhac, *op. cit.*, t. 1. p. 480.

chiffre approximatif pour le naufrage du *Nino Bixio* (140 alors qu'on confond parfois les noyés avec le chiffre des 148 prisonniers se trouvant sur le bateau). Ces disparus sont en réalité au nombre 118 minimum, de 124 au maximum[39], qu'il faut déduire des 668. Messmer considère en outre qu'il y eut 160 hommes ; « disparus non prisonniers, errant dans le désert... morts de soif ou tombés dans des combats qui resteront toujours ignorés[40]. » Comme P. Messmer ne cite aucune source, il nous paraît difficile d'accepter ces estimations dans leur ensemble, mais il est en réalité tout aussi ardu de les ignorer car on ne voit pas comment les considérer comme des inventions complètes, d'autant que l'historien Jean-Louis Crémieux-Brilhac les a considérés comme fiables. En délaissant les chiffres fantaisistes nous proposons une récapitulation pour comparer le calcul de la France Libre à d'autres comptes :

	Tués	**Prisonniers**	**Disparus**
Service des prisonniers de la France Libre et service des pensions	239 ou 256	703	23[(a)]
P. Messmer[(b)]	266	668	160
Revue *Icare* 1982[(c)]	129	612	47
Liddell Hart, 1953[(d)]	129	-----	659
Guy Chauliac (1994)[(e)]	259	-----	763
Jean-Louis Crémieux-Brilhac (2001)[(f)]	171	(650+)	763 ou 814+
calcul final de J.L. Crémieux-Brilhac++	500	450-500	47
François Broche 2019 citant J.-M. Boris	129	612	----
et citant le général St-Hillier[(g)]	332	620	

a. Ce chiffre de 23 disparus est sans doute inexact. À combien faudrait-il le relever pour obtenir une estimation fiable ? Nous l'ignorons.
b. P. Messmer dans ses Mémoires, *Après tant de batailles*.
c. Nous ne connaissons pas l'origine de ces chiffres.
d. Liddell Hart, *Rommel Papers*, 1953, origine des chiffres inconnue (les services de l'armée britannique ou la Croix-Rouge britannique ?). L'auteur ne dit rien des prisonniers et donne le chiffre supplémentaire de 190 blessés. On remarquera que le calcul de la Revue *Icare* et le sien sont en réalité identiques.
e. Les chiffres de G. Chauliac sont les plus proches de ceux que l'on peut tirer des archives du SHD Caen.
f. Jean-Louis Crémieux-Brilhac s'appuie beaucoup sur les chiffres de P. Messmer.
+ les 650 prisonniers sont inclus dans l'estimation des disparus.
++ calcul en trois tiers, les morts semblent tenir compte des disparus du naufrage du *Nino Bixio*, à ce calcul Crémieux-Brilhac (et Messmer en 1986, voir page précédente) ajoutent 500 blessés graves.
g. François Broche, 2019, produit une liste non exhaustive d'estimations et ne prend pas parti, p. 373-374. J.-M. Boris a repris le calcul de la revue *Icare*.

39. Les services de la France Libre comptaient 118 disparus sur le *Nino Bixio* en janvier 1944, mais 6 noms semblent avoir été rajoutés après, voir SHD, Archives Caen, 24 p., et tableau récapitulatif en fin de chapitre.
40. Pierre Messmer, *Après tant de batailles*, *op. cit.*, 1992, p. 112-114.

À titre de comparaison avec des calculs d'autres historiens dont nous n'avons pas jugé utile de tenir compte :

	Effectifs	Tués	Blessés graves évacués	Disparus
Général Y. Gras	3703	221	125	264
Erwan Bergot	3700	460	400	600
André Martel	3703	130	204 (blessés)	814

La brigade aurait donc perdu environ un tiers des soldats arrivés sur la position avant et durant la bataille. Il en reste au minimum 2 100 selon G. Chauliac[41], 2 619 selon André Martel[42].

Les calculs demeurent un lieu commun des récits de la bataille pour plusieurs raisons : le caractère dramatique de la sortie, l'impossibilité d'honorer immédiatement les morts, la longue incertitude sur les prisonniers et le silence définitif sur les disparus du désert.

E. C comme circonstances de capture

Il faut distinguer les militaires britanniques des coloniaux et légionnaires français. Les services de la France Libre n'avaient pas à se préoccuper des Britanniques de la brigade, même si l'état-major de Koenig aurait pu demander des nouvelles des compagnons d'armes britanniques, ce qui n'était pas facile dans une période d'incertitude militaire comme celle de l'été 1942 où l'urgence était ailleurs. Le chiffre exact de membres de la Mission militaire britannique capturés/disparus reste à ce jour inconnu[43]. Alors qu'il fallait tirer au clair les ordres donnés par la VIIIe armée, un des officiers de liaison de la 20e Mission Militaire, le capitaine Tomkins a été envoyé vers l'est et s'est retrouvé dans une unité allemande alors qu'un vent de sable se levait. Tomkins a vu Rommel le 2 juin alors qu'il rédigeait le célèbre ultimatum destiné à effrayer Koenig et à l'inciter à se rendre. Mais c'est son chauffeur qui a porté le message et Tomkins est resté prisonnier[44]. Le capitaine n'a pas eu de chance, car il a fait partie du très petit nombre de soldats et d'officiers de Bir Hakeim pris par l'ennemi avant la sortie. À propos de la DCA britannique, Peter Coomber écrit que seulement 36 militaires du 43th COLYRAA sont retournés dans leurs lignes après le 11 juin (sur 82, ce qui est fort peu) et les 46 disparus/prisonniers ne sont jamais

41. G. Chauliac, *op. cit.*, p. 144.

42. André Martel, dans *Histoire Militaire de la France* sous la direction d'André Corvisier, t. 4, Paris, PUF, 1997, p. 112.

43. Au moins cinq, dont le capitaine Fitzgerald, le capitaine Tomkins et son chauffeur, et un dernier soldat non identifié. Fitzgerald fut pris en même temps que le lieutenant Tardrew du BM2, vers 8 h du matin, le 11 juin, voir Amiel, *op. cit.*, p. 217.

44. INA, interview de Sir Edward Tomkins, 2000. Sir Edward Tomkins (1915-2007) s'est évadé en 1943 d'un camp de prisonniers italiens (Campo 41 près de Parme). Une longue carrière diplomatique a fait de lui un des négociateurs de l'entrée de la Grande-Bretagne dans la CEE.

intégrés aux pertes de la brigade qui ne s'intéressait qu'aux Français Libres[45]. On ne sut que plus tard que quatre Britanniques avaient été tués à Bir Hakeim avant la sortie[46].

Le nombre total de prisonniers français *avant* la sortie est inconnu. Quelques-uns ont été pris en convoi, et très peu en combat, dont, nous l'avons vu, une partie de la section de l'aspirant Morvan qui faisait partie de la compagnie Messmer. En réalité, la distinction avant/pendant/après importe peu. La majorité des prisonniers est prise par l'ennemi à la fin de la nuit et au matin du 11 juin. Ces prisonniers ont eu des aventures diverses avant d'arriver dans les camps en Italie et avant d'être répertoriés dans les comptes des autorités de France Libre. Les circonstances réelles de leur capture sont mal établies, sur la piste, en combat à gauche et à droite de la route des convois lors de la sortie (on pense ici aux légionnaires et aux tirailleurs). Et que dire alors des ouvriers « civils militarisés » de la brigade comme on les appelait? Si nous ne connaissons pas du tout le nombre de ces ouvriers sur la position et dans la brigade, deux d'entre eux figurent toujours dans les états des morts des Forces Françaises du « *Western desert* », (un Syrien et un Libanais.) et trois dans les archives concernant les prisonniers (tous appartenant à l'Atelier Lourd de réparations)[47]. Les rapports ennemis disent que 200 hommes ont été pris sur la position (et la propagande italienne indiquera, comme l'allemande, 2000 hommes, chiffre qui se passe de commentaire). Sur les plus de 700 prisonniers, au moins, recensés, c'est fort peu. Les 500 autres ont donc été pris dans le gigantesque ratissage mis en place par des éléments italiens et des unités de la 90e division légère allemande dans le désert au cours de la nuit et au petit matin.

S'il y avait encore des soldats et des officiers dans Bir Hakeim, c'est qu'ils avaient reflué ou perdu courage, ignorant l'azimut visé et ne possédant pas de boussoles[48]. Ou alors, ils avaient été légèrement blessés et avaient cherché à se mettre à l'abri. Les Italiens et les Allemands dans les journaux de marche et surtout à la radio ont dit avoir donné l'assaut après un bombardement. Symétriquement, après-guerre, les Français ont accrédité l'existence de l'assaut,

45. *Revue de la Fondation de la France Libre*, n° 44, juin 2012, p. 81. Le War Diary du 43th COLYRAA est difficile à utiliser du fait de la dispersion de l'unité dans plusieurs brigades du désert. S'il est rentré des soldats de la « D » *troop* qui assurait l'entraînement des fusiliers marins puis la défense anti-aérienne à Bir Hakeim, la totalité de la « A » troop a été perdue à Knightsbridge, TNA, WO 169/1422.

46. Les noms de six soldats anglais se trouvent sur le monument de Bir Hakeim dont deux tués en 1941, et 2 en mars 1942, deux en juin 1942 à Bir Hakeim avant la sortie. Aucun nom ne renvoie à la mission militaire ou aux servants de DCA. Il est pourtant difficile de penser qu'il n'y ait eu aucune perte britannique durant la sortie.

47. Par manque de personnel qualifié on avait eu recours aux « auxiliaires autochtones » dans l'armée du Levant, commandée par le général Dentz, 600 dans les unités blindées, en tout 3127, Tony Albord, *L'armée française et les états du Levant*, Paris, CNRS, 2010, p. 132. Combien de ces auxiliaires s'étaient retrouvés dans l'armée de la France Libre?

48. Pierre Heitzmann qui n'en possédait pas en juin 1942 a toujours eu une boussole sur lui après la sortie de Bir Hakeim, entretien du 4 mars 2008.

parfois sur l'indication d'anciens adversaires : « Tous étaient blessés et tous se défendirent les armes à la main[49]. »

Sans avoir à mettre en doute le courage des soldats à cette occasion, remarquons que le peu de documents subsistants n'apportent pas de confirmation de combats le matin du 11 juin. On ne connaît pas réellement les gestes de la reddition sur place. Dans le carnet du lieutenant Koenekke saisi et traduit par les Britanniques le 1er août 1942, il est bien dit que l'attaque fut « annulée[50] », au moins celle des avions. Rien ne dit qu'il y eut plus qu'un bombardement symbolique d'artillerie, même si le journal de la division Trieste paraît catégorique : « À l'aube du 11, l'attaque est reprise avec violence, les points d'appui et ouvrages ennemis cèdent les uns après les autres[51]. » Propagande italienne pour une attaque de grand style, donc. Cet assaut est tombé dans le vide s'il a eu vraiment lieu : que pouvaient faire 200 défenseurs sans armement antichar ? Curieusement, il n'apparaît nulle part que les Français avaient laissé des pièges dans la position, ce qui tend à prouver qu'Italiens et Allemands n'y ont pas vraiment fait de tourisme militaire ni d'investigations avant de se diriger rapidement vers le nord.

Depuis l'armistice de 1940, la question du traitement des prisonniers français libres était posée. Si les combattants du BIM semblent être passés inaperçus, les Français qui attaquent au Fezzan en 1941 ont attiré l'attention et les remarques des commissions d'armistice italiennes puis allemandes. Du côté de l'Axe, on se demandait ce qu'il fallait faire de Français Libres prisonniers : devrait-on les envoyer en camps ou les fusiller comme francs-tireurs irréguliers ? En 1942, des unités italiennes ne savaient pas comment traiter les « *digaullisti* » au moment de l'arrivée de la brigade dans le désert, comme il ressort d'un document trouvé en 1943[52].. Il a longtemps été d'usage de considérer que les Italiens et les Allemands s'étaient correctement occupés de leurs prisonniers dans la guerre du désert. Nous avions signalé en 2012, que l'affirmation était fausse pour les Français dans les premiers mois de captivité au moins[53]. Les exactions diverses des forces de l'Axe dans le désert et en Afrique du Nord ont été réévaluées et confirmées depuis[54].

49. Revue *Icare*, *Bir Hakeim*, vol. 2, 1982, p. 84. Exercice *Hard Times*, dans *Sud-Ouest*, dimanche 24 mai 1953, indication de l'assaut par le général Schultz au général Masson (article de Louis Dartigue).
50. TNA, WO/202/52 *Notebook Lt Koenneke*, 11th June 1942. Le lieutenant assurait la liaison des troupes au sol et de l'aviation.
51. Revue *Icare*, *Bir Hakeim*, vol. 1, 1982, p. 92.
52. TNA, WO 202/52, traduction d'un document italien sans date (trouvé en août 1943 par les Britanniques).
53. Jean-Marc Largeaud, « Note sur les prisonniers de Bir Hakeim », *Revue de la France Libre*, n° 44, 2012, p. 6-7.
54. Patrick Bernhardt, dans le chapitre « Guerre et violence en Afrique du Nord » du livre de Nicola Labanca, David Reynolds, Olivier Wieviorka, (dir.), *La guerre du désert 1940-1943*, Paris, Perrin, p. 181-220, et du même auteur, « Behind the Battle Lines : Italian atrocities and the persecution of Arabs, Berbers, and Jews in North Africa », *Holocaust and Genocide studies*, 26, n° 3, 2012, p. 425-446.

F. O comme Odyssées : le destin des prisonniers

1. Mauvais traitements

Les prisonniers Alliés n'ont pas été bien traités par les militaires Italiens et Allemands, lors de la capture et surtout dans les camps de Libye. Les Français étaient au bas de la liste des priorités des gardiens de l'Axe. Coloniaux et légionnaires et leurs officiers de Bir Hakeim ont été acheminés en Italie en trois étapes. Un séjour de quelques jours à Bir Hakeim pour la plupart d'entre eux, un transfert vers le camp de Derna et ensuite Benghazi, un déplacement en bateau vers des camps de prisonniers italiens. Les mauvais traitements ont commencé à Bir Hakeim. Du côté des hommes du rang et des sous-officiers, il est vraiment peu de témoignages publiés sur le bref séjour à Bir Hakeim. Un témoin Français a décrit avec précision ce qui lui est arrivé lors de sa captivité, dans une lettre privée de 1944 d'abord, puis dans une note publiée en 2011. L'adjudant Goubin, de la 101e compagnie auto, entré avec le dernier convoi de ravitaillement le 8 juin, s'est évadé en 1943. Après avoir combattu dans les rangs de la Résistance française dans les Alpes en 1944, il a envoyé une lettre-rapport[55] en décembre 1944 :

> « J'ai sauté avec mon pick-up, mon chauffeur a pris peur et a pris la fuite. J'ai pris ma boussole et ma carte, j'ai trouvé deux camarades, Canard et Chancoin. Nous avons fait à peu près 2 km à pied et sommes tombés sur un nid de mitrailleuses ennemies, avons été faits prisonniers et dépouillés de tout ce que nous possédions. Rassemblés sur un terrain (là se trouvaient également les commandants Babonneau, Puchois, etc.), nous avons été ramenés au fort de Bir Hakeim. Sommes restés 4 jours sans boire, sans vivres. 5 camarades sont morts de soif, un est devenu aveugle De là, nous avons été dirigés sur Timimi et là remis aux Italiens qui nous ont donné de l'eau et à manger. »

Dans le témoignage publié postérieur à celui de 1944, Goubin a raconté qu'« hantés par le besoin de liquide, nous aurions trouvé la mer à ce moment-là, que nous aurions tous bu ; témoins ces 18 noirs qui trouvèrent un jerrican contenant de l'essence et burent ; tous, naturellement, ont péri dans d'atroces souffrances[56] ».

Le témoignage de Goubin est partiellement confirmé par un entretien de Benoît Hopquin avec André Verrier, artilleur évadé d'Allemagne, passé en 1941 par les camps de l'URSS pour rejoindre la brigade. À Bir Hakeim, Verrier dit être resté deux jours seulement « avec une ration d'un quart de litre par jour[57] », puis a été évacué à Benghazi où il fut mieux traité. Il ne rapporte pas de mauvais

55. SHD, archives Koenig, 1K237/1
56. Etienne Goubin, « Témoignage », *Revue de la Fondation de la France Libre*, n° 40, 2011. Comme souligné précédemment, il n'est pas certain que ces morts aient été répertoriés correctement.
57. André Verrier dans B. Hopquin, *op. cit.*, p. 163.

traitements. Les prisonniers – Goubin note qu'il y en a 600, « 400 Blancs », « 200 noirs » – furent dépouillés de leurs effets personnels (papiers, alliances, montres, photos de familles, etc.), par les soldats allemands qui les avaient capturés. Faut-il rappeler que tous ces faits étaient contraires à la Convention de Genève ? Les alliances par exemple étaient considérées normalement comme une monnaie d'échange potentielle pour améliorer l'ordinaire. Le droit de la guerre n'a pas été respecté par les Italiens. Les gardes Italiens enlevèrent même aux prisonniers leurs chaussures[58] qui étaient déjà en piteux état. Car, avant d'arriver à Derna ou Benghazi, les Français Libres ont beaucoup marché dans le désert, et ils n'ont pas été transportés en camion sauf exception[59]. L'observateur de garde du LRDG les a vus passer à pied et a noté : « Environ 500 prisonniers de guerre français libres[60]. »

À Derna même les prisonniers de la France Libre furent systématiquement maltraités par un chef de camp dénoncé plus tard par des officiers britanniques qui ont contribué à des commissions d'enquête. Le médecin britannique E.T. Gilbert a décrit les coups systématiques donnés aux prisonniers français, la nourriture inférieure en quantité et en qualité à celle des Britanniques qui souffraient déjà de la faim. Le capitaine Felice Vismara, commandant à Derna jusqu'en octobre 1942, refusait d'appliquer la Convention de Genève aux Français Libres considérés comme « francs-tireurs[61] ». Ceci correspond aux mauvaises habitudes des gardiens italiens et à la période d'incertitude sur le statut des Français Libres décrite plus loin. Visitant le camp de Derna en juin 1942, Mussolini trouvera que les prisonniers étaient traités « avec trop d'humanité[62] ». L'exemple et l'excuse venaient donc de haut. Et les visiteurs de la Croix-Rouge étaient absents et n'ont pas laissé de rapport de visite de ces camps libyens. Les conditions de détention à Benghazi et Derna ont donc été très difficiles : peu

58. C'est le cas de Goubin et de ses camarades, *ibidem*.

59. Quelques clichés issus des archives photographiques allemandes figurant dans l'inventaire de l'ECPAD montrent deux camions avec des prisonniers, il n'est pas sûr qu'il ne s'agisse de Français, voir la référence dans les sources.

60. Notons au passage la qualité de l'estimation du LRDG sur le nombre de prisonniers. La citation exacte mérite d'être rappelée dans le contexte : « On l'appelait toujours la « surveillance de la route ». [...] Deux hommes quittaient le camp avant le lever du jour et se dirigeaient vers la route. À 300 ou 400 mètres de celle-ci, ils s'arrêtaient et après s'être dissimulés comme ils pouvaient (à l'aide d'un pli de terrain ou d'un buisson) ils s'installaient pour la journée. Ils devaient rester jusqu'à la tombée de la nuit. Ils ne pouvaient ni se lever, ni se déplacer, à moins que le trafic ne fût très restreint. Ils avaient de puissantes jumelles, des carnets et des photographies récentes de véhicules ennemis. Chacun à son tour notait ce que l'autre voyait : chars, canons, camions, camions-citernes, voitures blindées, tracteurs, hommes et matériel et quelquefois des choses plus tristes, comme ceci, observé le 10 juin 1942. Se dirigent vers l'ouest. Environ 500 prisonniers de guerre français libres », W.B. Kennedy Shaw, *Patrouilles du désert*, Paris, Berger-Levrault, 1948, p. 320-321.

61. TNA, WO 311/301, *Affidavit* du capitaine-médecin E.T. Gilbert, 14 mai 1945 ; ce témoin dit aussi que les autorités du camp refusèrent aux prisonniers des légumes ou fruits faciles à collecter ainsi que du papier pour des soldats souffrant de diarrhées ou de dysenterie, à peu près tous les hommes du camp (p. 2 et 3).

62. Patrick Bernhardt, *La guerre du désert*, *op. cit.*, p. 211.

d'eau, peu de nourriture (figues, feuilles, dattes, riz), peu de sommeil à cause de la « vermine » (puces et poux)[63]. Goubin, curieusement, ne dit pas que les Africains de la brigade ont servi de dockers pendant quelques semaines dans le port de Benghazi, avant d'être envoyés en Italie. Racisme ordinaire des troupes italiennes et allemandes, les « gens de couleur » étaient particulièrement maltraités en Libye, qu'ils soient Sud-Africains, Mauriciens, Indiens, tirailleurs ou artilleurs de la France Libre[64]. Ils étaient considérés comme travailleurs de force, une main-d'œuvre corvéable à merci. Les Italiens, au moins en Libye, par habitus colonial autant que par racisme ont séparé les coloniaux des « blancs », arguant de la hiérarchie raciale promue par le régime, qui n'excluait pas les mauvais traitements et les coups. Il est curieux - et dommage - que les Alliés ne se soient guère intéressés à l'emploi des troupes coloniales alliées prisonnières des Italiens, dockers pour les coloniaux français et d'autres. Cette main-d'œuvre était encore moins bien nourrie que les prisonniers « blancs » en violation des articles 11, 12 et 13 de la Convention de Genève[65]. Il y eut des dérapages. Des exécutions sommaires sont-elles restées impunies? Un soldat italien a, le 29 mai 1942, tué cinq prisonniers indiens devant un officier anglais qui a ensuite pu s'échapper et signaler l'exaction[66]. Malgré son témoignage, il n'y eut pas de recherche du responsable italien par manque d'informations, et du fait de la date tardive de la déposition en 1945.

Un autre témoin a eu un trajet bien différent de celui de Goubin. Blessé durant la sortie, Léon Tartivot (du BIM), n'a pu se dégager. Touché au genou au début de la sortie, il est relevé par deux officiers de Légion[67] qui le déposent dans un trou :

> « que je ne m'explique pas, peu profond, 20 cm peut-être? Je devais être près du champ de mines... Un Allemand, vers 10 h du matin - il se cachait - m'a pris montre, bracelet et bague en argent. Le lendemain, j'ai vu une ambulance italienne, j'ai levé le bras, ils m'ont vu et m'ont emmené[68] ».

63. André Verrier est sur ce plan en contradiction avec Goubin, à moins qu'il ne parle, c'est notre hypothèse, des derniers jours avant le transfert sur le *Nino Bixio*, il dit en effet : « c'était le même régime que les soldats italiens... orge grillée le matin, boule de pain de 150 grammes à midi, soupe de riz avec un peu de viande ou de poisson le soir, feuilles de cactus, dattes vertes », B. Hopquin, *op. cit.*, p. 162. A. Verrier, effet du temps passé, a tendance à minimiser les problèmes de la captivité en Libye et en Italie, mais ayant fréquenté les camps allemands puis ceux de l'Union Soviétique avant le transfert en Afrique, avait-il quelques bonnes raisons de le faire ?

64. Voir David Killingray, « Africans and African Americans in enemy hands », dans Bob Moore & Kent Fedorovitch (dir.), *Prisoners, op. cit.*, p. 181-204, particulièrement p. 193-195.

65. P. Bernhard, art. cité, p. 435, D. Killingray, art. cité, p. 194.

66. TNA, WO 311/1174, Captain C.W Law, *Report, 23rd of July 1945*.

67. S'agit-il de P. Messmer et de Lalande ? P. Messmer, *Après tant de batailles*, *op. cit.*, p. 107, signale qu'il a tenté d'aider un « fusilier marin » touché au genou en compagnie du capitaine Lalande.

68. Léon Tartivot, entretien du 1er juin 2008.

Léon Tartivot, relevé le 12 juin, soigné sommairement avec retard, était en grand danger. Un navire-hôpital a refusé de le prendre car « en trop mauvais état ». Il s'est donc retrouvé à l'hôpital de Derna avec des blessés anglais, alors que sa blessure se gangrenait. La prise de Tobrouk a contribué à sauver sa jambe : les chirurgiens et ambulanciers italiens ont fait la fête ! Du coup, grâce à la diète involontaire du blessé, la fièvre a baissé. Le navire-hôpital suivant l'emporte en Italie où l'entrevue avec un prêtre va tourner au désastre après une journée terrible passée dans l'ambulance en direction de l'hôpital de Caserta. Après un déplacement très douloureux, et sans être traité à la morphine, L. Tartivot a demandé à voir un prêtre pour se confesser. On lui a d'abord amené un lait de poule. « Un peu échauffé », par le lait de poule, à la question posée en français par le prêtre, « Combien avez-vous tué d'Italiens ? », Léon Tartivot dit avoir répondu : « Le plus que j'ai pu. » Le prêtre a refusé de le faire communier. Et surtout, malgré une blessure très grave à la jambe, il n'a pas été échangé au titre de « grand blessé » par les autorités italiennes. Envoyé au camp de Piacenza, il en est retiré par les troupes allemandes en septembre 1943. Au Stalag VIIB, Léon Tartivot termine sa captivité en 1944, toujours plâtré. Les médecins britanniques du camp, surveillés par un médecin allemand, constatent que l'os de sa jambe « était pourri » et le font présenter à la commission de la Croix Rouge. Il n'est rapatrié comme grand blessé qu'à la fin du mois d'août 1944 et sera fraîchement accueilli par le général Koenig à Londres[69].

Les prisonniers ne pouvaient rester en Libye, ne serait-ce que parce que leurs maigres rations étaient prises sur celles des forces italo-allemandes. L'évacuation vers l'Italie était prévue en théorie, mais l'administration militaire italienne n'avait pas anticipé le nombre de prisonniers ramenés de Tobrouk. Et les Italiens manquent de navires. Le transport en Italie a montré que les épreuves des prisonniers n'étaient pas terminées. 118/124 d'entre eux ont péri lors du naufrage du *Nino Bixio* le 17 août 1942, les 4/5 des victimes sont des « Européens », le reste des « indigènes[70]. » Le séjour sur ce navire, avant le torpillage, a été encore plus difficile que l'épreuve des camps, dans une promiscuité et des conditions d'hygiène lamentables pour une population de prisonniers atteints par la dysenterie[71].

69. Léon Tartivot nous a rapporté les fluctuations dans l'accueil. Rapatrié avec deux autres Français comme grand blessé début septembre 1944, il est bien reçu en Suède par les Suédois, « mais pas par le consulat français toujours pétainiste ». Il s'est dit très bien accueilli à Liverpool, à New Eltham, où il n'a jamais payé le bus, « à Paris, par contre j'ai été regardé de travers ». À Londres, Koenig a mal reçu les trois rapatriés français, disant « je vois, ils veulent des récompenses, mais ils n'ont fait que leur devoir » et Léon Tartivot a terminé sur : « Ils ont fait un mausolée à Koenig mais je n'ai jamais versé un sou », entretien du 1er juin 2008.

70. Éléments tirés de l'analyse des listes des 265 Européens et 677 Indigènes disparus/tués dans les rangs de la France Libre entre 1940 et janvier 1944.

71. Il existe deux témoignages, qui ne présentent aucune contradiction entre eux, sur ce transfert, celui de Goubin et celui d'un anonyme publié en 1982, « Le torpillage du *Nino Bixio*, par un rescapé », Bir Hakeim. Mai-juin 1942. Il y a quarante ans, revue *Icare*, n° 101, 1982, p. 80. Goubin dit que son seul vrai repas en 15 mois eut lieu sur le bateau qui n'avait pas coulé, remorqué vers la Grèce et où les officiers italiens ont donné aux survivants l'autorisation de manger ce que les cuisines et placards du *Nino Bixio*

2. Captivité : les camps en Italie

Un des témoignages de captivité d'Emmanuel Goubin est avec celui d'André Verrier, beaucoup moins détaillé, un des rares textes publiés dont nous disposons pour la troupe et les sous-officiers français de la brigade. Il faut le mettre en perspective avec le témoignage de L. Tartivot et ce qui subsiste de la correspondance envoyée par les prisonniers. L'expérience des officiers a été différente, moins difficile que celle de la troupe, mais là aussi les textes manquent. Parmi les officiers blessés, peu ont témoigné, comme Alan Stuyvesant, volontaire américain de l'American Field Service, et Robert Saunal (aspirant de l'artillerie)[72].

En Italie, les soldats ont beaucoup souffert de la faim, de privations diverses, de la discipline très dure qui leur est imposée. Ils seront traités encore plus durement dans les camps une fois envoyés en Allemagne[73]. Auparavant, en Italie, ils ont même manqué de vêtements jusqu'en décembre 1942, c'est-à-dire jusqu'au moment où ils reçoivent des colis de la Croix-Rouge britannique. Les autorités françaises libres ne reçoivent d'extraits de la correspondance de certains d'entre eux que de fin décembre 1942 à avril 1943. Aucune explication n'a été donnée, mais ces copies de documents transmises par les Britanniques ont été conservées parce qu'elles donnaient enfin des nouvelles des soldats de Bir Hakeim et rassuraient plus ou moins les autorités françaises libres sur la détresse des rescapés de Bir Hakeim. Les prisonniers réclament de la nourriture, du tabac, des vêtements, et tentent de rassurer famille, proches et amis. Voici quelques exemples où se lisent les misères des prisonniers de guerre et les particularités d'unités issues de l'empire colonial. Le courrier donne une bonne mesure de l'usage du Français dans la brigade, un Français réellement coloré et pittoresque. Lettres et cartes sont aussi rédigées directement en diverses langues (arabe, russe, espagnol...). Les légionnaires posaient le plus de problèmes de traduction dans certaines langues, comme le turc, ou le russe...

Pour les messages rédigés en français, les autorités de la France Libre ont à chaque fois précisé « orthographe respectée ». Laissons la parole aux obscurs et aux sans-grade :

« COMMISSARIAT NATIONAL À LA GUERRE
ÉTAT-MAJOR
2e Bureau-Censure

Londres le 2 Mars 1943.

Lettre de PORGASAAR Voldemar Caporal Mle 6627

contenaient. On estime à 3 000 morts, chiffre peut être excessif, le nombre de soldats alliés perdus dans le naufrage, sur 7 000 embarqués.

72. Robert Saunal, *Le parcours d'un Français Libre, 1939-1945*, Paris, 2005 et Alan Suyvesant, *Revue de la Fondation de la France Libre*, n° 44, juin 2012, p. 80. Nous n'avons pas trouvé de traces de témoignages d'officiers de la Légion, par exemple des chefs de bataillon Puchois et Babonneau.

73. Voir François Cochet, *Soldats sans armes, les captivités*, Bruxelles, Bruylant, 1998.

Campo concentramento P.G. n° 62
P.M. 3200 Italia
au Caporal MARECHAL
3ème Bat. Légion Étrangère 9ème Cie
c/o A, P, O, London
BEYROUTH LIAN

Orthographe de l'auteur respectée

Je ta donne de mes nouvelles, je suis maintenant prisonnier de guerre en Italie. Mon santé es t bonne. Mais une chose est mauvaise c'est frois ici en Europe. Long temps j'irai pour habiutde avec ca. Et vrai l'hiver approche encore, et bientot c'est Noel. Comme prisonnier j'ai un petit prière pour toi cher ami. Avez-tu si possible, envoyer un bonne colis en vivres et tous les choses réglementaires comme : corned-beef, biscuits ordinara, beacon, margarin, fromage et confiture, comme tu trouves tout ça est très bien. Je te mille merci d'avance ! Mais quelle est nouvelle de toi, écris moi. Dis toujours le bonjour pour tous lea c camarades. Petit après la guerre nous trouverons encore ensemble et cette fois c'est mon tour faire quelque cadeau pour toi !
Ne oubliez pas, n'est pas ? Cette fois je suis terminé ! Bonnes chance et bonne Noel

Signé : Porgasers Caporal »

« COMMISSARIAT NATIONAL À LA GUERRE
ÉTAT-MAJOR 2ème Bureau-Censure

Envoyé le 2 Mars 1943.

-Lettre du 2ème Classe KAYA Habib
Campo concentramento P.G. n° 62
P.m. 3200 Italia
Au soldat JAMIL Meloud
F.F.L. c/o A.P.O. LONDON
Pour le Moyen-Orient
Après t'avoir écrit 5 lettres je n'ai encore reçu de réponse aussi je me décide de t'écrire de nouveau avec l'espoir que cette missive t'arrivera sans trop tarder. J'espère que ta santé va pour le mieux, avec moi elle est de même et souhaite que cela continue ainsi…
Tu souhaiteras le bonjour au Caporal [censuré] HIAHAN NAEMI et MAJOUK et ALI.
Il y a aussi le Caporal ABDELRAMAN avec moi qui se trouve lui aussi en bonne santé, si tu veux me faire un plaisir que je t'ai déjà demandé sur toutes mes lettres, celui de me faire envoyer un colis, crois moi il sera le bienvenu. .
Alors mon vieux copain, dans l'espoir… »

- Carte datée du 1.2.43
De Eugène POGNON, 2ème. Classe, Mle. 209
Prisonnier de Guerre

Campo concentramento P. G NO.62
Posta Militare 3.200, Italie.
Au Caporal Louis SALIN,
Bataillon Pacifique
Beyrouth, (c/o Military Post Office, London)

Orthographe de l'auteur respectée

Cher Copin qu'elque ligne pour te donne de mé nouvelle qu'elson pas très movese pou le monmon. J'ai expere que ma carte te trouveras an bonne santé un sique lai copin du B.P.1. Maintenant je te demanderé si tu peux manvoyer de tabac edecoi crouter.
Bonne santé tousse. »

- « Carte datée du 1.2.43
Du soldat NAEA ROURC Mle. 511
Prisonnier de Guerre
Campo concentramento P. G NO.62
P.m. 3.200, Italie.
Je suis un Tahitien du 1er Bataillon du Pacifique étant prisonnier depuis le 11/6/42 a Bir Hacheim voilà bientôt 8 mois que je suis en captivité : je suis en bonne santé et bon morale. Envoie-moi s'il vous plait un petit colis de vivres avec des cigarettes et tabac ça me fera grand plaisir de recevoir ici peu de temps avec un minimum de temps… »

- « Extrait d'une lettre datée du 8.2.43
Du soldat TAMA NATUA Mle.510
du même camp.
Je suis ici prisonnier avec 18 autres camarades calédoniens et tahitiens avec le sergent-chef Crisellé et nous sommes tous en bonne santé et bon morale ; comme j'ai pas encore reçu de nouvelles du Bataillon je vous essaie de demander un petit colis de vous avec des cigarettes et tabacs pour moi. Envoie-moi surtout des biscuits, chocolat, confiture et des conserves, enfin tout ce que vous m'enverrez j'en recevrai avec un grand plaisir »

-Extraits d'une lettre datée du 31.10.42
Du Caporal Selestin MENGUEM, Mle. 8436 (même camp que ci-dessus)

À M. Chef BOUATSEK VILLASE MANGAI
Sub-Division de Yoko par Yaounde
Cameroum (c/o A.P.O, London)
… moi javait fait prisoniere le 11 juin 42 juskamentenant jai suiprisonière. Moi je nesuipamal jai suitrebient parsantés il fau dire à Mon père et Mamère que jai suitre bient jai veque voumanvoiyé des jarachide et levetement et la viande debufle et un chapaut et deux pantalons et troi chemige et troi culottes et deux paire des souliyé. »

Traduction de la carte postale envoyée par
SEMOUSI BOUGRAB MC134
Prisonnier de guerre en Italie
Dans le Camp N°62.

SENOUSI BOUGRAB, MC I34
à
S.P.M Amri RABAH M° 238
S.P.M. F.F.F Syrie,

TEXTE DE LA COMMUNICATION

Au nom du Dieu Tout-Puissant et Miséricordieux, mon cher frère, je t'annonce que je suis en bonne santé et j'espère te voir bientôt.
Je te prie de me donner toutes tes nouvelles. Salue tous ceux qui demandent après moi.
Dans la marge la censure italienne a écrit en arabe l'avis suivant :
« Recommandez à vos amis et surtout à votre famille d'écrire leurs lettres en abrégé et d'une écriture très lisible, car elles arriveront plus vite et économisent du temps[74]. »

Est-il possible de recouper ces informations et d'aller plus loin sur les conditions de captivité ? Le courrier conservé ne va pas au-delà du printemps 1943. Dans les archives de la Croix-Rouge à Genève, peu nombreuses en ce qui concerne les Français Libres, mais très utiles, on retrouve la mention de FFL dans les trois principaux camps où ils sont passés. Les rapports d'inspection, rédigés en Anglais le plus souvent, sont d'un intérêt inégal. Le plus grand nombre de rapports conservés concerne l'hôpital n° 201, celui de Bergame, une caserne jusqu'en juin 1942, où le plus grand nombre de blessés Français sont internés. En juillet 1943, les inspecteurs de la Croix Rouge en louent l'organisation, le sérieux et les moyens techniques[75]. L'aspect matériel est soigneusement analysé. La nourriture, les vêtements paraissent de bonne qualité, la correspondance est régulière sauf en direction de la Syrie et de l'Algérie. Toutefois, sur le plan médical, le camp n'a pas de dentiste jusqu'à la fin de l'été 1943 et en ce qui concerne les loisirs, les prisonniers anglais et de l'Empire regrettent que les livres soumis à la censure arrivent très abîmés (couverture et pages arrachées). On ne connaît pas l'opinion des Grecs, Russes, Serbes, Chypriotes et Indiens du camp sur ce point. Mais Grecs, Russes, Serbes ne reçoivent pas de colis de la Croix-Rouge.

74. Ces copies de lettres, cartes sont au SHD Archives Caen, 24P. On en compte une vingtaine, choisies arbitrairement (?), et donc transmises par la Croix-Rouge britannique. Elles avaient l'avantage d'attirer l'attention sur les manques des prisonniers, sans bien sûr donner de renseignements sur les conditions réelles de détention.
75. Archives CICR, Genève, AFSE 2001-2002, 1 000/114 vol 59, Hôpital Militaire n° 201. Les nationalités mentionnées sont celles du rapport de juillet 1943.

L'aspirant Saunal est passé par d'autres hôpitaux (Caserta, Castel San Pietro) mais le constat est le même, il considère avoir été bien traité, bien nourri et ne regrette que le manque de livres et revues en français[76]. L. Tartivot confirme P. Saunal, mais aussi la surveillance plus grande réservée aux Français Libres. À Caserta, le camp « était géré par les Britanniques » pour les aspects administratifs, les colis, les jeux. Tartivot signale qu'il était correctement installé à l'infirmerie et pouvait sortir. Deux groupes de prisonniers étaient très surveillés. Des « Canadiens pris à Dieppe (22e fusiliers de Montréal) [qui étaient] dans un coin spécial entouré de barbelés, poignets attachés, les infirmiers les emmènent aux toilettes ». Et : « Nous Français sommes dans un coin plus gardé ; nous sommes avec des juifs, des soldats non armés qui avaient été réservés aux manutentions dans les ports, puis en Grèce et en Crète. »

Les officiers valides faits prisonniers à Bir Hakeim ont de la chance. Ils ont été envoyés au camp n° 78 de Sulmona, dans les Abruzzes avec quelques soldats. Sulmona est un « vieux » camp créé en 1917 pour les prisonniers autrichiens et réaménagé dès 1940. En octobre 1940, Sulmona est le seul camp de prisonniers d'Italie. Les Français Libres y trouvent des prisonniers de 1940 plutôt favorables à Vichy, mais démoralisés. On comptait 42 Français (dont 15 officiers) sur 1989 officiers, sous-officiers et soldats présents en octobre 1942. Les Français pris en 1940, et qui, même s'ils ont mis le portrait du Maréchal Pétain dans leurs baraques, se sentent au fil du temps, abandonnés. Le délégué de la Croix-Rouge signale leur « abattement » en mai 1941. Dans ce qu'on appelle le « quartier français » de Sulmona, soldats et sous-officiers regrettent de ne plus pouvoir entretenir de jardin potager et de ne pas recevoir de nouvelles de France assez souvent puisque les lettres mettent un mois au moins à leur parvenir. On notera au passage, et il faut connaître ce point pour comprendre l'attitude de De Gaulle, que le destin incertain de ces prisonniers attendant leur libération des ministres de l'État français prouve que la décision de Vichy d'accepter la proposition allemande sur les prisonniers n'était pas des plus heureuses. Les Allemands ont en effet demandé en 1940 que soit ignorée la puissance protectrice traditionnelle des Français dans le cadre de la Convention de Genève, les États-Unis. Ils ont proposé au régime de Vichy de gérer directement la question des prisonniers. Le Service Diplomatique des prisonniers de guerre dirigé par Georges Scapini ne négociera jamais avantageusement avec l'Allemagne nazie sur ces bases. En traitant directement avec Vichy, l'Allemagne n'est de fait plus tenue de respecter la Convention de Genève[77]. Les Italiens, en parallèle, se désintéressent de la question, les Français sont peu nombreux et par conséquent, ne représentent rien pour des négociations. En décembre 1941, à Sulmona, les Français « ne

76. Robert Saunal, *op. cit.*, p. 92-95. Saunal lit des livres en italien dont une traduction d'*Autant en emporte le vent*.

77. Voir Evelyne Gayme, *Les prisonniers de guerre français*, Paris, Economica, 2010, 185 p, et Yves Durand, *La captivité. Histoire des prisonniers de guerre français, 1939-1945*, Paris, Éd. FNCPG-CATM, 1980, 542 p.

comprennent pas la raison de la prolongation de leur captivité, [...] ils ont l'impression d'être moins favorisés que leurs camarades détenus en Allemagne. Ils ont entendu parler des rapatriements des prisonniers de guerre Français d'Allemagne et sont déçus que les mêmes règles ne s'appliquent aussi à eux ». Le délégué de la Croix-Rouge estime que « pour lutter contre cet abattement, des envois collectifs seraient utiles et même nécessaires. Je rappelle que la Croix-Rouge de Vichy a envoyé une fois 100 petits paquets pour 142 prisonniers, ce qui est insuffisant ». Les prisonniers se plaignent du manque d'éclairage dans les baraques et du manque de livres, de revues, de cartes, d'un ballon de volley-ball... Le délégué constate un investissement culturel important avec l'apprentissage du latin, du grec, de la sténographie et de l'italien, la création de pièces de théâtre, qui sont au mieux des pis-aller[78]. Dans ce qui est une ambiance morose, les Français Libres arrivent dès mai 1941. Ils sont logés avec les Britanniques et pas avec les autres Français. En octobre 1942, le « quartier français », « secteur IV » du camp est finalement considéré comme un cantonnement pour troupes, « insuffisamment adapté pour loger des officiers ». Les officiers français qui y résident avec leurs ordonnances « ont loué un piano ». La France Libre y commande désormais car le « Major Puchois », en fait le commandant Puchois, qui commandait le 3e BLE à Bir Hakeim, est « l'homme de confiance » des Français[79]. Il n'est plus question dans ces derniers rapports des prisonniers de 1940 et les doléances mentionnées par la Croix-Rouge sont uniquement celles des prisonniers britanniques et du Commonwealth largement majoritaires à Sulmona. La présence de onze généraux britanniques à Sulmona, dans un lieu légèrement à l'écart, a certainement aidé à la bonne tenue du camp.

Plus au nord, soldats et sous-officiers étaient moins bien traités. En août, septembre et novembre 1942, l'organisation du camp n° 62 de Bergame n'était pas très efficace. Les prisonniers, manquaient, on l'a vu, d'habits adaptés et de colis de la Croix-Rouge. Ils étaient correctement soignés. Le nombre de blessés dans l'hôpital du camp qui était de création récente, juillet 1942, a baissé tout au long de la période : 356 en août 1942 (dont 16 FFL et 6 de l'armée de la IIIe République pris en 1940), et 202 en septembre 1943 (le nombre de Français n'est pas précisé).

Les descriptions et commentaires (en Français) des délégués de la Croix-Rouge qui ont visité le camp n° 62 à Bergame sont plus contrastés que ceux des camps précédents. Ils concernent surtout les Britanniques Sud-Africains et Chypriotes du camp avec une exception, l'analyse de l'attitude de prisonniers yougoslaves en décembre 1942 qui paraissent n'avoir effectué qu'un bref passage dans ce camp. Deux rapports décrivent la situation des prisonniers français. Ils sont 518 en décembre 1942 dont 32 dans les hôpitaux et 623 en mai 1943 dont 65 sous-officiers et 304 « hommes de couleur » (« 304 *colored* » selon le rapport rédigé en Anglais). Les prisonniers survivants de Bir Hakeim avaient été rejoints par des

78. Archives du CICR, Rapports sur le camp de Sulmona, d'octobre 1940 à octobre 1942.

79. *Ibidem*, « l'homme de confiance » est l'interlocuteur privilégié des autorités du camp et le porte-parole des prisonniers.

prisonniers de Tunisie. Le dortoir des Français « n'est pas chauffable ». Le premier étage est occupé par les prisonniers blancs, le rez-de-chaussée par les « 300 prisonniers nègres », car il est considéré comme plus chaud. En décembre, le dénuement qui est décrit correspond aux demandes des prisonniers telles qu'elles figurent dans les cartes et lettres conservées par les services de la France Libre : manque de sous-vêtements chauds, de chaussettes. La liste des demandes est plus précise à la Croix-Rouge, puisque les réclamations portent sur l'absence complète d'articles de toilettes, de bibliothèque, de jeux et de musique et même de pansements.

La discipline est bien celle des gardes-chiourmes tatillons décrits par l'adjudant Goubin. Même s'il n'y a eu, en décembre 1942, que deux tentatives d'évasion, « on retire maintenant chaque soir aux prisonniers leurs pantalons et leurs chaussures. Ils risquent donc de se refroidir en se rendant de nuit aux latrines ». Le rapporteur estime cependant que les peines disciplinaires sont « conformes aux articles de la Convention » et que le commandant du camp fait tout son possible pour « améliorer le sort » des prisonniers. Dans ce camp, les seuls prisonniers ayant refusé de travailler sont britanniques (et peu nombreux). Les plus malheureux sont les « Serbes » dont le dénuement est encore plus marqué que celui des Français. Cinq mois plus tard, le rapport du 11 mai 1943 n'apporte guère d'éléments sur les Français Libres. On y apprend que quelques-uns sont employés dans un des camps de travail autour de la ville, dans des activités agricoles[80]. Mais en juillet 1943, il n'y aura plus un seul Français dans ces camps extérieurs.

Le rapporteur note que l'insuffisance de chauffage et de lumière pose moins de problèmes au printemps... Les efforts de la Croix-Rouge canadienne (qui livre beaucoup de colis) et de la Croix-Rouge britannique et l'équité dans les distributions faites par les prisonniers expliquent que chacun ait un colis par semaine. Deux mentions des Français Libres sont à retenir dans ce rapport. La nourriture est considérée comme bonne dans le camp et on note la présence d'un « chef » français et de 14 aides pour l'une des deux cuisines. Mais dans le paragraphe « discipline », il est signalé que quatre Français Libres et un Britannique seulement sont emprisonnés. Ce qui semble suggérer que les « Free French » aient été plus difficiles à commander que les Britanniques « rarement punis » aux dires du commandant du camp[81]. Il y eut très peu d'évasions avant septembre 1943. Cinq sont répertoriées dans un document de janvier 1944 qui n'est pas à jour, pour des raisons qui tiennent au désordre en Italie en septembre 1943.

3. E pour Évasions

La première évasion d'un soldat de Bir Hakeim a eu lieu en Libye. Un soldat « nord-africain » de la compagnie des Transmissions s'est échappé de l'hôpital de

80. Et dans une aciérie.

81. Les rapports sur le camp n° 62 de Bergame se trouvent dans les archives du CICR, AFS : E 2001-2002 ; 1000/114 : vol.58.

Benghazi en septembre 1942 et a réussi à se cacher jusqu'à l'arrivée des Alliés en décembre 1942. Il ne semble pas par contre que des tentatives aient réussi en 1942 en Italie. Mais au moment de l'armistice de 1943 et de la sortie de la guerre de l'Italie, la situation change rapidement pour une partie des prisonniers. À peu près partout, les gardes italiens libèrent ou laissent partir les prisonniers qui le peuvent. Mais la consigne donnée par les autorités italiennes était de laisser sortir les « blancs » et de conserver les « noirs » dans les camps[82]. À Sulmona le 12 septembre, les carabiniers italiens ralentissent l'arrivée des détachements allemands, et dans la confusion, britanniques et français s'échappent. Selon le CICR en septembre-octobre 1943, il y aurait 30 000 prisonniers en liberté sur le territoire Italien, sur 60 000. Il est en conséquence difficile de donner des chiffres précis pour les prisonniers français en général, et pour ceux du camp n° 62 de Bergame en particulier.

Le 9 septembre au matin, une grande partie des prisonniers de Bergame a pu partir, mais pas tous. Le camp a été mis à sac par la population locale. Les partisans italiens y cherchaient d'abord les armes et la population, nourriture et matelas. L'occupant allemand recherchera systématiquement ces prises durant le reste de l'année 1943. Le camp devient très vite un lieu de concentration, pour des soldats italiens et des civils yougoslaves. Les Italiens qui avaient combattu les Allemands à partir de septembre 1943 furent maltraités. Le colonel Turco qui dirige le camp a fait fusiller un Chypriote de l'armée anglaise qui refusait d'aller travailler, ce qui est mentionné dans les archives du CICR. D'abord condamné à mort pour cet acte en 1946, le colonel bénéficiera de la clémence du tribunal allié qui commue la peine en 15 années de prison (mai 1946) après des manifestations en sa faveur dans Bergame.

Les lacunes des archives expliquent qu'il n'existe aucune évaluation sérieuse récente des évasions de prisonniers alliés[83]. La situation a varié d'un camp à un autre. À Parme, les prisonniers ont reçu vivres et armes fournis par les civils. À Bologne, une partie des officiers du camp n° 73 ont pu s'échapper, mais très peu d'hommes des autres camps. À Modène, très peu de prisonniers se sont échappés tandis qu'à Arezzo ils sont revenus au camp ne sachant où aller et manquant de vivres[84]. La situation incertaine n'a au mieux duré qu'une semaine et la chasse aux prisonniers a mobilisé Allemands et fascistes italiens, une partie des carabiniers aussi, en attendant les soutiens de la République de Salo en 1944.

Le destin des Français du camp n° 62 de Bergame est donc mal connu. L'un d'entre eux a été tué le 9 ou le 10 septembre et la Croix-Rouge n'a jamais su son nom. Le 25 octobre 1943, le camp n° 62 comptait 105 prisonniers, ceux qui étaient à l'infirmerie le 9 septembre : 24 Britanniques, un Américain, 24 Français,

82. L'expression de David Killingray, est : « *to keep the black in prison* », dans « Africans and African Americans in enemy hands », dans Bob Moore & Kent Fedorovitch (dir.), *Prisoners, op. cit.*, p. 194.

83. Voir le livre de Roger Absalom, *Strange Alliance. Aspects of Escape and survival in Italy, 1943-1945*, Firenze, Oischski, 1992, p. 23.

84. CICR, référence citée, Rapport du 16 septembre 1943.

« gaullistes », 24 Yougoslaves, et 33 Grecs[85]. Au début de novembre, tous ces soldats sont transférés en Allemagne. En comparant avec les chiffres précédents, il est donc sûr que 550 « Free French » ont saisi l'opportunité qui leur avait été donnée le 9 septembre 1943. Mais combien ont réussi ? L'estimation reste difficile. Par exemple, J.-C.. Shigetomi, sur les 12 Tahitiens restés prisonniers, compte trois évasions réussies[86]. En janvier 1944, le Service des Pensions de la France Libre à Londres avait recensé 5 évasions. À cette date, des prisonniers étaient encore dans la nature, cachés par les populations italiennes, et certaines évasions récentes (et réussies) n'étaient pas encore répertoriées, par exemple celle de R. Saunal qui rejoint des troupes du génie néo-zélandais le 4 décembre 1943, mais est toujours considéré comme prisonnier en janvier 1944, ainsi que Roger Ceccaldi et André Tardieu, ses compagnons d'évasion[87]. E. Goubin n'est pas non plus compté dans les évadés. Caché dans une famille italienne à San Gervasio, il passe en Suisse le 22 janvier 1944. Le 8 août, il entre dans une compagnie FTP au Carroz et participe aux combats en Maurienne. Puis il rejoint Londres et le BCRA, enfin la 1re D.F.L. Il décrit brièvement à Koenig les atrocités dont il a été témoin[88] :

> « À Aiguebelle 4 cadavres. 8 hommes durent miner un pont puis furent fusillés. 9 jeunes filles ont été attachées sur le pont qu'ils ont fait ensuite sauter. Ils ouvrirent le ventre à une femme enceinte, en retirèrent le bébé, qu'ils crucifièrent. Nous avions des prisonniers allemands en Haute-Savoie, mais devant les horreurs commises par les Allemands, nous les avons fusillés. »

Le ministère des Affaires étrangères à Berne, en novembre 1943, a reçu un très important rapport du consulat suisse de Milan, qui figure dans les archives du CICR et aide à comprendre le bilan incertain des tentatives d'évasion. L'auteur, Olivier Reverdin, a tenté de faire le point sur le sort des « p.g. britanniques et américains » en Italie en novembre 1943. Il estime que des prisonniers sont encore cachés dans les provinces mais que la majorité a été transférée dans des camps en Allemagne. Il note ensuite le soutien de la population :

> « dans l'ensemble, le peuple italien presque unanime, soutient et assiste les prisonniers britanniques », contre les « milices fascistes et les Allemands » et malgré l'argent promis[89].

85. CICR, Rapport de visite du 12 novembre 1943. Deux prisonniers français sont signalés à l'hôpital de Seriate n° 202.
86. Jean-Christophe Shigetomi, *Tamari'i volontaires, les Tahitiens dans la Seconde Guerre mondiale,* vol. 2, p. 64 où on lira les aventures diverses des Tahitiens pris, repris, évadés, échangés.
87. R. Saunal, *op. cit.*, p. 109-111.
88. E. Goubin, Lettre du 11 décembre 1944 citée, SHD, Archives Koenig 1K237/1.
89. Selon l'auteur, des habitants de la province de Brescia auraient tué « une femme qui avait livré un prisonnier anglais pour toucher la prime qui était de 1 800 lires. »

Les prisonniers sont alors « organisés en groupes »,

> « [Dans] les régions de Chiavari, Plaisance, Modène, Vercelli, Varèse, Côme, Bergame, Brescia, Belluno, dans la lagune vénitienne, Le Corso, ainsi qu'en Toscane, en Ombrie et dans les Abruzzes. D'autre part, de nombreux prisonniers isolés ont trouvé asile chez des paysans et travaillent la terre. La situation des uns et des autres empire de jour en jour… L'approche de l'hiver va probablement obliger une partie de ceux qui ont trouvé refuge dans les montagnes à se rendre, faute de vêtements et de nourriture. »

On va le voir, certains prisonniers ont repris les armes, mais :

> « Un officier yougoslave qui s'est présenté au consulat de Milan relata combien il était difficile d'entraîner les anglais (sic) à la vie du maquis et à la guérilla. L'idée de dormir dans des huttes, de se nourrir de châtaignes et d'aller exécuter des raids dans les zones contrôlées par les Allemands ne les enchante guère. Serbes, Croates et Monténégrins, en revanche, s'accommodent fort bien de ce genre de vie auquel beaucoup d'entre eux sont déjà entraînés[90]. »

Notant que les partisans Italiens étaient fusillés sur-le-champ Olivier Reverdin s'inquiétait à juste titre du destin de prisonniers combattant avec les résistants italiens. En dépit du danger, il est certain que des Français Libres ont repris les armes en Italie. L'ancien « homme de confiance » du camp n° 62 de Bergame, l'adjudant Raymond Jabin, des FAFL, est aujourd'hui considéré comme un héros de la résistance italienne[91].

Alors combien d'hommes se sont finalement vraiment échappés du camp n° 62 ? Sans que l'on puisse considérer la réponse comme définitive, et sans que l'on puisse connaître le nombre de Français parmi eux, le CICR estimait à « une centaine » le nombre d'évadés de toutes nationalités passés en Suisse fin septembre 1943, les autres avaient été repris[92]. Même si des évadés ont réussi à franchir la frontière et parmi eux un tirailleur originaire du Congo[93], il y eut certainement peu d'évasions réussies. En septembre 1943, les prisonniers de Bir Hakeim ne représentaient plus qu'un peu plus du quart des prisonniers Français détenus

90. Référence générale des citations qui précèdent : rapport du Consulat général de Suisse, 8 novembre 1943, par Olivier Reverdin, dans les archives du CICR, AFS, E 2001-2002 : 1000/114 : vol. 62, p. 3.

91. Raymond Jabin était un adjudant-pilote du groupe Lorraine, pris dans le désert le 26 novembre 1941. Soigné par des médecins italiens à Piacenza, il s'est retrouvé au camp n° 62 après sa convalescence. Des aviateurs de ce camp s'étaient déjà évadés ou avaient tenté de s'évader. En septembre 1943, Jabin ne passe pas par la Suisse et rejoint des maquisards. Il est tué, probablement fusillé, après avoir été torturé le 4 décembre 1943 à Cantiglio, d'où le nom de « martyrs de Cantiglio » donné à ceux qui furent assassinés ce jour-là.

92. Rapport du CICR du 24 septembre 1943.

93. SHD Archives Caen, 24P.

en Italie en 1943, soit 550 sur 2000[94]. Nos comptes, très imparfaits, cumulant renseignements obtenus ici ou là, évaluent à une cinquantaine au maximum le nombre d'évadés ayant rejoint les armées alliées, ou la Suisse et plus tard la France. Un calcul plus généreux donnerait une centaine d'évadés. Roger Absalom mentionne que, « de façon inattendue », les ambassadeurs de Vichy au Vatican, M. de Blesson et François de Vial, ont aidé à s'échapper quatre-vingts Français en fuite[95]. Il est par conséquent impossible de confirmer l'appréciation de F. Broche : « La plupart des prisonniers s'évadent ou seront libérés après la capitulation de l'Italie[96]. » En novembre 1944, le Service des Pensions de la France Libre était toujours sans aucunes nouvelles de 177 prisonniers Français Libres, qui n'étaient pas tous à Bir Hakeim, et se trouvaient aux mains des Allemands depuis septembre 1943.

Les prisonniers Français Libres repris ont été dispersés dans différents camps en Allemagne. Et la plupart des Africains de la brigade se sont d'abord retrouvés dans des Frontstalags en France, à Chartres par exemple, avant d'être envoyés en Allemagne après le débarquement de Normandie. Leur trajet est difficile à reconstituer dans les archives, raison pour laquelle A. Mabon ne leur accorde pas une seule ligne dans son livre de synthèse sur les prisonniers indigènes maintenus en France à partir de 1940 à la demande des Allemands[97]. Enfin, il y eut des oubliés en 1945. Le service des Prisonniers de la France Libre a tenté de suivre les déplacements de trois légionnaires signalés dès 1943 comme « rapatriés » et même « libérés » en Allemagne. Le 15 juillet, la correspondance avec le CICR atteste des intentions du service. Deux de ces légionnaires étaient des ralliés du 6e R.E.I engagés dans la France Libre en août 1941. Le CICR avait transmis des documents italiens et A. Pennelier, responsable du service des Prisonniers de la France Libre avait demandé en août 1943 une enquête en soulignant qu'aucun de ces deux soldats n'avaient dit être allemands. En effet, le premier, Wilhem Treschel avait déclaré être Tchèque, né à Altona, le second, Rupert Schieffer, autrichien. La réponse du CICR, le 22 octobre 1943, déconseillait formellement une enquête qui ne « serait pas sans danger pour ceux-là mêmes qui en sont l'objet[98]. » Il n'y eut pas d'enquête. Les archives du CICR ne permettent pas d'avoir une idée très précise du destin de ces légionnaires. Le plus malchanceux d'entre eux fut peut-être Rupert Schieffer, évadé de Bergame le 13 septembre. Il a été transféré dans plusieurs camps suisses, Lutisburg, Thalheim et selon un document transmis par la Croix-Rouge allemande serait décédé le 4 octobre 1944. Il figure dans la liste des « Morts pour la France » à Fresse, lors des combats menés dans les Vosges par la Légion et la 1re D.F.L.[99]. La Croix-Rouge a

94. Roger Absalom, *op. cit.*, p. 23.
95. *Ibidem*, p. 287.
96. F. Broche, 2008, *op. cit.*, p. 146.
97. Voir Armelle Mabon, *Prisonniers de guerre « indigènes », visages oubliés de la France occupée*, Paris, La Découverte, 2010.
98. Archives de Caen, 24P1, Lettre du CICR du 22 octobre 1943 du service des Prisonniers de Londres.
99. La Croix-Rouge allemande n'a pas indiqué si ce légionnaire était mort en combattant ou avait été fusillé.

toujours ignoré ce qui est arrivé à W. Treschl. La liste des « Morts pour la France » signale par contre qu'un certain « Jean Schneberger », est disparu à Bir Hakeim et considéré comme « Mort pour la France » depuis le 11 juin 1942. Ceci ne correspond pas au dossier du CICR. Ernest Schneeberger était caporal-chef alsacien, sa famille résidait à Strasbourg. Il a été « remis à l'officier de la Police d'État d'Innsbruck » après son « rapatriement » en Autriche. Il a été ensuite versé dans une unité récemment créée de fusiliers marins de la Kriegsmarine (5/5 Marine-Ersatz Regiment) avec le statut de matelot. La Croix-Rouge n'a eu aucune nouvelle de ce légionnaire du 2e BLE après le 15 novembre 1944. Ces exemples montrent que la protection donnée par la Croix-Rouge britannique pouvait être insuffisante pour les Français Libres, même si, avant la réunification de l'armée sous la direction du G.P.R.F, c'était la seule solution possible, concrètement, dans les camps de prisonniers. Et l'on voit aussi que l'armée italienne n'a pas résisté aux demandes de transfert de prisonniers d'origine « allemande », origine que l'administration nazie interprétait très largement.

G. Menaces de représailles : que faire des prisonniers de l'Axe ?

Les forces de l'Axe anticipaient dès le début de 1942 sur la manière dont il faudrait traiter les Français Libres. Les Allemands pouvaient revendiquer l'article 10 de la Convention d'Armistice de 1940 qui les autorisaient à traiter en Francs-Tireurs, c'est-à-dire, à fusiller, les Français qui avaient pris les armes contre eux. Les Italiens, en tout cas certains militaires italiens, posaient la question à leurs supérieurs : comment traiter les gaullistes ?

Selon un document du début de 1942 et transmis le 25 juillet 1942 à la 20e Mission militaire, les gaullistes étaient « à part » il fallait déterminer :

> « - S'ils faisaient partie d'une force britannique ou de celle d'une autre Nation.
> - S'ils appartenaient à une unité de leur propre contingent.
> - Quel uniforme ils portent.
> - S'ils se conforment ou non aux conventions de la guerre[100]. »

Il est clair qu'Allemands et Italiens n'avaient pas primitivement l'intention réelle de traiter les prisonniers français selon les lois de la guerre et à l'égal des Britanniques. Des Français Libres ont été abattus avant Bir Hakeim. Une histoire racontée par le colonel Prestissimone et rapportée par Lucien Bourdérioux est très suspecte[101]. Et les Italiens n'ont guère fait d'efforts ni les premiers jours, ni dans les camps de Libye, ni dans le recensement et la transmission des renseignements sur les prisonniers de la brigade. Laisser sans boire des soldats déjà déshydratés dans le désert ressort de la catégorie crime de guerre car l'alibi de

100. TNA Wo 202/52, Extract from German WD on battle for Hacheim and documents.
101. Un aspirant du BIM non identifié qui refusait obstinément de se rendre aurait été abattu après plusieurs sommations... Rapporté par Lucien Bourdérioux dans AOL, carton Après-guerre historique.

l'urgence de la poursuite des opérations souvent donné est ici beaucoup trop commode. Un autre alibi était un ordre intercepté de la VIIIe Armée et mal compris, de ne pas donner à boire aux prisonniers avant de les interroger, ce que dans l'Afrika Korps on a traduit immédiatement par ne pas donner à boire du tout… La question des représailles envers ceux qui pouvaient être considérés comme « Francs-Tireurs » Français et envers ceux qui, réfugiés allemands ou italiens, antifascistes de toutes origines, devenus légionnaires, juifs (légionnaires ou non) restait entière. Beaucoup de militaires italiens étaient antisémites, racistes, et méprisaient les Britanniques pour l'emploi de troupes de couleur et l'aide apportée aux juifs. Ils n'ont pas hésité à fusiller un légionnaire italien le 11 juin, Felix Ottorino Zoni. Et n'en auraient-ils pas fusillé deux autres ? Le Journal de Marche de la division Trieste mentionnait en effet trois prisonniers italiens[102], dont deux restent introuvables. Le lieutenant de Légion Gustavo Camerini avait donc de bonnes raisons de supposer qu'il serait fusillé « dans les deux heures », dès que son vrai nom serait identifié[103]. En outre, on l'a vu, des exemples d'exactions envers des coloniaux subsistent, ce qui ramène au racisme ordinaire des troupes fascistes et nazies et au statut incertain des Français Libres.

Les menaces allemandes sur les prisonniers et la réplique française et alliée dans le cadre de la guerre des nerfs et de la confrontation des propagandes, que nous verrons plus loin, ont eu un effet souvent ignoré. Car il est d'autres prisonniers oubliés à propos de Bir Hakeim : les prisonniers italiens et allemands. Le rapport du général Koenig indiquait que 151 Italiens (dont 9 officiers) et 123 Allemands (dont un officier) avaient été pris au début de la bataille et transférés à l'arrière. Il manque dans ce compte les 30 prisonniers perdus lors de la sortie. Les 274 prisonniers évacués de Bir Hakeim ont été dirigés début juin sur les camps de transit de la VIIIe armée et n'étaient plus sous la garde de Français. Quand il a été jugé nécessaire de menacer l'ennemi de représailles au cas où les Français Libres seraient traités comme Francs-Tireurs, la France Libre a demandé qu'on lui rende un contingent de prisonniers qui, le cas échéant, auraient été victimes désignées. Et au minimum, le fait d'avoir ces prisonniers sous garde française permettrait d'avoir un moyen de pression sur les Italiens et les Allemands comme l'indique un document non signé mais solidement argumenté[104]. Le général Catroux a obtenu du général Auchinleck l'acceptation d'un principe de réparation. Il a demandé que les prisonniers lui soient remis « pour être internés au Levant et en cas d'impossibilité, transférés en AFL ». Mais comme la liste des prisonniers établie par la brigade avait primitivement disparu, Catroux précise : « J'ai demandé au Commandement britannique de me livrer un nombre égal par grade et nationalité de captifs. C'est sur cette base que l'affaire

102. Salvatore Loï, *op. cit.*, p. 150.

103. Gustavo Camerini, *op. cit.*, p. 108, Camerini avait pour nom de guerre « Clarence » dans la Légion étrangère.

104. SHD Archives de Caen, 24P, « Prisonniers de guerre Français libres capturés à Bir Hacheim », s.d., mais de juillet ou août 1942, p. 1.

est en cours de règlement[105]. » Les listes des soldats et officiers de l'armée italienne et de l'Afrika Korps envoyées aux Français sont incomplètes. En apparence, les Britanniques ont accepté de fournir ce que Catroux demandait. Ils ont fait l'effort de rechercher des noms de prisonniers venant de Bir Hakeim et ont complété les contingents comme l'indique Catroux. La première liste contient les noms de sept Allemands et 118 Italiens capturés à Bir Hakeim entre le 27 mai et le 4 juin. 33 des Italiens appartiennent au 132e régiment de chars, le reste provient d'unités diverses des divisions Ariete et Trieste dont 9 bersaglieri et 18 artilleurs[106]. Une liste de 99 Allemands a été ajoutée à la liste précédente. Catroux a donc transmis à Londres, en 4 listes, les noms de 146 Allemands et 164 Italiens. Le service des Prisonniers a envoyé ces listes au CICR entre le 17 août et le 11 septembre 1942.

En réalité, les autorités britanniques ont bien fourni les listes, mais pas les hommes, car « en raison de l'aspect international de la question, le cas avait été soumis au War Office ». Et nous savons qu'il ne tenait pas à donner des prisonniers à la France Libre par crainte de mauvais traitements qui pourraient entraîner des représailles sur les prisonniers britanniques. C'est donc un télégramme angoissé que le chef du service des Prisonniers de guerre a envoyé à Catroux. Et laissé sans réponse, il l'a copié à l'intention du Commissaire National aux Finances et à l'Économie, A. Diethelm :

> « Avons publié des listes 21-22 juillet et 15 août,
> Croix-Rouge Genève, pour transmission autorités allemandes et
> italiennes. Refus Middle East vous livrer ces prisonniers
> Risque créer situation très grave pour nos propres prisonniers
> Déjà menacés être traités comme francs-tireurs. Croix-Rouge
> Genève nous communique 361 noms prisonniers Français-Libres,
> Sans pouvoir encore donner adresses leurs camps. Nombre total
> Disparus étant 805, manquons encore renseignements 444 militaires malgré nos demandes réitérées d'enquêtes. Considérons
> Absolument indispensable récupérer prisonniers confiés britanniques pour assurer sauvegarde chez Allemands et Italiens
> Nos propres prisonniers qui autrement se trouveraient livrés
> Sans défense aux autorités détentrices.
>
> N'ayant pas reçu réponse à ce câble, nous avons fait un premier appel le *29 octobre* et un second rappel *le 18 novembre, insistant sur une réponse urgente.*
>
> Plus de 6 semaines se sont écoulées depuis notre demande de précisions et nous n'avons encore rien reçu. Plus il s'écoulera de temps et plus il sera difficile

105. SHD Archives de Caen, 24P, Télégramme du Général Catroux à De Gaulle, 16 juillet 1942.
106. Il est surprenant que les unités de 12 de ces soldats ne soient pas indiquées, SHD Archives de Caen, 24P.

de régler cette question. C'est pourquoi je vous serais très obligé si vous vouliez bien en entretenir le Général Catroux[107]. »

Nous n'avons pas retrouvé trace de la réponse de Diethelm. Il est donc certain que les Britanniques, en donnant les listes aux Français, ont tenté un coup de « bluff » pour convaincre Allemands et Italiens de ne pas considérer les prisonniers français comme Francs-Tireurs. En octobre 1942, les esprits étaient encore échauffés. Le Grand Quartier Général italien et la propagande italiennes accusaient d'atrocités les Alliés. Ils mettaient en cause « des Australiens, un officier Anglais et un Français », ce que le commandement Français à Beyrouth interpréta ainsi : « on est donc en droit de penser que l'ennemi n'exclurait peut-être pas nos soldats des soi-disant représailles, que soit officiellement soit par la voie de presse, il menace de mettre à exécution[108]. »

La question des prisonniers est une illustration sur le mode majeur des difficultés de la France Libre à se faire reconnaître comme belligérant à part entière et à parler au nom de la France. Le service des Prisonniers de la France Libre a été créé en novembre 1941, De Gaulle ayant par la suite, on l'a vu, donné des garanties à Max Huber, président du CICR. De Gaulle et la France Libre prétendaient non seulement s'occuper du sort des Français Libres, mais aussi des prisonniers de 1940. Dans les premiers mois de 1942, le service a obtenu des autorités britanniques et de la Délégation de la Croix-Rouge américaine à Londres l'envoi de 2000 tonnes de viande aux prisonniers détenus en Allemagne. Un document d'octobre 1942 précise les enjeux autour des colis à envoyer aux prisonniers, et si le général De Gaulle lui-même s'est emparé de cette question des colis, ce n'était pas parce qu'il avait été naguère lui-même prisonnier. La France Libre voulait d'abord obtenir des renseignements précis et réguliers du CICR et organiser « un certain nombre de marraines » pour connaître par la correspondance, les besoins des prisonniers. Le service prévoyait l'envoi de nourriture tous les quinze jours et de vêtements tous les trimestres. Il devait faire face à deux difficultés : le financement et l'organisation. La Croix-Rouge britannique a fourni des colis sur ses stocks, et les Français lui ont aussi demandé de se charger de la distribution individuelle des vivres, car l'envoi de colis individuels de vivres était interdit[109]. À l'été 1942, comme dans les mois précédents, René Pleven, Commissaire National pour l'Économie, les Finances et les colonies a négocié avec le Foreign Office. Il a donc obtenu en juillet 1942 l'assurance que le Foreign Office soutenait la position française de « *belligerant power* ». C. Peake a répondu à une demande de Pleven que

107. SHD Archives Caen, 24P Dossier prisonniers de guerre ennemis, copie de lettre à André Diethelm, s.d. (en fait, fin novembre 1942).
108. Note pour le général Catroux du 10 octobre 1942, Archives Diplomatiques Nantes, Syrie-Liban, 783, souligné dans le texte original.
109. SHD Archives Caen, 24 P, 22.12.1941, « Assistance morale et matérielle aux prisonniers de guerre des Forces Françaises Libres ».

le problème n'était pas le gouvernement de sa Majesté, mais plutôt le CICR. Il considérait que le meilleur moyen de le prouver était que le Service français envoie une demande de renseignements « à propos des prisonniers de Bir Hakeim » et voit si la réponse serait équivalente à celle qui serait faite au Bureau d'Information des prisonniers britanniques. Les documents consultés montrent que ce ne fut pas exactement le cas en 1942-1943 puisque la plupart des renseignements qui figurent aujourd'hui dans les archives ont transité par la Croix-Rouge britannique en 1942 et même après l'accord donné le 25 février 1943 par le Foreign Office aux communications directes entre la France Libre et le CICR. La situation diplomatique ne s'améliore sur ce front qu'en mai 1943.

Conclusion

L'analyse de la question des pertes et des prisonniers permet de dégager un certain nombre d'enseignements. En ce qui concerne le récit de bataille, il s'agit de répondre aux interrogations et d'approcher au mieux la réalité des bilans. Les résultats obtenus paraissent sinon certains, du moins acceptables. Il faut, de plus, tenir compte des spécificités des belligérants pour le traitement des prisonniers quand c'est nécessaire : la France Libre est-elle dans cette optique un cas d'école en ce qui concernait la définition légale du combattant établie par la Convention de Genève de 1929 ? Les voies de la recherche des chiffres conduisent donc à des bifurcations. L'étude a ainsi conduit à remettre en cause de nombreuses affirmations erronées, et à replacer les problèmes dans le contexte difficile de la France Libre de 1942, belligérant par raccroc selon l'ennemi. La question des prisonniers, français et ennemis est devenue brièvement une question internationale. Enfin, Bir Hakeim est resté d'une immense importance dans l'épopée de la France Libre comme symbole, comme victoire et... comme lieu des pertes les plus élevées de toute son histoire. Des pertes dont il fallait donner l'aperçu le plus complet, comme un remords de l'abandon des camarades dans le désert. Les services de la France Libre ont voulu, en 1943, honorer les morts de Bir Hakeim en envoyant aux familles une lettre de remerciements et une brochure sur Bir Hakeim contenant un récit de la bataille en Français. Ces brochures n'ont finalement pas été envoyées et sont restées dans les dossiers individuels et les archives où elles sont encore aujourd'hui. Aucune explication ne subsiste à ce renoncement. Mais en 1943 et en 1944, il n'était plus nécessaire d'associer les familles au fait d'armes et les services de la France Libre considéraient sans doute avoir des tâches plus urgentes à accomplir, d'autant que l'armée française réunifiée était de retour au combat. De fait, la guerre avait pris une nouvelle dimension avec la victoire en Afrique du Nord et l'invasion de l'Italie. Le geste était minimal. Était-il adroit ? La question se pose si l'on prétendait remercier le sacrifice d'un fils, d'un frère ou d'un époux avec un récit de bataille, en langue française seulement qui plus est. On considéra que le monument créé à Bir Hakeim serait suffisant pour honorer les disparus. Ceux-là demeureraient dans les mémoires des unités, des camarades, des familles. Par contre, au fil des décennies, les prisonniers de Bir Hakeim sont restés les oubliés de la bataille. Maltraités par l'ennemi en 1942, marginalisés après la guerre, ils ont pourtant bien mérité de la France Libre, comme combattants et comme enjeu des relations internationales au moment où la France Libre se transformait en « France Combattante ».

■ Liste récapitulative des prisonniers en janvier 1944

Unité	Total	Disparus en mer	Rapatriés	Rejoint unité ou évadés	Décédés	«Libérés» ou «rapatriés» en Allemagne
3e Bataillon de Légion étrangère	50	10	_	_	_	2
2e Bataillon de Légion étrangère	107	25	3	1	_	1
Groupe Sanitaire Divisionnaire N°1	13	_	3	_	_	_
Atelier Lourd N°1	5	_	_	1	_	_
Ambulance Chirurgicale Légère	2	_	_	_	_	_
Cie du Q.G. N°51	0	_	_	_	_	_
Groupe d'Exploitation Divisionnaire N°1	3	–	–	–	–	–
Bataillon de Marche N°2	174*	7	2 (1 décédé après rapt.)	2	3	_
1re Cie de Sapeurs-Mineurs	56	12	1	_	_	_
Parc d'Artillerie Divisionnaire	11	1	1	_	_	_
Fusiliers Marins	15	8	_	_	_	_
1er Bataillon d'Infanterie de Marine et du Pacifique	41	12	_	_	2	_
22e Cie Nord-Africaine	42	9	1	_	1	_
101e Compagnie Auto	11	4	_	_	_	_
Bataillon du Pacifique	45	17	_	_	2	_
1er Régiment d'Artillerie	60	5	_	_	1	_
1re Compagnie des Transmissions	48	8	_	1	_	_
	683	**118**	**11**	**5**	**9**	**3**

* Dont 2 ne figurent pas sur la liste de l'Etat-Major.
Prisonniers non identifiés : 41, dont 20 sont indiqués comme ayant été capturés à Bir-Hacheim
Remarques de l'auteur :
- Le document distingue bien les prisonniers du BIM (Bataillon d'Infanterie de Marine) de ceux du Bataillon du Pacifique, tout en utilisant pour le BIM le nom qui est donné après l'amalgame des 2 bataillons décidé par Koenig.
- « Rapt ». signifie rapatriement.

Source : SHD Caen, 24 P, document récapitulatif du 29 janvier 1944.

Pour rappel les calculs de la brigade.

■ État des pertes en date du 27 septembre 1942

	Avant la sortie	Lors de la sortie
Tués	89	41
Blessés	79	125
Disparus		666
Prisonniers		148

SHD, 11P250 Rapport d'opérations.

4

Des réalités de la guerre à la mémoire reconstruite
Témoins, récit(s), expérience(s)

Introduction

La parole est maintenant aux témoins, et l'analyse de leurs textes constitue la seconde ouverture sur la bataille. Or le traitement du témoignage, particulièrement du témoignage de guerre reste un exercice difficile en Histoire, car comment, et à coup sûr toujours, faire le départ entre le souvenir tel qu'il reste ou le passé plus ou moins reconstruit, et comment en jauger l'authenticité de façon à l'inclure dans une Histoire à prétention scientifique ? Comment aussi tenir ensemble les différentes formes des témoignages ?

Le corpus, incontestablement, est important. Le recensement des textes publiés et des entretiens a mis à l'épreuve l'hypothèse que la bataille était sans doute, pour l'armée française, une des plus riches, sinon la plus riche en témoignages, dès qu'on la compare à d'autres combats des armées françaises durant la Seconde Guerre mondiale. On se trouve dans le cas des comptes rendus, écrits ou oraux, « certifié par l'expérience » des locuteurs/auteurs[1]. Convaincu en

1. Selon Renaud Dulong, *Le témoin oculaire*, Paris, EHESS, 1996, p. 16, « tout compte rendu certifié par l'expérience de son auteur constitue un "témoignage" ».

général de la nécessité d'avoir une position critique voire hypercritique sur tous les documents historiques, (de toutes les époques, relatifs à la guerre ou non), nous avons cherché à retrouver l'expérience directe de la guerre derrière l'acte de témoigner, et la manière dont ils s'incluaient dans l'histoire/récit de l'événement et sa mémoire, qui informe les témoignages. L'étude est partie d'un constat simple : les premières lectures avaient montré une grande stabilité du récit de Bir Hakeim dans les textes et paroles des témoins. Et il faut noter d'emblée, car ceci informe notre propre récit/analyse, que peu de critiques sont apparues, et qu'elles ne se sont manifestées que tardivement, dans les années 1990-2000, autour du rôle du génie et du déroulement de la sortie du 10 au 11 juin 1942, sans d'ailleurs avoir eu aucun écho médiatique important.

Les témoins assument un rôle et en même temps s'y enferment. Il ne faut pas seulement chercher dans ce corpus la plus ou moins grande valeur du témoignage sur l'expérience de la guerre du désert, celle de la bataille, les comportements individuels et collectifs. En suivant la trame du récit traditionnel de la bataille, sans respecter pour autant sa chronologie, nous sommes partis à la recherche des lieux communs et des confirmations, bref de ce qui était attendu car répété depuis des lustres. Et nous sommes partis aussi en quête des aspérités, des surprises, des allusions et de tout ce qui peut se dire dans les interstices. Le récit de la bataille qui suit est à la fois pris en compte du point de vue des témoins et analyse d'historien dans la mise à l'épreuve des vérités, des lacunes et des omissions du récit traditionnel de la bataille. Les extraits des témoignages n'ont pas de but illustratif. Ils justifient l'approche spécifique de la bataille de Bir Hakeim dans les descriptions des types d'affrontement, des modes de maintien des troupes sous le feu. À partir de ces données et de l'étude des expériences communes et singulières, la parole des témoins sera réinsérée dans ce qui relève de l'anthropologie du combat, approche absolument nécessaire, et pour tout dire inévitable, dès lors que l'on prétend rendre compte des réalités de la guerre.

A. Du témoignage : ouverture

La collecte des témoignages a suivi très vite, à la sortie de la guerre, les premiers récits. Ces témoignages sont rarement isolés du reste de l'expérience hors du commun que fut la participation à la guerre dans les rangs de la France Libre de 1940 à 1945, sauf quand ils sont publiés en extraits. Accumulés au fil du temps, ils représentent un ensemble documentaire non négligeable, et il en existe encore d'inédits, complètement ou partiellement. Avec le reste des écrits de Français Libres, ils partagent un destin éditorial très curieux : l'édition à compte d'auteurs, ou chez de petits éditeurs, le plus souvent, quand ils sont publiés. La majorité émane d'officiers, officiers de Légion et d'artillerie au premier rang puis ceux de l'infanterie coloniale, les sous-officiers viennent ensuite. L'ensemble doit inclure logiquement le texte du général Koenig[2], le témoignage de la seule femme présente à Bir Hakeim[3], et les interviews publiées telles quelles[4] ou réécrites[5] où la parole est, sinon plus libre, au moins peu contrainte par les règles de composition des mémoires. Il existe cependant des manques dans les unités : le génie est fort peu représenté, la 22e compagnie Nord-Africaine, encore moins. La grande lacune, qui a des raisons culturelles évidentes, est la quasi-absence des simples soldats, français et étrangers (légionnaires) et celle des militaires Africains et Nord-Africains de l'Empire colonial[6]. C'est une mesure en creux du niveau d'alphabétisation.

Ces textes sont de forme et de genre très divers, ce qui est le lot commun de tous les témoignages concernant les guerres contemporaines. On trouvera donc des carnets, des extraits de journaux de marche (bruts ou commentés), des souvenirs, des mémoires, des études à caractère militaire, plus rarement des rapports, mais très peu de lettres du temps de guerre, ce qui s'explique aisément. Une particularité de cet ensemble est la manière dont des témoignages se sont rajoutés progressivement, suscités au gré des anniversaires, à la suite de demandes émanant des camarades. Il est aussi frappant de faire le constat de republications pour la même raison[7].

Les textes de témoins de Bir Hakeim ne sont pas tous des « témoignages ». Certains, notamment rédigés par les légionnaires Messmer, St-Hillier, Simon ont des visées informatives[8], ces témoins écrivent de l'histoire pour l'Histoire. Mais les témoignages centrés sur l'expérience personnelle renvoient à son inscription dans l'Histoire/le passé. Ils n'écrivent que très rarement une histoire générale. La majorité des textes a l'ambition de présenter ce qui fut vu et ressenti, et prétend le faire avec sincérité. Elle a aussi l'ambition de faire connaître la « vérité » de leur engagement dans la France Libre. Si on admet le caractère autobiographique de ces textes, les auteurs ont renoncé à hiérarchiser leurs impressions, et ils les mélangent à la relation des faits vrais, dont la chronologie est empruntée à d'autres textes.

Une petite partie de ces témoins a pris des notes, et nous savons donc qu'il y eut des textes originaux écrits pendant la guerre. Nous ne les avons pas, sauf exception, retrouvés. Les notes, carnets, à l'état de manuscrits sont en conséquence peu nombreux dans nos sources. Ils témoignent cependant d'une pratique, héritée de la Grande Guerre, ou liée à des traditions familiales et

2. Nous parlons ici uniquement des mémoires du général publiés en 1971.
3. S. Travers, *Tant que dure le jour*, Paris, Plon, 2001.
4. D. Rondeau, R. Stéphane, *Des Hommes Libres*, Paris, Grasset, 1997, chapitre 16, p. 243-273.
5. Benoît Hopquin, *Nous n'étions pas des héros*, Paris, Calmann Lévy, 2014.
6. Une exception à la règle dans les ouvrages de souvenirs publiés : Raphaël Onana, *Un homme blindé à Bir-Hakeim, récit d'un sous-officier camerounais qui a fait la guerre de 39-45*, Paris, L'Harmattan, 1996.
7. Bons exemples de republications et d'apports nouveaux dans « Bir Hakeim », 2e partie, *Icare*, n° 101, 1982 et *Revue de la France Libre*, n° 44, 2012.
8. Voir ces textes dans la liste des sources du « triumvirat légionnaire ».

personnelles, à l'isolement des Français Libres. Elle est à rapprocher de celle du journal intime, sans que le mot « journal » apparaisse dans tous les cas. La plupart des notes ont été réélaborées. Les auteurs n'expliquent pas pourquoi, alors que le lectorat du XXe siècle n'hésite pas à accepter les notes telles quelles. La réécriture est peut-être liée à l'intention d'écrire mieux que dans le texte original, de gommer les grossièretés... Elle pose aussi véritablement la question de l'écriture autobiographique et du rapport difficile qu'entretient la mémoire avec la rédaction d'un récit de souvenirs. Les narrateurs, les plus près des événements, et certains plus talentueux ou plus au courant des pratiques d'écriture de la mémoire, ne revendiquent pas de statut de témoins à part ou de statut d'auteur. Seule une petite partie des textes s'apparente à de vrais journaux intimes, dont certains ont été remaniés après la guerre. L'écrasante majorité des textes ressort du genre récit de mémoire, chronologique, avec ou sans digression, avec un souci d'exactitude à propos des dates et des faits. Les textes sont le produit d'un « je » bien présent du narrateur qui se met en scène, qui sait utiliser temps passés (imparfait, passé composé, peu de passé simple) et temps présent pour authentifier la narration. Tous récusent l'idée de faire de la littérature, et ne vont pas au-delà d'un niveau de langue courant, parfois avec des expressions populaires. Mais un écart existe entre ceux qui savent écrire, connaissent les règles du genre des mémoires dans la tradition littéraire française, et les autres[9].

Des grandes différences entre des carnets rédigés plus ou moins au jour le jour, et tout ce qui se rapproche du genre « mémoires », on retiendra que les mémoires sont plus susceptibles de réécriture, ce qui ne constitue pas une nouveauté palpitante dans la longue histoire du témoignage écrit ! Comme il y eut réécriture, il est tentant d'accorder plus de prix au témoignage brut, au texte du temps de guerre non retouché, ou plus ou moins retouché qu'aux autres textes. L'affirmation est à prendre avec précaution, car il n'est pas toujours prouvé que la proximité des carnets, notes, avec l'événement soit à coup sûr une garantie d'authenticité incontestable et surtout de compréhension pertinente sur/de la nature de l'événement qu'on a vécu. D'autant que pour l'ensemble des témoignages il n'est pas toujours possible de donner avec précision la date de rédaction, qui peut avoir son importance même pendant le temps de la guerre : moins de 5 % sont contemporains de la guerre. En ce qui concerne les journaux personnels réécrits, nous ignorons surtout le degré de réécriture, donc de réinvestissement de connaissances postérieures ou, inversement, de censure. Les mémoires de R. Malfettes, par exemple, frappent par une réélaboration du matériau contenu dans le journal dont seuls quelques extraits sont donnés[10]. Au demeurant, le corpus de témoignages montre que des témoins ont très vite utilisé, dès 1943, et jusqu'à une date récente encore, d'autres textes garantissant l'authenticité de

9. Il est instructif de comparer par exemple les mémoires de P. Messmer et ceux du général J. Simon.
10. Roger Malfettes, *Trente calots Bleus*, 1985. L'auteur défend l'infanterie coloniale et avant tout le BIM. Il est d'une hostilité remarquable pour la Légion étrangère qui lui paraît, à lui comme à d'autres coloniaux, avoir confisqué la plus grande partie de la gloire de la brigade.

l'information. Le premier récit à fournir trame narrative et chronologique est, on l'a vu, celui du journaliste J.-P. Benard publié – anonymement à ce moment là – au Caire dès 1942[11]. En 1943, la reconnaissance par l'ennemi de la résistance de la brigade a été connue par la découverte fortuite d'un article de propagande du correspondant de guerre allemand Lutz Koch, traduit et largement diffusé dans les unités françaises. Il est donc naturel d'en retrouver des traces, voire des extraits, chez les témoins car c'est une façon de rendre compte de l'événement[12]. En outre, certains textes de témoins proposent un véritable récit de bataille, parfois une analyse, tenant compte de leur expérience et de leurs lectures[13]. Ce procédé n'est pas nouveau, il est caractéristique du témoignage militaire dès la publication des mémoires des vétérans de l'armée de Napoléon Ier après 1815. Un légionnaire brésilien a même rédigé un chapitre « Bir Hakeim » dans son livre de souvenirs et raconté la bataille à partir d'histoires postérieures, alors qu'il ne s'y trouvait pas et ne pouvait livrer un témoignage de première main[14].

Les témoins de Bir Hakeim proposent généralement un récit revendiqué comme véridique, en style télégraphique parfois, le plus souvent à la première personne[15]. Cette expérience est majoritairement décrite sobrement, sans effet de style le plus souvent. La tentation de recourir à des procédés ou des récits plus « héroïques » ou maniant l'humour n'est venue que plus tard, ainsi que l'ambition (rare) de restituer des dialogues, qui, il faut l'avouer, laissent parfois l'historien circonspect. Nous supposons que le dialogue puisse être une solution narrative pour ceux qui ne savent guère rédiger[16]. À l'inverse, ceux qui savent écrire et reconstituent des conversations, campent des personnages[17].

11. Benard a publié le texte sous son nom dès 1943 dans *Les Œuvres Nouvelles*, volume 3, sous le titre « L'épopée de Bir Hakim, récit vécu », Éditions de la Maison Française, New York, 1943, p. 79-139.
12. On retrouve aussi ces deux textes dans nombre de récits de la bataille elle-même, voire dans des carnets, repris à l'occasion. Un exemple: P. Guénon commente le texte du journaliste allemand Lutz Koch découvert en 1943 et intègre le commentaire dans la description de ses sentiments après la sortie, donc après la première rédaction de 1942, voir son carnet au SHD. Archives Koenig 237/1.
13. Jacques Roumeguère, témoigne dans ce qui est une véritable analyse de la bataille en 2005, Dossier J. Roumeguère, AOL.
14. Voir Silveira, Raul Soares da, *Tempos de inquietude e de sogno*, Biblioteca do Exercito Editora, 2004.Silveira s'était engagé dans la Légion en 1941 et avait été incorporé au 1er bataillon du commandant de Bollardière.
15. Il est des exceptions, par exemple la fin du texte rédigé par H. Amiel dans son *Mémorial* sur le BM2.
16. Un exemple de récit fondé presque uniquement sur des dialogues, mais hélas, réécrit, dans Joseph Molina, sergent-chef espagnol de la 5e Cie de la 13e demi-brigade de Légion étrangère, *Bir Hacheim, Relation des évènements survenus entre le 26 et le 29 mai 1942*, Fondation de la France Libre. Le texte fourni par la famille de Ferrières en 2011 a été partiellement réécrit par l'Amicale de la France Libre au motif que l'Espagnol était la langue maternelle du légionnaire. Exemple de dialogue rapporté par Molina et réécrit: « Hoyo le pointeur de la pièce releva son képi: "Dites, caporal, on dirait que cette bagnole est poussée par des ailes..."/"Par des ailes ou par Rommel", riposta ironiquement Poulain le tireur de FM./"Sans blague! Rommel? Tu crois que ce mec-là va venir jusqu'ici? Raconte pas de boniments, va!" Et je dis ça sans quitter des yeux la voiture qui arrivait à hauteur de celle de l'aspirant./"Tiens, il s'arrête ton Rommel, il va demander du feu au lieutenant", s'exclame le chauffeur. »
17. Voir plus loin dans ce chapitre un dialogue rédigé par P. Morlon dans une Jock Column.

La mention de Rommel dans beaucoup de textes doit ici retenir l'attention : elle accrédite le récit. C'est à la fois un produit du temps de guerre, car, dans la VIIIe Armée, il y avait bien - et les Français n'y ont pas échappé - une sorte de fascination pour Rommel. L'état-major britannique, conscient de n'avoir pas à opposer au général puis maréchal Rommel un chef à la virtuosité tactique équivalente, s'en était inquiété dans une longue analyse dès février 1942[18]. La référence est aussi une conséquence du « mythe Rommel » d'après-guerre dont participe la publication de *La Guerre sans haine*, ouvrage qui contient une évocation de Bir Hakeim, plutôt élogieuse pour les Français[19]. On est fier d'avoir tenu tête au général allemand le plus célèbre de 1940-1942, au « Renard du désert », un général qui paraît peu nazi à la sortie de la guerre, ce qui est une illusion[20]. Rommel était un nazi, servait le régime et le régime a créé le mythe, y compris en organisant le suicide du Maréchal. En outre, la haine s'estompe progressivement, car on voit de moins en moins de « nazis », de « Boches », et de plus en plus « d'Allemands » au fil du temps dans les textes[21].

L'influence du cinéma ou de la littérature sur cette aventure du désert est peu perceptible. Le seul auteur à mentionner Lawrence d'Arabie est Pierre Messmer qui lisait les *Sept piliers de la sagesse* dans le désert de Libye en 1942. La seule véritable référence au cinéma des années Trente, friand d'aventures sahariennes ou à la littérature romancée sur le désert, se trouve dans les mémoires de Benjamin Favreau. Réalité ou invention d'une rencontre avec des « Bédouins », l'auteur prétend qu'après avoir fait connaissance, on lui offrit « la Loreleï en personne ! nu-pieds et crasseuse certes, mais échevelée et blonde comme une ondine du Rhin dans toute la beauté palpitante de ses dix-huit ans[22] ».

Certains textes retiennent davantage l'attention que d'autres, par leur qualité d'information, un point de vue incisif, ou décalé par rapport aux interprétations courantes de la bataille. Le récit du général Koenig mérite dans cet ensemble de témoignages une mention particulière. Pour la qualité de son information en premier lieu, puisée dans ses propres souvenirs, les sources et les archives qu'il avait lui-même rassemblées. Pour le style enlevé du général, qui relève du genre des mémoires dans la tradition française. Enfin, pour les problèmes que posent la rédaction et le contenu d'une partie du texte, et le fait que le manuscrit reste introuvable. Car le général n'a pu terminer le livre et l'éditeur et celui ou ceux qui ont terminé le livre ont compilé des témoignages dans des chapitres hâtifs à

18. TNA, WO/201/533, Lybia Weekly review, military situations, 2 Feb. 1942, Appendix B, qui note les « considérables efforts de la propagande nazie pour créer la légende de Rommel et de l'Afrika Korps ».
19. Maréchal Erwin Rommel, *La guerre sans haine*, Paris, Nouveau Monde Éditions, 2010, réédition du texte paru en 1960, p. 221-225.
20. Voir B. Lemay, *Erwin Rommel*, Paris, Perrin, 2009.
21. Nombreuses références, voir des exemples dans J. Bauche, *À force de vaincre*, Paris, Armand Fleury, 1947, mention de nazis et de Boches p. 189, 197.
22. Benjamin Favreau, *Compagnon de la Libération*, Paris, Geste éditions, 2011, p. 206-207. Aucun témoin du Bataillon du Pacifique n'a confirmé cette rencontre dans le désert avec des Bédouins, encore moins l'épisode de la Loreleï.

la fin du livre et ont commis des erreurs[23]. Il est clair par exemple que Koenig n'aurait jamais traduit « 7e Armoured Division » (7e Division blindée), par « 7e Armée divisionnaire[24]. » Depuis 1971, nombre d'anciens combattants ont dit leur déception sur le contenu du livre en privé. La seule mention de réserves exprimées publiquement est celle de P. Messmer qui estimait en 1992 : « il est signé du général Koenig, mais il a été publié après sa mort sans son autorisation, et à ma connaissance, il n'y a que deux chapitres qui sont de sa main[25]. » Le commentaire est excessif, car une lecture attentive du style et des arguments montre que beaucoup de passages des derniers chapitres ont été écrits ou revus par Koenig avant sa disparition, et que le récit du siège de la position est en grande partie son œuvre. Le livre reste incontournable pour l'étude de la bataille, en tenant compte des approximations et erreurs, volontaires et involontaires. Mais il n'est en aucun cas un substitut aux archives comme semblent le penser certains auteurs[26].

Un de nos objectifs était d'ajouter à cette mémoire de papier les résultats d'entretiens qui en principe devaient permettre d'évaluer la stabilité des versions dans le souvenir de ces participants, de situer les écarts par rapport aux récits couramment acceptés, ou donneraient la possibilité d'obtenir des informations complètement inédites. La chance, en 2007-2011, a été de pouvoir parler à des vétérans de la bataille. Contactée, la Fondation de la France Libre nous a délégué un seul témoin par unité. S'il nous a été impossible d'avoir tous les patronymes des combattants encore vivants et adhérents à l'association, nous avons pu étoffer la liste initiale avec des noms proposés par nos interlocuteurs. L'idée était de donner à l'histoire orale une place dans une recherche qui semblait dès l'origine incluse dans un récit très encadré. Nous avons suivi les conseils de Florence Descamps, mais sans utiliser de « magnétophone », dont par expérience, nous savions qu'il gênait ou intimidait les témoins[27]. Immédiatement, notre sentiment a été d'arriver vingt ans trop tard, même si quelques-uns seulement des témoins

23. Des témoins attribuent la rédaction finale au général Carlot, beau-fils de Koenig. Mais on voit mal un général faire des erreurs sur des dénominations d'unités.

24. Première mention de la « 7e Armée divisionnaire » dans le livre de Koenig, *op. cit.*, p. 267. L'expression a été reprise par des historiens pressés ou inattentifs, H. Amouroux, F. Broche, etc.

25. Intervention de P. Messmer, manuscrit des interventions et discussions du Colloque sur le général Koenig, 1992, AOL, tome 1, p. 109. L'affirmation a été l'occasion d'une passe d'armes entre Pierre Messmer et Raymond Triboulet, partisan inconditionnel et biographe du maréchal qui la contestait vigoureusement (*ibidem*, p. 102).

26. Vieux et surprenant travers de l'histoire à vocation militaire, voir Dominique Lormier, *La bataille de Bir Hakeim, une résistance héroïque*, Paris, Calmann-Lévy, 2009, Erwan Bergot, *Bir Hakeim, février-juin 1942*, Paris, Presses de la Cité, 1989. On comparera avec François Broche dans ses diverses versions du récit de la bataille rédigées depuis 2002, *Bir Hakeim, la France renaissante, op. cit.*, *Bir Hakeim, mai-juin 1942, op. cit.* 2008, *La cathédrale des sables, Bir Hakeim, op. cit*, 2019.

27. Nos entretiens sont conservés sous forme de notes manuscrites dont la transcription reproduit les paroles réelles des témoins. Pour la méthode et la bibliographie nous renvoyons à Florence Descamps, *L'historien, l'archiviste et le magnétophone, de la constitution de la source orale à son exploitation*, Paris, Comité pour l'histoire économique et financière de la France, 2005, 864 p.

contactés se sont récusés pour raison de santé ou parce qu'ils ne voulaient pas témoigner ce qui est une position parfaitement légitime, car il n'existe pas d'obligation de témoigner. L'enquête, conduite vers 1990 ou mieux vers 1980, aurait certainement donné de meilleurs résultats. Nous avons donc été extrêmement surpris du conseil donné par un responsable du SHD : « Vous devriez interroger tous les anciens combattants encore vivants. » Mais n'était-ce pas aux archives militaires françaises de faire ce travail dans le cadre de leur programme de collecte d'histoire orale mis précisément en place au cours des années 1980-1990[28] ?

Notre plus grand regret est de n'avoir pas pu, à quelques mois près, parler à Pierre Messmer dont on verra l'importance tout au long de ces pages. Tous les témoins sollicités ont pu s'expliquer et exclure de diffusion tel ou tel commentaire et sur ce plan, leurs vœux sont parfaitement respectés. Tous ont resitué Bir Hakeim dans leur expérience de vie, et dans la totalité de leur expérience de guerre, au nom de leurs valeurs de l'époque et de ce qui leur paraissait un engagement nécessaire. L'un d'entre eux, Hubert Germain, a tenu à témoigner au nom des officiers de Légion de la brigade dont il est le seul survivant[29]. Il a aussi tenu à préciser qu'en choisissant la France Libre, il rompait avec son père, général de la coloniale et avec Pétain, qu'il connaissait de longue date et n'appréciait guère pour l'avoir vu à la maison. Il se définissait comme « probablement le premier anti-pétainiste de France[30] ». Et la seule mention d'une vocation militaire a été le fait d'André Salvat qui a dit : « Après 1945, j'ai choisi la coloniale, par professionnalisme, peut-être que vous ne pouvez pas le comprendre[31]. » Il se trouve qu'il était possible de rapprocher ce commentaire d'un autre. Pierre Messmer demanda un jour à De Gaulle pourquoi il avait fait le choix de servir dans l'infanterie, plutôt que la cavalerie, « plus prestigieuse » avant 1914 : « Parce que, me répondit-il, l'infanterie est plus militaire. » Et j'ai pensé aux derniers jours de Bir Hakeim[32].

On peut faire une double lecture des témoignages oraux et écrits, d'histoire militaire, d'histoire du comportement des hommes au combat. C'est ici que l'hétérogénéité des témoignages se révèle utile. L'ensemble rentre de plein droit dans l'analyse proprement militaire de la bataille. En anticipant quelque peu sur la démonstration, signalons qu'on y trouve la preuve du haut niveau d'entraînement, du courage, de la détermination, du moral des unités, mais aussi la mention des difficultés à la fin de la bataille. Le professionnalisme des officiers, la manière dont ils conduisent le combat à tous les niveaux, dont ils s'exposent ou reprennent en mains leurs hommes est caractéristique des unités coloniales et de Légion.

28. Nous avons bien entendu inclus ceux qui, dans cet ensemble documentaire, parlaient de Bir Hakeim, voir l'état des sources.

29. Entretien avec Hubert Germain, 7 mai 2009.

30. H. Germain voulait-il dire le « premier jeune antipétainiste de France » en 1940 ?

31. Entretien avec André Salvat, 27 mars 2009.

32. Pierre Messmer, *Après tant de batailles*, *op. cit.*, p. 116.

Mais cet ensemble est aussi intéressant pour saisir ce que sont les réactions des soldats sous le feu ou non, lors de déplacements sans histoire dans le désert, et pour les comparer à d'autres, par exemple à l'expérience bien connue aujourd'hui des « poilus » de la Grande Guerre ou, si c'était possible, à l'expérience plus récente de la Guerre du Golfe de 1991. Leurs historiens et les auteurs qui depuis vingt ans ont renouvelé l'histoire de la guerre, nous ont fourni le canevas des questions à poser aux textes et entretiens des témoins de la brigade française libre. La collection de points de vue sur la bataille n'a pas eu seulement comme intention de rendre hommage (à notre manière) à la tradition des récits de Bir Hakeim qui consiste à reprendre les témoignages pour restituer – ou tenter de restituer – la vérité d'un grand moment de la guerre et de la France Libre. Cette reconstitution a ses limites, théoriques et dues à des choix explicatifs. Nous en avons délibérément exclu l'expérience du désert proprement dite, l'adaptation aux conditions difficiles, les lieux communs sur les mouches, les problèmes d'hygiène, la chaleur… et la protestation sourde (ou moins sourde) contre l'ennui, qu'un témoin appellera la « birachemiade[33] ». On peut d'ailleurs remarquer au passage que l'isolement très réel qui contribua à souder les hommes sur place et dans le souvenir est fort peu évoqué par les témoins[34]. Enfin, en ce qui concerne le combat nous avons en outre mis de côté quelques aspects « légendaires » ou non. Les récits de petites aventures et remarques individuelles ne sont pas absents, mais nous avons décidé de les laisser de côté autant que possible, qu'elles aient été impressionnantes ou non, et même si elles sont caractéristiques d'un processus de mémorisation. La remarque vaut pour les aventures de survivants comme celles du groupe du sergent Pavitchevitch de la compagnie Messmer qui réussit à retrouver des unités anglaises deux jours après la sortie, le 13 juin 1942. Il n'a pas été non plus beaucoup sacrifié au légendaire de la brigade, par exemple aux fortes paroles d'un religieux, le père Malec ou le père Lacoin, durant la sortie de nuit, qui ne pouvant donner l'absolution partout a dit : « Ce soir tout le monde va au Paradis. » D'autres détails, le code radio spécifique de la brigade, le code « omoplate » estimé indéchiffrable par l'ennemi, la manière dont un officier supérieur italien prisonnier, le colonel Prestisimone, décrit comme pro-français voire antifasciste, devient un quatrième pour le bridge dans une popote d'artilleurs, etc. valent sûrement pour la bataille et surtout pour sa mémoire, mais sont laissés de côté dans ce chapitre.

33. Paul Louis Guénon, *Journal*, 15 mai 1942, Archives Koenig, SHD, 1K 237/1. Ce médecin du BM2 est à notre connaissance le seul officier de la brigade à avoir emporté un gramophone et des disques de musique classique (et quelques chansons) dans le désert.

34. La distribution des lettres et télégrammes était irrégulière. Nous avons adressé à Jean-Mathieu Boris une copie d'un télégramme envoyé par des membres de sa famille (dont son cousin, le docteur Pierre Halbron) en juillet 1942 et jamais parvenu à son destinataire, pas très surpris au bout du compte et nous remerciant de ces « messages qui m'arrivent avec quelques années de retard » (courriel du 5 août 2010). Le télégramme faisait partie d'une liasse de télégrammes parvenus par la Croix-Rouge anglaise et jamais distribués. Elle est datée du 3 septembre 1942, SHD, Vincennes, 4H 337.

Dans les pages qui suivent, nous avons tenté d'apporter la plus grande attention aux mots et au vocabulaire, à ce que les combattants de Bir Hakeim disent de leurs expériences, de leurs réactions lors des combats de première ligne, de la guerre de siège, des bombardements considérables dont ils furent la cible.

B. C comme combat

1. École de la guerre

Les études militaires sur la guerre du désert donnent une large place à la description des combats. L'accent est surtout mis sur la guerre des tanks, la manœuvre, la rapidité des échanges et la brutalité des résultats. Le combat d'infanterie, en dehors du siège de Tobrouk, de la percée d'El Alamein n'est pas considéré comme intéressant ou susceptible d'apporter des éclairages pertinents sur la guerre en général et celle du désert en particulier. Tobrouk représente la ville méditerranéenne assiégée, avec la défense du port, celle de la ville. Les réseaux de barbelés et tranchées, protégés par des mines, qui ont été défendus en 1941 n'ont pas été entretenus en 1942, on a même déminé à l'est de la ville, ce qui explique – en partie – le désastre de juin 1942. À El Alamein, les assauts répétés de l'infanterie britannique représentent un cas différent. Le général en chef britannique a recommandé d'attaquer sans se soucier des pertes. Elles ont été élevées à divers moments de la tentative de percée des lignes de l'Afrika Korps. Les fantassins de Montgomery ont entamé les défenses en profondeur et l'une des unités a réussi, avec des canons antichars, à repousser une contre-attaque de chars italiens en terrain ouvert, dans ce qui est resté une action d'éclat lors de la bataille d'El Alamein[35].

Les Français Libres n'auront jamais les moyens des Britanniques. Ils avaient acquis au cours des deux années précédentes diverses formes d'expérience militaire, contre les Italiens et dans le désert, enfin contre l'armée de Vichy. En constituant la brigade, leur dessin on l'a vu, était d'organiser une unité capable de se mesurer à la Wehrmacht. Il ne s'agissait pas seulement « d'éprouver l'outil » comme le dirait Koenig bien plus tard, mais de combattre, et de combattre victorieusement l'ennemi le plus dangereux. Le mélange de haine et de conscience du danger représenté par les troupes nazies dans le désert a été évoqué sur le mode distancié par Roger Barberot :

> « Et puis un jour, des avions noirs, volant bas, ont piqué sur les parcs où s'entassaient les matériels italiens récupérés.
> C'était des Messerschmitt 110.

35. L'unité fait partie de la Rifle brigade renforcée de soldats du génie et d'une batterie antichar qui a détruit huit tanks dans le désert, voir Charles Whiting, *The Poor Bloody Infantry*, London, Spellmount, 2007, p. 139.

L'Afrika Korps arrivait à marche forcée.
La guerre pour rire était finie[36]. »

Guerre pour rire ? un bon mot ne recouvre pas toujours une réalité objective. L'unité de Barberot, le BIM, était dans le désert depuis l'automne 1940. Elle y avait fait ses preuves dans des opérations de guerre du désert qui n'avaient pas encore l'ampleur de celles de 1942. Le capitaine Folliot du BIM avait une juste mesure des choses, proportionnelle à son expérience personnelle de la Grande Guerre :

> Quand le Lieutenant-Colonel des Essarts dans son rapport dit :
> « Dans cette ambiance, le Détachement Folliot est persuadé qu'il a fait la guerre. Je me suis bien gardé de le détromper. » Il avait raison. Pour ma part, ayant fait la guerre de 1914-1918, mon premier combat fut pour la 1re prise du Fort de Douaumont (18-22 mai 1916) (il) était autrement plus meurtrier. D'ailleurs, ma 1re citation marque « Arrivée le premier sur le Fort et blessé ». Quand, commandant le Groupe Franc de mon régiment à Soissons-Crouy puis en Lorraine, j'ai tout de même obtenu quatre citations, dont la dernière le 11 novembre 1918 rentrant d'un coup de main avec des prisonniers, toujours sans un blessé ni un tué, je savais parfaitement que dans le désert le combat était moins meurtrier.
> J'avais à maintenir le moral de la Troupe et surtout à lui faire croire que notre présence était une nécessité impérative pour le bien du Pays.
> D'ailleurs, n'ayant à faire qu'à des Volontaires, je n'eus pas grand mérite. Le principal en la circonstance, c'était que notre présence dans les troupes britanniques, soit appréciée[37].

Folliot commandait les deux compagnies du bataillon placé sous le commandement du général Gott en détachement indépendant. Le lieutenant-colonel des Essarts, chef d'état-major du général Catroux avait rédigé son rapport le 20 janvier 1941. Il avait noté que la 2e compagnie du BIM n'était pas encore assez entraînée pour la guerre motorisée et ajoutait :

> « Elles tiennent un secteur d'environ 4 à 5 kms à l'extrême gauche du dispositif anglais entre Tobrouk et Derna, la gauche à la mer. Aucun contact avec les Italiens dont les premiers éléments se trouvent à 10 kms. Quelques patrouilles vont chaque jour reconnaître les itinéraires en vue de la prochaine attaque. La physionomie générale du secteur est très calme. Quelques tirs d'artillerie pendant la nuit et quelques bandes de mitrailleuses tirées par des guetteurs nerveux. Dans cette ambiance, le détachement Folliot est persuadé qu'il fait la guerre. Je me suis bien gardé de le détromper !

36. Roger Barberot, *À bras le cœur*, Paris, R. Laffont, 1972, p. 78.
37. Lieutenant-Colonel R. Folliot, *L'espoir ne meurt jamais*, mss, s.d., sur l'histoire du BIM en 1940-1941, p. 3 (archives P. Heitzmann).

Le moral est très haut, malgré les conditions de vie assez dures.
Depuis deux mois, en effet, aucune nourriture fraîche n'a été distribuée.
Conserves, biscuits et thés constituent les seuls aliments.
Mais personne ne se plaint. Les mêmes hommes dans l'Armée Française accableraient le commandement de leurs reproches[38]. »

La première rencontre avec l'Afrika Korps se produisit à Halfaya en janvier 1942, lors de l'opération « Crusader ». Des unités sud-africaines et la B.F.L. devaient attaquer la position allemande, défendue par plus de 5 000 hommes. Le chef de la garnison, le « Major Bach » est considéré comme un des héros mineurs de l'Afrika Korps. Pasteur de son état, il commandait le 1er bataillon du 104e Régiment d'Infanterie. Défenseur compétent et intraitable il est, suivant les historiens, nommé le « révérend » Bach, et en Anglais : le « Gallant Bach ». Au grand soulagement de tous, sa reddition fut obtenue sans assaut : l'aviation de l'Axe ne pouvait ravitailler en eau ses unités[39]. Les dispositions de défense du Major, l'armement utilisé, la densité de feu probable ont impressionné les Français de la Brigade, des officiers supérieurs aux simples soldats[40]. Un incident grave est peu mentionné. Le capitaine Paul Morlon avait été autorisé à tirer avec ses 75 sur la position au moment où des Allemands se rendaient à des Sud-Africains et cette méprise causa des pertes des deux côtés.

L'état-major de la brigade tira de ce malheureux épisode la conclusion que les liaisons entre le gros des troupes et les détachements, entre le chef de l'artillerie et une de ses batteries avaient mal fonctionné : « ce fut la première leçon, payée cher, il est vrai, sur la nécessité de telles liaisons[41]. »

2. J comme « Jock Column » : la guerre de mouvement dans le désert ?

« C'était marrant les Jock Column » nous dit un jour un témoin[42]. Elles n'avaient pourtant pas pour but d'amuser les soldats de la brigade. Elles furent finalement abandonnées par le commandement britannique, car peu concluantes sur le plan militaire. Mais de février à mai 1942, elles représentèrent le quotidien d'une partie de la brigade. Avec le général Koenig, rappelons leurs objectifs et leur composition :

« L'art des patrouilles de reconnaissance et de combat à proximité d'un ennemi, puissant lui-même, se concrétisait dans le Jock Column, que nous transformâmes

38. *Ibidem*, p. 3.
39. 2 126 Allemands, 3 413 Italiens, furent fait prisonniers selon W.E. Murphy, *The relief of Tobrouk*, War History Branch, de partement of Internal Affairs, 1961, p. 515.
40. Par exemple Jacques Bardet, *Français Libre… à en mourir*, Paris, Italiques, 2010, p. 24. Tous les témoignages publiés ou non s'accordent sur ce point. Selon P. Heitzmann : « Des positions creusées au sol, qu'on ne voyait pas. Heureusement qu'on a pas attaqué là-dedans », entretien du 4 novembre 2007.
41. Paul Morlon, *op. cit.*, p. 82.
42. Roger Nordmann, entretien du 19 juin 2007.

> en Jock Colonne. Cette appellation trouvait son origine dans le nom de son créateur, le brigadier John Campbell, V.C., qui avait mis au point la réglementation méthodologique de patrouille mi-blindée, mi-motorisée, avec appui d'artillerie. La tactique employée par ces Jock Colonnes consistait à reconnaître et surtout à harceler l'adversaire. Initialement, on s'était contenté d'installer une batterie au cours de la nuit à proximité raisonnable d'une position ou d'un bivouac ennemi reconnu la veille au soir, d'ouvrir un feu nourri et ajusté au lever du jour, puis de décrocher rapidement. Par la suite, les procédés tactiques allaient être améliorés et les Jock Colonnes battraient l'estrade sans répit.
> Après avoir rapidement étudié ces procédés, le général Larminat fit constituer des détachements spécialisés et comprenant, sous le commandement d'un chef de bataillon :
> 1 batterie de 75 tractés,
> 1 compagnie d'infanterie sur camionnettes légères tout terrain, 2, puis 4 canons de 75 antichars portés, les éléments légers du génie, du service de santé,
> 1 élément de D.C.A.
> Ces détachements furent richement dotés en moyens de transmissions radio[43]. »

Le commandement français comptait bien donner l'expérience du combat à ceux de la brigade qui n'en avaient guère, artilleurs, une partie des fantassins[44], officiers orienteurs, radios, marins chargés de la DCA. Il ne subsiste aucun rapport opérationnel sur ces opérations de patrouille[45].

Battre l'estrade… l'expression utilisée par Koenig est à la mesure de sa satisfaction d'avoir commandé pendant presque deux mois une série d'opérations quotidiennes qui tenaient de la guerre de course et de l'embuscade. Les « Jock Columns » donnaient l'illusion de la guerre de mouvement. Les témoins ont en effet retenu de ces semaines de parcours dans le désert la « liberté » alors que les missions restaient strictement encadrées. Dans ses mémoires, le général Koenig donne faussement l'impression d'un rituel :

> « De l'aube jusqu'au crépuscule les ondes étaient sillonnées sans arrêt de brèves communications radio, passées en clair à l'intérieur de chaque Jock Colonnes françaises ou britanniques, en morse de colonne à colonne ou vers l'arrière. Il s'établissait ainsi une conversation presque continuelle dans l'immensité que le soleil réchauffait vite. Vers midi, s'établissait un silence relatif qui durait une heure ou deux. À la hâte, on mangeait quelque peu, uniquement des conserves, et on buvait le thé. On en profitait pour observer. Puis l'activité des patrouilles renaissait. Elle était reconnaissable par la recrudescence des conversations radio qui me permettait de suivre nos

43. Koenig, *op. cit.*, p. 152-153.
44. C'est une des raisons qui explique l'utilisation régulière des sections du bataillon du Pacifique dans les premières semaines jusqu'au 6 avril 1942.
45. Que ce soit en Français ou en Anglais.

mouvements et ceux de nos voisins. Cette activité se traduisait par des mouvements incessants et qui auraient parus désordonnés aux non-initiés. Elle s'inscrivait minute par minute sur les cartes d'état-major protégées par un mica, surchargées de flèches de couleurs, gommées au fur et à mesure que la situation évoluait. Puis le soleil s'abaissait sur l'horizon, le crépuscule brossait son tableau quotidien, jamais le même, toujours beau et souvent poignant. À partir d'un certain moment que nous connaissions bien, la nuit tombait avec une rapidité étonnante. Dans l'obscurité chaque colonne formait son leaguer. Alors s'établissait le silence, un silence total impressionnant. C'était la vie rude, ardente et enivrante du désert, dans une ambiance de camaraderie de combat et de cohésion parfaite[46]. »

Silence et vie enivrante : Koenig, ancien combattant de la Grande Guerre, du Maroc, de la Norvège et de l'Afrique sait faire la différence entre ces expériences et les conditions exceptionnelles de la guerre des Jock Column dans le désert. Mais c'est un point de vue d'officier supérieur et une reconstitution pleine d'allant. Louis Côme a résumé autrement ce qui fut d'abord un devoir difficile :

« Les sorties durent jusqu'à deux semaines et ces guerres de mouvements sont rudes. Nous sommes éreintés, la nourriture peu variée est composée de corned-beef, de biscuits, et de thé ; nous n'avons pas la possibilité de nous laver provoquant des problèmes cutanés, des hémorragies dentaires et le scorbut...
Dans le désert, le matériel ayant la couleur du sable, l'ennemi est difficilement visible ; il faut sans cesse observer et surveiller les tourbillons de poussière. Les déplacements fréquents sont aussi une des caractéristiques de la guerre dans le désert ; une position occupée le matin peut être déplacée de 40 kms la nuit sans que l'ennemi ne s'en aperçoive[47]. »

L'expérience difficile du combat de ces « Jocks » a été rappelée par tous les témoins. Les duels de l'artillerie et les accrochages brefs et violents entre les artilleurs français et les blindés ennemis reviennent le plus souvent, stressants, dangereux. Il faut aux officiers capacité de jugement et prise de risque calculée pour sortir les Français de quelques mauvais pas. Car la brigade n'avait pas les moyens de faire jeu égal avec l'adversaire, bien mieux armé en général. P. Morlon donne un exemple de ce type de combat à distance le 22 avril 1942. Le récit, très technique est sans doute le meilleur dont nous disposons sur ce type d'engagement : décision instantanée, commandement aux gestes et accessoirement à la voix, très grande discipline qui évite le flottement. Il a l'intérêt, mais aussi

46. Koenig, *op. cit.*, p. 173. Le *leaguer* est un camp provisoire fermé, de forme plus ou moins circulaire, destiné à éviter les surprises de nuit, le mot vient d'Afrique du Sud et des colons Boers du XIXe siècle qui se déplaçaient en chariots. Les Français traduisent parfois par dispositif en « hérisson ».
47. Louis Côme, *Mémoires, ne pas oublier, ne pas être oublié*, Fondation de la France Libre, s.d.

l'inconvénient, de rapporter des dialogues dont on ne sait s'ils figuraient dans les notes originales de Morlon. Le capitaine d'artillerie Charles Bricogne, héros de Bir Hakeim, est mis en scène et joue le rôle le plus important. Il identifie les chars ennemis, des Panzers IV que la brigade appelle des « Mark 4 »:

> « Tout en feignant d'être enchanté, il réfléchit un instant et donne ses ordres:
> « — Sartin, va t'établir à un kilomètre en arrière pour soutenir par tes deux 7 le décrochage de la section de Rauvelin. Celle-ci, en batterie à nouveau à trois ou quatre kilomètres au sud, permettra ton décrochage. Vite, et toi, en partant n'oublie pas les fusiliers marins. Je partirai avec les légionnaires. »
> Une minute à peine après le premier obus tiré par les légionnaires sur leur nouvelle position, la section démarre vers l'arrière. Au passage les deux camions DO sont rameutés et nous filons bon train, plein sud, à 40 kms à l'heure, au milieu de cailloux et des touffes d'herbes. En tête, le camion 3 tonnes Dodge aux munitions, aux ailes, les voitures des fusiliers marins, au centre les deux tracteurs avec leurs pièces qui font souvent des bonds impressionnants. Avec la voiture radio, je fais serre-file. Le buste sortant du trou pratiqué dans le toit de la cabine je commande aux gestes.
> Les compteurs tournent: un mile, deux miles. Geste du bras « *Ralentissez* ». Je cherche une position pour mettre en batterie. Quatre coups de *75 mm* arrivent cent mètres en arrière. « Accélérez ».
> Quatre nouveaux coups en plein convoi. Un tracteur disparaît complètement dans la poussière…
> Au compteur, trois miles depuis le départ. Ralentissement. Le terrain absolument plat se prête mal à une mise en batterie.
> Quatre arrivées d'obus, deux cents mètres en arrière, facilitent la décision.
> De nouveau plein sud. À cinq miles (huit km) de la première position, les pièces sont à nouveau mises en batterie. L'obscurité gagne. Les traînées de poussières se rapprochent. « Capitaine Bricogne » assure Tirailleur. Sa vue d'aigle ne le trompe jamais. Les autres Malgaches sont aussi affirmatifs. Poussières dans le nord, l'ennemi suit. Bricogne arrive avec les légionnaires.
> « — Tout le monde est-il là ? »
> « — Oui[48]. »

Parce que les Jock Columns furent une avant-bataille, il n'est en fait resté que des épisodes marquants[49]. Leur récit est sans doute fidèle à ce qui s'était réellement passé, mais est relu selon divers modes de distanciation. Le 24 mai 1942 est par exemple l'occasion de pratiquer une forme de chirurgie d'urgence dans une Jock Column où se trouve Jean-Mathieu Boris:

48. P. Morlon, *op. cit.*, p. 92.
49. Autre exemple d'une Jock « célèbre » commandée par le capitaine Simon dans André-Paul Comor, *op. cit.*, p. 185-186.

> « Un de mes brigadiers reçoit une balle dans le pied ; pas de chirurgien et voilà un infirmier en train d'amputer ce malheureux garçon en suivant les conseils donnés par radio. Procédure :
> D'abord la morphine, une bonne dose de whisky, 4 gars pour le tenir, une scie à métaux, et les moyens de suture de la trousse de premiers secours. Il a survécu[50]. »

La lutte contre les avions, leur supériorité revient souvent. Un des sous-officiers du bataillon du Pacifique a rendu hommage à un Tahitien mort très bravement à son poste :

> « Kararo tire avec son fusil antichar sur un avion presque à bout portant, réitère son tir sur un second. Un troisième avion se présente par le travers et lance une petite bombe qui explose non loin de lui.
> Un éclat lui ouvre le ventre. Malgré sa terrible blessure, Kararo est toujours debout. De son bras gauche, il essaie de contenir ses entrailles tout en continuant de tirer. À bout de munition, il s'effondre, pour laisser son âme retourner à Havaiki[51]. »

D'autres se souviendront des zigzags et des manœuvres qui permirent d'échapper à un aviateur entreprenant. Les plus chanceux, parce qu'ils esquivent ainsi des mitraillages sans merci, décriront la manière spectaculaire dont les fusiliers marins ont abattu deux avions en même temps[52]. Les opérations des Jock Column n'excluaient pas les opérations de nuit, pour faire des prisonniers le plus souvent ou mettre un camp ennemi en désordre. Il y eut peu d'occasions de prendre et de ramener des soldats ennemis pour les interroger. Une de ces opportunités manquées est dans les témoignages, singulière, puisque l'auteur admet qu'on dut tuer des Italiens récalcitrants :

> « Comme ils ont voulu jouer les chevaliers d'Assas on a été obligés de les tuer. Ils ont crié « Alarme », On les a tués tous les deux. C'est la première fois que je tue un homme, ça ne m'a rien fait[53]. »

L'aveu n'est pas stupéfiant, il est rare chez les témoins d'opérations militaires[54]. Enfin, lors de la dernière « Jock », il fallut se replier, dans des conditions exceptionnelles :

50. J.-M. Boris, *op. cit.*, p. 97.
51. Jean-Christophe Teva Shigetomi, *Les Tahitiens dans la guerre*, tome II, p. 41.
52. Épisode souvent rapporté avec un télescopage spectaculaire des avions allemands, en mai 1942.
53. Paroles de l'ex-aspirant Bellec, devenu officier supérieur, qui pensait avant-guerre à devenir séminariste, et qui note que les deux Italiens étaient en « pyjama mauve en plein désert ! », dans François Broche, *Le bataillon des guitaristes*, Paris, Fayard, 1970, p. 244.
54. Voir Stéphane Audoin-Rouzeau, *Combattre…*, *op. cit.*, Joanna Bourke, *An intimate History of Killing*, London, Granta Books, 1999.

> « J'ai vu déboucher l'Afrika Korps sur tout l'horizon visible, à quelques kilomètres de moi. C'est une scène inoubliable ! Nous avions deux canons, alors nous avons ouvert le feu, nous avons vu d'abord arriver six automitrailleuses. Nous avons tiré, elles ont fait demi-tour. Nous pensions alors candidement avoir arrêté l'Afrika Korps quand nous avons vu, tout à coup, une nuée de véhicules, de chars qui passaient la crête, s'en allant tranquillement, se disant : "Ce n'est tout de même pas deux canons qui vont nous arrêter ![55]" »

Les bévues ont laissé peu de traces : un tir réussi sur un blindé sud-africain où un parent du maréchal sud-africain Smuts fut tué revient pourtant régulièrement dans les récits[56].

Par contre, l'erreur de manœuvre des Français qui entraîna la perte d'une batterie d'artillerie britannique n'est que très rarement évoquée. Elle est l'occasion pour les militaires français de rappeler que les artilleurs britanniques et aussi les Indiens « de la troisième brigade motorisée le 27 mai » se faisaient littéralement tuer sur leurs pièces[57] quand ils ne pouvaient plus manœuvrer.

3. T comme tanks, B comme blindés

Le grand nombre et la puissance prêtée à/réelle des tanks de l'Afrika Korps n'étaient pas seulement des données de base de la guerre nouvelle, mais aussi une hantise pour les hommes de la brigade qui savaient, depuis la défaite de 1940, qu'ils pouvaient être en infériorité manifeste dans la guerre de mouvement comme dans la guerre de position.

La grande attaque de la division Ariete qui ouvre la bataille est référencée par de nombreux témoins. Du côté italien, une étude d'histoire militaire basée sur les archives militaires et quelques témoignages montre l'incrédulité de l'adjoint du lieutenant-colonel Prestisimone[58]. Le lieutenant Bianchi voit en effet les mines[59] et même, dit-il, quelques canons antichars à « plus de 70 mètres ». Il fait répéter l'ordre de son chef : « Tête baissée et en avant[60] ! »

55. « Toutes les minutes, je me disais : c'est la dernière » par Roger Nordmann. Bir Hakeim. Mai-Juin 1942. Il y a quarante ans, *Revue Icare*, n° 101, 1982, p. 91 et entretien du 26 juin 2007 avec Roger Nordmann où la description est faite en termes identiques.

56. Récit dans Koenig, *op. cit.*, p. 170, par exemple. Contrairement à ce que pensait le général, les Sud-Africains jugeaient sévèrement l'erreur.

57. Koenig, *op. cit.*, p. 172. Entretien avec Jacques Pigneaux de la Roche, 26 juin 2007, pour les artilleurs indiens de la troisième brigade indienne toujours sur leurs pièces, et pourrissant au soleil quand il est venu récupérer trois canons de 25 pdr.

58. Prestisimone commandait le 9e bataillon de chars du 132e régiment et non le 132e régiment comme on l'écrit trop souvent dans les ouvrages français.

59. L'affirmation nous a surpris, mais la possibilité de voir les mines dans le sable nous a été confirmée par des officiers français qui avaient fait partie d'opérations militaires au Tchad dans les années 1980.

60. Témoignage du lieutenant Bianchi dans Francesco Viglione, « *Tentativo di Ricostruzione di un Mattino di Guerra del 132° reggimento carri*, Ariete », SME - Ufficio Storico 1988, *Studi Storico Militari*, 1987, p. 646.

Le premier officier français à avoir décrit l'attaque donne une appréciation plutôt méprisante sur ces chars italiens considérés ici comme des jouets et son point de vue prouve aussi qu'il a bien observé l'assaut mais de loin. Le capitaine Gravier, condensant deux heures de bataille, écrit en effet :

> « Le génie a pris un secteur en deuxième ligne et il assiste comme au cinéma à l'attaque des chars italiens. Dans la poussière et le soleil dans le dos, ils sont si nombreux qu'on ne peut pas les compter. On dirait de petits appareils électriques qui rampent au loin en crachant des étincelles et en se faufilant entre les gerbes d'écumes grise ou noire. Ils avancent et la bataille atteint son maximum des bruits plus sourds couvrent tous les bruits du combat. Maintenant de nombreux chars ont stoppé ; ils tirent encore et les 75 s'acharnent sur eux ; d'autres touchés à mort, laissent échapper une fumée noire[61]. »

Ce combat est effectivement pour de nombreux militaires et particulièrement pour les plus jeunes l'occasion de découvrir l'intensité du feu, ils sont souvent inconscients du danger le premier jour, et agissent comme s'ils avaient été au spectacle[62]. L'attaque vue au ras du sol par des servants de pièce antichars est bien différente[63]. Dans une reconstitution enlevée, rédigée à partir de ses carnets au début des années 1980, Roger Malfettes rend compte du « spectacle » et de la perception du danger dans ses mémoires, et on voudrait pouvoir comparer avec le journal de guerre :

> « Le spectacle n'est pas ordinaire. Le rideau d'obus dressé par les Bigors devant les assaillants les fait hésiter. Les chars vont dans toutes les directions : reculent, avancent, font face à gauche, à droite ; disparaissent dans les nuages de poussières soulevés par l'éclatement des explosifs et les geysers de sable provoqués par l'explosion des mines et la fumée noire qui salit le ciel des véhicules, des chenillés qui brûlent. Des véhicules qui s'enflamment s'éparpille à toutes jambes le personnel qui n'a que cette échappatoire. Tout en continuant leur ballet hésitation, les assaillants n'en maintiennent pas moins leur direction qui semble avoir le « fort » pour objectif. Leurs artilleurs expédient des obus de plus en plus gros : c'est tout au moins l'impression née de la « pétoche » qui nous tient… »

61. Capitaine André Gravier, « Le carnet de route d'un sapeur de Bir Hakeim », *Journal Combat d'Alger*, n° 56, 1er mai 1943. Pierre Iéhlé a dit : « c'était extrêmement intéressant de voir ces petites bêtes noires un petit peu comme nos vieux chars Renault de la guerre de 1914-1918, qui avançaient en se dandinant et qui arrivaient sur nos fils de fer barbelés et commençaient à entrer dans le champ de mines. Il n'y en avait qu'un sur deux qui sautait… », dans Daniel Rondeau, Roger Stéphane, *Des Hommes libres*, Paris, Grasset, 1997, p. 251.
62. Entretien avec Gérard Théodore 20 juin 2007, entretien avec Hubert Germain, 7 mai 2009.
63. On notera que les témoins du BIM cités sont à peu près au même endroit. Rappelons que les soldats du BIM n'ont récupéré leurs emplacements que le 27 mai au soir.

Observant un groupe de cinq chars, il note en outre :

« Le troisième char de la rangée en partant du nord, hisse un fanion triangulaire, rouge, il s'aventure sur quelques mètres. Il donne l'impression de cafouiller ; il explore le terrain ; il renifle avec son canon qui monte, descend, va à gauche, scrute plus longuement à droite. Il cherche, sans trouver. Il progresse encore de huit, dix, quinze mètres... n'écrase, n'effondre aucun abri ; c'est étonnant... puis brusquement pivote, plein nord, droit sur la première pièce sans donner l'impression de l'avoir repéré. "S'il s'arrête c'est qu'il les a vus..." Le char "explorateur" semble ne pas avoir situé sa proie car il aurait déjà tiré. S'il hésite c'est, j'y pense soudainement, que la guitoune de Joseph masque complètement le canon. Eureka ! C'est là l'explication...
S'il ne voit, lui ne manque pas de l'être. Au moment où il pivotait, j'ai vu gros Bill faire manœuvrer la bêche par Ben Aïck ; du fignolage. On distingue la bouche du canon qui, au ras du sol, glisse lentement, latéralement, s'élève de quelques millimètres. Aucun doute, la lunette de visée ne doit même pas distinguer les contours du blindé... la gueule du 75 disparaît dans la poussière. Le char frappé en pleine étrave a comme un hoquet un soubresaut qui le fait reculer. Il est knock-out debout. La voltige d'un servant par la trappe d'accès à la tourelle atteste que le compte y est même si l'engin semble intact[64]... »

Jacques Bardet, tout près de Malfettes, son chef de section, dans des passages rédigés le soir ou le lendemain donne une synthèse plus sobre, allant à l'essentiel, sans reconstitution des sentiments ressentis. Il est un des acteurs remarqués de ce combat :

« 9 h 30. Nous sommes fin prêts, tous les obus sont amorcés ! Inlassablement, les mêmes bruits viennent de la face est / sud-est. Plusieurs panaches de fumée s'élèvent, peut-être des chars qui brûlent ; quelques avions sont passés au loin.
11 h 30. La première vague d'attaque est arrêtée : notre dispositif a été attaqué par trente-deux chars M73. Devant nous, de 600 à 1 200 mètres, gisent huit chars frappés à mort ; tous les équipages sont prisonniers ou tués. Leurs tireurs de chars ont fait un bon tir : les rafales de mitrailleuses arrivaient à quatre mètres de nous et nous fûmes encadrés par les obus de 47 des chars. Pas très impressionnant ! J'ai probablement touché un char ; nous attendons la suite avec impatience[65]. »

Les tankistes italiens, pourtant expérimentés, ont été surpris par l'intensité « effrayante » du feu, par la « scène terrifiante » de combat dans la poussière et le bruit[66].

64. Roger Malfettes, *Trente calots bleus*, *op. cit.*, extraits des pages 251, 252, 253,254 (vol. 1)
65. J. Bardet, *op. cit.*, p. 104.
66. Expressions utilisées par le lieutenant Bianchi dans Francesco Viglione, *op. cit.*, p. 646.

Des autres héros français de cet épisode nous n'avons pas de commentaires directs, notamment de la part de légionnaires du rang. Des chars ont percé au niveau du point d'appui de la compagnie Morel. Seuls des officiers et des mémorialistes et historiens ont signalé l'action de légionnaires attaquant très audacieusement les chars avec des « Cocktails Molotov » ou des « Sticks Bombs ». Le capitaine Simon et un aspirant resté anonyme de la Légion, les ont vus [67]. D'autres officiers de Légion comme Brunet de Sairigné et H. Germain n'en disent mot, au moins pour leur secteur[68]. Koenig signale que les cinq tanks qui avaient pénétré sur le point d'appui de la 5e compagnie du 2e BLE (la compagnie Morel) ont été attaqués « à la grenade et au pistolet[69]. » Les légionnaires attaquaient les membres des équipages de chars qui essayaient de s'échapper[70].

Les nécessités de la bataille, ailleurs, les pertes italiennes de ce début de bataille (rappelons-les : 32 chars[71]), la découverte de la profondeur des champs de mines justifient – et justifieront dans les *carnets* du général Rommel – le peu d'empressement de l'Afrika Korps à utiliser des blindés contre la position. Les témoins les verront surtout de loin, en soutien de l'infanterie italienne ou allemande[72] sauf à la fin de la bataille et en petit nombre. La guerre des nerfs qui s'engage, relève des traditions renouvelées de la guerre de siège et du combat de tranchées : les blindés allemands circulent assez près pour obliger les Français à dévoiler pièces antichars, mitrailleuses et plan de feu[73]. Le commandant Amiel a donné une description saisissante de ce face-à-face :

> « La discipline de tir est en effet très stricte au BM 2 et, comme dans les autres quartiers, le feu n'est ouvert qu'à la dernière extrémité, tout particulièrement les antichars restent muets : il ne s'agit pas de dévoiler le plan de feu aux Allemands, ces observateurs de premier ordre.
> L'ennemi s'avance. À la jumelle, on a l'impression qu'il doit être tout près : ce n'est que trop vrai, l'un des chefs d'AM fait des signes à Ramin. Amiel aime

67. Pour J. Simon. voir D. Rondeau, R. Stéphane, *op. cit.*, p. 251, pour l'aspirant sans nom voir Georges Blond, *La Légion étrangère*, Paris, Stock, 1964, p. 294. Est-il utile de rappeler le passé collaborateur de G. Blond, journaliste à *Je suis partout* jusqu'en 1943, frappé d'indignité nationale jusqu'en 1953 ?

68. Ils appartiennent au même bataillon que le capitaine Morel, *Carnets du Lieutenant-Colonel Brunet de Sairigné*, *op. cit.*, p. 114 pour l'attaque italienne. Hubert Germain, entretien du 29 juin 2008. A.P. Comor, s'appuyant sur le J.M.O. de la 13+ D.B.L.E., mentionne l'attaque du sergent Eckstein à la « Stick Bomb ». Le même auteur attribue à ce sergent la destruction de cinq chars, l'immobilisation de quatre autres, enfin l'attaque à la « Stick Bomb » de deux tanks, *op. cit.*, p. 190-191. Hubert Germain a dit plusieurs fois qu'il fut « engueulé » par Brunet de Sairigné pour avoir « tiré (au canon) trop tôt » (entretien du 29 juin 2008).

69. Koenig, *op. cit.*, p. 223.

70. C'est en lisant les témoignages italiens que l'on comprend qu'elles ne visaient pas que les chars. Le lieutenant Bianchi, déjà blessé en sortant de son char, est à nouveau atteint par une grenade lancée par des légionnaires, voir F. Viglione, *op. cit.*, p. 647.

71. 31 chars M13/40 et 1 canon automoteur Semovente.

72. J. Bardet les signale dans le lointain « à plus de 1 000 mètres », *op. cit.*, p. 118, le 7 juin.

73. Des fantassins tentent d'obtenir le même résultat : « quand les mitrailleuses lourdes nous tirent dessus, on baisse la tête », *Ibidem*, p. 119.

bien son petit sergent, va-t-il le laisser prendre ou tuer sans réagir ? Et les tirailleurs, ces types bien ?
"Allô ! Mon petit Ramin, parfaits vos renseignements tenez-moi toujours au courant, ne vous en faites pas, je vois bien les salopards et veille au grain, ils n'arriveront pas jusqu'à vous. À bientôt mon vieux !"
Il est vrai que d'un mot le commandant peut déclencher un puissant matraquage de "l'entonnoir" ouest : les "Mamelles" grâce au Duc ! ne risquent pas grand-chose de nos canons. Quelques instants encore et la formation ennemie défile en lâchant des rafales sous lesquelles nous courbons la tête, mais qu'importe : elle s'éloigne, nous n'avons pas tiré ; "ils" ne savent pas encore où sont postées nos armes.
À maintes reprises, les jours suivants, de fausses attaques se déploieront encore ici et là. Guerre des nerfs, le bataillon la subit sans broncher. Ce bloc de volontés et de patience le sauvera[74]. »

L'ennemi prenait des risques calculés. Léon Tartivot a dit sa fierté d'avoir atteint un blindé ennemi « à plus de 1 000 mètres » avec une arme qu'il connaissait bien[75].

Le combat des fantassins de la brigade n'a pris une tournure nouvelle qu'à la fin de la bataille quand les chars du groupement Hecker (3 tanks ou 5 dont sans doute des Crusaders britanniques capturés[76]) puis du groupement Baade (5 Panzer IV et III[77]) ont attaqué le point d'appui nord-est. Ces chars pèsent respectivement 20 tonnes (Crusader), 20 tonnes (Pz III), 25 tonnes (PZ IV F) qu'on comparera aux 14 tonnes des M13/40 italiens qui ont attaqué la brigade le 27 mai. La combinaison déminage-attaque de blindés et d'infanterie précédée par d'intenses préparations d'artillerie et de bombardements aériens a mis les coloniaux de la 6e compagnie du BM2 (compagnie Tramon) et de la compagnie Messmer (9e compagnie, 3e BLE) a très rude épreuve. Les seules descriptions de combat disponibles aujourd'hui sont celles des commandants de compagnies. Le lieutenant Tramon rapporte la confrontation du 8 juin : « nous n'avons pas encore repéré d'autres troupes que ces énormes chars invulnérables qui louvoient en maîtres sous nos canons muets et mitraillent tout ce qu'ils veulent[78]. »

74. Commandant Amiel, *op. cit.*, p. 187-188, Amiel s'appuie sans doute sur le témoignage de Ramin dont le trou, appelé « trou du Duc » avait été réaménagé pour la visite du Duc de Gloucester dans le grand style des fortifications par des pionniers de la Légion, qui l'avaient recreusé, approfondi, et avaient incorporé des escaliers. (Amiel, *op. cit.*, p. 132).

75. L'arme est un fusil antichar Boys, entretien du 1er juin 2008, l'expression utilisée est : « J'ai fait mouche à plus de 1 000 mètres. »

76. G. Bradford, *Rommel's Afrika Korps: El Agheila to El Alamein*, London, Stackpole Books, 2008, p. 81 dit que le type de char utilisé « n'est pas des plus clairement identifié », mais que le Crusader était le choix le plus logique pour une unité qui à l'origine devait opérer en force de débarquement derrière les lignes anglaises. On ne peut exclure qu'il s'agisse de Matilda II cependant.

77. S'il s'agit bien de ces chars allemands, car il est possible que ce soient ceux du groupe Hecker.

78. Commandant Amiel, *op. cit.*, p. 194.

Deux jours plus tard, les Panzer IV et l'artillerie de la 21e Panzer détruisent méthodiquement la défense de la position tenue par Messmer qui a remplacé la compagnie Tramon. Mémorialiste précis et chef compétent, Messmer rapporte dans ses mémoires les quelques minutes stressantes où les antichars français sont détruits : il reprend son rapport rédigé après la bataille[79]. Selon le rapport, une patrouille avait identifié le calibre de leurs canons et « trois gros chars » la veille de l'attaque, dans la nuit du 9 au 10 juin.

Les Français ne disposaient pas de ces moyens, mais l'ennemi aussi a souffert de l'action des quelques blindés légers français regroupés en deux sections. À trois reprises, les Bren Carrriers des lieutenants Conus et Devé ont repoussé les assauts. Le 8 juin,

> « Quelle démonstration ! Une demi-douzaine de ces chenillettes puissamment armées progressent en ordre largement dispersé ; les unes s'arrêtent, choisissent soigneusement leurs cibles : ici un blindé léger de soutien, là un canon, une arme lourde. Chaque coup fait mouche, l'attaque hésite, s'éteint. Cette fois encore la position est sauvée[80]. Le 10 juin, Devé "salue, ce qui m'étonne car ce vieux guerrier est peu porté sur les signes extérieurs de respect. Mais c'est un signal dont il est convenu avec ses chefs de chars qui ouvrent aussitôt le feu surtout ce qui bouge avec leurs cinq fusils-mitrailleurs et leurs deux canons de 25"[81]. »

4. F comme fantassins

La brigade a mené et subi un combat hybride, ancré dans les traditions nées de la Grande Guerre mais tributaire des nouvelles façons de faire la guerre. Les témoins du premier rang, ceux des tranchées, boyaux et trous de la première ligne sont peu nombreux. En outre, l'intensité des combats a été très variable sur les différentes faces de la défense de Bir Hakeim : les combattants du nord-est ont été moins attaqués que les autres et moins souvent.

À partir du début du mois de juin, l'investissement réalisé par l'Afrika Korps et d'abord réalisé par la division Trieste est lent, mais méthodique. C'est une guerre de siège classique avec resserrement progressif et tentative de démolition systématique des moyens de la brigade. Les bombardements d'artillerie et même d'aviation ont concerné le pourtour et l'intérieur de Bir Hakeim. Surtout, les adversaires ont amené très près les armes suffisantes pour faire pencher la balance du côté de l'Axe. Comme l'a écrit le caporal Bardet le 8 juin :

79. Pierre Messmer, *Après tant de batailles, op. cit.*, p. 101-102. Le manuscrit du rapport Messmer se trouve dans les archives de l'Ordre de la Libération, dans une des copies du J.M.O. de la brigade avec un croquis de la position.
80. Commandant Amiel, *op. cit.*, p. 199.
81. Pierre Messmer, *Après tant de batailles, op. cit.*, p. 103.

« Ils mettent à bout de bras un canon de 50 PAK en position sur la piste nord très courageux les types qui font ça ! Et c'est bien dangereux pour nous ! Une batterie essaie de les atteindre mais les grosses pièces allemandes font contre-batterie. Toutes les pièces adverses ont été rapprochées, leurs tireurs tirent avec plus de précision[82]. »

Le capitaine Brunet de Sairigné note plus sobrement le lendemain : « La révélation du jour est l'efficacité des armes de moyen calibre que l'ennemi approche lentement, mais sûrement[83]. » Avant d'arriver à ce résultat – et nous sommes à la fin de la bataille – l'ennemi a utilisé plusieurs moyens, visibles dans les témoignages : bombardement de zone, puis tir plus précis de contre-batterie contre l'artillerie française au moyen d'obus fusants[84], tirs directs sur des emplacements bien repérés donc en tirant à vue[85]. Enfin, les snipers camouflés ont fait leur apparition : il y fallait quelque détermination dans le sable du désert par au minimum 35° à l'ombre. P. Heitzmann, témoignant ici pour d'autres, l'a écrit dans ses carnets à la date du 7 juin : « il y a un fritz qui nous lâche ses trois balles dès qu'il nous voit », et P. Heitzmann a précisé en 2008 : « J'ai fait le mort pendant ¼ d'heure puis un bond, il n'a pas pu me ravoir[86]. » Tout courrier ou agent de liaison est menacé quand les tireurs ennemis sont assez prêts :

« Je bondis d'un trou à l'autre, m'écorchant coudes et genoux, repéré par une mitrailleuse de la première ligne allemande qui me prend en ligne de mire. Les cailloux volent en éclats sur le bord du trou dans lequel je reste blotti un bon moment. J'attends le passage de plusieurs rafales et, dans la fraction de la seconde suivante, celle qui m'a paru la plus longue, j'effectue un long bond. Mon refuge est moins profond mais c'était le plus proche. Aussitôt une mitraille qui me glace le sang se déclenche. À en juger aux impacts, deux armes automatiques me visent cette fois. Je n'ose plus faire un mouvement malgré ma position très inconfortable. De plus, j'ai récupéré, dans l'œil droit, de la poussière de la dernière rafale qui me fait pleurer et me provoque une douleur presque intolérable. Les camarades des postes avancés que j'ai quittés quelques instants plus tôt ont compris mes difficultés car ils déclenchent un feu d'enfer sur les positions allemandes. Mon salut était de profiter de cette couverture[87]. »

82. J. Bardet, *op. cit.*, p. 123. Le canon de 50 PAK est un canon antichar en dotation normale dans l'infanterie allemande.
83. *Carnets du Lieutenant-Colonel Brunet de Sairigné*, *op. cit.*, p. 119.
84. À l'origine de la grave blessure de Gérard Théodore le 8 juin.
85. Par exemple sur le P. C du lieutenant-colonel Broche, tué par un coup direct de canon de 50 mm dans l'embrasure de son P.C.
86. Carnets de Pierre Heitzmann, archives privées Heitzmann 7 juin 1942, et entretien du 5 mars 2008.
87. Témoignage de Lucien Bourderioux, Fondation de la France Libre.

Les attaques italiennes et allemandes stoppées les premiers jours à 1 000 mètres se sont de plus en plus rapprochées. Robert Hervé, du bataillon du Pacifique en fait une synthèse :

« La position du bataillon du Pacifique est spécialement visée à cause de sa chicane. C'est sur nous que se sont acharnées les attaques des 5, 6, 7, 8 et 9 juin, sans succès. Ils ont avancé jusqu'à une portée de grenade à main. Les bombardements intenses de l'aviation couvraient la position d'un rideau de poussière. On n'y voyait rien. Nous tirions au jugé avec la crainte de voir surgir des chars. Nous avions des bouteilles d'essence prêtes avec des allumettes. Une section du bataillon d'infanterie de marine conduite par l'adjudant Delsol est venue nous prêter main forte[88]. »

Aveugler l'ennemi, tactique de base de toutes les infanteries du monde depuis des décennies et utilisée à Bir Hakeim comme le rappelle R. Michel-Villaz :

« Les Allemands nous envoient des obus fumigènes, une fumée immense, on ne voit plus rien. Heureusement une brise fait disperser la fumée [...], nous apercevons les troupes allemandes aux abords de la position. Quelques hommes ont déjà franchi les barbelés. Comme nous ne sommes pas encore tous morts, nous les mitraillons. Ils se replient, trois quarts d'entre eux sont restés sur le terrain[89]. »

Le dernier jour, face au BM2 et au bataillon du Pacifique, l'assaillant est installé à 100 mètres. Au niveau du point d'appui tenu par Messmer, il s'est incrusté à quelques dizaines de mètres. La densité considérable du feu d'infanterie des Français, l'appui de l'artillerie et une débauche de munitions permettent de repousser les assauts :

« Les autres en face nous tiraient dessus, je tirais aussi avec ma mitrailleuse Hotchkiss. Je ne m'arrêtais plus de tirer afin de vaincre ma peur jusqu'à deux cent cinquante cartouches par bande[90]. »

La défense active des Français a surpris l'ennemi même si, comme Rommel, il ne reconnaît absolument pas le fait. Les sorties du début du siège, l'ont considérablement gêné même quand elles furent confuses comme l'explique G. de Sairigné le 31 mai :

« Une colonne mobile, aux ordres du colonel Amilakvari, sort pour attaquer un atelier de réparation de chars signalé dans la région. Nous partons avec 4 canons. Après avoir brûlé trois chars allemands en panne, nous tombons, vers

88. Dans Shigetomi, *op. cit.*, p. 50.
89. Dans Shigetomi, *Ibidem*, p. 52.
90. J.-R. Bambridge, dans Shigetomi, *ibid.*, p. 50.

midi, dans une pagaïe de détachements de toutes armes et de toutes nationalités. Impossible de se reconnaître, à cause du mirage. Je tire sur les Boches, puis sur les Anglais qui les cernent et doit, enfin, prendre la fuite sous le feu des Two pounders du détachement chargé de me couvrir à gauche. Nous rentrons heureusement à la nuit[91]. »

Un témoin italien résume en peu de mots une épreuve difficile pour l'attaquant. Le sergent Nino Tocci et ses camarades reçoivent d'un officier allemand l'ordre d'attaquer immédiatement après une attaque aérienne. Tocci note « l'action violente » des Stukas la « réaction terrible » de l'artillerie française et le tir « très précis » des armes automatiques françaises qui oblige les fantassins italiens à rester immobiles et mal protégés dans les trous peu profonds creusés pendant la nuit[92]. Dans ces conditions, des contre-attaques limitées ont permis de faire des prisonniers. L'infanterie française résiste énergiquement comme l'indique le caporal Bardet décrivant avec un peu d'ironie l'échec d'une attaque allemande le 7 juin. Elle est surprise par le tir vraiment précis des mitrailleuses et par la contre-attaque qui permet de faire 21 prisonniers : « Je ne sais si nous avons affaire à des prétentieux, ou à des fous… ça été vite réglé ! l'infanterie allemande derrière ses chars la surprise fut totale, un vrai massacre[93]. »

En outre, les patrouilles de nuit de l'infanterie ont duré tout le siège[94]. Koenig craignait d'autant plus les infiltrations ennemies que le réseau de barbelés était pratiquement inexistant surtout en dehors des points d'appui. Il a donc ordonné d'étendre les patrouilles nocturnes à tout le périmètre à partir du 5 juin.

Il y eut au moins deux charges d'infanterie dans le secteur du BM2 menées par des tirailleurs du BM2 et des tirailleurs Nord-Africains. Une section de la 22e C.N.A. perd son chef et plusieurs soldats en repoussant l'ennemi en attaquant dans un « élan admirable » à découvert le 8 juin. Au soir du 10 juin, alors que la compagnie Messmer est en difficulté, le lieutenant Tramon et ses tirailleurs noirs de la 6e compagnie contre-attaquent dans la tradition de la Grande Guerre et de la Coloniale, selon le témoignage de Tramon reproduit par le commandant Amiel. Il tient en quatre longues pages dont le style et le contenu sont susceptibles de surprendre :

« Nous savons depuis hier qu'il nous faut être prêt pour toute contre-attaque, les tenues sont allégées, les ceintures garnies de grenades et les coupe-coupe affilés… Nous préparons nos âmes à l'inévitable et ultime combat à l'arme

91. G. Brunet de Sairigné, *op. cit.*, p. 117.

92. Giulio Bedeschi, *Fronte d'Africa, v'ero anch'io*, Mursia, Milano, s.d., reproduisant le témoignage du sergent-major Nino Tocci, du 2e rgt d'infanterie italien, p. 67.

93. J. Bardet, *op. cit.*, p. 118.

94. P. Heitzmann parle d'une patrouille qui dure toute la nuit du 6 au 7 juin dans ses carnets, (archives privées P. Heitzmann). André Salvat en a conduit plusieurs avec « ses » Tahitiens qui savaient « jouer de la mitraillette », entretien du 23 mars 2009.

blanche. Et pour être prêts, ils se sont assoupis la tête tournée vers l'homme quart, la crainte au ventre d'être blessé dans le sommeil et celle au cœur, terrible, d'être surpris par l'ennemi ou de manquer l'heure du sacrifice...
D'elle-même, la 6e compagnie s'est mise en marche et se déploie. Les têtes sont hautes et les regards ne sont plus à personne. Très écartés les uns des autres nous avançons. Pas de colonnes, pas de groupes, mais une formation très large d'hommes volontairement isolés afin de mieux monter d'eux-mêmes et devant Dieu, à ce mortel combat qui ne peut être que le prélude au grand sacrifice de Bir Hacheim tombant à la baïonnette, à corps perdu, jusqu'au dernier.
De ses observatoires, l'ennemi suit notre progression. Il sait qu'il nous faut marquer un arrêt aux derniers 100 mètres pour nous ramasser sur nous-mêmes, tendre encore si possible nos volontés et, tous à la fois, bondir. Il a décidé de nous empêcher d'arriver là.
Au ras du sol, les explosions soulèvent des nuages de sable fin qui s'épanouissent instantanément en grandes couronnes légères, larges anneaux qui flottent, ondulent et que d'autres violentes couronnes soufflent et remplacent. Ce magnifique jardin de fleurs blanches et mortelles est bien pour nous. Le tir est excellent. La moitié des projectiles éclatent dans nos jambes et l'autre moitié très exactement au-dessus de nos têtes. Nous ne pouvons mourir comme cela et décidons d'allonger le pas pour atteindre le champ de mines.
Arrivés, très vulnérablement allongés, à la lisière de notre sous-quartier, nous ne le reconnaissons plus. Deux jours de combat ont fini de balayer le sable et l'ont partout remplacé par une poussière blanche de cailloux brisés. Sans emplacements de combat, sans eau, au soir de ce seizième jour, nous attendons le dernier signal qui va nous sortir du tir d'arrêt et nous lancer sur l'ennemi, lorsque, suffocant, nous tombe l'ordre : "Stoppez votre contre-attaque !" Combien de temps demeurons nous là, stupéfaits, tout élan coupé[95] ? »

L'assaut est décrit dans un style héroïque mais l'essentiel s'y trouve : l'armement, la préparation, la progression en silence jusqu'au dernier 100 mètres, l'arrêt sous le feu ennemi... La compagnie est définitivement stoppée par un contrordre. En quelques pages sont rappelées les gestes devenus traditionnels de l'infanterie depuis 1914 : corps couchés mesures de sauvegarde personnelle, éparpillement en tirailleurs, corps redressés, course, action collective où l'on peut deviner le contrôle exercé par les sous-officiers, qui tiennent leur groupe de combat en main, ce qui sous le feu n'est pas un mince exploit. Il reste cependant que nous ne pouvons juger du degré de reconstruction par le témoin d'impressions personnelles étendues à l'ensemble des soldats. La comparaison de ce texte avec la description d'un assaut allemand sur Bir Hakeim est instructive. Les soldats du colonel Baade prennent un blockhaus imaginaire[96]. L'attaque du

95. Commandant Amiel, *op. cit.*, p. 208-209.
96. « Une explosion du tonnerre fit trembler le blockhaus dans ses fondements. Instantanément son armement fut projeté à l'extérieur. Le blockhaus fut comme arraché, sables et blocs de rochers furent

colonel est une mise en scène des vertus du héros allemand, « en tête de ses soldats », un écho de la propagande de guerre nazie en 1966 :

> « Le Colonel Baade en accord avec le Colonel Hecker, manœuvra un à un les groupes d'assaut. Un à un également des emplacements de combat furent enlevés. Par des attaques de flanc et par surprise, les deux bataillons du Colonel Baade progressèrent ainsi jusqu'à la ceinture externe du point fortifié. Les groupes les plus avancés avaient déjà des vues sur le fort en ruines de Bir Hacheim, détruit par les Stukas[97]. »

Bir Hakeim n'est pas que bruit et fureur pour les fantassins. Dans les secteurs les moins exposés et les moins intenses de la bataille, dans les secondes lignes on se désolera comme Jacques Bardet : « Le 10 juin, au plus fort de la bataille : ici c'est calme[98]. » Et Pierre Heitzmann regrettera : « Je ne peux pas dire que j'ai tiré[99]. »

Les expériences sont donc diverses et contrastées, celles de fantassins qui rejouent en partie les combats de 1916, alors que d'autres attendent l'ennemi. Y eut-il des défaillances ? Dans les affrontements menés par l'infanterie aucun problème individuel n'a été signalé par les témoins. Mais le 10 juin deux sections sont mises hors de combat, la première, la section Morvan appartient à la compagnie Messmer. Une partie se rend et le reste est fait prisonnier sous la menace conjuguée des tanks, des armes lourdes et de l'assaut d'infanterie. La seconde est une section (la 4e selon le J.M.O. de la brigade) de la 22e C.N.A., placée en soutien de la section Morvan et dont nous faisons l'hypothèse qu'elle a perdu son chef dans le bombardement qui a précédé l'attaque[100]. Laissons la parole à P. Messmer :

> « Les Allemands bondissent et "coiffent" la section Morvan ; une vingtaine d'hommes sortent de leurs emplacements de combat, bras en l'air. C'est une fin logique mais j'en suis stupéfait : depuis 1940, l'idée qu'on puisse se rendre ne m'avait pas effleuré l'esprit. Presqu'en même temps, la section nord-africaine, placée en retrait de la section Morvan, est prise de panique ; les hommes s'enfuient, sans leurs armes, en débandade vers l'arrière.
> Stupéfaction passée, j'enrage d'humiliation. Je vide mon pistolet sur les fuyards qui passent à cent mètres de moi… il en faudrait plus pour les arrêter[101]. »

projetés en cascade », dans Karl Kollatz, « Der Sturm auf Bir Hacheim », *Der Landser Ritterkreutzträger*, n° 217, 1966, p. 25.

97. *Ibidem*, p. 26. La description de l'organisation de la position française est fantaisiste.

98. J. Bardet, *op. cit.*, p. 125.

99. P. Heitzmann, entretien du 4 novembre 2007.

100. Il s'agit probablement de l'adjudant-chef Pérenon.

101. P. Messmer, *Après tant de batailles…*, *op. cit.*, p. 102.

Distorsion de la mémoire. Messmer avait rédigé une autre version - qui a notre préférence - dans son rapport de 1942, où il décrit l'affaire en deux temps : d'abord une douzaine d'hommes qui se rendent, puis, plus tard l'aspirant Morvan et cinq ou six hommes sont faits prisonniers. Et il donnait la vraie raison de la reddition : « Six hommes dont le chef de section continuent le combat mais resteront désormais neutralisés par un ennemi qui tire à moins de 100 mètres. » Selon Roger Nordmann : « Soixante ans après, Messmer lui en voulait encore (à Morvan), moi j'aurais peut-être fait pareil[102]. »

5. D comme défense tous azimuts

La construction du dispositif de défense articulait plans de feux d'infanterie, tirs d'artillerie et zones minées. Les sapeurs du génie sous les ordres du capitaine Gravier ont eu leur bataille dans la bataille. Elle est peu documentée en dehors des récits du capitaine Gravier auxquels nous sommes heureux d'avoir pu ajouter un entretien avec le sergent Bernard Lucas qui a insisté sur deux aspects : le reminage et la pose de pièges toutes les nuits, la « très grande fatigue » des soldats et gradés à la fin des combats. Car il était impossible de dormir pendant la journée. Les sapeurs comptent parmi les soldats les plus stressés de toute la bataille[103]. Les Français plus que les sapeurs allemands qui tentaient de défaire méthodiquement les parties des champs de mines qui laisseraient passer les blindés. Ils avaient plus de moyens et d'hommes. Un récit allemand intéressant, dont nous ne connaissons pas l'origine (ni la date de rédaction) a été traduit en Français en 1989, il était connu de quelques vétérans de la brigade, dont Gravier. Il décrit l'action des sapeurs du 900e bataillon du génie pour prendre le point d'appui nord-est. Le chef des pionniers est effaré par la densité d'engins explosifs (« un tous les deux mètres carrés ») et les pièges montés par les sapeurs français. Mais, selon l'auteur, l'efficacité allemande prévaut finalement :

> « Habitués à l'organisation allemande et même britannique, nous sommes complètement désorientés par des engins de mort semés au petit bonheur par des “bricoleurs” redoutables. Pourtant nous parviendrons à ouvrir plusieurs couloirs à peu près sûrs[104]. »

Un autre document datant de 1942 signale qu'avant le 8 juin, les sapeurs allemands n'utilisent pas à Bir Hakeim de détecteurs de mines mais leurs baïonnettes, et qu'ils ont tenté une attaque de nuit avec des camions dont le plancher était protégé par des sacs de sable pour pénétrer dans une des extrémités du

102. P. Messmer, Rapport pour la reconstitution du J.M.O. de la brigade, AOL, carton Bir Hakeim et Roger Nordmann, entretien du 19 juin 2007.
103. « Nous étions très usés sur le plan nerveux », entretien avec Bernard Lucas, le 4 juin 2009, et André Gravier, *La vérité sur Bir Hakeim*, à compte-d'auteur, 1989, p. 57.
104. Johann Durer, « Le Génie de l'Afrika Corps », *Hommes de guerre*, n° 21, novembre 1989.

champ de mines. Ils ont ensuite attaqué comme des fantassins. L'attaque de nuit ne figure pas dans les sources françaises[105]. Et les méthodes de déminage allemandes auraient rapidement évolué. Selon le commandant Amiel :

> « Les démineurs avancent sur trois lignes plus ou moins régulières, la première uniquement composée d'hommes munis d'excellents appareils de détection. La deuxième suit à peu de distance, ramasse les mines détectées, les dispose en tas selon des lignes parallèles à la marche. Enfin, la troisième reste en soutien avec ses fusils-mitrailleurs.
> Pendant une demi-heure ou un peu plus, le déminage se poursuit dans l'obscurité ; des hommes s'interpellent à haute voix. Pourquoi se gêner ? Puis ils lancent des fusées éclairantes : l'une d'elles, une fusée parachute de 80 tirée d'un mortier illumine le terrain pendant plusieurs minutes. Tout le personnel se couche, observe, les armes prêtes à riposter aux attaques de nos patrouilles. Celles-ci ne s'en privent pas, mais nous n'avons ni fusées, ni projecteurs ; c'est un grignotage d'hommes et de munitions, impossible à poursuivre plus longtemps si l'on veut rester capable de repousser les grands assauts.
> Une seule solution : laisser faire, confiants dans l'intervention de notre plan de feu et des antichars au moment critique. Tout de même, quelle angoisse pour les hommes au contact[106]. »

Cette angoisse manque dans la longue liste de témoignages sur Bir Hakeim, car les hommes du rang et les tirailleurs d'Amiel en sont absents, mais le commandant du bataillon était bien placé pour rappeler les difficultés de ses soldats.

Les artilleurs ont eu aussi « leur » bataille. Ils ont toujours revendiqué avoir fait le maximum. De l'avis de leurs camarades de la brigade : ils ont fait davantage encore. Et ils n'ont pas été surpris par l'épreuve malgré l'inexpérience du plus grand nombre. Témoignant pour tous ses camarades artilleurs, reconnaissant envers ses chefs, le capitaine Bricogne et le lieutenant-colonel Laurent-Champrosay, Gérard Théodore a dit : « les tirs ressemblaient aux exercices[107]. »

P. Morlon en a décrit l'organisation de façon très précise :

> « Les batteries étaient dotées d'une sonorisation permettant au lieutenant de tir de se faire entendre par les chefs de section (et pratiquement par les équipes

105. Interrogatoire d'un sapeur allemand prisonnier par le renseignement britannique le 8 juin 1942. Il est évident que ce sapeur donne un minimum de renseignements. Arrivé depuis trois mois en Afrique et appartenant à une compagnie du Sonderverband 288, il reconnaît bien savoir employer/détecter les mines allemandes et anglaises. Il ne donne pas de renseignement très précis sur la manière dont l'Afrika Korps signale les champs de mines qu'il met en place et dit ne rien savoir des engins lourds type bulldozers employés par les Allemands. L'attaque qu'il signale a peut-être eu lieu le 6 juin. Voir TNA, WO 169/3942.
106. Commandant Amiel, *op. cit.*, p. 199-200.
107. Entretien avec Gérard Théodore, 23 novembre 2009. Et Jacques Pigneaux de la Roche se souvenait « j'ai préparé des tirs numérotés » (le 27 mai) , entretien du 23/07/2007.

des pièces). Il disposait d'un micro et d'un petit récepteur, liés par fil à trois haut-parleurs (un près de chaque chef de section). Ces derniers pouvaient, en parlant fort devant ces haut-parleurs se faire entendre du lieutenant.
Les éléments de tir étaient calculés pour la pièce guide "première pièce". Les corrections à apporter aux éléments de cette pièce, pour les cinq autres pièces compte tenu des positions très variées de ces dernières, étaient calculées par l'utilisation du "Sandsgraph", abaque à plans superposés, inventés par un artilleur britannique : sur un carton, le plan des positions des pièces, sur la feuille plastique pouvant tourner autour du point représentant la pièce guide, des graphes de correction en portée et en direction[108]. »

La violence de la riposte n'a pas surpris non plus les artilleurs, mais la quantité d'obus et la précision croissante de la contre-batterie les ont obligés à s'adapter et à prendre de plus en plus de risques. Selon F. De Barral :

« Depeser est le chef de l'une des pièces de ma batterie. En cours de tir, sa pièce s'enraye : une cartouche a fait long feu, l'obus est resté dans le tube. Est-il amorçé par le trop faible coup de départ, ou non? On ne peut le savoir. Ce cas est prévu avec précision : le chef de pièce doit faire reculer tout son monde et attendre cinq minutes. Passé ce délai, si l'obus n'a pas explosé dans le tube, c'est qu'il n'a pas été amorcé : on peut l'extraire avec précaution, sans trop de danger. Mais le tir fait rage. Depeser estime que sa pièce doit continuer à tirer. Il pense aussi, sûrement, que si l'obus éclate, il fera sauter le tube, et qu'une pièce de moins quand déjà il n'y en a pas assez, cela compte. Peut-être pourra-t-il extraire l'obus avant qu'il n'éclate? il fait rapidement écarter ses hommes et calmement, sachant ce qu'il risque, essaie seul d'extraire l'obus qui était amorcé : il éclate. Depeser, j'espère que tu es mort sur le coup, sans souffrir. Tu étais un bon copain[109]. »

Pierre Heitzmann a raconté de façon imagée la prise de risque : « les artilleurs sortaient de leurs trous, tiraient quinze coups puis se débinaient aussi sec[110]. »

Les tirs à vue directe de l'ennemi ont éprouvé les artilleurs. Obéissant à un ordre de tir, Jacques Roumeguère n'a pu obtenir le délai très court qu'il demandait pour se protéger et a été grièvement blessé. J. Pignaux de la Roche (1er R.A.) – le commentaire dit bien la surprise des artilleurs – a entendu le lieutenant-colonel Broche dire : « Vous êtes impayables vous les artilleurs, quand l'ennemi est à 400 mètres c'est du corps à corps pour vous[111]. » Du point de vue de l'étude du

108. P. Morlon, *op. cit.*, p. 88.
109. F. de Barral, *Revue de la France Libre*, n° 200, avril 1973, p. 34.
110. Entretien avec P. Heitzmann, 4 mars 2008.
111. Entretien du 30 juillet 2007 avec Jacques Pigneaux de la Roche. Pierre Iehlé a dit aussi les difficultés des fusiliers marins sous le feu : « Pour la troisième pièce, c'était plus grave, ils ne pouvaient même plus lever la tête par-dessus les murettes, ils étaient pris sous le feu des armes automatiques d'en face. Cette pièce-là, je me rappelle qu'un soir, à la nuit tombée, j'ai dû l'évacuer en arrière dans des conditions assez difficiles », dans Daniel Rondeau, Roger Stéphane, *op. cit.*, p. 256.

comportement des hommes en guerre le fantassin Broche et les artilleurs ont, chacun de leur côté, raison. Même si le commandement avait prévu d'utiliser les canons de 75 de l'artillerie en antichars, et si quelques-uns de ces canons furent effectivement sortis de leurs alvéoles à la fin de la bataille, ce devait être l'exception, le dernier recours, et non la règle. L'épreuve de la bataille fut donc extraordinaire pour les officiers et les hommes du 1er R.A. Roger Nordmann a souligné qu'à la fin de la bataille il marchait littéralement sur un tapis d'éclats d'obus.

Il ne faudrait pas oublier l'abnégation remarquable des soldats des transmissions qui ont réparé les fils téléphoniques sous le feu et les risques pris par les courriers quand il ne restait plus d'autre option. Ces missions de sacrifice ont été remplies avec de nombreuses pertes. La mieux connue est racontée par le lieutenant Tramon qui a envoyé six coureurs pour savoir ce qui se passait à l'observatoire placé à proximité du point d'appui nord-ouest le 8 juin :

> « J'aperçois sur la ligne droite mortelle qui file vers l'observatoire, un homme seul qui court à corps perdu sur le terre-plein vers mon poste. L'ennemi lui tire dessus au canon et à vue directe. Cet homme est-il blessé ? Est-il devenu fou ? Il bondit, se couche, court, s'allonge violemment sur le sol, repart. A-t-il perdu la tête ? Vient-il de l'observatoire ? des antichars du Lieutenant Bayrou ? Enfin je reconnais Ziegel.
>
> Ce que personne n'a voulu raisonnablement faire, lui, il le tente. Cinq coureurs de liaison n'ont pas pu passer ? Alors, à la vie ou à la mort, il choisit le plus court chemin, la ligne droite, la plus battue, aux yeux même de l'ennemi. Et, cible vivante, il bondit, se plaque au sol, repart, suivit de très près par les explosions qui, chaque fois aussi, le précèdent où sont au-dessus de sa tête[112]. »

Les réactions des courriers qui devaient sortir des trous pour porter des ordres ou demander des informations ne montrent pas de défaillances dans les sources utilisées. Mais l'aspirant J.-M. Boris aura des cauchemars récurrents pendant des dizaines d'années pour avoir, arme à la main, forcé un sous-officier de sa batterie à transmettre l'ordre d'évacuation du 10 juin sous un bombardement d'envergure[113].

C. Contrôle des troupes

Les vétérans, pour faire comprendre les particularités de la position, l'ont souvent comparé à l'aéroport d'Orly défendu par 3 600 hommes. Bernard Saint-Hillier a donné une image plus originale : « Bir Hakeim, c'était la place de Concorde et les champs de mines étaient représentés par les cavaliers de Marly[114]. » Comment dans ces conditions d'éparpillement et d'isolement

112. Commandant Amiel, *op. cit.*, p. 195.
113. J.-M. Boris, *op. cit.*, p. 112. Le sous-officier, fait prisonnier, a disparu dans le naufrage du *Nino-Bixio*.
114. Bernard Saint-Hillier dans Daniel Rondeau, Roger Stéphane, *op. cit.*, p. 247.

maintenir dans la bataille, le contrôle des troupes ? Un aspirant de Légion non identifié a prétendu :

> « Chaque groupe a ignoré ce qui se passait à seulement cent mètres de lui. Une section a ignoré jusqu'à la sortie que son lieutenant était blessé, à l'ambulance[115]. »

Aucun vétéran n'a confirmé cet état d'isolement absolu et le dernier officier de Légion encore vivant, Hubert Germain, l'a réfuté absolument[116]. Car les officiers craignaient beaucoup les effets négatifs de l'isolement. Il fallait être vu. Lors d'une visite des batteries en compagnie du capitaine Bricogne « explose une salve d'obus. Je me couche et j'entends la voix ironique du capitaine : j'espère que vous ne vous êtes pas fait mal en tombant, monsieur l'aspirant[117]. » La valeur d'exemple au combat, la nécessité de dominer la peur et d'éviter sa propagation sont des devoirs ici rappelés par Bricogne malgré le danger évident. La maîtrise de soi justifie l'obéissance, ce qui est une vieille leçon chez les officiers, qui restent pénétrés de « l'éthos du corps debout » comme l'appelle S. Audoin-Rouzeau. Si l'officier en charge n'était pas présent, les situations étaient plus contrastées. Pierre Iehlé en a fait l'expérience. Il faisait systématiquement le tour de « ses » fusiliers marins chaque jour. En arrivant sur l'emplacement d'une des pièces anti-aérienne Bofor :

> « Lors d'une des visites, au plus fort de la bataille : à ma grande surprise, je trouve les gens, les trous recouverts avec des plaques de tôle. Je n'aime pas ça du tout, je descends de ma voiture et j'appelle les gens les uns après les autres car la veille ils n'étaient pas comme cela. Je trouve des hommes plus ou moins assommés par les bombardements, un peu abrutis, et je constate tout de suite qu'avec ce chef de pièce-là, ça ne marche pas bien. Il a laissé son personnel s'enterrer individuellement et, seuls avec eux-mêmes, les hommes ont fini par se faire des idées. Il faut que je les sorte de leur trou, il faut que je les remette au travail, il faut que je leur fasse faire l'inventaire des munitions pour savoir combien il en reste car c'est mon souci constant, il faut que je leur raconte des histoires et, au bout d'une heure, je repars en ayant l'impression que ça va un peu mieux[118]. »

Les deux derniers jours ont été de plus en plus difficiles pour les officiers et sous-officiers chargés de ces tournées plus ou moins lointaines. Au soir du 10 juin, le capitaine Morlon a trouvé la position de sa batterie « bien délabrée » alors qu'il

115. Dans Georges Blond, *op. cit.*, p. 300.
116. Tout en s'excusant de ne pouvoir identifier ce témoin, publié par Georges Blond, entretien du 2 avril 2009. H. Germain a en outre qualifié de « ridicule » l'expression de « légionnaire en chocolat » utilisée par l'aspirant dans son interview avec G. Blond *op. cit.*, p. 287.
117. J.-M. Boris, *op. cit.*, p. 107.
118. P. Iéhlé, dans D. Rondeau et R. Stéphane, *op. cit.*, p. 253.

venait de quitter son observatoire[119]. Le relatif isolement, et c'est une différence considérable avec la Grande Guerre, ne signifiait pas manque d'informations pendant la bataille. Car des nouvelles circulaient à Bir Hakeim. De fausses nouvelles sûrement même si les témoins sont muets sur cette question. Et des informations réconfortantes sinon précises : les combattants ont très tôt su qu'on parlait d'eux dans les journaux. Ils étaient, comme l'ont remarqué les médecins à propos des blessés, et « même chez les indigènes », avides d'informations sur la bataille en cours. Les docteurs voyaient dans ces questions une preuve de « bon » moral. Le caporal Bardet a su et a noté dans ses carnets que, « *selon le commandant de l'artillerie* les boches emploient trente sortes de canons, de calibres et de nationalités différentes. Ils possèdent 130 pièces. » (8 juin 1942)[120].

D. Les expériences communes : bombardement et sortie

1. Le bombardement

Les deux expériences communes des hommes de la brigade sont le bombardement et la sortie de vive force. Tous les témoignages écrits et oraux en font état et portent des émotions longtemps présentes. Le bombardement d'artillerie et celui de l'aviation sont l'objet de descriptions où l'on cherche à faire passer les mots nécessaires pour traduire la nature de l'épreuve et les sentiments d'alors. Il n'est pas anodin, par exemple, que la seule femme présente à Bir Hakeim, chauffeur et maîtresse du général Koenig, ouvre son livre de mémoires par une évocation du bombardement aérien littérairement réussie, une des meilleures stylistiquement dans les témoignages. Selon Susan Travers :

> « Le pire, c'étaient les Stukas. Je les entendais à des kilomètres de distance, pareils à un gros essaim d'abeilles qui se dirigeait droit sur nous dans le ciel sans fin du désert. À première vue, on aurait dit un fléau, une malédiction, un nuage de sauterelles argent que rien ne pourrait empêcher de s'abattre sur nous pour nous dévorer. Tandis que le bourdonnement se rapprochait, mon cœur battait la chamade, mes jambes tremblaient, la peur montait du fond de mes entrailles, me saisissait à la gorge et je la sentais qui commençait à m'étrangler... Les Stukas, bombardiers redoutés, étaient équipés de sirènes activées par le vent qui hurlaient tandis qu'ils se laissent tomber à la verticale. Ils volaient par vagues, jusqu'à une centaine d'appareils à la fois. Sans prévenir, la formation se défaisait, puis les avions fonçaient sur nous, sifflant et rugissant...
> Pendant cinq secondes interminables, les bombes tombaient en tournoyant.
> Je comptais les secondes dans ma tête, un, deux, trois, quatre, cinq... comme un enfant effrayé par la tempête et tentant de prévoir l'instant du prochain coup

119. P. Morlon, *op. cit.*, p. 98. Rappelons que les six pièces de la batterie étaient dispersées, mais pas à beaucoup plus de 30 mètres les unes des autres.
120. Rapport service de santé, AOL ; J. Bardet, *op. cit.*, p. 121, souligné par nous.

de tonnerre. Puis c'était l'éclair aveuglant de lumière blanche et l'horrible déflagration qui me faisait à chaque fois sursauter bien que je l'eusse anticipée. La terre tremblait et les débris remplissaient l'air tandis que les bombes perforantes explosaient sous l'impact, mutilant, brûlant, et défigurant tout autour de moi. Mais de nouvelles vagues d'avions arrivaient déjà, leurs carlingues marquées de svastikas noires, volant tranquillement à l'horizon avant de se disposer lentement en cercle. Le bourdonnement se rapprochait insensiblement, montait progressivement jusqu'à pénétrer à l'intérieur de ma tête. Dans cet endroit oublié de Dieu, c'était le hurlement des sirènes qui me terrifiait plus[121]. »

Autre singularité des témoignages, mais du côté anglais, ce qui est significatif de la manière dont les Britanniques écrivent la guerre depuis 1914 - ils ont plus de poésie et plus de textes littéraires que d'autres peuples à incorporer dans le bilan des guerres - le double récit du capitaine Harper du RASC britannique. Harper rédige un roman non publié à partir de son journal de guerre et de ce qu'il a lu après-guerre sur Bir Hakeim. Rejoignant une position assignée aux conducteurs du dernier convoi, le héros du roman, le sergent Cameron, remarque :

« Il y avait beaucoup de monde et il faisait très chaud, et tous les occupants étaient déjà trempés de sueur. Ils ont transpiré encore plus abondamment lorsque la plus grosse attaque de Stukas est arrivée, vague après vague, cent dix avions hurlant aveuglément vers le bas. Tout le plateau était complètement aplati, et l'abri, tremblant dans le souffle continu des bombes qui explosaient, était rempli d'une épaisse couche de poussière. Les vibrations des tympans de Cameron lui faisaient particulièrement mal, et il était surpris de se retrouver en train de trembler violemment. Au fur et à mesure que le bruit et la poussière se dissipaient, il s'aperçut qu'il tremblait encore, à sa grande surprise. La cause en était un sergent, assis de près contre lui. Le pauvre diable tremblait sans cesse, et se plaignait à lui-même. Tout le monde dans cet abri était abruti par le bombardement, et le caporal pouvait très bien comprendre pourquoi. Il valait mieux, et de loin, être bombardé à ciel ouvert dans une tranchée, où l'on pouvait, au moins, s'intéresser passagèrement à ce qui se passait[122]. »

121. Susan Travers, *op. cit.*, p. 17-18. On peut comparer ce texte avec celui de l'aspirant médecin Gillet qui a laissé la description la plus sobre et la plus technique vue du point de vue du fantassin, des attaques de Stukas : « Ceux qui sont dans la zone visée entendent le bruit de plus en plus intense, de plus en plus aigu des moteurs emballés qui se rapprochent. Puis c'est le hurlement rauque et strident de sirène enrouée de leurs freins à air au moment où apparaissent ces petits avions. Entre leurs roues se profilent des bombes, elles se détachent, s'éloignent lentement du fuselage, le bruit de sirène cesse et dans le tonnerre de reprise de son moteur l'avion se redresse. Bien abrités dans nos étroites tranchées nous le voyons passer en trombe au-dessus de nos têtes avec sous les ailes ses grandes croix noires. Derrière lui nous voyons grossir, se rapprocher sa bombe, un fin sifflement et c'est le bruit tonitruant de l'explosion suivie de dix, vingt, trente autres », dans Guy Chauliac, *Le service de santé de la France Libre 1940-1943*, Paris, chez l'auteur, p. 140-141.

122. « *It was crowded, and very hot, and all the occupants were already dripping with perspiration. They sweated even more freely when the biggest Stuka attack yet came over, in wave after wave, a hundred*

Les carnets de guerre du capitaine fournissent l'origine de ce passage :

> « Il y avait foule et tout le monde était en sueur. Nous attendions tous un coup au but, vague après vague, des Stukas sont sortis entre 100-110 en tout, et nous ont bien et correctement aplatis. L'abri était rempli de poussière et secoué à chaque explosion, nos tympans vibraient terriblement, presque tout le monde dans cet abri est maintenant abruti par le bombardement[123]. »

Le manuscrit, on le voit, est plus précis sur les effets physiques du bombardement aérien.

Sans vouloir absolument, comme S. Travers, faire des effets de style, des témoins ont tenté de trouver le vocabulaire adéquat pour signaler la manière dont la terre, le sable, tremble :

> « Six visites de Stukas aujourd'hui. Il n'y a pas à dire : c'est beau... mais ça reste du type terrifiant. Nouvel ultimatum de Rommel (il exagère !). Artillerie et aviation se sont acharnées sur nous. Bombes, obus, explosions, poussières. La terre tremble, le ciel bourdonne, l'horizon fume. Nous avons aujourd'hui subi l'assaut de trois ou quatre cents bombardiers en piqué : sur une surface grossièrement circulaire d'environ trois kilomètres de diamètre. À peu près celle de Blaye, ma petite ville natale. Je me demande ce qu'elle serait devenue là-dessous[124]. »

Rommel avait demandé un bombardement aérien de terreur sur Bir Hakeim. Le commandement allemand connaissait depuis 1940 son inefficacité militaire et son efficacité sur le moral des troupes bombardées. Ce n'est que dans les derniers jours que Rommel a fait concentrer une partie des moyens aériens sur la partie nord-ouest, ce qui a été compris, mais plus tard, par les combattants[125]. Tous les

and ten planes screaming blindly downwards. The whole plateau was thoroughly plastered, and the dugout, shaking in the continuous blast of exploding bombs, was thickly filled with dust. Cameron's eardrums vibrated badly, and he was surprised to find himself shaking violently. As the noise, and dust, gradually dispersed, he found that he was still shaking, somewhat to his surprise. The cause was a sergeant, seated closely against him. The poor devil was shaking ceaselessly, and moaning away to himself. Everybody in that dugout was completely bomb happy, and the corporal could well understand why. It was better by far to be bombed in a slit trench in the open, where one could, at least, take a passing interest in the proceedings. » Papiers du Capitaine Ian McDonald Harper, I.W.M., 67/408/1, roman manuscrit, p. 93. Le chapitre sur Bir Hakeim est le dernier de ce projet littéraire qui raconte surtout la guerre du désert en 1941-1942. I.M. Harper n'explique pas pourquoi il recourt au roman plutôt que de publier ou mettre au net ses carnets, ni pourquoi son héros est un sous-officier et pas un officier comme lui.

123. « *It was crowded and everybody was running with sweat. We all awaited a hit, wave after wave of Stukas came out between 100-110 altogether, and plastered us good and properly. The dug-out was filled with dust and shook to every blast, our eardrums vibrated dreadfully, nearly everybody in that dug-out is now "bomb happy".* »
Papiers du capitaine Harper, même référence, War Diary, manuscrit non paginé, 10 juin 1942.

124. Paul Louis Guénon, *Journal*, 4 juin 1942, Archives Koenig, S.H.D., 1K237/1.

125. Par exemple, P. Heitzmann qui a insisté sur l'erreur tactique de Rommel et la dispersion des moyens, entretien du 4 mars 2008.

témoignages s'accordent sur l'efficacité et la précision plus grande des tirs d'artillerie. Paul Guénon et Gustavo Camerini ont chacun à leur manière dit combien chaque calibre a un son spécifique. Guénon s'amuse à en donner le détail :

« Guerre totale. L'air est porteur de centaines de tonnes d'acier qui sifflent, mugissent, vrombissent. Les 75 miaulent, les 47 pètent comme du bois vert, les 88 font : ploc ! ploc ! En fusant, les 210 imitent une locomotive poussive. Les Stukas font naître en nous une admiration involontaire. On les voit qui s'avancent, calmes, parmi les obus traceurs de la D.C.A. « Ils piquent sur nous ! » crie-t-on à mes côtés[126]. »

Le lieutenant Camerini découvre les canons de 88 mm opérant en tir direct sur l'artillerie et les positions d'infanterie :

« Le matin, tôt, c'était la visite des bombardiers allemands. Ensuite, tir d'artillerie allemande ; alors là, c'était assez intéressant parce que je crois que les Allemands avaient de nouvelles pièces de 88, un engin formidable comme vitesse de tir. J'examinais la chose avec curiosité, parce qu'on voyait ces pièces d'artillerie, ou plutôt on ne les voyait pas mais on voyait l'éclair du coup de départ, suivi immédiatement de l'explosion dans nos lignes. Et ensuite le bruit du coup de départ. Tout à fait curieux. C'est-à-dire qu'on voyait d'abord la lumière, puis l'explosion chez nous, puis, enfin, après, le bruit ; l'obus allait plus vite que le son. C'était très intéressant à suivre, mais c'était aussi très mauvais de recevoir les obus « sur la gueule », comme on dit[127]. »

Pour Bernard Saint-Hillier :

« À partir du 2 juin il y a eu les tirs des 105 qui ont commencé et des 155 qui étaient tout de même assez écrasants. C'était atroce, on avait l'impression que le sol se soulevait, que la poussière tout à coup s'élevait de dix centimètres au-dessus du sol, accompagnée d'une espèce de grosse fumée noire. C'était assez impressionnant. Chaque fois qu'ils nous tiraient dessus on répondait sur les fantassins. Ils avaient le téléphone et ils devaient se communiquer leurs impressions. À partir du 2 également nous avons commencé à recevoir l'assaut des vagues de bombardiers, six ou sept attaques par jour, en tout une centaine d'appareils[128]. »

Les témoins ont vu peu de défaillances sous cette avalanche. Les officiers étaient d'ailleurs, et logiquement, très attentifs à la reprise en mains des soldats. Selon Jean Simon, après chaque bombardement d'artillerie et/ou de Stukas :

126. Paul Louis Guénon, *Journal*, 4 juin 1942, Archives Koenig, SHD, 1K 237/1.
127. Gustavo Camerini, *Ce soir nous monterons tous au paradis*, Paris, E.A. Barthélémy, 2002, p. 93.
128. B. Saint-Hillier dans Daniel Rondeau et Roger Stéphane, *op. cit.*, p. 259.

« Dès que les poussières, les fumées s'éclaircissaient un peu, immédiatement, chaque arme automatique tirait une rafale. L'arme de gauche tirait une rafale, l'arme de droite tirait une rafale, se répondant ainsi d'abord pour nous conforter, ensuite pour montrer aux Allemands que nous étions toujours là[129]. »

Les gestes de sauvegarde individuelle étaient connus. Il fallait apprendre à supporter le bruit et éviter d'avoir les tympans crevés. L'ambulancier américain L. Semple décrit cet apprentissage :

« nous avions la malchance d'être postés tout près de notre artillerie, de sorte que le plus fort du bombardement ennemi nous encadrait. Il ne nous fallut pas longtemps avant de prendre l'habitude de garder la bouche ouverte afin de parer aux surpressions des explosions les plus proches. Je perdis le compte du nombre de coups qui atterrirent à moins de 40 mètres de nos positions[130]. »

Des individus ont perdu pied. P. Morlon renvoya plus tard en Syrie un sous-officier : « nous n'avons pas connu la peur, à l'exception de mon sous-officier DCA chargé de la mitrailleuse antiaérienne, un ancien légionnaire d'origine polonaise, qui fut lamentable sur la position de batterie ; il se retrouvera 2e classe après les combats et sera renvoyé en Syrie[131]. »

Les artilleurs ont rapidement mis au point leur méthode de riposte qui supposait un niveau de moral élevé : « ça se passait de la façon suivante : dès que les stukas arrivaient, on disait aux gens : « Attention, préparez-vous à tirer. » Et il fallait que dès que la dernière bombe était tombée on tire. Car on pouvait penser, ce qui était assez raisonnable, que l'attaque d'infanterie suivrait l'attaque des Stukas[132]. »

L'officier de Légion J. Bourdis a vu un de ses hommes adopter un comportement étrange, dans ce qui reste une singularité des sources sur Bir Hakeim :

« Un après-midi particulièrement chaud et bombardé, l'avant dernier je crois, un légionnaire turc, Mustapha, se présenta au bord de mon trou l'air hagard. Il ne parlait jamais, ses camarades le tenaient un peu à l'écart parce qu'il était "raïot (paysan)". Il en était devenu la risée et le souffre-douleur car, suivant la coutume de son pays, il s'accroupissait pour pisser ce qui lui attirait par surcroît l'invective du capitaine qui n'avait "jamais vu un légionnaire faire ça comme ça". Mustapha avait soif, il avait pourtant perçu son quart le matin. Un camarade l'avait-il subtilisé ? Allais-je entamer ma réserve, créer le précédent ? Je

129. Interview de Jean Simon dans l'émission sur Bir Hakeim de Patrice Gélinet, *L'histoire en direct*, 4/05/1992.
130. Lorenzo Semple III, « The American Field service at Bir Hacheim », *The American Field Service Bulletin*, vol. 1, n° 1, July 1942 p. 28.
131. P. Morlon, *op. cit.*, p. 98.
132. Capitaine Albert Chavanac dans Daniel Rondeau, Roger Stéphane, *op. cit.*, p. 260.

> mentis lâchement en disant à Mustapha que je n'avais pas plus d'eau que lui. Il me regarda avec une espèce de sourire triste et résigné et partit dans la direction de la compagnie comme un automate, sans se baisser jamais sous la rafale et jamais plus je ne le revis et n'entendis parler de lui[133]. »

Le 9 juin, le capitaine Harper a constaté que les servants britanniques d'une pièce de D.C.A étaient « complètement incapables » de combattre, dans un commentaire qui est à rapprocher de celui de P. Iehlé :

> « Le sergent de Motherwell et tous ses servants, qui avaient perdu leur sang-froid, ont dû être retirés de leur canon antiaérien ; je ne peux pas leur en vouloir car cela faisait pitié de les voir trembler à chaque explosion[134]. »

Comportements caractéristiques et types d'effondrements connus depuis la Première Guerre mondiale, auquel on ajoutera la fuite de quelques soldats placés sous le commandement de Messmer. Même s'il est impossible de proposer une statistique, le petit nombre de cas constaté est en tous points, remarquable. Est-ce dire que le bombardement n'avait pas eu d'effets ? Selon Pierre Messmer, qui rejoint S. Travers, et fait un peu de littérature autant qu'il constate :

> « Un ouragan de feu, de fer, de pierres, de sable s'abat du ciel sur le point d'appui que défend ma compagnie. Je suis à moitié enterré dans mon trou dont les parois s'écroulent sur moi, démolies par les bombes qui m'ont manqué de peu. Quand je sors de là, indemne, je suis comme un boxeur groggy et aveugle : la fumée des explosions et tous les débris qu'elles ont pulvérisés et soulevés forment un épais nuage noir et brun qui couvre le terrain comme un voile funèbre. J'envoie mon agent de transmission, indemne lui aussi, faire le tour des sections pour qu'on me rende compte des pertes que je suppose à la mesure du bombardement. Je ne le reverrai jamais : revenant vers moi, mission achevée, il sera tué. Je saurai plus tard que les pertes étaient nulles : par une chance incroyable, contraire aux lois de la statistique, pas un des 120 hommes n'a été blessé, pas une mitrailleuse, pas un canon n'est hors de service. De ce jour, j'ai cessé de croire à l'efficacité des bombardements aériens sur des troupes enterrées, ce qui n'enlève rien aux effets effroyables des bombardements sur les villes ni à l'efficacité des attaques aériennes sur des hommes ou des véhicules à découvert[135]. »

L'affirmation de P. Messmer sur l'invulnérabilité physique est, d'un point de vue général, défendable, et du point de vue particulier de Bir Hakeim, à peu près

133. Témoignage de Jacques Bourdis dans les Archives privées de Jacques Roumeguère, AOL.
134. « *The sergeant from Motherwell with his complete crew, who had lost their nerves had to be taken off their AA gun ; I can't blame them for it was pitiful to see them shaking at every blast.* » Papiers du capitaine I.M. Harper, I.W.M, 67/408/1, War Diary, 9 juin 1942.
135. P. Messmer, *Après tant de batailles*, *op. cit.*, p. 101.

exacte. Messmer sous-estime cependant l'effet moral du bombardement aérien sur la troupe. Précisément, ce sont deux des sections sous ses ordres qui plient sous l'assaut qui suit immédiatement le bombardement. Car la pression morale sur les Français n'a pas été négligeable dans la mesure où leur capacité de riposte allait diminuant. Mais Messmer a proposé ailleurs un autre élément d'explication : pour lui, les tranchées et les trous sur la position du BM2, n'étaient pas assez profonds[136].

Le général Koenig, dans son analyse de la bataille conclura :

> « Cette action de l'aviation, eu égard au nombre d'appareils utilisés, qui fut à certains jours de plus de 500, doit être considérée comme peu efficace par les pertes occasionnées, mais comme très déprimante sur le moral et les nerfs de nos gens[137]. »

Il faut se contenter de l'appréciation du général, car nous n'avons aucune statistique sur des hommes atteints de « *shell shock* » pendant la bataille et soignés après.

2. « La sortie échappe au commandement » (Hubert Germain)

Le combat de nuit est une gageure : pour les combattants, pour les historiens (qui s'y sont peu intéressés, et pour cause). Seconde expérience collective de l'ensemble de la brigade, la sortie de Bir Hakeim fut une épreuve très difficile pour l'unité qui n'avait pas été entraînée au combat de nuit. Et la nuit est noire, la lune ne se lève que beaucoup plus tard, vers 4 heures du matin. Les hommes de la brigade, une fois l'ordre connu à partir de 16 h ont fébrilement préparé leur sortie dans une position bouleversée par les bombardements où il est facile de se perdre. Les souvenirs et les carnets insistent sur le soulagement et l'inquiétude provoqués par la décision de tenter une sortie, et aussi sur l'attente inquiétante dans la nuit noire. La détermination est un leitmotiv et est décrite de diverses manières, ainsi dans le choix de sortir avec des pièces d'uniforme français, pour défier l'ennemi en soldat français[138], dans le fait de partager ce qui reste[139], dans la certitude de passer[140]. Mais peu de témoins sont réellement convaincus qu'il y eût véritablement une surprise dès que les colonnes de véhicules furent en place. Une fois le rassemblement des hommes et des véhicules à peu près terminé, furent lancées les deux tentatives de sortie. La plus importante par la porte

136. Dans D. Rondeau, R. Stéphane, *op. cit.*, p. 274, ce qui met en question l'aménagement du point d'appui par le BM2.
137. Général Koenig, *Quelques notes et enseignements*, AOL.
138. B. Favreau fait la sortie en képi, le capitaine Bricogne en « bourguignotte ».
139. Raisins secs pour J. Pigneaux de la Roche, vin de messe pour P. Guénon.
140. « J'avais la certitude de passer avec mon Lüger de 1921 en état de marche », J. Pigneaux de la Roche, entretien du 23 juillet 2007.

principale, sud-ouest, celle dont tout le monde parle, et l'autre vers le sud à gauche du fort par une sortie de secours où les compagnies du B.P.1 s'organisent puis s'arrêtent et, finalement, reculent. Comme l'écrit B. Favreau :

> « Nous devions franchir le terrain miné, puis enlever de front les positions ennemies à 200 ou 300 mètres, c'est-à-dire faire ce que l'infanterie allemande n'avait pu réussir contre nous en dix jours de combat[141]. »

Les hommes du B.P.1 vont donc refluer sur la position, leur connaissance du terrain dans la zone sud n'a pas été mise à contribution[142]. L'ensemble de la brigade utilise donc la porte sud-ouest pour s'échapper.

De la sortie de Bir Hakeim, des combattants de la brigade ont conservé des impressions visuelles inoubliables. Pour Roger Nordmann ce fut « féerique, il n'y avait pas de place pour la peur[143]. » Il fait ici allusion au grand nombre de fusées éclairantes et aux balles traceuses utilisées des deux côtés du couloir de sortie par les Italiens et les Allemands. De Sairigné a confié à son carnet : « Spectacle inoubliable, à la Gustave Doré[144]. » Le rappel de « Dante » ou l'expression de « spectacle dantesque » reviennent fréquemment. Cette extraordinaire illumination du désert est parfois dénoncée de façon sarcastique, comme une expression de la guerre nazie :

> « Je crois que le général Rommel connaissait des trucs invraisemblables comme celui de garder la défense allumée toute la nuit, alors on ne voyait rien parce qu'il n'y avait que de la lumière. Il pensait certainement que cette lumière devait nous éblouir, enfin[145]... »

Les difficultés de la partie motorisée de la brigade étaient considérables. Les véhicules détruits par les tirs adverses ou les mines servaient dans la nuit à identifier les objectifs. Des chauffeurs habiles et courageux ont réussi à remettre en marche des camions sous le feu et à sauver des blessés retirés de véhicules endommagés[146]. Et, exploit extraordinaire, le lieutenant Devé sur son Bren Carrier

141. Benjamin Favreau, *op. cit.*, p. 351.
142. *Ibidem*, p. 348-349. Les fantassins du BP1 soit suivent les véhicules, soit combattent sur le flanc droit de la brigade.
143. Roger Nordmann, entretien du 20 juin 2007.
144. G. Brunet de Sairigné, *op. cit.*, p. 121.
145. G. Camerini, *op. cit.*, p. 111.
146. Comme Louis Fournier de la Barre, de la compagnie de train, Compagnon de la Libération qui remet plusieurs véhicules dans le droit chemin. Ou comme Jacques Bourdis : « Nous passâmes à côté d'un brasier d'où sortaient des hurlements. C'était une ambulance ; au moment où nous nous en approchâmes, les cris s'étaient tus. Plus loin, je rencontrai « la Camarde », c'était un tracteur de 75 de la CL 3 ; suivant leur détestable habitude, les légionnaires l'avaient baptisé ; ce faisant, ils semblaient lui avoir jeté un sort. Je tâtai le marchepied pour trouver la portière, mes mains s'engluèrent. Le chauffeur était affalé sur son siège. Une jambe arrachée était coincée dans les pédales, l'autre déchiquetée, pendait le long du levier de vitesses. Il geignait encore. Je le garrotai avec mon mouchoir et le hissai

et sa section ont brisé une partie de la première ligne ennemie en compagnie du capitaine Gravier[147]. Le sens du devoir, le courage, expliquent que certains officiers aient remonté la colonne pour aller chercher leurs hommes perdus au début de la percée[148]. Mais, dans les témoignages ce qui caractérise le passage des véhicules de Bir Hakeim à la position de recueil est l'immense désordre. Gaston Rabot, caporal du B.P.1, parle avec d'autres de panique dans la course :

> « Sous la mitraille. J'ai vu de mes yeux de pauvres blessés se coucher, essayant d'éviter les balles, se faire passer dessus par les autres. Pour ma part, j'avoue sans honte que j'ai eu peur… D'autres copains ont entendu un blessé appeler sa mère, un autre blessé dans un camion passant par-dessus bord tout en disant "c'est malheureux de se faire crever comme çà"[149]. »

André Salvat a été secouru par des Britanniques alors qu'on lui avait tiré dessus au moment où il tentait de monter dans un camion[150]. Désordre donc, mais aussi habileté de beaucoup de conducteurs ou d'officiers qui les menaient. Morlon sur ce point est encore un commentateur précis, là ou G. Rabot a dit avoir fait « 500 mètres en deux heures[151]. » Selon le capitaine d'artillerie qui distingue bien les deux catégories de projectiles (balles traceuses, munitions traditionnelles) :

> « Je suis debout sur le marchepied gauche de la petite camionnette Dodge, Malhomme conduit près de moi, à sa droite Ordronneau. Devant nous, les trajectoires des balles traçantes des armes automatiques ennemies. Nous voyons bien leur danse qui, parfois, prend l'allure folle d'une sinusoïde, et repérons les arrêts momentanés des tirs correspondant au changement de chargeur de fusil-mitrailleur ou de la bande de mitrailleuse. Malhomme regarde devant lui pour déceler les nombreux obstacles du terrain que la lueur des véhicules en feu lui permettent de deviner. Je surveille les trajectoires des balles. Quand j'estime qu'on est arrivé à un changement de chargeur ou de bande, un « en avant », et la voiture fait 50 à 100 mètres. De cahots en cahots, nous progressions ainsi, sans ennuis, jusqu'à une zone plus calme[152]. »

sur la benne. J'y trébuchai sur des formes molles que je reconnus pour les corps de trois Sénégalais. Je ne sus jamais comment ils étaient venus mourir dans ce camion », Témoignage de J. Bourdis, dans les archives privées de Jacques Roumeguère, AOL.

147. Comme sans doute d'autres conducteurs de Brenn Carriers, pas seulement ceux de la section de la compagnie Messmer.

148. B. Favreau l'a fait en ramenant sur la position un officier qui se trouvait trop vieux, le commandant Alessandri, B. Favreau, *op. cit.*, p. 357. Alessandri a finalement tenté de nouveau et réussi la sortie.

149. Gaston Rabot, « Journal de guerre d'un caporal du bataillon du Pacifique », *Revue de la Fondation de la France Libre*, n° 44, juin 2012, p. 42.

150. André Salvat, entretien du 27 mars 2009.

151. *Ibidem*, p. 42.

152. P. Morlon, *op. cit.*, p. 102.

À certains moments, des tireurs de fusils-mitrailleurs embarqués ont eu le réflexe de tirer à gauche et à droite pour impressionner un adversaire qu'on devinait plus qu'on ne voyait, soit en mouvement, soit parce que le camion était bloqué ou patinait dans le sable[153]. La sortie à pied était d'intensité variable : « Le combat c'était 30 secondes ici, une minute là, ce n'était pas rapide, pas de haute densité, différent de ce qu'on prenait sur la gueule[154]. » Le sergent Pivette, du BIM, notera que son groupe est passé à pied sans combattre entre plusieurs postes ennemis isolés[155].

Du combat difficile mené par l'infanterie durant la sortie, ne sont connus que les commentaires ou souvenirs de ceux qui ont pu échapper à l'ennemi. L'attaque des légionnaires, ce qui s'est réellement passé sur leurs lignes reste mal documenté. Selon Brunet de Sairigné dans ses carnets rédigés près de l'événement :

> « Les traceuses de gros calibre sillonnent la nuit, grosse impression, grosse pagaïe aussi et pendant quelques secondes, je doute qu'on puisse reprendre les hommes. Finalement, cela s'arrange à peu près. Mais le dispositif a été pris trop tard, la ligne ennemie s'étant révélée beaucoup plus proche qu'on ne l'aurait cru[156]. »

Le lieutenant Camerini, dans ses mémoires plus tardifs, explicite la reprise en main effectuée par de Sairigné :

> « Nous sommes en train de marcher, bien tranquillement, mais : « Nous ne sommes pas en promenade, bon Dieu ! Je me dis. Pourquoi on ne nous fait pas mettre baïonnette au canon, et pourquoi, surtout, nous n'avançons pas pour tuer les sentinelles si nous tombons sur elles ? » Je me rassure : je ne connais pas grand-chose, on ne m'a pas dit grand-chose à propos des positions ennemies qui ont dû être repérées avant le départ. Je ne sais rien, et je pense que, peut-être, la défense allemande est encore loin, que nous n'y arriverons pas.
> Mais, ce n'est pas long, voilà tout à coup une sorte de hurlement à deux pas de moi, non, à dix pas de moi, un hurlement : c'est un Allemand. Cette fois, nous sommes littéralement surpris. Le type, la sentinelle – je vois la flamme du fusil – nous tire dessus, puis, c'est quelque chose d'épouvantable : toute la ligne allemande se réveille. Nous qui aurions dû surprendre l'ennemi, nous sommes surpris comme des couillons, vraiment d'une façon idiote. Que faire ? Toute la ligne allemande se réveille, les fusées montent, les mitrailleuses ouvrent le feu,

153. C'est le cas par exemple dans le camion qui transporte R. Malfettes, *op. cit.*, p. 290.
154. J. Pigneaux de la Roche, entretien du 26 juin 2007.
155. « Nous réussissons à tâtons et par chance à passer entre deux et n'aurons même pas à tirer un coup de feu. Cette nuit nous ne sommes pas là pour tuer du Boche, mais pour se tirer les pattes », Sergent Albert Pivette, *Avec la première division française libre, 1940-1945, récits, souvenirs témoignages*, mss dact. s.d.. Fondation de la France Libre.
156. G. Brunet de Sairigné, *op. cit.*, p. 121.

tout ! Nous, nous sommes littéralement surpris, nous ne nous attendions pas à ça. Qu'est-ce qui arrive ? Des hommes se jettent à terre. C'est naturel, on se jette par terre parce qu'on ne sait pas quoi faire. Qu'est-ce qui va se passer, alors ? On entend vaguement mon commandant de compagnie qui crie : "Retenez vos hommes ! Tenez vos hommes !" Tenez vos hommes ? Il faut lancer les hommes, pas les tenir ! Enfin, enfin... À ce moment-là c'était le moment le plus dur, où je croyais que tout était perdu –, on entend une voix de tonnerre derrière nous : "En avant, la Légion ! Tous ensemble, en avant !" C'était Sairigné, c'était Sairigné qui lançait son cri, et quel cri ! Bon Dieu ! Comme un seul homme – ça ne dura que trente secondes, d'ailleurs – nous sortons... On a parlé de fuite en avant, ce n'est pas vrai, nous avons fait une véritable attaque. Nous sommes la Légion, et au cri de Sairigné, littéralement nous renaissons, nous redevenons ce que nous sommes vraiment, la meilleure troupe du monde, car ne l'oubliez pas, nous étions, nous, jusqu'aux cadres inférieurs, la meilleure troupe du monde[157]. »

Des fantassins du Bataillon du Pacifique ont, eux aussi à pied, réussi à percer à la grenade et à la baïonnette[158]. Il ressort des commentaires et souvenirs que le corps à corps est une surprise, pas toujours une décision. Le volume des tirs ennemis, la lumière, le fait d'avoir perdu officiers et sous-officiers de vue expliquent cependant le découragement de ceux qui ont reflué vers Bir Hakeim. Italiens et Allemands ont d'abord plié sous l'assaut et parfois le corps à corps, mais leurs éléments de contre-attaque sont intervenus assez vite et ils ont tenté de refermer le piège. Le commandant Amiel en a fait une description remarquable de violence :

« Mais l'Afrika Korps conduit le combat à une allure endiablée : sur un fond d'incendie, de chaque côté accourent des groupes d'Allemands criant à tue-tête. Ils sont en treillis de combat, casquette de toile à longue visière, visages émaciés tendus vers leur proie. D'instinct on tire, on arrose, on passe. Les mal entraînés, exténués, les blessés, les malchanceux se font coiffer, achever ou capturer. Lequel d'entre nous, au long de ce cauchemar, n'a pas été porté hors de lui-même et n'a perçu obscurément les forces inconnues de la nuit[159] ? »

Le vocabulaire d'Amiel n'est pas choisi au hasard, on en retiendra « achever », car des blessés ont été achevés dans la nuit par des Allemands et/ou des Italiens[160]. Malgré le désordre, les difficultés, la fierté d'avoir pu sortir du piège

157. G. Camerini, *op. cit.*, p. 109-110. Voir chez Hubert Germain, *Espérer pour la France*, Paris, Les Belles Lettres, 2020, le rappel de la valeur et de la bravoure de de Sairigné en cette occasion et la mention de la « sérénité » de l'auteur une fois plongé dans l'action (p. 41).
158. Témoignage de Raoul-Michel Villaz dans J.-C. Shigetomi, *op. cit.*, p. 58.
159. Commandant Amiel, *op. cit.*, p. 218.
160. Témoignage du légionnaire Albert Clinias, « Un légionnaire belge à Bir Hakeim », *39-45 Magazine*, n° 71, 1992, p. 6.

domine chez les témoins, mais non sans amertume, à cause des pertes ou parce qu'on a été pris.

On l'a vu, l'organisation de la sortie n'est pas exceptionnelle sur le plan tactique, mais il faut se souvenir dans quelles conditions de fatigue et de stress elle a été pensée puis mise en œuvre. Il s'est très vite avéré que les conditions de la mise en place par nuit noire sur un terrain profondément méconnaissable, rendu dangereux par les derniers bombardements rendaient finalement l'effort de planification inopérant. Avec les témoins, il faut *in fine* retenir l'élan irrésistible des Français Libres au moment de la sortie, qui a permis de créer la brèche et de faire échapper la plus grande partie de la brigade.

E. La sortie : responsabilités et polémiques, contestation tardive du témoignage et du récit

Action hors normes pour toute unité prise au piège, une sortie laisse des traces. La fierté de l'avoir réussie de nuit[161] se conjugue avec le poids du récit dont les témoins dépendent. La version généralement admise de la sortie n'a pas été contestée avant 1989. Koenig pourtant était très mécontent de la manière dont la sortie avait été tentée et malgré tout réussie[162]. Il avait besoin d'un responsable et a considéré que le déminage demandé au capitaine Gravier avait été insuffisant. Il voulait le traduire devant un tribunal militaire. À sa sortie d'hôpital, Gravier a dû se justifier non seulement par un rapport qui figure (uniquement) dans les archives personnelles du général, mais devait aussi se trouver dans une enquête diligentée par le général Catroux, et dont nous n'avons pas retrouvé de traces. Gravier fut mis hors de cause, et fait Compagnon de la Libération en 1943. Il commandera le génie de la 2e D.B. de Leclerc. Gravier, dans son rapport de 1943 exigé par Koenig et intitulé « Notes de combat[163] » a été en mesure de justifier ses actions et ses choix. Le plan qu'il fournit est d'une grande importance pour comprendre les problèmes de la sortie. Les sapeurs avaient déminé 57 mètres de largeur de champ de mines. Il était impossible en aussi peu de temps (quelques heures) de déminer 200 mètres et de s'attaquer en plus au « marais de mines ». En 1989, Gravier a publié à compte d'auteur un petit ouvrage qui reste le plus original de tous les témoignages sur Bir Hakeim[164]. Pour deux raisons. La première est que l'auteur, comme César, parle constamment de lui à la 3e personne. La seconde est la violente attaque contre le commandement de la brigade. Son récit prouve que les chronologies généralement admises du déroulement de la sortie ne sont pas sûres et sa version est complètement

161. Hubert Germain est à juste titre très sensible au « jugement de ses hommes » qui ont considéré que la sortie avait été facile puisqu'il n'y avait qu'à suivre sa « grande silhouette » à la lueur des fusées éclairantes de l'ennemi, *op. cit.*, p. 41.

162. Écho de ce mécontentement dans Koenig, *op. cit.*, p. 355-357.

163. Conservées dans les archives Koenig, SHD 1K237.

164. André Gravier, *op. cit.*, p. 62.

irréconciliable avec le récit « officiel » du J.M.O. repris à l'envie de 1945 à nos jours[165]. Les horaires ne concordent pas et Gravier revendique la première charge des Bren Carriers avec le lieutenant Devé[166] après le départ de Koenig qui a toujours prétendu avoir donné en personne cet ordre de charger... Gravier critique les versions admises, mais aussi les décisions prises pour la sortie. Il estime que la sagesse et le règlement imposaient de mettre en place une organisation de commandement spécifique[167]. Il note :

> - La contradiction entre le fait de mettre en avant ambulances et camions de blessés pour bénéficier de l'effet de surprise et attaque de la Légion « sans renseignements, sans plan » contre l'effet de surprise.
> - Le choix du défilé et le regroupement des véhicules, séparant véhicules de combat et véhicules de transport, qui avait l'inconvénient de « disloquer les unités groupées autour de leur capitaine ».
> - Le manque d'informations sur le terrain et surtout la mauvaise indication d'azimut car il n'était valable qu'à la sortie du champ de mines, pris immédiatement, il conduisait dans une zone dangereuse.
> - L'absence de chef pour prendre en main la sortie et disparition des commandants et colonels des différents régiments à l'exception des commandants Savey et Amiel[168].

Koenig a donc, selon Gravier, abandonné ses troupes. Gravier passe trop vite sur l'objectif de Koenig, qui était de sauver le maximum de cadres, d'hommes et de moyens de combat dans le désert. Surtout, une partie du livret attaque les manœuvres ultérieures de Koenig qui ont nui à sa carrière. Elles l'ont finalement obligé à quitter l'armée après la disparition de Leclerc, et ont relégué au second plan les troupes du génie et leur rôle réel à Bir Hakeim. Gravier a trouvé tardivement des défenseurs, au nom de la vérité et de l'arme du génie[169]. Cette polémique est restée confinée à l'Ordre de la Libération où elle a créé quelques remous, puisqu'il fut question un moment de sanctions[170]. Car André Gravier s'attaquait au général Koenig en le comparant à Bazaine[171], ce qui était effectivement injustifiable.

Le grand public n'a été informé de cette polémique et de celle qu'avait provoquée le livre de S. Travers qu'en 2008[172]. F. Broche entendait alors répondre à des accusations – mais formulées par qui ? – en répondant en fait à deux

165. Voir Jean Lebucois, *Notre première victoire, la 1e DFL à Bir Hacheim*, Ed. Colbert, 1945.
166. André Gravier, *op. cit.*, p. 12.
167. Comme c'est d'ailleurs l'usage dans les armées.
168. *Ibidem*, p. 6-7.
169. Voir en ligne le texte général Magon de la Villehuchet.
https://www.birhakeim-association.org/le-genie-vainqueur.html
170. Entretien avec Gérard Théodore, 20 juin 2007.
171. André Gravier, *op. cit.*, p. 4.
172. F. Broche, 2008, *op. cit.*, p. 174-189.

questions : « Koenig est-il le seul “vainqueur de Bir Hakeim” ? », « Koenig a-t-il voulu se rendre lors de la sortie ? » La réponse à la seconde question est simple et nous renvoyons à F. Broche : le général Koenig n'a pas sérieusement, réellement, envisagé de se rendre à ses adversaires. Bien avant les mémoires de S. Travers, il avait fait allusion rapidement à ses doutes et à ce qui fut une dépression passagère[173]. Mais il a aussi compris ce que pourrait signifier aux yeux des Alliés le fait de se mettre à l'abri bien avant, six heures avant, les soldats de sa brigade. La réception très fraîche des officiers du XXXe corps allait très vite confirmer l'hypothèse, comme nous l'avons vu[174].

Pour la première question posée par l'historien, la réponse rappelait les éloges donnés à Koenig par l'ennemi et le nouveau statut de « vainqueur de Bir Hakeim » octroyé à Gravier par le général St-Hillier en 1987[175]. Or Gravier n'avait pas revendiqué le titre de vainqueur. Il avait seulement demandé que le rôle des sapeurs soit enfin reconnu, que les soldats du génie survivants soient honorés (demande de Légion d'Honneur), ce qu'il n'a jamais obtenu[176]. Pour excessives que soient certaines des critiques de Gravier, notamment l'assimilation de Koenig à Bazaine, on ne peut les ignorer, surtout en ce qui concerne l'organisation de la sortie. Il a fallu attendre vingt ans pour que certains éléments, sinon tous, de la critique de Gravier soient plus ou moins incorporés au récit de la bataille[177]. F. Broche n'a pas admis dans son intégralité la version de Gravier, ni en 2008, ni en 2019. Il passe sur les problèmes de la chronologie de la sortie : Koenig est-il sorti en premier ? Gravier a-t-il donné l'ordre aux Brens carriers de charger pour débloquer la situation ? Son lecteur de 2019 ne le saura pas, puisque le récit de la sortie est littéralement noyé dans la juxtaposition des récits individuels de témoins, ce qui renoue avec la tradition mémorielle des Français Libres de Bir Hakeim.

À la guerre, dans ce type de circonstances, les soldats et leurs officiers font ce qu'ils peuvent. P. Messmer a résumé en trois mots les qualités nécessaires pour sortir de Bir Hakeim : « courage, initiative, expérience[178]. » Dans la nuit du 10 au 11 juin, l'improvisation a été la règle. On ne peut en faire grief aux combattants qui se sont sortis de situations dramatiques pour beaucoup d'entre eux, dans ce que P. Messmer appelait « la corrida individuelle[179]. » Mais Gravier et d'autres étaient effectivement en droit de se demander où étaient passés les officiers supérieurs. Les critiques sont nettes dans certains mémoires sans que Koenig, le colonel de Roux, le lieutenant-colonel Amilakvari, le commandant

173. « Un instant, j'ai proposé à Amilakvari de repartir vers Bir Hakeim. Nous ne pouvons rentre seuls lui ai-je fait remarquer. Il n'a pas eu de peine à me démontrer ce que ma proposition avait d'insoutenable », Koenig, *op. cit.*, p. 375.

174. « Je suis accueilli avec quelque méfiance » par des éléments des services du 30e Corps dans Koenig, *Ibidem*, p. 375, F. Broche, *Bir Hakeim*, 2008, p. 183-184.Pour les réactions britanniques, voir *infra*.

175. *Ibidem*, p. 179.

176. A. Gravier, *op. cit.*, p. 41, et correspondance avec Bernard Lucas en ma possession.

177. Ce qu'a fait F. Broche, en deux temps, en 2008 et 2019, et de façon incomplète.

178. P. Messmer, *Après tant de batailles*, *op. cit.*, p. 105.

179. Lettre à André Gravier, publiée dans A. Gravier, *op. cit.*, p. 74.

Babonneau, restés invisibles selon Gravier, soient mis en cause explicitement. Messmer, Bourdis, sont par contre sévères pour le commandant Puchois :

> « Une voix pointue demandait : "Est ce Bourdis, est ce Dewey ?" C'était celle du commandant Puchois, mon chef de bataillon. Il me demanda ce que je faisais là, pourquoi je n'étais pas encore passé, où étaient mon capitaine et ma compagnie. Quand je lui eus dit que je n'en savais rien, il feignit une colère puis pesta contre "cet état-major" qui avait prévu une brèche si ridiculement étroite, contre le bruit des moteurs puis contre la nuit qui était trop noire, contre "ces capitaines" qui ne disaient pas où ils étaient, contre lui-même enfin qui ne savait plus que faire. Il se calma subitement et me demanda sur le ton de la confidence : "C'est bien l'azimut 213 ?" Son défaut de sens de l'orientation était légendaire dans toutes les Forces françaises du Western Desert et n'avait d'égale que son obstination à le nier. L'obscurité voila à propos mon sourire. "C'est bien par-là, n'est-ce pas ?", et il s'évertuait à viser avec sa boussole dans une direction approximative.
> Je lui proposai de monter dans ma voiture. Il me foudroya, me rappelant qu'il commandait un bataillon et pas une section qui "d'ailleurs devait être ailleurs", qu'un fantassin se battait à pied et il s'enfonça dans la nuit, la boussole à l'œil, à la tête d'un bataillon imaginaire, suivant avec assurance l'azimut de la captivité"[180]. »

Pour Camerini, qui s'en prend aux officiers supérieurs et à certains capitaines :

> « On était mal commandés… D'abord, chacun fit ce qu'il voulait, ce qu'il pouvait, parce que le commandement ne brilla pas par son activité, pour dire la vérité. Tous jusqu'au grade de capitaine firent leur devoir ; je pense que les autres aussi, bien entendu, mais on ne les vit pas beaucoup dans cette opération. Chacun travailla comme il pouvait. Si la compagnie était bien commandée, elle sortait très bien ; si elle était moins bien commandée, évidemment ça devenait plus difficile[181]. »

Jugeant la sortie à partir du point de vue de l'histoire militaire, le général Masson chef d'état-major de Koenig en 1942, reconnaissait en 1962 : « Cette affaire qui n'est pas très brillante sur le plan tactique, j'en conviens, a quand même été une surprise de plus infligée à Rommel, c'est-à-dire un succès supplémentaire[182]. » Un des gardiens vigilants de la mémoire de la bataille a renchéri, retrouvant, bien

180. Témoignage de J. Bourdis, dans les archives privées de Jacques Roumeguère, AOL. Messmer écrit que le commandant Puchois « ne tournait pas rond » depuis un accident de voiture., P. Messmer, *Après tant de batailles*, *op. cit.*, p. 111.
181. G. Camerini, *op. cit.*, p. 111.
182. Dans D. Rondeau, R. Stéphane, *op. cit.*, p. 272.

que fantassin, le vocabulaire des officiers de cavalerie de Napoléon, en affirmant, à juste titre, qu'il s'agissait bien d'une victoire, par le temps gagné au profit de la VIIIe armée et parce que « les Français qui sortent passent sur le corps des Allemands[183] ». Messmer après d'autres ouvrait ici le chapitre des conséquences de la bataille à moyen terme pour les adversaires britanniques et allemands. L'idée que les Français avaient fait gagner un temps précieux à l'armée britannique a longtemps servi de justification aux résultats du combat.

F. Du témoignage : conclusions

Le récit de la bataille de Bir Hakeim a été intériorisé, amendé, complété, transformé par les combattants. Il est indissociable de la mémoire des combattants et de sa mise en forme postérieure à destination de publics divers. Nous en avons conçu l'analyse en fonction des interrogations et des critères des historiens qui ont fondé l'anthropologie de la guerre. Nous en avons donc repris les critères qu'il faut maintenant expliciter : types de combat, réaction des combattants bruits, blessures, violences, contraintes physiques sont caractéristiques du combat moderne. Mais cet ensemble documentaire reste traversé par des représentations du temps de guerre et d'après-guerre, au moins.

1. Stress et réactions

Le stress de la bataille ne s'est pas imposé à tous immédiatement, mais progressivement. Il est d'ailleurs symptomatique de noter que le seul témoin ayant utilisé le mot « adrénaline » est la seule femme présente, Susan Travers[184] qui est arrivée à Bir Hakeim au moment où le bombardement d'artillerie et d'aviation augmentait considérablement. La bataille, une fois engagée, a été extrêmement stressante pour toute la brigade, en particulier pour les plus exposés, artilleurs, sapeurs, fantassins des premières lignes, soldats de la DCA. Ce stress n'est jamais explicité cependant, il est évoqué en de rares occasions seulement.

Les passages sur la « peur » sont d'abord lisibles dans les carnets, surtout chez des hommes du rang et des sous-officiers[185]. Comme il est courant dans les témoignages de la Première Guerre mondiale (par exemple), les officiers n'en parlent pas, en plaisantent, ou disent l'avoir, parfois définitivement, surmontée[186]. Les effets du bombardement, l'état de choc, de sidération sont présents, on l'a vu, mais avec peu de mots et peu d'occasions de mettre en valeur l'expérience[187]. Il y

183. P. Messmer, *Après tant de batailles, ... op. cit.*, p. 112.
184. Susan Travers, *op. cit.*, p. 215.
185. *Carnets* de G. Rabot, Fondation de la France Libre, Jacques Bardet, *op. cit.*, p. 113.
186. Ainsi P. Messmer, *Après tant de batailles..., op. cit.*, p. 94, Messmer participe alors à une « Jock column » avant le 27 mai.
187. Voir par exemple l'impression d'étouffer de J.-M. Boris après un tir plus précis que d'habitude : « Je reste évanoui et enseveli sous le sable quelques moments avant d'en être extrait par mes canonniers », J.-M. Boris, *op. cit.*, p. 111.

eut quelques rares défaillances sous le feu et des comportements bizarres que les témoins n'ont jamais cherché à interpréter : tel soldat se levant et allant soudain vers les lignes ennemies, tel autre restant prostré ou hagard car abasourdi par les bombardements ou manquant d'eau [188].

Hors combat, la nourriture et la soif reviennent très souvent, mais curieusement, ou non et c'est sans doute une mesure possible du stress, l'alimentation disparaît du témoignage de bataille, ce qui n'est peut-être pas seulement dû au désert. Parce que les comportements sont très contrastés, entre ceux qui ont réussi à manger, et ceux qui comme R. Nordmann ont décrit une expérience de tension qui excluait toute prise d'aliments. La soif, le problème de l'eau reviennent par contre beaucoup plus souvent. La lecture des passages sur cette question laisse une impression contrastée. Les témoins décrivent des eaux plus ou moins bonnes à boire[189], et surtout les quantités de plus en plus faibles quand le siège se prolonge. L'inquiétude, parfois extrême, ressort d'une partie des témoignages, mais la description des conséquences physiques de la déshydratation et la menace d'une mort horrible est finalement moins présente que nous l'aurions pensé pour une bataille du désert, comme si elle était inutile, car allant de soi[190].

2. Blessures

Les mentions de blessures sont caractéristiques des récits de combat des deux guerres mondiales. Mais à Bir Hakeim même les médecins s'abstiennent de donner descriptions et statistiques. Ils ont cependant rappelé, après coup, la fréquence des blessures des tympans crevés chez les tirailleurs sénégalais moins exercés ou moins surveillés lors des bombardements et noté que les tankistes italiens avaient reçu de « vilaines blessures ». Les effets de choc des obus et des balles, la douleur des blessés sont peu dits par les témoins. Le médecin qui ampute l'adjudant Koudoukou ne fait pas de commentaire autre que technique, caractéristique d'un point de vue de témoin « extérieur » qu'il n'est pas.

L'aspirant d'artillerie G. Théodore, qui perd une jambe le 8 juin note immédiatement, instinctivement, qu'une partie de sa jambe « n'est pas dans un bon angle[191]. » Ce n'est que plus tard, dans la sortie, après être sorti en s'excusant[192] d'une ambulance touchée par les tirs ennemis, après avoir été récupéré, qu'il dira avoir passé une nuit de souffrance atroce sur un camion, debout, craignant

188. Tel le légionnaire turc évoqué par J. Bourdis plus haut.

189. J. Bardet est très attentif au goût de l'eau dans ses carnets, par exemple au « goût d'huile » *op. cit.*, p. 108, et un témoin anonyme décrit comme un « cadeau sans prix » le don de « quinze litres d'eau presque douce », *Revue de la France Libre*, 18 juin 1955, p. 25.

190. Un seul témoin tente de décrire ce que peut signifier « mourir de soif », une des pires morts qui soient, voir P. Messmer, *Après tant de batailles…*, *op. cit.*, p. 68, mais c'était en Érythrée.

191. Entretien avec Gérard Théodore 20 juin 2007.

192. « Excusez-moi d'être sorti le premier, j'ai cédé à un mouvement de panique », comme l'a redit Roger Nordmann dans Bir Hakeim 1942, quand la France renaît, Timothy Miller, Cineteve, Fondation de la France Libre, France 5, diffusion en juin 2012.

à tout moment que les cahots et la fatigue ne conduisent à une réouverture de sa blessure. Il devra en outre subir trois jours de voyage douloureux jusqu'à Alexandrie. Roger Malfettes a traité sur le mode distancié la période très difficile d'avant la sortie où, ne pouvant manger, sous l'effet de la morphine, il dort 24 heures. Puis, lors de la sortie, la fatigue rend sa perception de la réalité très incertaine au point qu'il s'évanouit en arrivant aux ambulances[193].

3. Bruits

Le bruit de la bataille, perçu, reconstitué après coup par le moyen du langage est la marque de l'expérience sonore la plus impressionnante du fait de l'intervention massive de l'aviation dont l'intervention physique est visible et sonore. Le bruit qui a compté était donc celui des Stukas et des canons. Or dans ces bruits de bataille les experts, les vétérans, savent reconnaître ceux qui importent, pas seulement l'obus ou la bombe qui vous est personnellement destiné (ou non), mais aussi le bruit des armes d'infanterie. Une déception de ces récits de guerre de Bir Hakeim tient dans la quasi-absence de remarques sur les bruits du combat de l'infanterie, car peu de témoins sont des fantassins du premier rideau défensif. Pourtant, l'essentiel était connu. Le général Koenig, ancien chef de section de 1917, et le commandant Masson entendent littéralement le fléchissement du BP1 sous l'assaut ennemi au bruit des armes automatiques du bataillon :

> « J'entends les tac-tac ultra rapides des fusils-mitrailleurs allemands auxquels répondent à leur cadence modérée et moins nerveuse ceux de nos FM 24-29 est-ce la différence d'orientation? Mais Masson me fait remarquer que l'ennemi donne l'impression d'acquérir la supériorité du feu dans ce combat d'infanterie[194]. »

4. Violences

La question des violences de combat est impossible à traiter. On s'est battu d'assez près, mais pas de très près, sauf sur la position tenue au nord par la compagnie Messmer le dernier jour, au sud, et à l'ouest du côté du BM2, sans qu'il y ait eu d'approches ennemies suffisantes pour justifier l'utilisation par les témoins de l'expression « corps à corps ». Le combat de très près a eu lieu lors de la sortie. Les blessés achevés ne sont mentionnés que pendant la sortie, et la vraie accusation des Français du temps de la bataille est la destruction de l'hôpital, pourtant clairement identifié pour l'aviation ennemie.

En fait, les témoins tiennent à montrer qu'il n'y eut pas d'exactions en combat et un médecin a reconnu la vertu guerrière d'un blessé ennemi prisonnier. L'aspirant médecin Jean Bernasse de la 13e DBLE a vu un légionnaire lui amener

193. Roger Malfettes, *op. cit.*, p. 186 et 195.
194. Koenig, *op. cit.*, p. 333.

un blessé allemand, et nous citons ce texte pour sa rareté, pour la manière dont elle peut rappeler certains discours des anciens combattants de la Première Guerre mondiale qui ne voyaient plus dans le blessé un ennemi :

« À la place de son bras gauche, ne restaient que quelques lambeaux de chair sanglants. Je m'étonnais que ce blessé grave puisse encore trouver l'énergie de se déplacer à pied dans ce sable brûlant sous un soleil de plomb mais je suis resté stupéfait lorsque celui-ci, apercevant ma qualité d'officier, rectifia la position pour m'adresser de son bras restant, un impeccable salut militaire. Cette vision d'un soldat ennemi est restée gravée dans ma mémoire et veut témoigner de la valeur militaire et humaine du soldat allemand. Vivant les mêmes souffrances et les mêmes dangers, les combattants de choc manifestent parfois une certaine connivence quand les politiques ne viennent pas semer la haine et le mensonge parmi les combattants[195]. »

Affirmation aventureuse. Elle est à inclure dans ce moment de la guerre où les compétences de l'Afrika Korps et de leur chef, Rommel, fascinent – et inquiètent – les combattants d'en face. Cette illustration du côté chevaleresque de la bataille du désert ne peut être réglée avec les témoignages français uniquement. Il en est certes d'autres exemples notamment lorsqu'on décrit une trêve. Mais comme elles sont inhabituelles, la question de leur exemplarité est posée. Il faut d'ailleurs faire la différence entre pause et trêve. Un témoin allemand décrit la première en 1992 :

« Il y a des blessés, un docteur est arrivé et a commencé à les soigner, ... j'ai enlevé mon casque pour les saluer et les autres n'ont pas tiré. J'étais très reconnaissant aux adversaires de m'avoir laissé saluer mes camarades blessés[196]. »

L'ambulancier Lorenzo Semple de l'American Field Service décrit, lui, une trêve, pour aider à ramasser des blessés du génie allemands piégés dans les champs de mines :

« Nos ambulanciers hélèrent l'infirmier allemand qui se terrait avec deux ou trois blessés. Il s'approcha, tendit le pistolet qu'il portait, et s'affaira pour aider Kulak et Worden à transporter les blessés dans l'ambulance. Puis l'infirmier y grimpa à son tour se rendant en même temps que les blessés. Les tirs ne reprirent qu'après que Worden soit parvenu à bonne distance de sécurité. Certainement pas le genre de situation que l'on associe généralement avec les guerres modernes[197]. »

195. Guy Chauliac, *op. cit.*, p. 141.
196. W. Nagel, capitaine de la 8e compagnie du 155e régiment d'infanterie motorisé, dans Bir Hakeim, Patrice Gélinet, *L'histoire en direct*, 4/05/1992 sur Radio-France.
197. Lorenzo Semple, « The American Field service at Bir Hacheim », *The American Field Service Bulletin*, vol. 1, n° 1 p. 22-29 et n° 2 July 1942 (p. 25).

D'autres témoins ont sévèrement jugé l'utilisation militaire des ambulances par l'ennemi qui certes ramassait des blessés, mais installait des soldats au plus près des positions françaises et plus facilement. Pour comprendre les limites de la « guerre chevaleresque » du désert, il faut rappeler le grand nombre de pièges laissés par les Français dans les trous et tranchées avant la sortie[198]. La haine restait présente[199] et les dérapages possibles. Le lieutenant de chars Bazzochi qui commandait un des M13/40 italiens entrés dans la position du capitaine Morel le 27 mai, a failli être fusillé par des légionnaires espagnols qui le traitaient de « fasciste » et n'a du son salut qu'à la présence du lieutenant-colonel Prestisimone[200].

5. Les morts

Le fait de savoir qu'on ne sera plus maître du champ de bataille illustre magistralement ces problèmes des relations avec l'ennemi et de l'image qu'on en a. Et l'absence sur le terrain rejaillit sur le traitement des sépultures. L'exemple des inhumations est, à Bir Hakeim, édifiant. À la guerre, l'ensevelissement des morts obéit à des procédures bien connues pour des raisons sanitaires et celles qui relèvent du respect dû aux morts. Dans le désert les tués étaient rapidement ensevelis, quand on jugeait que c'était possible, ou ils étaient parfois brûlés. Dans le cas contraire, avec la justification d'une avance rapide, on laissait les corps sur place. Les Hindous de la 3e brigade n'ont pas tous été enterrés le 27 mai par les Italiens de la division Ariete ou leurs prisonniers : l'aspirant Jacques Pigneaux de Laroche a vu les cadavres des artilleurs indiens sur les pièces de 25pdr qu'il venait récupérer. À Bir Hakeim, les témoins se souviennent des pertes qui les ont marqués et de la manière dont on a honoré les morts, même en plein combat. Tel vétéran de la Grande Guerre « avait les larmes aux yeux ». Les témoins interrogés du 1er RA ont décrit de façon émouvante l'enterrement de l'aspirant Rosenwald, sous le feu. Une section de tirailleurs rendait les honneurs, alors que le lieutenant Dreyfous-Ducas lisait le kaddish (la prière des morts) dans le crépuscule :

> Roger Nordmann : « L'enterrement a eu lieu sous le feu, avec dix tirailleurs en grande tenue et les aspirants juifs. Le lieutenant Dreyfous-Ducas, le seul à le savoir, a dit le kaddish[201]. »
> Jean-Mathieu Boris, ami d'enfance de Rosenwald : « Après avoir réuni 9 autres israélites le lieutenant Daniel Dreyfous-Ducas récite la prière des morts, le

198. Ils sont décrits par 70 % des témoins et confirmés par les vétérans valides au moment de la sortie dans nos entretiens.
199. Voir Roger Malfettes, *op. cit.*, p. 201, par exemple.
200. Lettre du lieutenant Bazzochi à Francesco Viglione, dans Francesco Viglione, *op. cit.*, p. 651.
201. Roger Nordmann, entretien du 27 juin 2007. Léon Tartivot, entretien du 1er juin 2008, pour l'enterrement très rapide de quatre soldats du BIM.

kaddish, et alors qu'un lourd nuage recouvre lentement Bir Hakeim, les tirs d'artillerie reprennent, mais aucun de nous ne cherche à s'abriter. *Götterdämmerung*[202] ! »

À la fin de la bataille, dans les trois derniers jours, il a fallu se résoudre à des procédures d'enterrement d'urgence, c'est ce que décrivent L. Tartivot et R. Nordmann dans les entretiens oraux. Selon Roger Nordmann : « On n'évacuait même pas les morts, on les enterrait sur place, et quand on allait d'une pièce à l'autre, on enjambait les trous que l'on avait faits pour enterrer les camarades[203]. » Mais aucun témoignage, curieusement, ne parle de l'odeur de putréfaction dans une position désertique.

Que s'est-il passé sur place après le départ de la brigade et des prisonniers ? Aucun document ou témoignage n'a pu nous renseigner précisément.

Pour les hommes de la brigade, comme pour les unités d'autres armées, « abandonner derrière soi le cadavre d'un camarade inflige une blessure morale qui laisse des traces profondes dans la conscience des survivants[204] ». Les Français n'ont eu de cesse, après El Alamein, d'aller à Bir Hakeim pour rendre hommage aux tués de la brigade. Ils se doutaient, ou savaient[205], qu'ils n'avaient pas été tous enterrés après la sortie du 11 juin. La décision de Catroux, Larminat et Koenig était de créer un cimetière que l'on verrait de loin et d'abord du ciel. Du 20 au 23 novembre 1942, le capitaine Morlon a dirigé l'expédition qui a effectué le ramassage de quatre-vingt-quinze corps sur la position et sur le chemin de la sortie. Son témoignage est unique et saisissant :

> « Le 20 nous arrivons, en fin de matinée, à Bir Hacheim et nous y commençons notre pénible travail. Nous regroupons les corps, plus ou moins bien enterrés dans leurs unités, dans de nouvelles sépultures autour de la grande tombe du groupe sanitaire divisionnaire : une bombe d'avion est tombée sur le grand trou recouvert d'une tente qui faisait salle d'hôpital. Il y a eu une quinzaine de tués. Le trou a été comblé avec la terre des murets de protection, et une grande croix placée dessus. Les cadavres enterrés les derniers jours du combat dans des trous très peu profonds, avec un peu de terre dessus, sont pratiquement momifiés. Je retrouve celui de Cohard. Il manque les os de la face et un bras au squelette que nous mettons dans une caisse d'obus vide en guise de cercueil. Rosenwald a été enterré plus profondément, le cadavre est en état de décomposition très avancée. Nous l'entourons péniblement dans une couverture que nous transportons à la nouvelle tombe. Quand nous avons fini avec les morts de la position, nous nous déplaçons vers l'itinéraire de sortie, jalonné par des véhicules incendiés (les véhicules qui ont été simplement immobilisés ont été

202. J.-M. Boris, *op. cit.*, p. 108.
203. Revue *Icare*, n° 101, 1982 p.
204. Bruno Cabanes, *Une histoire de la guerre*, Paris, Le Seuil, 2018, p. 434.
205. Par les diverses missions de reconnaissance de la VIIIe armée.

récupérés par l'ennemi). Les cadavres de nos morts sont à même le sol. Les Allemands ont essayé d'en brûler quelques-uns avec de l'essence (par souci de sécurité sanitaire), mais ils n'ont pas continué, n'étant pas riches en carburants... À une centaine de mètres de là, une ambulance a cramé. Sur des brancards autour, plusieurs squelettes avec d'énormes pansements tout blancs. Pour l'un deux, il ne reste que les os, un énorme pansement qui entoure le bassin. Il n'en sort qu'un seul fémur avec son tibia et les os du pied. Le spectacle est très dur. Pendant ce travail macabre, pour changer les idées, mes camarades et moi entonnons des chants de marin[206]. »

Morlon, sans pathos, précis, confirme les pratiques funéraires d'urgence bien connues du champ de bataille et les collectes difficiles qui suivent les combats. Ce qu'il dit de trois soldats mal enterrés de la fin du siège corrobore les témoins qui les 9, 10 juin ont enseveli les morts sous les bombardements. Enfin, la manière dont l'ennemi ne s'est pas soucié, ou peu, des adversaires tués en dit davantage que le manque de temps. Quelles unités allemandes ou italiennes accepteraient de perdre du temps pour enterrer des coloniaux français ?

G. L'arrière ?
Après la bataille... le silence des mémoires, ou peu s'en faut

Très dépendants des premiers récits et des expériences communes, les témoignages le sont aussi par la prise de conscience plus tardive que la brigade avait réalisé un exploit. Témoignages oraux et écrits concordent, l'épreuve de la bataille et de la sortie avaient été d'une intensité telle qu'on était heureux de s'en être sorti. Le fait de savoir qu'on parlait de Bir Hakeim dans le monde a été connu, mais on n'a mesuré l'importance de l'exploit que quelques jours plus tard, par exemple au contact de civils en Égypte[207]. La découverte va de pair avec un fléchissement momentané du « moral » dans la 1re brigade. Non qu'il faille d'ailleurs accorder à la notion de « moral » une importance explicative excessive. A. Loez note que sous le mot « moral », l'armée désigne une forme de contrôle social et la capacité de combattre[208]. Soit. Qu'il y ait des difficultés de conceptualisation, et partant d'utilisation de la notion couramment utilisée en histoire militaire est une évidence. Mais les historiens souvent n'ont rien d'autre que des remarques équivoques sur le « moral » des troupes et doivent s'en accommoder.

206. Paul Morlon, *op. cit.*, p. 119-120. Nous n'avons pas retrouvé d'autres textes sur cette mission, souvent attribuée par erreur au lieutenant du génie Desmaisons qui était présent avec quatre sapeurs mais ne commandait pas (SHD Vincennes, 12P170, J.M.O. du 1er bataillon du 1er Génie décembre 1942).
207. Entretien avec Hubert Germain, 29 juin 2008.
208. André Loez, « Pour en finir avec le « moral » des combattants », dans *Combats, Hommage à Jules Maurin*, Jean-François Muracciole, Frédéric Rousseau (éd.), Paris, Michel Houdiard, 2010. Pour une discussion plus approfondie sur le « moral » et la « motivation » voir Jonathan Fennell, *Combat and morale, op. cit.*, (pour les facteurs définissant son analyse des composantes du « moral » voir particulièrement les p. 9-10).

Le cas de la brigade de Koenig est ici exemplaire, faute d'archives. Le séjour à Bir Hakeim, générateur d'ennui pour ceux qui n'étaient pas dans les Jocks Columns avait conduit Koenig à envoyer au bord de mer[209] et par roulement une partie des unités. Mais les sapeurs du génie (compagnie du génie et pionniers de la Légion étrangère), les tirailleurs, une partie des artilleurs, nombre de légionnaires et des soldats des transmissions n'ont jamais pu s'y rendre. La « Koenig plage » a été appréciée par ceux qui ont fait le voyage, on peut donc supposer qu'elle fut bonne pour « le moral ». Mais un témoin a dit que ce n'était pas très déterminant du fait de séjours trop courts[210]. Ce n'était donc qu'un pis-aller pour tenir les troupes, malgré la « bonne détente » de quelques jours[211]. Sur ce plan du « moral », l'action du service de santé de la brigade a été plus importante. L'aspirant Mergier et/ou le sergent-infirmier Kerebel notaient :

> « La présence d'équipes chirurgicales en première ligne, comme l'avaient prévu et voulu les responsables du service de Santé a permis de sauver de nombreuses vies humaines. Elle a, sans aucun doute, contribué à maintenir le moral des combattants, *ce qui n'a peut-être pas été suffisamment souligné dans les récits strictement militaires qui ont été faits depuis lors*[212]. »

Les censeurs de l'armée britannique ne s'intéressaient qu'à des aspects spécifiques du « moral » : l'« excellent moral », et « l'excellent esprit » des Français exprimé dans le petit nombre de lettres envoyées de Bir Hakeim durant la bataille et après, l'acceptation des conditions de vie au désert, le soutien apporté au général de Gaulle comme chef de guerre et chef politique, l'acceptation de la prise de Madagascar[213]. Après la bataille, à l'été 1942, la brigade bénéficie de sa renommée récente, les Français ne sont pas exactement sur la même ligne que leurs camarades de la VIIIe armée à la sortie de la bataille de Gazala, avec la capitulation de Tobrouk : « Le plus triste était de savoir que la bataille avait été si près d'être gagnée[214]. » Volontaires, ils n'ont pas les états d'âme d'une partie des

209. Koenig, *op. cit.*, p. 196.
210. J.-M. Boris, entretien du 18 novembre 2007.
211. P. Morlon *op. cit.*, p. 93, qui signale les trois occupations : se baigner, manger les produits fournis par les magasins de l'armée britannique (« surtout fruits au sirop et chocolat »), commercer avec « les rares bédouins du voisinage » Il y eût dans ce séjour un épisode cocasse, car le commandant Puchois organisa dans son bataillon de légionnaires un « concours de guitounes fleuries ».
212. Pierre Mergier, pharmacien-aspirant est resté jusqu'au 31 mai à Bir Hakeim, après cette date il rapporte les propos du sergent-infirmier Kerebel, appartenant comme lui à l'Ambulance Hadfield-Spears, dans Guy Chauliac, *Le Service de santé de la France Libre*, Guy Chauliac, 1994, p. 149, souligné par nous.
213. Analyse des courtes notes de la censure, Archives New Zealand (Wellington), WAII 1461 DA508/1, Weekly Censorship summaries Middle East, vol.1 June 23 p. 15 1942, (haut moral du bataillon du Pacifique et soutien à de Gaulle), *ibidem* p. 18 (Madagascar), p. 15 May 27 (acceptation « avec philosophie » des conditions de vie dans le désert).
214. Major R.H.W.S. Hastings, *The Rifle Brigade in the Second World War*, Aldershot, Gale and Polden, 1950, p. 133, notre traduction.

combattants britanniques qui dans le désert, et au même moment, s'interrogent parfois sur le sens du combat[215].

Est-ce à dire qu'ils soient immunisés contre la dépression ? La brigade doit faire face à des difficultés imprévues : du fait des pertes, d'hommes et d'armes, elle doit se recompléter. Et elle surtout a besoin de repos, car 800 soldats ont été soignés par l'ambulance Hadfield-Spears en Égypte en juillet et août 1942 ce qui pourrait rapprocher la fatigue des Français de la baisse de tonus des unités britanniques durant l'été, mais pas pour les mêmes raisons[216], puisque les Français ont fait plus que sauver l'honneur. Les rapports des officiers de liaison signalent une brève dépression dans la brigade, qui se traduit pour eux par des rixes dans les bars, parfois des bagarres au couteau qui oblige les Français à installer des unités de police militaire doublant celles des Britanniques dans les casernes. Les mêmes troubles se produisent dans la seconde brigade, située elle aussi dans le delta du Nil, séjour difficile pour les Français Libres[217] où la « monotonie est le principal ennemi » des Fighting French[218]. Cependant, le moral de la 1re brigade - les censeurs de la VIIIe armée l'ont toujours noté - est resté supérieur à celui de la 2e brigade, avant et après Bir Hakeim, car la 2e brigade n'avait pas été engagée et à l'automne 1942 dut faire face à des rumeurs de dissolution. La revendication du prestige acquis par la 1re brigade sera - définitivement - une source de fierté auprès des autres Français Libres. Et elle sera aussi comme on l'a vu, et comme l'a dit Diego Brosset, source d'ennuis auprès des Alliés[219].

Mais où se reposer ? Et que faire effectivement « à l'arrière » quand la vocation revendiquée est de se battre ? L'« arrière » de la Libye n'était pas en entier politiquement acquis à la France Libre. En Égypte, le maréchal Pétain avait longtemps conservé des partisans chez les civils français que le Comité France Libre d'Égypte avait finalement incités à partir. Les soutiens du maréchal les plus déterminés restaient les marins français de la Force X retenue à Alexandrie. Les nationalistes égyptiens étaient puissants dans l'armée et la population. Au Liban, les divisions étaient aussi présentes, même chez les religieux français où les jésuites soutenaient le maréchal et les dominicains, la France Libre. Surtout, le nationalisme arabe s'y organisait comme en Syrie, qui était contrôlée avec doigté

215. « Nous savons contre qui nous combattons mais savons-nous pourquoi nous combattons ? » écrivait dans une lettre un soldat britannique, cité par B. Shephard, *A war of nerves*, London, Jonathan Cape, p. 229. Même si la remarque ne vaut pas pour l'ensemble de la VIIIe armée, le général Montgomery s'est appliqué à redresser le moral de ses unités bien avant El Alamein.

216. L'armée britannique s'inquiétait des « blessures sérieuses » représentant 20 % des admissions à l'hôpital, et des cas d'indiscipline et de molestation de civils par des soldats britanniques en mai 1942, SANDFA, MADC. Div Docs Box 1. Group 1. 8th Army Routine Orders. May 1942.

217. TNA WO 202/82, rapport du 1er août 1942.

218. Archives New Zealand (Wellington), WAII 1461 DA508/1, Weekly Censorship summaries Middle East, vol.2, indication sur l'ennui au repos (Summary July 29-August 4, p. 21), sur la monotonie et l'inactivité, *ibidem*, summaries September 24-September 29, September 30-October 6 1942..

219. Voir chapitre précédent.

mais fermement par le général Catroux[220]. Le Moyen-Orient n'était pas dans un soutien inconditionnel aux Alliés. Italiens et nazis avaient des sympathisants chez les nationalistes de tous bords. On connaît depuis longtemps les liens des juifs du groupe Stern avec les fascistes italiens, et la fascination des phalangistes libanais de P. Gemayel et de nationalistes syriens pour l'Allemagne nazie[221].

Sur le plan logistique, bien que ce problème n'apparaisse presque jamais dans les souvenirs et surtout dans les archives, la brigade avait une base « arrière » militaire avec les camps et les casernes des Britanniques. Car la Syrie était bien lointaine mais nécessaire pour les hôpitaux et les munitions, quelques renforts, et les casernes du Liban restaient d'un secours limité. La seule unité constituée qui retourna en Syrie fut le BM2, après Bir Hakeim, en raison des pertes élevées subies et en attendant un retour en Afrique. Les Français Libres blessés ou valides n'avaient que peu d'options. La chaîne de solidarité pour prendre en charge les blessés était organisée avec du personnel payé ou bénévole, on pouvait en bénéficier à condition de ne pas être perdu dans le système de santé britannique. Elle a laissé peu d'archives. Roger Malfettes convalescent va d'abord dans la famille Morey à Ismailia, puis rejoint les Beyssier à Beyrouth[222]. Le Caire et Alexandrie pouvaient à peine tenir lieu de base arrière, malgré les opportunités pour des audacieux dans les clubs britanniques. Certains permissionnaires avaient accès aux bordels: les cas de syphilis sont nombreux selon les médecins sans qu'on puisse proposer de statistiques pour une comparaison avec les Britanniques ou d'autres contingents étrangers, le recours aux archives britanniques n'a sur ce plan rien donné. Les mémoires sont d'ailleurs muets sur la fréquentation des bordels égyptiens, syriens ou libanais, comme ils sont muets sur les homosexuels. Une minorité a pu se changer les idées dans de célèbres restaurants et pensions comme « La popote de guerre[223] ». Les plus

220. Sur les problèmes d'autorité contestée de la France Libre en Syrie-Liban, les divisions de ses dirigeants sur la conduite à avoir en Syrie, sur les erreurs commises, sur la politique britannique incarnée par E. Spears, nous simplifions. La plupart se déroulent après Bir Hakeim, voir Jean-Louis Crémieux Brilhac, *La France Libre*, *op. cit.*, Martin Thomas, *The French Empire at war*, Manchester, Manchester University Press, p. 100-124.

221. Bibliographie importante sur ces questions et plus largement sur le destin des pays sous le mandat de la SDN confié à la France. Voir le livre de Christian Destremau, *Le Moyen-Orient pendant la Seconde Guerre mondiale*, Paris, Perrin, 2015, et par exemple l'article « Liban » dans le *Dictionnaire de la France Libre*, sous la direction de François Broche, Georges Caïtucoli, Jean-François Muracciole, Paris, R. Laffont, 2010.

222. R. Malfettes connaissait ces familles depuis 1940, il décrit la chaîne de solidarité entre l'Égypte et la Syrie p. 208 et 215 de ses mémoires.

223. Archives privées Philippe de Callataÿ, Livre d'or de « La popote de guerre », restaurant d'Alexandrie, où se retrouvaient Français Libres, Belges d'Égypte, Britanniques, Néo-Zélandais, beaucoup de soldats et officiers de toutes armes. Nous avons reproduit les noms de signataires de 1942 qui appartenaient à la brigade, en ajoutant les grades quand ils étaient donnés et les rares commentaires. La prédominance des légionnaires est claire, bien qu'on y note peu d'hommes du rang. Parmi les signataires du livre d'or figurent: le lieutenant Gambier, P. Messmer, adjudant Deispler, Garlier, Guillot, Rousseau, caporal Mourmoux, lieutenant Labaume, lieutenant Agenet (A. Genet?), lieutenant Sartis, Dumortier, sous-lieutenant Bourdis, sergent Parewyek (?), Genateyg (?), Albert Platts, capitaine Morel,

chanceux pouvaient avoir des marraines de guerre en Égypte, ou trouver bien mieux le cas échéant[224]. Mais ils ne pouvaient pas comme Robert de Cidrac, blessé, se reposer en famille dans la zone du canal de Suez[225]. Le Comité de la France Libre d'Égypte avait cependant patiemment constitué un réseau d'aide et une « Maison d'accueil » avait été créée au Caire. Mais ces initiatives ne pouvaient suffire pour l'ensemble des militaires de la France Libre isolés depuis des mois dans le désert.

Messmer a été juge d'instruction quelque temps dans un tribunal militaire à Mena camp. Il assure avoir renvoyé tous les accusés dans leurs unités alors que selon le code militaire français ils risquaient la peine de mort pour désertion devant l'ennemi. Messmer, sous-estimant le problème dans le récit de « sa » guerre, jugeait que partir « en bordée » sans permission était un péché véniel[226]. Les archives ne mettent en avant que des cas de bagarres, surtout avec les marins de la flotte vichyste d'Alexandrie[227]. À partir des mémoires de madame Melot, qui tenait « La popote de guerre » à Alexandrie, il est permis de poser autrement et frontalement un problème pratiquement absent des sources et des mémoires françaises sur la guerre du désert[228]. Et sur lequel nous ne possédons pas de

S.R. Jensen (« caporal-chef danois, probablement le seul »), Pernet, de Ferrières, capitaine Jean de Vienne (St-Hillier), capitaine Jean Simon, (Légion étrangère), Charles Yves Couillet, Lepeu, P. Simonet, aspirant J.-M. Boris, R. De Guyon, capitaine Quirot, capitaine Chavanac, lieutenant « Denissac » (Cassin), lieutenant Dreyfous (1er RA), Le Bourgeois, P. Iehlé, Bauche, capitaine de corvette Amyot-d'Inville, « marin par vocation, combattant dans le sable », Lofi « vous n'aurez pas l'Alsace et la Lorraine », (BFM), Merle (BM2), Docteur P. Guillon (GSD 1). Fin 1942, début 1943 ont signé quelques membres d'autres unités, mais ils sont moins nombreux que ceux de la 1re brigade : lieutenant Karcher, (BM1), capitaine Liorette (BM5), ss-lt Le Heinoff, lt Barbier (BM 11), sergent Lierman (génie), capitaine Hugo, « infanterie coloniale », lieutenant-colonel Lotte, etc.

224. Un succès féminin pour Messmer à Héliopolis, *Après tant de batailles*..., *op. cit.*, p. 121.

225. Robert de Cidrac, « Frères ennemis en Syrie », *Journal de la France*, n° 144, 1972, courrier des lecteurs. Robert de Cidrac a été blessé par une mine lors de la sortie. Il ne précise pas où était sa famille. Comme l'indique le titre, l'essentiel de la reproduction- incomplète- de la lettre de R. de Cidrac au magazine *Journal de la France* porte sur les échanges houleux avec les vichystes de Syrie, dont de Cidrac note l'inexorable et injustifiée progression dans les grades sans combattre contre les Allemands avant 1943.

226. P. Messmer, *Après tant de batailles*, *op. cit.*, p. 118. Voir dans P. Morlon, *op. cit.*, p. 98, les aventures de deux sous-officiers de l'artillerie qui exhibent leurs tatouages dans des clubs britanniques en se faisant passer pour des officiers.

227. SHD Vincennes, 11 P18, Archives de la Prévôté de la France Libre, pas de mention d'assassinats ou de viols.

Cependant, du fait de l'inaction et de l'incertitude sur l'emploi tactique de la division et le renouvellement du matériel de la 1re DFL les problèmes semblent plus importants en Tunisie qu'en Égypte. Suffisamment en tout cas pour qu'en septembre 1943 le général Brosset, commandant la division, rappelle que « le vol à main armé est passible de la cour martiale, que la gendarmerie est seule qualifiée pour faire une enquête auprès des populations, que les droits de réquisition et perquisition n'appartiennent à aucun degré aux échelons subordonnés des cadres de la division, que s'être fait justice soi-même constitue un motif de punition sévère » (11P 18, Prévoté, note de service du 30 septembre 1943).

228. Ou alors présent sous la forme de la « cuite » ou de la bagarre mémorable où le nom du commandant de Légion Bablon, excellent officier par ailleurs, revient de temps à autre.

statistiques, de rapports ou d'archives. Madame Melot distingue les soldats plus ou moins abandonnés des officiers qui n'avaient aucun problème :

> « Les hôtels, les bons restaurants, les clubs leur étaient réservés, les "Dames", les infirmières des nombreux hôpitaux par priorité agrémentaient leurs loisirs. Le sort des non-gradés était beaucoup plus précaire. Même si un soldat avait un peu d'argent, il lui était interdit de se mettre en civil (pour donner le change) et de se faire inviter dans les endroits selects "*off limits*" réservés aux officiers. Les dames de la Croix-Rouge et les bonnes sœurs religieuses étaient en trop petit nombre pour s'occuper valablement de la troupe. Les soldats qui fréquentaient les mauvaises rues du port se faisaient tabasser et dévaliser par les bandes d'Arabes et on les retrouvait inanimés sur les trottoirs, ce qui les rendait encore plus gravement passibles de punitions sévères s'ils étaient ramassés par la Military ou la Naval police !...Dès lors, Bob et Henry furent catégoriques de réserver l'accueil de "la popote" en priorité aux hommes du rang pour qu'ils y trouvent plus de chaleur et de réconfort... les officiers furent aussi admis, mais la règle était que dès l'entrée il n'y eût plus de grade[229]. »

Même si, pour quelques-uns, dont Hubert Germain, « l'Italie c'était plus dur[230] », le combat de Bir Hakeim restera pour de nombreux combattants une expérience hors normes., à la mesure de l'exemplarité de l'engagement volontaire. Elle confirmera des officiers et des soldats dans leurs croyances religieuses, ainsi Rabot confiant en la protection de Sainte Thérèse, héritage de la Grande Guerre[231]. D'autres retourneront à leur foi, ou la découvriront. Ainsi Jean-Mathieu Boris, pourtant sans esprit religieux particulier avant-guerre, se convertira au catholicisme après la bataille[232]. Pour l'écrasante majorité, ce sera la découverte ou la confirmation de savoir se tenir dignement dans une bataille. Dans ses mémoires, J.-M. Boris dit avoir bien compris le sens et la portée des remerciements du lieutenant-colonel Laurent-Champrosay qui décorant ses artilleurs leur dit « si vous ne m'aviez pas obéi je vous aurais fait fusiller[233]. » En entretien Boris ajouta : « Ça m'a plu[234]. » Avant cette cérémonie de remise de médailles, la

229. Mémoires de Madame Robert Melot, Archives privées Philippe de Callataÿ. Elle était l'épouse de Robert Melot (« Bob », 1897-1944), Belge, installé à Alexandrie, héros de la Grande Guerre comme son frère Henri, il avait vu ses offres de service refusées par le gouvernement belge en 1940. Il fut employé par les Britanniques pour sa connaissance du désert et des langues française, allemande, anglaise. Il aida les SAS dès 1941, a participé au raid des SAS sur Benghazi, et fut intégré régulièrement dans le Spécial Air Service en 1943. Il disparut en 1944 en Belgique après une mission importante dans le Morvan.

230. Entretien avec Hubert Germain, 29 juin 2008.

231. Voir Annette Becker, *La guerre et la foi*, Paris, Armand Colin, 1994, p. 72 et 75. Sauf erreur de notre part nous n'avons trouvé de références à la Vierge Marie.

232. J.-M. Boris se convertit au catholicisme après de longues discussions avec le père Alby, « dominicain de mère juive », *op. cit.*, p. 127. Le baptême est célébré le 21 avril 1943.

233. J.-M. Boris *op. cit.*, p. 119 et entretien du 4 décembre 2007.

234. J.-M. Boris, entretien du 4 décembre 2007. Ce commentaire ne figure pas dans les mémoires.

déclaration antisémite du même lieutenant-colonel, « il ne devrait pas y avoir de juifs dans une armée nationale » avait surpris les officiers et particulièrement les jeunes aspirants. Elle a été confirmée par tous les témoins du 1er RA interrogés[235]. Roger Nordmann demanda à se retirer et sortit de la tente puis quitta le régiment pour une unité de défense aérienne. Mais Daniel Dreyfous-Ducas est resté dans le 1er RA durant toute la guerre, et Jean-Mathieu Boris jusqu'à son passage dans les commandos de France en Algérie. Il trouvait comme Gérard Théodore et Jacques Pigneaux de La Roche que Laurent-Champrosay était « réactionnaire mais compétent[236]. »

Conclusion

Les témoins enrichissent et illustrent un récit déjà donné et sortent très rarement du sens et de la trame du récit de bataille définie dès le temps de guerre. Ils écrivent d'abord pour leurs familles, leurs proches, leur épouse, un ou une ami(e). Ils ont plus rarement écrit pour eux-mêmes[237]. Ce n'est qu'à la fin de la guerre et après 1945 qu'ils ont eu à informer un plus large public, peu au fait de ce qu'avait été la France Libre dans ses premiers combats de 1940-1942. Ils n'ont donc pas cherché dans leurs écrits sur le temps de guerre, sauf exception, à faire connaître des faits d'armes héroïques, mais d'abord à dire ce qu'avait été, à ce moment-là comme en d'autres occasions, ce qu'ils savaient de la situation en cours, leur état d'esprit, ce qu'ils avaient vu ou fait. C'était vouloir précisément situer leur participation au combat et à la guerre et chercher à transmettre leur expérience de soldats à Bir Hakeim et ailleurs. Ce qui a été vu, senti, ou pensé dans les moments difficiles et les périodes calmes, n'est, dans les carnets, journaux de marche etc. visiblement pas contaminé par la littérature « héroïque » héritée de la Grande Guerre. Mais ici et là, on sent poindre la tentation de reconstruire le témoignage, de l'élaborer. Et ceci provient d'abord de l'ambition de rendre l'expérience plus intelligible, ensuite de donner à l'épopée de la France Libre les scènes qu'elle mérite. Pour ceux qui décrivent l'ensemble de leur guerre, Bir Hakeim est une expérience singulière mais une expérience parmi d'autres car les combattants savent identifier la teneur spécifique de chacune d'entre elles. Toutefois, la gloire acquise à grand prix à Bir Hakeim donne la tonalité particulière et impérissable au regard des témoins sur cette partie de leur passé guerrier. Si les témoins interrogés n'ont jamais accordé une grande importance aux médailles et aux titres, les unes et les autres valaient selon eux comme expression

235. Roger Nordmann, entretien du 26 juin 2007, Jean-Mathieu Boris, entretien du 18 novembre 2007, Jacques Pigneaux de Laroche, entretien du 23 juillet 2007.

236. Entretien avec Gérard Théodore du 20 janvier 2008. Pour l'antisémitisme présent dans des secteurs limités de la France Libre, voir Jean-Louis Crémieux-Brilhac, *La France Libre. De l'appel du 18 juin à la Libération*, Paris, Gallimard, 1996 ; on sait par exemple que l'entourage de Catroux, pas le général, était plutôt antisémite.

237. Le capitaine Guénon, assez remarquablement, confiait à son carnet des réflexions sur l'évolution de sa personnalité dans la guerre, SHD Archives Koenig 237/1.

de reconnaissance. Celle-ci est finalement manifestée à tous : en 1959, sur proposition du général Garbay, alors Inspecteur des Forces Terrestres d'Outre-Mer, les hommes de la brigade restés sans médailles après 1945 ont été finalement honorés par la Croix de guerre 1939-1945[238]. L'essentiel était ailleurs : dans cette première rencontre avec l'armée de Hitler depuis 1940, les Français Libres avaient démontré leur volonté et leur capacité à se battre.

Mais ce n'est pas le tout de ce grand récit des témoins démultipliant le récit originel. Car les témoignages, sauf très rare exception, portent des traces de la désillusion lors du retour en France. À n'en pas douter, beaucoup d'entre eux, ont été déçus en 1944. Et ils ont perçu un énorme décalage : « Bir Hakeim tombait à plat[239]. » Dans un pays très divisé, exsangue, où les traces de la collaboration et du début de guerre civile ne manquaient pas, les Français Libres – et ceux qui venaient d'AFN[240] – notaient le peu d'empressement à s'engager dans l'armée qui venait de débarquer en Provence en août 1944. C'était une déception de taille pour ceux qui avaient toujours revendiqué de faire simplement « leur devoir » de Français pour libérer le pays. Eve Curie, correspondante de guerre en 1941-1942, avait décrit ces soldats de la France Libre comme des guerriers « modestes[241] ». Le Compagnon de la Libération Claude Lepeu dira dans la même veine : « Nous n'avons jamais eu l'impression d'être des héros[242]. » La conscience d'avoir été - et de rester - parmi l'élite de la France Libre est toujours sous-jacente derrière l'impression d'avoir à toujours recommencer à expliquer l'engagement de 1940 et les combats des « rebelles héroïques » de 1942[243]. Elle révèle la volonté de rester fidèle au compagnonnage de guerre dans un entre-soi où peut se dire et se redire la souffrance et l'espoir, parfois, l'émotion.

Bir Hakeim fait partie des événements pour lesquels on dispose d'un grand nombre de témoignages. Est-ce une chance ? La lecture de ces témoignages a permis de leur donner une place dans la construction de l'histoire de l'exceptionnel et de l'ordinaire de la campagne du désert. Avec ou malgré les citations, nous pensons avoir montré qu'il ne s'agissait pas ici de rester sur une lecture apparente du témoignage, mais de comprendre ce qu'il y avait derrière ce qui était présenté et ressenti comme le « vrai » de la guerre de ce moment de mai-juin

238. Décision du ministre des armées Pierre Guillaumat en date du 21 avril 1959, AOL dossier Bir Hakeim.

239. Selon Hubert Germain, entretien du 7 mai 2009.

240. Par exemple, dans le roman autobiographique du « marocain » Michel Jobert, *La rivière aux grenades*, Paris, Albin Michel, 1982, p. 240.

241. (Ils sont de) « Tous les milieux, tous les métiers, expansifs même éloquents sous leur ironie et pourtant ils sont profondément modestes. Leur sacrifice qu'ils veulent anonymes rayonne d'un éclat très pur. La politique, les ambitions personnelles, l'espoir de jouer un rôle, ils ignorent tout cela », Eve Curie, *Voyage parmi les guerriers*, Éditions de la Maison Française, New York, 1944, p. 132. La fille de Marie Curie fut plus tard volontaire féminine de la France Libre et travailla un temps dans un 3e bureau d'état-major.

242. Benoît Hopquin, *op.cit.* p. 326. B. Hopquin a changé l'expression de Claude Lepeu en « nous n'étions pas des héros » qui donne son titre au livre.

243. L'expression est du commandant Savey, et rapportée par Eve Curie, *op. cit.*, p. 132.

1942. Réalités et représentations sont indissociables dans la reconstitution du « vrai » et de ce que le témoin ressent et rapporte comme le vrai d'un moment vécu puis raconté, et parfois magnifié et déformé dans les mémoires. Il n'est de « bon » récit de guerre qu'au second degré, ou plus exactement dans la tension descriptions/explications (de tous ordres) qu'implique l'incorporation des témoignages et la manière dont ils sont construits, dans le récit de bataille. Dans ses écrits, l'histoire savante peut jauger les mémoires en produisant son récit, elle n'en supprime pas pour autant l'authenticité qui donne du sens à la vie des individus qui la portent dans une expérience de guerre partagée.

Bir Hakeim : Nord-Ouest de la position

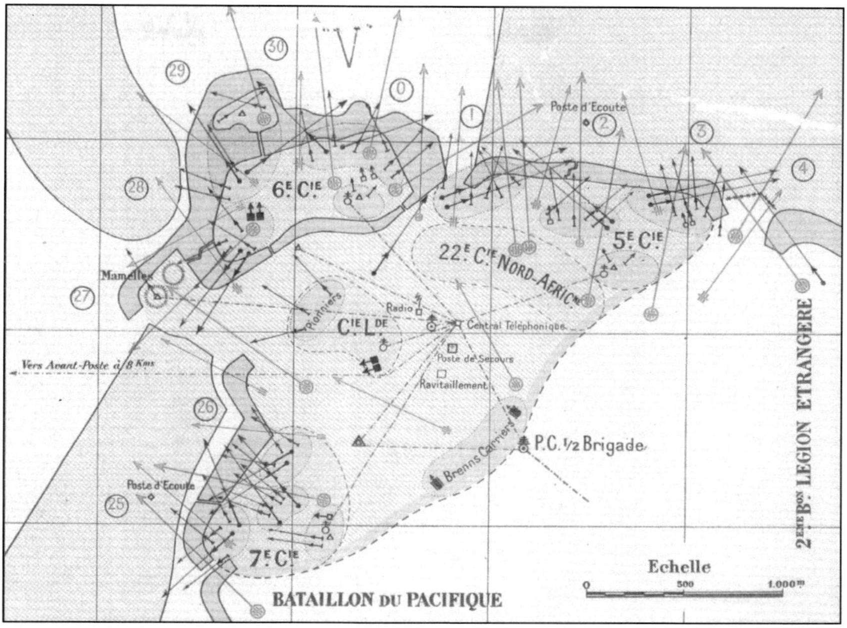

a) Plan de la position nord-ouest à Bir Hakeim. SHD, Vincennes, Fonds Amiel : emplacements du BM2

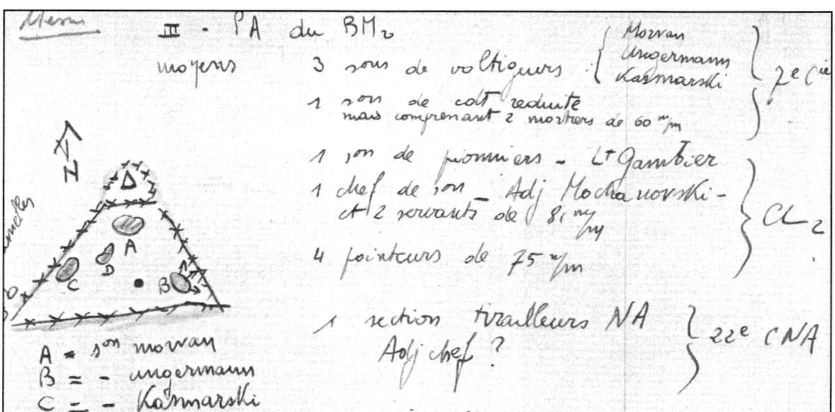
Messm

III - PA du BM2

moyens 3 sons de voltigeurs { Morvan Ungermann Kasmarski } 7e Cie

1 son de colt reduite mais comprenant 2 mortiers de 60 m/m

1 son de pionniers - Lt Gambier

1 chef de son - Adj Mochanovski - et 2 servants de 81 m/m } CL2

4 pointeurs de 75 m/m

1 section tirailleurs NA Adj chef ? } 22e CNA

2 mortiers 81 m/m avec 6 servants

4 canons 75 avec 16 servants et chefs de pièce } Cne [struck through] } CL du BM2

1 canon de 47 italien

A = son morvan
B = - ungermann
C = - Kasmarski
D = 22e NA
Δ = observatoire
• = PC point d'appui
xxx mines

b) Rapport Messmer La fin du rapport du capitaine Messmer montrant les emplacements et les sections sous ses ordres sur la position nord-ouest de la 6e compagnie du BM2. AOL, carton Bir Hakeim, rapport Messmer, sans date, J.M.O. de la brigade

Combattants de la brigade avant et après la bataille

a) Soldats de la compagnie Messmer ECPAD, Fonds Privé Saint-Hillier D11-1-5

b) Sortie de bataille.

Bir Hakeim : l'événement entre nouvelle et propagande

a) Bir Hakeim dans la presse britannique, exemples reproduits par la *Revue de la France Libre*, juillet-août 1949.

Bir Hakeim

b) Propagande de la France Libre, sans date. Collection privée

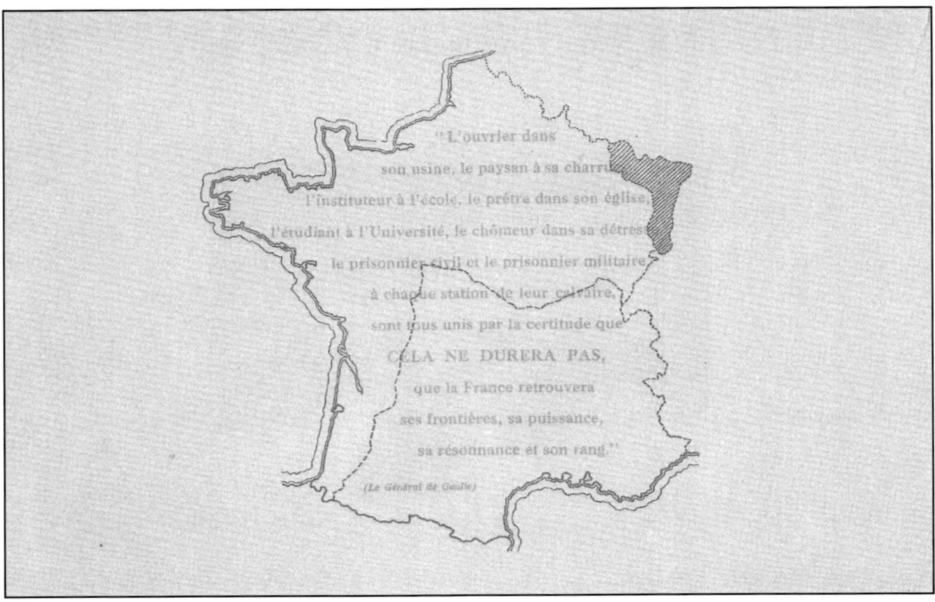

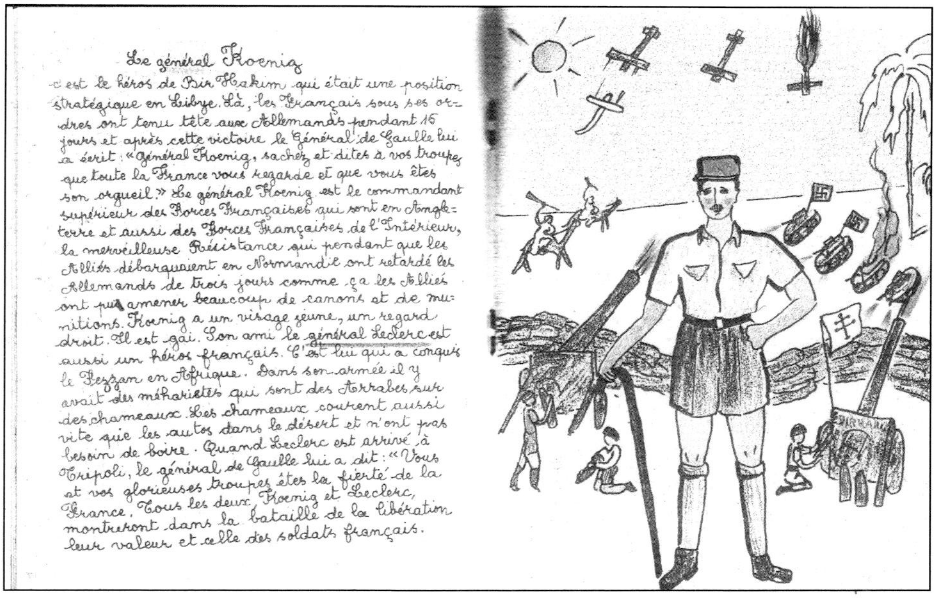

Le général Koenig
c'est le héros de Bir Hakim qui était une position
stratégique en Libye. Là, les Français sous ses or-
dres ont tenu tête aux Allemands pendant 15
jours et après cette victoire le Général de Gaulle lui
a écrit : « Général Koenig, sachez et dites à vos troupes
que toute la France vous regarde et que vous êtes
son orgueil. » Le général Koenig est le commandant
supérieur des Forces Françaises qui sont en Angle-
terre et aussi des Forces Françaises de l'Intérieur,
la merveilleuse Résistance qui pendant que les
Alliés débarquaient en Normandie ont retardé les
Allemands de trois jours comme ça les Alliés
ont pu amener beaucoup de canons et de mu-
nitions. Koenig a un visage jeune, un regard
droit. Il est gai. Son ami le général Leclerc est
aussi un héros français. C'est lui qui a conquis
le Fezzan en Afrique. Dans son armée il y
avait des méharistes qui sont des Arrabes sur
des chameaux. Les chameaux courent aussi
vite que les autos dans le désert et n'ont pas
besoin de boire. Quand Leclerc est arrivé à
Tripoli, le général de Gaulle lui a dit : « Vous
et vos glorieuses troupes êtes la fierté de la
France. Tous les deux, Koenig et Leclerc,
montreront dans la bataille de la libération
leur valeur et celle des soldats français.

c) Le général Koenig et Bir Hakeim pour les enfants d'Amérique, Mon album, s.d., propagande des comités de la France Libre, IHTP, France Libre (ARC 074-52), France Libre Amérique.

d) Le cimetière de Bir Hakeim vu du ciel, image aérienne, hommage aux morts et propagande.

Un document historique

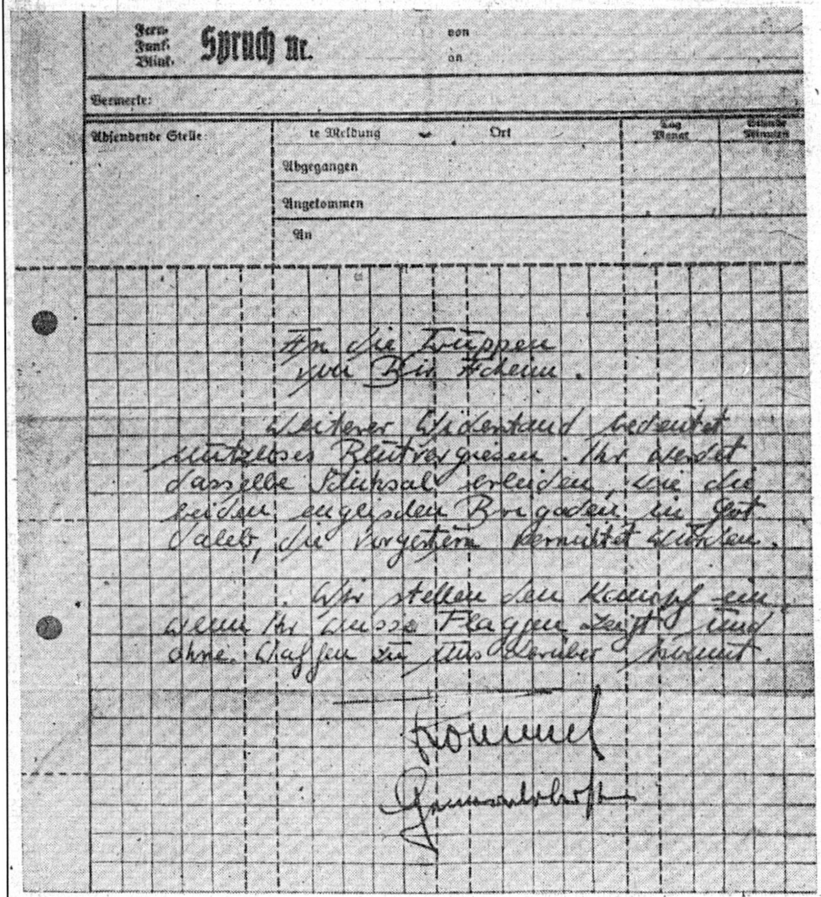

L'ULTIMATUM DE BIR-HAKEIM

Un émouvant fac-similé de l'ultimatum qu'à Bir-Hakeim, le général Rommel envoyait au général Koenig. On sait comment les nôtres y répondirent. Et voici la traduction française de ce texte :

Aux troupes de Bir-Hakeim

Une résistance prolongée occasionnera une effusion de sang inutile. Vous subirez le même sort que les deux brigades anglaises qui ont été anéanties hier à Got Saleb. Nous cessons le combat si vous hissez le drapeau blanc et vous rendez sans armes dans nos lignes.

ROMMEL,
Colonel-Général.

e) En France : *La Marseillaise*, octobre 1942. SHD Vincennes, fonds Amiel

Hommages, commémorations, mémoire

a) Redécouverte de la bataille en 1945 : *Le Monde Illustré* du 18 juin 1945 : Vision d'union, l'armée française, infanterie et artilleurs en tenues américaines, goumiers, tirailleurs sénégalais, légionnaires en uniformes britanniques, communie dans l'hommage aux morts de Bir Hakeim.

b) Un récit et une brochure pour apprendre (1945).

à l'ennemi. Tout ce qui ne peut être emporté sera détruit. Dans les secteurs où l'ennemi est au contact, une arrière-garde restera le plus longtemps possible pour le tromper. Rendez-vous est pris, à 15 kilomètres de Bir Hakeim, avec des forces anglaises chargées de protéger le repli.

Le 10 juin, à la nuit tombante, on enterre les morts de la journée, pieusement.

A 23 heures, les moteurs tournent au ralenti et les colonnes de voitures se forment.

Silencieux, ombres chinoises glissant lentement dans le clair de lune, les fantassins passent devant. Personne ne parle. Personne ne fume.

Minuit. L'infanterie se déploie à distance d'assaut des postes ennemis. Les premiers véhicules s'engagent dans le passage à travers les mines. Mais le temps a manqué pour le faire de la largeur prévue, et c'est en une seule colonne que les autos doivent s'écouler.

L'ennemi serait-il pris en défaut ? Il n'a pas encore réagi. Oppressés, tendus, les Français retiennent leur respiration. On s'arrête en réprimant un juron, lorsqu'un coup d'accélérateur trop brusque éveille, dans le silence de la nuit, ce qui semble être une pétarade, et qui n'est qu'un ronflement. On repart, mais il est impossible que cette trêve se prolonge.

Soudain, une première fusée part des lignes ennemies. Puis d'autres, en gerbe. La nuit s'éclaire tout d'un coup et l'on aperçoit, noire et longue comme un train, énorme et fragile à la fois, la colonne motorisée sur laquelle viennent converger les faisceaux dorés des rafales de mitrailleuses tirant à balles traceuses. L'artillerie mêle sa basse impressionnante au crépitement des armes automatiques. En quelques secondes la bataille est déchaînée. De formidables éclatements projettent dans le ciel des colonnes de flammes et de fumée : des autos qui se sont écartées du passage sautent sur des mines.

36

Furieusement, l'infanterie s'est ruée sur les postes ennemis, dans un corps à corps sans merci, à la baïonnette, à la grenade, au couteau, à coups de poings, à coups de dents.

Ceci permet à la colonne de continuer sa marche, cahin-caha, dans une allée de lumière tracée par les incendies, les éclatements, les fusées et les sillons vertigineux des balles. Trop belle cible, trop visible et trop lente surtout.

Ce n'est pas que l'infanterie ne fasse tout ce qui est humainement possible pour déblayer la route. Mais derrière chaque poste ennemi détruit et nettoyé, il y en a d'autres, encore d'autres, toujours d'autres, répartis en profondeur sur plusieurs lignes successives et qui, la surprise passée, se ressaisissent et entretiennent un feu meurtrier. L'écrasante supériorité numérique de l'ennemi va-t-elle se jouer ? On peut croire un instant que, dans son couloir trop étroit, la colonne est à la merci d'un embouteillage, de la destruction simultanée de ses quelques voitures de tête, qu'elle va devoir s'arrêter, paralysée, impuissante, enlisée, que le dispositif ennemi va se refermer sur elle et qu'elle va mourir, tronçonnée et broyée dans un tourbillon de fer et de feu.

A l'instant du plus grand péril, le général Kœnig surgit.

Le plan prévu ne réussit pas ? Il va en changer. L'infanterie piétine ? Il faudrait une arme de choc, des chars pour écraser les barrages ennemis et l'on n'en a pas ?

Qu'importe ! Les voitures elles-mêmes feront l'office de chars. Il y a là quelques « brenn-carriers », véhicules légèrement blindés sur les côtés et armés d'une seule mitrailleuse lourde. C'est simple. Qu'ils foncent en avant, à tombeau ouvert, et que les camions les suivent, plein gaz. Et l'on verra bien ! Après tout, il n'y a pas grand chose à perdre.

C'est alors que commence une charge héroïque qui sera, à la jeune arme motorisée, ce que

37

c) À l'usage des enfants, Pierre Nord, quelques pages de *Gloire, Sidi Brahim, Camerone, Bir Hakeim*, Éditions GD, 1945.

d) Calvo/Dancette, *La bête est morte !* (1945).

Les Monuments

a) La statue de Wederkinch au Pont Bir Hakeim (1958).

b) Bir Hakeim au Mont Valérien, (Haut-relief, Raymond Martin, 1960).

c) Monument Koenig (Albert Féraud, 1984)

Quitter Bir Hakeim pour Tobrouk

a) Pèlerinage de 1955. Cérémonie à Tobrouk (ECPAD) : général Koenig et légionnaires.

b) Page de couverture pour la liste des passagers de *La Marseillaise*.

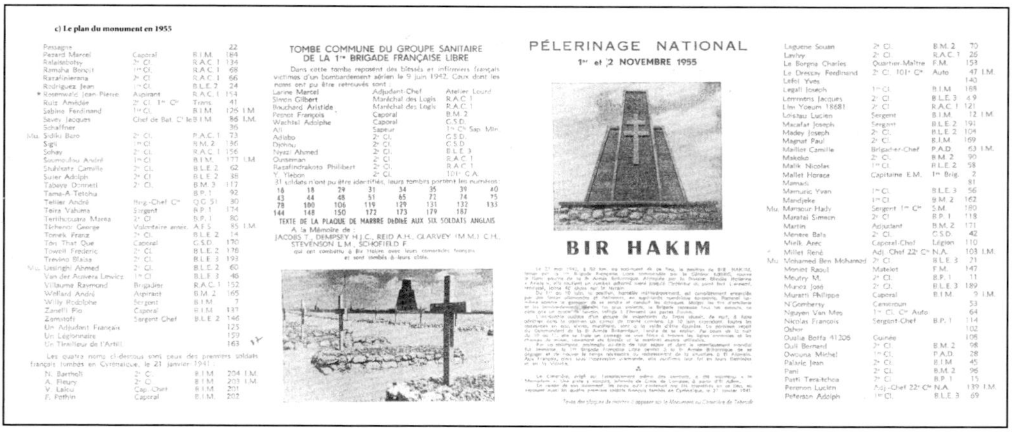

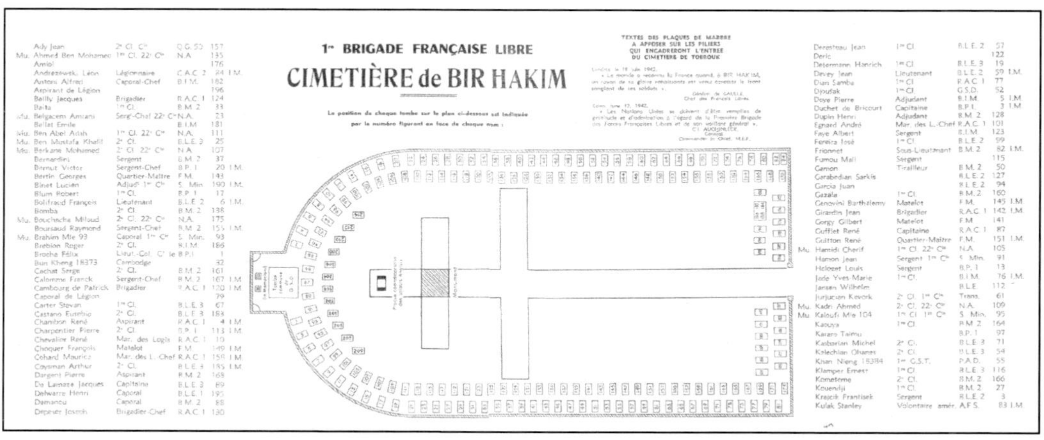

c) Plan du monument pour le pèlerinage de novembre 1955.

Noms de rues, De Gaulle, Koenig, Bir Hakeim

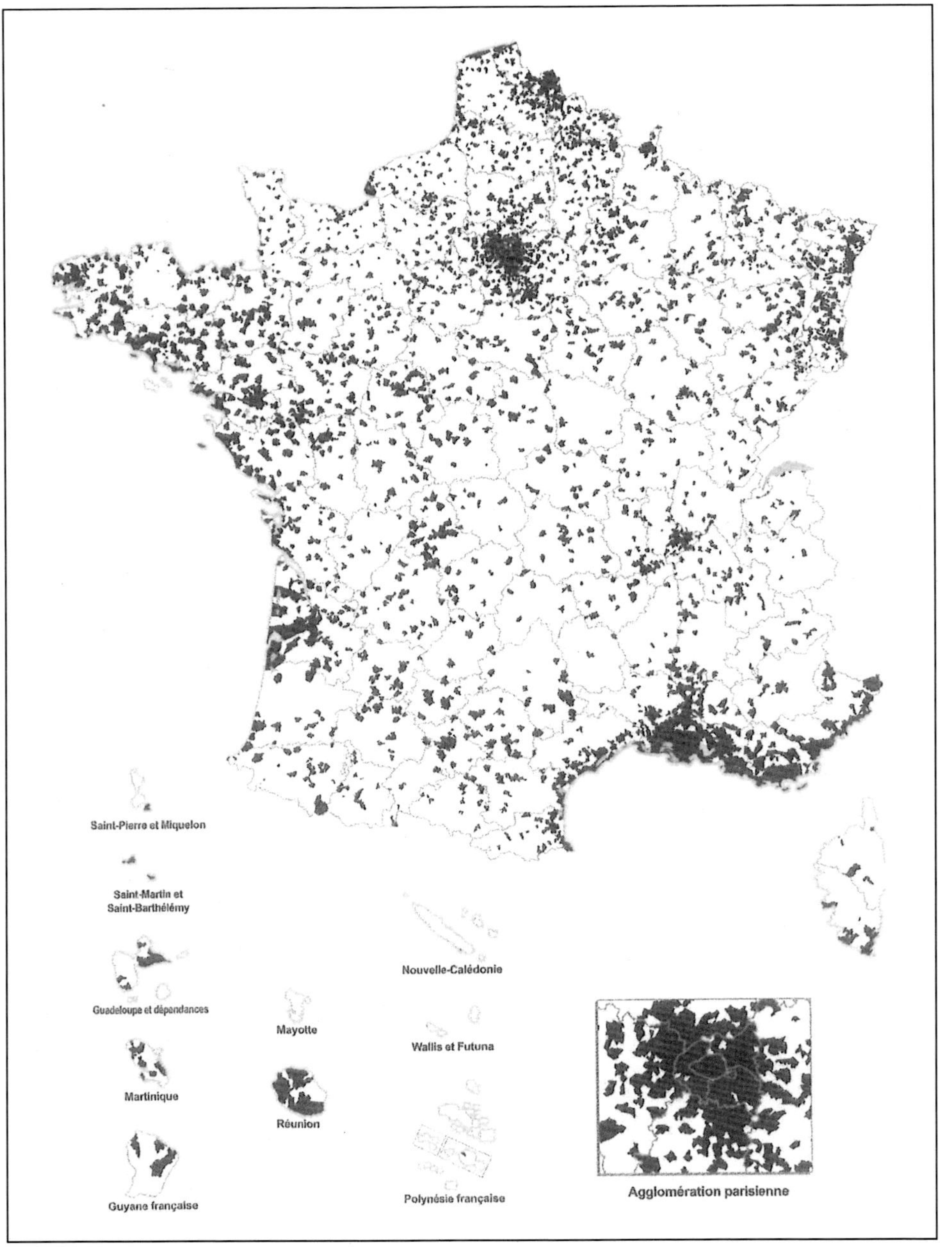

Les rues de Gaulle en France et outremer (carte tirée de Philippe Oulmont, *Les Voies « De Gaulle » en France*, Paris, Fondation Charles de Gaulle, 2009, p. 253).

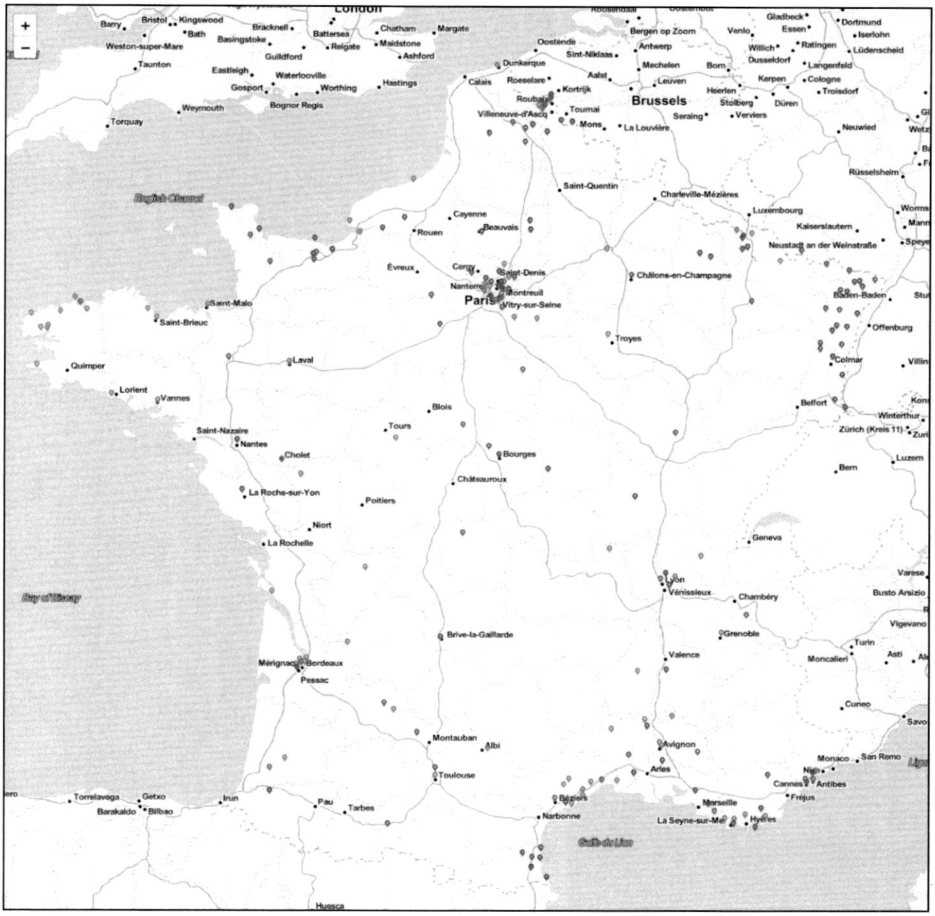

Les rues Bir Hakeim et Koenig.

La dynamique contrastée des couvertures de livres et de magazines

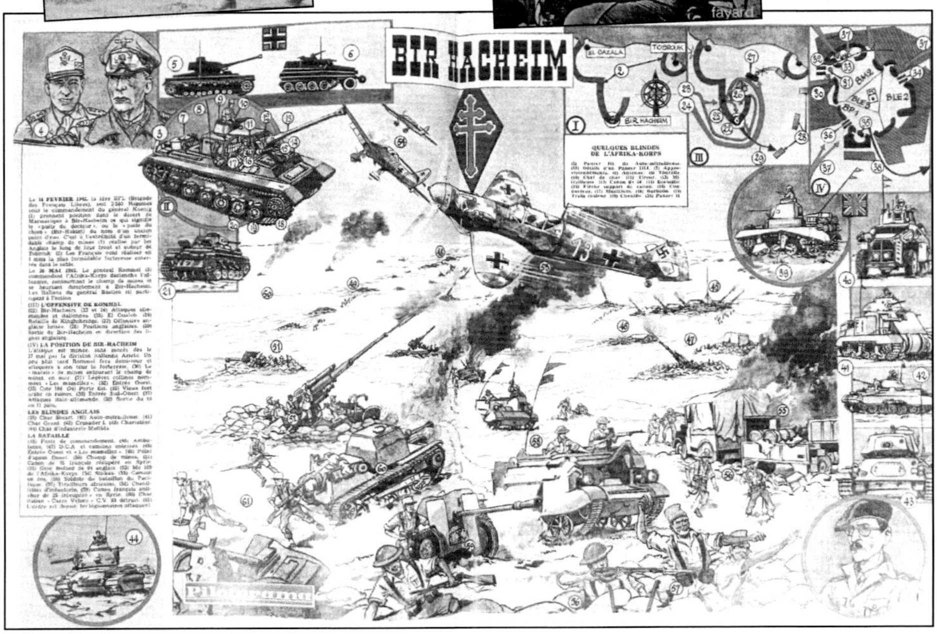

Bir Hakeim en un seul dessin, dans le dossier documentaire avec photos, *Pilote*, n° 483, 1969, « Bir Hacheim, l'épopée des sables », récit et dossier de Guy Vidal.

5

Forger l'événement : de la propagande de guerre à la (re)découverte

Introduction

Une bataille crée l'événement. Dans certains cas, sinon dans tous, les guerres, particulièrement les deux guerres mondiales ont permis aux journaux et aux propagandes des États en guerre de se déployer de façon inédite en fonction des nouvelles qu'elles voulaient valoriser. On a fabriqué de l'événement pour le plus grand nombre, ceux qui ne l'ont pas vécu directement, qui ne sont pas des témoins oculaires, et à longueur d'année entre 1939 et 1945. Les moyens modernes de communication contrôlés par les États et les armées démultiplient les possibilités de faire passer messages, vérités, légendes, contre-vérités et mensonges. La constitution de Bir Hakeim comme récit d'une bataille en cours, comme événement international est à forte tonalité britannique puis française. La bataille des Français Libres s'inscrit d'abord dans les systèmes britanniques d'information, presse, radio, informations filmées étroitement surveillées et guidées d'une main ferme. Les médias Alliés opèrent la transformation d'un « événement » en suspens, en événement digne de mémoire tout court. Cette opération est obtenue par la création de formations discursives qui fournissent dès le début, découpage, hiérarchie des informations, dans le cadre d'une rhétorique bien rodée, mais enfouie dans la surabondance des nouvelles du front. Toute la question est de faire de l'événement « quelque chose ». On quitte donc les réalités de la bataille pour s'attacher à leur transformation médiatique d'abord, politique ensuite, réalisées en fonction de circonstances particulières.

On ne passe pas de l'événement à la mémoire sans donner du sens et on se souviendra que tous les événements ne sont pas reconnus comme dignes de mémoire. Sans la présence des Français à Bir Hakeim, sans leur résistance obstinée, il n'y aurait pas eu de présence symbolique immédiatement très forte, et on va le voir, puissamment relayée par les médias britanniques et du Commonwealth. La manière dont la bataille est rapidement passée à l'arrière-plan dans les mêmes médias, mais dont elle a été capitalisée par la France Libre entre 1943 et 1945 est une partie de l'histoire de Bir Hakeim moins connue, analysée en fonction de notre conviction que l'événement doit certes être étudié sur le long terme, mais d'abord saisi dans sa genèse. L'enjeu de cette partie du travail est simple : démontrer la diffusion du discours/récit sur un événement en temps de guerre et tenir compte des points de vue opposés des belligérants. Ce sera l'occasion d'interroger la manière dont les propagandes se sont emparées de la bataille, et de voir quand les Français de France ont véritablement découvert la bataille. Il n'est pas de livre sur Bir Hakeim qui ne fasse état de l'écho mondial qu'eut la bataille en 1942, mais leurs auteurs, souvent sensibles à la version gaulliste de la guerre, en concluent un peu vite que la résistance victorieuse de la 1re Brigade fut universellement, et surtout définitivement, connue.

A. Mises en valeur et fabrications alliées

1. La propagande britannique : objectifs et moyens

Les journaux de Grande-Bretagne ont mis en valeur la belle défense, héroïque, des Français Libres, et même parlé de « Verdun du Désert ». Compte tenu des nécessités de la guerre, ces commentaires entrent de plein droit dans l'étude de la fabrication de la propagande de guerre. Les Britanniques, comme les autres belligérants, et sans doute mieux qu'eux, avaient des idées précises sur la manière de fabriquer et de diffuser l'information en temps de guerre. La supériorité britannique réside dans la manière dont l'information reste véridique et même, parfois, vérifiable. Dès 1940, à la différence des Français, les Anglais avaient compris que donner une réponse crédible à la propagande hitlérienne nécessiterait une organisation nouvelle. Une détermination sans faille aussi. Sans rentrer dans les détails d'une histoire connue, il convient de rappeler que les Britanniques ont mis en place un ministère de l'Information (1939), utilisé les services européens de la BBC et ceux du Département secret de propagande dans l'Europe ennemie ou occupée. Un Bureau chargé en principe de la coordination des efforts de propagande, le P.W.E. (Political Warfare Executive) créé en 1941, a eu le devoir de veiller au contenu des émissions de radios et même à celui des tracts envoyés en Europe. Le P.W.E. recommande par exemple en 1942 d'attaquer Laval, Pétain, Darlan, Benoist-Méchin (un « laquais »), mais défend d'attaquer Weygand et Giraud, et ne veut pas de mention de la conquête de Madagascar par l'armée britannique sur les ondes[1]. En septembre 1942, il recommandera de saisir toutes les opportunités de mettre en valeur les Fighting French[2]. Tiraillé entre les exigences et positions contradictoires du MOI (ministère de l'Information), du Foreign Office, du Commandement Britannique et même de celles de Winston Churchill, le P.W.E. a su opposer une version de la guerre supérieure à celle de l'ennemi. Le choix délibéré de l'exactitude des informations, de la cohérence des explications a payé dès fin 1941, malgré les victoires hitlériennes.

Bir Hakeim est un exemple parmi d'autres de ces choix. La décision britannique de faire de Bir Hakeim un symbole est délibérée, qui si elle n'a pas laissé de trace nette dans les archives, se manifeste clairement à la lecture des journaux et des scripts de la BBC[3]. Les journaux de Grande-Bretagne, du Commonwealth et des Alliés ont permis de signaler le retour de la France dans la guerre. À titre d'exemple, le cas du journal d'Afrique du Sud, le *Rand Daily Mail,* fournit matière à réfléchir. Imprimé à Johannesburg et largement diffusé, le journal a soutenu dès le début l'entrée en guerre contre l'Allemagne. Il parle de « Bir Hakeim » dès le 28 mai pour indiquer le mouvement tournant de l'Afrika Korps, puis pour évoquer les combats le long de la ligne Gazala-Bir Hakeim et les engagements blindés en arrière de cette ligne. Le 29 mai, l'attaque du 27 est mentionnée comme « repoussée ». Le 30 mai, les Français font leur apparition :

> « Il peut être maintenant révélé que le combat à Bir Hakeim s'est produit entre les Italiens et les Français Libres... Les Français Libres sont donc les premiers fantassins à attirer l'attention dans une bataille qui jusqu'ici n'a pas impliqué d'infanterie à une grande échelle. »

Le 1er juin, dans un article assez bien informé, mais trop optimiste, on apprend que « les Français Libres ont magnifiquement combattu et montré que l'esprit de la France n'était pas mort ». Dans les jours qui suivent, le siège de Bir Hakeim passe en arrière-plan sauf pour noter que la présence des Français Libres impose à Rommel des « délais considérables » (2 juin) et que les Français ont causé d'importantes pertes aux Italiens (3 juin). Ce n'est que le 6 juin que les Français Libres reçoivent plus d'attention de la part des journalistes, suivant en fait les nouvelles diffusées par les communiqués officiels. Les troupes françaises sont mentionnées pour de nombreuses sorties et détachements coopérant avec les forces britanniques. Le 8 juin, les troupes de Koenig sont décrites comme

1. TNA, FO 371/31977, recommandations pour la semaine du 3-10 mai 1942.
2. TNA FO 371/31978, décisions du 19 septembre 1942.
3. Bir Hakeim n'a pas été évoqué dans les émissions de la « Black Propaganda », TNA FO 371/31978, il n'était pas utile de ruser avec l'événement dans des radios de « propagande noire » où l'on abreuvait l'ennemi de mensonges.

« une sorte d'indestructible punching-ball contre lequel les coups de l'Axe rebondissent avec une fréquence monotone ». En réalité le journal porte beaucoup plus d'attention aux péripéties de la bataille du « Chaudron » qui lui paraissent plus décisives pour la suite de la campagne. Le 10 juin, le journal se fait l'écho – dans un article complet – des assauts terrestres et aériens contre les Français qui ont rejeté « 5 demandes de reddition ». L'article du lendemain ne parle pas de Verdun mais : « la plus grande bataille de Libye se déroule à Bir Hakeim ». Les lecteurs apprendront le 12 que la garnison a été retirée. Le 13, Christopher Backley, correspondant de guerre spécial du journal auprès de la VIIIe armée, signale la violence inédite des attaques aériennes (« 100 Stukas ») et affirme que « moralement, tous les honneurs vont aux Français qui ont combattu suivant les meilleures traditions de leur nation[4]. » Le journal ne mentionnera plus Bir Hakeim qu'à cause des prisonniers (le 15 juin). La bataille disparaît après le récit de la chute de Tobrouk où des unités sud-africaines ont été contraintes de se rendre (23 juin), mais aucun journaliste, à ce stade ne montre que, précisément, les Français Libres ont fait gagner du temps pour éviter cette défaite.

La presse britannique présente la même chronologie puisqu'elle dépend elle aussi des dépêches. Dans une séquence difficile, Bir Hakeim représente des raisons d'espérer. Au prix d'exagérations cependant. Une étude d'opinion publique à partir des articles de presse, *Mass observation* de mai-juin 1942[5], remarque que les journaux britanniques ont insisté sur les lourdes pertes de l'ennemi à Bir Hakim les premiers jours. À l'autre bout du monde, un journal australien a informé ses lecteurs que les Free French ont détruits 41 tanks et 1 000 véhicules de transport[6].

2. Propagande de la France Libre à la radio de Londres

La radio le montre et l'étude des *French scripts* de la BBC amène à reconsidérer ce moment court et dense de l'histoire de la France Libre. La propagande et les informations radiophoniques en direction de l'extérieur représentaient un très grand enjeu. Le Foreign Office a contrôlé la BBC et supervisé la diffusion des nouvelles dans le cadre d'une nouvelle organisation de septembre 1941 au mois de juin 1943. Le gouvernement britannique a tenu à réorganiser une propagande qu'il trouvait inefficace. Le Political Warfare Executive (P.W.E.) qui entre en service en septembre 1941 regroupe des fonctionnaires du département publicitaire étranger, du ministère de l'Information, des services européens de la BBC. C'est

4. Notre traduction comme pour tous les autres extraits du *Rand Daily Mail*, dont la collection se trouve à la National Library of South Africa, Le Cap, dépouillement du 25 mai au 25 juillet 1942. L'article décrit sans trop de précisions ce qu'est une « box ». Nous avons aussi dépouillé le *Sunday Times, The Star, Natal Mercury Pretoria News* du 27 mai au 15 juin 1942.

5. Etudes en ligne de la British organisation Mass Observation créée en 1937, sur Internet : *http://www.massobs.org.uk/index.htm*

6. *The Argus*, quotidien de Melbourne, (5 juin 1942).

un département secret couvert par le département du Renseignement politique du Foreign Office. Il est chargé de gérer plus efficacement la propagande britannique et est autorisé à employer toutes les méthodes jugées utiles, dans le secret le plus absolu. Les services européens de la BBC ont donc été placés sous la direction du P.W.E. qui comprenait des instances dirigeantes, Comité ministériel et Comité exécutif. Le travail relevait des Directoires régionaux (7 pour l'Europe) dont les directeurs proposent chaque semaine les thèmes de propagande dans leurs zones respectives. Ils étaient assistés de rédacteurs régionaux chargés de la sélection et des termes de présentation des nouvelles de la guerre dans leur « région ». Ces rédacteurs étaient eux-mêmes supervisés par un rédacteur en chef responsable devant le P.W.E. La seconde branche active du P.W.E., l'organisation Centrale des Départements, a un contrôle politique complet sur la radio. Elle est même installée dans les locaux de la BBC. La réorganisation rationalise le travail géographique, on distingue maintenant le service étranger (overseas) : avec l'Empire, l'Amérique latine, etc. et le service européen.

Dans le service européen, trois départements étaient constitués : organisation, renseignement, propagande et on avait dorénavant 17 sections nationales de production. La nouvelle organisation était donc lourde et très centralisée. Elle est méticuleuse et ambitieuse aussi puisqu'on demande au Comité exécutif de prévoir les axes de la propagande à six mois de délai. Il n'est pas ici utile d'en donner tous les détails. On rappellera simplement que la BBC a fait preuve d'une plus grande souplesse envers les étrangers – notamment les Français – que les fonctionnaires (parfois francophiles) du ministère de l'Information et du Political Warfare Executive. En 1942, le chef de la région française, le colonel Sutton, a obtenu la création d'un organisme spécifiquement français de concertation politique qui permettrait de contrôler en même temps le service de la BBC et les postes clandestins. À partir du 1er avril 1942, le Comité Exécutif de Propagande (où se trouvaient Jean Richemond, dit Alain Bozel, présidant les séances, Jean-Louis Crémieux-Brilhac, Maurice Schumann…) est réuni trois fois par semaine. Le CEP dirige la propagande politique française en liaison avec les Britanniques. En avril 1942 les Britanniques avec un Service Français unifié reconnaissaient à la France Libre une importance certaine. Ils disposaient ainsi d'un système de propagande et de renseignements qui fera ses preuves sur Bir Hakeim[7].

La radio de Londres devait faire connaître des informations authentiques face aux radios allemandes ou françaises ou neutres qui ne pouvaient ou ne tenaient plus à informer librement. Poursuivant le combat, la Grande-Bretagne tenait à montrer que la voix libre des Français (et des autres nations occupées d'Europe) s'exprimait uniquement à Londres. Il fallait donc être crédible en toutes circonstances. La BBC a réussi à prouver cette crédibilité à plusieurs

7. Nous laissons ici de côté les problèmes techniques de diffusion résolus avec une grande efficacité par les Britanniques. Sur la BBC, la littérature est immense, voir en premier lieu Aurélie Luneau, *Radio Londres, 1940-1944*, Paris, Perrin, 2010, Tim Brooks, *British Propaganda to France, 1940-1944, Machinery, Method and Message*, Edinburgh University Press, 2007.

reprises en annonçant de très « mauvaises nouvelles », par exemple, et en réussissant à contredire versions allemandes (et italiennes) de batailles en cours. La France Libre dès 1940 est à la fois dépendante de la direction britannique et soucieuse de coopérer. Elle a pu intervenir dans deux catégories d'émissions, « libres » et « contrôlées ». D'abord les émissions dites « libres » qui à partir de mai 1942 représentent 47 minutes de diffusion par semaine, dont le célèbre programme « Ici Londres ». Le contenu de ces émissions est élaboré librement à Carlton Gardens en 1940, 1941. Les émissions « contrôlées » étaient sous la responsabilité de l'équipe française de la BBC. Elles étaient élaborées en concertation quotidienne avec les Britanniques. Ces émissions françaises représenteront en 1943 40 % de l'ensemble des émissions à destination des Alliés[8]. À partir de février 1942, ce sont 4 h 20 de diffusion quotidienne en 18 programmes courts, de 15 minutes pour la plupart, sauf à 19 h 30 avec le programme « les Français parlent aux Français », qui sont mis à la disposition des auditeurs. Pour étudier les *BBC scripts*, il est important de comprendre que la direction britannique fut toujours très ferme en ce qui concernait les informations. Il était inconcevable pour la crédibilité de la radio, de laisser les *Free French* libres en ce domaine, d'autant qu'elles représentent 80 % du temps d'antenne. Le poids de la centralisation du Foreign Office, du Ministère de l'Information reste ici déterminant. Les 20 % de temps d'antenne restants sont assez librement laissés à l'équipe française. Une partie des émissions, du fait de l'inventivité des slogans, des chansons et de la liberté de ton des intervenants a été très vite populaire en France. Cette partie du programme est mieux qu'acceptée, elle est soutenue par les Britanniques qui, après tout, jugeaient bon que l'équipe soit indépendante du général de Gaulle.

L'équipe française de la BBC, la France Libre et les autorités britanniques avaient des objectifs complémentaires en ce qui concernait la participation des troupes gaullistes aux opérations militaires. L'accord franco-britannique du 7 octobre 1940 reposait sur une base militaire. De Gaulle a toujours conservé l'ambition de maintenir la France au combat. Le reste du programme du général, la reconnaissance politique, constituait par contre une difficulté majeure et l'on connaît la longue lutte jusqu'à la reconnaissance du GPRF en 1944. En conséquence il était admis de mettre en pleine lumière les actions des FFL, de leur engagement anti-allemand, et anti-nazi, et il était recommandé d'éviter d'insister sur un engagement pro-britannique[9]. Le retour des forces françaises dans la guerre avec des effectifs suffisants était un objectif commun à tous. Le Foreign Office, dès 1940, avait souligné la nécessité d'aider les Français à surmonter l'humiliation de la défaite. Il fallait donc en 1940 et en 1942 rendre les chefs français proches des auditeurs (par l'évocation de leur vie quotidienne), faire parler les militaires français des raisons et des espoirs de leur engagement

8. BBC Reading, File E1 702 (1).
9. BBC Reading Files E2/9.

volontaire, évoquer de façon dramatique et vivante les combats des Français Libres dont on incluait les témoignages. Ce programme a été suivi avec rigueur entre le 1er mai et le 30 juin 1942. Mais les *BBC scripts* traduisent-ils aussi la diversité des opinions des membres de l'équipe française ou l'on trouve des Français Libres, des indépendants et même des anti gaullistes ? Traduisent-ils aussi les difficultés relevées entre les fidèles gaullistes et l'équipe française de la BBC jugée trop proche des Anglais ? Non que ces nuances apparaissent à l'antenne : elles n'y ont en principe jamais cours. L'étude attentive des scripts[10] ne permet pas non plus de voir dans les émissions des nuances. L'auditeur n'en percevait d'ailleurs aucune : il était communément admis que l'ensemble du programme français de la BBC était rangé au complet sous la bannière et l'autorité du général. Il est cependant, à la marge, quelques surprises qui laissent penser que De Gaulle et son état-major n'ont peut-être pas approuvé *tous* les choix des références à 1940 ou des noms de généraux impliqués dans la défaite mentionnés plus loin. Koenig, lui, n'a pas admis que son refus des ultimatums ennemis soit assimilé au « mot de Cambronne ». Pourrait-on considérer comme « tiède » le gaullisme de l'équipe de la BBC en prenant l'exemple de... Babar ? L'éléphant, enrôlé depuis septembre 1941 à la BBC, incarnerait une forme d'orthodoxie gaullienne[11]. Or il ne parle pas de Bir Hakeim, ce qui est singulier pour un éléphant d'Afrique, mais est content de « voir des milliers d'avions de bombardement sur l'Allemagne[12] ».

Les émissions françaises du temps de la bataille suivent la même chronologie que la presse. Après des débats modestes dans les bulletins le 31 mai et 1er juin, où l'on transmet les mots d'un Français Libre « On les a eus », Bir Hakeim prend progressivement plus de place à partir du 2 juin. Le 3 juin Churchill mentionne la résistance de la brigade à la Chambre des Communes. Dès le 7 juin, on est dans « l'épopée de Bir Hakeim ». Les 9 et 10 juin, le service et les nouvelles accordent la plus grande place à l'événement. Ce qui traduit le maximum d'intensité de ce moment de propagande de guerre encouragé par les Britanniques qui l'imposent à l'adversaire. À la différence de la presse, et des médias britanniques, la décrue de la réflexion et de la mise en valeur de Bir Hakeim est plus lente dans les émissions françaises où l'on en trouve la trace jusqu'au 29 juin avec l'évocation du commandant Savey tué lors de la sortie. Les commentateurs suivent quatre pistes, qui autour de l'événement, construisent le sens immédiat de la bataille et déterminent la possibilité d'en faire un élément de propagande de la France Libre devenue France combattante à l'avenir. Les éloges pour les combattants et leur général[13] sont bien entendu nombreux, qu'ils

10. Nous avons surtout utilisé les doubles conservés à l'IHTP.
11. Selon Anne Simonin, « L'éléphant français libre, Babar, Romain Gary et la France Libre », *Vingtième siècle*, n° 112, 2011/4, p. 70-82.
12. BBC *French scripts* 4 juin 1942.
13. Le capitaine Pompei est l'auteur des deux biographies, celle de Koenig (7 juin) celle de Larminat (9 juin).

viennent d'officiers français, de témoins (peu et anonymes), d'officiers britanniques. La détermination et l'héroïsme de la brigade, de ses soldats et de ses officiers, en font donc, comme l'a dit le général Ritchie, un exemple pour la VIIIe armée (4 juin). Et volonté de crédibilité aidant, on n'aura aucun mal à annoncer dans l'après-midi du 11 juin 1942 la chute de la position, puisque la brigade est partie de Bir Hakeim sur ordre et les armes à la main. Le 10 juin, l'émission « La discussion des trois amis » cite de façon amusée et enthousiaste diverses « unes » de journaux anglais.

> D : « Regarde-moi le *Times*. » C'est un autre genre, ça. C'est le journal conservateur. Eh ben – en grands titres là, « Les Français Libres repoussent toutes les attaques » et regarde, le second titre, « une grande résistance magnifique – pas un pouce de terrain cédé. »
> M : Et dans le « *Daily Mail* » il y a tout un article de tête qui commence comme ça : « Les peuples des nations unies saluent les hommes de la France Libre qui rendent immortel le nom de Bir Hacheim »
> D : Et écoute ce petit paragraphe du *Times* dans l'article même : « La superbe exhibition – en anglais "*the grand show*" – de nos alliés français est un des principaux sujets de conversation à travers le désert tout entier. » « Tu te rends compte ? C'est rigolo. Et ils disent bien "nos alliés français". » Il n'y a plus qu'une France en effet. C'est la France qui se bat.
> M : Eh bien, le « *News Chronicle* », le journal libéral ; tu vois ce qu'il dit ? : « Bir Hacheim c'est un Verdun en miniature »... Les Français sont au poste d'honneur et montrent une valeur digne de leur grande tradition. »
> D : Eh bien, ... Ça c'est le bouquet. Regardez-moi ça, en énormes lettres : juste sous le titre du *Daily Express*.
> O : Surtout que le *Daily Express* en Angleterre c'est lu autant que *Paris Soir* dans ses beaux jours avant qu'il soit devenu « Pourri-Soir ».
> D : Eh bien, regarde, je lis : « Les deux Verduns tiennent. Et en-dessus à droite, il y a les rapports sur Sébastopol et à gauche sur Bir Hacheim. Et tiens, télégramme du Caire : le général Koenig, défenseur de Bir Hacheim, le Verdun de Libye, vainqueur d'une nouvelle bataille, a envoyé ce soir un message radiodiffusé au général Ritchie qui disait : l'artillerie ennemie nous canonne sans arrêt ; nous nous attendons à une autre attaque importante. »
> M : Et il y en a eu 10 déjà.
> D : Et le message continue : « La situation n'est pas alarmante tant que le ravitaillement arrive. Et il arrive. Nos pertes ne sont pas trop lourdes à cause de nos excellents retranchements. » Ça fera sans doute plaisir au maréchal Pétain d'entendre ça. Il n'est sans doute pas au courant.
> O : Il n'est certainement pas au courant. Tu penses qu'on va lui annoncer des choses pareilles !
> Et Rommel ? On attend le succès de chaque opération avant d'en entreprendre une autre. S'il avait pu réussir en Libye, il aurait certainement tenté le grand coup contre le Levant, parce qu'une fois maître de l'Égypte, il tenait la clef de

la Méditerranée, et il pouvait avec quelqu'espoir attaquer en direction des puits de pétrole de l'Iraq et de l'Iran.
D : C'est bien pourquoi la résistance de Koenig à Bir Hacheim n'est pas seulement un fait d'armes dans une guerre coloniale, c'est bien pourquoi on peut parler de Verdun.
O : Les Français sont au bout de la ligne. Leningrad est à l'autre bout. Tout ça, c'est la même guerre. Seulement c'est la guerre mondiale[14].

On ne saurait mieux dire aujourd'hui. Bir Hakeim est constamment relié au contexte de la guerre. Le lieu et son importance, en Afrique, à l'extrémité de la ligne de Gazala sont correctement décrits. Les informations militaires ne brillent cependant pas par leur exactitude. Bir Hakeim n'est pas un point d'eau, ce qui prouve simplement que la radio n'est pas la presse et que la censure veille. Les objectifs de Rommel sont bien compris, certains de ses problèmes (de ravitaillement) aussi. Par contre si on passe complètement sur les difficultés très réelles des Britanniques et leurs échecs successifs, on annonce après l'évacuation que « c'est plus au nord, devant Tobrouk, que se livrera la bataille décisive » (12 juin). La conclusion s'impose déjà : Rommel a perdu du temps. Mais le 22 juin, Jacques Duchesne reviendra sur les Alliés « surclassés au point de vue technique et tactique », en louant la détermination intacte des Britanniques. Commentaires et bulletins d'information relient la bataille du désert aux autres fronts, celui de l'Est avec Leningrad, celui du Pacifique, et la guerre aérienne avec le bombardement de Cologne. Le parallèle entre les citadelles qui résistent, Sébastopol et Bir Hakeim, tente de prouver, outre l'évocation du « caractère destructeur des combats » que les Alliés doivent « arrêter l'ennemi » partout, avant de passer aux opérations offensives (11 juin), ce qui équivaut à reconnaître – avec bon sens – la puissance encore considérable de l'ennemi, même si on estime que la visite de Hitler en Finlande[15] est un aveu de faiblesse.

L'aspect « méditerranéen » de ce moment de la guerre n'est pas perdu de vue. Au moment où Mussolini réclame Nice, la Savoie, la Corse, la Tunisie, les Français Libres le renvoient à plusieurs reprises durant la première semaine de juin, aux difficultés liées à l'alliance avec l'Allemagne, au statut de second couteau dans l'Axe, aux problèmes économiques et à la déclaration de guerre déloyale du 10 juin 1940 contre la France. À ce titre, les pertes de la division Ariete sont mentionnées comme une réponse adéquate. En outre, on estime que la stratégie allemande en Méditerranée vise l'Égypte et au-delà les champs pétrolifères, le sud de l'Union soviétique. Il est cependant à noter que l'Afrique du Nord française, sauf la Tunisie, n'apparaît jamais dans les bulletins de juin 1942.

Bir Hakeim sert enfin et surtout d'exemple pour la France occupée. On oppose les Français qui se battent en Libye à ceux qui ont l'intention de se battre

14. IHTP BBC *French Script*, 10 juin 1942.
15. Le 4 juin 1942, pour le 75e anniversaire du général et chef d'état finlandais Mannerheim.

en Russie aux côtés des Allemands. On oppose ainsi le sacrifice du père dominicain Savey, héros chrétien, aux 30 000 Jocistes réunis le 21 juin 1942 en demandant « ce qu'ils en pensent » (21 juin) :

> « Les exemples d'un Charles Péguy, d'un père de Foucauld, d'un Henry de Bournazel, dont le Commandant Savet rassembla tant de traits dans sa personne sont là pour nous prouver que les morts ne sont pas toujours les moins vivants. Sans doute s'est-il trouvé des Caiphe galonnés, et même un Pilate étoilé, pour traîner par contumace, Savet sur un banc d'infamie ; tombé devant Bir-Hacheim en combattant l'Allemand, comme d'Ornano dans Mou-rzouck (*sic*) en battant l'Italien, aux yeux des hommes de Vichy, comme d'Ornano, Savet était un déserteur, c'est-à-dire, un Français qui a fait le sacrifice de sa vie pour la France. Mais nous le demandons aux Jocistes aujourd'hui ressemblés : des Pilate de Vichy et des hommes de Bir-Hacheim, lesquels ont choisi la meilleure part[16] ? ».

Des coups répétés pleuvent sur les responsables de Vichy, Laval et Pétain. Mais l'accent est d'abord mis sur les guerriers de la France éternelle. Ce n'est pas par hasard si les combattants de Bir Hakeim sont explicitement reliés aux héros qui les avaient précédés en juin 1940. Le capitaine de Boissieu intervient directement à l'antenne le 9 juin pour évoquer les combats opiniâtres de la 10e division (le 9 juin 1940), les Cadets de Saumur (15 juin) où il cite nommément ses camarades. Un auteur anonyme décrit en outre (15 juin) des « martyrs », militaires prisonniers abattus par les Allemands, sans que le cas des tirailleurs sénégalais massacrés soit spécifiquement évoqué. Un autre explique le rôle des chars français dans la défense de Dunkerque (2 juin). Bir Hakeim s'inscrit donc dans la tradition de ceux qui se sont bien battus en 1940. C'est un appel à l'union avec l'armée d'Afrique et de France pour reprendre le combat.

Les questions militaires émergent dans les échos et même les impressions de première main qui ressortent du procès de Riom voulu par Vichy pour condamner les responsables (républicains) de la défaite. Elles viennent à point nommé pour mettre en accusation le haut commandement, son incapacité à comprendre les chars et plus largement la guerre moderne. Les Français Libres, brièvement, cherchent à analyser les causes de la défaite de 1940. En ce qui concerne les généraux, ils le font de façon ambiguë, car une liste très curieuse, extraordinaire même, de « bons » généraux est proposée aux auditeurs le 2 juin : de Lattre pour les hauts faits de la 14e division d'infanterie[17], Mittelhauser, (« défenseur des Alpes ») dont le pétainisme était avéré mais qui mettait en cause les conceptions

16. IHTP BBC *French scripts*, 21 juin 1942. Le 15e anniversaire de la Jeunesse Ouvrière Chrétienne fut marqué en zone sud par des manifestations de grande ampleur, réunissant 200 000 personnes, à Grenoble, Lyon, Limoges, Marseille, Saint-Étienne, Toulouse et Alger. Pour des Français Libres, choisir de parader en plein jour sous le régime de Vichy et avec son accord n'était pas signe de résistance, même si c'était une injustice vis-à-vis des jocistes résistants de les confondre avec des attentistes ou des pétainistes.
17. De Lattre est déjà mentionné avant, IHTP BBC *French scripts*, 25 mai 1942.

de l'état-major, Besson, et le « chef valeureux des armées du nord », le général Blanchard qui ne s'est pas particulièrement distingué en Belgique en 1940...

Pétain reste la cible principale, pour son défaitisme, celui de 1942 et celui de 1940. Le 11 juin 1942, Maurice Dejean vient expliquer l'entrevue de Briare du 11 juin 1940 où Pétain a commencé à montrer son objectif, l'armistice, contre Churchill certain de vaincre plus tard avec l'appui des États-Unis (11 juin). Les propos tenus le 28 mai 1942 à Châteauroux sont rappelés par Jacques Duchesne le 1er juin :

> « Le pays doit savoir que nous avons été battus. J'ai passé trois mois après l'armistice à le dire autour de moi. Depuis deux ans je me le répète à moi-même tous les matins. Cela doit nous enlever toute prétention. »

Une émission du 9 juin revient sur cette déclaration et conclut « à cela les Français répondent "Bir Hacheim[18]" », alors que le même jour une autre émission rappelle Verdun, « ils ne passeront pas » et reconnaît que parce qu'ils ne sont pas nombreux « nous ne prétendons pas que Bir Hakeim soit la plus grande bataille de la guerre ». Les Français Libres s'inscrivent donc eux aussi dans la culture de la défaite, qui est ambivalente puisque l'on peut être sur son versant pessimiste, celui de Pétain, ou sur son versant optimiste, celui de De Gaulle qui veut combattre et réparer la défaite, et qui est restée tout au long de l'histoire de France depuis 1815, fondamentalement politique. P. Bourdan en tire les conclusions qui s'imposent :

> « Car la France, dont les soldats s'illustrent à Bir Hakeim sous le commandement du Général Koenig, cette France a en effet repoussé et écrasé bien des offensives depuis le jour où elle avait paru s'effondrer sous les coups des barbares.
> Elle a repoussé l'offensive de la servitude. Elle a repoussé celle de la collaboration. Elle a même repoussé quelque chose de plus dangereux : le poison de la défaite permanente qu'on donne quelques fois aux grands peuples pour les faire mourir de mort lente, quand on a pas pu les abattre à jamais par les armes.
> Elle a repoussé en un mot tout ce qui l'écartait de sa mission qui est celle du premier des peuples civilisés qui ne pourra jamais pactiser tant qu'il vivra avec la barbarie, avec l'ignorance, avec le crime et avec les ténèbres.
> Cela, le monde le sait. Et ceux qui ne le savaient pas l'ont appris à St Nazaire, à Brest, à Paris, en Alsace, au nord et au midi, et ils l'apprennent maintenant en regardant des hommes qui sont des Français et qui dans un coin du désert tiennent contre de furieux assauts un coin, un morceau de cette civilisation qui est la France. »

Ces conclusions avaient été tirées autrement, plus directement et de façon plus percutante encore dans le récit de la bataille de Bir Hakeim qui rappelle qu'il

18. IHTP BBC *French Scripts*, 1er et 8 juin 1942.

existe aussi un « front » français, celui qui est tenu par la Résistance. Selon l'émission les *Français parlent aux Français* du 16 juin :

> « L'épopée de Bir Hakeim est terminée. Le monde savait depuis les tueries d'étudiants du 11 novembre 1940, depuis les massacres d'otages de Chateaubriand, et de Nantes, depuis la mort héroïque de Gabriel Péri et d'Estienne d'Orves, depuis St Nazaire, que la France ne s'avouait pas vaincue et continuait la lutte. Bir Hakeim lui prouve une fois de plus que le soldat français actuel est égal au soldat français de toujours, et que quand on lui donne des armes, et des chefs dignes de lui, il sait se battre, et mourir comme son père à Douaumont » [19].

Cette émission marque le passage définitif de « Bir Hacheim » à « Bir Hakeim », du « ch » au « k » entre le 9 et le 16 juin 1942[20]. Auparavant les deux formules étaient utilisées, à partir du 9 juin, même si « Bir Hacheim » revenait le plus souvent. Pour une raison inconnue, sauf à supposer qu'il fallait se démarquer de l'ennemi qui utilisait « Bir Hacheim », « Bir Hakeim » est une dénomination et un héritage de la radio du temps de guerre. Ce sera donc désormais, officiellement, « Bir Hakeim », même si les vétérans de la brigade ont plus tard toujours revendiqué « Bir Hacheim ».

La France combattante a tenté très vite de mobiliser la bataille pour sa cause. Elle est aidée au début par les services extérieurs de la BBC durant quelques semaines, en témoigne un enregistrement en espagnol décrivant l'engagement d'un légionnaire paraguayen tué à Bir Hakeim [21]: c'est le temps des Nations Unies. Il reste cependant peu de traces des directives de propagande et de l'effort entrepris. À la radio, les Français mentionneront les cérémonies de remises de médailles en présence de De Gaulle[22]. Pour avoir un récit de référence, la France Libre fait rédiger le premier récit de la bataille par J.-P. Benard, publié on l'a vu anonymement en 1942 au Caire et sous son nom à New York en 1943. Ce texte un peu remanié était donc d'entrée considéré comme la version officielle du récit de la bataille, pour tous les publics.

3. Matériaux de propagande : origines et destin

Des tracts, des images encadrées de tricolore ont été diffusés aussi. Les Français commençaient à avoir des spécialistes de la photographie et des films opérant depuis Beyrouth. Jacques Curtis, ancien spécialiste de Kodak, envoyé depuis le Liban dans le désert, est le seul membre des équipes de cinéastes et

19. IHTP BBC *French scripts*, 16 juin.
20. 2e mention de « Bir Hakeim » le 14 juin, puis dans le texte : *Récit de la Bataille*, le 16 juin.
21. Cet enregistrement est conservé à l'INA, « Un sud americano en Bir Hakeim », BBC, juin 1942.
22. Texte dans *Les Français parlent aux Français*, Paris, Omnibus, 2011, p. 1478-1480 (« Rencontre de deux généraux »).

photographes qui ait laissé des explications. Il arriva à Bir Hakeim avec un grade de capitaine généreusement octroyé par les Britanniques et a participé à au moins une mission. Il fut fraîchement accueilli par Koenig : « Tiens, voilà un soldat d'opérette[23]. » Koenig avait deux motifs d'agacement, le grade donné par les Britanniques à ces correspondants de guerre était celui de capitaine, ce qui était - et reste - inhabituel dans l'armée française[24]. Surtout, Koenig avait des vues très précises sur le genre d'images fixes à produire. Le 25 mars 1942, il adressait à Catroux un texte des plus engagés :

> « Les F.F.L. collaborent avec leurs moyens à la victoire finale.
> La propagande doit donc poursuivre ce seul but : le combat et exalter ce qui le compose : armes, dangers, vie pénible. Notre propagande doit exclure les absurdités de la propagande 39-40 "cette drôle de guerre". On ne se bat pas avec du théâtre aux armées, des leçons de culture physique, des marraines, des colis, de la "boustifaille", des barbus. Les photos qui pourraient être vues par des FRANÇAIS prisonniers, par des FRANÇAIS enfermés en France, captifs chez eux, doivent nous montrer les armes à la main.
> L'objectif militaire est interdit bien sûr, mais un canon de 75 que tout le monde connaît, un Brenn carrier dont les magazines du Monde entier publient l'image, un fusil, une mitrailleuse, ne dévoilent aucun secret et sont la seule façon de montrer ce que nous voulons faire : combattre.
> La photographie d'enterrement ou d'un cimetière parce qu'il y a des morts, d'un blessé parce qu'il y a des blessés, d'un gourbi enterré parce qu'il y a du danger, d'un camion enterré parce qu'on creuse, pioche et peine, valent mille fois celle d'une distribution de fruits ou d'un barbu qui boit un coup.
> En conséquence, le photographe doit photographier le combat aussi réel que possible ; il doit y aller[25]. »

Seulement... les opérateurs français n'étaient pas présents dans la bataille de mai-juin 1942 et n'ont pas fourni les images canoniques de Bir Hakeim, celles qui, avec le temps, sont restées. La France Libre n'a pas utilisé leurs images du désert, prises de trop loin, ou de près mais sans véritable combat alors qu'elle a inclus dans sa propagande une photo de bataille prise par J.-P. Benard lors de son séjour sur la position durant la bataille. Par contre, le stock de photos des missions photographiques britanniques a été - et reste - abondamment mis à contribution depuis 1942. Voici les deux photographies emblématiques de Bir Hakeim, produites par les services de la VIIIe Armée. Elles ont une histoire, rendue confuse par l'imprécision des archives.

23. SHD archives orales, 3K 106, Jacques Curtis.
24. Curtis n'était en réalité que sergent, voir AD Nantes, Le Caire Ambassade, 599, Propagande, Lettre de Catroux 20 avril 42.
25. SHD, 4H 338, *Note sur la Propagande par la photographie*, annexée à la lettre du 27 mars 1942 qui demande l'accord du général Catroux sur le contrôle des images, et l'obtient.

■ Des rescapés du Bataillon du Pacifique

■ Des légionnaires à l'entraînement

E 13313

Les indications sur les missions dans le désert des photographes de l'armée britannique, figurant dans le « Guard book », conservé avec les clichés à l'Impérial War Museum (IWM) ne sont en effet pas très précises, et comportent – hélas – des erreurs de date. En outre, il paraît clair que quelques photographies ont pu être mélangées au moment du classement ou du développement[26]. Les seules indications sûres portent sur les noms des photographes. La première série comporte peu de clichés connus (E 11305 à E 11312). Les photographies du capitaine Keating documentent la visite du duc de Gloucester le 28 avril 1942 à Bir Hakeim, avec la garde d'honneur du 2e BLE. Le duc, comme le rappelle Koenig, a assisté à un exercice de tir (d'un canon de 75 sur camion, photo E 11311)[27]. La seconde série (E 13273-13290) due au lieutenant Marc Laren, était destinée à mettre en valeur la Légion étrangère dans le cadre d'un discours de propagande qui devait évoquer les 43 nationalités combattant dans le désert. Marc Laren a ainsi donné de très beaux portraits, dont quelques-uns ont été souvent reproduits. Les hommes de la brigade sont au repos, dans des poses « pour le photographe » peu guerrières. Elles ne correspondent pas aux vœux de Koenig. Quelques-unes montrent des tirailleurs africains du BM2, des noirs de l'artillerie généreusement intégrés dans la Légion par l'opérateur[28]. On lui doit la seule photo existante du chien Fritz pris à Narvik. Le lieutenant Marc Laren, ou le rédacteur chargé de présenter les légendes des photos, estimait que Fritz était un chien « cosmopolite, comprenant un certain nombre de langues ». Ce n'était pas sa seule capacité et des témoins ont attiré l'attention sur la présence des chiens dans les unités à Bir Hakeim : « Les chiens… c'était impeccable pour savoir si les avions allemands arrivaient[29]. » Cette deuxième série est datée du 12 juin 1942 dans le « Guard Book » de l'unité. L'erreur est manifeste, et à la rigueur, le 12 juin pourrait être recevable comme date de remise des pellicules, ces photos ont été prises avant la bataille.

La 4e série (E13384-13401) est fournie par les photos du lieutenant Vanderson. La date indiquée est celle du 13 juin, ce qui est de l'ordre du possible, mais celle du 11 juin après-midi et celle du 12 juin le sont tout autant. Les soldats sont en majorité des hommes du bataillon du Pacifique après la sortie de Bir Hakeim. Le portrait de ces hommes dans les légendes se résume à une formule simple : malgré la fatigue, l'épreuve, le moral des « *gallant frenchmen* » reste au plus haut. Une mise en scène pour le photographe ne peut être exclue : trop d'hommes ne sont pas armés car ils vont vers les camions qui ont apporté de l'eau, et même de la bière (?!) selon une des légendes (photo n° E13388). La 3e série de photographies (E 13300-13320) pose davantage de problèmes. Les photos du sergent

26. Il est hélas difficile de montrer toutes ces séries de photographies en annexe.

27. Koenig, *op. cit.*, p .103.

28. Deux noms sont donnés, Ponsi Dayo (en fait Ponzi Dayo, brigadier du 1er R.A.) et Ralaivad Daniel, que nous n'avons pas retrouvés dans les listes de la brigade.

29. Entretien avec Pierre Heitzmann, 4 mars 2008. Le lévrier du général Koenig a été perdu pendant la sortie.

Chetwyn sont datées du 12 juin 1942. Outre une photo célèbre de légionnaire avec un fanion juché sur un camion et des images de légionnaires mécaniciens d'un atelier du désert, trois groupes de photos sont à considérer. Le premier montre des véhicules, des Bren Carriers et un camion portant un canon de 75. Les Brens Carriers n'ont pas d'armes[30] et le 75 porte un camouflage jamais vu sur les canons de la 1re brigade. Il s'agit donc certainement de véhicules du 1er bataillon de Légion appartenant à la 2e brigade française libre. Le deuxième groupe de clichés nous montre des légionnaires avançant dans le désert. Selon la légende : « un trait curieux est le mépris pour les casques en acier, ils entrent toujours en action en portant le képi, » et « aussi curieux que cela paraisse, beaucoup de ces hommes combattent en fumant la pipe » (!). Le troisième groupe montre une joyeuse réunion pour un repas car les vétérans « malgré le bombardement terrifiant », trouvent toujours le temps de se réunir autour d'une table improvisée. Deux films Pathé, malheureusement sans date[31], permettent de comparer et de comprendre que l'attaque d'infanterie est un simulacre d'attaque à la baïonnette dans un désert avec un peu de végétation... On notera en outre que s'ils fument la pipe, certains légionnaires portent la fourragère, ce qui n'est pas en soi, caractéristique d'une tenue d'assaut. Cette partie filmée est identique dans les deux versions. Elle est incontestablement contemporaine des photos, prises par des opérateurs différents de la même équipe. Était-elle destinée à fournir des images dramatiques et héroïques de légionnaires dans le désert, sans explosions ni fumées ? L'opération va réussir au-delà de toute espérance.

La suite du premier film Pathé montre les légionnaires d'un atelier de réparations au travail et un moment de détente lors d'un repas pris dans le désert[32]. La suite du second film est le résultat d'un montage. On pourrait penser que la seconde partie de ce film n'a pas de lien avec l'attaque des légionnaires, car elle montre le traitement de blessés britanniques (?) sur la route, après un accident ou après une attaque aérienne. Fort heureusement, le « Guard Book » précise que le sergent Chetwyn a pris des photos d'ambulances « bombardées » (n°E13321 et suivantes) à la suite du simulacre d'assaut et des images de travail au désert. En d'autres termes, photos et films montrent un espace guerrier loin du front et loin d'opérations terrestres actives.

Les légionnaires du 1er BLE étaient sans doute en déplacement ou ont accompagné les opérateurs sur une courte distance. La première hypothèse est claire : la série de photos prise par le sergent Chetwyn ne montrerait pas de combattants de Bir Hakeim. Ccpendant, cette série donne à voir les photos numérotées E13319/E13320 avec le général Norrie et des infirmières qui figuraient déjà dans la première série au moment de la visite du duc de Gloucester. Ce qui incite à

30. Ce qui n'est pas le cas de ceux de la 1re Brigade, voir plus haut.

31. Le film s'intitule « French Foreign Legion. Wounded in desert (1942) », on peut le voir sur le site de British Pathé.

32. Les photos de légionnaires au travail-légionnaires au repos correspondant au premier film figurent dans la série (E13314-E13318)

penser que des photos prises fin avril 1942 ont été mélangées à cette série en juin 1942, puisque la date de livraison indiquée des pellicules est le 12 juin. Ces incertitudes amènent à considérer une deuxième hypothèse : les légionnaires qui faisaient partie de la garde d'honneur du 2e BLE, réunie pour la visite du duc, auraient pu être emmenés après la cérémonie faire une démonstration d'attaque dans le désert. La première des hypothèses a notre préférence du fait du lien de la scène d'attaque avec les images d'ambulances qui suivent, photographiées et filmées par la même équipe. Il est au demeurant étonnant qu'*aucun* des soldats photographiés par les opérateurs britanniques n'ait jamais été identifié, ce qui constitue un exploit ou une preuve de désintéressement remarquable compte tenu du très petit nombre de clichés disponibles pour les combattants de la France Libre[33].

Toutes les photographies de ces séries étaient publiables car elles ne livraient aucun secret militaire. Deux d'entre elles ont connu une destinée internationale. En juin-juillet 1942, le combattant de Bir Hakeim est le soldat barbu, armé, marchant d'un bon pas. Le choix est ici de montrer le « poilu » de Bir Hakeim, combattant (du bataillon du Pacifique ?) torse nu et en manteau, avec son casque anglais (E13397) et non les soldats buvant etc. Ceux-là apparaîtront plus tard dans des reportages plus étoffés. L'image du « poilu » rescapé ne va pas résister longtemps dans l'imagerie de guerre, car elle n'est sans doute pas assez « guerrière » : le héros est souriant mais paraît épuisé. À l'automne 1942, elle est définitivement remplacée par une des photos de la 3e série. Le choix de l'attaque de légionnaires en képi, dont un à l'arrière-plan est en train de tomber, est sans aucun doute un coup de maître. Ces sept légionnaires du 1er BLE figurent pour la postérité les héros de Bir Hakeim. La présence de l'homme qui tombe peut-être rapprochée de la célèbre photo du milicien espagnol « touché à mort » de Robert Capa durant la guerre civile. Jugée plus en accord avec la notion de France Combattante, plus offensive, n'ayant rien à voir avec une échappée de l'enfer, cette photographie a été reproduite, redessinée, pastichée jusqu'à nos jours. Il est peu d'exceptions. Dans la classification de l'armée britannique à l'Imperial War Museum la photo des légionnaires porte le n° E13313, juste numéro pour une image qui a fait la gloire de la 13e Demi-Brigade de Légion Étrangère[34] ! Néanmoins, de façon inexplicable, cette icône de la Légion n'orne pas la couverture des mémoires de Koenig : l'éditeur Robert Laffont a préféré une photographie de soldats en casque Adrian au milieu des palmiers dans une oasis du désert de Tunisie[35]. Tous les témoins interrogés ont déploré le choix, ce qui est compréhensible.

33. Pour comparer : les parachutistes britanniques figurant sur les très nombreuses photos alliées et allemandes d'Arnhem (septembre 1944) sont à 70 % identifiés. Sur d'autres photos des Français Libres, d'origine privée, surtout de soldats du BIM, des identifications ont été faites, elles sont en général restées privées et ne sont pas restituées dans les publications anciennes et récentes.

34. Toutes les références qui précèdent sont celles de l'IWM, Londres, pour les photographies et les commentaires du Guard Book, voir la liste des sources.

35. Peut-être avait-on jugé qu'il fallait obligatoirement à un désert, des palmiers ?

4. La France combattante dans le monde : papier, radio

La geste de Bir Hakeim vient à point pour donner du souffle au lancement de la France Combattante, destinée à mieux représenter et à unifier les Français en lutte, en France et hors de la France, ce sera le « bel été de la France Libre ». La volonté d'unification dans et par la guerre renvoie aux grands anciens, poilus, et aux héros de 40. La mise en scène des différents groupes ethniques de l'Europe y est intégrée, vivant exemple d'une patrie recomposée pour la guerre. La dimension spirituelle de l'engagement n'est pas perdue de vue et on notera avec intérêt que les récits de vie édifiants du père Savey tombé lors de la sortie, commandant du BIMP, viennent du Liban et en donnent la vision d'un héros bien connu depuis longtemps en France : le héros chrétien. La France Libre, dans cette tentative de se faire reconnaître internationalement comme « combattante », reçoit le soutien du gouvernement britannique. De Gaulle devient le chef de la France Combattante et le *Journal Officiel de la France Libre* est dorénavant le *Journal Officiel de la France Combattante*. Bir Hakeim est pour un temps court un des axes les plus importants de la propagande des Français Libres. J.-P. Benard, directeur de l'agence Havas au Caire[36], a, on l'a vu, rédigé le premier récit de Bir Hakeim, dans ce qui reste la version canonique du temps de guerre. Il l'a publiée anonymement au Caire et sous son nom aux États-Unis. Convoqué par Koenig sur la position, il n'était pas un gaulliste de la première heure, et pour cette raison était mal vu des gaullistes du Comité National d'Égypte qui le considéraient comme un « espion de Vichy » et un « ennemi[37]. » Il avait demandé à René Pleven d'être employé dans le cadre de sa profession. Le 9 décembre 1941, Pleven, au nom du Commissariat à l'Information lui avait proposé d'être inspecteur des informations de la France Libre au Proche-Orient. Il devrait circuler entre Le Caire et Brazzaville et contrôlerait « le correspondant de guerre que nous comptons envoyer », mais il le remplacerait en attendant : d'où la présence de Benard à Bir Hakeim[38].

Il est difficile de mesurer le poids exact de la propagande faite autour de la bataille, faute d'archives spécifiques relatives à la production de l'évènement et aux réactions des publics visés : récit, représentations, explications. La propagande avait besoin d'un monument spectaculaire, réalisé pour rendre hommage aux soldats tombés fin 1942. Un sous-officier du génie, le sergent Rovera,

36. J.-P. Benard, décédé en 2005, est un personnage mal connu de la France Libre, licencié en Droit, journaliste au Caire mobilisé sur place en 1939, rallié à la France Libre mais pas au début du mouvement. Il poursuit une carrière de journaliste aux États-Unis après 1945, puis est devenu ambassadeur jusqu'en 1972. Selon madame Armingaud, il n'a pas laissé d'archives personnelles sur la guerre et Bir Hakeim à cause d'une « culture du secret » et le sentiment qu'« avoir fait son devoir suffisait » (entretien avec Madame Armingaud, 23/08/2007).

37. A.D. Nantes, Le Caire, 579, télégramme et commentaire des 12 et 13 décembre 1941. Le Comité se demande le 13 décembre qui a recommandé Benard à Pleven, et indique qu'il s'est inscrit chez les Français Libres d'Alexandrie pour éviter le contrôle de ceux du Caire.

38. AD Nantes Le Caire 580/581, télégrammes.

proposa les plans d'une stèle de 10 mètres de haut, approuvé par l'Etat-Major, et construit rapidement avec les moyens du bord. Le monument est inauguré fin 1942, les premiers plans et photographies (et images filmées, on l'a vu) du cimetière commencent à circuler début 1943, dont celle-ci :

Cette propagande avait peu de moyens dans les territoires du mandat où le service était de création récente (26 mai 1942). Avec l'appui de Radio-Levant, la revue bi-mensuelle *En route* était son fer de lance en Français, en plus de l'impression de tracts. Pour 1943, manque d'argent et de papier avaient conduit à financer l'impression (par l'imprimerie Catholique de Beyrouth) de 10 000 exemplaires de cette revue pour toute l'année 1943. La revue *Orient militaire* rédigée en arabe était tirée à 5 000 exemplaires par an. Le service de Beyrouth finançait aussi des éditions de livres, mais nous n'avons pas trouvé trace d'édition spécifique sur Bir Hakeim[39].

Pour d'autres régions du monde on est de même amené à analyser des fragments et d'abord ce qui reste de l'effort de propagande des comités de la France Libre qui étaient très divers, parfois divisés. Le message transmis est commun à tous : celui de la légitimité à combattre en incarnant la France dans des récits qui

39. Rapport et historique du service de propagande de la France Libre à Beyrouth rédigé par le lieutenant Castelbon, 7 juin 1943, SHD, 4H 327.

en anglais ou en espagnol font revivre avec panache l'épopée de la Brigade. Comme ces comités publient des journaux, brochures etc. Bir Hakeim sert à obtenir le soutien des opinions publiques locales. L'article « Fighting France », dans *The New York Times magazine* du 12 juillet 1942 reproduit des propos habiles du général de Gaulle qui explique les objectifs, la culture politique de la France Combattante, les résistances extérieure et intérieure unies dans le combat et la mission qu'incarne la France dans le cadre d'une lutte pour la civilisation :

> « J'en ai la preuve dans l'émotion qui a saisi le monde à la nouvelle du soulèvement spontané de la population de St Nazaire contre les Allemands après l'arrivée des commandos britanniques. N'est-ce pas à la France, à toute la France, que l'on rend hommage pour la résistance héroïque de Bir Hacheim, où les soldats français se sont couverts de gloire, tout comme leurs frères d'armes américains à Bataan et Corregidor ? C'est la vraie France, disaient les hommes, lorsqu'ils parlaient de St Nazaire ou de Bir Hacheim ou des otages qui tombent en France devant les pelotons d'exécution allemands[40]. »

Le comité de Mexico publie un long récit héroïque des combats qui n'est pas une simple reproduction ou collage d'articles en anglais ou Français, avec l'ouvrage de J.-P. Benard. L'auteur défend l'idée que les soldats de Bir Hakeim ne sont pas une exception, mais une avant-garde et met en perspective les commentaires admiratifs de la presse anglo-saxonne. Le travail le plus original de propagande, destiné aux enfants, a été publié, en couleur à New York, sans nom d'auteur. On peut le dater du début de 1944. La 1re version du texte intitulé « Mon album » décrit en Français, donc pour des jeunes enfants qui devraient apprendre la langue française, les chefs des Nations Unies (Churchill, Roosevelt, Staline, De Gaulle, Tchang-Kaï-Tchek, Eisenhower, Montgomery, Koenig, Juin, Joukov). Quelques pages sont consacrées aux soldats, marins, aviateurs. Koenig est le « héros de Bir Hakeim » et le texte cite à égalité Koenig et Leclerc : « Son ami le général Leclerc est aussi un héros français. » Dans une deuxième édition, datée de mars 1944, il y aura une biographie de Leclerc, mais curieusement encore à cette date, une du général Giraud décrit comme commandant en chef des forces françaises. Peut-être faut-il pour expliquer ces différences, se souvenir des divisions qui existaient chez les Français installés aux États-Unis[41]. Bir Hakeim arrive au moment où les comités ont leur plus grande force de représentativité de la

40. « I have proof of it in the emotion that gripped the world at the news of the spontaneous uprising of the population of St Nazaire against the Germans after the British commandos had landed. Is it not to France, to the whole of France, that homage has been paid for the heroic stand at Bir Hacheim, where French soldiers covered themselves with glory, even as their American brothers in arms at Bataan and Corregidor? This, men said, is the real France, when they spoke of St Nazaire or Bir Hacheim or of the hostages who fall in France before German firing squads », *The New York Times magazine*, 12 juillet 1942, collections de l'IHTP voir note suivante.

41. Extraits tirés des collections de l'IHTP, France Libre (ARC 074-52), France Libre Amérique Centrale-Amérique du Sud (ARC 074-53), France Libre Afrique du Sud, Australie, Égypte (ARC 074-52).

France Libre (printemps 42-été 43), avant qu'ils perdent progressivement du terrain face aux délégations officielles de la diplomatie de la France Libre. Dans l'Empire colonial sous contrôle de la France Libre, en dehors des régions qui ont fourni des troupes à la brigade, il n'y a pas eu d'entretien systématique de la mémoire de l'éclatant fait d'armes. Dans les archives du Mandat (Syrie-Liban), passé décembre 1942, nous n'avons rien trouvé de spécifique concernant Bir Hakeim, sinon une affiche en arabe exaltant l'empire colonial. Dans le journal *A.E.F.* créé en juin 1943, Bir Hakeim n'apparaît que dans le second numéro, dans un article du gouverneur Félix Eboué et dans une liste qu'il faut rappeler :

> « 18 juin 1940... jour où vraiment commença la défaite de Hitler car la Vaillante Angleterre tenait bon, la Vieille Angleterre a donné asile et aide à ce qui devient France Libre et France Combattante, ce qui a permis par la suite Koufra, Mourzouk, Bir Hakeim, le Fezzan, le rassemblement d'Alger et l'entrée de nouveaux puissants Alliés dans la guerre. »

Le journal défend dans les deux années suivantes la conception gaulliste de la France au combat, les choix politiques du général disposant des informations de qualité transmises par Radio-Brazzaville, ses journalistes suivent la guerre au plus près[42].

La reconnaissance des combattants et du combat dans des cérémonies utilisables dans la propagande sont diverses mais décousues et décalées dans le temps. Par exemple, en octobre 1942 au Liban, le BM2 honore les hommes tombés au combat et le lieutenant-colonel de Roux tué récemment dans un accident d'avion. Le bataillon passé du Liban à Madagascar pour manifester la présence de la France Libre n'a pas lourdement insisté sur sa participation à la bataille dans l'île récemment libérée... par les Britanniques combattus par une guérilla ayant prolongé inutilement les combats. Un an plus tard, le bataillon est présent pour l'inauguration de « son » monument aux morts, ceux de Bir Hakeim et les autres, au rond-point « Bir Hacheim » de la ville de Bangui[43]. Les responsables de la France Libre n'ont jamais renoncé à mettre la bataille en valeur, mais ils l'ont fait parcimonieusement dans l'empire colonial en guerre. La cérémonie du 11 novembre en Algérie constitue une occasion, dans un titre curieusement défensif l'*Écho d'Alger* titre : « Il faut que vous sachiez », (11 novembre 1943). En Tunisie, le général de Gaulle inaugurera une place Bir Hakeim en mars 1944 seulement[44]. L'hommage est contrôlé par les autorités et l'armée. À Tahiti, une appropriation plus spontanée et populaire s'est produite, remarquable, et il convient de la signaler même si elle est isolée dans la documentation. Le récit de la bataille de René Hintze est traduit en tahitien, publié dans un journal (*Te Ve'a*

42. *A.E.F*, Hebdomadaire, n° 2, « 18 juin 1940-18 juin 1943 » par le gouverneur général Eboué, 12 juin 1943. Le journal était imprimé dans les ateliers de *L'avenir Colonial Belge* à Léopoldville.
43. H. Amiel, *op. cit.*, p. 303.
44. Fondation de Gaulle, Documentation française, eur. 2038, ref. cont. E 2072.

Maohi, c'est-à-dire le *Messager Tahitien*) qui raconte les combats dans « Te bataillon du Pacifique I Bir Hakeim 27 ans Me-10 no Tiunu 1942 ». Si le lectorat n'était pas très nombreux, le récit, devenu récit oral, s'est répandu partout dans l'archipel[45].

Le général Catroux, qui avec Radio Liban disposait d'une radio de faible influence (le matériel ne permettait pas d'émissions lointaines puissantes)[46], a essayé de savoir ce que l'on disait non seulement dans les pays neutres voisins de la Syrie et du Liban, mais au-delà. On ignore généralement qu'il a mis en place un service d'écoute qui suppléait partiellement celui dont de Gaulle aurait voulu disposer, ce qui était plus difficile à réaliser en Grande-Bretagne ou à Brazzaville. Les archives contenant les rapports quotidiens sur les radios (et aussi la Presse étrangère) montrent que Bir Hakeim a été très inégalement mentionné à l'étranger. La radio égyptienne d'État l'a fait du 3 juin au 15 juin, la radio turque les 28 mai et 24 juin, avec la première mention des forces gaullistes[47]. Une radio « soviétique » (laquelle ? elle n'est pas clairement identifiée) captée au Liban n'a jamais parlé de la bataille, tandis qu'une radio américaine a cité « Bir el Hakim » deux fois les 29 mai et 15 juin 1942. Outre la radio soviétique, celle de Téhéran - l'Iran est sous contrôle soviéto-britannique - fait aussi silence sur l'évènement[48]. Les émissions de radios de l'Axe, elles aussi traduites, insistent surtout sur les méfaits des Britanniques envers les Arabes, et l'ordre donné par la VIIIe armée de ne pas fournir d'eau aux prisonniers. Bir Hakeim et les Français Libres n'apparaissent dans cette propagande radiodiffusée en arabe le 13 juin et qui vaut pour constat de défaite[49]. Catroux, ses adjoints, et sans doute De Gaulle, ont connu ces transcriptions. Elles donnaient, de façon cruelle,

45. Jean-Christophe Shigetomi, *op. cit.*, vol.2, p. 65, qui signale en outre que le père d'un combattant du B.P.1, Loulou Spitz, traduisait en Tahitien les nouvelles de la guerre et les affichait à l'entrée de son magasin.

46. Les émetteurs étaient de faible puissance. Sur les ondes courtes il était possible d'être entendu en AFN, en AOF et même en France, sur les ondes moyennes par les « voisins », d'Alep à Jaffa. La radio FFL était très « mal entendue » en Iran et Afghanistan. Dans le sens contraire, le service d'écoute avait des difficultés à capter les émissions en arabe de Radio-Bari. Cette guerre des ondes en méditerranée mériterait de plus grandes investigations. AD Nantes, Syrie, Liban 783.

47. Le journal *Yatan* du 11 juin 1942 informe ses lecteurs que les artilleurs français ont brillamment repoussé les assauts répétés et pronostique que cette « première véritable rencontre avec les forces de l'Axe trouvera des échos dans la mère patrie ». La presse turque est très attentive à l'action et aux propos des Italiens, et le 14 juin un général Turc, H. Emir Erhilet dans *Djumhurivet* écrit que le sort de la guerre n'est pas dans les mains de Rommel mais en URSS et en Asie, ce qui n'est certainement pas mal vu.

48. Le 29 juin 1942, le compte rendu sur Radio Téhéran donne à lire un étonnant parallèle entre Hitler et Napoléon génie guerrier et administrateur, supérieur à celui qui embrigade la jeunesse d'Allemagne pour la conquête du Monde, idée étrangère à l'Empereur, AD Nantes, Syrie-Liban, 66-38.

49. Le traducteur des nouvelles de Radio-Rome du 13 juin transcrit aussi la fausse surprise d'entendre chez les Anglais d'une part des éloges pour la défense française qui dévoilait aussi le courage des tankistes italiens, et d'autre part les contradictions (anglaises) qui ont fait de Bir Hakeim un « des principaux piliers du front » et de la défense puis déclaré qu'elle n'avait plus d'importance. Radio-Rome s'efforce de montrer les errements de l'agence Reuters et de la propagande anglaise, qui a minimisé le succès de Rommel à Bir Hakeim, AD Nantes, Syrie-Liban services de Presse 36-71.

la mesure du chemin qu'il faudrait parcourir pour faire reconnaître la France Libre si sa première victoire n'était pas remarquée à sa juste valeur.

5. La France combattante dans le monde : Bir Hakeim au cinéma

La France Libre et ses responsables, avec peu de moyens financiers et peu de techniciens, ont pensé dès 1940 à créer un service spécifique pour produire des images du combat engagé. Les films produits devaient faire connaître la France Libre et ses soldats aux opinions mondiales. La propagande filmée de la France Libre était écartelée entre Londres, Beyrouth et les États-Unis. Elle fit un usage décalé dans le temps de Bir Hakeim dans ce qui était un des objectifs principaux : mettre en scène l'armée française dans les batailles terrestres, aériennes et navales[50]. Les combats de Bir Hakeim se déroulent avant la création de l'OFIC (Office du cinéma français) à Alger entre avril et juin 1943. On sait qu'avant l'OFIC, et ceci est prouvé par une partie des bandes-son retrouvées, certains films ont été traduits en diverses langues, anglais, russe, et des sous-titres en espagnol ont été aussi retrouvés. Le public visé est international mais au début ces films ont été d'abord diffusés dans les casernes françaises. Nous ignorons cependant précisément quand et à qui un ou des films furent montrés au Moyen-Orient en 1942-1943. Dans la mesure où Curtis dit que développement et montage se faisaient dans la plus célèbre institution cinématographique égyptienne, les studios MISR au Caire, on peut supposer que ces films furent non seulement montrés à des soldats, mais aussi à des civils en Égypte, Syrie, Liban au moins. *Soldats de la République* fut traduit en arabe. Les comités de la France Libre présents dans 39 pays ont assuré l'essentiel de la diffusion entre l'année 1941 et le début de 1943. À un moment où les Français Libres ne sont plus engagés sur le terrain, leur propagande fait connaître leur participation à la guerre du désert. La plus grande partie des images est d'origine française. Le service cinématographique était basé à Beyrouth (auprès du Service d'Infanterie et de radiodiffusion du Levant), d'où partent vers la Libye une puis deux équipes de cameramen, qui sont solidement encadrés par le 2e bureau selon les recommandations de Koenig. J. Lannoy a confirmé la priorité donnée par la France Libre aux opérations dans le désert en 1942-1943[51].

Trois films au moins parlent de Bir Hakeim. Et ils construisent un récit de la bataille à plusieurs faces. Un film de 10 minutes a été mis en circulation en 1943. Tourné par les opérateurs du service cinématographique des FFL, il décrit l'effort de guerre des Français Libres dans le désert et les servitudes particulières de

50. Nous renvoyons à la description résumée et informée sur les films de la France Libre d'Isabelle Flahaut-Domergue, « La propagande cinématographique de la France Libre ou la continuation du combat », dans Jean-Pierre Bertin-Maghit (dir.), *Une histoire mondiale des cinémas de propagande*, Paris, Nouveau Monde, 2008, p. 471-493.

51. Jacques Lannoy, « Les services cinématographiques militaires français pendant la Seconde guerre Mondiale », *Revue Historique des armées*, n° 3, 2008, p. 27-39 (p. 35).

cette guerre d'un type nouveau. C'est un film pédagogique qui montre les servitudes de la guerre du désert. Bir Hakeim y devient une bataille pour les puits. Car conçu par et pour les actualités de la France Libre ce film donne à voir comment fonctionne le ravitaillement en eau, (filmé par J. Curtis). Il dévoile le côté éminemment « débrouillard » des Français Libres qui sous l'œil de la caméra désossent littéralement un camion de l'Afrika Korps, prise de guerre. Le film montre en outre les soldats et ouvriers de l'Atelier lourd de la brigade qui réutilise le matériel et usine des pièces manquantes : « même dans l'art de l'Ersatz les Allemands sont battus » dit le commentateur. Des véhicules changent d'armée très facilement quand on les repeint : l'art de la vie au désert est un art de la substitution. La séquence suivante est consacrée aux pilotes et avions de la France Libre du groupe Lorraine avec une musique de Rimsky-Korsakov en fond [52]! Elle juxtapose des images de bombardements sur Halfaya et de réunion de pilotes autour du colonel Corniglion-Molinier. Le document contient des images tournées à Bir Hakeim montrant les effets du vent de sable, avec le commentaire « à Bir Hakeim les Français se sont battus héroïquement pour quelques puits ». Le film mélange des images tournées avant mai 1942 et des images tournées après El Alamein[53]. Le deuxième film conservé offre une entrée spectaculaire dans le dispositif de mémoire avec le monument de Bir Hakeim. Il relate avec peu de détails la bataille de Bir Hakeim et montre les Français Libres en unités arpentant le désert (infanterie portée, DCA), le « glorieux 75 », un Bren Carrier avec un canon de 25 mm un autre avec un fusil Boys antichar. De l'ennemi ne restent que des épaves d'avions, de tanks et de la position, quelques tranchées et le fort. La cérémonie d'inauguration du monument est précédée par les vues des tombes. Le film est un mémorial pour l'avenir. Car la messe, le recueillement des militaires présents et les images des détachements des bataillons de la brigade précèdent la grande leçon finale. En effet les dernières minutes proposent des vues spectaculaires des Crusaders de la compagnie de chars la mieux équipée, à cette date, de la France Libre et de l'armée française, sinon la plus moderne[54]. Ce second film mélange lui aussi des images prises à des moments différents, avant et après Bir Hakeim. L'interview de J. Curtis confirme ce point car il participa à « un peu de Jock Column » (quelques photos et extraits ont été tirés de cette expédition). Il ne dit pas avoir participé à de grosses opérations militaires, mais à des petites expéditions, avec des tirs rapides et le décrochage des camions des Jocks, qu'en conséquence, il appelle « Jockes[55]. » Le

52. L'oeuvre du compositeur russe utilisée est *Scheherazade*, s'agit-il d'un message subliminal ?!

53. On trouvera la version anglaise de ce film sur Youtube, *Free French Forces in the desert* dans la production de British Pathé de décembre 1942 ou janvier 1943. Il est répertorié mais pas analysé, ce n'était pas le propos de l'auteur, dans Jean-Pierre Bertin-Maghit, *Les documenteurs des années noires*, Paris, Nouveau Monde éditions, 2004, p. 251.

54. En réalité, les Crusaders de la première compagnie autonome de chars de combat étaient déjà complètement obsolètes à cette date, mais supérieurs aux matériels français encore en service du côté de Vichy ou de l'Afrique du Nord. Le *Crusader II* (Cruiser Mark VI) n'avait qu'un canon de 2 livres (2pdr).

55. Donc des « plaisanteries », S.H.D., archives orales 3K106, Jacques Curtis.

troisième film est récapitulatif. Mettant en scène les héros de Bir Hakeim et leur général, Leclerc et ses unités du désert, les marins et les aviateurs, *Soldats de la République* (1944) a pour objectif de faire comprendre le renouveau de l'armée française. Une armée victorieuse, nécessaire à ses Alliés, libératrice, puisqu'elle a permis la reconquête de la Syrie, du Liban, de Madagascar. Le montage, qui récupère une partie des images précédentes, fait de l'armée l'artisan de la renaissance française.

B. Les nazis, Vichy et la défaite anglaise

1. Propagande technique et anti-anglaise des nazis

En en parlant le moins possible, l'ennemi et les médias Français ont fait beaucoup d'efforts pour minimiser l'importance de l'évènement et l'implication de la France Libre. Les arguments, fournis en réalité par les propagandistes allemands, sont simples. Bir Hakeim est un « vrai » fort comme Douaumont ou Eben-Emael, et il a fallu monter les attaques en conséquence avec de puissants bombardements, des pionniers etc. les Français y ont perdu 2 000 prisonniers. Ils ont été abandonnés à leur sort par de perfides Anglais comme à Dunkerque. Ces arguments sont plus ou moins enjolivés, et plus ou moins bien présentés. Deux grandes photos aériennes représentant une attaque de Stukas sur le fort ne paraissent que dans le 2e numéro du mois d'août de la revue *Signal*. Le récit général de la grande victoire de Rommel qui a pris la plus grande forteresse du désert, Tobrouk, après deux plus petites, Bir Hakeim et Marsa Matrouh n'est publié qu'en septembre, au moment où les affaires du maréchal ne sont plus aussi florissantes. Le *Pariser Zeitung* du 14 juin 1942 intitule « après la prise de Bir Hakeim » une récit-bilan de la grande victoire : « 12 000 prisonniers. Six cents blindés, près de trois cents pièces d'artillerie, des centaines de camions ont été pris ou anéantis. » L'article en allemand du 17 juin du même journal « Der Kampf und Bir Hachiem » condense le point de vue nazi sur l'adversaire. Le racisme d'abord avec les Arabes, Noirs, émigrants européens (tout le monde lira : juifs), « infanterie de marine et légionnaires ». Ensuite avec l'évocation des attaques de pionniers soutenus par des chars et des canons, y compris ceux de la Flak (tout le monde lira : 88 mm). Deux longs paragraphes sont consacrés à l'action des Stukas sur la « citadelle » et les derniers sur les combats des chasseurs de la Luftwaffe. Ce sont les images nazies de la *Blitzkrieg* incorporées à la propagande de guerre, la guerre du désert menée par Rommel. La guerre nazie se veut technique. Les actualités filmées allemandes du 16 juin 1942[56] vont à l'essentiel : après les funérailles de Heydrich tué à Prague, l'Afrika Korps a la vedette. La « supériorité » de Rommel et celle du matériel allemand est mise en image à plusieurs reprises, notamment celle des canons antichars. Bir Hakeim est mentionné

56. *Die Deutsche Woschenschau*, 1942-06-16-n°615.

pour deux raisons : le respect fragile de la Croix-Rouge par les Britanniques qui tiennent la position et l'utilisation de troupes coloniales. Le film mélange Hindous et Nord-Africains, noirs (en sous-vêtements) de la brigade Française qui n'est pas mentionnée, on peut supposer d'ailleurs que les effets d'uniformes français ont été enlevés aux soldats filmés[57]. La défaite est figurée par un plan lointain d'une colonne de prisonniers (peut-être les Français). La mise en scène, spectaculaire comme à l'habitude dans ces films, n'oublie pas la raison d'être du nazisme : un long plan fixe d'un panneau situé en plein milieu du désert apprend au spectateur qu'il y a quelque part vers la droite, un quartier juif. Les actualités de la semaine suivante (n° 616) reprennent les images de Stukas et de blindés pour illustrer la puissance de l'Afrika Korps dans le maniement des armes modernes. Une partie de ce discours se retrouvera dans l'article de Lutz Koch découvert en 1943 par les Français Libres dans un bivouac. Dans un numéro du *Pariser Zeitung* du 17 juin 1942, on apprend, en Français, que « les Anglais ont sacrifié les Gaullistes ». Le journal, qui n'est pas à court d'inventions, insiste lourdement sur quatre sacrifices imposés :

> « Le lieutenant Français Robert Marceau, fait prisonnier après la chute de Bir Hakeim, a déclaré : l'aviation anglaise nous a abandonnés sur l'ordre du général Ritchie. L'indignation générale que cette réponse a soulevée chez les défenseurs a obligé notre général à envoyer un télégramme au général Ritchie, l'informant que nous proclamerions à la face du Monde que l'aviation Britannique avait sacrifié les défenseurs du fort de Bir Hakeim. Les dernières troupes britanniques ont abandonné le fort la même nuit et nous ont laissés à notre sort. Pour empêcher toute retraite les Britanniques avaient emporté les derniers réservoirs d'essence et ouvert les robinets de réservoirs de nos voitures afin de nous obliger à rester. Les Britanniques ont eu raison de se mettre en sûreté à ce moment-là, a poursuivi le lieutenant Marceau, car les gaullistes allaient faire place nette. Nous aurions veillé à ce qu'aucun Anglais vivant ne puisse quitter Bir Hakeim… »

2. Vichy et les collaborateurs

La presse de Vichy a peu parlé de Bir Hakeim, sauf pour mentionner, comme en passant, « Bir Hakeim est la fin du gaullisme » [58]. La radio avait pourtant pendant des jours dit que Bir Hakeim était tenu par une garnison anglaise[59]. Puis les auditeurs de radio Vichy (14 juin 1942) ont pu apprendre, dans une

57. Un Français en sous-vêtement est brièvement montré à la fin du film. S'il s'agit bien d'un Français.
58. *Le Progrès de l'Allier*, 22 juin : « C'était le dernier carré de l'ex-général De Gaulle. Or l'intérêt pratique accordé par les Anglais aux Gaullistes était constitué par des éléments militaires et combattants. Ceux-ci disparus, il ne reste plus à la dissidence que des politicards, sans valeur, des bureaucrates insignifiants et des phraseurs inutiles. »
59. AD Nantes, Syrie-Liban 54, compte rendu d'écoute de Radio Vichy, juin 1942.

reconnaissance éphémère puisque les protagonistes avaient été dispersés ou tués que des Français étaient présents, et même courageux :

> « Ce n'est pas un secret pour personne qu'au cours de sa nouvelle offensive en Afrique du Nord le général Rommel n'a rencontré de sérieuse résistance qu'à Bir El Hakim. Or Bir El Hakim a été tenu par quelques soldats français égarés par une fausse conception du devoir ou les promesses du commandement anglais...
> Ces Français ayant oublié qu'il ne peut y avoir de gouvernement constitutionnel que celui de Pétain qui a reçu les pleins pouvoirs de l'Assemblée Générale, ont accepté d'être les mercenaires des Anglais. On sait que les Anglais se targuaient d'être à la tête d'une immense coalition... Nous sommes encore bien mal renseignés sur ce qui s'est passé pendant et après les combats de Bir El Hakim. Mais on sait déjà que les gaullistes prisonniers se plaignent d'une part de n'avoir pas reçu l'aide nécessaire en avion, et, d'autre part, d'avoir été abandonnés par les Britanniques. Mardi dernier, un député britannique, ingénu mais courageux n'a pas hésité de se lever et de demander s'il était exact que la R.A.F. n'a pas apporté aux défenseurs de Bir El Hakim toute l'aide nécessaire[60]. »

Vichy appelle au sérieux, c'est-à-dire au respect de l'armistice, à la reconnaissance de la défaite notamment à la radio par la voix du directeur de la voix de la France, Léon Boussard, dont les programmes spécifiquement adressés aux auditeurs de l'Empire Colonial doivent méditer le 22 juin le discours de Laval souhaitant la « victoire de l'Allemagne » contre le « Bolchevisme ».

C. Internationalisation de la question des prisonniers, victoire de la France Libre

Le bilan de la renommée de Bir Hakeim a été renforcé par la propagande nazie qui a involontairement rendu un signalé service aux Français Libres à propos des prisonniers. Allemands et Italiens ont hésité, on l'a vu, à appliquer les lois de la guerre aux prisonniers de la France Libre. Allemands et Italiens se posaient la question de fusiller des Francs-Tireurs et avaient de toutes façons l'intention de régler des comptes politiques avec les antinazis et les antifascistes. La clémence de Rommel serait alors apparue dans toute sa splendeur !

Deux récits allemands ont conflué dans cet épisode. Le premier a servi la gloire de Rommel puisque le bruit aurait – le conditionnel est de rigueur – couru, dans l'Afrika Korps, que Rommel avait détruit l'ordre de Hitler de fusiller les prisonniers français. Nous y reviendrons. En réalité, l'ordre donné à Rommel, contrairement à ce qui a toujours été écrit, même par les Français Libres, ne visait

60. *Pariser Zeitung*, 17 juin 1942, p. 3, il n'existe aucun « lieutenant Marceau » dans les listes de la France Libre.

pas l'ensemble des Français Libres mais les résistants allemands (et autrichiens d'avant 1938), que le Führer soupçonnait à bon droit d'être des opposants politiques. Il y avait eu déjà des précédents : des Allemands du 22e Régiment Étranger avaient été fusillés le 6 juin 1940[61]. Le deuxième a consisté dans la menace publique brandie par Radio-Berlin, dès le 12 juin, de faire appliquer l'article 10 de la convention d'armistice dans toute sa rigueur aux prisonniers de Bir Hakeim. Rommel a peut-être ignoré délibérément l'ordre de Hitler concernant les antinazis en laissant croire, Radio-Berlin aidant, qu'il s'agissait de tous les Français Libres. Mais il est aussi probable que les Italiens responsables des prisonniers faits par les forces de l'Axe en Libye, aient reculé devant une exécution massive de prisonniers, même s'ils ont commencé à tuer au moins un de « leurs » antifascistes.

Selon le *Pariser Zeitung* :

> « On fait remarquer, à la Wilhelmstrasse, qu'une telle décision est, du point de vue du droit international, un acte de magnanimité. Les puissances de l'Axe ayant renoncé à appliquer les principes juridiques stricts qu'elles sont en droit d'utiliser[62]. »

Selon Radio-Berlin,

> « L'Allemagne qui a accordé l'armistice à la France a informé les Français que celui qui continuerait de combattre contre les forces du Reich serait considéré comme rebelle et en conséquence fusillé par son gouvernement. Mais l'Allemagne ne va pas appliquer cette clause aux prisonniers de Bir El Hakim et les gaullistes seront considérés comme prisonniers de guerre français, car ils ont fait preuve d'une grande bravoure.
> L'Allemagne respecte les braves même s'ils sont ses ennemis. Elle ne fait pas comme la lâche Angleterre qui a pendu les généraux irakiens, au lieu de les prendre comme prisonniers de guerre[63]. »

Le journaliste Lutz Koch a cité Hitler à propos de Bir Hakeim, le Führer voyant dans les Français de bons soldats, en deuxième place derrière les Allemands. Rommel, quoi qu'il en soit, a bénéficié de l'épisode et renforcé son *aura* de général « chevaleresque », bien qu'il ne fasse mention ni du destin des prisonniers ni de ses décisions les concernant dans ses mémoires. Cette « mansuétude » attribuée au général aura des conséquences inattendues plus tard. Dans l'immédiat, à Londres, les Français prennent connaissance des menaces allemandes via la Suède et réagissent vigoureusement. Le recul allemand sur l'application des clauses de

61. Douglas Porch, *La Légion étrangère*, Paris, Fayard, 1994, p. 531.
62. *Pariser Zeitung*, 17 juin 1942, p. 3.
63. AD Nantes Radios Allemagne-Italie 36 Radio des Arabes libres 18-20 juin 1942. « Des officiers allemands qui ont pris part à la campagne de France se sont immédiatement rendu compte qu'ils avaient en face d'eux l'artillerie française. »

l'armistice est la conséquence d'une bataille des ondes, menée de main de maître par les services de la France Libre. Elle permet à De Gaulle de menacer l'ennemi d'égal à égal en indiquant que la France Libre n'hésitera pas à fusiller les prisonniers en sa possession. L'historien François Broche a résumé ainsi l'épisode :

> « De Gaulle fit diffuser par la BBC le communiqué suivant : « Si l'armée allemande se déshonorait au point de tuer des soldats français faits prisonniers en combattant pour leur patrie, le général De Gaulle fait connaître qu'à son profond regret, il se verrait obligé d'infliger le même sort aux prisonniers allemands tombés aux mains de ses troupes. » L'aurait-il fait ? On ne le saura jamais, mais il est permis d'en douter : une forme aussi primaire de représailles n'était guère compatible avec les idéaux de la France Libre[64]. »

La dernière affirmation est contestable. Les prisonniers allemands et/ou italiens auraient été fusillés. Le général ne pouvait se permettre de menaces « en l'air ». P. Messmer a sobrement commenté : « Chacun savait que nous aurions obéi à cet ordre sans haine mais sans pitié[65]. » D'où, nous l'avons vu, les demandes (sans résultat) faites aux Britanniques de rétrocéder les Italiens et les Allemands pris au début des combats de Bir Hakeim. La bataille sur le sort des prisonniers est donc gagnée devant l'opinion mondiale après le recul des autorités allemandes qui selon Messmer distinguaient le « gaullisme militaire » du « gaullisme politique[66]. » Que les Français Libres n'aient pas été fusillés comme Francs-Tireurs sera d'ailleurs le grand regret d'un journal collaborationniste et anglophobe comme *Gringoire* (d'où le rappel de la mort du Prince Impérial sous uniforme anglais en pays Zoulou en 1879) :

> « Le public français se demandera comment le Haut-Commandement Anglais n'a pas vu l'erreur d'ordre tactique, et surtout l'inconvenance d'ordre moral que présentait son dispositif : il laissait sans soutien suffisant et pour ainsi dire en l'air, à l'aile des unités étrangères, envers qui il aurait dû se sentir des obligations d'un caractère particulier. Il les plaçait ainsi le plus loin possible de la mer d'où elles auraient reçu l'appui de l'artillerie de la flotte et par où, le cas échéant, ce serait offert un moyen d'échapper à l'encerclement et à la capture. Car Londres n'ignorait pas un certain article 10 de l'Armistice de 1940, qui risquait d'autoriser « l'Afrika Korps » à traiter les gaullistes comme de simples Francs-Tireurs.
> Et, dès lors, à quelles amères réflexions n'ont pas dû se livrer les défenseurs de Bir-Hacheim lorsque, formant le carré auteur de leurs malades et de leurs blessés, ils ont entrepris leur longue et pénible retraite à travers les sables brûlants.

64. F. Broche, *op. cit.*, 2008, p. 148, repris dans F. Broche *op. cit.*, 2019, p. 379.
65. P. Messmer, *Après tant de batailles*, *op. cit.*, p. 113. Il ne fait aucun doute que Messmer répond de façon ironique à la formule « guerre sans haine » abusivement désignée, par ses éditeurs, comme typique du style de guerre mené par Rommel.
66. *Ibidem*, p. 114.

> Le carré, c'est la formation désespérée pour les sacrifices d'une campagne saharienne. À plus d'un, peut-être – et ce fut le châtiment – apparut dans un mirage le spectre du jeune prince impérial français, qui, voilà soixante-trois ans, succomba dans la brousse africaine pour avoir été lâchement abandonné par son escorte anglaise[67]... »

D. Écho en France occupée

1. Résistance et France Libre

La représentation d'après-guerre en France, du côté des héritiers de la France Libre, est que la bataille « réveilla les Français » en 1942. Une étude attentive des archives qui concernent l'écho de la bataille en France non occupée et totalement occupée après novembre 1942 ne prouve pas complètement l'affirmation. L'écho immédiat fut important même si les journaux de Vichy ont très peu parlé d'un événement considérable, le combat de forces terrestres françaises contre la Wehrmacht. Les organisations résistantes ont tenté de se servir de l'exemple. Mais bien peu de documents issus de la Résistance subsistent à propos de Bir Hakeim, ce qui ne doit pas étonner compte tenu des conditions dans lesquelles journaux et tracts étaient produits. Un tract du mouvement Libération dit que « Bir Hakeim pour la France c'est une résurrection » et le texte condense les vertus de Verdun, du mot de Cambronne à Rommel et rappelle la presse Alliée. Un article du journal *Libération* daté du même jour (24 juin 1942) fait un portrait élogieux de « l'alsacien » Koenig et situe exactement les enjeux : « Bir Hakeim n'est qu'un épisode de la guerre, ce n'est qu'un combat de la bataille de Libye, mais pour la France, c'est une résurrection. » *Franc-Tireur* (n° 8, juin 1942) énumère les échecs allemands des mois de mai-juin et met Bir Hakaïm (*sic*) et les pertes de la division italienne Ariote (*sic*) et plus largement les pertes subies par les Allemands en Cyrénaïque au même niveau que celles comptées en URSS (dans la bataille pour Kharkov)[68]. Dans *La Marseillaise* du 4 octobre 1942, de manière extraordinaire, et pour retourner contre lui les armes de l'ennemi, un fac-similé de l'ultimatum de Rommel à Koenig est publié avec le commentaire « on sait comment les nôtres y répondirent ». La bataille eut donc un retentissement immédiat dans le public qui écoutait la radio de Londres et au-delà, mais on aurait du mal à comptabiliser l'assistance. Car les règles du combat clandestin sont exigeantes et la guerre continue. On en fait le constat bien des années plus tard dans *Alias Caracalla*. L'historien de Jean Moulin et compagnon de la Libération, Daniel Cordier, y mentionne Bir Hakeim à trois reprises. La première est en note, expliquant comment après la guerre, le combattant de Bir Hakeim, P. Marmissole s'installa à l'étranger, car il ne voulait pas revenir en France, si

67. *Gringoire*, 26 juin 1942.
68. A.N. 3AG1/279, archives du Général de Gaulle, Journaux et Tracts.

lâche en 1940. Les citations de juin et juillet 1942 renvoient à l'héroïsme, à la gloire de la France Libre du désert notamment lors de l'anniversaire du 18 juin à l'Albert Hall où Cordier est invité. C'est la référence à l'obéissance de militaires au combat, comme à Bir Hakeim qui est utilisée par Jean Moulin pour défendre la décision du général de Gaulle d'étendre les pouvoirs du général Delestraint sur « l'Armée secrète » aux deux zones en mars 1942[69]. Bir Hakeim représente la discipline du Français qui se bat. Durant la période des combats, le récit de D. Cordier ne mentionne ni le nom de la bataille ni les opérations de Libye. En 2004, Jacques Roumeguère, artilleur de Bir Hakeim évoquait sa visite de 2002 :

> « En y pénétrant une dernière fois aux côtés de Daniel Cordier, secrétaire de Jean Moulin qui symbolisait dans ce pèlerinage la présence fraternelle de la Résistance intérieure, celui-ci s'était exclamé en dominant une profonde émotion : "Ici était l'âme de la France Libre"[70]. »

Peut-on simplement conclure du petit nombre de mentions dans *Alias Caracalla* et de l'évocation de l'âme de la France Libre que le jeune officier de 1942-1943 aurait préféré être à Bir Hakeim ? On trouve ici la trace, à soixante ans de distance, du travail de mémoire. Et il n'existe pas de contradiction. D. Cordier a toujours revendiqué son identité de Français Libre par le choix qu'il avait fait en juin 1940, même quand il était le secrétaire de Jean Moulin dans la Résistance intérieure. François Jacob a eu la même réaction sur l'importance de Bir Hakeim, qui vaut pour bien d'autres Français Libres, car il est resté toute sa vie dans le regret de n'avoir pas été de la partie[71]. Mais à l'été 1942, les Français de France n'ont pas immédiatement suivi, parce que les Alliés n'arrivaient pas à prendre l'avantage sur leurs ennemis, particulièrement en Afrique. Les services de la France Libre ne se sont pas payés de mots. Le 20 juin 1942 ils notaient, la « soi-disant déclaration d'un officier des FFL prisonnier aux termes de laquelle les Anglais auraient abandonné nos amis à Bir Hakheim (*sic*) a fait une impression profonde et fâcheuse ». Et le 26 juin l'analyse était confirmée :

> « La perte de Tobrouk a été mille fois plus durement ressentie par l'opinion française que la chute de Singapour. La résistance de Bir Hakheim pendant les quinze premiers jours de l'offensive allemande, résistance exaltée à la Radio avait enthousiasmé le public. La déception n'en a été que plus dure par la suite, et s'il est certain que les sentiments germanophobes n'ont pas changé, bien au contraire, mais pour d'autres raisons, les sentiments anglophiles ont été touchés, encore une fois, c'est la Russie qui bénéficie de ces fluctuations sentimentales. La résistance de Sébastopol est l'objet de l'admiration générale et l'on

69. Daniel Cordier, *Alias Caracalla*, Paris, Gallimard, 2009 (p. 199, 352, 372, 997).
70. Florence Roumeguère, *Au jour le jour Bir Hakeim, Carnets et récits*, dact., juin 2012, p. 214.
71. F. Jacob possédait « un cliché célèbre de la bataille de Bir Hakeim, épopée qu'il se désolait toujours de ne pas avoir vécue », B. Hopquin, *op. cit.*, p. 211.

entend dire couramment: les Russes au moins font payer cher aux Allemands chaque pouce de terrain[72]. »

Il ne faudrait pas oublier au passage la chronologie et la dureté implacable des temps dans la France occupée. Pierre Laborie signale à juste titre que si l'année 1942 est celle des « ruptures décisives » dans l'opinion française, le « sombre printemps » 1942, (malgré « l'héroïque défense française à Bir Hakeim », écrit l'historien) explique le maintien de l'attentisme et de l'ambivalence. Le basculement anti-vichyste et la peur de la guerre civile se dessinent nettement à la fin de l'année 1942[73], alors que la France Libre en Afrique du Nord rentre dans la période la plus difficile de son histoire.

En conséquence, notre impression reste que dans ce cadre, la référence à Bir Hakeim s'est quelque peu étiolée au cours des années 1943-1944. En France occupée comme à l'étranger, malgré les efforts considérables de la France Libre qui a magnifiquement mis en valeur l'événement. Il est du coup intéressant de rappeler une mention « Bir Hakeim » dans un film hollywoodien de 1943. Même isolée, elle est hautement significative, car Bir Hakeim est loin de la Californie. Il s'agit d'une variante de la mise en scène des troupes perdues dans le désert autour d'un point d'eau et intitulé *Sahara*, dirigé par Zoltan Korda et situé au temps de la défaite de la ligne de Gazala. La fiction ressort de l'histoire immédiate. Un des héros du film, celui qui connaît le mieux le désert, est un noir nommé « Temboul » qui sort de Bir Hakeim où son unité a été massacrée. Ce n'est pas un membre des FFL mais un soldat des forces soudanaises de Sa Majesté, qui auraient donc défendu Bir Hakeim. Comme quoi on a besoin d'un peu de présence africaine dans le désert... Un Français Libre (« Frenchie », un légionnaire) est cependant présent dans le groupe de soldats alliés où la figure et la maestria de Humphrey Bogart dominent l'ensemble. Ce film sur les Nations Unies au désert eut un succès remarqué même s'il était assez inspiré par *La patrouille perdue* (de John Ford, 1934). En novembre 1943, le sergent tankiste incarné par H. Bogart vient à point nommé pour justifier les succès récents des Alliés en Afrique du Nord et l'intervention américaine qui en est la véritable cause.

2. Jalons de la mémoire : résistants de France sous la bannière du désert

Les Français, dans leur majorité, n'ont découvert l'importance historique et symbolique de la bataille qu'en 1945. Mais dans ce contexte il serait injuste et surtout historiquement faux d'oublier ceux qui ont porté le nom de Bir Hakeim comme un étendard dans la Résistance en 1943-1944. La plupart des livres se réfèrent aux organisations nommées « Bir Hakeim » pour prouver, après le renom

72. F60/1689 France Libre et GPRF, Documentation, opinion publique, Résistance, répression. Notes de synthèse sur l'état de l'opinion publique du service de documentation de la France Libre, 20 et 26 juin 1942.
73. Pierre Laborie, *L'opinion française sous Vichy*, Paris, Le Seuil, 1990, p. 262 à 281.

international, la popularité en France. F. Broche cite le marquis d'Ardèche et le journal de l'Ain, les plus célèbres et « d'autres journaux clandestins, d'autres maquis prendront le nom de Bir Hakeim un peu partout en France : dans les Côtes-du-Nord en Charente, en Haute-Loire, dans la Loire, dans l'Hérault[74]. » La revendication, car cela en était une, était inspirée par la volonté de se battre, l'esprit de sacrifice et la foi en la victoire.

L'histoire tragique du maquis Bir Hakeim est bien connue, et suscite encore un intérêt certain en 2019[75]. Maquis créé en 1943, bien organisé, bien commandé, très déterminé et assez indépendant, quoique rattaché à l'Armée Secrète, il a livré plusieurs combats remarqués en 1943-1944. Sa détermination, mais aussi une prise de risques maximum, ont indisposé les maquis voisins lors de son séjour dans les Cévennes. Son chef, le commandant Barot et les trois quarts de ses hommes sont tués (au combat ou fusillés) les 28 et 29 mai 1944 à La Parade. Koenig a justifié la construction de la seule copie métropolitaine du monument de Libye dans le village de La Parade en ces termes :

> « C'est parce que j'avais la certitude que ces hommes placés sous notre vocable servaient le même idéal que nous, avaient le même idéal patriotique que nous et partageaient notre commune foi dans les destinées de la France, que j'ai approuvé la construction à La Parade d'une réplique du monument construit par nos soins fin 1942 à Bir-Hakeim. Ce monument de La Parade a été inauguré le 20 juin 1948[76]. »

Ce maquis n'avait pas seulement le nom de Bir Hakeim, il avait aussi adopté la devise non officielle de la Légion « marche ou crève », autre hommage aux combattants du désert[77].

Le journal *Bir Hakeim*, à Bourg-en-Bresse, a justifié le choix du nom dès le premier numéro. En bas de page, avec une photo de la rencontre de Koenig avec le duc de Gloucester. La légende expliquait : « avec le lancement de notre journal, nous voulons ainsi rendre hommage aux nôtres, dignes de leurs pères de Verdun[78]. » André Jacquelin, directeur du journal, a republié cette première page dans son ouvrage[79]. Philippe Henriot, propagandiste de Radio-Paris qui ne se

74. Voir par exemple F. Broche, *op. cit.*, p. 154-156.
75. Olivier Bertrand, *Les imprudents*, Paris, Le Seuil, 2019.
76. Koenig, *op. cit.*, p. 408.
77. Voir : René Marvejol et Aimé Vielzeuf, *la résistance en Languedoc, le maquis de Bir Hakeim*, Lacour, Nîmes, 1947, Henri Cordesse, *La résistance en Lozère*, Montpellier, 1974. Une dizaine d'antifascistes allemands furent un moment rattachés au maquis Bir Hakeim, voir la courte récapitulation du destin du maquis dans Fabrice Grenard, *Les maquisards, combattre dans la France occupée*, Paris, Vendémiaire, 2019, voir aussi Evelyne Brès, *Un maquis d'antifascistes allemands en France*, Montpellier, Presse du Languedoc, 1987.
78. *Bir Hakeim*, mars 1943, 1re page.
79. André Jacquelin, *Quatre ans de résistance, toute la vérité sur le journal clandestin gaulliste Bir Hakeim*, Paris, Kerenac, 1947. Jacquelin publie aussi une lettre de Maurice Schumann qui s'excuse, sur la foi d'articles de *Combat*, d'avoir douté, avec la BBC, du journal.

trompait pas sur le choix du nom a violemment attaqué le journal à plusieurs reprises en 1944, sans parler de la bataille, mais en essayant de donner le change sur le symbole. Il a d'abord tenté d'accentuer les divisions qu'il percevait entre *Bir Hakeim* et *Combat*, désignant Bir Hakeim comme « aux ordres des cocos », car partisan de la plus grande sévérité contre les collaborateurs et vichystes dans une émission du 22 février 1944. Cependant, début mars 1944 Henriot tente de faire croire que *Bir Hakeim* prétend parler au nom du CNR. Il jugeait que la qualité du journal traduisait une fabrication britannique : « Ce qui se passe à Londres, se trouve à Londres. » Henriot attaque donc l'organisation gaulliste de la Résistance du maquis pour conclure sur les divisions de la Résistance en France et à Alger, auxquelles il oppose les Waffen SS Français, « soldats politiques ». Henriot, à cette date, avait une grande audience. Il n'a plus parlé du journal *Bir Hakeim* après mars 1944, sauf dans sa dernière allocution posthume où il disait : « Qu'est-ce qu'on veut que cela me fasse d'être promis aux attentats de *Bir Hakeim* ou de toute autre feuille clandestine[80] ? » Le journal ne représentait à ses yeux qu'un exemple parmi d'autres dans sa critique violente du « judéo bolchevisme allié aux Anglo-saxons ». L'attaque d'Henriot est un bon exemple de la stratégie de division des Français qu'il suit alors, dans le contexte de l'opération contre le maquis des Glières.

E. La France de la Libération : retour de Bir Hakeim sous le drapeau de l'Empire

1. Presse et renaissance de l'armée

Avec les débarquements, la Libération, et la capitulation allemande du 8 mai, Bir Hakeim réapparaît en deux temps. Dans une courte chronologie de mars à juillet 1945 d'abord, et au moment d'une grande exposition à l'automne 1945, ensuite. Les premières mentions de Bir Hakeim commencent en fait en février 1945. Le général Koenig qui a commandé avec doigté les FFI est depuis août 1944, gouverneur militaire de Paris et commandant de la 1re Région militaire. Sa notoriété personnelle, héros de Bir Hakeim, chef des FFI, en fait la personne idéale pour faire connaître à l'intérieur de la France en train de se libérer ce que fut Bir Hakeim. Il ne semble pas, pourtant, que des instructions très précises aient été données au plus haut niveau. Bir Hakeim s'inscrit dans un ensemble plus vaste, fin 1944- début 1945 : la renaissance de l'armée française.

80. Les citations de P. Henriot proviennent de la transcription de ses chroniques conservées à l'INA, 2 février, 3 mars, 30 juin 1944. Henriot est passé d'éditorialiste à Radio-Paris au poste de secrétaire d'État à l'information du régime de Vichy le 6 janvier 1944, ce qui est une marque de la fascisation du régime. Il est abattu par la Résistance le 28 juin 1944. Voir Pascal Ory, *Les Collaborateurs 1940-1945*, Paris, Le Seuil, 1980, Christian Delporte, *Philippe Henriot, la résistible ascension d'un provocateur*, Paris, Flammarion, 2018, Kay Chadwick, « Accross the waves, Philippe Henriot's radio war with the Free French at the BBC », *French Historical studies*, vol.34, n° 2, April 2011, p. 327-355.

Dans un remarquable effort pédagogique, on organise des manifestations avec, par exemple l'exposition « Français, voici votre armée[81] » ou encore celle qui est consacrée à Leclerc et à la 2e D.B. en mars 1945. Et on aura garde d'oublier, conçue pour présenter la continuité de l'armée dans l'Histoire de France et offrir aux enfants un loisir intéressant dans un hiver particulièrement rigoureux, l'exposition « Petits soldats, grandes victoires », présentée au musée Cognacq-Jay en novembre-décembre 1944. Elle utilisait des soldats de plomb ou des plats d'étain dont la plus grande partie sortait des collections de membres de la Société de Collectionneurs de Figurines Historiques[82]. Le général Koenig, refusant les critiques des « esprits chagrins » qui lui reprochaient un « geste puéril » alors que les combats continuent, « proches de la capitale » inaugura l'exposition en tant que Gouverneur Militaire de Paris[83].

Bir Hakeim, la 1re Brigade et la 1re DFL sont, dans cet ensemble, marginalisés au printemps 1945[84]. On voit apparaître quelques articles consacrés spécifiquement à la bataille[85] de fin avril à juin 1945 : dans le *Cadran*[86] avril 1945, *La Patrie* (27 mai 1945), *La Nouvelle République* (Tours, 13 juin 1945, « il y a trois ans Bir Hakeim »), *Le Monde Illustré* (18 juin 1945), *Le Maine Libre* (17 mars 1945) « Bir Hakeim, Verdun du désert », et « Les nouvelles du matin » (12 juin 1945). Le reste des mentions retrouvées tient en quelques lignes, mais nous ne prétendons pas avoir dépouillé l'ensemble de la presse. Dans les journaux français, le symbole est en demi-teinte : Bir Hakeim est un jalon dans la participation française à la victoire au même titre que Koufra, Keren ou l'action de la marine française dans la bataille de l'Atlantique. L'actualité de la guerre rappelle les servitudes de la bataille. Car dans l'histoire de la 1re DFL, héritière de la brigade, la capitulation du BM24[87] le 11 janvier 1945 est resté un moment douloureux au moment des combats très durs livrés durant l'hiver alsacien. Le journal *La bataille* évoquera simultanément « ceux de Bir Hakeim » et « Bir Hakeim en Alsace ». La résistance acharnée du bataillon, encerclé lors de l'attaque allemande du 7 janvier, fera perdre quatre jours aux unités nazies de l'opération Nordwind, bloquées devant l'Ill grâce au sacrifice du bataillon. Le nom de Bir Hakeim est associé à celui d'Obenheim dans les commémorations des combats de janvier 1945.

81. Voir par exemple l'article de Wladimir d'Ormesson dans *Le Figaro*, 2 février 1945.
82. Qui comptait dans ses rangs d'authentiques résistants comme le colonel Fouré, appartenant à Libération-Nord.
83. Il avait peut-être contribué à la conception de l'exposition. Les citations du général Koenig se trouvent dans sa préface au livre de Marcel Baldet, *Figurines et soldats de plomb*, Paris, 1961, p. 5. Le même livre contient une photo d'un diorama : des légionnaires attaquant des tanks à la grenade et installé au Musée de la Légion étrangère (p. 73). Il fut réalisé par de grands noms du monde des peintres et de l'illustration militaires, Eugène Lelièpvre et Marcel Métayer.
84. Cependant, la *Liberté en armes*, journal d'Angoulême, consacre un article à la 1re DFL.
85. Seule la 13e DBLE est distinguée dans l'ensemble des unités de Bir Hakeim (*L'Aube*, 02/03/1945.)
86. L'article est très long, contient des photos, portraits de soldats et de chefs etc. le récit commence par : « Bir Hakeim n'est pas, comme beaucoup semblent le croire, une oasis dans le désert de Libye. »
87. Le BM24 d'Obenheim était l'héritier du BM4 rallié à Djibouti en 1943.

Il est pourtant des signes qui montrent que la bataille a une place dans ce qui est déjà la mémoire de la guerre. En effet, des articles sont consacrés à des combattants sur le mode anecdotique, ce qui est signe d'ancrage de la mémoire. Le 5 mai 1945 le journal *Combat* de Nice apprend à ses lecteurs que ce sont deux Niçois qui ont élevé le monument du désert[88]. Sur le ton en général connu et réservé au *miles gloriosus, La Patrie* propose un article où l'on apprend que « Tutur de la Légion que Koenig appelle jambe de bois, va se marier[89] ». Tandis que *Le Nord Libre* fait découvrir la carrière d'un « héros de Bir Hakeim[90] », la *Tchécoslovaquie nouvelle*, organe de presse d'exilés tchèques met en relief les engagements du « commandant W », c'est-à-dire du commandant Wagner, de la Légion étrangère. Mais l'anniversaire de la bataille est en fait déjà relégué au second plan par celui du 18 juin et aussi par les exploits de Leclerc et de la 2e D.B.

2. Expositions

Le second moment de redécouverte de Bir Hakeim est, au moins pour les Parisiens, spectaculaire, avec une grande maquette représentant la bataille et la mise en scène du décor désertique et des bombardements ennemis. Mais c'est une pièce parmi d'autres de la grande exposition de l'automne 1945 à Paris : « La France d'outre-mer dans la guerre ». Organisée par le ministère des Colonies sous la direction de Paul Giacobbi, cette exposition n'a curieusement laissé que peu de traces archivistiques[91]. Le gouvernement avait d'abord pensé à organiser une exposition sur « l'effort de guerre Allié » qui aurait été ouverte le 14 juillet 1945. Considérée comme irréalisable, elle a été abandonnée pour un autre thème « L'effort de guerre français ». Les premières discussions sur ce second projet ont été l'occasion « d'insister sur le rôle de l'Empire dans cette guerre[92]. » En mars, le ministère des Colonies est conduit à reprendre l'idée à son compte. Un budget est prévu et le montant montre que l'on attache à cette exposition une importance certaine, d'autant qu'elle aura lieu au Grand Palais[93]. Pendant 2 mois, l'exposition est appelée « l'Empire et la guerre ». Mais dans la réunion de la commission du 18 mai 1945, le directeur de l'Information au ministère des Colonies fait valoir que « pour diverses raisons, le mot Empire n'est pas satisfaisant ». Le « concept » de l'exposition a été résumé par le général Chevance-Bertin qui

88. Se sont-ils inspirés du monument aux morts de Nice ?

89. *La Patrie*, 2/03/1945, « Tutur » est en réalité le sergent Vervaet de la Légion étrangère. « Une belle jambe qu'ils m'ont faite là, hein, et c'est du solide dit Tutur en se donnant une grande claque sur sa cuisse artificielle. »

90. Il s'agit d'un caporal du BIM, Léon Parein, originaire de Bailleul ; *Le Nord Libre*, 2012/1945.

91. Nous avons utilisé aux ANOM d'Aix-en-Provence, le dossier AGEFOM 518, à l'évidence incomplet.

92. *Ibidem*, note manuscrite non signée du 24/04/1945 se référant au début de l'année 1945.

93. Projet de budget sans date, probablement fin mars 1945, coût total 16 120 000 F. Nous n'avons pas retrouvé la répartition des montants par chapitre, sauf pour le chapitre 4, 4 500 000 F.

> « dégage et approuve l'idée qui a présidé à l'élaboration de ce programme, et qui partant du refus d'abdiquer des premiers Français Libres, rappelant les ralliements successifs et les victoires ayant marqué la grande épopée, mettant en valeur l'effort stratégique et économique des territoires d'Outre-Mer, et dégageant cette "âme de l'Empire" si mal connue avant la guerre, ne se limitera pas à ce rappel historique, mais aboutira à une présentation grandiose des possibilités futures ».
> Au cours des discussions, le gouverneur des colonies, M. Saller « exprime le vœu que cette exposition ne soit pas placée sur le même plan que celles d'avant-guerre, c'est-à-dire qu'on évite des présentations trop exclusivement pittoresques et folkloriques, qui donnaient aux Français continentaux une impression fausse de l'existence réelle des habitants de la France d'Outre-Mer au sein de la Communauté nationale ».

Plusieurs chapitres sont dégagés au cours de cette réunion, 1) le refus d'abdiquer, 2) le ralliement, 3) la puissance stratégique et économique, 4) la Conférence de Brazzaville, 5) l'âme de l'Empire, 6) la renaissance de la France par l'organisation de son Empire. Des commentaires subsistants dans le compte rendu, on retire l'impression que les organisateurs avaient des intentions libérales en matière coloniale. Le général Chevance-Bertin a rappelé la fraternité d'armes en France continentale pour illustrer ce qui serait « la partie la plus délicate de l'Exposition », l'âme de l'Empire :

> « il faut à la fois rendre sensibles les raisons de l'existence de l'âme et de l'Empire : l'œuvre de nos grands coloniaux, notre politique vis-à-vis des populations intégrées dans l'Empire, nos réactions personnelles devant les indigènes, etc. et en rappeler les manifestations : héroïsme des soldats coloniaux se faisant tuer pour la France, part prise par les Sénégalais ou les Indochinois dans les combats des F.F.I., loyalisme des populations indigènes au moment où la France, abattue, était sans forces, sentiment de communauté qui unissait, comme le rappelle M. Blottière, dans des kommandos de prisonniers, des Malgaches, des Sénégalais, des Nord-Africains, des Tonkinois. »

En tout état de cause, l'idée est bien de justifier le passage de l'Empire colonial à de nouveaux liens entre métropole et colonies. M. Walter insiste sur la nécessité de donner l'impression d'avenir largement ouvert, « en une sorte de vision d'un Jules Verne sentimental[94]. » Si l'Indochine pose un problème, c'est parce qu'elle est encore occupée par l'ennemi. Une fois les responsables de chapitres choisis[95], la commission a travaillé vite et, semble-t-il, efficacement. Il ne reste, hélas, que peu de traces du courrier échangé avec les territoires coloniaux

94. Entre guillemets dans le texte, réunion du 18 mai, *ibidem*.
95. Le général Ingold pour Bir Hakeim et l'aspect militaire.

sur des éléments à faire valoir[96], sur des illustrations ou des objets à transmettre. Tout ce qui a trait à l'action militaire a disparu. On sait cependant que si la recomposition de l'armée a été évoquée précisément, on a estompé la Syrie car le « général De Gaulle a toujours jeté un voile discret sur cette page douloureuse du ralliement », même si Chevance-Bertin, réaliste, pensait qu'il ne fallait pas passer sous silence les difficultés de ce ralliement. Les épisodes difficiles ou douloureux de l'échec de Dakar, des problèmes du Gabon, de l'invasion de Madagascar par les Britanniques, du ralliement tardif de Djibouti relèvent de la même discrétion. On a en outre donné une ligne d'explication qui éviterait, en principe de heurter les susceptibilités :

> « Quelques explications sont données en ce qui concerne le projet de "traduire l'opposition entre l'armée défaite de la métropole et la relève par les soldats de l'Empire. Bien entendu, il ne s'agit pas d'opposer les deux armées, celle à qui la fortune des armes fut contraire en 1940, et celle qui se constitua ensuite pour participer victorieusement à la libération du Pays, mais d'établir un parallèle entre le départ vers les camps de prisonniers des soldats de 40, et la levée, outre-mer, des hommes qui s'apprêtaient à les remplacer au combat". »

Mais on a éliminé sans grande discussion une des suggestions initiales qui allait peut-être un peu loin, dans le contexte de Libération, et de refonte à venir de l'armée :

> « M. De Curton pense qu'il serait heureux de traduire l'opposition entre l'esprit de ceux qu'on appelait les dissidents et celui de Vichy. Une illustration saisissante pourrait être fournie, entres autres, par la confrontation de la condamnation à mort du général Leclerc, et sa plus récente citation. »

Le projet final montre les ambiguïtés d'une tentative dans le contexte des pressions américaines pour libérer/libéraliser en territoire colonial, un an après la conférence de Brazzaville (janvier-février 1944). La question de l'Indochine sera traitée sous le biais de la Résistance en Indochine, libérée finalement de

96. Par exemple lettre du chef de service de l'office administratif du gouvernement général de l'Algérie du 16 juin 1945 : « En ce qui touche en particulier à la puissance stratégique et économique de la France d'Outre-Mer, il semble qu'il y aurait lieu d'insister sur le rôle joué, dans les opérations militaires, par l'Afrique du Nord et spécialement par l'Algérie. C'est ainsi que les ports algériens (Oran, Alger, Bône, Bougie et la base navale de Mers-el-Kébir) ont été largement utilisés par les Alliés au cours des opérations en Méditerranée, et que l'Algérie a servi de base de départ pour les débarquements en Corse, en Italie et dans la France Méridionale. On pourrait également montrer dans quelle proportion l'Algérie a participé à l'effort de guerre par la fourniture de certaines matières premières. Enfin, il serait intelligent de mettre en relief l'appoint considérable qui a été apporté par les populations algériennes, tant européennes que musulmanes, aux effectifs de l'Armée Française levée outre-mer pour la libération de la Métropole, en indiquant dans quelle proportion elles ont été affectées par la mobilisation : elles seraient particulièrement sensibles à l'hommage qui leur serait ainsi rendu. »

l'occupation Japonaise, mais où les Français sont en grave difficulté, et des conférences sur les arts indochinois, l'Indochine dans le monde économique de demain complèteront le dispositif.

Le programme des conférences permet d'avoir une idée de l'application des thèmes sans que l'on puisse mesurer l'accord et/ou l'écart avec le programme de l'exposition. Il n'est pas très surprenant mais il est en rupture au moins partielle avec l'avant-guerre. On épargne aux auditeurs la liste des grands colonisateurs (présents tout de même très discrètement dans l'exposition), une seule conférence est prévue sur l'un d'eux, Brazza. Le reste se divise en : 1) généralités sur les bienfaits de la colonisation (médecine coloniale, enseignement, « rythme de travail en Afrique Noire », humanisme dans la colonisation, service vétérinaire aux armées, 2) colonies et développement économique (Indochine, Madagascar, Antilles) « outillage colonial d'aujourd'hui et de demain », 3) aspects artistiques (Indochine, Afrique Noire), 4) des singularités originales : « les Françaises d'outre-mer dans la bataille », « ce que les étudiants coloniaux attendent de la France », 5) les ralliements : Cameroun, Pacifique, Oubangui-Chari, Tchad, « Alger-Capitale ». Puis viennent les conférences militaires, majoritaires (18 sur 42). Elles couvrent l'ensemble de la guerre avec les batailles des Français Libres (3 conférences dont celle du colonel de Sairigné sur Bir Hakeim), 2 sur la marine, 1 sur l'aviation. Le reste décrit les batailles de Tunisie, d'Italie (avec les goumiers marocains et la rupture du front allemand), les campagnes de France et d'Allemagne (et le front des Alpes). La 2e de ces conférences présentait une demi-fiction : « l'armée de l'Empire n'a jamais accepté la défaite », déni permis par la réunification de l'armée depuis 1943, objectif fondamental du général de Gaulle. Globalement, l'exposition propose le cadre d'une mémoire consensuelle de la guerre. Elle vient cependant rappeler ou apprendre aux Français combien l'Empire est nécessaire au maintien de la puissance et combien la France a de droits à civiliser en fonction de son action éducative et médicale. Un plus grand nombre de Français (qu'avant 1931) est en train de découvrir « leur » Empire. Mais « la France » de 1945 est encore un peu la France Libre née en 1940 et l'exposition justifie largement le choix gaulliste du maintien dans la guerre de la France grâce à un véritable État ancré dans une partie des territoires coloniaux en 1940-1942[97]. Voici ce qu'écrira P. Giacobbi, ministre des Colonies dans le bulletin d'information de son ministère :

> « Demain, l'Assemblée Nationale va se réunir, première Constituante de notre histoire où soit représentée la population, citoyenne ou non, de chaque territoire français d'outre-mer. Elle fixera le statut de l'Union française, de la Communauté française. Et l'idée même de la Communauté française s'est dégagée en plein combat. Le rôle des colonies, pendant la guerre de 1914, avait

97. Voir les commentaires d'Eric Jennings sur un discours d'Henri Laurentie de janvier 1945 portant sur le thème du rôle de l'Empire dans la libération de la France, dans Eric Jennings, *op. cit.*, p. 284-285.

été admirable. Mais celui que leur assignait la tragédie de 1940 fut exceptionnel et proprement inouï… C'est vers l'Empire que se tournait le général de Gaulle en juin 1940, et c'est dans l'Empire que l'énergie de quelques hommes, supérieure à l'événement, tailla le premier bloc de la résistance. C'est au Tchad que commença l'épopée qui s'est achevée à Berlin. Histoire héroïque, d'où naîtront des récits légendaires ! Histoire simple aussi, dont on comprenait bien tout le sens, dans les maisons guettées de la France envahie, quand on écoutait la voix lointaine de Radio-Brazzaville apportant le réconfort et l'espoir. Alors, certes, la Communauté française existait dans les cœurs. Elle va se définir par la loi. Puisse cette Exposition aider à la faire vivre dans la conscience des Français[98]. »

On savait en 1945 que la France Libre avait été africaine[99]. Mais ce savoir ne resta actif que peu de temps. L'exposition dura deux semaines, du 12 au 26 octobre, ce qui, rétrospectivement, semble très court. Les analyses dans la presse sont peu nombreuses et surtout rapides. *Le Monde* du 10 octobre 1945 adhère sans états d'âme au programme défini par le ministre, louant la « présentation originale » de l'exposition, qui a été partiellement montrée à l'étranger, à Barcelone du moins[100]. À l'opposé de l'échiquier politique, *L'Humanité* n'avait cessé de faire des distinctions en mai-juin. Si le journal avait commenté le grand défilé militaire en insistant… sur les troupes issues de la Résistance intérieure, les seuls militaires expatriés reconnus par le journal étaient ceux de l'escadrille *Normandie-Niemen*. *L'Humanité* louait au passage la largesse de Staline qui faisait don des avions Yak III aux pilotes pour les ramener en France. Bir Hakeim et les autres batailles de la France Libre n'ont pas été évoquées. L'exposition elle-même n'aura droit qu'à une annonce sibylline de bas de page le 11 octobre 1945. Les communistes sont plus attentifs aux élections (à leur préparation puis aux résultats), aux procès de la collaboration (Darnand, Laval, Pétain) et commencent à critiquer la politique du gouvernement sur l'Indochine à peine libérée[101].

Nous ne savons pas exactement, faute d'images, ou de description journalistique, ce que fut Bir Hakeim dans l'exposition. Néanmoins, un combattant en a donné une description enlevée dans ses carnets où il parle exceptionnellement de lui à la 3e personne :

98. Paul Giacobbi, *Bulletin d'information, Ministère des colonies, supplément*, n° 46, p. 2.
99. Pour reprendre le titre d'Eric Jennings, *op. cit.*, le problème est certainement de savoir quand les Français ont commencé à oublier le fait…
100. *Feria de Barcelona, Francia de ultramar*, 1945, brochure en espagnol.
101. Nous avons dépouillé les exemplaires de *L'Humanité* du 15 avril au 15 novembre 1945. Pour l'Indochine, l'article « le sang coule en Indochine » du 11 novembre exprime « l'indignation des démocrates contre l'usage de la force ». Le 11 octobre précédent, l'ouverture de l'Exposition était annoncée avec une petite photo dont le commentaire était ambigu avec « un curieux motif africain qui figurera à l'exposition » le 19 juin. L'« *Huma* », félicitait la population de Paris pour l'hommage populaire à l'armée, « en renouvelant le serment de ne rien épargner pour créer une armée nationale et démocratique ».

> « Octobre 1945, le caporal-chef Ludeau est aujourd'hui figurant. On figure devant le stand de Bir Hakeim, les rescapés de Verdun du désert à l'exposition de la France d'Outre-mer qui se tient au Grand Palais à Paris où une place de choix a été réservée à la bataille du désert, au général et à Bir Hakeim en particulier. Il faut dire que c'est tellement récent qu'on s'en souvient encore, par la suite, ce sera très vite oublié. Une reproduction saisissante en a été faite, avec du vrai sable (pouah !) et des petits soldats de plomb (mais on était en viande). Il y a même dans le ciel, déversant leur chargement de bombes, tout l'assortiment de matériau volant portant croix noire et d'une mauvaise réputation universelle... À voir comme çà, tout paraît simple, il y a d'un côté 3 200 bonshommes qui sont entourés par 32 mille autres types et tout çà se tape tant que ça peut sur la g...[102] »

Ces petits soldats étaient là peut-être sur une suggestion du général Koenig, lui-même amateur d'uniformologie, collectionneur de figurines, et qui reconnaîtra en 1961 devoir aux soldats de plomb de son enfance « la vocation des armes[103] ».

Conclusion

La volonté et l'habileté britannique sont évidentes dans la décision de faire de la bataille un événement politique avec le retour spectaculaire des Français dans la lutte contre l'ennemi allemand sur le terrain. Le rôle de la BBC, des journaux britanniques a été fondamental pour instrumentaliser ce retour. L'ennemi s'est laissé piéger, doublement, sur le plan médiatique et de la propagande, sur le plan militaire, puisque l'obstination à prendre la position avait pris une dimension symbolique évidente. La supériorité des Britanniques en ces matières a permis à la France Libre de capitaliser pour l'avenir après avoir remporté une victoire remarquable, la reconnaissance des Français Libres comme belligérants à part entière. Les services de la France Libre ont réussi à maintenir le souvenir vivace mais il n'y eut pas de diffusion massive du récit de bataille des Français sous ses diverses formes avant l'automne de 1944. Quand il n'était pas oublié le combat était connu, mais vaguement. Notre récit a démontré que la période de la Libération est celle d'une redécouverte de la bataille, une bataille parmi d'autres, mais qu'il importe de distinguer, une bataille qui illustre le retour au combat de la France Libre et les vertus de l'Empire colonial. Une preuve supplémentaire est donnée par la liste des publications de ces années-là, qui permettent de situer l'importance de l'événement dans la guerre[104]. Elle est corroborée par

102. Roger Ludeau, *Carnets d'un Combattant du bataillon du Pacifique*, s.l., s.d., probablement 1946, p. 180.
103. Marcel Baldet, *op. cit.*, p. 6.
104. « Bir Hakeim », *L'Armée française au combat. Fezzan-Tripolitaine-Tunisie*, numéro spécial de Noël 1944, p. 22-34, « Bir Hakeim », *Revue d'information des troupes françaises en Allemagne*, n° 21,

l'occurrence « Bir Hakeim » dans la librairie française[105]. Il reste que la leçon demeure ambiguë, s'il s'agit seulement de la « première victoire » de la France. Car l'ensemble de la production a un inconvénient majeur, celui de rejeter Bir Hakeim vers un chapitre colonial sans en faire un exemple d'union. Il est certes justifié - et doublement - par le rôle des troupes coloniales et celui de l'Empire dans la formation de la 1re brigade, et par la chronologie. Mais où sont passées les leçons de la France Combattante sinon uniquement dans les vertus de l'exemple ? On peut se demander si une occasion historique n'a pas été manquée avec Bir Hakeim en 1945, celle d'associer tous les combattants coloniaux et métropolitains dans ce qui serait un évènement fondateur de la nouvelle communauté rêvée en 1945. On n'a pas non plus imposé une vision de la réunification de l'armée à partir de la bataille, même si certains ont pensé à ce rôle unificateur pour l'armée française. Le grand dessin en couleur, pleine page, d'un numéro du *Monde Illustré* (18 juin 1945) en constitue un témoignage. Devant le monument de Bir Hakeim se recueillent *toutes* les troupes qui ont participé à la Libération de la France, celles de la France Libre, celles de l'empire colonial sous les ordres de Vichy en 1940-1942[106]. Les heurts et dissensions entre Français Libres et l'armée d'Afrique étaient trop importants pour transformer ce rêve en réalité. Bir Hakeim reste alors comme un jalon, important certes, mais un jalon seulement de l'épopée de la France Combattante. Alors que le symbole d'un succès contre l'Allemand invitait à lui conserver un statut particulier, puisque c'était la leçon exemplaire du retour au combat mise en avant en 1942, ce n'en est pas resté le seul évènement fondateur. Le récit de Bir Hakeim, rentré pour ainsi dire dans le rang, faisait partie d'un discours plus large sur les vertus de l'engagement et la nécessité de combattre alors que la guerre finissait à peine.

juin 1947, p. 5-12.
Raymond Beau, *La croisière héroïque du Tchad A Strasbourg, de Bir Hakeim à Paris*, Sirey, Paris, 1945 Léon Groc, *La bataille des sables*, Paris, Rouff, 1946, *La France et son empire dans la guerre*, Paris, Éditions Litteraires de France, 1946, *Campagnes d'Afrique 1940-1943*, Flammarion, 1947, « Histoire de la 13e DBLE », *Vert et rouge*, 1945, p. 3-9, Pierre Koenig, *L'effort militaire de la France Libre*, Paris, Office Français d'édition, 1945, Sirex-Nestricht, *L'empire au combat*, Office Français d'édition, 1945, *Le premier régiment d'artillerie, juin 1940-juin 1945*, Draeger, 1945, *La 13e demi-brigade de la Légion étrangère*, Draeger, 1945.
105. Voir les courbes Ngram en recherchant « Bir Hakeim ».
106. Image émouvante, mais jamais reprise.

6

Mémoires et histoires de bataille

Introduction

Le récit de la bataille est reconstruit sur les bases de 1942, celles de la France Libre, au moment où la France se libère. Le nôtre suit les voies désormais classiques de l'analyse de la mémoire des événements, militaires ou non. Par le repérage d'une chronologie spécifique, dans l'étude de la manière dont des groupes ou des partis, des municipalités (donc des populations) s'approprient ou revendiquent la bataille se joue la permanence du souvenir, donc du récit, plus exactement d'*un* récit. Après les temps de la pédagogie pour la France libérée, la période de la Libération et de l'immédiat après-guerre livre un premier bilan de l'importance de Bir Hakeim. Puis l'analyse permet de voir le déploiement des moyens d'entretien de la mémoire et leur portée dans une société qui se transforme rapidement au cours des Trente Glorieuses et au-delà. À partir de 1947, Bir Hakeim devient un élément de vecteurs de mémoire divers : l'histoire militaire, le gaullisme militant, le gaullisme de la seconde heure, la défense de l'Empire colonial (brièvement), la mythologie associée à la Légion étrangère... sans oublier la mémoire spécifique de l'armée française, gardienne des traditions.

Comme on va le voir, la mémoire de Bir Hakeim reste une affaire uniquement française, un symbole français, relativisé par ses anciens alliés et adversaires qui n'en parlent pratiquement jamais. En Allemand, en Anglais, en Italien, Bir Hakeim est un non-lieu de mémoire, est-ce même une bataille pour les historiens militaires allemands, britanniques, italiens qu'on ne soupçonnait pas si stendhaliens ? ! Le sentiment de victoire du temps de guerre du 27 mai 1942 à la chute de

Tobrouk s'est maintenu dans l'histoire militaire allemande et italienne après-guerre. Cette histoire, si elle parle des Français, conteste leurs résultats, le temps perdu ou non par Rommel[1]. L'attaque des blindés du 132e régiment de chars italiens du 27 mai constitue un cas assez intéressant de déni. Ce régiment a, on l'a vu, écrasé la 3e brigade indienne puis attaqué Bir Hakeim, subissant de lourdes pertes. L'historien italien Lucio Ceva a prétendu en 1982 que cette attaque « n'avait jamais existé[2] ». Aujourd'hui il est encore possible d'écrire : « Le 27 mai 1942, la division Ariete attaqua et emporta la position ennemie de Rughet El-Atach non loin de Bir Hakeim. Notons que, suite au "magnifique comportement" du régiment, le 27 mai devint le jour de fête de l'unité[3]. » Historiographiquement, Bir Hakeim condense des problèmes idéologiques caractéristiques de la Seconde Guerre mondiale qui amènent à le considérer comme un mythe (surtout français)[4]. On distinguera pour des raisons de méthode les deux niveaux, militaire et politique, qui structurent le récit et expliquent la diffusion de la mémoire de guerre et le maintien d'un ancrage politique.

A. Les combats dans l'histoire militaire

1. Histoire militaire française

Les militaires de la France Libre, les historiens favorables à leur cause, dominent de loin l'ensemble de la production historique[5]. D'année en année, de nombreux récits se sont rajoutés, généralement favorables, voire très favorables à l'épopée de la brigade de 1942, à l'exception de celui de J. Mordal. Entretenant le souvenir, respectueux de l'esprit de résistance qui avait amené ces hommes dans le désert, les récits militaires sont dominés par quatre textes importants, celui du général Koenig de 1971, celui de J. Mordal de 1951, un des nombreux textes du général St-Hillier[6], enfin celui du commandant Vincent, bien informé, mais sans doute moins porté à l'admiration inconditionnelle que d'autres auteurs[7]. Les critiques n'ont jamais beaucoup compté et surtout, tant que les vétérans ont pu le faire, ont été vigoureusement combattues. L'origine de ces critiques est ancienne et remonte à la guerre. On connaît depuis longtemps les mauvaises relations entre les

1. Dans ce type d'histoire, et même dans d'autres, voir la France en vainqueur et signer les capitulations de 1945 au même niveau que les « trois grands » est en général considéré comme une imposture.
2. Lucio Ceva, *Africa Settentrionale 1940-1943*, Roma, Bonacci Editore, 1982, p. 59, « *un attaco fallito dell'Ariete a quel caposaldo il 27 maggio 1942 non é mai esistito* ».
3. Daniele Guglielmi, le « 132e Reggimento Carri, de la Libye à l'Irak », *Batailles et Blindés*, n° 22, novembre-décembre 2007, p. 46.
4. Jean-François Muracciole, « Bir Hakeim, construction d'un mythe imparfait », dans *La Fabrique de l'événement*, (M.P. Noel, et F. Thomas, dir.), Paris, Houdiard, 2008, p. 175-190.
5. Voir les titres dans la bibliographie.
6. *Bir Hakeim 1942, Sur les traces de la 1re Légion romaine*, Paris, 1992, 80 p. Le livre est édité sans nom d'éditeur ni d'auteur, mais la carrière du général Bernard Saint-Hillier est résumée p. 80.
7. De plus, Bir Hakeim, dans le livre du commandant J.N., Vincent, est une bataille parmi d'autres, voir Jean-Noël Vincent, *Les FFL en Afrique du Nord (1940-1943)*, Paris, 1983.

unités de la France Libre et l'armée d'Afrique du Nord. Les choix politiques, parce que résultat d'un choix militaire, de continuer à combattre ou d'attendre, ont pesé et le ralliement des officiers d'AFN à De Gaulle a été lent et, dans beaucoup de cas, une contrainte ou un pis-aller. Le « très beau fait d'armes » de Bir Hakeim comme l'écrivait Edgar de Larminat à Leclerc était parfois reconnu, pas toujours, et surtout, ce qu'on considérerait comme de la publicité exagérée des Français Libres[8] agaçait beaucoup dans l'ancienne armée de Vichy. C'est un des grands talents de Koenig, un peu méconnu, que d'avoir contribué à réunir les deux armées.

Cependant, les Français Libres devenus 1re DFL (Division Française Libre) ont toujours revendiqué leur spécificité[9]. En 1951, Jacques Mordal publie la première étude sérieuse, à partir d'archives qu'il ne cite pas, dans le genre histoire militaire où il commence à se faire un nom. Hervé Cras, dit Jacques Mordal mériterait d'être davantage connu, pour sa carrière de médecin dans la marine puis son travail au Service historique de la marine. Il est l'auteur d'une longue série d'histoires militaires portant principalement sur la Seconde Guerre mondiale. Témoin de Dunkerque, en 1941-1943 proche des autorités de Vichy et secrétaire particulier de l'amiral Auphan, ce n'est pas un résistant, encore moins un gaulliste. Il a constamment défendu la marine de Vichy et particulièrement le sabordage de Toulon de novembre 1942[10]. Une grande partie de son œuvre d'historien militaire concerne la période 1940-1942 (12 livres sur 29 publiés). Mordal est aussi le traducteur de *La Guerre sans haine* de Rommel ; il reprend avec l'éditeur l'expression « guerre sans haine » sans s'interroger sur sa pertinence. Bir Hakeim est son 5e livre[11]. La préface donne le ton du livre :

> « Bir Hacheim n'est pas une victoire. Comme l'a si bien dit M. Churchill au lendemain de Dunkerque, une retraite n'est jamais une victoire, et comme la défense de Dunkerque, celle de Bir Hacheim se termina par une retraite. Mais dans l'histoire de la guerre d'Afrique, Bir Hacheim eut plus de portée que certaines victoires sans lendemains, et l'endurance des soldats de Koenig a peut-être eu plus d'importance pour la 8e Armée anglaise que n'en eut, pour Rommel, la conquête éclair de Tobrouk, quelques jours plus tard… La capitulation du Cap Bon mit un point final à la guerre en Afrique. Et c'est peut-être Bir Hacheim qui aura été le grain de sable qui compromit la marche de la redoutable machine. Bir Hacheim est une bataille terrestre, mais dont les circonstances furent dominées par les conditions de la guerre aérienne et de la bataille aéronavale, de Méditerranée. Rarement les effets d'un torpillage réussi, d'un bombardement

8. Nous ignorons par exemple ce que furent les réactions à l'interview d'un médecin, le 11 juin 1943 sur Radio-Alger, ou au premier texte du capitaine Gravier.
9. Ils ont toujours récusé l'appellation 1re D.M.I, 1re Division Motorisée d'Infanterie donnée en 1944.
10. Il a défendu l'attitude de la Marine en 1942 et son ancien patron, l'amiral Auphan, en propageant la thèse du prétendu double-jeu de Pétain vis-à-vis des Allemands. Sur Toulon, voir Jacques Mordal, *La Marine à l'épreuve, de l'armistice de 1940 au procès Auphan*, Paris, Plon, 1956.
11. Jacques Mordal, *Bir Hakeim*, Paris, Armiot-Dumont, 1951.

efficace, du passage heureux d'un convoi eurent autant d'importance sur l'issue finale de la bataille. C'est ce qu'avaient compris les Anglais dont les trois commandants en chef, le marin, le soldat, l'aviateur, travaillèrent constamment la main dans la main comme des frères. Et c'est bien pour cela qu'ils gagnèrent… et un peu aussi grâce à Bir Hacheim[12]. »

Au passage, notons que J. Mordal utilise « Bir Hacheim », comme les Allemands, les Britanniques, et les vétérans français, et non « Bir Hakeim ». Délibérément, si on considère que « Bir Hakeim » était devenu le nom français officiel de la bataille depuis 1942 dans la propagande de la France Libre. L'auteur est pour le moins ambivalent sur l'importance de la bataille. Mordal ne cite pas ses sources, mais une lecture attentive le prouve : il est certain qu'il a eu accès aux archives en cours de classement en France, au J.M.O. de la brigade notamment, puisqu'il travaillait aux archives (de la marine). Il a fait l'effort de lire quelques ouvrages étrangers et a eu communication d'archives britanniques (celles de la 7th Armoured Division). Le livre a le mérite, mais aussi le défaut, de noyer Bir Hakeim dans l'ensemble des opérations du désert. Il estime que les Français Libres furent considérablement aidés par la 7th Armoured Division et surtout la 7th Motor Brigade[13]. Et, à ses yeux, Bir Hakeim n'est pas Verdun, mais Dunkerque… À la fin du livre, il défend les marins français et justifie l'inaction de la Force X de l'amiral Godfroy amarrée à Alexandrie qui ne reprit le combat qu'en 1943[14]. Mais il ne marchande pas les louanges au courage et à la ténacité de la brigade française et à son chef[15]. Le livre, au total, est un des meilleurs récits écrits en Français sur la campagne du désert de 1942, dans les années 1950[16]. Pour des raisons évidentes, les anciens FFL y ont vu une attaque à peine déguisée. La réponse des Français Libres est publiée dans la revue *Bir Hakeim, L'Authion* en octobre 1952. La revue avait auparavant donné en juin la première bibliographie sur la bataille et, sous la plume du R.P. Finet, elle propose un compte rendu du livre de Mordal. Les omissions de l'auteur sur la politique de Vichy sont à juste titre sévèrement jugées, car Mordal, effectivement, oublie de dire comment les Allemands prenaient pied en Syrie avec l'accord de Vichy et comment les parlementaires gaullistes en Syrie et à Dakar furent reçus. De même, Mordal néglige une date capitale de l'action des Français Libres car « leur première opération ce ne fut pas Dakar, mais Bug-Bug au Western Desert le 15 septembre 1940, où la 1re compagnie du BIM reprend la lutte contre les forces de l'Axe ». La conclusion notifie un désaccord total :

12. *Ibidem*, p. 7, 8, 11. Entre la stratégie britannique victorieuse et l'apport français réduit à « un peu aussi » le contraste est des plus net.
13. *Ibidem*, p. 212.
14. La défense est politique et militaire puisque les amiraux Godfroy et Cunningham avaient signé un accord le 7 juillet 1940 et la flotte française aurait été en fâcheuse posture si Alexandrie avait été conquise par Rommel.
15. On notera cependant qu'il insinue que de Larminat exerce un commandement administratif ! (*op. cit.*, p. 91).
16. Dans son numéro 2.

> « J. Mordal a bien compris la bataille de Bir Hakeim... Il lui manque d'avoir compris l'âme des soldats de Bir Hakeim. Il donne de leur valeur des explications ; la seule qui compte est qu'ils aient placé la France au-dessus du reste. Sans cela, il n'y aurait pas eu de Bir Hakeim[17]. »

Il faudrait rapprocher Mordal des notices de dictionnaire qui font de l'histoire militaire. Celle du *Supplément du Larousse* de 1953 est élogieuse pour les combattants, mais perd le sens politique, comme toutes celles qui suivront dans l'édition française de dictionnaires et d'encyclopédies.

Ce type d'échanges entre les Français Libres et J. Mordal s'inscrit de plein droit dans l'évolution du « syndrome de Vichy[18]. » Les attaques publiques, venus de nostalgiques ou de sympathisants du régime, ou de journalistes, écrivains agacés par les « mensonges gaullistes » ont été pourtant peu nombreuses et ils n'ont pas échappé aux gardiens du souvenir. Quelques exemples suffiront à comprendre les raisons de cette discrétion. En 1992, Bertrand Monnier publie dans *Le Figaro* un article intitulé « Une simple escarmouche ». Le général Simon alors chancelier de l'Ordre de la Libération, fait insérer, le 18 juin 1992, un démenti cinglant qui résume le combat, les pertes et la signification militaire de la bataille et conclut : « la France peut reprendre confiance en son destin[19]. » En 2004, Pierre Messmer adresse une lettre brève à Pierre Miquel, préfacier d'un ouvrage sur le débarquement de Provence. L'auteur y prend le point de vue de l'armée d'Afrique contre les Français Libres :

> « Les Africains attendent que la DFL fasse ses preuves autrement que sous la forme d'une fantasia, fût-ce à Bir Hakeim. Dans les popotes d'officiers, elle est surnommée « prélude et fugue », blague cruelle, qui résume le repli hâtif de cette troupe face à l'Afrika Korps mis en musique par la propagande pour faire croire à une victoire[20]. »

Propos violents et sans doute propos tenus par des vétérans de l'armée d'Afrique devant l'auteur qui paraît aussi ignorer le surnom de « Moustachis » donné par les Français Libres à une partie des officiers d'AFN longtemps soutiens, sinon partisans, de la Révolution Nationale que l'on rapprochait, « blague

17. R.P. Pierre Finet, « Bir Hakeim par J. Mordal », *Bir Hakeim-L'Authion*, n° 3, octobre 1952, p. 2-3.
18. En 1970, l'amiral Auphan félicitait François Broche pour son livre sur le bataillon des guitaristes et ajoutait à propos du lieutenant-colonel Broche : « Chacun s'est décidé en 40 suivant ce qu'il voyait à son échelon et les informations qu'il avait. L'essentiel était d'avoir le cœur droit, désintéressé et de ne rien faire qui pût, à échéance, empêcher une réconciliation française. Si j'avais été à Tahiti, ayant ruminé comme lui les premiers mois de guerre la mise sur pied d'un corps de volontaires, j'aurais peut-être fait comme votre père », copie de lettre à F. Broche, AOL, dossier lieutenant-colonel Broche. Tout est évidemment dans le « peut-être », les vichystes ont-ils jamais reconnu avoir eu tort ?
19. *Le Figaro* du 11 juin 1992 et Jean Simon *La saga d'un Français Libre*, Paris, Presses de la Cité, 2000, p. 172.
20. Philippe Lamarque, *Le débarquement de Provence*, Paris, Éditions du Cherche Midi, 2004, p. 99.

cruelle », des Oustachis croates de Yougoslavie collaborant avec l'Axe contre Tito. La première réponse des Français Libres est venue de Georges Caïtucoli, ancien S.A.S. qui, dans une lettre à l'éditeur, lui rappelle que les troupes d'AFN et de Syrie n'ont pas tiré en Syrie, à Bizerte contre les Allemands, mais qu'elles ont tiré sur les troupes américaines qui débarquaient le 8 novembre 1942. Il accuse l'éditeur de « falsification de la vérité historique[21]. »

Pierre Messmer a pris le relais auprès de Pierre Miquel en écrivant très clairement que la bonne foi de Miquel n'avait pu être que surprise car « vous avez parcouru l'ouvrage » « sans découvrir les termes infamants utilisés par l'auteur pour qualifier la bataille de Bir Hakeim. » Pierre Miquel, le 15 décembre 2004 répondra : « On a en effet abusé de ma confiance. Je plaide coupable et demande à l'éditeur de retirer cette préface d'un ouvrage qui ne le mérite pas. » Le livre, réédité avec un autre titre en 2011[22] chez le même éditeur, n'a plus de préface. Il reste difficile de comprendre comment Pierre Miquel a pu être à ce point surpris.

En 1991, dans une autre polémique, le général Koenig avait été pris à partie dans les mémoires de Jean-Jacques Servan Schreiber. JJSS revenait aux temps où il combattait, à juste titre, la torture en Algérie avec le général de Bollardière. Dans *Passions*[23] il prétend que Bollardière (qui n'était pas présent), avait giflé Koenig pour l'obliger à tenter la sortie de Bir Hakeim. Propos aventureux[24] ! Après discussion chez les Français Libres entre représentants de l'association de la France Libre, l'association souvenir du général Koenig, le général Saint-Hillier, Messmer, R. Triboulet, le député P. Pasquini, on décide d'attaquer l'éditeur, Fixot. Les députés R.P.R. Robert André Vivien et Pierre Pasquini dans une conférence de presse donnée au Palais-Bourbon, annoncent qu'ils vont engager une action judiciaire. P. Pasquini, avocat de profession, est chargé du dossier. On retire de la lecture du courrier que l'émotion des Français Libres fut considérable[25]. L'éditeur et l'auteur ont réagi rapidement, reconnaissant l'erreur et surtout craignant la procédure. JJSS informe donc par voie de presse qu'il a demandé à l'éditeur de supprimer le passage incriminé, rétractation qui n'est publiée par *Le Monde* que le 24 mai et par *Le Figaro* le 23 mai. Curieusement, car l'accord entre les avocats datait de la fin du mois d'avril 1991[26]. Le général Saint-Hillier,

21. Archives Gérard Théodore qui m'ont été adressées en mai 2009. Lettres de Georges Caïtucoli au directeur des éditions du Cherche-Midi, 24 novembre 2004, Lettre de Pierre Messmer à Pierre Miquel, 7 décembre 2004, et réponse du 15 décembre 2004.
22. *Le débarquement de Provence jour après jour.*
23. Jean-Jacques Servan-Schreiber, *Passions*, Paris, Fixot, 1991, p. 371.
24. Les documents cités se trouvent au S.H.D., 1KT 1401, dossier donné par M. Pierre Pasquini sur « l'incident imaginaire » entre Koenig et Bollardière.
25. Ainsi que les lettres de P. Messmer, B. St-Hillier, R. Triboulet en témoignent. R. Triboulet, qui s'attribue les mérites d'avoir lancé l'idée de la procédure demande au maire de Blois, Jack Lang, de ne pas mettre le livre à la disposition des lecteurs de la Bibliothèque Municipale qui ne pourraient juger de l'erreur.
26. 24 avril, Lettre de l'avocat B. Jouanneau à P. Pasquini et réponse de ce dernier le 30 avril.

« regrette que l'affaire en reste là, non pas tant pour les dommages et intérêts qu'une condamnation aurait rapportée à l'association Triboulet que pour le manque de publicité qu'un procès aurait valu à la DFL grâce à votre plaidoirie[27] ».

Du petit nombre de polémiques recensées, on peut conclure que la vigilance des vétérans était efficace en France. Elle était renforcée par la présence de légionnaires anciens combattants, restés militaires ou non, qui s'intronisèrent gardiens de la mémoire : Pierre Messmer, Bernard Saint-Hillier, Jean Simon. Ils ont utilisé le prestige de la Légion étrangère rattaché à la bataille du désert depuis 1942. Il faut aussi admettre que la stabilité du récit joue en faveur de la réception mémorielle. L'histoire à destination du grand public compte.

Comme on l'a vu, les critiques les plus vives du récit communément admis de la bataille ne sont venues qu'à partir des années 1990-2000 et ont été mentionnées mais non intégrées au récit jusque-là très stable de la bataille. Le réquisitoire du lieutenant-colonel Gravier contre Koenig pour la sortie et l'affirmation de Susan Travers que le général voulait absolument se rendre au matin du 11 juin ont commencé à être pris en compte récemment. On pouvait leur objecter qu'ils avaient des comptes à régler avec le général, l'un parce que sa carrière avait été brisée par Koenig, l'autre parce que maîtresse délaissée[28]. Nous avons déjà signalé que F. Broche en a fait deux « énigmes » en 2008, ce qui était contestable sur le plan historiographique[29]. Koenig n'a pas perdu la tête, mais il avait compris que dans une guerre de coalition, il vaut mieux montrer aux Alliés des chefs à la tête de leurs troupes et non les précédant dans la retraite. Par ailleurs, qu'il ait plus ou moins bien organisé la sortie et soit arrivé en avant des groupes isolés qui avaient réussi la sortie sont des faits avérés. Gravier a été en conflit avec l'Ordre de la Libération pour ses virulentes critiques, qui n'étaient pas très habiles dès lors que Koenig était comparé à Bazaine. Mais rien n'a filtré au-dehors, même si les défenseurs de Gravier, en premier lieu le général Magon de la Villehuchet, ont fait valoir son point de vue et son action au nom de l'arme du génie[30].

Les discussions se sont déplacées récemment sur la portée militaire de la bataille. Jean-François Muracciole l'a résumée ainsi du côté français :

« - Bir Hakeim ne présentait aucun intérêt stratégique (ce qui n'est guère contestable).

27. Lettre du général St-Hillier à P. Pasquini 17 mai 1991. L'« association Triboulet » est en fait l'association « Souvenir du général Koenig » créée en 1973. Elle pouvait se porter partie civile depuis une loi de juin 1989.

28. Jean-François Muracciole, « Bir Hakeim, La construction... », art.cité, p. 177.

29. F. Broche, *op. cit.*, 2008, p. 174-179, et 180-186.

30. Voir en ligne le texte général Magon de la Villehuchet https://www.birhakeim-association.org/le-genie-vainqueur.html.

- Rommel en se focalisant sur ce point secondaire, perd un temps précieux : au moins cinq à six jours décisifs qui permettent au gros de la VIIIe armée de faire retraite vers l'Égypte.
- De cette façon Bir Hakeim est bien plus qu'un succès défensif c'est une victoire essentielle qui autorise quelques mois plus tard la victoire décisive d'El Alamein.
- Selon le général Simon Rommel commet ainsi une erreur majeure en perdant une occasion (celle d'anéantir la VIIIe armée) qui ne se représentera plus[31]. »

Les Français Libres, notamment dans leurs histoires et leurs mémoires les généraux Saint-Hillier et Jean Simon, Pierre Messmer, et tous les témoins qui ont d'une manière ou d'une autre sacrifié au récit de bataille, ont unanimement revendiqué avoir fait perdre suffisamment de temps à Rommel pour que, malgré le succès remporté, il ne puisse se trouver en situation d'envahir l'Égypte et entrer au Caire. Cet argument n'est pas un produit du temps de guerre, il ne figure pas dans les textes de 1942, ni dans celui de J.-P. Benard, ni même dans les témoignages contemporains et non réécrits, ni dans les premières histoires de la bataille publiées en France en 1945. La « première victoire » de la France Libre n'est pas davantage que le retour de la France dans la guerre (et c'est déjà beaucoup !)[32]. L'argument de la perte de temps ne commence à être évoqué qu'après 1945, sur la leçon des événements, la bataille de Bir Hakeim annonçant l'effondrement de l'Afrika Korps. Il a été généralement ignoré des historiographies étrangères, britannique, allemande et italienne.

En France, l'explication de certains historiens diffère aujourd'hui de l'analyse des témoins reprenant les démonstrations d'après- guerre. Par exemple, très radicalement hostile à l'ancienne version des faits, B. Rondeau a écrit en 2013 :

> « La résistance héroïque des FFL qui n'affrontent pas le gros de l'Afrika Korps… n'a en rien changé le cours de la bataille qui tourne en faveur de la Panzerarmee Afrika. Les combats n'ont pas lieu qu'à Bir Hakeim. Or, depuis la fin de la guerre, certains ont affirmé avec insistance que la résistance prolongée de Bir Hakeim a permis le rétablissement britannique sur El Alamein. Tous les faits, du déroulement de la bataille de Gazala (le 11 juin la 8th army est encore loin d'évacuer la ligne de Gazala et, si les Français tiennent quinze jours, Rommel n'est pas pour autant retardé de deux semaines), l'affrontement de Mersa Matrouh et à la mise en place de la ligne de défense d'Alamein militent contre cette thèse, sans compter l'état de faiblesse où se trouve la Panzerarmee à son entrée en Égypte[33]. »

31. Jean-François Muracciole, « Bir Hakeim, La construction… », art. cité, p. 182.
32. Jean Lebucois, *op. cit.*
33. Benoit Rondeau, *Afrikakorps, l'armée de Rommel*, Paris, Tallandier, 2013, p. 177-178. Par « certains » il faut comprendre vétérans « Français Libres » comme St Hillier, Messmer, Simon…

En 2015, Jean-François Muracciole récapitule après d'autres ce que sont les vraies raisons de la défaite de Rommel. Selon lui, le général ne perd que 6 jours devant Bir Hakeim, étend beaucoup trop ses lignes de communication, voit partir sur le front de l'est durant l'été 1942 la plus grande partie de son aviation. Et il doit faire face à une armée britannique de plus en plus renforcée, bénéficiant de l'apport décisif du décryptage du programme *Ultra*[34]. Soit. Au demeurant il faut rester sur les constats : le temps gagné par les Français au profit de la VIIIe armée est un fait incontestable. Il avait été mal utilisé par le général Ritchie et son état-major pour contre-attaquer. Et il est impossible de répondre à un problème souvent posé explicitement ou implicitement par les témoins : que se serait-il passé si Bir Hakeim était tombé le 27 mai ou le 7 juin 1942 ?

2. La question des cartes

Pas de récit militaire sans « bonnes » cartes devrait être un mot d'ordre. Il n'est pas complètement suivi depuis plus de deux siècles d'édition militaire, car il est des récits sans carte où l'héroïsme se suffit sans doute à lui-même. Quand elles existent, les cartes retrouvées pour la bataille de Bir Hakeim ressortent de trois catégories. La première est celle des cartes des états-majors qui servaient aux Britanniques pour situer l'évolution générale de la bataille de Gazala. Elles donnent à une très petite échelle l'impression d'avoir une vue claire d'une situation mouvante, et sont en fait imprécises, du fait même de l'échelle. De plus, les états-majors ne se sentent pas tenus de donner des détails sur le terrain à ces échelles, ni même le parcours précis des principales pistes utilisées dans cette partie du désert, ce qui se comprend aisément. Ce sont des cartes pour initiés, très rarement reproduites pour cette raison, et encore moins copiées. Elles sont difficilement intelligibles. Les deux autres catégories de cartes datent de l'après-guerre. Pour comprendre la guerre du désert on a recours à des cartes plus simplifiées que les précédentes, à petite échelle, voire à très petite échelle. Ce sont les équivalents graphiques du récit du colonel sortant à cinq heures. Les choix d'échelle sont clairs : au moins il est possible de voir que la bataille de Gazala se déroule devant et derrière une ligne de champ de mines… difficile à matérialiser sur le terrain et qui a requis un travail considérable. Pour la bataille de Gazala, on fera figurer les lignes de mines, les « boxes », dont Bir Hakeim en bout de ligne. Ces cartes sont indispensables, mais incomplètes et masquent non seulement la réalité au ras du sol, ce n'est pas leur fonction, mais aussi l'évolution de la bataille malgré l'usage des flèches. Car elles donnent les mouvements de troupes, soit à deux ou trois moments de la bataille jusqu'à la prise de Tobrouk, soit dans des cartes de synthèse où on tente de figurer les attaques italo-allemandes et les contre-attaques britanniques.

34. Jean-François Muracciole, « La France a contribué à la victoire des Alliés », dans Jean-Lopez, Olivier Weviorka, *Les mythes de la Seconde Guerre mondiale*, Paris, Perrin, 2015, p. 329-351 (analyse sur Rommel p. 338).

Ces cartes censées servir de complément au récit sont-elles réellement utiles, ou auteurs et éditeurs sacrifient-ils à une tradition ? Les choix de représentation à petite échelle sont plus ou moins contestables. Ils varient suivant la taille des cartes : les grandes unités n'y sont pas toujours représentées ! Les cartes servent d'alibi à l'imprécision du récit et même les imprécisions du récit et de la carte se font écho : le lecteur n'y verra pas grand-chose. Comment pourrait-il contrôler ? Les publications françaises, en général reprennent ce type de cartes, nécessaires dans tous les cas, à moins de vouloir à tout prix ignorer que Bir Hakeim est en bout du dispositif de défense britannique. La représentation est artificielle, caractéristique de beaucoup de cartes de guerre. À ce genre d'objection, il est en général répondu : que représenter du désert ? Le dernier groupe de cartes renvoie aux plans de position à grande échelle. Les lacunes, sont dans ce domaine, considérables. On a certes des plans de Tobrouk, mais pas de plan détaillé qui permettrait de comprendre la reddition rapide de la ville en juin 1942. Ce plan est même absent de la production militaire anglaise. Il n'existe pas non plus de vrai plan détaillé de tous les « boxes » de la ligne de Gazala, au mieux un croquis pour la 150e brigade de Gott el Oualeb. Bir Hakeim est par contre en apparence mieux connu. Le plan de la position avec les champs de mines à la Vauban et les principales routes ont été représentés après 1945 mais pas dans les publications de la Libération. Le plan de Bir Hakeim est pédagogique, à la façon des années cinquante et soixante. Il ignore la topographie, alors que la position n'est pas entièrement plate. Pour faire comprendre la bataille, on a fait des choix simples. On montre la délimitation des secteurs tenus par les bataillons, les PC et l'emplacement des batteries d'artillerie, les principales attaques et l'indication de la sortie. Ces plans sont plus ou moins précis, la position des batteries peut par exemple varier… Les flèches, moyen primitif de représenter le mouvement, sont aussi peu précises, ce qui est un problème pour la sortie, par exemple. Le meilleur plan, de loin, et le seul qui fasse honneur à l'école de géographie militaire française, est celui du manuscrit du commandant Amiel sur le BM2. Il est en couleurs, et donne beaucoup de renseignements militaires. Il est par exemple complet pour la représentation des emplacements de l'armement lourd de son bataillon, mais uniquement pour celui-ci, ce qui est regrettable. Malgré le talent du cartographe (dont nous ne connaissons rien) ce plan Amiel est relativement difficile à lire, ou plus exactement, sa lecture demande du temps, d'où sans doute l'effroi des éditeurs… Point commun de tous ces plans de Bir Hakeim : l'absence totale des positions ennemies, alors qu'il serait utile de cartographier l'investissement de la position.

Le complément au récit français est donc généralement inscrit dans un jeu d'échelles, à petite échelle le résumé de la bataille de Gazala, à grande échelle l'épopée figée de Bir Hakeim.

3. Les (pieux) mensonges du récit de guerre britannique

Sourcilleux en France, le cas échéant, les anciens de Bir Hakeim n'ont pas défendu le général Koenig discrètement pris à partie en Grande-Bretagne dans les ouvrages d'histoire militaire. Que connaissaient-ils de cette littérature historique et des récits britanniques ? Comprendre ce qu'a représenté Bir Hakeim pour les Britanniques est ici important. Ils ont contribué à fabriquer l'évènement, on l'a vu, et pour des raisons militaires et politiques évidentes. Mais Bir Hakeim est suivi de l'humiliation de Tobrouk, ce qui était imprévu, et fait ressortir un succès français dans une débâcle britannique. Puis ce fut la victoire d'El Alamein, dont le destin mémoriel a été étudié par Simon Ball[35]. Les journaux, en Grande-Bretagne, dans l'Empire n'ont pas ménagé leurs éloges aux Français en mai-juin 1942 durant la bataille. Le correspondant de guerre australien Alan Moorehead exprime en 1943 un sentiment répandu dans la VIIIe armée et en Égypte. Moorehead salue la détermination de la brigade et de son chef qui combat durement et sort à la baïonnette : il se range au côté des Britanniques qui rendent hommage à la résurrection de la France qui ne se rend pas. Son récit commence donc par un éloge de la « France Combattante ». Il commet quelques erreurs[36]. Mais pour lui, au bout du compte - et son opinion vaut pour beaucoup puisque sa trilogie sera un best-seller - Bir Hakeim est une défaite qui entraîne la division en deux de la ligne de Gazala. Ce qui demeure une étrangeté sur le plan géographique et militaire. Toutefois, la performance des Français est au moins égale à celle des *Guards*, ce qui n'est pas un mince compliment. Une traduction au plus près du texte est utile :

> « Ce moment critique vit renaître spontanément en plein désert l'esprit combatif du soldat français de la dernière guerre. Bir Hacheim avait un petit air de Verdun. Tout comme nos Gardes s'étaient battus avec une discipline obstinée à Knightsbridge, les Français se battaient maintenant avec brio, unis dans l'adversité, en faisant montre d'une bravoure toute personnelle. Toutes les accusations acerbes émises à l'encontre du soldat français après la chute de la France s'avéraient infondées, démenties par le petit drapeau tricolore fermement planté dans les replis poussiéreux de la crête de Bir Hacheim. Partout dans le désert, on trouvait le restant des hommes de la VIIIe armée remplis de fierté pour les Français[37]. »

Il est intéressant de comparer ce texte avec la version donnée par la revue *Icare* en 1982. On n'a pas alors lésiné en rajoutant au texte de Moorehead la gloire, l'héroïsme, le drapeau déchiqueté par les balles, les conséquences de la défaite :

35. Simon Ball, *Alamein, Great Battles*, Oxford University Press, 2016.
36. Alan Moorehead, *The Desert War*, London, Aurum Press, 2009, (1re édition 1944), p. 358-362. Moorehead pense que les Français étaient uniquement équipés de matériel britannique, qu'il y avait 2 femmes présentes...
37. Voici le texte original : « *In this crisis there was revived spontaneously in the desert all the spirit of the French soldier in the last war. In its small way there was a touch of Verdun about Bir Hacheim. As the Guards had fought with stubborn discipline at Knightsbridge, so now the French fought with art and desperate comradeship and were gallant in their own way. All the bitter accusations against the French soldier after the fall of France were being denied and proved false* », cette citation sur Bir Hakeim se trouve p. 361 du livre.

« Dans cette crise du désert, l'âme des soldats français de la Première Guerre mondiale se réveilla. *Un rayon de la gloire de Verdun éclaire Bir Hakeim*. La garde anglaise tint avec une âpre discipline à Knightsbridge, les Français se battirent habilement, héroïquement, à leur manière et dans la plus étroite camaraderie. *Leur petit pavillon tricolore, couvert de poussière et déchiqueté par les balles* continua de flotter au-dessus de Bir Hakeim. Tous les amers reproches faits aux soldats français lors de la chute de leur pays furent effacés. En quelqu'endroit qu'on allât, chaque soldat de la VIIIe armée était fier des Français. Bir Hakeim fut un combat de héros, *mais les conséquences de la défaite furent considérables*[38]... »

Les hommages pour le « Gallant stand » des Free French ne manquent pas en 1942, en public. Le Premier ministre de Sa Majesté a lui aussi parlé de Bir Hakeim en termes plus ambigus qu'il n'est généralement dit. Nous n'avons pas retrouvé une phrase attribuée à Winston Churchill citée par François Broche et reprise par Jean-François Muracciole[39]. Dans ses *Mémoires*, le Premier ministre britannique aurait donc écrit : « Sans la résistance de Bir Hakeim, la guerre aurait duré deux ans de plus. » Il insiste davantage sur la défaite de Tobrouk et les difficultés politiques consécutives dans ses mémoires de guerre. Bir Hakeim n'est pas mentionné pas plus que le général Koenig. Il avait plus sobrement indiqué en 1942 qu'après le 4 juin,

« La bataille s'est alors concentrée sur Bir Hacheim, où les Français libres ont résisté avec la plus grande bravoure. Autour de ce point, la lutte s'est intensifiée pendant huit ou neuf jours. Finalement, il fut décidé de retirer la garnison, ce qui fut fait avec succès, mais avec de lourdes pertes. C'est sans doute là que se situe un tournant dans la bataille[40]... »

En privé, les camarades de combat britanniques ont reconnu les mérites des Français Libres. Le contrôle postal, instauré par la VIIIe armée pour connaître le moral des troupes et qui donne bien davantage de renseignements (échange avec l'arrière, analyse de lettres de prisonniers des 2 camps) contient des extraits (anonymes) de lettres très élogieuses pour les Français. La première citation provient d'un soldat des transmissions britanniques, ce qui, au passage, prouve leur importance jamais reconnue dans la brigade et les récits de la bataille français :

38. Revue *Icare*, n° 100, mai 1982, p. 97, traduction, ce qui est en italiques est une modification ou un rajout de la revue.
39. Jean-François Muracciole, « Bir Hakeim, La construction... », art. cité, p. 182.
40. « *On 4th June an attempt was made, but was repulsed by a counter-attack with heavy loss by artillery. The battle then centred upon Bir Hacheim, where the Free French resisted with the utmost gallantry. Around this the struggle surged for eight or nine days. Finally, it was decided to withdraw the garrison, and this was successfully accomplished, though with heavy losses. Here, no doubt, was a turning point in the battle.* » Prime Minister Churchill, Debate in the House of Commons (and results of Vote of Censure), *Parliamentary Debates, House of Commons Official Report July 2, 1942*.

> « Peu de temps avant le début de l'offensive, je me suis retrouvé dans un groupe de 20 soldats britanniques rattachés à la Brigade française libre pour assurer les communications W/T. La brigade a tenu sa position à Bir Hacheim, à 45 milles [environ 72 kilomètres, N.D.T.] au sud-ouest de Tobrouk, et ici, pendant environ 16 jours, nous avons enduré la chaleur et la soif et les assauts répétés de quatre divisions ennemies. Le bombardement de notre position, qui se poursuivait chaque jour de l'aube jusqu'au coucher du soleil, fut la partie la plus éprouvante pour nos nerfs de cet épisode. Il fallait accepter le fait que n'importe quel homme puisse être réduit en poussière à tout moment. Cependant, toutes les attaques de l'ennemi ont échoué et la pénurie dramatique d'eau a fini par nous obliger à évacuer les lieux et à nous frayer un chemin à travers l'ennemi qui nous encerclait. La sortie dans la nuit du 11 au 12 juin a été un spectacle comparable à l'enfer de Dante. La ligne de retraite, à travers les tirs ennemis, était dans le désordre le plus total. Quoi qu'il en soit, l'évacuation s'est faite au prix de pertes effroyables et, une fois de plus, mon ange gardien a fait des heures supplémentaires. Les troupes françaises libres sont absolument remarquables. Vive la France[41] ! »

Un blessé du RASC, dans une description vivante de la bataille, ne fait pas mystère de ses inquiétudes et remercie les Français :

> « À aucun moment je n'ai cru que j'en réchapperais et j'ai prié plus d'une fois, croyant ma dernière heure arrivée. La situation a atteint son paroxysme le 10 juin, les Français ont eu le choix entre se rendre (ce qui était pour eux impensable) ou se frayer un chemin en combattant. Leur défense de Bir Hacheim restera dans l'histoire comme l'un des plus beaux combats qui se sont déroulés ici et je leur tire mon chapeau ; sans leur courage intrépide, je serais maintenant prisonnier de guerre et probablement en route pour l'Italie maintenant[42]. »

41. « *Shortly before the offensive started I found myself one of 20 British troops attached to the Free French Brigade to provide W/T communication. The Brigade held its position at Bir Hacheim 45 miles S.W. of Tobruk and here for about 16 days, we endured heat and thirst and the repeated assaults of four enemy divisions. The bombardment of our position which every day was continuous from dawn till sunset was the most nerve recking part of the whole thing. The fact had to be accepted that any moment any man might be blown to smithereens. However, all the enemy's assaults failed and eventually desperate shortage of water compelled us to evacuate the place and fight our way through the encircling enemy. The break out on the night of June 11-12 was a spectacle much like Dante's inferno. The line of retreat, right through enemy fire was an utter shambles. Anyway, it was accomplished at the price of fearful losses and once again my guardian angel was worlding overtime. The Free French Troops are magnificent. Vive la France.* » Archives New Zealand (Wellington), Censorship summaries WA II 1, DA 508/1, Weekly censorship summaries, vol.2, p. 21, July 15th, 1942.

42. « *I never thought I would get out of there alive and said many a quiet prayer. The situation reached a climax on June 10th and the French had the choice of surrender (a thing unthinkable to them) or fight their way out. Their defence of Bir Hacheim will go down in history as one of the finest actions fought out here and I take my hat off to them but for their fearless courage I would now be a prisoner of war and probably on my way to Italy now.* » Archives New Zealand (Wellington), WA II 1461, DA 508/1, Weekly censorship summaries, vol.2, p. 27-28, July 6th to 14th, 1942.

Koenig est par contre la cible de critiques. Simon Ball fait remarquer que le général était l'un des officiers français les plus acceptables par le commandement britannique parce qu'il s'était rallié immédiatement à l'idée de poursuivre la guerre dans la France Libre et parce qu'il était fiable à la différence des autres généraux français. Koenig, « était le modèle de ce que les Britanniques pensaient que les Français devraient être mais étaient rarement[43] ». Le général aurait donc beaucoup déçu. Lors du conflit avec Koenig, dans ses instructions aux officiers de liaison, le lieutenant-colonel Knox avait opposé les courageux soldats français à un commandement plus ou moins capable. Cette distinction est vérifiable dans plusieurs livres d'histoire militaire britannique. Non pas dans l'histoire officielle de la guerre du désert publiée par le général Playfair[44], ni dans la première grande histoire rédigée en Afrique du Sud, par J.A.I. Agar-Hamilton[45], éditeur de l'histoire officielle de l'armée sud-africaine. On ne la trouvera pas non plus dans le seul (petit) livre en anglais exclusivement consacré à Bir Hakeim et qui est un produit de circonstance destinée à accompagner l'entrée de la Grande-Bretagne dans le marché Commun[46]. Son auteur, Richard Holmes officier puis historien militaire commence avec ce livre une longue carrière d'auteur connu et apprécié du grand public. Curieusement, Holmes n'indique aucune archive, même s'il prétend en avoir vu quelques-unes... en France, ce qui reste à prouver[47]. La moitié du livre est une histoire de la France Libre et le dernier chapitre une histoire de la Libération de la France : Bir Hakeim est traité en seulement 40 pages. Dans tout le livre, Holmes rend hommage aux Free French et à la fin, à De Gaulle qui avait su faire émerger la France de la guerre dans l'honneur parce qu'il n'avait jamais désespéré de la victoire alliée[48]. Holmes, dans une biographie squelettique, cite les ouvrages de deux auteurs, Barrie Pitt et Michael Carver qui, eux, ont tenu des propos venimeux sur Koenig[49]. Barrie Pitt, a eu une longue carrière d'historien militaire, statut qu'on a du mal à distinguer dans son cas de « publiciste à sujet militaire ». Son œuvre sur la guerre du désert est sans doute la plus connue et la plus citée, parfois vendue dès la 1re édition et encore dans la réédition de 2001, comme étant « l'histoire définitive de la guerre du désert » ! Dans le 2e volume de *The Crucible of War,* Pitt écrit que Koenig a laissé le commandement au colonel Amilakvari et « se faisait conduire dans sa voiture d'état-major par sa chauffeuse britannique, vraisemblablement pour faire valoir ses

43. Simon Ball, *The bitter sea, op. cit.*, p. 139, qui ne cite pas de référence à l'appui de ce commentaire à l'emporte-pièce.

44. General I.S.O. Playfair, *The Mediterranean and the Middle east, vol III (sept. 1941 to sept. 1942) British Fortunes reach their lowest Ebb*, London, H. M. Stationary office, 1960, p...

45. J.A.I., Agar-Hamilton, *Crisis in the desert*, Oxford university Press, 1952, p. 59-60.

46. Richard Holmes, *Bir Hakim, op.cit.*

47. Sur les pertes de la brigade p. 127. Aucune archive britannique n'est citée.

48. *Ibidem*, p. 158. On notera que dans la même série Pan-Ballantine Illustrated History of World War II, *Cassino* par Dominick Graham n'accorde que très peu de place au rôle du Corps Expéditionnaire Français du général Juin dans la rupture de la ligne « Gustav » où son rôle fut pourtant essentiel.

49. Barrie Pitt était le directeur de publication de la série où figurait le *Bir Hakim* de Holmes.

arguments de plus près[50] ». Barrie Pitt écrit que ce départ a eu lieu le 9 juin (!) et que Koenig a accepté une suggestion du général Messervy qui demandait à Koenig s'il était souhaitable (« *advisable* ») d'envisager une sortie.

Barrie Pitt utilisait sans le dire un argument déjà mis en avant par le Field-Marshall Sir Michael Carver. Carver a eu une longue carrière militaire de 1935 à 1974[51]. Il a commencé comme officier de blindés durant la Seconde Guerre mondiale et a été en poste dans les états-majors (7e DB, 30e Corps). Historien militaire à ses heures, il a consacré trois livres à la guerre du désert. Officier d'état-major dans la VIIIe Armée au moment de la bataille de Gazala, il était à même d'obtenir des informations de première main sur les opérations en cours. Ses écrits ne traduisent pas d'indulgence particulière pour ceux qui font de la guerre sans réflexion ou compétences. On trouve deux récits de Bir Hakeim dans ses histoires[52]. Ils font partir Koenig un jour avant la sortie du 10 juin au soir et leur chronologie est inexacte. On ne peut pas absoudre le Field-Marshall : il met à contribution le livre de Felix de Grand'Combe sur Bir Hakeim où l'on cherchera en vain un départ anticipé de Koenig. Pour faire couleur locale, Carver cite un passage en français où F. de Grand'Combe dans son ardeur patriotique compréhensible mais très contestable même en 1945, mélangeait une partie de l'action du 10 juin avec celle du 27 mai[53]. Il est de pires commentaires, qui ne réconcilient pas avec l'histoire militaire britannique. K. Macksey qui n'est pas un admirateur de Rommel, voit Bir Hakeim tomber le 10 juin[54]. John Keegan, auteur remarquable de *The face of battle*[55] est d'une malveillance extraordinaire dans une histoire générale de la guerre :

> « La 90e division légère et la division Ariete italienne ont raison de la vaillante résistance de la brigade française de Koenig à qui Auchinleck a confié la sécurité de son flanc du désert. Le 10 juin, les survivants de la brigade française sont obligés de capituler. Leurs assaillants bifurquent vers le nord pour secourir Rommel[56]. »

Soit Bir Hakeim comme capitulation française et Koenig n'a donc même pas tenté, comme chez Barrie Pitt, de sortie individuelle ! Inutile de multiplier les exemples, il existe une tradition d'histoire militaire britannique hostile à Koenig

50. « *Had himself driven out in his staff car by his British girl driver, presumably to press his arguments more closely.* », Barrie Pitt, *The crucible of war*, vol. 2, London, Papermac, 1986 (1re éd. 1980).

51. M. Carver a eu d'importantes responsabilités après 1945 dans divers commandements. Il était considéré comme un des meilleurs officiers de sa génération (1915-2007). Il est nommé Field-Marshall en 1973.

52. Dans Michael Carver, *Tobruk*, *op. cit.*, et Michael Carver, *Dilemmas of the Desert War*, Blandford, 1986.

53. Michael Carver, *Tobruk*, p. 207.

54. Kenneth Mackey, *Rommel battles and Campaigns*, London, Arau and Armour Press, 1979, p. 108.

55. John Keegan, *The face of battle*, *op.cit.*,

56. John Keegan, *La deuxième guerre mondiale*, Paris, Perrin, 1989, p. 322.

et parfois à la brigade. Cette hostilité transcende les vigoureuses querelles d'école (et d'ego) sur la guerre du désert dans la production historique britannique telles quelles sont décrites par Simon Ball[57]. Dénigrer Koenig constitue au moins un point d'accord entre ces militaires et une partie des historiens britanniques.

Nous nous sommes demandé d'où le dénigrement pouvait sortir, s'il ne s'agissait pas d'invention pure et simple. Sans qu'il cite d'entretien ou de texte à l'appui, le lieutenant-colonel Gravier a laissé entendre que « l'abandon » de ses troupes par Koenig n'était pas passé inaperçu des alliés[58]. Les Britanniques avaient effectivement noté l'arrivée du général bien avant celle de ses soldats et son absence à la base de ralliement où attendaient ambulances et transports[59]. Nous avons vu que l'avance prise par Koenig avait surpris, mais de là à ce que Barrie Pitt, Michael Carver et d'autres aient conclu que le général avait pris un à deux jours d'avance... Les arguments et reproches du chef de la 20e Mission Militaire envers Koenig ont été cités dans un chapitre précédent, mais le lieutenant-colonel Knox ne faisait pas à notre avis allusion à l'avance du général après la sortie. Nous avons donc cherché ailleurs.

Il a paru logique, dans la mesure où Bir Hakeim est suivi du désastre de Tobrouk, de lire attentivement les deux volumes de l'enquête militaire sur le désastre[60] avec les documents indexés[61]. Ces volumes sont peu utilisés par les historiens militaires britanniques, encore moins par les Français. Le rapport décrit l'évènement Bir Hakeim en trois pages mais seulement pour les 5 et 11 juin, la première partie des combats relevant des deux chapitres précédents (attaque initiale allemande, attaque du « chaudron »)[62]. Le chapitre décrit les hésitations des généraux britanniques, qui considèrent le 5 juin, que le soutien de la 7e Motor Brigade à Bir Hakeim devait être supprimé pour accentuer les attaques contre les lignes de communications ennemies. Mais le général Ritchie voulait garder Bir Hakeim pour éviter d'avoir à étendre son front vers le sud après une évacuation. Le 5 juin les auteurs du rapport notent deux succès ennemis, l'un après une attaque de nuit (ce qui est faux), l'autre au sud où les attaques d'un groupe blindé « n'ont pas été rejetées sur leurs positions de départ comme cela aurait dû être ». Dans ce récit, deux arguments expliquent la décision d'évacuer Bir Hakeim. Dans le premier la résistance des Français est « en train de faiblir », le second argument est beaucoup moins clair car on ne sait si les auteurs se réfèrent

57. Simon Ball, *Alamein, op. cit.*, p. 155-161.

58. Gravier, *op. cit.*, p. 14.

59. Koenig se situe à Ghas el Arid à 13 h, rappelons-le (Koenig, *op. cit.*, p. 371), pour les Britanniques voir *supra*.

60. La commission d'enquête était composée de cinq généraux, le général d'armée Sir Henry Maitland Wilson, et les généraux Harvey, Marshall, Winberley, Theron. La commission ne devait pas seulement expliquer la reddition de Tobrouk. Elle devait expliquer ce qui était arrivé à la 3e brigade motorisée indienne (« les 13 ou 14 juin »), au 10e Corps (encerclé le 27 juin 1942) aux 29e et 18e brigades indiennes (les 29 juin et 1er juillet 1942).

61. TNA WO 106/2234, Court of Enquiry, operations in the western desert 27 May 1942- 2 July 1942.

62. *Ibidem*, p. 12 à 15.

uniquement aux opérations de harcèlement contre l'ennemi : « Les opérations en dehors de Hacheim n'ont pas réussi à attirer suffisamment l'ennemi pour que cela vaille la peine de continuer à tenir la position[63]... » Une reproduction d'un message du général Ritchie au commandant en chef ne parle pas seulement de l'échec à soulager la position, il indique clairement que « la volonté de résistance des Français s'est effondrée si soudainement » et résume l'histoire qu'il paraît nécessaire de fournir à la presse. Pour Ritchie le 10 juin 1942 :

> « Nos opérations dans le SECTEUR D'HACHEIM hier n'ont PAS réussi à forcer l'ennemi à s'éloigner suffisamment de cet endroit pour que je risque de continuer à y maintenir la garnison française libre. Ai donc ordonné que l'évacuation ait lieu ce soir, conformément au plan prévu à l'avance, sous la direction de la 7e DB (7th Armoured Division), et j'espère que nous serons en mesure d'évacuer une proportion considérable du matériel. Je suis certain que c'est la seule marche à suivre puisque la capacité des Free French à résister a été ébranlée si soudainement et que je ne m'autoriserai pas envoyer d'autres troupes pour les remplacer. Espérons que nous parviendrons à les faire sortir de la position qu'ils ont si vaillamment tenue sans qu'ils n'en soient chassés, et qu'on pourra en tirer grand profit lorsque l'histoire sera publiée dans la presse. En fait, que leur retrait était volontaire et effectué une fois leur tâche accomplie pour s'intégrer dans le schéma tactique général[64]. »

Les généraux interrogés par la commission d'enquête ont soit fourni des réponses à des questionnaires, soit envoyé des rapports. Celui du général Messervy, commandant la 7e D.B. et la 1st F.F.B.G. donne sur Bir Hakeim des aperçus intéressants[65]. On y trouve aussi deux raisons expliquant les doutes des Britanniques sur Koenig à ce moment-là. Selon Messervy :

> « Un grand convoi de camions chargés d'armes, d'eau et de vivres fut envoyé au QG de la 7e Motor Brigade avec pour but d'entrer dès que l'occasion se présenterait. La première nuit, une quinzaine de camions seulement arrivèrent, et le général Koenig avait alors dit au groupe de la Rifle Brigade chargé de

63. « *The operations outside Hacheim did not succeed in drawing the ennemy off sufficiently to make it worth while continuing to maintain the place* », *ibid.* p. 14.

64. « *Our operations HACHEIM AREA yesterday did NOT succeed in forcing enemy to draw off from that place sufficiently for me to risk continuing to maintain FF Garrison there. Have therefore ordered evacuation to take place tonight in accordance with previously arranged plan under direction 7 ARMD DIV and I hope we will be able to get considerable proportion of equipment away. I feel sure this is the only course to adopt as FF powers to resist cracked so suddently and I do not feel justified in putting in other troops to replace them. Hope that we may succeed in getting them out without their being driver from their position which they have so valiantly held, and hope that much can be made of this when story is released for Press. In fact, that their withdrawal was voluntary and carried out when their task was completed to fit in with the general tactical layout.* » *ibid.*, vol.1.

65. Messervy explique pourquoi il a renforcé la quantité de munitions à Bir Hakeim quelques semaines avant l'assaut en portant la quantité d'obus à 500 puis 1 000 par pièce.

l'acheminement qu'il n'était pas nécessaire d'en envoyer d'autres dans l'immédiat. Ce groupe, sous l'autorité d'un commandant de compagnie de la 2e Rifle Brigade, est resté à Hacheim, prêt à faire entrer des camions les nuits suivantes, mais le général Koenig n'autorisait aucune tentative pour les faire entrer, déclarant que cela était tactiquement peu pratique et déconseillé. Cet officier rapporte que c'est à peu près à ce moment-là que le courage du général Koenig a commencé à flancher, tout comme celui de plusieurs autres officiers supérieurs ; les jeunes officiers et les hommes, en revanche, ont conservé un bel esprit combatif jusqu'à la fin[66]. »

Les deux accusations sont graves, Koenig, considérant la partie perdue, a refusé de faire entrer des camions de ravitaillement et a perdu la foi sinon la tête. Messervy juge d'ailleurs « quelque peu hystériques » (« *somewhat hysterical* ») les demandes d'intervention de la RAF pour soulager la pression sur Bir Hakeim[67]. Fâcheuses impressions ! Il s'agit là d'un mauvais procès fait à Koenig dont il a fallu rechercher l'origine, puisque Messervy n'était pas un témoin oculaire. Si les demandes étaient « hystériques » à la radio, comment réellement en juger ? Et il ne semble pas que Messervy ait eu Koenig au téléphone personnellement à la fin de la bataille. Des informations d'un témoin sont venues corroborer l'impression de renoncement des Français. Elles provenaient d'un officier qui accompagnait le dernier convoi de ravitaillement. Le capitaine T.A. Bird, de la 2nd Rifle Brigade assurait la protection du convoi du 7 juin et a accompagné les 15 camions conduits dans Bir Hakeim. Comme l'indique Messervy, le capitaine a sans doute verbalement – car nous n'avons pas trouvé de texte là-dessus – informé le commandement de la 7th Motor Brigade de la « nervosité » de Koenig et du refus concernant l'entrée du convoi. Ce qui a été traduit par les Anglais comme un refus de combattre plus longtemps. Les récits français, fondés sur le J.M.O. de la brigade et quelques témoignages, situent dans la nuit du 7 au 8 juin l'arrivée du dernier convoi de la 101e compagnie auto. L'aspirant Bellec, officier navigateur du B.P.1 a été chargé de faire rentrer ce convoi de 80 camions. Il a jugé impossible, car trop dangereux, d'ouvrir la voie à tout le convoi. 15 camions (eau et

66. « A large convoy of lorries with arms, water and supplies was sent down to HQ 7 Mot Bde to get in as opportunity offered. Some 15 lorries only were got in the first night and General Koenig had then told the Rifle Bde conducting party that no more was immediately required. This party under a Coy Comdr of the 2 Rifle Bde remained in Hacheim ready to bring in Lorries on subsequent nights but General Koenig would not allow any attempt to get them in as he said that it was tactically impractical and inadvisable. This officer reports that about this time General Koenig's nerve went, as did that of several of the other senior officers ; the young officers and the men on the other hand remained in fine fighting spirit to the end », *ibid.*, t. 2, p. 207.

67. Le général Messervy, venu de l'infanterie pour commander la 7e division blindée, n'était pas bien vu de beaucoup de ses subordonnés spécialistes de blindés. Le colonel sud-africain Newton-King était même très critique pour Messervy qui organisait sa défense « selon les plans de Rommel, », SANDFA, MADC. UWH Box nr. 377. Narratives. The Battle of the Gazala Line. Part 2. 26 May - 18 June 1942, (Union War History octobre 1949).

nourriture, munitions d'artillerie) ont été sélectionnés[68], en accord avec le lieutenant Hopchafel qui commandait l'ensemble. Le rapport de l'adjudant Goubin figure dans les archives de Koenig et confirme, le 11 décembre 1944, les décisions et l'action de l'aspirant « Le Bellec » (*sic*). Il est donc très probable que Goubin ait répondu à une question précise et que Koenig ait su que l'épisode de ce convoi avait suscité des interrogations dans le commandement anglais. Goubin note que les camions se trouvaient à 15 km de Bir Hakeim et que ceux qui ont foncé sur Bir Hakeim « ont été copieusement arrosés. On y voyait comme en plein jour du fait des fusées éclairantes. Tous les camions ont été abîmés[69]. » La décision de Bellec était justifiée. Dans cette enquête, les archives sud-africaines ont fourni des indications absentes des archives britanniques. Une synthèse des opérations sur la ligne de Gazala, bien informée, mais qui n'était pas destinée à la publication, a apporté la liste des griefs concernant Koenig ;

> « Les suppositions faites sur le manque de combativité du général Koenig se basaient apparemment sur :
> I. Une déclaration d'un officier subalterne britannique
> II. Son refus d'admettre des colonnes de ravitaillement à l'intérieur de la position et ses demandes d'approvisionnement par voie aérienne.
> III. La teneur de certaines demandes de soutien. »

L'auteur de cette synthèse, le général C.J.C. Molony[70], a établi les faits et jugé que le commandement de la VIIIe armée cherchait des excuses, voire un bouc émissaire, pour la chute de Tobrouk. L'hommage qu'il rend à Koenig n'en est que plus éclatant, alors que les chefs de la VIIIe Armée, plutôt en l'occurrence, les généraux Messervy et Ritchie, n'en sortent pas grandis :

> « Concernant le premier point, un officier subalterne est rarement le meilleur juge d'un commandant supérieur dont il est rarement qualifié pour apprécier les responsabilités et les inquiétudes. Pour le deuxième point, la position de Bir Hacheim était à l'époque investie et le général Koenig considérait que l'admission de convois était tactiquement irréalisable et inopportune. Cela semble une décision tactique légitime de la part du commandant le plus concerné et, en fait, les commandants supérieurs britanniques ne l'ont pas outrepassée. Quant au troisième point, je n'ai remarqué qu'un seul exemple d'un message du Général Koenig. Il n'existe qu'en traduction et l'original est introuvable. Je juge cependant que la connaissance du français du traducteur était insuffisante,

68. Koenig, *op. cit.*, p. 309. Koenig prétend que 2 canons de 25 pdr anglais sont rentrés en même temps. C'est une erreur du relecteur du général. Ce sont des canons de 25 mm anti-aériens français qui ont été amenés, Koenig ajoute « par deux officiers anglais », ce qui est absolument faux.
69. S.H.D., archives Koenig 1K237/1, Lettres de l'adjudant Goubin, 11 décembre 1944.
70. Officier dans l'armée indienne, combattant dans le désert, officier d'état-major, Molony était à même de faire une analyse correcte des documents.

parce qu'il a employé des mots anglais qui ont un sens beaucoup plus restreint que ceux qui, selon moi, en retraduisant, ont été utilisés à l'origine. D'autre part, les expressions françaises ont parfois plus d'emphase que celles qui seraient utilisées par un commandant britannique. Dans ce cas précis, il y avait de quoi comprendre de travers. Tout compte fait, il semble que Koenig ait changé d'avis sur la question vers le 8 juin. Mais il semble probable qu'il était bien conscient de l'indécision britannique quant à la politique à mener à Hacheim. Il est probable qu'il ait conclu qu'il était plus avisé de se retirer pendant que l'occasion se présentait plutôt que de rester et de mener une défense désespérée, jusqu'au dernier homme et à la dernière cartouche, sans but clairement défini, en attendant que les commandants britanniques aient pris leur décision[71]. »

Pourtant, durant la guerre, il s'est trouvé des responsables de l'armée ou du Foreign Office pour contester Koenig. En 1944, alors qu'il est question de le nommer comme délégué de la France Libre au quartier général d'Eisenhower, avec des attributions considérables[72]. Les remarques venimeuses refont surface. L'historien Douglas Johnson le constate avec regret en 1992 encore :

« Est-ce qu'il pouvait avoir la charge de délégué militaire pour la zone française du théâtre d'opérations en France ? Est-ce qu'il pouvait être chargé d'une mission de liaison opérationnelle entre les armées alliées et les autorités françaises ? Dans une France envahie par les alliés, dans une France libérée, ou en tout cas dans une France champ de bataille, qui devait nommer l'autorité française ? La

71. « *The inferences as to General Koenig's nerve were drawn apparently from :*
I. A statement by a junior British officer.
II. His unwillingness to admit supply columns into the place and requests for supply by air.
III. The tenor of certain appeals for support »...
« *As regards (I) a junior officer is seldom the best judge of a senior commander whose responsibilities and anxieties, he is seldom qualified to appreciate. As regards (II) the Bir Hacheim position was at the time invested and general Koenig considered that to admit convoys was tactically impractical and inadvisable. This would seem a legitimate tactical decision by the commander most concerned, and in fact the British superior commanders did not overide it. As regards (III) I have noticed only one example of a message from Gen. Koenig. This has been translated and the original is not to be found. I judge however, that the translator's knowledge of French was inadequate because English words here been used which are far more forcible than those which, by retranslation. I believe to have been used in the original. On the other hand, French expressions are sometimes more dramatic than those which would be used by a British commander. Here there was room for misunderstanding. It seems, on balance, that about 8 June Brig-General Koenig's feelings did change. But it seems likely that he was well aware of the British indecision regarding the policy to be pursued at Hacheim. It is likely that he concluded that it was sounder to withdraw while opportunity offered rather than to remain and fight a last man-last round defence for no very clear object and until the British commanders made up three minds* », Archives militaires sud-africaines, MADC. UWH/322. The German assault on the Gazala position and the fall of Tobrouk, Book II, p. 168-169. Nous n'avons pas retrouvé le message et sa traduction.
72. Koenig était désigné pour être délégué militaire pour la zone française du théâtre des opérations en France et coordonnateur des missions militaires.

question devint plus compliquée peu de temps après. Le 3 avril, le Premier Ministre britannique, Winston Churchill, envoya une lettre personnelle et secrète à son ministre des Affaires Étrangères, Anthony Eden ; il s'agissait du général Koenig. La communication était courte. "N'acceptons pas cet homme avant d'avoir discuté son cas plus soigneusement" (*let us not accept this man until we can discuss the matter more closely.*) Cette communication lapidaire créa, comme vous pouvez l'imaginer, une certaine commotion. "Est-ce que c'est à nous d'accepter ou de refuser cette nomination", demanda Eden dans une note écrite le lendemain. Mais le Secrétaire permanent du Foreign Office, Sir Alexander Cadogan, et c'est important de voir comment on pensait à cette époque-là, rencontra quelqu'un qui n'a été désigné dans les archives britanniques que par une seule initiale, C, et qui lui dit qu'il y avait des raisons de croire que la conduite personnelle du Général Koenig à la bataille de Bir-Hakeim n'avait pas toujours été excellente, mais, ajoutait Cadogan dans sa note, « je ne connais pas les détails. Est-ce que le Premier Ministre est au courant de cette histoire, est-ce qu'il croit à cette histoire ? Serait-ce l'explication de son attitude hostile[73] ? »

Koenig, comme on sait, échappa à cette vindicte, devint chef d'état-major adjoint de l'Armée à Alger, puis général en chef des F.F.I. et délégué du GPRF auprès du général Einsenhower. Ses responsabilités lui permirent d'être détenteur des secrets d'Ultra et destinataire des rapports de synthèse du décryptage des messages. Il méritait cette confiance et les responsabilités qui furent les siennes. Les grands mystères du lieutenant-colonel Knox et les accusations de Ritchie et Messervy surtout, ont cependant nourri un peu d'histoire militaire britannique passée inaperçue des vétérans français, ou laissée de côté, pour des raisons qui nous échappent. Il est par contre certain que les réticences des Français avant la bataille d'El Himeimat, contestant l'organisation de l'opération (la diversion, au profit de l'attaque britannique d'El Alamein) et l'échec de la brigade les 23-24 octobre 1942 n'ont pas rehaussé le prestige de Koenig auprès des militaires britanniques qui étaient hostiles ou sceptiques sur la valeur des Français[74]. Le général Montgomery n'a plus voulu entendre parler des brigades

73. Churchill avait lu les volumes de la commission d'enquête, transmis le 3 novembre 1942 (TNA, PREM 3/292/2). Voir Douglas Johnson, « Koenig et les Anglais », p. 240-258, dans le manuscrit du colloque Koenig 1992, vol. 4, ex. dactylographié, AOL (citation p. 241-242). Johnson ajoute qu'un autre argument fut utilisé, l'arrivée de Koenig renforcerait la tendance Passy, donc l'extrême-droite de la France Libre.

74. La mission était extrêmement difficile, voire impossible, renvoyons à l'ouvrage du colonel Vincent et au témoignage de P. Messmer. Dans son intervention au colloque Koenig, maréchal de France, le général Delmas estimait que « l'on a une impression de bataille non conduite par le commandant de la brigade » qui a attribué une partie de la responsabilité (de l'échec) à « de Bollardière qui n'a pas retrouvé le commandement de son bataillon à la sortie de l'hôpital », dans « Koenig de El Alamein jusqu'à Alep », colloque *Koenig maréchal de France* 1992, vol. II, p. 210-221 (citation p. 218). Messmer rapporte dans ses mémoires une altercation grave avec Koenig lors de la discussion qui suit la bataille.

françaises puis de la 1re DFL jusqu'en Tunisie[75]. La division est restée cinq mois dans le désert puis a participé aux combats à la fin de la campagne de Tunisie (1er-13 mai 1943). Pourtant, les Français avaient fait plus que montrer l'exemple dans ce qui fut une des plus grandes défaites britanniques de la guerre. À un moment où l'armée de sa Majesté était défaite puis traversait une grave « crise morale[76] », le choix du gouvernement britannique et de certains officiers de faire de Bir Hakeim un grand moment de la propagande de guerre Alliée ne fut pas accepté par tous les responsables civils et militaires britanniques.

4. La mise en scène nazie et ses prolongations

Une partie du récit allemand ne sera évoquée qu'en fonction des traductions en Français. Trois textes reviennent le plus souvent, l'un d'un journaliste, Lutz Koch, découvert pendant la guerre et traduit immédiatement pour la 1re DFL puis reproduit souvent, complètement en 1945 par exemple[77], ou en extraits dans de nombreuses publications de la France Libre. Les autres ont été plus largement diffusés, les notes personnelles de Rommel sur Bir Hakeim dans *La guerre sans haine*, le récit militaire de l'historien-publiciste Paul Carell sur l'*Afrika Korps*. Chez les Français Libres on a ignoré le second et plus utilisé le premier.

Tous ces récits sont inexacts sur le plan factuel, par exemple la mention de la liste des unités allemandes et italiennes contre Bir Hakeim, ou incomplets. Il peut y avoir ici où là des précisions utiles sur le plan militaire, mais dans le cas de Paul Carell, seul historien en lice, les sources ne sont pas mentionnées, même si des détails mériteraient sans doute des investigations supplémentaires. Car Paul Carell a certainement été renseigné par des anciens combattants.

Rommel, dans ses carnets personnels ne fait pas mystère des difficultés, face aux Français, face à son supérieur Kesselring... impatient de voir disparaître la garnison française, Bir Hakeim est pour lui une victoire due d'abord aux sapeurs. Mais les trois récits relèvent de la propagande de guerre nazie. Par l'étalage de la puissance aérienne, d'abord. Par la mise en valeur des hommes de l'Afrika Korps, de leurs « courageux » et très professionnels officiers et de Rommel ensuite puisqu'il est mis en scène quand il prend personnellement le commandement d'assauts. Enfin par l'insistance à montrer - contre toute logique militaire - qu'on avait pris le « fort Hacheim » (la *Ridotta* dans le texte de Rommel) véritable objectif selon le journaliste et l'historien, ce que Rommel confirme. La question du fort est un renvoi à la propagande du temps de guerre. La mise en valeur de la résistance française inédite, de la puissance de la défense, notamment de l'artillerie française, les difficultés physiques d'un combat aussi acharné dans le désert dans des conditions de chaleur épouvantables servent à justifier l'excellence des troupes allemandes qui ont triomphé de ces difficultés. En outre, ces

75. C'est toutefois une compagnie du BIM qui assure la garde de son quartier général en décembre 1942.
76. Jonathan Fennell, *Combat and morale...*, *op. cit.*, p. 49.
77. Jean Lebucois, *op. cit.*, p. 136-151.

troupes sont tellement bonnes qu'elles ont pu, grâce aux indications d'un prisonnier, presque empêcher la sortie de vive force des Français. Rommel est plus crédible quand il reconnaît les lacunes de la défense. Il est instructif de comparer cette partie du texte avec celui de Paul Carell qui avec un grand souci du détail (ou renseigné par des vétérans soucieux de se mettre en valeur malgré l'échec) montre combien les Allemands étaient préparés à la sortie (fusées, mitrailleuses toutes braquées sur la porte de sortie...). Le colonel allemand sort à cinq heures dans la plus pure tradition de l'histoire militaire à l'ancienne. Mais, signe des temps, le récit est beaucoup plus attentif à la technique associée à la puissance de feu, caractéristique qui reste la marque distinctive du récit nazi de la guerre : on met en avant les Stuka, la première utilisation de la MG42 pour la première fois en Afrique « avec ses vingt-cinq coups à la seconde[78] ». Nazi, il le reste, comme on le verra plus loin dans les passes d'arme idéologiques rattachées à Bir Hakeim, puisque le récit de Paul Carell fait mention d'une unité inconnue jusque-là dans l'ordre de bataille allié, le « bataillon juif ».

B. Bir Hakeim et les rumeurs persistantes de la guerre idéologique

1. Koenig et l'*Alliée oubliée*

Les tours et détours de la recherche historique réservent parfois des surprises. Dans notre premier entretien avec Gérard Théodore, artilleur de Bir Hakeim, Compagnon de la Libération, est inopinément surgie la mention de la « brigade juive » à Bir Hakeim, dont nous ignorions tout. G. Théodore a immédiatement ajouté : « C'est une imposture[79]. » Ajoutons qu'il était, de façon générale, désireux d'être au plus près de la vérité et très critique sur les histoires de bataille qu'il avait pu lire[80]. Nous avons donc tenté de comprendre sa remarque et de resituer l'origine de ce qui est en fait une rumeur de guerre, ou plutôt, comme on va le voir, de deux rumeurs de guerre, qui ont fini par se croiser. En 1943, un journaliste canadien d'origine néerlandaise, (il sera naturalisé américain en 1947) publie *The forgotten ally*, (*L'Alliée oubliée*). Pierre Van Paassen s'était fait connaître dans l'entre-deux-guerres par plusieurs articles et livres reportages sur des sujets brûlants : relation entre juifs et arabes en Palestine, guerre d'Espagne... Van Paassen est un des journalistes les plus en vue avant 1939, avec une renommée internationale. Il ne dédaigne ni le sensationnel, ni l'arrangement avec les faits ou les interprétations. Les sources archivistiques sur ce journaliste sont rares. Nous n'avons pas retrouvé de correspondance de Van Paassen qui puisse nous éclairer sur les origines de *l'Alliée Oubliée*[81]. Avant

78. Paul Carell, *Afrika Korps*, Paris, Robert Laffont, 1960, p. 204.

79. Entretien avec Gérard Théodore, 18 janvier 2008, p. 3 des notes manuscrites en ma possession.

80. Il n'était pas d'une tendresse excessive pour l'histoire romancée d'Erwan Bergot, par exemple.

81. Pierre Van Paassen, *The forgotten Ally*, New York, Dial Press, 1943, et *L'Alliée Oubliée*, Paris, Édition des quatre vents, 1947, 328 p.

même la traduction complète du livre en français, des passages avaient retenu l'attention de divers groupes. Un de ces extraits concernait le général Koenig et circule depuis 1943. Par exemple, une version datant de 1984, nous a été fournie par René Petitot, alors président de l'amicale du 22e B.N.A. (bataillon nord-africain), héritier de la 22e CNA à Bir Hakeim[82]. Koenig reconnaît la valeur de combattants juifs et fait saluer le drapeau d'Israël « en ignorant le règlement », donc en bravant les autorités militaires. Le texte de Van Paassen décrit les prouesses des combattants. Il est cependant impossible de trouver une confirmation quelconque à ce récit héroïque dans les archives britanniques. Marc Jarblum le reprend en 1944 dans *La lutte des juifs contre les nazis* [83]. Le lieu est impossible, Mechili est à l'ouest de Bir Hakeim, on ne trouve pas de major Liebman dans les archives militaires, le régiment King's West African Rifles est une invention. Situé fin juin 1942, ce combat est indiqué pour une période où Montgomery est commandant de la VIIIe armée, ce qui n'est pas encore le cas. Conscients de la difficulté présentée par la mention de « Mechili », particulièrement à l'âge d'Internet, d'autres lieux du désert ont été proposés, surtout « Bir El Harmat », qui fut un temps le QG de l'Afrika Korps puis brièvement celui de la 7e D.B. britannique, ou encore « El Hamrah » plus au nord, dans la zone de combats de juin 1942 (nommée Knightsbridge). La toile de fond est constituée par la situation politique et militaire en Palestine en 1941-1942. Il est impossible d'entrer ici dans les détails. Aux divisions Juifs-Arabes de Palestine se superposent les relations difficiles entre les Britanniques et les Juifs depuis le *Livre Blanc* de 1936, les discordes entre organisations juives (pour simplifier, entre l'agence juive et ses adversaires politiques)[84], et les bonnes relations entre le service de renseignement de la Haganah et les Français Libres depuis 1940[85]. La question principale est celle des modalités d'engagement dans la guerre des juifs de Palestine ou réfugiés récemment en Palestine. Les Britanniques sont, fait connu, divisés. Un groupe pro-sioniste (avec par exemple W. Churchill et Orde Wingate) estimait que par le nombre et l'instruction les juifs seraient en mesure de fournir de bonnes troupes et libéreraient des unités anglaises plus utiles ailleurs. En face,

82. Lettre de René Petitot en ma possession, 25 octobre 2009.

83. Marc Jarblum, *La lutte des juifs contre les nazis*, Paris, Réalité, 1944, chapitre IX. Marc Jarblum, socialiste, sioniste, est un des principaux acteurs du sauvetage des juifs en zone libre durant la guerre, président de fédération des sociétés juives de France et de l'Organisation Sioniste de France. En 1944, il ouvre un bureau Palestinien à Paris pour organiser l'émigration vers la Palestine et milite pour la création d'un État juif.

84. Voir Howard M. Sachar, *A history of Israel from the rise of sionism to our time*, New York, Alfred Knopf, 2007 (3e édition), Renée Neher-Bernheim, *Histoire juive, de la révolution à l'État d'Israël*, Paris, le Seuil, Elie Barnavi, *Israël portrait historique*, Paris, Flammarion, 2002, Elie Barnavi, *Une Histoire moderne d'Israël*, Paris, Flammarion, 1998, Yves Bauer, « La Palestine juive dans la deuxième guerre mondiale », dans *La guerre en Méditerranée* (colloque avril 1971), Paris, CNRS, 1971, Oskar K. Rabinowicz, *Winston Churchill on Jewish problems*, New York, T. Yoseloff, 1960, Shlomo Aronson, *Hitler, the allies and the Jews*, Cambridge, C.U.P, 2005.

85. Voir Catherine Nicault, *La France et le sionisme, 1897-1948, une rencontre manquée*, Paris, Calmann-Levy, 1994.

un autre groupe (une grande partie de l'establishment politique et militaire britannique au Proche-Orient) était plus favorable au *statu quo*, voire aux Arabes et redoutait de provoquer leur colère[86]. Un accord général entre les deux tendances est trouvé sur le fait « d'empêcher les soldats juifs de prendre part active au combat », ajoutons : en unité constituée, « pour prévenir l'obligation morale que l'agence espérée faire naître et qui serait ensuite présentée comme un argument politique[87]. » De fait, les Britanniques ne constitueront une « brigade juive » qu'à l'été 1944 et elle sera utilisée au combat, se comportant brillamment, d'octobre 1944 à avril 1945 sur le front italien[88]. Les Britanniques, avant 1944, avaient pourtant fait quelques concessions. Sous la pression des évènements, devant la menace représentée par l'Axe en Méditerranée, ils ont constitué des unités « de Palestine ». La plupart, l'écrasante majorité même, sont formées de juifs puisqu'il y eut très peu de volontaires arabes (moins de 1 sur 10). De plus, il y eut des engagements individuels, nombreux, dans toutes les branches de l'armée britannique. Trois bataillons du Royal East Kent Regiment (Buffs) furent créés et restèrent en Palestine. Les autres unités « palestiniennes » étaient principalement des unités de transport et de pionniers, 24 compagnies furent constituées dont 3 de transport ayant acheminé des troupes sur le champ de la bataille, une du génie qui contribue à la construction de la ligne de défense d'El Alamein, enfin une compagnie partiellement en charge des débarquements de matériel dans le port de Tobrouk. Elle fait partie de la garnison assiégée en 1941. De 1940 à 1944, 11 000 volontaires ont aussi intégré des unités de l'armée anglaise, soit dans des compagnies « palestiniennes », uniquement, soit dans des troupes non-juives (par exemple dans la R.A.F., pour le personnel au sol). On aura garde d'oublier ici l'action, inconnue alors, du SIG (*Special Interrogation Group*), en partie composé de juifs allemands, lancés dans des raids audacieux contre des aérodromes en juin 1942 et contre le port de Tobrouk en septembre 1942[89].

Les responsables des organisations sionistes ont, à plusieurs reprises, demandé la constitution d'unités combattantes juives. Cham Weitzmann, poursuivant un long combat entamé avant-guerre, a discuté de ce projet avec les responsables du Colonial Office dès 1939[90]. Churchill était favorable à la création d'une division juive, mais en 1941, cette idée fut abandonnée. Weitzmann s'adressa alors aux juifs américains, non pas sur la question d'une division juive, mais plus largement pour obtenir leur appui pour une immigration de masse en

86. Voir le début de cette histoire dans Christian Destremau, *op. cit.*, p. 231-236.

87. Y. Bauer, art. cité, p. 674.

88. Morris Beckman, *The Jewish brigade, an army with two masters, 1944-1945*, London, Spellmount, 2008.

89. Voir John Sadler, *Operation Agreement, Jewish Commandos and the raid on Tobrouk*, London, Osprey, 2016, 340 p. En juin, une partie des commandos fut trahie par un agent double ; en septembre, l'opération *Agreement* fut un désastre.

90. Cham Weitzmann (1874-1952) engagé dans les rangs du sionisme depuis 1897, fait partie des dirigeants de l'Organisation Sioniste Mondiale en 1920 et préside l'Agence juive pour la Palestine depuis 1929.

Palestine. Weitzmann continua de négocier en 1942 avec les Britanniques, sans succès en ce qui concerne la question militaire. *L'Alliée Oubliée* est à situer dans ce contexte, mais ne sort pas de ces efforts. Van Paassen a été recruté par un groupe minoritaire d'excellents propagandistes issus du « sionisme révisionniste » nationaliste et minoritaire de Jabotinsky qui réclamait d'abord la constitution d'un état dans la totalité du territoire du mandat. Ce qui correspondait aux vues de Van Paassen. L'historien Raphael Medoff a montré qu'un groupe de militants de l'Irgoun autour de Hillel Kook et avec l'appui de Benzion Netanyahu (directeur de la *New Zionist organisation of America*) a voulu promouvoir la cause d'une armée juive. Avec l'aide de Netanyahu, Kook, sous le nom de Peter Bergson a convaincu Pierre Van Paassen d'être le porte-parole de la campagne pour démontrer que des « non-juifs soutenaient l'idée, bien au-delà de la seule communauté juive d'Amérique[91]. » Le nom de Van Paassen a servi à rallier diverses personnalités, d'acteurs de Hollywood, de politiciens, jusqu'au Secrétaire d'État à la guerre, Henry Stimson. La première grande réunion publique du « Committee for a Jewish army » eut lieu trois jours avant Pearl Harbor, le 4 décembre 1941. Bien qu'isolé, combattu et critiqué par les organisations sionistes américaines, Kook-Bergson a mené un combat des plus remarquable, non seulement pour l'armée juive, mais pour sauver les juifs d'Europe[92]. Cependant R. Medoff n'éclaire ni la genèse, ni la publication de *l'Alliée Oubliée*, dont le nom n'apparaît pas dans son livre. Et nous n'avons pas trouvé de sources qui permettent de le faire. Van Paassen indique comme source le récit de J.-P. Benard dans la version publiée aux USA[93], or Benard n'a jamais mentionné le salut des légionnaires de Koenig au drapeau juif qui figure dans *l'Alliée Oubliée*. Dans son livre, Van Paassen, copie Benard pour l'action des légionnaires contre les tanks et donne d'autres exemples d'héroïsme et même de commandos suicides, mais aucun d'entre eux n'est passé à la postérité. Notre hypothèse est que, probablement, une partie des images des pionniers de Mechili au combat venait de Palestine. Il est aussi possible que l'expérience de l'unité juive de Tobrouk, ou celle des unités de transport aient été d'une façon ou d'une autre intégrées au récit.

Van Paassen a rompu avec l'équipe de Bergson quand il s'est aperçu qu'elle venait de l'Irgoun, et qu'il avait servi de paravent (« façade of democratic legality »). Constatant les actes terroristes contre les soldats britanniques en Palestine, il poursuit :

> « J'étais tout à fait en faveur de la création d'une armée juive, mais pas dans le but de combattre les Britanniques. Finalement, c'est le gouvernement

91. Rafael Medoff, *Militant zionism in America, the rise and impact of the Jabotinsky movement in the United States, 1926-1948*, University of Alabama Press, 2001, p. 71-72.

92. Rafael Medoff et David Syman, *A race against death, Peter Bergson, America and the Holocaust*, New York, New press, 2002, 288 p.

93. J.-P. Benard, « L'épopée de Bir Hakeim », récit vécu, *Les œuvres nouvelles*, 1943, p. 77-137.

britannique qui a privé le Comité de sa raison d'être en levant une brigade de volontaires juifs en Palestine et en les incorporant dans la Huitième Armée de Montgomery. »

Il revient brièvement dans *To number our days* sur *l'Alliée Oubliée*:

« Quand j'ai vu que le haut commandement britannique ne pouvait se résoudre à reconnaître d'un seul mot la contribution inestimable des Juifs palestiniens à l'effort de guerre commun, et qu'aucun journal britannique ou américain n'a daigné prendre acte de l'héroïsme juif, j'ai écrit un livre, *The Forgotten Ally*, relatant la participation militaire juive et le rôle joué par la Palestine, principalement par ses industries et laboratoires, comme base et dépôt de matériel pour l'entière Huit Armée britannique. Le livre s'est vendu à un quart de million d'exemplaires et a été traduit en onze langues étrangères, dont l'allemand. Elle a été interdite dans les territoires de l'Empire britannique. »

Il considère finalement qu'il a contribué à créer la brigade juive qui a été le noyau de l'armée de Libération de 1948 après avoir obtenu une victoire sensationnelle dans le désert: « cette brigade tourne le flanc droit de Rommel à El Alamein et avec les Free French du général Koenig obtint la victoire presque incroyable de Bir Hakkim[94]. » Van Paassen possédait une imagination militaire inépuisable, puisque la brigade juive ne fut engagée qu'en Italie. Cependant, nous ne pouvons pas expliquer pourquoi Koenig est associé par Van Paassen au drapeau d'Israël avec ses légionnaires[95]. Qu'il y ait eu polémiques et discussions dans l'armée britannique sur la question du drapeau d'Israël et celle des badges individuels est exact. Les Britanniques ont effectivement refusé le drapeau et les badges en 1941. Mais la question était réglée en juillet 1942, sauf dans la R.A.F., comme l'indique un rapport de censure de l'armée britannique:

« Le moral du personnel palestinien dans les zones avancées ne semble pas être affecté par les récents revers et les épreuves subies durant la longue retraite, le

94. Pierre Van Paassen, *To number our days*, New York, Charles Scribner, p. 383-384, les extraits du texte en anglais sont les suivants: « *I was all for raising a Jewish army, but not for the purpose of fighting the British. In the end it was the British government which deprived the Committee of its raison d'être by raising a brigade of Jewish volunteers in Palestine and incorporating these in Montgomery's Eighth Army* »...« *When I saw that the British high command could not bring itself to acknowledge by a single word the invaluable contribution made by the Palestinian Jews to the common war effort, and that not a single British or American newspaper deigned to take notice of Jewish heroism, I wrote a book,* The Forgotten Ally, *setting forth the story of Jewish military participation and the role Palestine played, mainly through its industries and laboratories, as a base and supply depot for the entire British Eighth Army. The book sold a quarter million copies and was translated into eleven foreign languages, including German. It was banned from British Empire territories* »... « *It was the brigade whose tanks turned Rommel's right flank at el Alamein and Mareth and together with the Free French under general Pierre Koenig achieved the almost incredible victory of Bir Hakkim.* »
95. Le livre de Catherine Nicault, *op. cit.*, n'a pas apporté de réponse sur ce point.

> moral le plus élevé étant celui du personnel des diverses compagnies de transport juives. Les tempêtes de chaleur et de sable ont été mentionnées comme le "plus grand ennemi". Mais ces inconvénients ne semblent avoir fait que renforcer la volonté des hommes de "voir plus loin" et les remplir de fierté de "le faire pour notre nation et notre terre". Les relations entre les officiers de rang supérieur et les officiers, ainsi qu'entre officiers de même rang, semblent très bonnes et il en va de même pour les relations avec les officiers britanniques. Les hommes ne tarissent pas d'éloges lorsqu'ils parlent de leurs officiers. Les hommes des unités purement juives sont fiers de leur drapeau bleu-blanc et de l'insigne d'épaule "Palestine" qui est désormais autorisé[96]. »

Les censeurs britanniques étaient parfaitement au courant des divisions politiques des juifs de Palestine et capables d'interpréter correctement le courrier qu'ils lisaient. Ils notaient par exemple que le « parti révisionniste » revendiquait 3 500 hommes dans l'armée. Et ils regrettaient que la littérature politique arrive librement dans les unités, ce qui faisait courir le risque de faire apparaître des « cellules[97]. »

À propos de ce passage de *l'Alliée Oubliée*, il faut donc, *in fine*, préciser plusieurs aspects. Aucun militaire de la brigade française n'a jamais rédigé de témoignage de la scène, il n'y a pas eu non plus de témoignage oral. Koenig ne l'a jamais mentionné dans aucun de ses écrits sur la bataille. L'a-t-il fait oralement ? C'est ce que laisse penser le texte et la liste des témoins interrogés par l'historien David Lazar pour une thèse de 1972 préfacée par l'historien très sérieux qu'était René Rémond[98]. En 1945 et après, soit cité intégralement, soit transcrit sous une forme abrégée, le texte décrivant la rencontre des légionnaires de Koenig et des soldats juifs a été reproduit dans plusieurs publications et dans la presse française surtout[99]. On la retrouve dans le *Dictionnaire de la France*

96. « *The morale of Palestinian personnel in the forward areas appears to be unaffected by the recent reverses and the trials undergone during the long withdrawal, the highest morale being displayed by personnel of the various Jewish transport companies. Heat and sandstorms were mentioned as the "greatest enemy". But these inconveniences only appear to have strengthened the men's will to "see it through" and fill them with pride of "doing it for our nation and our land". Relations between O.Rs. and Officers, and between Fellow officers, appear to be very good and the same can be said as regards relations with British Officers. No praise is spared by the men when talking of their officers. Men in purely Jewish units are proud of their blue-white flag and the "Palestine" shoulder badge which has now been authorized* », Archives New Zealand (Wellington), WA//1461.DA 508/1, Weekly censorship summaries, vol.2, 15 July to 21 July (1942). En novembre 1942, seule la RAF refusait toujours que les soldats puissent arborer un badge « Palestine ».

97. *Ibidem*, 26 August 42 to 2 September 42, p. 22.

98. David Lazar, *L'opinion française et la naissance de l'État d'Israël, 1945-1949*, Paris, Calmann-Lévy, 1972. D. Lazar cite le passage sur Koenig et le drapeau p. 29. Et dans les sources la liste des personnalités interrogées pour sa thèse porte : « Pierre Koenig, général, a rencontré des soldats juifs de Palestine après la bataille de Bir Hakeim (15 décembre 1966). »

99. Voir par exemple, Félix Chiche, *Les Juifs au combat, citations 1935-1945*, Paris, Israël, 1945. François Milles, « Des Juifs dans le désert », dans Joseph Kessel, *Les combats d'Israël, Combats de l'Histoire*, n° 275, 1973.

Libre en 2010[100]. On voit aussi resurgir l'épisode dans des synthèses sur la naissance de l'État d'Israël[101] ou sur l'armée israélienne. Mais elle n'est pas universelle puisqu'un auteur comme Martin Van Creveld[102] n'y fait pas allusion. On ne tirera aucune conclusion de cette énumération. Il reste que cette invention du temps de guerre relève de la mémoire de la bataille. Elle explique au moins en partie la popularité du général Koenig en Israël. En partie seulement, car, ministre de la Guerre, Koenig a fait davantage. En 1955, il a soutenu la modernisation de l'armement de l'armée israélienne avec l'autorisation de vente de matériel militaire français. Il fut aussi le président de l'association France-Israël en 1967[103].

2. Le « bataillon juif », Rommel, alibis de la mémoire allemande de la guerre

Une nouvelle piste mémorielle s'est-elle ouverte avec le livre de D. Irving sur Rommel qui fit scandale ? Irving est un historien passé du révisionnisme au négationnisme. Un de ses livres les plus connus est une biographie de Rommel[104]. Le chef de l'Afrika Korps doit être inclus dans la mythologie de Bir Hakeim. Pour le récit qu'il a fait de la bataille dans ses carnets, repris souvent par mémorialistes et historiens français, d'abord. L'éloge des Français Libres et de leur chef par Rommel constitue à lui seul une justification de l'entêtement au combat de la brigade, tributaire du mythe de la « guerre sans haine » rattaché au maréchal, tacticien considéré comme « hors pair ». Ensuite, parce que ce « mythe Rommel » date du temps de la guerre et que son élaboration fut le fruit d'une collaboration étrange, combinant la propagande de guerre nazie en faveur d'un héros incarnant l'excellence militaire allemande, avec l'admiration et la crainte de ses adversaires pour son efficacité. Mémoires en miroir où les pistes se brouillent. Un brillant général de l'armée d'en face peut servir à expliquer ou faire passer les défaites auprès de l'opinion publique. Un grand nombre de militaires anglais et français ont pendant la guerre été fascinés par la maestria de leur adversaire. Beaucoup ont après-guerre adhéré à la mythologie de « la guerre sans haine », titre remarquable, qui n'était pas celui du Feld-Marschall, mais celui de ses éditeurs allemands, repris en Français[105]. Les nombreux auteurs de livres sur l'Afrika Korps ont ajouté à l'image du guerrier Rommel, celle de la clémence du général.

Qu'apporte Irving dans ce cadre ? En apparence, dans cette partie de la guerre du désert, fort peu sur le plan factuel, mais sur le plan idéologique, la charge est forte. Irving identifie aux côtés de la brigade française, une brigade juive de 1 000

100. Article d'Alain Michel, « Juifs, soldats de Palestine », dans François Broche, Georges Caïtucoli, Jean-François, Muracciole, (dir.), *Dictionnaire de la France Libre*, Paris, Robert Laffont, 2010, p. 823.

101. H. M. Sachar, *op. cit.*, p. 134.

102. Martin Van Creveld, *Tsahal*, Paris, Édition du Rocher, 1998. Elle ne se trouve pas non plus dans Pierre Razoux, *Nouvelle Histoire de l'armée israélienne*, Paris, Perrin, 2006.

103. L'association s'appelle aujourd'hui « France-Israël Alliance général Koenig ».

104. David Irving, *The trail of the fox*, London, Weidenfeld and Nicolson, 1977, 448 p., voir F. Broche, 2008, *op. cit.*, p. 199, note 8.

105. Le titre en anglais est plus justement « *The Rommel Papers* ».

hommes. La question des prisonniers, réglée on l'a vu, par les menaces de De Gaulle, est envisagée par Irving sous deux aspects. Irving répète que Rommel ignora un ordre de Hitler qui voulait exercer des représailles contre les prisonniers britanniques parce que l'armée britannique avait recommandé « de ne pas donner de nourriture, de boissons ou de ne pas permettre de dormir » aux soldats de l'Axe. Le 9 juin, un autre ordre de Hitler est ignoré, concernant, selon Irving, la brigade juive, en réalité les Allemands et les Autrichiens antinazis appartenant à la Légion, (et dont certains étaient présumés par essence juifs dans l'idéologie nazie). Irving reconstitue un ordre soi-disant disparu alors que l'original existe. Dans le texte inventé par Irving, Hitler demande de tuer soit en combat, soit en les fusillant, les soldats qu'Irving identifie comme ceux de la brigade juive[106], alors qu'il s'agit des exilés allemands antifascistes devenus légionnaires. Cette dramatisation et la mise en scène de la clémence du général ne reposent sur aucun document sérieux, mais permettent de reléguer au second plan la brigade de Koenig.

Il n'existe pas à notre connaissance de mention d'unité juive à Bir Hakeim dans les archives de l'Afrika Korps. Dans l'article de 1942 où il met en scène Hitler, Lutz Koch n'en parle pas mais dénonce le « sauvage mélange de peuples » de la brigade[107]. Les premières allusions à une unité juive, pour autant que nous puissions en reconstituer l'apparition, dateraient de l'après-guerre. Chronologie fragile comme on va le voir. Paul Carell s'est fait l'écho du « bataillon juif » en 1959-1960[108]. Carell, de son nom Paul Karl Schmitt, entré dans la SS en 1938, est en fait un des responsables de la propagande du Reich, dont il défend la politique militaire et raciale, holocauste compris. Cet ancien porte-parole de Ribbentrop est devenu historien militaire après-guerre contribuant à exonérer la Wehrmacht des crimes de guerre et de la participation au génocide. Paul Carell, tout au long de sa carrière d'historien, n'a cessé d'opposer l'incompétence de Hitler à celle des « bons » généraux allemands. Son livre sur l'Afrika Korps inaugure la tentative. Il y parle de la clémence du général envers les soldats du « bataillon juif », remarque qui précède la mention faite par Irving dans l'édition française au moins.

À partir de ces deux récits de Carell et Irving, une série de tests a été conduite dans l'historiographie, soit de la guerre du désert soit de l'Afrika Korps. Beaucoup de livres, études en allemand sur l'Afrika Korps mentionnent le « bataillon juif » ou « les Juifs ». Dans ce qui est un témoignage hautement suspect, Claus Silvester attribue la résistance de Bir Hakeim « aux Juifs » et non aux troupes coloniales ou aux « Alsaciens ». Il reproduit un dialogue entre un juif allemand de la brigade, décoré de la croix de fer de 1re classe de la Première Guerre mondiale et deux soldats de l'Afrika Korps[109]. Un stéréotype raciste est utilisé pour décrire le soldat

106. David Irving, *op. cit.*, p. 165.
107. Lutz Koch fut le premier biographe de Rommel, en 1950.
108. Paul Carell, *Afrika Korps*, Paris, Robert Laffont, 1960.
109. Claus Silvester, *Journal d'un soldat de l'Afrika Korps*, St Amand, Édition Pensée Moderne, 1962, p. 156-157. Silvester, qui a sans doute lu des auteurs britanniques, fait partir Koenig longtemps en avance (p. 155).

prisonnier : « Les grands yeux sombres marqués de la mélancolie et de la sagesse des siècles. » On doit d'ailleurs comprendre que ce juif allemand qui ne veut pas retourner en Allemagne a sans doute été abattu. Les variantes ne sont pas infinies, mais il est possible de signaler dans un autre livre le face-à-face des chasseurs alpins du groupe Menton avec le « bataillon juif[110] ». L'auteur d'un livre considéré généralement comme sérieux[111] s'appuie sur un témoignage d'un officier de l'état-major de Rommel, Siegfried Westphal, qui ramène en pleine lumière la clémence du général. Westphal, blessé pourtant le 1er juin, sait que l'ordre (arrivé le 9 juin et non le 6 juin) de tuer les soldats du « bataillon juif » a été brûlé « puisque nous ne voulions rien avoir à faire avec de telles méthodes[112]. » Westphal confirme en fait que cette rumeur autour du bataillon juif peut dater du temps de guerre dans l'Afrika Korps en juillet 1942 et non de l'après-guerre. L'allusion n'a rien d'anecdotique, car c'est à ce moment-là que les Allemands prennent conscience de la « solution finale » en cours. Un second argument doit être évoqué. Paul Carell, nazi bon teint, doit donc être relu avec attention lorsqu'il écrit : « De bouche-à-oreille, à travers les positions du bataillon juif, l'ordre circule : "Combattez, les Juifs du monde entier vous regardent"[113]. » Carell avait une bonne mémoire en 1960. En 1992, W. Nagel (chef de la 8e compagnie du 155e régiment d'infanterie motorisé), un des premiers témoins allemands de Bir Hakeim jamais entendus à la radio française précisera :

> « On nous avait dit qu'il s'agissait de Brigades internationales, composées de Polonais, de juifs et d'étrangers, des gens qui ne portaient pas l'Allemagne dans leur cœur… Jusqu'alors nous n'avions pas eu l'expérience d'une base militaire qui assiégée résistait avec une telle ténacité[114]. »

Ces commentaires sont parfaitement irrecevables alors qu'ils paraissent faire l'éloge de l'ennemi français : ils tendent en effet à prouver le côté chevaleresque des troupes allemandes puisque cette collection d'étrangers n'a pas été massacrée. Il faut donc réfléchir sur le double contexte, celui de la guerre, celui des années d'après-guerre. Depuis les premiers mois de 1941 en URSS, l'armée allemande est persuadée que dès que la résistance est très forte, ce sont des juifs qui résistent[115], puisque le judéo-bolchevisme est une création des juifs. L'affaire

110. Volmar Kuhn, *Mit Rommel in der Wuste*, Stuttgart, Motorbuch Verlag, 1975, p. 131.

111. *Das Deutsche Reich und der Zweite Weltkrieg*, Stuttgart, Deutsche Verlag-Austallt, 1990, Band 6 *Der Global Krieg* (Horst Boog, Werner Rahn, Reinhard Stumpf, Bernd Wegner), dont la partie sur le désert est due à Reinhard Stumpf.

112. *Ibidem*, p. 620. Une note indique bien que ni Koenig, ni Vincent ne mentionnent d'unité juive et cite un lieutenant allemand qui décrit la « racaille » des prisonniers « espagnols rouges, tchèques, suisses, nègres ». *Ibid.*, p. 620. R. Stumpf utilise l'expression « bataillon juif » entre guillemets. On se demande même pourquoi il l'utilise, sauf à répondre de façon indirecte à une forme de propagande nazie recyclée pour temps de paix, mais alors pourquoi ne pas le dire ?

113. Paul Carell, *op. cit.*, p. 204.

114. Patrice Gélinet, *L'histoire en direct*, 4/05/1992.

115. Voir en dernier lieu Jean Lopez et Lashka Otkhmezuri, *Barbarossa, 1941, la guerre absolue*, Paris, Passés composés, 2019 ; comme on sait les massacres de juifs sont contemporains de l'invasion.

du bataillon juif à Bir Hakeim fait partie de la culture de guerre raciste de la Wehrmacht, pendant la guerre et après la guerre. Les juifs qui résistaient à Bir Hakeim dans le livre de P. Carell contribuent à masquer les crimes de guerre et crimes contre l'humanité de l'armée allemande. En d'autres termes, l'ancien SS, rédacteur de la revue *Signal*, passé à Nuremberg comme témoin à charge, défendait une vision acceptable de l'armée allemande par temps de guerre froide pour donner de la Wehrmacht une image plus présentable que celle de la Waffen SS. Carell a constamment tenu un discours lénifiant sur la « culpabilité allemande ». On se demande cependant pourquoi ses ouvrages furent édités, et même réédités, et traduits en plusieurs langues, car la documentation y est invérifiable. Au-delà de la critique, il faut admettre que l'appétit pour ce type de littérature historique mériterait une attention plus soutenue de la part des historiens. Très récemment, dans une histoire de l'Afrika Korps, d'autres explications à la résistance des Français ont été avancées. La possibilité de ne pas être traités selon la convention de Genève si on était fait prisonnier, et pour les officiers la certitude d'être fusillé sur ordre de Laval constituent un moyen de ne pas parler du « bataillon juif » en recyclant des arguments bien connus[116].

Les auteurs français sur l'Afrika Korps, peut-être prudents, ne parlent jamais de « bataillon juif[117] ». Les auteurs anglo-saxons n'ont pas ce genre de prudence. Certains prennent pour argent comptant les livres en allemand. On trouvera donc le bataillon juif dans S. Mitcham[118]. par exemple. Dans ce qui passe pour une excellente histoire récente de la guerre du désert[119], M. Kitchen écrit qu'il n'y eût pas de « bataillon juif » mais une rumeur à propos d'une « brigade juive » combattant jusqu'à la mort. Il ajoute qu'aucun prisonnier n'était juif. C'est en note que l'on trouvera dans son livre l'histoire des prisonniers et du drapeau d'Israël salué par les légionnaires de Koenig[120]. On ne saurait trop recommander aux historiens militaires qui passent généralement pour les plus positivistes de la profession, de vérifier leurs informations. M. Kitchen n'a pas compris qu'il était en face d'une fabrication mémorielle d'origine nazie dont le contenu, la résistance à outrance des juifs, était bien antérieur et remontait à 1941. Qu'il y ait eu des opposants politiques, des réfugiés juifs allemands à éliminer selon les directives de Hitler le 9 juin 1942 est une preuve que les nazis considéraient comme normal, qu'un « bataillon juif » puisse être présent sur place en 1942. Et si une rumeur de clémence a pris corps durant la bataille[121], elle arrivait à point nommé,

116. Helmut Frey, *Für Rommel s Panzer durch die Wüste*, Rohdorf, Brienna Verlag, 2010, p. 257.

117. J.-M. Fitere, *Panzers en Afrique, Rommel et l'Afrika Korps*, Paris, Presses de la cité, 1980, 284 p., a pourtant interrogé des vétérans allemands, dont il ne cite pas les noms et dont il réécrit les témoignages.

118. Samuel W. Mitcham, *Rommel's desert war: the life and the death of the Afrika Korps*, London, Stackpole Books, 2007, p. 65-66.

119. Martin Kitchen, *Rommel's desert war*, Cambdrige, C.U.P., 2009, p. 537.

120. *Ibidem*, p. 235 et p. 495.

121. Elle pouvait naître quelques jours plus tard avec la dispute sur le statut des prisonniers français finalement reconnus comme combattants et justifiant la soi-disant attitude chevaleresque du chef de l'Afrika Korps qui brûle l'ordre de Hitler.

car une autre rumeur se développait, autrement grave. Au même moment, à la fin du printemps 1942, la population allemande commence à comprendre que l'Holocauste est en cours[122]. Avec ce type de rumeur construite autour de la « clémence », pendant et après la guerre, l'Afrika Korps ne pouvait être considéré comme complice de génocide puisque les combattants juifs avaient été épargnés, alors qu'en réalité ce sont les combattants coloniaux et légionnaires français qui avaient été, sauf quelques-uns, ménagés.

Il est plus difficile de comprendre pourquoi, Jacques Chirac, le 11 juin 1982, lors de la cérémonie d'inauguration de la place Koenig à Paris a endossé l'argument. Le maire de Paris avait en cette occasion une manière personnelle de rendre hommage aux Français tout en citant Rommel :

> « Bir Hakeim dans cet endroit où l'on mange du sable, où l'on boit du sable, où l'on respire du sable, ce fut l'admirable exploit et la splendide résistance, reconnus par l'adversaire rappelant qu'une fois de plus la preuve était faite qu'un chef décidé à ne pas jeter le fusil après la mire à la première occasion peut, comme l'écrivit Rommel, réaliser des miracles même si la situation est apparemment désespérée. L'exécution de l'ordre général du 3 juin 1942 fut, au regard de l'Histoire, déterminant et rendit possible les lendemains d'El-Alamein. Le Général de Gaulle l'avait senti car si la France regardait la 1re BFL à laquelle s'était jointe la brigade juive, et si elle était son orgueil, les soldats de Koenig avaient rendu à l'armée française le sourire de la gloire[123]. »

Saurait-on en conclure que Jacques Chirac ou ses conseillers avaient préféré lire P. Carell plutôt que le général Koenig, Bernard St-Hillier ou Pierre Messmer ?[124]

C. Mythologie de la Légion étrangère et dessin pour enfants

Une autre mémoire, qui ne pose pas de problème d'interprétation, est rattachée définitivement à Bir Hakeim. Le cadre qui permettait d'intégrer la grande photo de Bir Hakeim dans le « légendaire » de la Légion était en place avant 1942. S'il n'existe pas vraiment d'étude fouillée sinon complète de la renommée de la Légion, ce qui s'en rapproche le plus se trouve dans le livre de Douglas Porch dont on résumera quelques enseignements ici[125]. La renommée du corps

122. Comme le remarque, pour expliquer les craintes de la population allemande devant de possibles représailles, Roman Toppel, *Koursk, 1943*, Paris, Perrin, 2018 p. 28.

123. Archives de Paris, 2060 W72, *Discours de Jacques Chirac*, 11 juin 1982 (dact.), p. 8.

124. Jacques Chirac, maire de Paris puis président savait aussi parler dans le langage de la culture de la défaite, ainsi pour l'anniversaire de Dien Bien Phu en 2004, s'adressant aux anciens combattants : « Votre victoire et votre gloire c'est d'avoir laissé dans un affrontement tragique où le courage de l'adversaire était égal au vôtre l'exemple de l'héroïsme le plus pur » (Allocation du Président de la République pour la commémoration du cinquantième anniversaire de la fin des combats de Dien Bien Phu, Hôtel des Invalides, 7 mai 2004).

125. Douglas Porch, *op. cit.*, qui tente d'avoir un jugement nuancé sur la Légion.

remonte au dernier tiers du XIXe siècle et aux années qui précèdent la Grande Guerre, avec les légionnaires en képi blanc, capotes bleues combattant des « indigènes récalcitrants d'Afrique du Nord », image récupérée dans le cinéma de l'entre-deux-guerres[126]. D. Porch décrit l'œuvre du général Rollet, inventeur des traditions de la Légion dans l'entre-deux-guerres, marquée par le remplacement en 1920 de la devise « valeur et discipline » par « honneur et fidélité[127]. » La célébration de Camerone, occasionnelle avant 1914, est formalisée le 30 avril 1931. La mythologie du sacrifice et de la rédemption dans le cadre de la « barbarie » du milieu colonial est portée par des romans et surtout le cinéma. Hollywood a su faire fructifier le mythe dès 1926 avec *Beau Geste*[128] et d'autres films, largement en avance sur le cinéma français[129]. Au désert où on se bat, il faut dorénavant des légionnaires. La photographie des sept légionnaires qui attaquent choisie fin 1942, reproduite, modifiée, copiée est désormais l'icône de la Légion au combat de la Seconde Guerre mondiale et pas seulement l'image de Bir Hakeim. Elle réapparaît sur un grand nombre de couvertures de livres et dans la presse et les revues, jusqu'à nos jours. Les publications pour la jeunesse constituent ici un test pour étudier la diffusion de cette partie de la mythologie légionnaire. Dès 1945, Pierre Nord, un gaulliste nationaliste, associe Bir Hakeim à la bataille célèbre des chasseurs à pied à Sidi Brahim (23-26 septembre 1845) et à celle des légionnaires de Camerone (30 avril 1863). Le choix, censé fournir, on le suppose, des arguments à la valeur exemplaire de la résistance à outrance dans des combats perdus, est néanmoins étrange. Sidi-Brahim et Camerone figuraient depuis longtemps, avant 1914, sur les drapeaux des chasseurs à pied et de la Légion. La logique du devoir « jusqu'au bout », jusqu'à la mort était celle du combat perdu et glorieux. Il est curieux à première vue d'y associer Bir Hakeim qui ne relève pas de cette logique de la défaite glorieuse dans le désespoir. Mais P. Nord a-t-il anticipé sur l'association de courte durée de la bataille avec le destin de l'Empire colonial ? Il a aussi fait référence aux Cadets de Saumur à l'extrême fin de l'ouvrage :

> « Le passé répond de l'avenir. Bon sang ne peut mentir. Plus près de nous, quand les avions et les chars allemands écrasaient notre malheureuse armée sans canons, ni chars, les Cadets de Saumur se sacrifiaient sur la Loire. »

Éloquent remords, pour qui sait lire, et pour tout gaulliste ou partisan de la France Libre comme P. Nord, qui, s'il retrouve l'hommage de la France Libre de 1942 envers les combattants de 1940 s'est trompé en 1945 de chronologie. Car Bir Hakeim constitue un point de départ vers la victoire. Au demeurant, associer en 1945 les Cadets de Saumur et la 1re BFL est une manière comme une autre de

126. *Ibidem*, p. 347.
127. *Ibid.*, p. 481, voir l'ensemble du chapitre « l'invention des traditions » p. 477 à 509.
128. *Ibid.*, p. 498-499.
129. Avec *Le Grand Jeu* de Jacques Feyder, 1934.

signifier combien la culture de défaite est intériorisée dans une ambivalence, pourquoi répéter en 1945 ce qui était une partie de la propagande de guerre de 1942[130] ?

Jusqu'à nos jours, dans la bande dessinée qui fournit une autre partie du test, Bir Hakeim reste, essentiellement, la propriété de la Légion étrangère. La représentation figurée des combats y est médiocre, la volonté d'explication quasi nulle, ce qui n'est pas en soi très étonnant. Stéréotypée, caractéristique de la production de dessins pour adolescents et héritière de décennies de représentations d'une guerre aseptisée, la mise en scène de la guerre alterne plans rapprochés et quelques plans larges, avec peu de vues en surplomb qui pourraient passer pour des vues aériennes[131]. Mais les képis blancs sont partout. Déjà dans le livre de P. Nord, on trouvait beaucoup de légionnaires, ils sont aussi dans *Spirou* en 1954, alors que l'ennemi découvre le retour des Français dans la guerre. En 1953, 1956 et 1963, *Dynamic-Toni Cyclone*, revue pour jeunes de petit format passablement guerrière[132], a consacré trois numéros aux « Diables de Bir Hakeim », au « Légionnaire de Bir Hakeim », aux « Combats dans le désert ». Le récit, sans être équivalent à celui de P. Nord, qui restera longtemps le mieux documenté de la production pour adolescents, est honorable sur le plan historique, plus ou moins correct en ce qui concerne équipement et armement, quoiqu'avec une tendance à montrer de gros chars allemands (Tigres) qui n'étaient pas présents en juin 1942[133]. Nous n'avons pas retrouvé de traces de l'éditeur, Artima, ni du dessinateur, Roger Melliès, qui pourraient expliquer le choix de consacrer des numéros à la Légion étrangère de 1942 à Bir Hakeim[134]. Sur un plan strictement artistique, Melliès est dans la moyenne de la production de bandes dessinées, plutôt inférieur aux meilleurs dessinateurs ayant proposé des histoires guerrières (ou non) à leurs jeunes lecteurs des années 1950-1960.

Sauf erreur de notre part, et à l'exception d'un dossier de *Pilote* (dont nous reparlerons plus loin), la Légion et Bir Hakeim ne réapparaissent dans la bande dessinée que bien après 1963. En 2003, un album préfacé par P. Messmer, retrace l'histoire de la 13e demi-brigade durant la guerre, les cinq pages consacrées à Bir Hakeim font référence à des photos connues (il n'est pas sûr que les auteurs aient lu les numéros de *Dynamic*)[135]. En 2015, le volume 5 de *Lignes de Front- Bir*

130. Pierre Nord, *Quelques pages de gloire*, Paris, Éditions G.P. Paris, 1945, p. 39.

131. Ce qui en soi n'est pas critiquable au plan des réalités de terrain. Il faut savoir à quel public on s'adresse.

132. Beaucoup de combats de la guerre sont montrés sous toutes les latitudes, Guadalcamal, Midway, Dieppe, ceux de Leclerc, les récits sont plus hostiles aux Japonais qu'aux Allemands, dans l'esprit des temps de décolonisation ?

133. Dans le n° 134 de 1963, le capitaine Gravier est même mentionné, ce qui est surprenant.

134. Sous la IVe République, les guerres d'Indochine et d'Algérie constituent des explications possibles. En 1963, un an après l'anniversaire de 1962 et sous le gaullisme le choix allait peut-être de soi.

135. Pierre Messmer écrit : « à Bir Hakeim, la 13e DBLE a conquis la gloire, elle l'avait méritée », dans Philippe Glokowski et Marien Puisaye, *La Légion, vol.2, 1919-1945, Bir Hakeim*, Paris, Éditions du Triomphe, 2003.

Hakeim tente de donner une vision réaliste de la guerre du désert, qui n'est pas plus réussie que dans l'album précédent, malgré des images de tranchées dans le désert, de convois, de mornes étendues. Enfin, en 2019, P. Messmer devient héros de bande dessinée, dans le cadre d'une série sur les compagnons de la Libération. Le récit en images de Bir Hakeim est dramatisé autour de la violence de l'assaut aérien et du bombardement, de la figure du légionnaire Mamuric combattant « pour la liberté ». Dans ces deux pages, le rôle militaire de l'héroïsme des légionnaires et de leur capitaine et la manière dont ils sauvent la position le 10 juin ressort de l'explication donnée dans la note biographique à la fin du volume, mais non du dessin[136].

En fait, aucun des auteurs n'a réussi à réellement faire sentir les spécificités de la guerre du désert, et particulièrement celles de Bir Hakeim. Et en insistant sur la Légion et l'action (de guerre) des pans entiers de l'Histoire disparaissent et des mythes perdurent, par exemple l'attaque systématique à la grenade des tanks, qui dans l'album de 2015, reprend les textes de 1945 et rappelle explicitement les « dynamiteros » républicains de la guerre d'Espagne. On reconnaîtra au moins au volume de *Lignes de Front* le mérite de la référence à la « Rafle du Vel'd'hiv. » du 16 juillet 1942[137]. Cet album est, de loin, le plus explicitement engagé contre l'Axe, l'idéologie nazie, le fascisme. Des années plus tôt, avec le choix de réaliser un dossier, et non une histoire dessinée, ce qui est une forme de renoncement aux contraintes et aux possibilités du médium « bande dessinée » et pose la question du dessinateur qui aurait été capable d'en faire quelque chose en 1969, *Pilote* racontait la bataille. « Bir Hakeim, l'épopée des sables », était conçu comme un grand dossier de synthèse, en double page, avec des dessins, des photographies (Rommel, des soldats britanniques, allemands, des blindés, et deux photos qui montrent d'authentiques FFL et leur général). Le texte du rédacteur du dossier, Guy Vidal contient des erreurs, comme tous les autres récits de BD, il se trompe par exemple sur la porte de sortie. Mais en cette année du départ de De Gaulle, le « Pilotorama » (nom donné à ce type de dossier), du « journal d'Astérix et Obélix » était très « France Libre » avec l'hommage à Rommel inévitable dans la mémoire croisée de la bataille. Il apprenait aux jeunes lecteurs que Bir Hakeim « était la première victoire de la France ressuscitée[138] », ce qui est un engagement significatif après Mai 1968.

Il est pour Bir Hakeim au moins un héros-légionnaire plus ambigu dont l'aventure suit la mode des temps : la BD ne se caractérise pas alors par la mise en scène de héros positifs. En 1980, le dessinateur italien Micheluzzi bâtit une histoire d'espions de guerre autour d'un personnage trouble, Marcel Labrume, légionnaire, qui passe par Bir Hakeim. Le propos de Micheluzzi n'est pas la

136. C. Valenti, P. Tarral, *Les compagnons de la Libération, Pierre Messmer*, Paris, Grand Angle, 2019, p. 40-41, la note biographique est du conservateur de l'Ordre de la Libération, Vladimir Trouplin, qui note que la « compagnie Messmer supporte tout le poids de l'offensive allemande » (p. 53).
137. Pécau, Braga, Thorn, *Lignes de Front N° 5, Bir Hakeim*, Paris, Glénat, 2015, p. 56.
138. *Pilote*, n° 483, 6/02/1969, p. 24-29.

bataille, mais l'aventure d'un héros désabusé et retors. Le choix du noir et blanc, les cadrages remarquables et aussi un souci constant d'exactitude historique (pour les armes, les véhicules, certains décors), font de l'album une réussite. Mais Bir Hakeim n'y est plus que l'enfer auquel Marcel Labrume a échappé[139]. La bataille a disparu et avec elle son sens exemplaire. Le seul grand dessin exprimant l'allégresse de la victoire est à chercher ailleurs, dans l'une des publications de la fin de la guerre. Elle résume l'engagement résistant et aide à définir l'identité nationale. Dans un style inimitable, le dessinateur Calvo a publié une double-page qui est une des grandes réussites graphique, spectaculaire, de *La Bête est morte*. On y voit, dans un condensé remarquable, l'annonce de la victoire à venir : les lapins légionnaires se rendent maîtres des loups (allemands) et des hyènes (italiennes) ! Publiée en 1944-1945, cette transposition de la guerre chez les animaux bénéficie non seulement du superbe dessin de Calvo, mais encore du texte informé et habile du scénariste Victor Dancette[140]. Le récit de la guerre, dans l'ensemble courageux, ne fait pas l'impasse sur la brutalité nazie et évoque - rapidement certes - la solution finale. *La Bête est morte* avait été créée dans la clandestinité, mais à la fin de la guerre, par une équipe dont l'engagement résistant ne fut pas précoce[141]. On peut penser que parents gaullistes, communistes, ou aux opinions moins marquées furent sensibles à l'expression d'union des Français dans la levée en masse contre l'ennemi[142]et à la tenue littéraire du texte « pour enfants[143]. » Les courageux défenseurs de Bir Hakeim méritaient donc bien, comme précurseurs, la place de choix qui leur est faite dans l'album et la date de publication correspond bien à la découverte de la bataille à la fin de la guerre et à la jubilation de la victoire.

D. Les avatars de la mémoire gaulliste de 1947 à nos jours : questions politiques

Toute mémoire de guerre, tout événement guerrier, est susceptible d'appropriation politique, particulièrement dans un pays aussi divisé que la France. Sous la IVe République, les arguments de 1945, le rôle de l'Empire colonial, n'ont pas été perdus. Le partage commence à se dessiner entre ceux qui insistent sur

139. Micheluzzi, *Marcel Labrume*, Ed. Mosquito, 2009 (réédition des albums de 1980 et 1982 ; Micheluzzi avait fait mourir son héros à la fin du 1er volume à Bir Hakeim, mais devant les protestations de ses lecteurs, l'a ressuscité, comme blessé, puis évadé).

140. Calvo et Dancette, *La bête est morte ! La guerre mondiale chez les animaux*, Paris, E.G.P., 1944-1945 pour les 2 fascicules, réédition Futuropolis (1977) et Gallimard (1995) en un volume. Calvo était déjà connu pour ces dessins de presse et surtout pour sa production à destination des enfants.

141. Victor Dancette s'était compromis dans la collaboration avec un texte pétainiste, *Il était une fois un pays heureux*, Éditions GP, 1943, voir Jean-Pierre Mercier, « Une belle bête », dans *Traits résistants, la résistance dans la bande dessinée de 1944 à nos jours*, Lyon, Libel, 2011, p. 58-69.

142. L'adaptation-citation pleine page de la *Liberté guidant le peuple* de Delacroix est à cet égard, éloquente. La liberté guide les animaux contre le nazisme.

143. Le récit de la guerre y est remarquablement précis et constitue un défi pour les générations de jeunes lecteurs et d'élèves depuis au moins soixante-quinze ans.

l'Empire et ceux qui sont moins sensibles à l'argument. Bir Hakeim n'est donc pas seulement l'occasion de rappeler que la France a de bons soldats. Le général Ingold, avec d'autres, dira ce que la bataille peut représenter, selon lui, au temps de la guerre froide et de la décolonisation : « Bir Hakeim a sauvé Le Caire de la ruée allemande. C'est en restant "Fort" du Maghreb au Fezzan français que nous serons dignes de ceux de Bir Hakeim[144]. » De la part d'un officier qui avait derrière lui une belle carrière coloniale et conservait le prestige d'un ralliement précoce à la France Libre, l'idée peut paraître surprenante. Ingold n'était pas isolé, même dans le camp gaulliste[145]. L'Assemblée nationale sera en effet saisie de trois demandes à propos de Bir Hakeim, en 1951, 1952, 1953. Les députés R.P.F. sont à la manœuvre, mais la situation l'exige car le site de Bir Hakeim est selon ces députés, en mauvais état. En 1951, P. Lebon dépose une proposition de résolution pour la remise en état du cimetière. En 1952, J. Soustelle demande que le 10e anniversaire soit commémoré dans « les établissements publics d'enseignement » pour le 10e anniversaire. En 1953, une proposition de loi a pour but de faire voter des crédits pour un pèlerinage national sur les lieux. Les deux dernières demandent n'aboutiront pas, bien que dans la 3e Edouard Herriot, Senghor aient rejoint des députés R.P.F. Par contre, le ministère des Anciens combattants recevra les crédits correspondants à la première résolution concernant le cimetière, soit 8 millions de Francs (4 en 1951, 4 en 1952)[146].

La question principale reste la place de la bataille dans la mémoire ou les mémoires, gaulliste, de la France Libre. Bir Hakeim, plus exactement les commémorations et anniversaires ont toujours, dès le temps de guerre, souffert de la proximité avec ceux du 18 juin 1940. En 1945, le général de Gaulle a codifié l'anniversaire du 18 juin avec le ravivage de la flamme sur la tombe du soldat inconnu à l'Arc de triomphe, le trajet de cette flamme de l'Arc au Mont Valérien, et l'organisation confiée à l'Ordre de la Libération. Le rythme de la commémoration du 18 juin est bien connu et suit le rythme du combat politique après 1945 : période conflictuelle de 1946 à 1949, recul de 1950 à 1957. La cérémonie spécifique du Mont Valérien qui ne dépend pas de l'État ni des gouvernements reste une manifestation très, sinon exclusivement, gaulliste. De 1958 à 1969, le président refait du 18 juin une véritable commémoration nationale (mais ce n'est qu'en 2006, par décret du 23 mars 2006) que le 18 juin devient Journée Nationale de l'appel du général de Gaulle à refuser la défaite et à poursuivre le combat. Les 18 juin du général-président sont des hommages à l'action passée et à la grandeur de la France. La France Combattante est particulièrement honorée en 1960 avec le mémorial de la France Combattante du Mont Valérien. Les présidents de droite qui ont suivi, de 1969 à 1981 n'ont pu reprendre la place du général dont ils n'avaient pas la légitimité. Les divisions de la droite au début des années 1980

144. Général Ingold, « Bir Hakeim », *Tropiques, Revue des troupes coloniales*, décembre 1955, p. 4.
145. Comme la guerre d'Algérie le prouvera, divisant les gaullistes.
146. Proposition n° 1068, session de 1951, proposition n° 3580, session de 1952, proposition de loi n° 6968, session de 1953.

ont montré que le 18 juin demeurait la chasse gardée du mouvement gaulliste avec un RPR très hostile à la recherche par V. Giscard d'Estaing d'une légitimité gaulliste. Depuis 1981, le 18 juin est à l'évidence une cérémonie consensuelle, qui relègue au second plan les divisions des Français de 1940, et est justifiée par la grande décision solitaire du général de Gaulle. Les tentatives du parti communiste, de 1949 à 1980, soucieuses de concurrencer le général sur deux lignes successives : choix du 10 juillet 1940 (refus communiste de cautionner le maréchal Pétain) et absence du peuple dans l'Appel du 18 juin, ont fait long feu[147]. Le général est aujourd'hui l'homme politique préféré des Français. Dans ce dispositif, Bir Hakeim occupe une position subalterne qui n'est pas seulement due à la puissance symbolique du 18 juin 1940 ou aux hasards de la chronologie d'événements survenus durant un mois de juin. Bir Hakeim a subsisté comme la bataille qui avait fait échec à Rommel dans une culture militaire portée par les combattants puis anciens combattants gaullistes, et pour ceux qui n'étaient pas ou plus gaullistes.

Il est nécessaire de distinguer les périodes. Dans sa stratégie de lutte frontale contre la IVe République, de Gaulle a enrôlé les symboles et les dates au service de la cause du Rassemblement du Peuple Français[148].1949 marque à cet égard un moment important pour la commémoration de Bir Hakeim. Le 18 juin 1949, la ville de Paris, tenue alors par les gaullistes et représentée par Pierre de Gaulle organise un 18 juin de combat. À cette occasion, deux inaugurations sont prévues, celle du pont Bir Hakeim, et celle de l'avenue Leclerc. Le général de Gaulle ne s'est déplacé que pour Leclerc, dont il a loué les mérites dans un parallèle avec Hoche. Dans l'après-midi du 18 juin, à 15 h 30, la partie la plus importante de l'anniversaire relègue dans l'ombre la cérémonie du Mont Valérien et celle de Bir Hakeim. Dans les discours tenus le matin au Pont de Bir Hakeim par de Larminat, P. de Gaulle, le général Koenig, que voulait-on transmettre ? Le retard pris par Rommel, la renaissance française, le sacrifice des soldats pour la victoire sont évoqués dans l'ordre par les trois intervenants. Mais il est une partie du discours de Larminat qui devrait retenir l'attention, car le général répondait aux mots d'ordre de la contre-manifestation communiste qui prétendait défendre la République contre les factieux[149]. Larminat, se souvenant qu'il fut un général populaire parmi les troupes issues de la Résistance qui combattaient sous ses ordres contre les Allemands retranchés dans les « Poches de l'Atlantique », risque un parallèle remarquable. Il est passé inaperçu dans les comptes rendus et les

147. *La mémoire des Français, quarante ans de commémorations de la seconde guerre mondiale*, Paris, CNRS, 1986 ; Nicole Racine-Furland, « Mémoire du 18 juin 1940 », dans *De Gaulle en son siècle*, t. 1, *dans la mémoire des hommes et des peuples*, Paris, La documentation française, 1991, p. 549-563, Pierre Nora, « Gaullistes et communistes », dans Pierre Nora (dir), *Les lieux de mémoire*, t. 2, Paris, Gallimard, 1997, t. 2, p. 2489-2532.

148. Un de nos témoins, M. Renoux, a regretté le choix partisan et l'emploi politique de l'insigne à la Croix de Lorraine : « on le portait et les communistes nous agressaient alors que nous n'étions pas au R.P.F. », entretien du 25 avril 2008.

149. Voir « La contre-manifestation communiste », *Le Monde*, 19-20 juin 1949, p. 8.

articles de presse. La *Revue de la France Libre*, qui marque l'anniversaire avec éclat le reproduit en entier dans son n° 20 (juillet-août 1949). Larminat, constatant que « toute gloire française se commémore à Paris » et que depuis longtemps les ponts portent des noms de victoires militaires, remarque que l'ancien pont de Passy est

> « le lien entre Grenelle, le vieux faubourg populaire et tumultueux. Les sections de Grenelle c'étaient un peu la vieille garde de la Révolution. Et Passy, quartier bourgeois entre tous. À Bir Hakeim combattaient les volontaires des deux quartiers, des deux milieux étroitement unis. Le capitaine comte de Lamaze, catholique et monarchiste, le lieutenant Devey, prolétaire et communisant... deux paladins, l'un de Passy, l'autre de Grenelle, comme ils seraient à leur aise s'ils se rencontraient aujourd'hui sur ce pont ![150] »

Larminat savait donc, comme son chef, parler de rassemblement. Ce n'était pas inutile, car le 18 juin 1949 fut une journée agitée. Jules Moch avait finalement autorisé les diverses manifestations après avoir hésité à les interdire. Ce 18 juin fut un succès gaulliste incontestable avec 40000 manifestants contre moitié moins de communistes. De Gaulle a, la même année, été tenté de mettre Bir Hakeim au centre de la bataille politique. Nous le savons par un projet de discours resté inédit - réellement extraordinaire - qu'il a laissé de côté, pour un déplacement à Bordeaux en septembre 1949. Jacques Chaban-Delmas, maire de Bordeaux, avait invité le général pour l'inauguration d'une place Bir Hakeim La comparaison des deux discours du général, le projet abandonné et le discours réellement prononcé, est instructive. Le premier projet portait: 25 sept.1949, Bordeaux.

> Discours du Général de Gaulle à la place Bir-Hakeim.
> Oui, comme vient de le dire si éloquemment Monsieur le Maire de Bordeaux, voici que Bordeaux reçoit sa place Bir-Hakeim. Le temps passe, les années s'ajoutent aux années et le moment vient peu à peu ou toutes sortes de grandes actions apparaissent dans leur vraie lumière. Je n'ai pas peur, en ce qui concerne l'œuvre que moi-même et beaucoup d'autres avec moi avons accomplie, je n'ai pas peur de l'Histoire. Je n'ai pas peur de l'histoire en particulier pour Bir-Hakeim et ses combattants.
> Oh : il est bien vrai que dans la désolation nationale ils n'étaient pas alors fort nombreux à dresser le drapeau. Il est bien vrai qu'ils avaient leurs lacunes leurs manques, mais il est vrai aussi, je l'atteste et je crois bien que la France entière l'a senti, il est vrai qu'ils avaient une qualité suprême pas seulement comme soldats et combattants mais comme hommes et comme Français. C'étaient des

150. *Revue de la France Libre*, n° 20, juillet-août 1949, p. 3, dans ce mémoire figure un collage de « unes » de la presse britannique de juin 1942 qui sera constamment repris aux anniversaires.

témoins, c'étaient des gens qui dans un des pires moments de notre histoire confessaient la France et savaient mourir pour elle.

Ils étaient symboliques de toutes sortes d'autres, qui, ailleurs, à d'autres moments sur d'autres champs de bataille, en particulier sur les mille lieux de combats de la résistance en France, confessaient la même cause que ceux-là. Ils étaient non pas certes désespérés, au contraire pleins d'espérance mais ils faisaient leur devoir sans trop s'occuper de savoir ce qui en résulterait, car c'était un des traits du caractère de ces vrais Résistants, je parle de ceux qui étaient des vrais Combattants. Ils ne savaient pas si leurs actions et leur sacrifice seraient simplement un suprême hommage rendu à la Patrie expirante, comme des fleurs ultimes que l'on jette sur un cercueil ou bien si, au contraire, leur exemple, leur sacrifice, ne marquerait pas une aurore nationale après le drame de la Patrie.

Eh bien ! L'Histoire a tranché. Ils ont été les vainqueurs, ceux qui du 27 mai au 11 juin, sur le champ de Bir-Hakeim furent symboliques de tant d'autres. Ils ont donné l'occasion à notre Pays de reprendre sa marche vers son destin. Ce sont ceux-là, oui, et pas d'autres, qui ont ouvert la route de la France. Maintenant, cette route, il s'agit de la suivre. Il s'agit de ne pas recommencer les mêmes erreurs qui nous avaient conduits dans la situation où nous étions obligés de tenir Bir Hakeim pour un triomphe ; il s'agit de reprendre la route au milieu de très dures, de très grandes difficultés nationales et internationales. C'est à partir de maintenant surtout, voyez-vous, que Bir Hakeim va compter.

Tous ceux qui, chez nous, les adultes, les enfants, les petits-enfants, penseront à cette Histoire, résumeront leurs sentiments et ceux de la France en pensant et en disant « Voilà ce que, dans les pires extrémités, des enfants de chez nous, furent capables de faire. Pourquoi maintenant, où nous avons retrouvé nos terres, nos libertés et nos moyens, ne ferions-nous pas la France, telle qu'elle doit être ? Pourquoi, répondez. »

Je suis sûr que la France entière, peu à peu, répondra. Je suis convaincu que nous sommes au début d'un très dur et très grand redressement national, et je sais bien, que dans ce redressement, Bordeaux sera en tête des meilleurs serviteurs de la Patrie.

Vive Bordeaux ! Vive la République ! Vive la France ![151]

Nous ignorons pourquoi le général a abandonné son premier projet de discours, comme s'il avait renoncé à intégrer la mystique en politique. Ou comme s'il ne voulait pas trop charger politiquement le symbole d'une lutte militaire et nationale épique. À ce premier niveau de lecture, axé sur l'idée que de Gaulle a voulu exonérer de ses fautes et atermoiements la plus grande partie de la société française, on pourrait penser qu'un Bir Hakeim trop exemplaire ne cadrerait pas

151. Le manuscrit du discours sur Bir Hakeim se trouve à la Fondation de Gaulle, nous remercions Philippe Oulmont de nous l'avoir procuré. Le discours prononcé à Bordeaux le 25 septembre 1949 est dans Charles de Gaulle, *Discours et Messages*, t. II, *Dans l'attente*, Plon, 1970, p. 304-310.

avec la volonté d'unir à parts égales la résistance intérieure et la résistance extérieure. L'argument caractérise le discours gaulliste d'après-guerre. En outre, le contexte local a peut-être joué. La ville de Bordeaux ne s'était pas particulièrement distinguée durant la période. Les paroles de Larminat, félicitant ironiquement le patronat bordelais pour la grande qualité du béton fourni à l'Organisation Todt pour réaliser les casemates du mur de l'Atlantique avaient déjà fait scandale en 1945[152]. De Gaulle aurait donc renoncé à ce premier projet pour ne pas faire de peine à des électeurs de droite récemment ralliés à sa politique. L'explication est ailleurs : précisément dans la conviction du général de Gaulle de la singularité et de la valeur d'exemple de ceux qui à Bir Hakeim furent l'élite de l'élite, les (trop) peu nombreux soldats de la France Libre[153]. Mais en insistant sur leurs vertus, sur l'exemple qu'il renonce à imposer à tous, de Gaulle ne cédait pas « au raccourci grossier opposant l'héroïsme de quelques-uns à la veulerie de la masse[154]. » Le général était légèrement en retrait sur la valeur de l'événement : Bir Hakeim était réellement une rupture. Les « témoins » de Bir Hakeim avaient ouvert le chemin des Français vers la victoire.

Le discours réellement prononcé ne mentionne Bir Hakeim qu'une seule fois, et si le thème commun en est le redressement de la France, l'argumentation du second discours n'est plus dans le passé, fut-il un exemple. De Gaulle fait de la question du redressement un problème économique, militaire, international (l'aide des U.S.A. n'est pas éternelle), et européen (en évoquant la nécessité d'un accord franco-allemand). Pour la symbolique de Bir Hakeim ce fut peut-être un enterrement de première classe. L'exemple illustre néanmoins la manière dont la présence du gaullisme historique et politique pèse sur les mises en place de monuments et les commémorations de la bataille.

Il est juste alors de s'interroger sur la singularité de Bir Hakeim dans le dispositif de mémoire des deux résistances, intérieure et extérieure. Selon Jean-François Muracciole :

> « Dans les années 1960, lorsque de Gaulle honore la mémoire résistante il le fait dans un souci d'équilibre évident entre les deux résistances comme en témoignent les cérémonies rituelles au Mont-Valérien du 18 juin (alors qu'il aurait été facile d'associer, par la quasi-simultanéité des dates, le 18 juin et Bir Hakeim ou le hiératique transfert des cendres de Jean Moulin au Panthéon en décembre 1964). Cette volonté d'équilibre n'est autre que le produit du résistancialisme gaullien : c'est toute la France résistante, et la France elle-même, et pas seulement les valeureux combattants FFL qu'il convient ainsi d'honorer[155]. »

152. E. de Larminat, *op. cit.*, p. 285-286.
153. Comme l'analyse Pierre Laborie, « Les comportements collectifs et la mémoire gaulliste : mots et usages », dans Pierre Laborie, *Penser l'événement*, Paris, Gallimard, 2019, p. 357.
154. *Ibidem*.
155. Jean-François Muracciole, « Bir Hakeim, La construction... », art.cité, p. 190.

Il n'est pas certain que l'interprétation ici donnée soit entièrement recevable. De Gaulle a certes voulu donner l'image d'une France unie et a unifié les deux résistances dans l'hommage. Mais le discours de Bordeaux et le maintien d'une cérémonie spécifique les 11 juin sur une très longue période expliquent que Bir Hakeim représentait l'irréductible engagement et le sacrifice de la France Libre et d'elle seule. Ce qui n'est pas minimiser, ni renoncer à l'unification des deux résistances, mais préserver la valeur d'exemple. Par ailleurs, le mot de « résistancialisme » est trop connoté pour être maintenu tel quel. Historiquement, et Pierre Laborie en a bien résumé la genèse, on est passé du « résistantialisme », mot forgé par l'extrême droite d'après-guerre qui y voyait la quintessence de la légende d'une France majoritairement unifiée dans la Résistance, au « résistancialisme » (avec un « c ») défini en 1987 par Henry Rousso comme « le processus mémoriel qui aurait installé en position dominante une représentation rassurante des années noires[156] ». Comme on le verra, qu'il y ait eu une présence de Bir Hakeim dans les médias français est vrai, mais elle est restée modeste et il a fallu aux Français Libres de l'obstination pour défendre la mémoire du combat. Bir Hakeim est alors du côté d'un « relatif oubli[157] ». Mais est-ce parce qu'il est réellement noyé dans la mémoire unanimiste de la Résistance ?

La réponse à cette question est simple : l'événement Bir Hakeim rassure tout en gardant sa singularité « France Libre ». L'exemple est glorieux et plus visible que les combats militaires de la Résistance intérieure. Pourtant, les Français Libres ont souvent pensé et dit avoir été mal récompensés de leur engagement dans la France d'après-guerre, d'avoir été incompris. Par-delà l'orgueil de la solitude, Bir Hakeim rappelait qu'ils avaient effectivement été bien seuls à relever le gant sur les champs de bataille des années 1940-1942. Et qu'il fallait le faire savoir.

E. Une mémoire sans lieu (facilement) accessible : la question des pèlerinages en Libye

Cette partie de l'histoire commence en Libye en 1942-1943. Une fois le regroupement des corps réalisé, et d'autres trouvés sur le chemin de la sortie, on pensera à créer un monument commémoratif à la hauteur de l'évènement. Le manque de temps n'a pourtant pas permis de retrouver tous ceux qui avaient été enterrés au bord des pistes, tel Rauvelin par les Français, ou Bricogne par les Allemands, ou Koudoukou par les Britanniques. Le lieutenant-colonel Richard Mallet, rallié de la première heure, qui a perdu son fils aîné lors de la sortie, a été chargé de superviser cette opération. Il crée le cimetière de Bir Hakeim[158]. Le monument est imposant, conçu pour être vu de loin et de haut comme les immenses lettres de pierre qui signalent « Bir Hakeim » aux aviateurs[159]. Il porte une Croix de Lorraine. Autour

156. Pierre Laborie, *Le chagrin et le venin*, Paris, Bayard, 2011, p. 195.
157. Jean-François Muracciole, « Bir Hakeim, La construction... », art. cité, p. 174.
158. D'autres suivront, à El Alamein, en Tunisie, en Italie.
159. Une photographie aérienne montrait le monument et les 2 canons de 75 à l'entrée.

sont rassemblées les tombes des 186 militaires tombés et retrouvés, dans une position originale. L'inauguration du monument, le 7 mars 1943, en présence de représentants de toutes les unités avait été filmée dans « Bir Hakeim un an après », film de la propagande de la France Libre annonçant l'attaque victorieuse à venir ; on a donc dépassé très vite les temps de la défense héroïque.

Le monument a été édifié par les sapeurs du lieutenant Desmaisons, et du lieutenant Hurlin présents à Bir Hakeim en décembre 1942. Ils construisent le monument. Ce n'était pas leur seul travail car il fallait non seulement bâtir le monument, mais aussi protéger les tombes par un mur de 80 cm de haut et graver les noms. Ils avaient aussi reçu la mission de sécuriser le périmètre et les accès[160]. Le nombre de mines et de pièges laissés par les Français à Bir Hakeim n'a cessé de rendre la position dangereuse pour les visiteurs jusqu'à nos jours. Pour jalonner la fin de la route vers Bir Hakeim on a utilisé quelques chars encore sur place, des bidons percés remplis de pierres et peints en tricolore, signalant la partie sûre du chemin à parcourir. Mais qui pourrait aller à Bir Hakeim après mars 1943 ? Selon le consul de France à Benghazi le cimetière n'a pas été visité pendant la guerre et après. Il n'y eut même qu'une seule visite, en 1947, celle d'un journaliste de l'*Illustration* et aussi une rapide mission militaire venue déposer la plaque pour les soldats britanniques tombés à Bir Hakeim (1947). Il a fallu attendre la période 1947-1950 pour voir arriver des missions chargées de vérifier l'état du cimetière. Koenig avait alerté en 1949 le ministère des Affaires étrangères en dénonçant des « lapidations et vols répétés » qui avaient été constatés dans le cimetière[161]. Des vis de plaques, 4 canons, des chars et les balises avaient disparu. Des marchands de ferraille les avaient récupérés. Le ministre des Anciens Combattants et Victimes de Guerre, Emmanuel Temple expliquait dans une longue lettre à Koenig (13 septembre 1951) les raisons pour lesquelles il faudrait déménager le cimetière : difficultés d'accès[162], difficultés de surveillance[163], et d'entretien. Le consul à Benghazi avait donc suggéré de construire près de Tobrouk et d'un cimetière britannique, une réplique de celui de Bir Hakeim. En 1948 et 1950, 32 corps avaient été rapatriés en métropole à la demande des familles[164]. Pour évaluer les problèmes, les Français envoient une mission à Bir Hakeim qui, grâce aux Britanniques, trouve le cimetière en bien meilleur état qu'il n'avait été. L. Beneyton, dans sa lettre au directeur de l'état civil du ministère des Anciens Combattants est extrêmement précis, il envoie une copie de sa note explicative à Koenig et P. Lebon qui ont repris le projet à leur compte. Beneyton fournissait des estimations chiffrées pour l'entretien du cimetière de Bir Hakeim et pour celui de

160. SHD Vincennes, 12P170 J.M.O. du 1er bataillon du 1er Génie décembre 1942.

161. Nous ne savons pas qui avait renseigné le général. Sauf indication contraire, les archives utilisées sont les dossiers cimetière de Bir Hakeim, pèlerinage de 1955 à Bir Hakeim, AOL

162. Aucune voiture de série ne pouvait passer si la route n'était pas empierrée, le coût de l'empierrement était estimé à 22 762 000 F.

163. Un gardien avait été trouvé grâce à l'aide de la War Graves Commission britannique.

164. « 20 par le colonel Mallet en 1948, 12 par M. Lebon », Lettres à Koenig, dossier Mission à Bir Hakeim, mars 1952, S.H.D., 237/1, archives Koenig.

Tobrouk, pour la piste El Adem-Bir Hakeim[165]. La décision de transfert des corps qui restaient, prise en 1953, a rencontré quelques difficultés d'application plus ou moins prévues. Le maire de Tobrouk s'opposait à la construction d'une maison de gardien parce qu'il ne voulait pas d'un « monument à la gloire des colonialistes ». Le ministère des Anciens Combattants découvrait que les Britanniques du Foreign Office, ne seraient pas mécontents de voir le projet français échouer. À un moment où, séquelle des opérations de Leclerc et tentative de régler des questions territoriales au profit de la France, les Français sont encore présents au Fezzan, on considère que la célébration de la participation française à la victoire alliée aura plus d'influence que des heures de « palabre entre l'officier français des affaires indigènes et les députés du Fezzan à l'Assemblée libyenne ». L'idée est donc bien « d'utiliser » « ces tombes pour "servir" le prestige de notre pays. Voilà l'hommage auquel les hommes de Bir Hakeim seraient le plus sensibles ». Le coût total, la réorganisation, en deux tranches, est évalué par le ministère à 8,7 millions de Francs, 2,7 millions de francs en 1952, 6 millions de francs en 1953, qui seront réduits à 4 millions de francs. Mais le ministère refuse toujours de compléter l'ensemble par la prise en charge d'un pèlerinage qui selon de Larminat, permettrait enfin aux familles de se recueillir sur les tombes[166]. Le consul de France à Benghazi, Hubert Moreau, a surveillé de près l'exécution des travaux de deux cimetières. Et il a surtout contrôlé le transfert des corps de Bir Hakeim à Tobrouk. Ce n'était pas une petite affaire, du fait des incertitudes du temps de guerre. Sa lettre du 22 avril 1953 confirme les difficultés de comptage et d'identification des tués de la brigade précédemment rencontrés. Il précise : « Vous dire que l'opération fut plaisante serait évidemment exagéré… j'ose dire que nous y avons mis le plus grand soin : aucun risque qu'une substitution ait pu avoir lieu. » Il constate que 2 cadavres réputés anonymes en 1942 ont été identifiés grâce aux papiers qui se trouvaient dans leurs tombes. Dans une tombe commune où devaient figurer 4 corps non identifiés, il n'en a été trouvé que deux, mais ajoute qu'il y avait deux tombes qui ne figuraient pas sur le plan original. Il en conclut à la possibilité d'erreurs lors de l'inhumation de fin 1942. Son travail est fait au moment où les Allemands collectent leurs morts, dans toute la Libye pour les regrouper. Le chef de la Commission allemande de recherches « nous a remis deux petits cercueils découverts par le service de déminage britannique au Sud-Est à 400 m de la position… et des ossements de trois soldats dont l'un possédait "2 pages d'Évangiles, l'Évangile de la Passion et la résurrection de Lazare"[167] ». Aucun de ces hommes n'a été identifié, l'un d'entre eux était un légionnaire portant « un formulaire de pharmacie », il est noté comme « aspirant de Légion » sur le plan définitif du cimetière.

165. Les chiffres sont donnés en lires égyptiennes, soit « un total de L.E. 7.102 et pour la fabrication de nouvelles plaques (etc.) en France, il faudra débourser 8 385 750 F, et il faudra 182 croix, 14 croissants, 1 étoile de David ».

166. Lettre de Larminat au secrétaire d'État au budget, 29 mars 1954.

167. Ces trois hommes sont déposés dans une seule tombe, n° 196 du cimetière.

L'idée de rendre hommage aux morts, mais aussi de mobiliser autour du symbole, s'est matérialisée en 1955. L'utilisation du mot « pèlerinage » n'a jamais été expliquée et est, semble-t-il, venue spontanément, pour ceux qui furent les « croisés de la France Libre ». Il sera dorénavant utilisé pour tous ceux qui suivront. Le pèlerinage de 1955 restera comme le plus important des hommages, jusqu'à nos jours. Raymond Triboulet, résistant (*Ceux de la Résistance*), R.P.F., ministre des Anciens Combattants, a été chargé de négocier l'organisation du pèlerinage avec les Britanniques, puissance occupante en Libye. Il est, selon ses propres dires, un des mieux placés pour le faire dans le gouvernement Edgar Faure car il fait valoir son zèle pour la perpétuation de la mémoire du débarquement à l'intérieur du « D Day Commemoration Commitee », ajoutant que le ministre des Affaires Étrangères français « ne serait pas compétent pour assurer l'organisation du déplacement[168] ». Les Français, en réalité le petit groupe des organisateurs, dont le général Koenig, ont conçu le déplacement en deux parties, l'une maritime (avec le *Foch*, puis *La Marseillaise*) l'autre aérienne, avec des avions venant de Paris, d'Afrique du Nord et d'Afrique Noire. Les rapports britanniques donnent des indications intéressantes sur les réalités et l'organisation du pèlerinage qui se déroule du 30 octobre au 2 novembre 1955. Le capitaine Ramsden a fait les comptes, 460 personnes arrivent par bateau, 391 pèlerins dont 160 femmes, 63 militaires représentant les régiments de la brigade, avec leurs drapeaux et quelques personnalités, Koenig, Larminat, le député Pierre Lebon qui s'était beaucoup dévoué à la cause du pèlerinage. Ce ne sont plus que 68 personnes[169] qui arriveront par avion de Paris, rejoint par quelques légionnaires venus d'A.F.N. Aucun avion n'est venu des terres historiques des débuts de la France Libre en Afrique. Ramsden se plaint à plusieurs reprises des changements que les Français indiquent en général tardivement en septembre et octobre. Le 29 septembre, il s'inquiète de l'importance prise par le pèlerinage :

> « Je n'ai pas besoin de dire à quel point je regrette que ce pèlerinage soit en train de prendre une ampleur que nous n'aurions pu imaginer et qu'il demande à chacun de s'impliquer dans des préparatifs conséquents, mais il est clairement important que nous fassions tout notre possible pour qu'il soit un succès non seulement pour nos relations avec la France mais pour rendre hommage aux magnifiques performances des unités françaises à Bir Hachem[170]. »

168. Lettre en anglais de R. Triboulet, 5 août 1955, TNA, FO 371/113 935.

169. Dont l'amiral Ortoli représentant Thierry d'Argenlieu, grand chancelier de l'Ordre de la Libération, les généraux Valin et Legentilhomme, Roger Wybot (directeur de la DST), P. Messmer alors gouverneur de Côte d'Ivoire, les officiers de liaison britanniques, Fitzgerald et Tomkins. R. Triboulet, qui n'était plus ministre, n'a pu faire le déplacement, mais son successeur, V. Badie, est présent.

170. Texte anglais : « *I need hardly say how sorry I am that this pilgrimage should be developing into something far bigger than we had ever thought and involving everyone in a vast deal of preparation, but it is clearly important that we should do everything in our power to ensure that it is a success not only for the sake of our relations with France but as a tribute to the wonderful performance of the French units at Bir Hachem.* » T.N.A, FO 371/113 935, Lettre du 29 septembre 1955.

Dans une autre lettre il déplore :

> « J'ajouterais que les Français étaient bien partis pour s'emmêler les pinceaux, en ne se coordonnant ni entre eux, ni avec nous. Le Ministère de la Guerre, qui tient vraiment à ce que l'on passe tous un bon moment, a donc envoyé un officier à Paris pour discuter de l'ensemble du problème, et j'espère qu'ainsi, tout ira bien[171]. »

Le rapport final, celui du consul britannique à Tripoli[172] insiste sur le rôle efficace joué par l'armée britannique et la R.A.F. lors des deux journées. La première s'est déroulée à Tobrouk avec des cérémonies religieuses conduites par des « prêtres » (*sic*) « juifs, musulmans, protestants et catholiques » (« *Jewish, Moslem, Protestant and Catholic priests* »). La présence de légionnaires en grande tenue a surpris :

> « Le spectacle inhabituel des légionnaires français dans leur uniforme pittoresque a suscité un grand intérêt et d'innombrables photographies. Une visite plus courte au cimetière britannique a suivi, et des gerbes de fleurs ont été de nouveau déposées[173]. »

Le 2 novembre, la cérémonie à Bir Hakeim était la plus difficile à organiser. La plus grande inquiétude des militaires anglais, à propos du trajet et des mines s'est pourtant révélée exagérée. La route, couverte en 3 heures par camions, avait été nettoyée et balisée (les croix de Lorraine implantées en 1952 avaient déjà disparu). Les sapeurs britanniques ont en fait mis du temps à sécuriser la route et les abords du cimetière à Bir Hakeim, au demeurant, un camion britannique a sauté sur une mine, sans pertes. L'ambassadeur Graham rappelle que les services du ministère des Affaires Étrangères français avaient formellement déconseillé la visite du champ de bataille. Malgré quelques aléas[174] le rapport considère le pèlerinage comme un « *unqualified success* », (malgré le vent de sable du 2 novembre) grâce au général Koenig[175] :

171. Texte anglais : « *I should add that the French were in a fair way to making a major hash of the whole scheme, by failing to co-ordinate either among their own Departments or with us. The War Office, who are extremely keen that everything should go with a swing, therefore sent an officer to Paris to discuss the whole problem, and I hope that as a result all will be well* », T.N.A, FO 371/113 935, Lettre du 22 octobre 1955.

172. T.N.A, FO 371/113 935, Rapport Graham, 4 novembre 1955.

173. Texte anglais : « *The unusual sight of French Foreign Legionaires in their picturesque uniforms caused great interest, and innumerable photographs. A shorter visit to the British cemetery followed, and wreaths were again laid* », *Ibidem*.

174. L'ambassadeur indique que l'avion de Paris a abîmé son terrain d'atterrissage ce qui a bloqué l'aéroport de Tripoli pour quelques heures. Il est surtout étonné que les Français aient tardivement envoyé un officier de liaison, qui ne parlait pas anglais, donc inutile.

175. Qui, portant un toast aux autorités Libyennes, avait oublié de mentionner le roi, malgré l'intervention discrète de l'ambassadeur de France.

« En plus de l'organisation, le mérite principal quant au succès du pèlerinage doit revenir au Général Koenig. Le Général a un grand charme personnel et il l'exerce inlassablement sur les pèlerins français, les militaires et les civils britanniques, ainsi que sur les Libyens. Chacun d'entre eux a répondu, même le ministre libyen de la Défense, d'habitude assez austère, mais qui n'a pas pu résister à l'envie d'être traité comme un collègue au sein de l'étroite corporation des ministres de la Défense[176]. »

Les pèlerins n'ont pas porté grande attention à ces questions. Koenig, par contre, l'a fait et a envoyé une lettre de remerciements chaleureuse au colonel Shaw, de l'état-major de Benghazi qui avait organisé sur place cérémonies et pèlerinage[177]. Côté Français, l'association des Français Libres avait pris en main l'organisation, une fois les financements obtenus. L'hébergement sur place posait des problèmes nombreux, le choix de *La Marseillaise* s'est révélé judicieux pour loger les pèlerins. Il ne s'agissait pas, primitivement de questions de confort. Un mémorandum du 19 juin 1955 qui tentait d'évaluer les coûts avait souligné l'intérêt politique du voyage par mer :

« Il est infiniment plus confortable, plus spectaculaire, il permettrait l'organisation de manifestations de prestige, pavois, détachements de troupe, réceptions à bord. Cette possibilité est loin d'être à dédaigner dans la période de désaffection que traverse notre pays auprès des populations musulmanes. »

L'auteur anonyme de ce texte reconnaissait que cette diplomatie de la canonnière renouvelée n'était plus à l'ordre du jour : « Il semble que des impératifs de politique étrangère nous font une obligation de demeurer le plus discret possible[178]. »

Du sable de Bir Hakeim est aujourd'hui conservé à la réserve de la Bibliothèque nationale[179]. Fait anecdotique, dira-t-on, mais qui s'explique par la volonté de faire fructifier l'anniversaire, car on considère qu'il s'agit d'un pèlerinage « national ». L'introduction du volume édité à l'occasion chez Draeger pour

176. « *Next to the organization, chief credit for the success of the pilgrimage must to go to General Koenig. The General has great personal charm and he exercised it unwearingly on French pilgrims, British military and civilian officials, and on the Libyans. One and all responded, even the Libyan Minister of Defence, who is normally rather dour, but could not resist being treated as a colleague in the close corporation of Ministers of Defence* », T.N.A, FO 371/113 935, rapport Graham, 4 novembre 1955.

177. AOL carton Koenig, pèlerinage de 1955, lettres diverses (copies). L'ambassadeur de France à Londres remerciera Harold Macmillan, secrétaire d'État aux affaires étrangères. La mention de cette lettre entrainera le commentaire plein d'humour d'un des fonctionnaires du Foreign Office : « A few days later we were doing much the same for, and earning the thanks of, the Germans ! », J.P.S. Phillips, T.N.A, FO 371/113 935, (« Quelques jours plus tard, nous faisions à peu près la même chose pour les Allemands et nous étions remerciés par eux ! »).

178. AOL, carton Bir Hakeim, Pèlerinage de 1955.

179. La côte BNF est Res. 4° Lh 52249, *Pèlerinage national à Bir Hakeim*, Paris, Draeger frères, 1956 (« on a joint un sachet de terre de Bir Hakeim »).

les pèlerins et leurs familles, dans un album de prestige, décrit le rôle tenu par Beyneton, ancien de Bir Hakeim, de H. Moreau (consul à Benghazi), de Lebon dont le fils avait été tué dans la bataille, et remercie G. Defferre pour avoir fait coïncider le départ de *La Marseillaise* avec l'inauguration d'une rue Bir Hakeim à Marseille. Le volume se veut en fait « une plaquette photographique » destinée à ceux qui n'ont pas pu faire le voyage et « pour qui un lien matériel relie le lecteur à ceux qui là-bas, dans l'impalpable poussière pourpre du désert, dorment de leur glorieux sommeil nous avons placé dans la couverture de ce volume un peu de sable sacré, pieusement recueilli à Bir Hakeim, le 2 novembre 1955 ». On invente une relique, moderne, contre l'oubli. Le recueil de photos est l'occasion de republier quelques images de 1942 déjà connues. Les deux parties du pèlerinage (Tobrouk et Bir Hakeim) sont bien documentées et d'excellente qualité. On remercie « les hebdomadaires *Jour de France*, *Match*, les quotidiens *Le Provençal*, *Le Méridional*, les services cinématographiques de l'armée et photographiques de la Légion étrangère ». Les témoins interrogés ont confirmé la bonne organisation britannique, la cordialité de l'accueil. Ils ont, comme P. Heitzmann, regretté « l'interdiction absolue d'aller à nos trous[180] ». Les vétérans ont pu saluer les camarades morts et ont apprécié la simplicité de la cérémonie à Tobrouk. Peu de familles de tués de la brigade soit à Bir Hakeim soit lors du naufrage du *Nino Bixio* avaient fait le déplacement, une dizaine au plus. Mme Paulet, épouse de l'artilleur Paulet, industriel en Bretagne et disparu dans le naufrage, était du nombre. Les comptes rendus et messages solennels taisent ce qui fut un épisode marquant dans la sociabilité de la France Libre :

> « Nous voulions honorer nos camarades et nous retrouver entre camarades. Il n'y avait plus rien à boire sur le bateau ! Ce fut un voyage formidable, au retour de Bir Hakeim on avait de la poussière sur le visage[181] ! »

Le pèlerinage n'est pas passé inaperçu en France et des articles élogieux reviennent sur cette bataille de la France Libre. *Le Parisien* parle du « poignant hommage » aux morts et tire la leçon pour le temps présent : « Puisse treize ans après, le message des morts de Bir Hakeim, rendre de nouveau aujourd'hui aux Français en ces heures hésitantes et difficiles conscience de leur devoir et confiance dans les destinées de la patrie[182]. » En termes littéraires on parlerait dans ce cas de succès d'estime, bien plus important toutefois que l'article de *Sud-Ouest* du 24 mai 1953 qui avait apporté une contribution remarquable à la mémoire et à l'histoire dans une longue page sur l'exercice « *Hard times* » organisé par l'armée britannique en Libye. Cet article signé Louis Dartigues avait donné des « détails nouveaux ». Selon le général Schultz, ancien chef des

180. Entretien avec Pierre Heitzmann, 4 mars 2008.

181. Entretien avec Jean Renoux (25 avril 2008) qui nous a aussi fourni la liste des passagers de *La Marseillaise*.

182. G. Yovanovitch, « Émouvant pèlerinage dans le désert de Libye », *Le Parisien*, 4/11/1955.

services de renseignements de Rommel, 200 Français étaient présents au matin, « tous blessés et tous se défendirent les armes en main[183]. » Le pèlerinage de 1955 n'aura donc pas de successeur. Non qu'il n'y ait pas eu d'autres visites à Bir Hakeim : 1957, 1982, 2001, 2002, 2012[184]. Mais aucune n'a été aussi importante, ni même aussi médiatisée[185].

F. Monuments et commémorations en France

La stratégie gaulliste de 1949 a été suivie à Paris pour la statue qui se trouve aujourd'hui au pont Bir Hakeim. La bataille est présente dans le paysage urbain, de diverses manières. Avec des plaques pour le pont à Paris, le nom de la station de métro parisien[186] qui se trouve sur la ligne du refus de capituler, de Nation à Charles De Gaulle-Étoile en passant par Daumesnil, Denfert-Rochereau, Cambronne (ligne 6).

Au XXe siècle, il est assez rare, en France, hormis les monuments aux morts de la Grande Guerre, de représenter le soldat. On peut, parfois, commander à un sculpteur une statue de général. Bir Hakeim, comme toutes les autres batailles des deux guerres mondiales, est difficile à représenter car comment faire pour mettre en scène une bataille moderne, qui plus est une bataille du désert ? La difficulté a été tournée à plusieurs reprises à Paris, avec des choix – et des bonheurs – divers. Pour Bir Hakeim, on se trouve dans le domaine du grand écart.

1. La France Renaissante

Le pont de Bir Hakeim est orné d'une statue équestre. La guerrière sculptée en 1930 par l'artiste danois Holger Wederkinch a fini par trouver ici son port d'attache. Wederkinch a représenté Jeanne d'Arc et le Danemark en a fait don à la France en 1953. Trouver un emplacement pour cette statue dans Paris a été difficile, puisqu'il y avait déjà quatre statues de Jeanne. On peut suivre dans les archives de Paris les discussions qui ont retardé la mise en place de cette statue.

183. Nous n'avons pas retrouvé d'archives britanniques sur l'exercice « *Hard Times* » aux Archives nationales à Kew, ce qui est peut-être dû à un problème de classement. Nous ne savons donc pas pourquoi, précisément, le général Masson fut convoqué plutôt que Koenig. L'article de Dartigues n'a pas d'écho dans la presse française. Il met l'accent sur « la réconciliation, onze ans après, de trois généraux ennemis qui se penchent sur leur passé et reconstituent dans le désert la bataille de Bir Hakeim », *Sud-Ouest*, 24 mai 1953, p. 16. L'article donne deux bonnes photos, du fort et du cimetière. Louis Dartigues était un ancien résistant (Armée Secrète) et rédacteur en chef de *Sud-Ouest dimanche*. En 2008, comme en 1982 (dans la revue *Icare*), seuls les anciens combattants se souvenaient de l'article.
184. En octobre 1992, Pierre Beregovoy est présent aux commémorations pour El Alamein, avec les généraux St Hillier et Simon, P. Messmer et un contingent de la 13e DBLE, voir par exemple, « El Alamein cinquante ans après », *Képi blanc*, décembre 1992. Il n'y eut pas de déplacement à Bir Hakeim.
185. En 1972, les vétérans purent survoler Bir Hakeim « à 400 m », *Bir Hakim-L'Authion*, n° 64, mai-juin 1972.
186. En 1949, la RATP a suivi les autorités parisiennes en transformant la station « Grenelle » en « Bir Hakeim ».

La séance du 20 décembre 1954 du conseil municipal de Paris fut des plus animées. Un des orateurs (Victor Bucaille) déconseillera l'implantation de la statue devant l'église Sainte Clotilde pour ne pas tomber dans une erreur historique car du temps de Jeanne cette zone de marécages était sous domination anglaise. Un autre conseiller suggère un choix curieux dans une formule ironique : « la statue équestre de Jeanne d'Arc dont l'érection a été envisagée square Samuel Rousseau sera placée en plein cœur de Pairs, dans l'île des Cygnes dominant la Seine par où, naguère, abordèrent les Vikings[187]. »

Le lieu n'était pas le seul problème, et la commission centrale des monuments commémoratifs refusera l'autorisation d'implantation le 29 mars 1956, « le refus étant motivé par l'aspect de l'œuvre elle-même à qui l'on reproche, par euphémisme, de ne pas correspondre à l'iconographie traditionnelle de l'héroïsme ». La commission, pour le dire autrement, ne voulait pas d'une walkyrie avec une auréole de sainte ! L'ambassade du Danemark suivait l'affaire de près depuis 1953 et a demandé à plusieurs reprises que la direction des affaires culturelles de Paris trouve une solution. Dans le courrier conservé, les discussions portent sur le nom de l'œuvre : on ne veut pas du nom de Jeanne d'Arc qui figure sur le socle et on considère qu'il faudrait la rendre anonyme[188]. Jeanne d'Arc devient « la France renaissante » : on ignore qui a trouvé le nom. On sait en outre que près de la moitié du coût d'implantation est prise en charge par le Danemark, car le sculpteur a déposé 500 000 F à l'ambassade danoise (sur un total de 1 157 000 F)[189]. Le ministre de l'Intérieur et le président du conseil, Guy Mollet, autorisent en conséquence le projet d'érection du monument commémoratif le 3 août 1956 la commission est désavouée par le pouvoir politique qui ne tient pas à déplaire au Danemark. Cette décision entraîne une mini-crise au sein de la commission, car trois de ses membres démissionnent. Le désaveu de la commission et les démissions ne sont pas passés inaperçus. Pierre Descargues, des *Lettres Françaises*, brocardera les démissionnaires qui prétendent « se donner un air d'avant-garde pour faire croire qu'ils ont entendu parler de Brancusi ». Et il attaquera avec plus de violence encore ceux qui ont soutenu « le pompier avec ferveur ». Descargues réactive le procès de l'art moderne contre les vieilleries sculpturales qu'il nomme « *landowskeries* », car il n'apprécie pas particulièrement Landowski[190]. Pour lui, le pont Bir Hakeim devient « le support du déshonneur artistique de Paris ». Pierre Descargues sera encore plus violent au moment de l'inauguration du 22 janvier 1958 : « Les Danois nous l'ont donné, ce qu'ils avaient de pourri. C'est grand. C'est équestre… nous ne pensions pas que

187. B.M.O., 29 décembre 1954, séance du conseil municipal du 20 décembre 1954, p. 979.
188. Direction des affaires culturelles de la ville de Paris, DAC VP-COARC, dossier France renaissante, lettre du 4 juillet 1956.
189. Cette question de la répartition des coûts n'est pas claire, à notre avis le Danemark a payé la quasi-totalité sinon la totalité de la somme.
190. Pierre Descargues, « Voici les vrais responsables de l'horreur danoise », *Lettres Françaises*, 6/12/1956.

Copenhague considérait Paris comme une ville figée dans le style 1900[191]. » Il faut lire d'autres journaux, qui ne commentent pas le style de la sculpture, pour lire, se rappeler, que Bir Hakeim est un lieu de victoire sur « l'Africa corps[192] ». Nous ne connaissons pas les réactions du public, ni celles des vétérans, les témoins que nous avons interrogés sont restés positifs car le choix de la statue constituait en lui-même une forme de reconnaissance.

2. Du Mont-Valérien au monument Koenig

Sous la Ve République, en 1960, Bir Hakeim figure parmi les 16 hauts-reliefs du Mont-Valérien. Le général de Gaulle a voulu un véritable monument sur le lieu de la mémoire de la résistance du Mont-Valérien où soldats de la France Libre et résistants sont symboliquement réunis dans les seize caveaux qui se trouvent dans la crypte. De part et d'autre de la Croix de Lorraine, figurent les symboles de l'engagement. Le choix du glaive dans la main d'un guerrier qui brise l'encerclement est plutôt attendu, car la guerre de siège n'est pas un bon sujet de sculpture. Bir Hakeim est associé à d'autres combats dans une liste où Saumur, Narvik, Le Fezzan étaient déjà présents dans la propagande de la France Libre de 1942. En 1960, Cassino, Sienne, Alep, Paris, Colmar, le Rhin rappellent les succès qui ont suivi Bir Hakeim et leurs artisans : C.E.F. en Italie, 2e D.B, 1re Armée française[193].

En 1982, témoignant de l'évolution des majorités politiques et des goûts artistiques, un tout autre choix sculptural a été fait pour honorer le général Koenig dans le square A. Parodi près de la porte Maillot à Paris. Les inscriptions du monument rappellent trois périodes de la carrière de Koenig[194]. La sculpture mise en place, due à Albert Féraud, se veut résolument moderne. Le « vent des batailles est un bloc de piques d'acier qui symbolise la résistance ». L'origine de ce projet commémoratif remonte à 1976. Le 21 mai 1979 (seulement) suite à une demande de l'Amicale de la 1re D.F.L., le conseil de Paris a repris le projet et le résultat du concours organisé en 1976. Le 27 octobre 1976, un jury présidé par P. Messmer avait classé en tête la proposition Landowski-Féraud qui montrera « un ensemble de plaques d'acier soudé d'où émergent des sortes de lances inclinées évoquant une armée en marche ». Officiellement et officieusement, personne n'a fait le rapprochement avec *La bataille de San Romano* de Paolo Uccello (Musée du Louvre) ou avec *Les lances* de Velazquez (Musée du Prado). Le projet a dû mûrir quelque peu et il est difficile de savoir si les mauvaises relations entre giscardiens et gaullistes ont contribué à le ralentir. Les archives montrent par contre que l'épouse du général Koenig ne voulait pas d'un « projet de tendance

191. Pierre Descargues, « Vive l'amitié franco-danoise », *Lettres Françaises*, 30/1/1958.
192. « Inauguration du Monument de la France Renaissante », *Combat*, 23/11/1958.
193. Les choix des sculpteurs sont plus audacieux que la représentation de la France Renaissante.
194. 1940-1943 avec la 1re DFL, 1943-1945 chef des F.F.I, 1945-1949 commandement des forces françaises en Allemagne.

abstraite » ainsi qu'elle en avait informé le président Giscard d'Estaing en 1977. L'accord a donc été trouvé en avril 1979, mais le devis de Landowski n'a été envoyé qu'en juillet 1981 et en réalité les décisions finales ont été prises par François Mitterrand, sollicité par le sculpteur Féraud en juillet 1981. Le monument Koenig faisait l'objet de critiques, au ministère de la Culture, sans doute ailleurs, pour son coût. En 1979, il avait été évalué à 640 920 F, plus 96 138 F d'honoraires, et 45 000 F pour le portrait de Koenig en bas-relief par le sculpteur Jaeger. En 1981, il fallait actualiser ces montants, à cause de l'inflation. Raymond Triboulet, conseiller de Paris, biographe du général Koenig, avait porté le projet, et obtenu que la ville de Paris prenne en charge l'aménagement des abords du monument et les travaux d'infrastructure. Le ministère des Anciens combattants avait donné son accord pour 50 000 F, le ministère de la Culture pour 100 000 F. L'Office National des Anciens Combattants devait consentir un prêt de 300 000 F sur quinze ans. Raymond Triboulet a pris soin de demander le patronage de F. Mitterrand pour le projet et l'avis de Jack Lang sur la sculpture. Il fallait en effet tenir compte des critiques de la délégation régionale à l'architecture et à l'environnement d'Ile de France. En résumé, il était demandé de reculer la sculpture, de dégager l'esplanade sur l'avant et de construire un socle plus monumental que dans le projet initial.

Le président Mitterrand a saisi l'occasion. Et il a fait du général Koenig un maréchal à titre posthume. Les raisons de ce choix ne paraissent pas tout à fait claires, même si on sait que Koenig avait été en désaccord avec De Gaulle sur l'Algérie française et avait discrètement soutenu Mitterrand lors de l'élection de 1965[195]. Mais aucun document présidentiel conservé aux archives nationales ne permet actuellement de donner de réponse sûre. Lors de l'inauguration, le 16 novembre 1984, il tiendra un discours digne du général de Gaulle devant le monument « aux formes puissantes et tourmentées ». Son argumentation est fondée sur l'évocation des hommes d'exception qui résistent. Le président rappelle la résistance à Bir Hakeim « dont le nom se répandait alors dans le monde entier » et cite De Gaulle pour l'expression « le monde a reconnu la France ». Mitterrand retient en outre de la carrière de Koenig sa capacité à rassembler « les différentes composantes de la Résistance intérieure » et précise : « C'est à cette occasion que j'ai pu juger l'ampleur des qualités de l'homme et du chef. » Dans cet hommage d'un résistant à un autre, qui gomme les ambiguïtés mitterrandiennes du temps de guerre, Mitterrand tient à insister sur un aspect de la carrière de Koenig très rarement mis en avant dans les discours sur Bir Hakeim : « Sa lucidité et son énergie pour la réconciliation avec l'Allemagne. » Ce qui est une façon de parler de soi, sept semaines après la poignée de mains échangée avec le chancelier Helmut Kohl, à Douaumont, le 22 septembre 1984.

195. L'hypothèse lue ici et là que Mitterrand aurait voulu avoir « son » maréchal paraît un peu courte.

G. Mémoire institutionnelle et anniversaires

Il ne faut pas se méprendre, Bir Hakeim n'est pas prioritairement une affaire d'État. Dans la transmission de la mémoire, le rôle des municipalités est aussi important, nous le verrons plus loin. Même si de temps à autre des ministres pro-gaullistes interviennent du temps de la Ve République ou si des ministres venus d'un autre bord politique, convaincus de la justesse de la cause, fournissent des moyens importants lors de certains anniversaires[196]. La mémoire de la bataille est essentiellement portée par des institutions et associations, avec le concours des gouvernements en place : l'Ordre de la Libération, l'Institut puis la Fondation Charles De Gaulle, l'association de la 1re D.F.L., la Fondation de la France Libre. L'armée française, avec la promotion de St-Cyr en 1962 (Messmer étant alors ministre des Armées[197]) et les sept régiments dont le drapeau mentionne Bir Hakeim, les noms d'officiers choisis comme Amilakvari, Sairigné qui rattachent régulièrement des promotions d'officiers à la bataille[198]. Des musées militaires sont dépositaires de la mémoire militaire de l'événement. Ils ont des espaces « Bir Hakeim » comme le Musée de l'Armée aux Invalides, ou celui des troupes de Marine à Fréjus : Bir Hakeim y est un espace parmi d'autres. Aux Invalides, la demande est venue en 1996 de l'Association des Français Libres (qui n'avaient pas encore constitué la Fondation de la France Libre). L'idée était de construire « un musée de la France Libre et de son chef ». Les divisions politiques et le calendrier chaotique de la première présidence de Jacques Chirac ont fait échouer l'entreprise, victime de la dissolution puis de la cohabitation de 1997. En outre, le projet des Français Libres était concurrencé par ceux d'autres associations et fondations. Il s'est transformé. En conséquence, le projet initial autour de de Gaulle est devenu plus général avec la création d'espaces « de la Deuxième Guerre mondiale au sein du musée de l'Armée ». On réalise alors un double parcours parallèle : un parcours « France Libre et Résistance » et un parcours « Deuxième Guerre mondiale ». De 1997 à 2000 deux équipes ont travaillé à la mise en place de ces parcours, l'une issue du personnel du musée de l'Armée et l'autre placée sous l'autorité du secrétaire général de l'Association de la France Libre, Georges Caïtucoli. Ce dernier présidait le conseil scientifique, associé à François Broche, et les autres membres du conseil étaient : l'historienne et directrice du mémorial Leclerc, Christine Lévisse-Touzé, les historiens, Jean-Louis Crémieux-Brilhac, Paul-Marie de la Gorce, François Bédarida, le général André Bach, (directeur du SHD), le général André Cousine (délégué au Patrimoine historique de l'armée de

196. En 2012 par exemple, le ministre de la Défense J.Y. Le Drian a donné plus de lustre (avec la convocation de contingents et vétérans britanniques etc.) à la cérémonie des Invalides qui avait été organisée au minimum par l'équipe précédente, celle du président Sarkozy, pourtant héritier du gaullisme.

197. Selon un « Cyrard » qui a voulu rester anonyme : « Vous comprenez qu'on ne nous a pas laissé beaucoup de choix. »

198. Promotion Amilakvari à St-Cyr en 1955, promotion de Sairigné à St-Cyr en 1968, promotion Félix Broche École militaire interarmes (EMIA), 1978, etc. Dans la mémoire militaire, Il ne faudrait pas oublier certains lieux comme la salle « Bir Hacheim » dans la caserne du 1er RIMA.

terre), le général Jean Delmas, (président de la Commission française d'histoire militaire), le général Devaux (directeur du Musée de l'armée)[199]. Les concepteurs du projet ont donc isolé dans la Seconde Guerre mondiale des Français un espace Bir Hakeim. Il se trouve au 3e étage, au bout de la première partie du parcours[200], dans un coin, encadré par trois autres espaces : l'invasion de l'URSS, la reprise du combat par les Français et l'enjeu du Levant (incluant la Syrie), enfin l'entrée en guerre des USA. Le responsable de la partie contemporaine du Musée a évoqué sans les détailler les divergences de points de vue et expliqué les difficultés de la scénographie et de la représentation de la guerre 1939-1945 puisque la décision avait été prise de tenir compte des questions françaises (intérieures et extérieures) des Alliés et des ennemis (japonais compris)[201]. Nous ignorons quels débats eurent lieu dans le conseil scientifique, dans les deux équipes chargées concrètement des parcours et les discussions entre elles. Du côté du Musée de l'Armée, les concepteurs ont brièvement donné une explication de leur conception générale de l'espace Bir Hakeim à deux reprises :

> « La scénographie peut-être d'un grand secours. C'est le cas dans la zone qui est réservée aux combats de Bir Hakeim. Si cette position avait été tenue par une brigade néo-zélandaise, ces combats ne feraient l'objet que de quelques lignes dans un livre pour spécialistes d'histoire militaire britannique. Mais les combats des hommes de Koenig se situent dans une autre logique, ils sont porteurs de l'espoir de la France Libre[202]. »

Nadine Bonnefoi et Vincent Giraudier ont précisé l'ambition de réaliser, grâce à la scénographie :

> « Une rupture visuelle, à la hauteur du mythe et du symbole exprimé par la célèbre phrase du général de Gaulle, sachez et dites à vos troupes que toute la France vous regarde et que vous êtes son orgueil. »

Mais en tant que témoin personnel de visites avec des vétérans de la brigade en 2008, 2011, et qui ont demandé l'anonymat sur cette question, nous pouvons écrire que la déception de ces vétérans dominait sur la satisfaction, pour la mise en scène de Bir Hakeim, un peu à l'écart dans le circuit de visite, la bataille comme retour de la France dans la guerre n'étant pas assez mise en valeur à

199. Explications plus détaillées dans Nadine Bonnefoi et Vincent Giraudier, « Présentation générale du parcours », *Revue de la société des amis du musée de l'Armée*, n° 120, décembre 2000, p. 36-47. Les modifications ultérieures réalisées lors de l'ouverture de la partie 1871-1939 du musée de l'Armée en 2006 ont limité la « spécificité » de cet espace de la Deuxième Guerre mondiale.
200. Le parcours à cet étage commence au Traité de Versailles et se termine par l'entrée en guerre des USA.
201. Lieutenant-colonel Gilles Aubagnac, « De l'antagonisme à la dialectique ou la nécessité d'une action constructive », *Revue de la société des amis du musée de l'Armée*, n° 120, décembre 2000, p. 12-21.
202. *Ibidem*, p. 17. Nadine Bonnefoi et Vincent Giraudier utilisent le même argument p. 41.

leurs yeux[203]. Le général Delmas, signalant sans aucun doute les tensions et critiques, avait précisé à l'intention des vétérans de toutes les batailles :

> « À parler brutalement, le musée ne leur est pas destiné. Il doit perpétuer le souvenir de leurs actions à l'intention des générations de la fin du XXe et du XXIe siècles. Évoquer une guerre mondiale aux multiples rebondissements, y insérer l'action des Français et particulièrement de ceux qui n'ont jamais accepté la défaite, implique clarté de l'exposé, précisions et exactitudes des faits exposés et aussi des choix[204]. »

Les grands anniversaires, 1982, 1992, 2002 ont, comme les précédents, 1962, 1972 reçu l'appui de l'État. Il est intéressant de noter qu'ils prennent peu d'ampleur à partir des années 1960, car la cérémonie de Bir Hakeim reste en arrière-plan, à cause de celle du 18 juin. Ce qui conduit les associations, instituts et fondations à tenter de marquer solidement les anniversaires, les deux numéros de la Revue *Icare* de 1982 en sont un éloquent témoignage.

Les représentants de l'État présents lors des « grands » anniversaires (décennaux) de quelque bord politique qu'ils soient, font, tous, de l'histoire militaire et racontent l'événement. Ils le racontent avec plus ou moins de détails et incontestablement le meilleur de ces discours de ministre est à porter au crédit de Pierre Joxe en 1992. Le ministre de la Défense décrit la bataille, les unités de la Brigade, l'enjeu stratégique. L'hommage à De Gaulle est appuyé car « c'est dans le combat que se refait l'unité française ». Joxe a donc justifié sa formule « c'est une histoire très ancienne, mais une histoire qui nous concerne tous[205]. » Il termine ce discours sur deux enjeux de 1992, l'engagement des forces françaises (Croatie, Bosnie) dont il salue le dévouement « une fois encore, pour la cause la paix et de l'Europe. » Conclusion en fait attendue, car l'appel à l'Europe pacifiée est un lieu commun de tous les discours officiels tenus lors des commémorations des guerres depuis le début des années 1980. Dix ans plus tard, Michèle Alliot-Marie s'adressant aux anciens combattants présents, revendiquera la pertinence actuelle de leur témoignage :

> « Vous, ceux de Bir Hakeim, êtes porteurs de valeurs qui sont plus que jamais essentielles à la défense de notre société. Quelles sont ces valeurs ? Liberté, solidarité, fraternité, et, quand il le faut, esprit de sacrifice[206]... »

203. L'un d'entre eux, le 23 juillet 2007, ajouta que, lors de sa première visite, la colère de Pierre Messmer fut remarquable.
204. Général Jean Delmas, « Le point de vue d'un membre du conseil scientifique », *Revue de la société des amis du musée de l'Armée*, n° 120, décembre 2000, p. 30.
205. Pierre Joxe, « Une histoire qui nous concerne tous », allocation du 11 juin 1992, dans *Revue de la France Libre*, n° 279, 3e trimestre 1992, p. 12-14.
206. Michèle Alliot-Marie, alors ministre de la Défense, le 11 juin 2002, dans F. Broche, 2008, *op. cit.*, p. 162. Madame Alliot-Marie citait-elle le livre paru en 2001 de Dominique de Villepin, *Les Cent-Jours ou l'esprit de sacrifice*, Paris, Perrin, 2001 ?

Les cérémonies de Bir Hakeim résistent au temps et à l'air du temps. Elles échappent aux polémiques et aux reclassements divers qui caractérisent les enjeux de mémoire et les sessions de rattrapage pour les oubliés de la mémoire nationale[207]. En d'autres termes, la bataille n'entre pas dans les stratégies mémorielles, ni avant, ni depuis 1984 et le maréchalat de Koenig. Bir Hakeim illustre concrètement le refus de la défaite et la volonté de combattre qui constituent la leçon du 18 juin. La bataille se trouve donc sur le versant positif de la France « fidèle à ses traditions, à son génie. Cette France n'a jamais été à Vichy. Elle est partout où se battent les Français Libres... » comme le dit le président Chirac, au moment où, distinguant donc deux France, il reconnaît la responsabilité de la France dans la Shoah (discours du 11 juillet 1995). Bir Hakeim est aussi absent des honneurs tardifs[208] décernés à des tirailleurs de l'armée coloniale, comme des polémiques qui ont été soulevées par la « cristallisation » des pensions militaires coloniaux au début de la Ve République[209]. Et même si nombre d'anciens de Bir Hakeim se trouvaient en Italie, ils ne sont pas associés aux violences commises contre les civils par les troupes d'AFN, « marocaines » de l'ancienne armée de Vichy, après la percée du Garigliano. Le ferme ancrage dans la mémoire gaulliste de la guerre l'a en apparence protégé des vicissitudes mémorielles françaises. Un autre élément joue paradoxalement en sa faveur, malgré les emplacements parisiens, l'absence de véritable lieu de mémoire, qui est en Libye.

H. Mémoire et politique suite : le test des noms de rues

Retracer la chronologie et la manière dont les municipalités se saisissent d'un nom de personnage ou de bataille constitue, selon nous, un « bon » test pour analyser la réception sociale en sortant des représentations de la bataille. La collecte des noms de rues, dans notre cas celles qui portaient en 2009-2012, ceux de « Bir Hakeim » et « Koenig » était une entreprise fastidieuse mais nécessaire[210]. Car l'analyse d'un recensement -incommode et incomplet- est indispensable

207. Les problèmes de la mémoire de la Seconde Guerre mondiale ont fait l'objet de nombreuses études, nous renvoyons à Pierre Laborie, *Le chagrin et le venin*, Paris, Bayard, 2011, Olivier Wieviorka, *La mémoire désunie*, Paris, Le Seuil, 2010, Pascal Blanchard et Isabelle Veyrat-Masson, *Les guerres de mémoires, la France et son histoire*, Paris, La Découverte, 2008, Rémi Dalisson, *Les guerres et la mémoire*, Paris, CNRS Éditions, 2013.

208. En 1988-1989, l'inspection des troupes coloniales avait dressé des listes pour donner la médaille militaire à ceux qui n'avaient rien eu durant la guerre. Olivier Wieviorka, *op. cit.*, p. 207 pour les tirailleurs algériens, tunisiens à Marseille et dans les Vosges.

209. *Ibidem*, p. 261-262.

210. Nous avons utilisé les livres et articles suivants : Maurice Agulhon, « Une contribution au souvenir de Jean Jaurès, les monuments en places publiques », dans *Histoire vagabonde*, Paris, Gallimard, 1988, t. 1, p. 186-206 ; Serge Barcellini, Annette Wieviorka, *Passant, souviens-toi : les lieux de souvenir de la Seconde Guerre Mondiale en France*, Paris, Plon, 1995 ; Daniel S. Milo, « Le nom des rues », dans P. Nora (dir.), *Les lieux de mémoire*, Paris, Gallimard, 1986, *La Nation*, vol. 3, p. 283-315 ; Philippe Oulmont (dir.), *Les voies « de Gaulle » en France, Le général dans l'espace et la mémoire des Communes*, Paris, Fondation Charles de Gaulle, 2009.

pour vérifier la présence du souvenir dans l'espace social des villes et villages de France.

La seule véritable enquête massive sur les noms de rues en France reste celle de P. Oulmont avec les « voies de Gaulle ». Le général est « le champion incontesté » des rues françaises[211]. En 2009, il était honoré dans 3 633 communes, loin devant Louis Pasteur (3 001 communes), Victor Hugo (2 258), le maréchal Leclerc (2 075), Jean Jaurès (2 046), Pierre Mendès France (484)[212]. Avec ce travail, on dispose d'une base solide pour comparer et situer les limites de notre propre enquête. Il existait en 2012 : 114 voies et places « Bir Hakeim », 129 rues et places « Koenig ». On se trouve très loin derrière le souvenir du maréchal Leclerc et même derrière « Stalingrad » que l'on recense aujourd'hui dans 160 localités, résultat qui ne peut tenir compte des rues débaptisées lors des changements de municipalité depuis 1945.

Nous avons envoyé aux municipalités un questionnaire, inspiré de celui qui avait été utilisé pour l'enquête « de Gaulle », avec l'appui de Philippe Oulmont et de la Fondation de Gaulle. Il s'est avéré trop ambitieux. Si l'enquête sur le général de Gaulle avait fait le constat qu'un millier de communes n'avait pas répondu malgré plusieurs relances, un chiffre de 2 600 réponses sur 3 633 constitue un bien meilleur résultat que ce que nous avons nous-mêmes obtenu, soit 50 % (de réponses) pour Bir Hakeim, 48 % pour Koenig. Il a fallu se contenter du nombre et surtout, globalement, de la maigreur des réponses. Peu de maires et de municipalités ont en effet étayé la décision d'appeler une rue « Bir Hakeim » ou « général Koenig », les mentions apparaissent le plus souvent sans commentaires dans les comptes rendus des conseils municipaux, comme si la décision n'avait pas besoin d'être expliquée. De plus, il convient de rappeler que les maires peuvent décider seuls des dénominations. Sans explications, et même si la couleur politique d'une municipalité est attestée, ou retrouvée, il n'est pas toujours aisé de faire coïncider décision et tendance politique. L'intervention de vétérans et d'associations est documentée dans un petit nombre de cas, ce qui témoigne pour la mémoire de la France Libre. Comme pour les rues De Gaulle, on pouvait espérer que les inaugurations, et leurs traces (discours, articles de presse) livreraient les informations bienvenues pour ce type d'études. Hélas ! Il n'en a rien été, au moins dans les réponses reçues. L'exception notable est celle du général de Gaulle à Bordeaux en juillet 1949. Il convient de s'y arrêter. La décision du conseil municipal bordelais de remplacer la place de Bourgogne par une place Bir Hakeim date du 26 mars 1947 pendant le mandat de Fernand Audeguil. Les attendus de la décision sont l'occasion d'un rappel historique :

> « La résistance héroïque permit aux troupes anglaises de fortifier El Alamein et d'y arrêter les forces allemandes. La garnison française avait perdu 946 hommes

211. P. Oulmont, « Présentation de l'enquête, dans P. Oulmont », *op. cit.*, p. 11.
212. Rues et places Bonaparte-Napoléon, en comptant généreusement la famille Bonaparte, arrivent à 423 dont 176 pour Napoléon Ier, *ibidem*, p. 10.

et du matériel, mais elle avait infligé à l'ennemi la perte de 50 chars, 11 automitrailleuses, 5 canons, 7 avions et 279 prisonniers dont 10 officiers[213]. »

En outre, les rues « Bir Hakeim et Koenig » ne sont presque jamais utilisées pour les commémorations. Bordeaux encore est l'exception, car la place n'a servi qu'une seule fois pour une manifestation officielle, l'inauguration par le général en personne en 1949 dans une opération de grand style du RPF. Sa venue a été contestée. Les communistes ont annoncé en conseil municipal leur intention d'appeler la population à protester dans les rues[214]. À défaut de nous apporter ce qui permettrait d'étayer et de nuancer les analyses, l'enquête nous a au moins servi à préciser la chronologie et les régions concernées, en comparant avec les voies de Gaulle et Leclerc[215].

L'espace couvert correspond à la géographie du gaullisme odonymique. Avec deux différences majeures, il est plus rétréci et certaines régions « de Gaulle » ne brillent ni par la référence à Koenig ni par la référence à Bir Hakeim : une partie de l'ouest (de l'Orne aux Deux-Sèvres), une partie des littoraux (Vendée, Charentes-Maritimes, Landes, Aude). Il est aussi complémentaire : l'espace Koenig suit davantage le réseau des rues gaullistes que Bir Hakeim. Le cas est particulièrement net en Alsace, en Moselle, dans le Nord-Pas-de-Calais. Mais Bir Hakeim est plus présent dans le Finistère et les deux souvenirs s'équilibrent en région parisienne, en Gironde, dans l'Hérault, les Bouches-du-Rhône, le Var, les Alpes-Maritimes.

La carte « Bir Hakeim » confirme le constat d'une France « réfractaire à De Gaulle[216] » : le sud du Massif Central, Lot, Cantal, Haute-Loire, Ardèche, Lozère, Aveyron, Tarn et Garonne, Gers, Creuse et les Alpes, le Sud-Ouest, l'Aquitaine, moins la Gironde et les Landes. En Corse, si le général était au moins présent en Corse du Sud, Bir Hakeim et Koenig sont presque complètement absents (il existe une place Bir Hakeim à Bonifacio). Une bande transversale, de la Vienne jusqu'à l'Aube et la Haute-Marne fait aussi défaut dans cette géographie du souvenir de la bataille de 1942.

La chronologie des décisions est aussi différente. Pour le général Koenig, la correspondance avec la chronologie des rues De Gaulle est remarquable. En 1944-1946, certes nettement en retrait si l'on s'arrête à la question du nombre, Koenig est associé à d'autres, De Gaulle, Leclerc, dans l'enthousiasme et la colère de la Libération. Koenig remplace Pétain au Quesnoy-sur-Deule. Passé 1946, Koenig paraît complètement oublié, sauf par exemple à Bordeaux en 1966 alors

213. Archives Municipales de Bordeaux, Changement de dénomination, décision du 26 mars 1947.

214. Archives Municipales de Bordeaux, discussion du 12 juillet 1949. Les communistes du conseil municipal menés par M. Basile proposaient de faire venir à la place le président de la République, Vincent Auriol. Chaban-Delmas notait avec humour qu'il était pour le moins difficile de réunir dans une même manifestation le général de Gaulle et V. Auriol (*Ibidem*).

215. Julien Toureille, « Les voies Leclerc en France, enquête sur une composante méconnue d'une mémoire reconnue », dans P. Oulmont, *op. cit.*, p. 65-82.

216. P. Oulmont, *op. cit.*, p. 17.

que dans la même période, le nombre d'attributions du nom De Gaulle est très bas. Pour les deux généraux, l'année 1970, celle de leur décès, est décisive. Il est bien connu que la période 1970-1990 fait de De Gaulle l'homme de tous les Français, transcendant les clivages politiques[217]. Les rues Koenig font leur apparition dans l'espace public et la période 1970-1983 représente 51 % des dénominations. Avec le maréchalat, de 1984 à 2012, 30 % du total des rues peut être compté, sur une très longue période de trente ans. Dans le cadre d'une France très clivée, la figure du général a donc été revendiquée par la droite gaulliste, le gaullisme de gauche[218], mais aussi par le centre droit. Le vainqueur de Bir Hakeim a-t-il pour autant perdu la renommée qu'il avait eu un moment en tant que chef des F.F.I. en 1944 ? En l'absence, ou quasi absence, d'explications concernant le général et même le maréchal après 1984, il est difficile de conclure.

Les dénominations Bir Hakeim confirment partiellement la chronologie entrevue précédemment. En 1944-1945, ce sont les résistants qui portent la référence et contribuent à faire connaître la bataille. À Ablon, Alain Poher et le comité local de Libération demandent le 11 novembre 1944 des changements notables « à titre officieux »: apparaissent alors les rues De Gaulle, Maréchal Foch, général Koenig, général Leclerc, rue de Bir Hakeim, rue du commandant d'Estienne d'Orves (qui remplace la rue de Verdun), rue Gabriel Péri. Le conseil municipal entérinera cette demande en décembre, reconnaissant la part des « Vaillants qui par leur témérité et l'amour de la Patrie nous ont libérés[219]. » Le petit-fils du général Chanzy, classé à droite, crée en même temps à Cormery une rue Bir Hakeim et une rue Stalingrad[220]. Le maire de Rueil-Malmaison appellera à « pavoiser aux couleurs russes (*sic*) et françaises » pour l'inauguration de deux places, Stalingrad et Bir Hakeim. Julien Laparlière, socialiste, a préparé une cérémonie de grande ampleur à laquelle participeront « l'ambassadeur de l'Union Soviétique, M. Bogomolow (*sic*), la mission militaire soviétique, une délégation de l'escadrille Normandie-Niémen, une délégation militaire française[221]. » La ferveur patriotique du temps du Gouvernement Provisoire de la République française se manifeste donc à Rueil de manière spectaculaire.

Après le départ du général du pouvoir commence la seconde période des dénominations Bir Hakeim. Le R.P.F. est à l'origine de la majorité, mais pas de la totalité, des demandes[222]. À Lyon comme à Marseille, par exemple, on tient à manifester un attachement aux hauts faits de la guerre au nom de la Résistance et de l'Union du temps de guerre. À Lyon, le radical Edouard Herriot veille à ne pas être contesté sur sa droite et sur sa gauche… En 1951 était inaugurée une rue

217. Voir P. Oulmont, *op. cit.*, et P. Nora, « Gaullistes et communistes », déjà cité, p. 353.

218. Avec le maire Robert Poujade à Dijon en 1985.

219. Archives municipales d'Ablon, Délibération du 10 décembre 1944. Le choix des noms est relativement œcuménique, la « place de l'Église » devient « place de Verdun », et le nom de P. Brossolette apparaît à la fin de la liste.

220. Archives municipales de Cormery, décision du 1er décembre 1944.

221. Archives municipales de Reuil-Malmaison, décision de janvier 1946, inauguration le 28 avril 1946.

222. B. Bizet à Viroflay est un ancien de *Libération Nord*, la rue Bir Hakeim date de 1947.

Stalingrad et immédiatement avait été évoquée la nécessité d'honorer les « héros » de Bir Hakeim, ce qui est fait en 1952[223]. À Marseille, Gaston Deferre et le conseil municipal « à la majorité » répondent favorablement à une demande d'anciens combattants de la brigade[224]. A. Le Gallo à Boulogne, un socialiste, fait adopter le nom de Bir Hakeim en 1952, M. Ruch, socialiste, fait de même à Sevran en 1954[225].

La contestation discrète de la gauche s'effondre dans la troisième période, celle du général de Gaulle au pouvoir à partir de 1958. Elle représente 25 % du total des noms Bir Hakeim. Gaullistes, droite, centre-droit seront aussi à l'origine des nouveaux baptêmes entre 1970 et 2012 (25 % sur trente ans, contre 25 % sur 12 ans dans la troisième période). Les points communs de toutes les périodes sont la précédence générale de Bir Hakeim sur Koenig et l'absence quasi totale des anniversaires (1952, 1962, 1972, 1982, 1992...), ce qui est difficilement explicable. Dans beaucoup d'occasions, les vétérans, les associations locales de la 1re DFL interviennent et/ou organisent les cérémonies commémoratives avec assistance des maires. Enfin, sauf très rares exceptions, la croissance urbaine est la condition de possibilité de l'inscription des noms dans la liste des repères de mémoire, puisque Bir Hakeim et Koenig sont des *voies nouvelles* (même à Marseille en 1956...), dans de nouveaux quartiers.

Au total, la visibilité et la mémoire de la bataille ont été renforcées. Les municipalités et associations (Anciens combattants, Souvenir Français), ont souvent saisi l'occasion de faire de la pédagogie en érigeant des plaques où la bataille est évoquée en quelques lignes, à Paris sur le Pont Bir Hakeim, à Marseille, à Vincennes... La phrase célèbre du général : « Le monde a reconnu la France quand à Bir Hakeim un rayon de sa gloire renaissante est venu caresser le front de ses soldats » peut être lue à Marseille, à Lyon. À Paris, aux Invalides, une autre phrase du général de Gaulle a été retenue, honorant Koenig et sa brigade[226]. Quelques stèles, complètent ce dispositif. Elles sont toutes situées en Bretagne (Ploudalmézeau, Chateaulin, Roscoff[227], Carantec, Lorient), haut lieu de la France Libre[228]. Et elles

223. Archives municipales de Lyon, conseil municipal, décision du 28 janvier 1952. En 1951, on parlait des soldats de Bir Hakeim comme s'étant hissés au niveau des « héros de tous les temps », en 1952, on honore les « glorieux soldats d'Afrique ». Le général De Lattre est aussi distingué dans la même délibération.

224. Archives municipales de Marseille, décision du 6 mars 1956. On se souviendra qu'il y avait eu une « inauguration » – anticipée donc symbolique ? – à Marseille au moment du départ du pélerinage de 1955...

225. Archives municipales de Boulogne en 1952, de Sevran en juin 1954.

226. « Général Koenig, sachez et dites à nos troupes que toute la France vous regarde et que vous êtes son orgueil », Général de Gaulle, 3 juin 1942.

227. À Roscoff, Marcell Grall, ancien combattant de la brigade, est à l'origine de la demande de monument commémoratif inauguré en 1984. Dans cette ville, la mémoire de la bataille restait très présente en 2012. Roscoff est la seule municipalité qui nous ait transmis une copie d'écrits personnels d'un combattant de Bir Hakeim, T. Gillet, décrivant son départ de France, ce qui donne la mesure, même indirecte, de ce que pouvait représenter le sacrifice de quitter sa patrie en 1940.

228. Il serait intéressant de savoir réellement pourquoi la mémoire de la France Libre n'apparaît pas du tout dans le mouvement nationaliste breton, certes collaborateur durant la guerre, mais qui tentait de le faire oublier dans la grande vague autonomiste post soixante-huitarde, voir néanmoins Vincent

associent le minéral sous la forme plus ou moins affichée du menhir représentant solidité et résistance de la Bretagne (c'est du moins ce que l'on peut supposer) et plaques Bir Hakeim[229]. La stèle de Carantec propose le plus long récit de la bataille que l'on puisse trouver aujourd'hui sur un monument et se termine avec la phrase du général citée aux Invalides. Les plaques et stèles qui renforcent l'honneur reconnu aux combattants et/ou expliquent les enjeux de la bataille représentent 10 % des noms de rues, au total. Leur nombre peut donc paraître insuffisant aux anciens combattants et aux associations.

Les quelques plaques, stèles, associées à des combattants sont encore moins nombreuses, et certainement plus émouvantes, puisqu'elles identifient nominalement le sacrifice. À Jujurieux (Ain), la mère de Maurice Cohard (1er RA) avait pris, seule, l'initiative de « faire apposer une plaque sur la façade de la maison familiale au retour du corps de son fils[230]. » Les funérailles eurent lieu le 4 juillet 1948, au cimetière. Témoin de ces honneurs rendus, J-C Robin nous a envoyé, avec une photographie, le commentaire suivant :

> « En juillet 1948, au retour de la dépouille du Soldat Maurice Cohard tué à Bir Hakeim le 10 juin 1942 à l'âge de 22 ans, nous avons participé avec les écoles à des cérémonies émouvantes. D'abord, le cercueil imposant était exposé dans la maison familiale où vivait sa maman, veuve, infirmière de la Croix Rouge allant de maison en maison portant des soins, habillée d'une grande pèlerine noire avec écusson de la Croix Rouge. Nous y avons été conduits par les instituteurs pour nous recueillir devant les restes d'un Héros. Moment impressionnant d'autant que nous étions, avec nos 10-12 ans, en présence d'une garde d'honneur militaire en armes. Le dimanche suivant, le 4 juillet 1948 nous avons participé en rangs au cortège civil, religieux et militaire jusqu'au cimetière local dont la tombe de la famille est pourvue de la même plaque de marbre souvenir que la maison familiale.
>
> *En mémoire du S. Lt d'artillerie*
> *Maurice Cohard*
> *Tombé en héros à Bir Hakeim*
> *Le 10 juin 1942*
> *Pour le prestige de la France.* »

La mairie de Jujurieux a baptisé les rues dans les années 1970-1975 et la montée de la Jayette où se trouve la maison Cohard, est alors devenue rue de Bir

Porhel « Usage politique de l'histoire par le nationalisme breton dans les conflits sociaux des années 1968 », dans Maryline Crivello, Patrick Garcia, Nicolas Offenstadt, *Concurrence des passés, usages politiques du passé dans la France contemporaine,* Aix-en-Provence, Publications de l'Université de Provence, 2006, p. 131-144.

229. À Ploemeur, la stèle « Bir Hakeim » se trouve sur le rond-point du général Koenig et non rue Bir Hakeim, ce qu'il convient de préciser.

230. Renseignement fourni par M. J-C Robin, Association du Patrimoine de Jujurieux, lettre du 6 juin 2010.

Hakeim[231]. Il s'agit bien d'un hommage à l'un des « obscurs » combattants de la France Libre.

D'autres reconnaissances de sacrifices individuels sont apparues au fil des ans. Un hommage éclatant a été rendu au lieutenant-colonel Félix Broche, à Remoulins (Gard) où une avenue porte son nom et où surtout, une stèle personnelle lui est dédiée depuis 1971[232].

À Douarnenez, la décision de la mairie, dans un hommage tardif, rejoint les souhaits de la famille en créant en septembre 1998 une « promenade Edouard Paulet » sur « l'ancienne voie de chemin de fer[233]. » Edouard Paulet, a joué un rôle important à Bir Hakeim en contribuant à maintenir le réseau téléphonique filaire, non enterré, des batteries du 1er RA. Il a disparu lors du naufrage du *Nino Bixio*. Parisien d'origine, Paulet s'était installé en Bretagne comme banquier puis industriel de la pêche à Douarnenez où il créé la marque « Petit Navire » en 1932, dont son épouse « dessine le logo ». Il a un temps été militant du P.S.F. du colonel de la Rocque en 1938-1939, ce qui n'apparaît dans aucune nécrologie militaire ou récit de Bir Hakeim mais dont la famille ne fait pas mystère[234]. Son nom a aussi été donné à des rues de Quimperlé, l'Île d'Yeu, Pornic[235]. Paulet, refusant la défaite, a laissé derrière lui sa femme et ses six enfants en partant sur un de ses thoniers. Combattant de la Grande Guerre, artilleur à Bir Hakeim, on peut estimer qu'il aurait mérité d'être honoré plus tôt. La même remarque s'applique au lieutenant-colonel de Sairigné, capitaine, on l'a vu, à Bir Hakeim, disparu en Indochine et qui est commémoré par une plaque (militaire) à La-Roche-sur-Yon et par une statue érigée- tardivement en 2002- à Moutier-les-Mauxfaits.

Il reste à évoquer, brièvement, le petit nombre de rues et inscriptions dédiées au maquis Bir Hakeim. Sans faire l'impasse complète sur la bataille dont elles portent le nom, elles relèvent d'une autre logique commémorative, celle de la Résistance intérieure. Les deux chronologies maquis/bataille se croisent, reproduisant l'engagement du temps de guerre. L'inquiétude de la perte du sens des combats résistants est liée à la popularité jugée plus visible de la bataille du désert. Ainsi, le *Midi Libre* du 20 novembre 2013 résume le problème sous la forme d'un slogan publicitaire : « Magalas : Bir Hakeim, c'est aussi un maquis du sud de la France ». Façon journalistique, mais ni plus ni moins légitime qu'une autre, d'attirer l'attention sur la transmission et les problèmes, d'ailleurs

231. Souvenirs et précisions fournis par J-C Robin, lettre en ma possession du 18 juin 2010.

232. Plusieurs demandes de précision à la mairie de Remoulins sont restées sans réponse.

233. « Le nom de Paul Edouard Paulet donné à l'ancienne voie de chemin de fer », *Le Progrès*, 26 septembre 1998.

234. « Papa milite beaucoup dans un parti politique : le Parti Social Français dirigé par le colonel de La Rocque. Il y a une énorme kermesse P.S.F. route de Bénodet. De La Rocque est là. » dans Yves Paulet, *Edouard Paulet, Français Libre*, édition à compte d'auteur, s.d., p. 21. La famille a aussi édité dans les mêmes conditions les souvenirs de guerre de Marguerite Paulet, épouse d'Edouard Paulet, qui sont d'un intérêt certain pour l'étude d'une famille sous l'occupation.

235. *Ibidem*, p. 107.

communs à la bataille - plus reconnue légitimement - et aux maquis et organisations résistantes ayant porté le nom.

Bir Hakeim, la bataille, n'est pas l'enjeu de polémiques politiques ou mémorielles. J.-M. Guillon a noté que ponctuellement, à Toulon en 1981-1982, la radicalisation de la droite locale, intégrant les rapatriés d'Algérie a conduit à ériger un monument à l'Algérie française et une stèle Bir Hakeim en 1982[236]. Or Toulon avait une rue Bir Hakeim depuis 1950 et un rond-point Bir Hakeim depuis 1954, après la décision de Louis Puy, socialiste passé au RPF en 1947, et celle d'Edouard Le Bellégou, socialiste SFIO en 1954[237]. En 1948-1950, dans la période revendicative du R.P.F, on remplaçait une rue de Vichy. Alors que la décision de 1954 s'inscrit de plein droit dans le refus de laisser le symbole de Bir Hakeim au gaullisme et à la droite. En 1982, on manifeste son opposition à la nouvelle majorité socialiste.

Rues et monuments portant le nom de la bataille sont donc relativement nombreux en France. Le constat vaut pour le souvenir de la France Libre dans tout le pays. À identifier périodes d'implantation, décisions de nominations, la comparaison de l'enquête de Gaulle avec nos sources indique une moindre capacité des municipalités à se saisir de la bataille. La résistance de la France réfractaire au souvenir de De Gaulle, est un facteur déterminant. Plus inquiétant, le soutien des régions françaises plus soucieuses d'honorer de Gaulle et la France Libre, n'est pas une garantie de pérenniser le nom de la bataille. La coexistence des mémoires de la Résistance, de la Libération par la 1re Armée de De Lattre, la 2e DB de Leclerc, , donne peu de chances, actuellement, à Bir Hakeim et même à la 1re DFL. L'intégration de Bir Hakeim dans l'espace urbain n'a pas, non plus, été l'occasion d'ériger un monument spectaculaire, de grande facture artistique, qui aurait pu illustrer l'épopée. Bir Hakeim est donc voué aux plaques, aux inscriptions, à un hommage finalement en demi-teinte, car dissocié, au fil du temps, des honneurs rendus au général de Gaulle après 1970 et après 1990.

I. Bir Hakeim dans la culture de masse audio-visuelle

Il faudrait prendre position sur la notion même de « culture de masse » et le titre est volontairement trompeur. Bir Hakeim n'a pas suscité de grande œuvre cinématographique, et le seul vrai documentaire sur la bataille date de 2012. Nous ne nous intéresserons ici qu'à l'évocation de Bir Hakeim dans les émissions de télévision et de radio des années 1950 à 2012, puisque la percée de la Légion dans les médias de masse imprimés a déjà été analysée. Handicap de taille, les émissions de télévision (et de radio) ne donnent guère lieu à commentaires, encore moins à polémique dans la presse française, à la différence, par exemple, de celles qui concernent la guerre d'Algérie. La lacune, au plan mémoriel est signifiante.

236. J-M Guillon, « De Gaulle en Provence : l'hommage massif d'une région rétive au gaullisme », in P. Oulmont, *op. cit.*, p. 131.

237. Archives municipales de Toulon, décision du conseil municipal du 24 septembre 1948 pour la rue, du 28 juin 1954 pour le rond-point.

Elle nous impose d'en revenir au contenu. Serait-il pour autant avisé de ne mettre que « Bir Hakeim » dans la production audiovisuelle française ? Ce serait supposer un degré d'autonomie, et nous ne parlons même pas de questions financières ! - qu'elle n'a jamais eu ou rarement. Bir Hakeim s'inscrit dans un grand récit politique et militaire repéré depuis longtemps[238]. Que faire d'une bataille isolée dans ce récit ? Distinguer les médias est commode, peut-être pas pertinent, la piste sera néanmoins suivie avec une première incursion dans la télévision française.

1. De la télévision comme dérivatif

Isabelle Veyrat-Masson défend une distinction-analyse des genres principaux (dramatiques, documentaires, feuilletons), et secondaires (débats, magazines)[239]. Son étude identifie quatre périodes « structurant la représentation de l'histoire à la télévision » : 1) des années 1950 à 1968 avec un système centralisé dévoué à la grandeur de la France, 2) les années 1968-1975 où l'histoire télévisée a, comme le reste des programmes, comme une libéralisation bienvenue, 3) 1975-1980 marque le début de changements plus radicaux (éclatement de l'ORTF, émergence du patrimoine etc.), 4) 1980-2000 voit le développement de l'essor mémoriel et le reflux de l'histoire[240]. Il faudrait rajouter une cinquième période, caractérisée par un retour de l'histoire, progressif... jusqu'en 2012 (date d'arrêt de l'étude). Bir Hakeim, en s'en tenant aux périodes évoquées ne figure que dans les première et seconde, et, *in extremis,* dans la cinquième.

Dans la période gaullo-pompidolienne (1962-1972), trois anniversaires de Bir Hakeim ont été retenus par les responsables des chaînes, avec une quatrième émission, *Les Dossiers de l'écran,* en 1969. L'anniversaire de 1962 est dû à Frédéric Rossif. Dans une série éphémère appelée « *Numéro spécial* », dont le conseiller historique est Robert Aron[241], Rossif met en scène Bir Hakeim. « *Numéro spécial* » doit être inclus dans le « Magazine du temps passé » qui depuis 1953 est la plus ancienne émission utilisant des archives cinématographiques. Rossif reprend en partie les méthodes novatrices utilisées l'année précédente dans « Le temps du ghetto » film documentaire sur le ghetto de Varsovie, et premier long métrage de l'auteur[242]. Il a repris une émission sur le ghetto du « *Magazine du*

238. Nous avons, entre autres, utilisé : Isabelle Veyrat-Masson, *Quand la télévision explore le temps,* L'Histoire au petit écran, Paris, Fayard, 2000., Sylvie Lindeperg, *Clio de 5 à 7,* Paris, CNRS Édition, 2000., Sylvie Lindeperg, *Les écrans de l'ombre, La seconde guerre mondiale dans le cinéma français,* Paris, Le Seuil, 2014, Jean-Pierre Rioux et Jean-François Sirinelli, *La culture de masse en France,* Paris, Fayard., Dominique Kalifa, *La culture de masse de France,* Paris, La Découverte, 2001, 2 vol., Pascale Goetschel et Emmanuelle Loyer, *Histoire culturelle de la France,* Paris, Armand Colin, 2005, Fabrice d'Almeida et Christian Delporte, *Histoire des Médias en France,* Paris, Flammarion, 2003.

239. I. Veyrat-Masson, *op. cit.,* p. 23-31.

240. *Ibidem,* p. 451-466.

241. *Ibidem,* p. 116.

242. Voir Claudine Drame, « Le temps du ghetto ou l'invention du témoignage mémoriel », *Revue d'histoire de la Shoah,* n° 195, février 2011, p. 507-531.

temps passé » diffusé en 1959. Rossif, ancien légionnaire de la 13e DBLE, mais dont rien ne prouve qu'il a été à Bir Hakeim, est le premier à filmer en plan rapproché, comme les témoins du ghetto, des combattants qui n'auront plus jamais la parole[243]. L'émission s'intitule « Bir Hakeim - El Alamein ». La partie Bir Hakeim est suivie par une interview de Montgomery (réalisée par la BBC) : « Ce héros de l'Afrique sera pour la première fois ce soir une vedette de la TV française. » Deux récits se suivent, dans la presse d'abord, et à l'écran. Après une histoire très traditionnelle de la bataille en deux minutes, la partie Bir Hakeim paraît plus anecdotique que le reste de l'émission parce qu'elle donne la parole à des sans-grade. Les témoins livrent une part de vérité dans ce qui paraît être une réponse rapide à un questionnaire destiné à faire ressortir l'impression immédiate de ce que fut pour chaque soldat Bir Hakeim en quelques phrases : « sortir coude que coude » *(sic)*, « toujours tomber les bombes » *(sic)*, « la soif », le désarroi d'un officier italien pris alors qu'il s'est trompé de chemin : « Ce n'est pas de jeu, laissez-moi repartir ». Un Tahitien raconte qu'un de ses « gars », « sortit vers midi de la tranchée, se précipita vers la sortie et chacun se demandait naturellement où il allait ». Un tirailleur du BM2 met en scène une trêve du feu - très rarement mentionnée dans d'autres témoignages - pour le ramassage des blessés. Si « la retentissante rentrée des Français dans la guerre[244] » n'est pas perdue de vue par l'extrême droite dans *Télémagazine*, le numéro de *Télérama* du 17 juin 1962 voit dans *Monty* (Montgomery), pas dans les Français Libres, la « vedette » du « numéro spécial », du « *Magazine du temps passé*[245]. » L'interview réalisée par Frédéric Rossif justifie la périodicité chaotique de l'émission (fin 1961 Pearl Harbor, puis fin 1962 ce sera Stalingrad). Il dit avoir tourné « 5 000 mètres de pellicule » dont il ne gardera que 1 000 à 1 200 mètres[246]. Rossif a d'ailleurs une vision remarquablement épique et transnationale de la bataille d'El Alamein :

> « Une armée allemande sous les ordres du Juncker, le type du prussien classique, a été mise en déroute par une troupe hétéroclite composée d'Anglais, de légionnaires, d'indiens, de noirs, de jeunes et commandé par un général irlandais ! »

243. Pour la plupart. Voici la liste publiée par *Télé 7 jours*, 16-22 juin 1962, (p. 27) : « Marcel Ray, Jules Maratiole (*sic* pour Muracciole), N'Daw (un Noir), Maïooro (Tahitien), Serge Neveu, un Nord-Africain, le commandant Morvan, M. Cam (indochinois) et quelques Allemands. » Les « Allemands » ne sont interrogés que sur El Alamein.

244. *Télémagazine*, 17-23 juin 1962, avec les légionnaires, aussi l'oasis, Rommel : c'est un condensé médiatique. Le journal est bien ancré dans une certaine droite puisque François Brigneau, futur fondateur du Front National, y est chroniqueur : le « bataillon juif » est présent p. 23, preuve qu'à *Télémagazine* on lisait attentivement P. Carell.

245. *Télérama*, 17 juin 1962, interview de Robert Thill, p. 15.

246. Il n'a été possible de retrouver ni ce que Rossif avait tiré des documents anglais, allemands, français, ni les interviews.

Ce résumé acrobatique sur le plan historique livre la clé de compréhension de Rossif et ses intentions, plus anti-allemandes que gaullistes. Mais il est remarquable, à la fin de la guerre d'Algérie, qu'il donne la parole aux coloniaux, même mal identifiés par la presse (et par l'émission elle-même si nous devons juger par ce qui en reste), dans ce qui ressemble à un travail hâtivement terminé.

Bir Hakeim revient lors d'autres anniversaires. En février 1967, pour le vingt-cinquième anniversaire, la seconde émission de la série *Les Grandes Batailles* d'Henri de Turenne et Daniel Costelle, consacrée à la Seconde Guerre mondiale fait le point sur la « Bataille du désert ». Bir Hakeim, « victoire morale » est traité en 7 minutes, résumant la bataille aux combats contre les chars du premier jour, aux attaques aériennes, à la sortie qui « surprend tout le monde et surtout l'ennemi », sans oublier l'éloge de Rommel pour Koenig et le retard infligé à l'Afrika Korps, « qu'il ne rattrapera jamais[247] » et la comparaison avec Verdun. Le chef de la brigade est mis en valeur par le général Simon dont les propos sont scénarisés devant les restes du fort. Car on ne voit pas grand-chose de la position dans l'état où elle se trouvait en 1967. Ce qui prouve d'ailleurs au passage qu'il est souvent peu à voir sur un champ de bataille, peut-être et surtout dans le désert. Durant la même année 1967, dans des conditions qu'il a été impossible d'éclaircir, le journaliste Thierry de Scitivaux et Daniel Costelle présentent une édition spéciale, « Les Français Libres à Bir Hakeim ». Il s'agit d'un « reportage » préparé par le service des actualités. Curieusement, cette émission n'est que tardivement annoncée, car ce 18 juin 1967 avait été consacré aux cérémonies du Mont Valérien. Le contexte est celui de la mémoire, mais l'actualité intervient, avec la discussion sur l'entrée de la Grande-Bretagne dans le Marché Commun. Harold Wilson vient de rejeter le statut d'association proposé par de Gaulle. Un 18 juin, en 1967, il est tout de même impossible de ne pas mentionner l'appel de 1940, mis en solution de continuité avec Bir Hakeim en moins d'une minute. Les 9 minutes restantes sont consacrées à la bataille et à quelques témoins, le format est le même que l'émission de Rossif[248]. Un des vétérans dit – déjà – l'inquiétude sur la mémoire de la bataille : « Parfois on ne croit pas que j'étais à Bir Hakeim, il faut que je sorte mes papiers pour leur dire que c'est vrai. » « Miss Travers », elle aussi interrogée, explique sa présence dans la brigade, car « les Français Libres, ils étaient plus fantaisistes ». Elle se risque à donner sa définition de l'esprit de la 1re D.F.L. : « C'était un esprit de camaraderie, il y avait une bonne entente, il y avait un esprit de jeunesse, je crois, la plupart étaient des jeunes. »

Le bilan est maigre, donc, du temps du général de Gaulle, pour l'évocation de Bir Hakeim sur le petit écran. La suite, de 1969 à 1972, n'est pas des plus

247. Le condensé de la bataille se situe de la 42e à la 49e minute de l'émission, outre Koenig et Rommel, il mentionne des personnages qui reviennent souvent dans le récit de la brigade, l'aspirant Bellec, Messmer. Curieusement, le général Simon fait erreur sur le nombre de mines (50 000).

248. Les témoins sont le colonel Bellec, connu des témoins et des historiens. Les autres (D.J. Gillet, A. Rachad, P. Ibahuna) ne se sont jamais exprimés ailleurs.

remarquables non plus. En 1969, une des émissions phares d'alors, les « *Dossiers de l'écran* », adopte comme sujet Rommel. Les « *Dossiers* » sont dans leur 3e année et la « série historique la plus durable » (jusqu'en 1991) et « la plus importante de l'histoire de la télévision » ne s'intéressera que de façon marginale et une seule fois à Bir Hakeim[249]. Son promoteur, Armand Jammot avait des vues claires sur les liens information-histoire-spectacle. Ancien résistant, il a accordé une attention particulière à la Seconde Guerre mondiale. En associant un film et un débat, il peut faire participer les spectateurs désireux de poser des questions aux invités qui commentent. Nous ne connaissons pas ses intentions pour le sujet finalement choisi le 26 février 1969 : Rommel. A. Jammot n'a pas à faire réaliser un documentaire car il disait avoir plusieurs films à sa disposition. À la grande surprise des Français Libres contactés, il avait pensé à un film documentaire sur Bir Hakeim, après avoir supposé qu'un film historique pourrait faire l'affaire. Le général Masson disait ainsi au général Koenig : « Je ne sais si je vous ai dit que Jammot et Cie pensait au film *Tobrouk* avec Aznavour ! Pour discuter de Bir Hakeim, ils envisagent de monter un « dossier » sur El Alamein à Londres[250]. » A. Jammot, qui a toujours recherché une audience maximum, imaginait que le film de Denys de la Patellière, *Un taxi pour Tobrouk*, odyssée mi-burlesque mi-dramatique de soldats dans le désert pourrait convenir. Le film se voulait antimilitariste, ce qu'il n'était pas réellement, et aucun critique du film n'a en 1961 mentionné Bir Hakeim[251] ou la France Libre. L'équipe des « *Dossiers* » a finalement choisi *Le Renard du désert*, intégrant de plain-pied le mythe du maréchal Rommel dans la télévision française. Le film d'Henry Hathaway avec James Mason tourné en 1951 faisait de Rommel un grand soldat apolitique victime de Hitler. Il n'est pas sûr que ce produit de guerre froide, destiné à rassurer sur ce qu'étaient les Allemands, ait été un bon choix., mais il est représentatif de la persistance du mythe Rommel. Dans ces *Dossiers*, le général Masson, ancien chef d'état-major de Koenig a donc représenté les FFL, probablement parce qu'il fallait un général face aux interlocuteurs allemands et britanniques. Le film débutant à El Alamein, Bir Hakeim ne pouvait ressortir que dans le débat et, éventuellement, avec les questions des auditeurs. Alain Decaux était aidé par les généraux Westphal pour l'Afrika Korps et Belchem pour l'armée britannique. Tous les deux passaient très bien à l'écran et rejouaient une partie ancienne, bien identifiée : la collaboration anglo-allemande pour mettre Rommel, Montgomery et la guerre du désert au-dessus de tout[252]. Les Français ne peuvent avoir beaucoup de place dans ce légendaire.

249. Voir I. Veyrat-Masson, *op. cit.*, p .173-186.

250. Lettre du général Masson au général Koenig, 6/3/1969, AOL, correspondance Koenig-Masson.

251. Le seul journal à avoir cru au message antimilitariste du film est *L'Humanité* (M. Monod, 17 mai 1961). Les critiques saluent en général le côté « roublard » (J. de Baroncelli, *Le Monde*, 31 mai 1961) ou commercial du film (*Combat*, 26 mai 1961) grâce aux acteurs, aux dialogues de R. Audiard et du réalisateur. *Le Figaro* essaie de trouver des références et renvoie à la *Patrouille perdue* de Ford et à *Amère victoire* de N. Ray-René Hardy (P. Mazard, *Le Figaro*, 19 mai 1961).

252. Simon Ball, *Alamein*, *op. cit.*, p. 90-93.

Decaux a fait commencer l'émission de façon apparemment curieuse, mais en réalité logique comme toute étude sérieuse du mythe Rommel dans les années 1960 devrait le démontrer : avec une interview du fils de Rommel présent sur le plateau. Manfred Rommel évoque le sacrifice du maréchal pour sa famille, pour la nation allemande, contre Hitler. Plus loin dans l'émission, Westphal comparera Rommel aux généraux Seydlitz et Blücher, manœuvriers et aimés de leurs troupes, comme Rommel. Les poncifs sur « la ruse », sur qui l'employait le mieux dans le désert, reviennent plusieurs fois dans le débat. Le général Masson avait reçu des consignes de modération de la part de Koenig[253]. Il les a appliquées et c'est, pour les historiens d'aujourd'hui et le public d'alors, dommage. S'il a réussi à arracher, littéralement, l'aveu du général Westphal que les « soldats français étaient de premier ordre », il n'a pu lui faire admettre, qu'« à Bir Hakeim l'armée allemande a dû constater qu'elle avait quelque chose de nouveau devant elle[254]. » Masson complétait ainsi ce qu'il avait déjà dit contre Belchem : la force de Rommel est dans la faiblesse de son ennemi et notamment dans le fait que l'infanterie britannique ne tenait pas le terrain[255]. Masson aura l'occasion de préciser au cours des questions que les Français Libres ont gêné considérablement le ravitaillement en vivres et munitions de l'Afrika Korps et permis à la VIIIe armée de gagner du temps, notamment en détruisant dans son repli les dépôts d'essence qui manqueront à Rommel. Le général Masson, le seul à avoir rappelé « Bir Hakeim » dans l'émission, est en fait à peine audible dans un débat où les questions du public permettent à Alain Decaux de rester constamment dans le mythe Rommel. Les interventions successives des généraux Belchem et Westphal renforcent une vision très chevaleresque de la « guerre sans haine ». Decaux peut même faire un transfert sur le mythe de l'Afrika Korps puisque pour la première fois à la télévision est mentionnée la question du « trésor de l'Afrika Korps ». Dans son compte rendu au général Koenig, Masson écrira :

> « J'avais un peu de regret d'avoir trop résisté à la tentation de parler et d'avoir été trop gentil, conformément à votre consigne… Or les échos reçus se résument à cette formule : "Au moins le Français n'a pas fait comme l'Anglais, on ne lui a pas fait dire ce qu'il ne voulait manifestement pas dire. En général, les gens n'ont pas approuvé le fait de faire un "chevalier" d'un nazi, même repenti, et reprochent à ce pauvre Belchem de l'avoir soutenu[256]." »

Selon I. Veyrat-Masson, A. Jammot n'a jamais eu l'intention de faire des « *Dossiers de l'écran* » une émission éducative. Quelques commentateurs, isolés, l'ont eux aussi noté en février 1969. On était alors loin des ambitions du Frédéric

253. Lettre du général Masson au général Koenig, 9 mars 1969, AOL, dossier Koenig, correspondance.
254. Westphal a répondu : « Nous n'avons rien constaté de semblable. »
255. À ce moment-là du dialogue, Alain Jerôme intervient pour dire de Rommel : « On a tenté de l'assassiner », le général Masson répondant à juste titre : « C'est différent ! »
256. Lettre citée du général Masson, 9 mars 1969.

Rossif de 1962 ! En 1972, le journal télévisé de 20 heures du 26 juin diffusera quelques minutes des entretiens réalisés par Roger Stéphane au début des années soixante. R. Stéphane projetait de réaliser une grande série et ce qu'il avait enregistré fut montré au général De Gaulle en projection privée. Ces documents, de grande qualité, n'ont pas été diffusés et selon R. Stéphane, l'opposition de G. Pompidou y était pour beaucoup[257]. Ces images n'ont pas été commentées car elles faisaient partie d'un journal d'information sans qu'il y ait d'explications ni même d'effort de présentation : ce sont des vues d'un album anniversaire[258].

Bir Hakeim a peu de place dans le dispositif mémoriel national, en conserve encore dans le mouvement gaulliste et au niveau des institutions qui entretiennent le souvenir de la France Libre... Mais il n'est pas sans intérêt de noter qu'en 1982, la télévision française fait l'impasse sur la bataille, qu'en 1984 Koenig sera certes « l'homme de Bir Hakeim », qu'en 1992 le discours de Pierre Joxe n'est pas largement diffusé. Cette année-là, la cérémonie très européenne d'El Alamein où Pierre Bérégovoy représente la France retient l'attention en 20 secondes : « L'Europe réconciliée sur le terrain même d'une bataille fratricide[259]. » Pour mesurer le chemin parcouru, il faut comparer avec un commentaire de 1955 dans les *Actualités Françaises*[260] où le pèlerinage des Français Libres est traduit en images : camions du désert, le général Koenig et « les images les plus poignantes de la Toussaint de cette année avec le recueillement de ces pères et de ces mères devant des tombes lointaines ».

I. Veyrat-Masson a compté les heures d'histoire à la télévision. De 1953 à 1978 sur 119 163 heures de programmes, l'histoire représenterait 5 208 heures[261]. En rajoutant les allusions à Bir Hakeim des journaux télévisés à ce que nous avons analysé ci-dessous, la guerre des Français Libres tient en 3 ou 4 heures. La bataille de Bir Hakeim n'est évoquée spécifiquement qu'en 2012 dans « Bir Hakeim, quand la France renaît », documentaire qui – ce n'est pas la faute des auteurs – aurait dû être réalisé vingt ou trente ans plus tôt. Hommage aux combattants et aux témoins – une partie de ceux que nous avons interrogés sont présents – le film alterne images de guerre, photographies, interviews. Pour faire avancer le récit, Timothy Miller a mis en scène des officiers d'état-major britanniques à la manière des « docu-fictions », et la victoire d'El Alamein est évoquée à la fin. L'ensemble défend le récit traditionnel de la bataille[262]. Il sert de mémorial pour des témoins dont certains sont disparus aujourd'hui. Ces témoins,

257. Pompidou ne souhaitait pas s'appuyer sur l'héritage de la France Libre, voir I. Veyrat-Masson, *op. cit.*, p. 288 et 491. En 1980, l'année 1942 et donc Bir Hakeim seront diffusés sur FR3.

258. Ce qui est particulièrement regrettable pour une série d'entretiens riches, au ton assez libre, publiés finalement en 1997, dans D. Rondeau, R. Stéphane, *Des hommes..., op. cit.*

259. J.T. A2, 25 octobre 1992, présenté par Paul Amar.

260. 8 novembre 1955, le reportage dure une minute.

261. I. Veyrat-Masson, *op. cit.*, p. 19.

262. François Broche en était le conseiller historique. Une grande partie des questions relatives au combat a été laissée de côté, ce qui est compréhensible pour une émission d'une heure.

comme dans nos entretiens, disent que la France Libre fut la meilleure partie de leur vie, voire un engagement de toute une vie. Ils représentent une partie de la « légion des témoins » évoquée par André Malraux dans le grand discours où il met en parallèle J. Moulin, la résistance et les FFL, les soldats de la France Libre, la « poignée d'hommes », commandés par Koenig, le « non du 18 juin devenu vivant[263]. »

Entre 1972 et 2012, il est fort peu d'émissions, et même peu de journaux télévisés, qui parlent de Bir Hakeim. Comme une des mythologies nées de la guerre du désert est celle de Rommel, nous avons suivi la piste après la diffusion du « *Renard du désert* » en 1969. Peter Batty, documentariste très contestable de la guerre d'Algérie en son temps[264], avait réalisé une série documentaire sur la Seconde Guerre mondiale. Dans une émission de 1997 animée par Jean-Luc Hees, « *La guerre du désert* » de Batty, où Bir Hakeim n'apparaît que sur une carte, la discussion qui suit tourne inévitablement autour du mythe Rommel. L'historien de l'armée allemande Philippe Masson y loue certes la « très belle résistance » des Français mais surtout la « victoire totale » de Rommel dans ce qui fut, selon l'historien allemand Mickael Wermer une « guerre des guerriers[265]. » Bref, les représentations de la guerre chevaleresque du désert ont la vie dure.

Les grandes fresques guerrières ont l'avantage de concentrer images et arguments en peu de temps, c'est donc dans *Apocalypse* (D. Costelle, A. Clarke, 2009) qu'on trouvera une juxtaposition des plus traditionnelles avec des images de légionnaires, d'artilleurs, de barbelés dans le désert et l'inévitable Rommel, après l'évocation de Leclerc et du serment de Koufra[266]. Dans ce qui reste aujourd'hui une tentative intéressante, sinon toujours convaincante, d'analyse télévisuelle de ce qu'a représenté Rommel, « *Mythos Rommel* » (2002, Arte) par Maurice Philippe Remy, a plus de profondeur. L'auteur a interrogé plusieurs témoins, surtout allemands dont beaucoup critiquent le maréchal et son art de la mise en scène. Il fait intervenir Pierre Messmer à propos de la question des prisonniers de Bir Hakeim en produisant l'ordre de Hitler du 9 juin. Messmer, commentant les respects des combattants français et la crainte des représailles, conclut son interview sur le thème de « la guerre sans haine » : « Ça a été la chance de Rommel[267]. » Messmer ignorait alors l'implication des nazis et de Walter Rauff arrivé en Libye au moment d'El Alamein pour organiser en Libye, puis en Tunisie, le regroupement puis le massacre des juifs d'Afrique du Nord.

263. Le documentaire a aussi mis en scène des témoins allemands et italiens du 8e bataillon de chars du 132e régiment.

264. *Algerian War*, Channel Four, 1984.

265. « Avant la Tunisie », précise-t-il. *Le sens de l'Histoire, la guerre du désert*, 23/07/1997, La 5. Bir Hakeim représente une minute de discussion.

266. Avec la voix off, le commentaire : « À Bir Hakeim dans le désert de Libye, d'autres Français Libres arrêtent pendant quinze jours l'offensive allemande de l'Afrika Korps de Rommel, le Renard du désert. »

267. Remy a choisi un dispositif dépouillé pour évoquer Bir Hakeim, images couleurs récentes de la position, désert et cailloux, reste du fort et barbelés.

Mythos Rommel fait pourtant une place à la question de l'antisémitisme. En une phrase de dénégation, l'aumônier Isaac Levy dit : « Pour ce que j'ai vu de l'Afrika Korps, il n'y a jamais eu le moindre indice ou signe qu'ils étaient anti-juifs. » Affirmation contestable comme on l'a vu. Entre la clémence de Rommel et l'absence d'antisémitisme, l'Afrika Korps est paré de toutes les vertus, ce qui réduit beaucoup la portée critique du film[268], qui se limite essentiellement à dénoncer l'ambition de Rommel et la gloire acquise « sur le dos » de ses soldats. En 2001, dans *Les guerriers de Hitler,* Alexandre Adler, récemment converti à l'histoire militaire, situera plus nettement le problème : Rommel était un grand tacticien et « l'instrument de la promotion sociale nazie[269]. »

Au-delà de la limite de 2012 que nous avions fixée, il faut remarquer la diffusion récente (en 2017) de *Susan, l'héroïne cachée de Bir Hakeim,* film sur Susan Travers, conductrice et maîtresse de Koenig dans cette période de la guerre. L'auteur du film, Patrick Jeudy, a requis les services de François Broche comme conseiller historique. L'objectif est de retracer la vie aventureuse et de réhabiliter le souvenir d'une femme victime de « censeurs ». Bir Hakeim occupe en durée les 2/3 du film, de sorte qu'on ne peut pas dire qu'il s'agisse d'une biographie au sens classique, mais peut-être d'un biopic post-moderne ? Le film accumule les erreurs factuelles (par exemple 150 chars qui attaquent la position de Bir Hakeim). Il exagère les images d'Épinal de la bataille en inventant des propos que Susan Travers n'a pas tenus (par exemple, des légionnaires « escaladant des chars allemands en criant pour se donner du courage »), ou mentionnant que la propagande allemande avait écrit que Koenig se trouvait « avec sa maîtresse à Bir Hakeim ». La seule femme légionnaire de l'Histoire, « éternelle oubliée » des honneurs rendus sinon des commémorations de Bir Hakeim[270], méritait sans doute mieux qu'un panégyrique bourré d'approximations. L'exemple prouve une fois de plus que le récit d'une bataille connue peut être détourné et amendé pour d'autres causes.

2. La radio : les Français (Libres) parlent-ils toujours aux Français ?

La radio a-t-elle mieux servi l'évènement que la télévision ? Même si on ne connaît pas précisément la réception, l'écoute attentive des programmes

268. Les prisonniers de l'Afrika Korps n'ont pas donné de signe évident qu'ils aient été moins nazis que les autres. En outre, si leur comportement en Libye même est mal connu, en Tunisie, l'antisémitisme joue à plein, et rapidement en 1943 et pas seulement dans l'unité rameutée pour régler le problème juif en Afrique du Nord.
269. *Les guerriers de Hitler, Rommel l'idole*, par G. Knopp, C. Deick, Arte, *Les mercredis de l'histoire,* 25/07/2001. Le mythe de Rommel est décrit comme un dérivatif après l'échec devant Moscou en 1941. Les auteurs du film sont parfois ironiques. Ils considèrent que la guerre dans les *Actualités allemandes*, est construite selon un protocole curieux : « La guerre comme retransmission sportive. » Le mythe persistant de « la guerre sans haine » est évoqué par l'interview d'un britannique disant que l'Afrika Korps était une « troupe d'honneur ». Bir Hakeim n'est pas mentionné dans le film.
270. Elle fut présente dans plusieurs commémorations des années 1960 aux années 1980, et interrogée par la radio en 1967.

conduirait à répondre par l'affirmative. De plus, à partir de 1982, Bir Hakeim, c'est la radio.

Dans les années soixante et surtout de 1962 à 1970, les témoins sont à l'honneur, compagnons de la Libération (Théodore[271], Hautefeuille[272], Muracciole[273], Germain[274]), militaires de l'artillerie (Rouillon[275]) et du BIM (Heitzmann[276]). Des coloniaux sont interviewés, comme nous l'avons déjà constaté pour la télévision. Aucun patronyme n'est donné, alors que certains ont des histoires personnelles intéressantes à raconter, comme ce tirailleur fait prisonnier qui passe de Bir Hakeim, blessé, à Naples, Caserta, Bergame, évadé en 1943, « repris par les fascistes », envoyé au Stalag VII A, puis à Chartres, enfin au Stalag VIII C[277]. Curieusement, en 1990 encore, le tirailleur cité dès l'ouverture des *Oubliés de l'armistice* reste anonyme : « Nous avons fait la guerre, c'est nous les héros de Bir Hakeim[278]. » Le propos est plus revendicatif, mais il rejoint le commentaire d'un ancien combattant marginalisé. Selon le ministre du travail en 1954 : « Je revois encore ce kabyle sortant de son gourbi et qui me dit : "Moi, j'étais à Bir Hakeim." Il était à Bir Hakeim et aujourd'hui il est chiffonnier à Marseille[279]. »

De 1982 à 2008, la radio publique, au moins, contribue à faire vivre la bataille sur les ondes. Trois producteurs/animateurs se sont succédé, Henri Amouroux, Alain Decaux, Patrice Gélinet, tous bien connus pour leur importance dans le « dispositif historique » de l'audiovisuel français[280]. Il n'est guère utile de s'attarder sur le contenu du message. Qu'il soit tiré directement du livre de Koenig par H. Amouroux[281], tiré de débats avec témoins ou produit par P. Gélinet et l'historien F. Broche, la leçon reste celle de la France Libre. Il y eut peu de contestations mais quelques dérapages significatifs. On notera des désaccords et particulièrement dans une émission de 1982, et une autre de 1992, les insinuations et affirmations de Jean-François Chiappe. En 1982, J.-F. Chiappe

271. *De Gaulle raconté par les témoins de sa vie*, France Inter, 08/01/1966.
272. *À voix haute à voix basse*, France Inter, 24/05/67.
273. *Ibidem*.
274. Interview de Hubert Germain, lors de l'enterrement de Koenig le 03/09/1970.
275. *Inter actualités*, 25e anniversaire de Bir Hakeim.
276. *Inter actualités*, 26/11/1961, cérémonie pour l'anniversaire de Bir Hakeim.
277. France Inter, 1er juin 1966, *Les anciens combattants français, commémorations du 18 juin*. Les interviews de coloniaux sont conduites à l'occasion d'un colloque de l'UFACEF organisé par le commandant Rougier. La devise de l'UFACEF est rappelée dans l'émission : Fraternité, égalité, solidarité : des deux interviewés, l'un parle de Bir Hakeim, l'autre était avec Leclerc, les deux se définissent comme « sénégalais ».
278. France Culture, 9/05/1990, Madeleine Moukamabano, *Les oubliés de l'armistice*, une des premières émissions à attirer l'attention sur les « tirailleurs sénégalais » de la Seconde Guerre mondiale.
279. France Inter, *Union Française*, (*le magazine de la France d'Outre-mer*), 29 octobre 1954, Louis Aujoulat, ministre du travail, après une visite dans les « bidonvilles autour de Marseille ».
280. Les archives de Patrice Gélinet déposées aux Archives Nationales ne concernent pas les années où Bir Hakeim a été évoqué dans l'émission l'*Histoire en direct*.
281. France Inter, *L'histoire a quarante ans*, 26/05/1982 et 27/05/1982. Amouroux puise dans le livre sans discernement et reproduit des erreurs du général (ou plutôt de son co-auteur et éditeur) dans les derniers chapitres du livre.

estime que : « Koenig ne passe pas pour avoir une formation militaire très importante[282]. » Dans la même émission, très centrée sur l'histoire militaire, le rapport des forces, etc., A. Decaux fait entrer la L.V.F. dans les honneurs reconnus aux Français Libres. Il raconte que le capitaine Bassompierre (dont il ne détaille pas la carrière, et pour cause[283]) a fait observer le silence pour les morts de Bir Hakeim par ses soldats réunis, en uniforme allemand, autour du drapeau français, sur le front russe. Il conclut : « Je pense que c'est une chose qu'on pouvait dire. » Enfin ??!! Dans la même émission dix ans plus tard, J.-F. Chiappe conteste qu'il s'agisse d'une victoire au sens militaire du terme et recommande l'usage de l'expression « fait d'armes » pour Bir Hakeim. Chiappe est aussi le seul dans toutes les émissions à avoir insisté sur l'armée d'Afrique du Nord « admirablement préparée par Weygand » selon le maréchal Juin, ce qui dévalue implicitement l'armée de la France Libre, pourtant mise en scène dans la première partie de l'émission sous forme de dialogues joués par des acteurs[284] !

1992 est un cinquantenaire faste avec deux émissions. *L'Histoire en direct* de P. Gélinet est sans doute l'émission la plus ambitieuse jamais réalisée pour les anniversaires. On y entend le général Saint-Hillier attaquer vivement August Von Kageneck, écrivain militaire allemand connu en France mais qui n'a pas combattu dans le désert[285]. Von Kageneck défend Rommel désigné par St-Hillier comme « le boucher de Coburg », ayant « aidé Hitler à accéder au pouvoir[286]. » La conception de l'émission alternant remarques personnelles[287] et discussions entre témoins et animateurs ne peut rien faire sortir de nouveau. D'autant plus que le récit est constamment sur le rôle de la brigade et parfois sur celui de Rommel. Les Britanniques font de la figuration. Ces émissions-anniversaires, auront à nouveau le mérite de faire parler des témoins, certains bien connus (le général Simon, le général St Hillier), d'autres inconnus : en 1992 deux Allemands de l'Afrika Korps apparaissent dans les témoins interrogés[288]. Ils contribueront à étayer le mythe Rommel dans l'émission et reconnaissent la ténacité des Français malgré l'extraordinaire bombardement terrestre et aérien subi par la brigade. Ce

282. France Inter, *La tribune de l'Histoire*, 29/05/82. Le dialogue sur la bataille faire intervenir A. Decaux, A. Castelot, J.-F. Chiappe et E. Bergot qui est amené à défendre l'armée de la France Libre à plusieurs reprises.

283. Bassompierre, avant d'être dans la LVF, avait été membre de la Cagoule, du PPF, un des créateurs du Service d'Ordre Légionnaire de Vichy. Il est un des hommes forts de la Milice en 1944. Il fut condamné à mort et fusillé en 1948.

284. France Inter, *La tribune de l'Histoire*, 27/06/1992, dans cette émission, Patrice Gélinet joue le rôle de l'expert qu'on interroge. Nous ne savons pas qui a rédigé les dialogues reconstitués.

285. France Inter, *L'histoire en direct*, P. Gélinet, 04/05/1992, avec les témoins, et le 11/05/1992 pour le débat.

286. St Hillier conteste aussi la mention de « combattants juifs », préférant « Français de confession israélite ». Il juge qu'il y eut peu d'antifascistes allemands présents.

287. Y compris de la part de A. Decaux qui se souvient de sa jeunesse parisienne et du bruit de Bir Hakeim...

288. Dans la première partie de *L'Histoire en direct*, sont interviewés Heinz Rupert de la 90e Division légère, et W. Nagel capitaine d'infanterie, du 555e Régiment.

que P. Messmer, dont le point d'appui reçoit « 450 bombes » de Stukas en quelques heures, appelle « être au milieu d'un volcan ».

Pierre Messmer est le grand témoin des années 1980 et 1990. Présent dans six émissions, il est le vrai gardien de la parole et du sens de la bataille. Souvent décrit comme rude et secret dans ses activités politiques, il s'est montré plus habile que les généraux Simon et St Hillier, ses compagnons vigilants du triumvirat légionnaire. Il laisse parfois échapper des remarques qui traduisent son agacement quand on minimise l'importance des Français Libres[289]. Il fait remarquer, à propos des crimes de guerre, que Rommel, « n'a pas eu l'occasion d'en commettre[290]. » Sur France Culture, dans l'émission *À voix nue*, Messmer a eu l'occasion de donner plus de détails et d'opinions personnelles[291], sur ses choix de lectures, sur la médiocrité du général Montgomery[292], sur un accrochage sévère avec le général Koenig après l'échec de l'Himeimat[293]. Mais sur la bataille de Bir Hakeim même, il n'en dit pas plus que ce qui figure dans ses mémoires. Il est même plutôt en retrait dès qu'il est question des conditions du combat. Il n'est pas certain qu'il aurait pu accepter la remarque d'Henri Amouroux, qui se demandait en 1982 à propos des extraits de De Gaulle sur Bir Hakeim : « Quel poids ont ces mots aujourd'hui[294] ? » Mais peut-être partageait-il l'interrogation de celui qui fut un de ses principaux interlocuteurs : « Que connaissent les jeunes Français de Bir Hakeim[295] ? » L'ancien ministre de la Défense du général n'a jamais cessé de témoigner pour transmettre à partir de 1982, restant le « volontaire de la France Libre » de 1940[296].

Conclusion

Les Français Libres avaient créé avec Bir Hakeim un mythe du temps de guerre. Il a prospéré, à son rythme, dans l'ombre des commémorations du 18 juin et a bénéficié, plus ou moins, des moyens de communication modernes de la culture de masse. Mais il a servi de temps à autre de prétexte à des insinuations contre Koenig, voire à des affirmations nazies et antisémites. Là n'est pas l'essentiel. De ce mythe « du temps de guerre » il faut retenir l'engagement des Français Libres, leur courage et leur détermination. Il faut aussi, en historien de la mémoire noter la place mineure du combat dans la Seconde Guerre mondiale.

289. Un 10e des effectifs Alliés présents en Libye, rappelle-t-il en 1992. *Ibidem.*
290. *Ibidem.*
291. France Culture, « À voix nue », Philippe de Saint Robert, 9/12/1997.
292. Montgomery vainqueur à El Alamein ? « Il a été vainqueur dans des conditions qui ne démontrent pas que c'est un grand général », *ibidem.*
293. *Ibidem.* Messmer développe ce point dans ses mémoires.
294. Émission *L'histoire a quarante ans*, 27/05/1982.
295. En 1992, dans *L'Histoire en direct*, 11/05/1992.
296. Comme l'écrit Jean-François Muracciole, « Pierre Messmer et la France Libre », dans François Audigier, François Cochet, Bernard Lachaise, et Maurice Vaïsse, *Pierre Messmer au croisement du militaire, du colonial et du politique*, Riveneuve éditions, 2012, p. 73.

De Gaulle, dont les « sanglots d'orgueil, larmes de joie[297] ! » étaient sincères, n'est jamais allé sur place. Mais il s'est beaucoup servi de la bataille qui justifiait par le combat la décision de juin 1940. La décision d'en faire un élément essentiel de la propagande de la France Libre en 1942 puis de l'associer à d'autres événements antérieurs et ultérieurs en a fait une date incontournable de la France qui se bat, mais qui, par définition, devait être suivie d'autres. Bir Hakeim, ancré du côté de la France Libre, ne pouvait prendre le pas sur le reste et, une fois redécouvert en 1945, devait trouver une place dans l'équilibre mémoriel mis progressivement en place entre les résistances extérieures et intérieures. La volonté gaullienne a à la fois permis à Bir Hakeim de perdurer en tant que symbole de la France renaissante dans l'ombre du 18 juin, mais a notablement limité son appropriation au-delà des cercles de la France Libre après-guerre, malgré quelques tentatives sporadiques. Conséquence : la mémoire de la bataille n'a jamais été contestée ni magnifiée.

Une bataille, la guerre, des combattants : depuis deux siècles, en France, des choix sont faits pour honorer les soldats et leurs exploits, victoires, faits d'armes et parfois, défaites. Or il ne suffit pas de commémorer pour transmettre. Est-ce dire que la mémoire de la bataille est menacée ? Est-ce à dire qu'il n'y ait pas de mémoire sociale et qu'il faille être pessimiste ? Les vecteurs de la mémoire et les acteurs principaux des commémorations restent les associations issues de la France Libre, les fondations (De Gaulle et de la France Libre), l'Ordre de la Libération et les villes qui maintiennent vivant le souvenir. Une autre branche garde la mémoire : l'armée française. Cependant, des acteurs s'inquiètent toujours de ce qu'il va advenir « après ». L'un d'entre eux, Gérard Théodore, nous a dit sa déception de n'avoir pu convaincre l'Inspection générale de l'Éducation Nationale de donner une vraie place à Bir Hakeim dans les programmes d'Histoire du secondaire[298]. Pourtant rien n'incite à être pessimiste à court ou moyen terme. Des groupes sociaux existent pour porter le sens de la bataille et il ne manque pas de moyens pour la diffuser. De plus, n'importe quelle recherche dans une base informatique qui recense les articles de presse (quotidienne et hebdomadaire) fait surgir des centaines de références « Bir Hakeim ». Toutes ne sont pas des rappels de la bataille et ce type de liste comprend n'importe quel évènement ou fait divers arrivés dans une rue ou sur une place « Bir Hakeim ». Ce serait pourtant une erreur de ne pas tenir en compte car le fait de lire « Bir Hakeim » aussi souvent est bien la preuve de la diffusion à un moment donné du nom de la bataille.

Est-ce tout ? Olivier Wieviorka a relevé le changement récent de « régime mémoriel » concernant la Seconde Guerre mondiale dont la mémoire reste

297. Général de Gaulle, *Mémoires de guerre*, t.1, Paris, Livre de Poche, p. 266

298. Lettre de G. Théodore au doyen de l'Inspection Générale, restée sans réponse (archives Théodore). Il suffit d'ouvrir les livres utilisés dans les lycées pour comprendre que la situation est sur ce plan toujours difficile aujourd'hui. Il reste qu'un programme n'est pas tout l'enseignement et qu'il conviendrait de voir ce qui se passe réellement dans les classes.

divisée et qui se range à un plus petit dénominateur commun avec d'un côté l'hommage aux victimes, de l'autre, la formation civique des jeunes « contre les démons du racisme et du fanatisme[299]. » Sans considérer obligatoirement que des difficultés se profilent à l'horizon, il faut reposer la question : la bataille de Bir Hakeim peut-elle rester un point d'ancrage pour d'autres secteurs de l'opinion que les groupes qui se reconnaissent dans la France Libre ? Il est trop tôt pour répondre. On regrettera d'autant plus que sur un plan qu'on devrait qualifier de « spectaculaire », Bir Hakeim n'ait pas de monument à stature artistique véritablement remarquable et ni même d'œuvre de fiction assez forte pour fédérer au-delà de la commémoration existante. Il n'existe pas non plus de groupe politique qui ait voulu, et qui voudrait, dans la France de 2020, en faire un symbole d'une France plurielle.

299. Olivier Wieviorka, *La Mémoire désunie, op. cit.*, p. 288.

Conclusion générale

Une bataille constitue un objet historiographique complexe, susceptible de bien des lectures, d'étude des usages idéologiques en fonction des contextes, des pouvoirs et des armées opposées et des sociétés concernées. La bataille de Bir Hakeim, soit une bataille dans une plus grande bataille, un épisode de la guerre du désert dans la guerre « totale ». L'étude imposait de recourir à l'approche traditionnelle, à suivre les déplacements des unités et à s'interroger sur les choix tactiques et stratégiques des adversaires. Siège à la fois typique et atypique de la grande période de la guerre de Libye, de courte durée, pas comme Tobrouk en 1941, âprement disputé, Bir Hakeim a des répercussions idéologiques et politiques considérables : la France est vraiment de retour dans la guerre.

En tant qu'une partie de la bataille de Gazala, Bir Hakeim, et ce qui précède, prouve que les unités françaises de la brigade Koenig étaient bien intégrées dans la VIIIe armée malgré des problèmes inévitables de friction avec les Britanniques. La comparaison avec les autres unités françaises est claire, l'envoi de la brigade fut un coup de maître du commandement français. Il est aussi non moins clair que les généraux français souffraient beaucoup de se retrouver en position subalterne dans une armée du Commonwealth. En outre, l'analyse du déroulement concret des opérations montre que les Français s'étaient très soigneusement préparés à contrer les ambitions de la guerre de mouvement des troupes allemandes et italiennes commandées par Rommel. Ce degré poussé de préparation a incontestablement surpris l'ennemi. Les Français Libres trouvaient dans l'affrontement la justification d'un engagement précoce pour soutenir l'effort du général de Gaulle. Leur comportement au combat fut sans aucun doute remarquable. Il manifestait la détermination de ceux qui étaient guidés par leur capacité de volontaires, où l'historien peut isoler un mélange de facteurs idéologiques, politiques et patriotiques. Et de façon plus nette encore où il enregistre la volonté de ne pas se retrouver aux mains de l'ennemi. La mise en perspective des textes contemporains, de leur réécriture et de la mise en place régulière de l'échafaudage des souvenirs personnels a été utile pour retrouver, du mieux possible, ce qui s'était dit, ce qui avait été fait, dans une expérience particulière d'un moment de la guerre.

S'il est impossible de négliger les aspects mémoriels d'une bataille, l'affirmation est particulièrement vraie pour Bir Hakeim. Le récit de bataille a bifurqué vers les zones incertaines du souvenir, de la mémoire, des commémorations. Il a fallu d'abord revenir sur les textes des combattants. Leur récit est important pour comprendre l'évolution de la mémoire de la signification de l'événement chez les soldats, ce qui fait consensus, et parfois ce qui fait l'objet de controverses. Les militaires fabriquent l'événement, mais ils sont souvent – toujours ? – c'est toute la question - dépendant des récits reconnus qui les ont précédés. Dans quelle mesure leurs commentaires sont éloignés de ceux qui ne furent pas témoins ?

Pour ceux qui n'ont pas vu la bataille, la guerre est apprise et l'événement se fabrique. Par chance, ou par conséquence logique, Bir Hakeim est incontestablement un moment de la propagande de guerre. Et la bataille fait partie de la liste d'événements militaires transformés en élément de propagande, en symbole, et même en événement politique parce que la conduite de la guerre l'exige. La France Libre a su capitaliser les résultats du combat, non sans mal, et cette partie de l'histoire est essentielle dans la mise en place du récit canonique de la bataille. La leçon de la bataille est connue d'entrée avec le retour sur le terrain des Français dans la lutte contre l'Allemagne nazie. On avait déjà combattu les Italiens en 1940 et 1941 (et les forces de Vichy), mais l'ennemi, c'est l'Allemand avant tout. Le rôle des médias et les arguments utilisés fournissent une première strate au récit de l'événement hors des circuits français et dans les circuits de la France Libre. La place des médias britanniques et de ceux du Commonwealth a été plus déterminante en 1942 que celle des médias de l'adversaire. De ce fait, le retentissement de la bataille a été immédiat. La manière dont le nom Bir Hakeim s'est imposé aux belligérants et dans les propagandes Alliées et de l'Axe le prouve. Avec l'aide des Britanniques, de leur presse, de leur radio et de leur armée, les Français Libres ont pu créer avec Bir Hakeim un mythe du temps de guerre. Les usages idéologiques de la bataille immédiats ont été très clairs. Du côté de l'Axe dominent la volonté de minimiser, voire de réduire à rien, la résistance des Français Libres en déniant toute efficacité à un combat idéologique et politique. En face Français (et Britanniques) trouvent dans la bataille une magnifique illustration du « retour » en quelque sorte officiel, de la France dans la guerre. Alors que l'été 1942, du fait des défaites alliées et particulièrement britanniques dans le désert est une période d'angoisse. Durant cette période difficile, à contre-courant en quelque sorte, la France Libre devient France Combattante (le 12 juillet 1940), avec Bir Hakeim sinon grâce à Bir Hakeim. De Gaulle qui avait refusé la défaite et misé sur la victoire finale d'une coalition anti-hitlérienne dès 1940 use de la résurgence de la valeur militaire française pour revendiquer l'unité d'action, des Français de l'extérieur, ceux de l'Empire pas encore réunifié sous son commandement et des Français de France. Les réseaux de la France Libre ont pu capitaliser à peu près partout la résistance de la brigade Koenig. La reconnaissance en France même a été immédiate mais limitée. La bataille n'est vraiment découverte par le plus grand nombre qu'en 1945.

Bir Hakeim est une affaire uniquement française... Les historiographies des anciens adversaires (et alliés) l'ignorent complètement. Depuis la fin de la Seconde Guerre mondiale, le souvenir de la bataille est toujours resté solidement ancré dans la mouvance gaulliste d'une part, et dans une mémoire institutionnelle (des fondations issues de la Résistance extérieure, de l'armée), de l'autre. Il a bénéficié, plus ou moins, des moyens de communication modernes de la culture de masse. Sans qu'on puisse le quantifier, il est partagé par des secteurs plus larges de la population française que ceux que l'on rattache au gaullisme militant ou sentimental, mais se trouve dans l'ombre des commémorations du 18 juin 1940. Bir Hakeim garde la valeur d'exemple formulée et reformulée au fil du temps, la défense de la liberté justifie le refus de rendre les armes, l'engagement et le sacrifice.

Une défaite fait payer à un pays, à ses dirigeants politiques, à une armée, son rendez-vous manqué avec l'Histoire. 1940 reste la plus grande défaite du pays. S'en est-il jamais remis ? La Deuxième Guerre mondiale présente pour la France un cas difficile. Bir Hakeim se situe dans le renouveau, dans la victoire retrouvée, dans une culture de victoire. La victoire a été arrachée à l'adversité, mais son écho retentit dans un pays divisé. Comparée à celle de la Première Guerre mondiale, l'expérience de la seconde a été extrêmement diverse, et sa mémoire est restée « désunie » comme le rappelle Olivier Wieviorka[1]. Maurice Agulhon, constatait que la victoire remportée sur l'Allemagne et Vichy, avait « pour une part le goût amer de la guerre civile, ce dont 1918 n'avait pas eu l'équivalent ». Il soulignait en outre que la victoire avait été d'abord celle des peuples et armées alliées et de Français minoritaires :

> « Volontaires de la France Libre, ... mobilisés de 1943-1944 qui ne pouvaient être levés qu'en Afrique du Nord, ... mobilisés de 1944-1945 en France (seule une classe complète fut appelée), minorité surtout que les combattants de la Résistance... La victoire de 1945 fut de modèle inédit, où la majorité attentiste du peuple applaudit de loin ses "enfants" victorieux, avec un peu de honte et beaucoup de gêne[2]. »

Sur le long terme, la France représente, dans le rapport à la guerre, un cas intéressant de recul progressif de la culture de la victoire, mais il faudrait aussi voir ailleurs et comparer avec la Grande-Bretagne, les États-Unis, la Russie... Le drame de la France est à relier aux ambitions d'une puissance mondiale, placée

1. Olivier Wieviorka, *La mémoire...*, *op. cit.*, p. 21.
2. Maurice Agulhon, *Histoire vagabonde*, volume III, « Que faire de la Patrie ? », Paris, Gallimard, 1996, p. 247.

progressivement devant le destin d'une puissance moyenne, à la suite de conflits victorieux mais mal préparés et coûteux en hommes (1914-1918), de lourdes défaites désastreuses sur le plan symbolique et matériel en 1870 et 1940. Bir Hakeim est une étape sur le chemin retrouvé de la victoire en 1945. La question du rapport des Français à la victoire reste donc ouverte, et on laissera le dernier mot à Marc Bloch :

> « Avant d'avoir moi-même, durant l'été et l'automne 1918, respiré l'allégresse de la victoire – en attendant, je l'espère bien, d'en regonfler une seconde fois mes poumons, mais le parfum, hélas ! ne sera plus tout à fait le même – savais-je vraiment ce qu'enferme ce beau mot[3] ? »

3. Marc Bloch, *Apologie pour l'histoire*, p. 880, *dans Marc Bloch, L'Histoire, la Guerre, la Résistance, Paris, Gallimard, 2006.*

Sources et bibliographie

Sources

Les sources d'une histoire militaire et culturelle de Bir Hakeim

I. Archives Françaises

Archives Nationales Paris

Archives De Gaulle

3AG1/279 Journaux, tracts de la résistance
3AG1/297 cabinet militaire 1942, dépêches, télégrammes, synthèses, commentaires de correspondants de guerre (Bénard, Fouchet), de généraux (Catroux, Larminat).
3AG1/298 Dossier Syrie-Liban 1941-1943

Archives François Mitterrand

5AG4/567 projet de discours pour l'inauguration du monument à la mémoire du maréchal Koenig
5AG4/2891 Projet de monument au général Koenig
-F60/1689 France Libre et GPRF, Documentation, opinion publique, Résistance, répression

Archives Nationales Outre-Mer (ANOM, Aix-en-Provence)

AGEFOM 518 Exposition sur « La France d'Outre-mer dans la guerre ».

Archives du ministère des Affaires étrangères Nantes

Le Caire/Ambassade

Cartons, 62, Presse Egyptienne, 54, Presse européenne en Égypte, 564, Mobilisation en Egypte (1942), 579, Comité National Français, 580, 581 (télégrammes 1941-1942), 599-600 Propagande et censure. Il est à noter que les dossiers d'engagements personnels sont volumineux (cartons 592 à 598).

Syrie-Liban

783 Cabinet politique, 1092 (un dossier sur les opérations en Lybie, un dossier sur les pertes, un sur les citations pour les militaires de Bir Hakeim), 1093 propagande de la France Libre,

Archives du service de Presse, avec traductions d'articles et reproduction d'écoutes radio, dossiers de synthèse sur la presse étrangère : 7 Allemagne/Italie, 37 URSS/USA, 53, Londres, 1er mai-30 juin 1942, 54 Londres, 1er juillet-31 août 1942, 71 Turquie, Suisse, Vatican, 94 Presse Internationale, juillet-décembre 1942, 97 Presse Turque, janvier-juin 1942, 104, Presse Libanaise.

Service Historique de la Défense

SHD Vincennes

Série P 2e Guerre Mondiale

Série 4P

4P 7 Historique des FFL (par le commandant Etchegoyen)
4P 9 Egypte ,Tunisie
4P 13 Effectifs, pertes FFL
4P 27 Presse Britannique (analyse)
4P 33 Emissions de radio (service de l'information)
4P 34 Ecoutes radio

Série 11P

11P 1 Syrie
11P 6 à 18 Général de Larminat et 1e DFL
11P 250 1e Brigade de la France Libre (ou Free French Brigade Group pour la VIIIe armée britannique)

Série 12P Unités

12P 79 22e BMNA, héritier de la 22e CNA
12P 81 2 et 3, 13e DBLE
12P 270 BIM (pour 1941 seulement) et BM2
12P 271 BM3 (Erythrée)
12P 273 Bataillon du Pacifique puis BIMP
12P 276 1er RA
12P 231 Service de santé de la France Libre, Ambulance Chirurgicale légère 1e DFL, Ambulance Hadfield-Spears

Série 4H Syrie/Levant,

4H 295 Télégrammes et correspondance Force L
4H 299 Télégrammes de Gaulle-Catroux
4H 300 Listes nominatives FFL
4H 311 Mission Spears
4H 312 Échanges Spears-Catroux
4H 326 Radio Levant
4H 327 Service de propagande/rapports avec troupes de Vichy
4H 335 Médailles
4H 337 Croix Rouge
4H 346 Ordres, citations, officiers
4H 350 Réorganisation des Forces Françaises du Levant
4H 352 Création et dissolution d'unités (1941-1945)

Série 6H Afrique Equatoriale française

6H10 Organisation 1940-1944

Série 15H Oubangui-Chari

15H 152/1 Forces françaises libres et Bir Hakeim (Libye ; bataille de mai -juin 1942)

Autres

2 R 115 Décorations
7T361 prisonniers de guerre 1939-1945

Archives privées du SHD Vincennes

1K232 Fonds Général Catroux
1K 237 1 et 1K 237 11 Fonds Général Koenig
1K289 Fonds Amiel

1K 361 Papiers Pigois (Sous-officier des FFL)
1KT 361 Papiers Gravier
1K733 Fonds de l'école militaire des Cadets de la France Libre
1KT1202 Général J.P. Rogez (maquis Bir Hacheim)
1KT1401 Ouvrage *Passions* (correspondance sur l'ouvrage *Passions* de J.J Servan-Schreiber)

SHD Caen Division des Archives des Victimes des Conflits Contemporains

24P Service des pensions de la France Libre, Correspondance avec le War Office, la Croix-Rouge, listes des prisonniers et disparus de la France Libre, liste des détenus en Italie (pour les années 1940/1944).

Musée du Train et des équipages militaires (encore à Tours en 2011, fermé depuis)

Document divers sur la 101e compagnie du Train : copie des archives et du J.MO., biographies de soldats, sous- officiers, officiers (Dulau, Lebon, Bouvier, Le Gourrierec, Fournier de la Barre).

Ministère des Armées : Établissement de communication et de production audiovisuelle de la Défense (ECPAD)

Les indications entre guillemets et en italiques sont celles de l'ECPAD. Très peu de ces photographies sont pourvues de légendes et de dates précises. Leur petit nombre illustre la pauvreté des Français Libres et leur difficulté à couvrir les événements militaires.

Collection	Références	Date	Identification
FFL	FFL 96-5013	?	Défilé de tirailleurs dans le désert
	FFL 96-5275	après Bir Hakeim	Cérémonie en présence des généraux Alexander et Catroux
	FFL 96-5276	après Bir Hakeim	Cérémonie en présence des généraux Alexander et Koenig (Bren Carriers Légion du ler bataillon 13 DBLE, War Office photo)
	FFL 96-5277	?	Tirailleurs ou artilleurs dans le désert, camions ensablés
	FFL 96-5278	?	Automitrailleuse
	FFL 96-5283	?	Officier avec jumelles
	FFL 96-5284	Mai ou juin 1942	Légionnaire avec drapeau sur camion (origine IWM)
	FFL 96-643 Bis	?	Canon antichar du BIM
	FFL 96-655	Fin 1942 ou 1943	« Conus guns », canons de 75 et tourelle de chars italiens montés sur camion, Tunisie ?

Collection	Références	Date	Identification
	FFL 96-658	?	Attaque d'infanterie en casque Anglais (ou entraînement)
	FFL 96-659	?	BIM garde du drapeau
	FFL 96-5666 Bis	?	« peut-être des vues de Bir Hakeim et Tobrouk avant et après les combats »
	FFL 96-1828	?	Ouvriers dans le désert
	FFL 96-1829	?	Camion
	FFL 96-1832	?	Tombes dans le désert
	FFL 96-1949	?	« Marsouins servant un canon de 75mm, tir d'un canon de 75mm du Ier BIM ou du Bataillon du Pacifique collection documentation française classement
			B223-312/43 enregistrement 5310 OFIC Londres
	FFL 96-2020		Artilleurs 1e RA
	FFL 96-2038	?	« Retour ou départ en mission du 1er BIM, collection documentation française
	FFL 96-2039	?	classement B223-312/43 enregistrement 60 50-629 OFIC Londres 2038, 2039 »
	FFL 96-2101	?	Combat en jock column
	FFL 96-2106	?	« épave d'un bombardier le la Luftwaffe dans le secteur du BM2, voir cliché D6-1_186 collection Amiel »
	FFL 96- 2211	?	Combat ?
	FFL 96-2213	?	Koenig et officier
	FFL 96-2214	?	Koenig
	FFL 96-2320	?	«Lady Spears, Ambulance Hadfield-Spears»
	FFL 96-2322	?	« FFL et leurs trophées pris à l'ennemi après Bir Hakeim », Cliché collection documentation française, classement B223-312/43 OFIC Londres 2322, copyright IWM
	FFL 96-3553	?	Exercice en tenue d'hiver dans le désert »
	FFL 96-3955	?	Exercice camions
	FFL 96-4088	?	« Epave avion allemand »
	FFL 96-4089	?	Officiers français
	FFL 96-4096	?	Canon antichar de 75, unité inconnue
	FFL 96-4097	?	Mitrailleuse Hotchkiss dans le désert
	FFL 96-4098	?	« *Clairons d'un bataillon de marche jouant dans le désert, il s'agit peut-être du BM2* » (ou d'artilleurs)
	FFL 96-4099		Réparation dans le désert
	FFL 96-4819	?	Fusiliers marins
	FFL 96-4820	? Pas à Bir Hakeim , mais ressorti durant la recherche	Automitrailleuse

Collection	Références	Date	Identification
	FFL 96-4828	? après Bir Hakeim	Généraux Catroux, de Larminat, Koenig
	FFL 96-5009	? Pas à Bir Hakeim , mais ressorti durant la recherche	« Automitrailleuse Marmon Herrington du 2e escadron (Capitaine Morel Deville) du 1ER RMSM dans le désert de libye, septembre 1942 ou Tunisie 1943, exercice de peloton, le chef de peloton commande au fanion afin de respecter le « silence radio »
Fonds général 1914-1991	F 55-19	27/01/1955	Le général Koenig visite le Dragueur océanique « Bir Hakeim »
Fonds général 1914-1991	F 55-237 (R1 à R18, R30)	01/11/1955	« *Pélerinage Bir Hakeim* », cérémonie à Tobrouk devant le monument français
Fonds général 1914-1991	F 62-216	1962 (pas de jour indiqué)	« 20e anniversaire de la bataille de Bir Hakeim »
Hautefeuille D6	D6 1- 07		« Bataillon de Marche de L'Oubangui Chari campagne de Libye »
	D6 1-11	1/07/42	« Retour à Bir Hakeim »
Londres	LONDRES 192	1/10/1943	« Camp Bir Hakeim Londres »
	LONDRES 193	1/10/1943	« Camp Bir Hakeim Londres »
	Londres FFL 44	27/5/1942 (Date fausse)	Photos de journaux britanniques « *unes Bir Hakeim* »
ALG 58 325		18/06/1958	« Dépôt de gerbes au monument aux morts d'Alger, place Bir Hakeim sous la présidence du général Salan »
DAA 202 Images allemandes	L 20, L 21, L 22,	? Après le 11 juin 1942	Prisonniers FFL de Bir Hakeim sur un camion (quoique l'identification ne soit pas certaine)

II. Archives britanniques et du Commonwealth

A. The National Archives, Kew

Il est difficile et peut-être vain de vouloir mettre de l'ordre dans ce catalogue, néanmoins nous avons distingué plusieurs rubriques :

La guerre vue de Londres

PREM 3/290/5 Principal Policy Telegrams relating to Operations in Middle East 1942 Feb.-May

PREM 3/290/6 1942 Telegrams exchanged between P.M. and Gen. Auchinleck 1942 May-Jul.

PREM 3/292/2 Telegrams operations 1942 (copies) and volumes of Court of Enquiry sent to Prime minister.

DEFE 3/756 Intelligence from intercepted German,Italian and Japanese communications 19 May 1942-29 May 1942 (Décryptage Ultra)

DEFE 3/757 Intelligence from intercepted German,Italian and Japanese communications 30 May 1942-6 June 1942 (Décryptage Ultra)
DEFE 3/758 Intelligence from intercepted German, Italian and Japanese communications 9 June 1942-18 June 1942 (Décryptage Ultra).
CAB 106279/ French Army notes.
CAB 106663/ Western Desert/ copy of a letter by General Sir A. R. Godwin-Austen (critique du général Ritchie)
CAB 106703/ Western Desert/ copy of an address to officers of Headquarters 8th Army by General B. L. Montgomery.
CAB 121410 Free France, participation of Free French Forces (1941).
DO 35101217 Ministry of information report on opinion (après Tobrouk).
FO371/31977 France (études de l'opinion en France, 1942).
FO 371/31978 France, Directives for BBC French service.
FO 371/32075 Revues de livres de la France Libre
FO 371/298 Relation avec les autorités suisses 1942 (problème des prisonniers)
FO 371/31977 Propagande radio

Après guerre

FO 371/113935 Correspondance sur le pèlerinage de 1955 en Libye

Opérations militaires dans le désert

WO 201/452 Notes on lessons of main recent operations (July 1942)
WO 201/533 Lybia Weekly review of military operations
WO 201/538 Lessons from operations (Sept. 41-Aug. 42) (très important pour comprendre la défense statique des Britanniques et leur analyse des procédés allemands)
WO 201/609/ 8th Army/ Diary of events and intelligence summaries
WO 201/630/ 8th Army situation reports 1941
WO 201/631/ 8th Army situation reports 1942
WO 201/667/Defence of Gazala (organisation du génie et cartes).
WO 201/2696/ Report on withdrawal from El Agheila to the Gazala line
WO 202/102, Operations Bir Hacheim /Spears Mission
WO 202/33 Notes on desert warfare (contient les analyses françaises des « Jock columns »).
WO 202/52 Spears Mission, documents. German report on Bir Hacheim.
WO 202/69 Spears mission Activities by 2nd Free French group
WO 202/82 FF liaison Officers from GHQ M.E.
WO 231/93/ Study of the battle of Gazala; May- June 1942 (1967).
WO 106/2234 Operations in the Western desert 1942 May-July: court of enquiry report", Vol 1 (enquête sur la chute de Tobrouk, entretiens avec les officiers)
WO 106/2235 " Operations in the Western desert 1942 May-July: court of enquiry report" Vol.2 (enquête sur la chute de Tobrouk, pièces justificatives, lettres, rapports)

Archives des unités

WO 169/396 Intel Summary 8th Army
WO 169/3803 et 3804, G.S Int GHQ janvier-juin 1942.
WO 169/3924 CS Ops, 8th Army HQ, Janvier-Juin 1942
WO 169/3939/ `Q' Branch Water Plan/ Supply BH
WO 169/3942/ C.E. (Adv.) H.Q (Engineers war diary)
WO 169/4005/ G. Branch HQ 13e Corps
WO 169/4922 43 LAA Battery
WO 169/4012 Engineers 13th corps, Janvier-Juin 1942
WO 169/4086 7th Armoured Division HQ/GS branch Mai-Juin 1942
WO 169/4096 RASC 550e Cie, 7th Armoured Division, Janvier-Juin 1942
WO 169/4226 7 Motor brigade HQ
WO 169/4227 7 Motor brigade Sigs
WO 169/4229 7 Motor Brigade Pro unit
WO 169/4558/ 4 RHA (Regiment Horse Artillery, 7 Motor brigade)
WO 169/5055 2 Rifle brigade
WO 169/5057/ 9 Rifle Brigade (Prince Consort's Own)
WO 169/7607 3 Indian Motor Brigade
WO 169/7667 29 Indian Infantry Brigade
WO 169/5081/ 1 Palestine Regiment
WO 169/5083/ 22 (Jewish) Company Palestine Regiment
WO 1695328/ 572 Army Fd. Coy Génie (construction ligne Gazala)
WO 169/7069/ North Rhodesian Regiment/ 4 Bn. Etudes sur armée française et tactiques, 1940/41.

Archives médicales et pertes

WO 162/32 Pertes Western desert campaign
WO 127/27 Medical Diaries
WO 222/103 Return of patients
WO 222/129/ Desert Sores

Exactions envers les prisonniers et enquêtes

Nous avons mis tous les cartons consultés même si les Français Libres ne figurent que dans le WO 311/301 :

WO 311/301Benghazi Libya: killing and ill-treatment of British POWs
WO 311/302 Declaration of Leslie Frank Richmond from the Royal Academic Corps
WO 311/316 Camp 75 Bari, Italy: shooting and ill-treatment of British POWs
WO 311/1166, Murder, ill-treatment and robbery at Derna prisoner of war camp, Libya, June 1942
WO 311/1173 Alleged killing of prisoners of war at Bir Hacheim and Tmimi (enquête de 1945-1946)

B. Archives du Canada (BAC, Bibliothèque et Archives du Canada)

Papiers relatifs à Pierre Van Paassen : dans le fonds Hugh Whitney Morrison (R2207-0-X-E) :

MG30-E408, volume 7, dossiers 18, 19 et 20, Biography - Pierre van Paassen.

C. Archives Nouvelle-Zélande (Wellington)

WAII 1 461 DA508/1 (part 1-2) Censorship summaries Middle East June 1942-11August 1942

WAII 1 462 DA508/1 (part 3-4) Censorship summaries 23 October 1942-25 January 1944

D. Archives Sud-Africaines

La chute de Tobrouk en juin 1942, avec la reddition du général sud-africain Klopper, explique l'intérêt des historiens et des militaires sud-africains pour la bataille de Gazala. Leurs travaux ont été utiles. Nous avons aussi ouvert largement la recherche pour trouver où l'on pouvait, dans ces archives, parler des Français libres. Restant sur notre sujet, nous n'avons cependant pas utilisé ce qui relevait des relations diplomatiques avec la France Libre, les opérations de l'aviation sud-africaine en dehors de Bir Hakeim, dans le désert, vers Koufra, etc.

National Archives Pretoria

NAR. BLO Vol. 696 File nr. PS38-9-1. Political Relations with the Free French Movement. 1941-1943

NAR. P 710. The Fighting French. A Franco SA Review Abroad. Dec. 1944. Vol. 3. No .6 BH Liberation photos.

NAR. Book. Eagles Strike by JA Brown. The Gazala Battles. Free French. 1942.

NAR. Book. Salute the Sappers by N. Orpen and H.J. Martin.

South African National Defence Force Archives (SANDFA, archives militaires)

Divisional documents

Div Docs Box 1. Group 1. 8th Army Routine Orders. May 1942

Div Docs Box nr. 2 File nr. 17-1. ' G ' Reports Operational Daily. Feb - 10 June 1942

Div Docs Box nr 3. Free French Forces. Feb 1942. Free French Forces Operation. 7 Feb. 1942

Div Docs Box nr. 4. Group 1. Events leading up to and Gazala Battle. 1942

Div Docs Box nr. 6. Gazala Withdrawal. 14 Jun - 26 Jun 1942

Div Docs Box 11 File GP1. Extracts War Diaries, Captain Pieterse. M.E.

Div Docs Box nr.53 :

- Group 1. 13 Corps Intelligence Reports. 26 May-16 June 1942
- Group 1. Box nr. 1. General Officer Commander Morale. 1942
-File15B-12. Intelligence. German Armoured Division against the French1940.
Div Docs Box nr. 64 :
-Operation. Withdrawal Scheme. Bir Hacheim . 24 May - June 1942.
- Gazala Defensive Battle. Jun 1942
-Gazala Withdrawal. Operational Reports. 1942
-Group 1. 1 SA Operational Report. Order No. 34. Gazala. May - June 19
- Group 1. Sitreps. Report on Defence of Gazala Sector by 3 SA Inf. 26
- Group 1. 1 SA DIV. Operations. Report from withdrawal from Gazala
- Index to 1 SA Div. Operational Report. 14 Jun - 26 Jun 1942
MADC. WD Box nr. 385. 4 SA Car Regiment. May - June 1942

Forces aériennes Sud-Africaines :

SAAF Vol. 1 File 3. Report on Operations during the withdrawal from Cyrenica. 26 May- 6
SAAF Vol 207 :
-File DGAF. Weekly Review of Operations. Middle East. Nov. 1941-Sept. 1942
-File H.Q.R.AF.M.E. Report on RAF Operations in the Battle for Egypt. 26 May
SAAF Box 2007 File 1940-1. Short Diary of Libyan Campaign. 1942
SAAF Vol. 80 :
- Middle East Narratives. April - June 1942
-Middle East Narratives. July - September 1942

Union War Histories :

UWH Box 128. Report on 2 SA Brigade. Gazala Rearguard. Maj. Ted Platter. 18 June 1942
UWH Box 129. WDC. Narrative by Maj. Van der Merwe. The position at Tobruk
UWH Box 130:
- Western Desert Campaign. Observations on Operations by 5 SA Inf. Brigade
-Extract from Article. 7 Armoured Division. Lt.Col. Carver. June 1942
-Report on the Defence of Gazala Sector by 3 SA Inf. Brigade. 26 May – 12 June
- Western Desert Campaign. Withdrawal from Gazala. 13-28 June 1942
UWH Box 132 :
-Narrative TVL Scottish. 1- 30 April 1942 (escarmouches sur la ligne de Gazala)
-4 Armoured Car Regt. Narrative by Col. Newton King. January. - June 1942
-Narrative by Col. Newton King. Desert Battle. January - 2 June 1942 (complète le precedent, le colonel Newton-King a collaboré avec la brigade Koenig).
UWH Box 316. Draft Narratives. Air Ministry. Translations :
-War Diary Panzer Army. 24 April 1942, to 25 May 1942
-War Diary of the German Africa Corps June 1942
UWH Box 317. Air Operations 5th Squadron Aviation italienne (traduction)
UWH Box 319. RAF Narrative. The Middle East Campaign. 21 Jan - 4 July 1942

UWH Box 322 File. The German Assault on the Gazala Position and the Fall of Tobruk. Book I and II brigadier general Molony.
UWH Box 377. Narratives. The Battle of the Gazala Line. Part 1-4.and maps 26 May - 18 June 1942.
UWH Box 362. Published books (manuscrits corrigés/annotés) The Gazala Line. Static Period. Feb- May 1942; Crisis in the Desert. May - July 1942.
UWH Box 375A. The SAAF in NA. The Battle for Egypt. 16 May - 30 Nov. 1942.
UWH translation n°13, Ministero della Difesa, Stato Maggiore Esercito, Ufficio Storico, Seconda controffensiva Italo-tedesca in Africa Settentrionale da El Agheila a El Alamein (Gennaio-Settembre 1942).
UWH translation n°5 Seconda controffensiva Italo-tedesca in Africa Settentrionale da El Agheila a El Alamein (Gennaio-Maggio 1942).

III. Institutions : archives diverses

A. Archives du CICR Genève

ACICR, B, G 70, Gaullistes, 1940-1950, Relations entre le Comité international de la Croix-Rouge (CICR) et les autorités gaullistes, de 1940 à 1950.
Rapport de visite du camp PM 3200, 12 décembre 1942.
Rapport de visite du camp PM 78, 17 octobre 1942.

B. COARC (Conservation des Œuvres Religieuses et Civiles, Archives de la Direction des Affaires culturelles de la Ville de Paris)

Dossier France Renaissante 1957-1958 (Statue pour Bir Hakeim).

C. Centre de Documentation Juive Contemporaine (CDJC)

Exemplaire du journal *Combat*, 1942.
Chiche, Félix, *Livre D'or Et De Sang : Les Juifs Au Combat : Citations 1939-1945 De Bir-Hakeim Au Rhin Et Danube*. Tunis, Edition Brith Israel, 1947.

D. Fondation de Gaulle

Archives De Gaulle

3AG1/279 dossier 1 Résistance (écho de Bir hakeim)
3AG1/298 télégramme sur disparus Bir Hakeim
3AG1372, réponse aux déclarations allemandes

Archives Eboué F22/18

Documents et dossiers divers.

Journal Officiel de la France Libre.
Pèlerinage à Bir Hakeim, 1955.

E. Fondation de la France Libre

Témoignages dactylographiés détenus par la fondation et dont nous n'avons pu voir les originaux :

Anglo-Saxons dans la bataille de Bir Hakeim, témoignages traduits de P. Coomber (43rd Light Battery), de L. Semple (AFS).
Bourdis, Jacques, *Bir Hakeim*, 1978. (tiré des papiers de J. Roumeguère).
Côme, Louis, *La bataille de Bir Hakeim*, s.d.
Molina, Joseph, *Bir Hacheim*, s.d.
Rabot, Lucien, *Journal de guerre*, mss.
Tous ces témoignages ont été intégralement ou partiellement publiés dans *La Revue de la Fondation de la France Libre*, n°44, 2012.
Barbas, François, *Carnets de guerre*, dact. (pas à Bir Hakeim).
-Réponses au questionnaire Rochereau (voir le livre de cet auteur cité dans la bibliographie).
-Revue *Bir Hakim-l'Authion* 1952-2012.

F. Imperial War Museum, Londres

Photographies et rapports

11305 à 11320, visite du Duc de Gloucester, photos prises par le capitaine Keating, 4 mai 1942.
13273 à 13290, photos prises par le Lt MacLaren s.d. « *shortly before the battle* ».
13300-13320, photos prises par le sergent Chetwyn (le 12 juin 1942, donc, après la sortie, mais...).
13384-13401, photos des rescapés prises par le lieutenant Venderson, 13 juin.
17842-17859, photos du général Alexander chez les Français Libres, prises par le sergent Lotzow.
MH5872 (photo allemande des positions françaises)

Témoignages et papiers de soldats et d'officiers britanniques passés ou présents à Bir Hakeim

Major Giddins (93/4/1), Captain I. M. Harper (67/408/1,) avec un carnet personnel et un roman sur la guerre du désert, R. H. Lee (98/26/1)), H. Mitchell (97/7/1).
-Mass-Observation, Enquêtes sociologiques, The Keep, Falmer, University of Sussex :
-*Home-Propaganda*, Volume sur la Propagande, 1941.
-*The press and the Sixth Lybian campaign June 1942* (BH, p.6, 11, 12, 13,14 surtout).

G. Institut d'Histoire du temps présent (IHTP)

Archives de la BBC (copie des BBC French Scripts) : annonces, nouvelles, commentaires du 25 mai-30 juin 1942.
Fonds France Libre, archives des comités d'Afrique du Sud, d'Australie, d'Egypte, d'Océanie (ARC 074-53), d'Amérique du Nord, d'Amérique Centrale, d'Amérique du Sud (ARC-074-55).
Revue *Signal*, mai-juin 1942.
Pariser Zeitung, 26 mai-30 juin 1942.
Documents divers sur le journal clandestin *Bir Hakeim*.

H. Ordre de la Libération

Outre les dossiers personnels accessibles, l'Ordre détient nombre de documents introuvables ailleurs en France, dans deux cartons « Bir Hakeim » d'une grande richesse (le seul exemplaire du rapport du service de santé existant, le rapport Messmer sur la fin de sa bataille du 10 juin, correspondance diverse sur les commémorations, War diary du QG de la 7e division blindée, pèlerinage de 1955, etc.). On y trouve aussi un fonds photographique issu pour une grande part de la collection de J. Murraciole.

Dossiers des unités compagnon de la Libération : BIM/BP, 13e DBLE, BM2, 1er RA

Dossiers personnels de Compagnons présents à Bir Hakeim (les dates renvoient à la décision d'en faire des Compagnons)

AMIEL Henri 09/09/1942
BEAUDENOM DE LAMAZE Jacques, Marie, Paul 11/06/1942
BOLIFRAUD François 11/06/1942
BRICOGNE Charles 11/06/1942
BOUVIER Léon 09/09/1942
BROCHE Félix 09/06/1942
BRUNET DE SAIRIGNE Gabriel 09/09/1942
CAMERINI Gustavo 03/06/1943
DEVE Jean 11/06/1942
DUCHE DE BRICOURT Gaston 09/06/1942
FAVREAU Benjamin 09/09/1942
GRAVIER André 09/09/1942
GUAFFI Marcel20/01/1946
GUENON Paul 28/05/1945
GUFFLET René 11/06/1942
IEHLE Pierre 23/06/1941
KOENIG Marcel, Marie 25/06/1942
KOLLEN Marcel, Marie 01/06/1942

KOUDOUKOU Georges 15/06/1942
LARINE Michel 12/06/1942
LE GOURIEREC Pierre11/06/1942
MALLET Horace 11/06/1942
MORLON Paul 20/11/1944
MURACCIOLE Jules 28/05/1945
ROSENWALD Jean-Pierre 06/06/1942
ROUMEGUERE Jacques 09/09/1942
SAINT-HILLIER Bernard 27/05/1943
SAUNAL Robert 17/11/1945
SAVEY Jacques, Maurice, Charles 11/06/1942
SEFERIAN (de RAUVELIN) Roger 13/06/1942
VANNER Lucien 11/06/1942

À signaler particulièrement dans les cartons de l'Ordre de la Libération :

-Gaffi, Marcel, article de presse le concernant comme Compagnon de la Libération
-Gravier, André, dossier de correspondance consécutive à la publication de sa brochure (1990)
-Koenig, 6 cartons :
1/Correspondance/éléments biographiques,
2/Décrets et discours,
3/Correspondance 1944-1945,
4/1946, discours,
5/1947-49, discours et papiers divers,
6/1950-1953, discours
-Jules Muracciole, 3 cartons, (peu d'écrits mais une collection de photographies qui mériterait une étude particulière, voir plus haut)
-Jacques Roumeguere : Questionnaire de Romain Gary et réponses de J. Roumeguere s.d., opposition à de Larminat sur des questions liées à la Légion d'Honneur.

En outre

-Manuscrit du colloque *Le général Koenig, Maréchal de France*, Paris, Palais du Luxembourg, 1992. Le manuscrit contient des relations de témoins Français, Britanniques, (Harper, Tomkins), d'un tankiste Italien (Viglione).

I/Préfecture de Paris

BA 2095 Propagande anglophile 1941-1943
APP Fc/1 Commémorations 1945

IV. Archives privées et manuscrits

Archives privées diverses

Gérard Théodore : correspondance diverse, textes de conférences (A. Chavanac, J. Simon).
Archives privées Philippe de Callatay, documents sur Robert Melot et la « Popote de guerre » à Alexandrie.
Manuscrits inédits de Français libres:
Bineau René, *De Londres à l'Authion, Itinéraires pour une victoire* s.d. (reçu en avril 2009)
Boris Jean Mathieu, *Chronique d'une campagne*, novembre 2007
Heitzmann Pierre, *Carnets*, BIM.
Le Bras Yves, *Souvenirs d'un fusilier marin de la France Libre*, dact., s.d.
Malfettes Roger, *Trente calots bleus à liserés rouges du BIM*, 1985, avec postface en un volume et du même auteur, avec le même titre, en 2 volumes (BIM) s.d.
Molina Joseph, *Relation des évènements survenus entre le 26 et le 29 Mai 1942 à Bir Hakeim*, 1942.
Pivette Albert (sergent), *Avec la 1re D.F.L dans les rangs du B.I.M et du B.I.M.P. 1940-1945, récits, souvenirs témoignages*, manuscrit dactylographié, sans date, Fondation de la France Libre.
Roumeguère Jacques, *Bir Hakeim du 27 mai au 10 juin 1942, le combat des Français Libres*, 1994, Fonds Barberot, Fondation de Gaulle.
Renoux Jean, *Carnets de guerre*, 101e compagnie auto.
Rivet François, *Un de la France Libre, de Beyrouth à El Alamein*, dact., s.d.
Russo Frédéric, *On se souvient. Bir Hakeim 1942*, dact., 1996.
Et aussi, de la part de militaires qui n'étaient pas présents à Bir Hakeim :
Demolins Bernard, *Bir Hacheim, une victoire stratégique décisive*, 2002.
René Petitot, *Journal de marche et d'opérations du 22e BMNA* ((commence en 1941 avec la création de la 22e Compagnie Nord-Africaine), et papiers/correspondance diverse sur cette unité héritière de la 22e CNA de la brigade.
Archives privées personnelles : questionnaire et réponses des municipalités concernées sur les noms de rues et de places « Bir Hakeim » et « Koenig » en France

V. Sources Imprimées

A. Presse en langue anglaise de 1942

-*Times*, 25 May-13 June 1942
-*The War Illustrated*, 1942

Avec Diary /dépêches

1 June - German attacks on Bir Hakeim repulsed.
3 June - Further attacks on Bir Hakeim driven off by Free French.
4 June - Attacks on Bir Hakeim again repulsed.

6 June - Two attacks on Bir Hakeim repelled by Free French.
7 June - French repulsed another attack at Bir Hakeim.
8 June - Heavy attack on Bir Hakeim repulsed after fierce fighting.
9 June - British armoured forces and Free French drove off large-scale attack at Bir Hakeim.

Et avec quelques articles, dont « The fighting French at bay at Bir hacheim » (10 Juillet), « All France looked to them in pride » (10 Juillet), « Now it's hell in Bir Hacheim » (J.P. Besnard, 7 Août)) « Heroes of Bir Hacheim », 24th July 1942, « 'Do we yet know why we lost Tobruk », 26th June 1942, p.4, Photo with caption: 'The Free French put up a magnificent stand at Bir Hakeim'

Presse militaire de l'armée britannique

Eighth Army news, May-June 1942
The Crusader, Eighth Army Weekly, May-June, 1942.
-Presse Sud-Africaine du temps de guerre :
Rand Daily Mail Johannesbourg, du 11 mai au 27 juin 1942, particulièrement, 23 juin 1942, Christopher Buckley, « Fall of Tobruk and its causes ».
-*United Services Review* :
articles by André Laguerre: 'Fighting France attacks in the desert' (May 1942) and 'Wings of Freedom (July 1942).

B. Récits du temps de guerre

La bataille de 1942 à 1945

Bir Hakim, Editions de la Revue du Caire, 1942, (anonyme, en fait rédigé par J.-P. Benard).
Aglion Roger, *Epopée de la France combattante*, New-York, Editions de la Maison Française, 1943.
Besnard, Jean-Pierre, «L'Epopée de Bir Hakim,», *Les Oeuvres Nouvelles*, volume 3 (1943) p. 77 à 139, New-York, Ed. de la Maison Francaise .
Grandcombe Félix de, *Bir-Hakeim*, Paris, Presses Universitaires de France, 1945
Lebucois Jean, *Notre première victoire. La 1re D.F.L. à Bir-Hacheim*, Éditions Colbert, 1945

Bir Hakeim dans la mise en valeur du rôle de l'Empire dans la guerre

« Bir Hakeim », *L'Armée française au combat. Fezzan-Tripolitaine-Tunisie*, numéro spécial de Noël 1944, p.22-34.
« Bir Hakeim », *Revue d'information des troupes françaises en Allemagne*, n°21, juin 1947, p.5-12.
Beau, Raymond, *La croisière héroïque du Tchad A Strasbourg, de Bir Hakeim à Paris*, Sirey, Paris, 1945

Groc, Léon, *La bataille des sables*, Paris, Rouff, 1946, dans une collection qui devait comprendre un « Bir Hakim », non encore retrouvé à la BNF : Zorn J., *Bir Hakim*, Paris, Rouff, (coll. Patrie Libérée), 1944.

La France et son empire dans la guerre , Paris, Editions Litteraires de France, 1946 (Louis Mouilleseaux, ed. le récit de Bir Hakeim est rédigé par Jules Muracciole).

Gillet, Jean-Michel, « En plein désert sous le feu des chars et des Stuckas », *Le Figaro Littéraire*, 16 et 23 août 1947.

Campagnes d'Afrique 1940-1943, Flammarion, 1947.

« Histoire de la 13e DBLE », *Vert et rouge* N°, 1945, p.3-9

« La France d'Outre-mer dans la guerre », *Bulletin Hebdomadaire d'information du Ministère des Colonies,*8 octobre 1945, n°46, p.2-8. (Description de l'exposition du même nom avec préface de P. Giaccobi).

La France d'Outremer, Feria de Barcelona, 1945 brochure bilingue, exposition.

Koenig Pierre, *L'effort militaire de la France Libre*, Paris, Office Français d'édition, 1945.

« Pèlerinage à Bir Hakeim », *France Illustration*, n°83, 8 mai 1947.

Sirex-Nestricht, *L'empire au combat*, Office Français d'édition, 1945.

Le premier régiment d'artillerie, juin 1940-juin 1945, Draeger, 1945.

La 13e demi-brigade de la Légion étrangère, Draeger, 1945.

C. La poursuite de la guerre de 1947 à nos jours

Revues et articles dans le sillage du général de Gaulle

L 'artilleur de la DFL

Bir Hakim-l'Authion, revue dépouillée des origines à 2012

Revue de la France Libre, revue dépouillée des origines à 2012

Dont :

Revue de la France Libre, n° spécial : Bir-Hakim, juin 1949

Revue de la France Libre, n° spécial : La 1re DFL, 18 juin 1955

Revue de la France Libre, n° spécial : Bir-Hakeim, mai-juin 1942, XXVe anniversaire, juin 1967

Fondation de la France Libre, numéro spécial 70e anniversaire de la bataille de Bir Hakeim, n° 44, juin 2012.

La lettre de Bir Hakeim (Bulletin d'association, 1983-1984)

Presse de diverses époques (pour les anniversaires), 1949, 1958, 1962,1967, 1982 1992, 2002, 2012.

Imprimés autour de la 1re brigade et de la 1re Division Française Libre

1e DFL, Annuaire (avec récits et historiques des unités), 1972.

Anonyme *1ere DFL l'épopée d'une reconquête*, Paris, Arts et Métiers Graphiques, 1946.

Krieg Ernst, *L'épopée du désert, de Tripoli à Bir Hakeim*, Dijon, Editions de Saint-Clair, 1965.

L'épopée de la 1ere division Française Libre, Fondation de la France Libre, 2010.

In Memoriam, Pèlerinage national à Bir Hakeim, 1956, Paris, Draeger frères, 1956. (Contient une poignée de sable de Bir Hakeim, d'où la conservation de ce document dans la réserve de la BNF) ; le texte est attribué à Jules Muracciole par des témoins, mais nous n'avons pas trouvé la preuve formelle de l'attribution.

Le récit de bataille et de guerre au fil des ans

Récits anonymes

« Bir Hakeim et la résistance intérieure », *Le cinquantenaire de Bir Hakeim.* Délégation à la mémoire et à l'information historique, Amicale 1re DFL, 1992.

« Bir Hakeim, la victoire qui a rendu l'honneur à la France », *Paris Match,* 4 juin 1992.

« Le Général de Gaulle et Bir Hakeim », *Le cinquantenaire de Bir Hakeim.* Délégation à la mémoire et à l'information historique, Amicale 1re DFL, 1992.

« Bir Hakeim. Dossier », revue *l'Ancre d'Or,* n° 269, juillet-août 1992

Regards de compagnons de route et de familles

Ambriere Francis (dir.), *Vie et mort des Français, 1939-1945,* Paris, Hachette, 1971 (texte de G. Coulet avec 2 pages sur Bir Hakeim).

Chaban-Delmas, Jacques, *Douze compagnons,* Paris, Albin Michel, 1986, texte sur le lieutenant Dewey (Devé).

Decoster-Mallet Béatrice, « Les Mallet dans la France Libre », numéro spécial 60e anniversaire, *Revue de la France Libre,* n° 310, 4e trimestre 2000.

Paulet Yves, *Edouard Paulet, Français Libre,* Lorient, Y. Paulet, 2008.

De Sairigné Guillemette, *Mon illustre inconnu,* Paris, Fayard, 1997.

Sammy Macfoy, Pierre, *De l'Oubangui à la Rochelle, ou le parcours d'un bataillon de marche, 18 juin 1940-18 juin 1945,* Paris, L'Harmattan, 2010.

Articles de vulgarisation/mémoire (ordre CHRONOLOGIQUE)

Pierre Koenig, « Bir Hakeim », *Réalités,* décembre 1951.

Louis Dartigue « Retour à Bir Hacheim » *Sud-Ouest dimanche* du 24 mai 1953 repris dans Dartigue Louis, « Bir Hakeim, onze ans après », Bir Hakeim. Mai-juin 1942. Il y a quarante ans, revue *Icare,* n° 101, 1982, p. 83-84.

Ingold, général, « Bir Hakeim », *Tropiques,* décembre 1955, P.I-II (revue des troupes coloniales).

André Maloire, « La plus belle victoire française de la guerre 40-45, Bir Hakeim », *Aux carrefours de l'Histoire,* n°1, 1957, p.49-54.

Jean Max Guillaume, « Comment Monty devint en onze jours le Duc d'Alamein », *Télé 7 Jours,*16-22 juin 1962

Paul Carell, « L'enfer de Bir Hakeim », *Historia,* n°186, mai 1962, p.609-616.

Bernard Lenfant, « Bir Hakeim, » *Télémagazine* 17-23juin 1962

Robert Thill, « Monty sera la vedette du numéro spécial sur El Alamein », *Télérama*, 16 juin 1962.

Pierre Nord, « Bir Hakeim », *Géographia-Histoire*, février 1964, p.35.

Patrick Le Goyet , « Le Bataillon d'Infanterie de Marine et du Pacifique, 1940-1945 » *Revue Historique des Armées*, n°81, 1965, p.124-140.

Jacques Mordal, « Il y a 25 ans, Bir Hakeim », *Historia*, n°246, mai 1967, p.125-140.

Rémy, colonel, « Bir Hakeim », dans « Koufra et Bir Hakeim », *Journal de la France, les années 40*, n° 136, 1972.

« Bir Hakeim. Dossier », revue *l'Ancre d'Or*, n° 269, juillet-août 1992

Buffetaut, Yves *Bir Hakeim, La guerre du désert II*, Histoire et Collections, 1992, Militaria Magazine, Hors-Série n°6.

Laurent Berrafato, « - La 1ere brigade française libre à Bir Hakeim », *Gazette des Uniformes*, n°156,1995, p.9-13.

François de Lannoy, » Le maréchal Koenig, héros de Bir Hakeim », *39/45 magazine*, n°184 - 2001, p12-17.

François de Lannoy, « Le général de Larminat », *39/45 magazine*, n°173, 2000 p.9-11.

« Le Ford BB à Bir Hakeim », *Steel Masters*, n°55, 2003.

Philippe Richardot, « La 13 DBLE et la bataille de Bir Hakeim », *2e guerre mondiale*, n°9, 2006, p.54-65.

Littérature pour enfants et bande dessinée/fiction

Bande dessinée et littérature pour enfants/adolescents

Calvo et Dancette, *La bête est morte*, Futuropolis, 1979, (réédition de l'ouvrage de 1945) .

Spirou, n° 826, 11 février 1954, *Bir Hakeim*, Les plus belles histoires de l'oncle Paul (Mitacq/Joly).

Dynamic-Toni Cyclone, n°49, juillet 1956, « le Légionnaire de Bir Hakeim », p.3-24, (René Melliès).

Pilote, n°144, 1962, *Vingt ans après, Bir Hakeim et El Alamein.*

Dynamic, n° 134, novembre 1963« Bir Hakeim », p.2-32 (René Melliès).

Pilote, n°483, 1969, Bir Hacheim, l'épopée des sables, récit et dossier de Guy Vidal.

David Yann et Dominique, *Baraka à Bir Hakeim*, Dargaud, 2008.

Dupuis, Pierre, *Afrika Korps, La guerre du désert*, Paris, Hachette, 1977.

Glokowski, Philippe, Puisaye, Marien, *Bir Hakeim, Histoire de la Légion étrangère*, Paris, Editions du Triomphe, 2003, préface de P. Messmer. L'album couvre en réalité la période 1919-1945.

Lefranc, Pierre, *De Gaulle raconté aux enfants*, Paris, Editions GP, 1975.

Micheluzzi Attilio, *Marcel Labrume*, Éditions Mosquito, 2009.

Nord, Pierre, *Pages de gloire, Sidi Brahim, Camerone, Bir Hakeim*, Paris, Ed.G.P., 1945.

Pecau Jean-Pierre, Brada, Thorn, *Lignes de Front, Bir Hakeim*, Paris, Delcourt, 2015.

Valenti Catherine, Tarral Philippe, *Les compagnons de la Libération, Pierre Messmer*, Paris, Grand Angle, 2019.

Fiction

Beauche Jacques, *Jean-Marie de l'île de Sein*, France-Empire, 1967.
Linné André et Bonaventure, Paul, *Le retour des insolents*, Paris, Solar, 1948.
Moneclaey, Pierre, *Pierre et Cécile chez les Français Libres*, Paris, Del Duca, 1961. (Roman)
Messmer Pierre, *La patrouille perdue et autres récits extraordinaires*, Albin Michel, 2002.
Spilmont Roger, *Les sept flammes*, Paris, Drareg, 1964. (Récit romancé légionnaire)

D. Témoignages et témoins

1. Témoignages français

Le triumvirat légionnaire, à la fois mémorialiste, historien et gardien du souvenir:

Messmer Pierre

Après tant de batailles, Paris, Albin Michel, 1992, (Mémoires).
« Bir-Hakeim 2/13e DBLE », *Képi blanc*, n°2 1958
« Bir Hacheim », Conférence de Pierre Messmer, le 19 juin 1986 », *Espoir*, n° 56, septembre 1986.
« Bir Hakeim. Pierre Messmer témoigne », *Seconde Guerre Mondiale*, n° 9, 2003.
« El Alamein », *Képi blanc*, n°529, 1992.
« Fiche sur le Bren-carrier », *Képi blanc*, n°8, 1980.
« Il y a cinquante ans Bir Hakeim », *Espoir*, n° 81, juin 1992.
« La participation de la Légion à la bataille de Bir-Hakeim », *Képi blanc*, n°6, 1982.
,« La 13e DBLE 1940-1945 », *Képi blanc*, n°4 1970, p. 19-26.

Saint-Hillier Bernard, général

« Bir-Hakeim », *Historia magazine 2e Guerre mondiale*, n° 37, Taillandier, 1968.
« Bir Hakeim », Amicale de la 1re DFL, *Bir Hakim l'Authion, 1982.*
« Les quinze journées de Bir-Hakeim », *Miroir de l'Histoire, 1940-1942 Les Français qui ignorèrent l'armistice*) n° 306 bis, 1978.
« Exposé de la Bataille », Bir Hakeim. Mai-juin 1942. Il y a quarante ans, revue *Icare*, n° 100, 1982.
« Déroulement du combat », *Le cinquantenaire de Bir Hakeim*. Délégation à la mémoire et à l'information historique, Amicale 1re DFL, 1992.
Bir Hakeim 1942. Sur les traces de la 1re Légion romaine, Association des Français Libres, 1992.
« Bir Hakeim : son importance dans le 2e conflit mondial », *Le cinquantenaire de Bir Hakeim*. Délégation à la mémoire et à l'information historique, Amicale 1re DFL, 1992.
Les premiers soldats du Général de Gaulle, La Bruyère, 2000.

Simon Jean, général

« 10 juin, 18 heures », *Revue de la France Libre*, n° spécial Bir Hakeim mai-juin 1942. XXVe anniversaire, juin 1967 (rééd. Bir Hakeim. Mai-juin 1942. Il y a quarante ans, revue *Icare*, n° 101, 1982, p. 55).
La Saga d'un Français Libre, Presses de la Cité, 2000.

Les autres témoignages publiés

Les deux premiers témoignages, publiés en langue anglaise, doivent être distingués des autres car ils n'ont pas été traduits en Français avant 2012 :

Semple Lorenzo, « The American Field service at Bir Hacheim », *The American Field Service Bulletin*, vol. 1,n°1 p. 22-29 et n°2 July 1942.
M.P. Stratton Arthur M.P. « French History », *The American Field Service Bulletin*, vol. 1 n°2 July 1942, p.8-13.

Livres en Français

Amiel, Henri, *BM2 Mémorial d'un bataillon de marche de la France Libre*, Paris, Cedocar, 1981.
Bardet Jean, *Français libre à en mourir* (préface d'Yves Guéna), Paris, Éditions Italiques, 2010.
Beau, Raymond, *Quatre années de guerre sur tous les fronts, La croisière héroïque du Tchad A Strasbourg, de Bir Hakeim à Paris*, Sirey, Paris, 1945.
Beauche Jacques, *A force de vaincre*, Paris, Armand Fleury, 1947.
Guillermou, Jean, *Aventures d'un soldat de la France Libre, de l'Aber Wrach à Bir Hakeim*, Paris, L'Harmattan, 1993.
Boris Jean-Mathieu, *Combattant de la France Libre*, Paris, Perrin, 2012.
Bourderioux Lucien, *Bir Hacheim*, dact., 1985.
Brunet de Sairigné Gabriel, L*es Carnets du Lieutenant-Colonel Brunet de Sairigné*, présentés et annotés par André-Paul Comor, Reims, Nouvelles Editions Latines, 1990.
Camerini Gustavo, *Ce soir nous monterons tous au paradis*, Paris, Éditions A. Barthélémy, 2002.
Canonne Étienne, *Pas de mollesse dans le désert*, Paris, La Pensée universelle, 1976.
Chanoine Paul, *Souvenirs de guerre de Pierre Capucin par Paul Chanoine*, 1989.
Cornuel Claude J., *Souvenirs d'un vétéran de Bir Hakim et El Alamein*, 1981.
Derosne Jean Bernard, *Les Forbans magnifiques*, Les Deux sirènes, 1947.
Duprey, Jacques, *L'ambulance Hadfield-Spears ou la drôle d'équipe*, Paris, Duchêne, 1953.
Duval René, *Mémoires d'un volontaire de la France Libre 1940-1945*, Association pour le Respect et la Valorisation du Patrimoine culturel de Gouville-sur-Mer, 2000.
Favreau Benjamin, *Compagnon de la Libération*, Paris, Geste Éditions, 2011 reprend *Les révoltés de l'honneur*, manuscrit, (Ordre de la Libération).
Goubin Etienne, « Témoignage », *Revue de la Fondation de la France Libre*, n°40, 2011.

Gravier André, *La vérité sur Bir-Hakeim*, à compte d'auteur, Lib. Christmann, 1989. (L'exemplaire de la BNF contient des annotations et précisions manuscrites de l'auteur).

Koenig, Pierre, *Bir Hakeim 10 juin 1942*, Paris, Robert Laffont, 1971.

Ludeau, Roger, *Les carnets de route d'un combattant du bataillon du Pacifique*, Paris, 1946.

Massieu Benjamin, *J'étais fusilier-marin à Bir-Hakeim : le récit inédit d'un des derniers témoins*, Paris, Pierre de Taillac, 2018.

Mergier, Pierre, pharmacien-aspirant, Ambulance Hadfield Spears dans Guy Chauliac, *Le Service de santé de la France Libre*, 1994, qui témoigne et rapporte les propos du sergent-infirmier Kerebel, même unité, p. 146-149.

Mittenaere René, *L'héroïque épopée*, Paris, Promotion et Edition, 1967 (Légion)

Morlon Paul, *Souvenirs d'un officier d'artillerie coloniale, 1938-1976*, Malesherbes, Ed. Bookpole, 2001. (1er RA), le texte reprend les « Mémoires du Colonel Morlon «après Bir Hacheim»», *L'Artilleur de la DFL*, n° 26, février 1993, p. 5-7.

Onana Raphaël (en collaboration avec le journaliste Patrice Etoundi-M'Balla), *Un homme blindé à Bir-Hakeim*, Paris, L'Harmattan, 1996.

Rivet, François, *L'odyssée d'un gaulliste*, Paris, La Bruyère, 1986.

Roget Charles, *Souvenir d'un médecin de la France Libre*, Paris, Sides, 1994 ; (sur R. Ménecier du BM2, p.140-141).

Rossi Jean, *Matricule 80546*, Ouest France, 2000.

Rouillon Léon, *Les compagnons du premier jour*, Paris, Editions du XXe siècle, 1951.

Saint-Roc, *Sacrée drôle de guerre*, SNP, Paris, 1948.

Saunal Robert, *Le parcours d'un Français Libre, 1939-1945*, Paris, (à compte d'auteur), 2005.

Jacques Savey, dominicain. Héros de Bir Hakim. Témoignages recueillis par son frère, Éditions du Cerf, 1950.

Schiefert, Peter, *L'oiseau n'a plus d'ailes, Les lettres de Pierre Schieffert*, Paris Gallimard, 1974, (lettres éditées par Claude Lanzmann).

Travers Susan, *Tant que dure le jour*, Paris, Plon, 2001.

Liste à laquelle on peut rajouter :

Fleury Georges, *Le 9e compagnon*, Paris, Grasset, 1980 (sur R. Delsol, témoignage romancé).

Silveira, Raul Soares da, *Tempos de inquietude e de sogno*, Biblioteca do Exercito Editora, 2004. L'auteur, appartenant au 1er bataillon de la 13e DBLE, n'était pas présent à Bir Hakeim.

Nous n'avons pas pu voir : Wagner Otto, *Scizineckou Legii Proti Rommelovi*, Naše Vojsko, Prague, 1970.

Articles de témoins et mémorialistes/versions courtes et abrégées souvent copiées

Alby Charles (R.P.), « Aux morts de Bir Hakeim », *Le cinquantenaire de Bir Hakeim*. Délégation à la mémoire et à l'information historique, Amicale 1re DFL, 1992.

Amiel Henri, « Le B.M. 2 ouvre et ferme le bal », *Revue de la France Libre*, n° spécial Bir-Hakeim, mai-juin 1942. XXVe anniversaire, juin 1967 (rééd. Bir Hakeim. Mai-juin 1942. Il y a quarante ans, revue *Icare*, n° 101, 1982, p. 43).

Beauche Jacques, « Reconnaissance à Rotonda Signali », *Revue de la France Libre*, n° spécial : Bir-Hakeim, mai-juin 1942, XXVe anniversaire, juin 1967 (rééd. Bir Hakeim. Mai-juin 1942. Il y a quarante ans, revue *Icare*, n° 101, 1982, p. 48).

Beauche Jacques, « L'impact, les répercussions et les conséquences de cette bataille », Bir Hakeim. Mai-juin 1942. Il y a quarante ans, revue *Icare*, n° 100, 1982, p. 96-97.

Beauche Jacques, « Les trous, ou réflexion sur la bataille de Bir Hakeim », Bir Hakeim. Mai-juin 1942. Il y a quarante ans, revue *Icare*, n° 101, 1982, p. 34.

Bechtel William, « La patrouille », *Revue de la France Libre*, n° spécial Bir-Hakeim, mai-juin 1942, XXVe anniversaire, juin 1967 (rééd. Bir Hakeim. Mai-juin 1942. Il y a quarante ans, revue *Icare*, n° 101, 1982, p.45).

Beinat Arnaud, « Il y a 70 ans : Bir Hakeim », *Cibles*, n° 509, août 2012, p. 86-91.

Beneyton Lionel, « Il s'en est réglé des comptes à Bir Hakeim », Bir Hakeim. Mai-juin 1942. Il y a quarante ans, revue *Icare*, n° 101, 1982, p. 86-89.

Bonnouvrier, Lucien, « Ma sortie de Bir Hakeim », *L 'artilleur de la DFL*, n°4, p.7-9, septembre 1983.

Boris Jean Mathieu, « Itinéraire d'un Français Libre », *Espoir*, n° 159, hiver 2009-2010.

Bruneau Jacques, « Une conséquence inattendue de la bataille de Bir Hakeim », Bir Hakeim. Mai-juin 1942. Il y a quarante ans, revue *Icare*, n° 101, 1982, p. 81-82.

Brunet de Sairigné Gabriel, « La Bataille de Bir Hakim », *Revue de la France Libre* « Bir Hakim », n° 19, juin 1949, p. 7-24.

— « La Bataille de Lybie. Conférence du 27 octobre 1945 », *Revue de la France Libre* « Bir Hakim », n° 19, juin 1949, p. 27-32.

Cassin Albert, « La sortie des artilleurs », *Revue de la France Libre*, n° spécial Bir-Hakeim, mai-juin 1942. XXVe anniversaire, juin 1967.

Cassin, Albert, « Témoignage, d'après ses notes », *L 'artilleur de la DFL*, n°3, p.7-9, juin 1983.

Chavanac Albert, « Les artilleurs à Bir Hakeim », *Revue de la France Libre*, n° 9, juin 1948.

Clinias, Albert, « Un légionnaire belge à Bir Hakeim », *39-45 Magazine*, n°71, 1992, p.5-7.

Cidrac, Rogatien de, alias Robert Beauvoir, « Frères ennemis en Syrie », dans la partie courrier des lecteurs p.4 du *Journal de la France, les années 40*, n° 144, 1972.

Dremon, Marcel, « Journal de marche », p. 15-25 du dossier Paul Klein, dans Cler, Jacques-Maurice, *Un calédonien de choc, Paul Klein*, Nouméa, Edimag, 1999.

Dulau Colonel Jean, « La 101e Compagnie du Train », Bir Hakeim. Mai-juin 1942. Il y a quarante ans, revue *Icare*, n° 101, 1982, p. 77-79.

Eigelthinger André, « Le naufragé du Nino Bixio », dans Jean Hadey, *Ils ont rejoint De Gaulle. Alsaciens et mosellans dans la France Libre*, La Nuée bleue, 1990, p.19-24.

Girodon Robert, « La sortie de Bir Hakeim », Amicale 1re DFL, *Bir Hakim l'Authion*, juin 1983.

Gorlin Michel, « Bir Hakeim, récit d'un survivant », Bir Hakeim. Mai-juin 1942. Il y a quarante ans, revue *Icare*, n° 101, 1982, p. 36.

Guillaumet Roger, « À Bir Hakeim, le monde a reconnu la France », Bir Hakeim. Mai-juin 1942. Il y a quarante ans, revue *Icare*, n° 101, 1982, p. 2

Hirlemann (R.P.), « Messes en Lybie », *Revue de la France Libre*, n° spécial Bir-Hakeim, mai-juin 1942. XXVe anniversaire, juin 1967.

Iehle Pierre, « Bir Hakeim un quelconque des derniers jours », Bir Hakeim. Mai-juin 1942. Il y a quarante ans, revue *Icare*, n° 101, 1982, p. 67.

Jacquin et Bollot, « L'histoire du 1er bataillon d'infanterie de marine », Bir Hakeim. Mai-juin 1942. Il y a quarante ans, revue *Icare*, n° 101, 1982, p. 32.

Jochem, jean, « l'eau à Bir hakeim », L'artilleur de la DFL, n°101985.

Koenig, « Les Français libres à Bir Hakeim », Bir Hakeim. Mai-juin 1942. Il y a quarante ans, revue *Icare*, n° 101, 1982, p. 31.

Koenig Pierre, « Les Français libres à Bir Hakeim », Bir Hakeim. Mai-juin 1942. Il y a quarante ans, revue *Icare*, n° 101, 1982, p. 31.

Leretz Raymond, « Récit du plus jeune des Français Libres, qui se retrouve à 14 ans à Bir Hakeim », *Revue de la France Libre*, n° 179, mars-avril 1969.

Masson Paul, « La réalité dépasse la fiction », *Revue de la France Libre*, n° spécial Bir-Hakeim, mai-juin 1942. XXVe anniversaire (rééd. Bir Hakeim. Mai-juin 1942. Il y a quarante ans, revue *Icare*, n° 101 1982, p. 36).

Mayolle Henri-Pierre, « Le poste de secours du BM 2 », *Revue de la France Libre*, n° spécial Bir-Hakeim, mai-juin 1942. XXVe anniversaire, juin 1967 (rééd. Bir Hakeim. Mai-juin 1942. Il y a quarante ans, revue *Icare*, n° 101, 1982, p. 53)

Mayolle Henri-Pierre (aidé des souvenirs de Jean-Michel Gillet et Pierre Merzier)« Le service de santé dans les sables de Libye à Bir-Hacheim », *Revue de la France Libre*, n° 278, 2e trimestre 1992

Moga Sébastien, « Parmi d'autres, une attaque est repoussée », *Revue de la France Libre*, n° spécial Bir-Hakeim, mai-juin 1942. XXVe anniversaire, juin 1967 (rééd. Bir Hakeim. Mai-juin 1942. Il y a quarante ans, *revue Icare*, n° 101, 1982, p. 54).

Nordmann Roger, « Toutes les minutes je me disais: c'est la dernière », Bir Hakeim. Mai-juin 1942. Il y a quarante ans, revue *Icare*, n° 101, 1982, p. 91-95.

Pivette Albert, « Extrait de carnet de route », *Revue de la France Libre*, n° spécial Bir-Hakeim, mai-juin 1942. XXVe anniversaire, juin 1967 (rééd. Bir Hakeim. Mai-juin 1942. Il y a quarante ans, revue *Icare*, n° 101, 1982, p. 52).

Pontic Marcel, « Le camion opératoire est atteint par une bombe », *Revue de la France Libre*, n° spécial Bir-Hakeim, mai-juin 1942. XXVe anniversaire, juin 1967 (rééd. Bir Hakeim. Mai-juin 1942. Il y a quarante ans, revue *Icare*, n° 101, 1982, p. 55)

Quirot Pierre, « Les artilleurs en Jock column », *Revue de la France Libre*, n° spécial Bir Hakeim, mai-juin 1942. XXVe anniversaire, juin 1967 (rééd. Bir Hakeim. Mai-juin 1942. Il y a quarante ans, revue *Icare*, n° 101, 1982, p. 44).

Rachef Alberto, « Souvenir de Bir Hakeim », *Revue de la France Libre*, n° spécial Bir-Hakeim, mai-juin 1942. XXVe anniversaire, juin 1967 (rééd. Bir Hakeim. Mai-juin 1942. Il y a quarante ans, revue *Icare*, n° 101 1982, p. 61).

Rouillon Léon.« La DFL reçoit l'ordre de s'installer à Bir-Hakeim le 14 février 1942 », *Revue de la France Libre*, n° spécial Bir Hakeim mai-juin 1942. XXVe anniversaire, juin 1967.

Sartin Jean-Pierre, « Dans le V du champ de mines », *Revue de la France Libre*, n° spécial Bir Hakeim mai-juin 1942. XXVe anniversaire, juin 1967 (rééd. Bir Hakeim. Mai-juin 1942. Il y a quarante ans, revue *Icare*, n° 101, 1982, p. 51).

Ozanne Julien, « Bir Hakeim, la campagne de l'Atelier du Génie : souvenirs du Sergent Ozanne, de la 1re Compagnie de Sapeurs-Mineurs », Amicale de la 1re DFL, *Bir-Hakim l'Authion*, n° 146, octobre 1992.

Théodore Gérard, « Fauché le 8 juin par un 155 », Bir Hakeim. Mai-juin 1942. Il y a quarante ans, revue *Icare*, n° 101, 1982, p. 96-97.

Thiébaut Paul, « Les 75 de Bir Hakeim », *Revue de la France Libre*, n° spécial Bir Hakeim mai-juin 1942. XXVe anniversaire, juin 1967 (rééd. Bir Hakeim. Mai-juin 1942. Il y a quarante ans, revue *Icare*, n° 101, 1982, p. 40).

Thoreau André, « À Bir Bu Maafès, un télégramme », *Revue de la France Libre*, n° spécial Bir Hakeim mai-juin 1942. XXVe anniversaire, juin 1967 (rééd. Bir Hakeim. Mai-juin 1942. Il y a quarante ans, revue *Icare*, n° 101, 1982, p. 45).

Tramon Marcel, « La dernière des contre-attaques », *Revue de la France Libre*, n° spécial Bir Hakeim mai-juin 1942. XXVe anniversaire, juin 1967 (rééd. Bir Hakeim. Mai-juin 1942. Il y a quarante ans, revue *Icare*, n° 101, 1982, p. 57).

Travers Susan, « La sortie de Bir Hakeim », *Revue de la France Libre*, n° spécial Bir Hakeim mai-juin 1942. XXVe anniversaire, juin 1967 (rééd. Bir Hakeim. Mai-juin 1942. Il y a quarante ans, revue *Icare*, n° 101, 1982, p. 60).

Vernier (Docteur), « L'ambulance Spears », *Revue de la France Libre*, n° spécial Bir Hakeim mai-juin 1942. XXVe anniversaire, juin 1967 (rééd. Bir Hakeim. Mai-juin 1942 Il y a quarante ans, revue *Icare*, n° 101, 1982, p. 73-74).

Verrier André, dit Meunier, « Le Naufrage du Nino Bixio », *L'Artilleur de la D.F.L.*, n° 10, juin 1986.

Vialard-Goudou (Docteur), « La nuit du 10 au 11 juin », *Revue de la France Libre*, n° spécial Bir Hakeim mai-juin 1942. XXVe anniversaire, juin 1967 (rééd. Bir Hakeim. Mai-juin 1942. Il y a quarante ans, revue *Icare*, n° 101, 1982, p. 58-59).

Zilliox Paul, « En Jock Column », *Revue de la France Libre*, n° spécial Bir Hakeim mai-juin 1942. XXVe anniversaire, juin 1967 (rééd. Bir Hakeim. Mai-juin 1942. Il y a quarante ans, revue *Icare*, n° 101, 1982, p. 46).

« Les grands anciens Silva et Paulet morts pour la France », *L'artilleur de la DFL*, n°13, juin-septembre 1987.

Recueils

Filmés et publiés

Une série de témoignages/entretiens a été publiée par Rondeau, Daniel, Stéphane, Roger, « Bir Hakeim ou Valmy dans le désert », dans *Des hommes libres 1940-1945. La France Libre par ceux qui l'ont faite*, Grasset, 1998, p. 243-275 avec les extraits d'interviews filmées en 1962 de MM. Barberot, Paris de Bollardière, et Bourdis, Bouvier, Chavanac, Iehle, Masson, Messmer, Saint Hillier, Simon, pour la bataille. Roger Barberot et Paris de Bollardière n'étaient pas à Bir Hakeim.

Publiés

Outre les deux numéros de la revue *Icare* en 1982, une mention spéciale doit être faite pour la *Revue de la Fondation de la France Libre*, n°44, juin 2012 où ont été publiés les extraits de divers témoignages et carnets mentionnés dans les manuscrits ci-dessus. Cette publication a renouvelé le stock de témoignages sur la bataille :
-Roger Ludeau, *Carnet de route*, p. 8-13.
-Paul Guénon, *Journal*, p. 14-22.
-André Gravier, *Carnet de route*, p. 23-26.
-Bernard Saint-Hillier, *Journal de marche*, p. 27-34.
-Gaston Rabot, *Journal de guerre*, p. 35-43.
-Jacques Roumeguere, *La 1e BFL à Bir Hakeim*, p. 49-55.
-Jacques Bourdis, *Témoignage* sur Bir Hakeim, p. 56-61.
-René Duval, Interview sur Bir Hakeim, p. 62-64.
-Lucien Bourdérioux, *Dernier jour et sortie de Bir Hakeim*, p. 65-78.
-Daniel Dreyfous-Ducas, *Bir Hakeim*, p. 79-81.
-Peter Coomber ((DCA britannique), témoignage p.81.
-Alan R. Stuyvesant (*American Field Service*), p.81.
-Lorenzo Semple (*American Field Service*), témoignage p. 82-85.
-Alexander McElwain (*American Field Service)*, témoignage, p.86.

En 2014, des entretiens transcrits de compagnons de la Libération présents à Bir Hakeim (André Verrier, Hubert Germain, Claude Lepeu, Pierre Simonet) sont publiés par Benoît Hopquin, *Nous n'étions pas des héros*, Paris, Calmann-Lévy, 2014.

Témoins rattachés à Bir Hakeim par le processus de mémoire, absents lors de la bataille

Guillebon Jacques de, « Description d'une tempête de sable », Bir Hakeim. Mai-juin 1942. Il y a quarante ans, revue *Icare*, n° 101, 1982, p. 72.
Guillaumet Roger, « À Bir Hakeim, le monde a reconnu la France », Bir Hakeim. Mai-juin 1942. Il y a quarante ans, revue *Icare*, n° 101, 1982, p. 2.
Legentilhomme Paul, « Ceux de Bir Hakeim », Bir Hakeim. Mai-juin 1942. Il y a quarante ans, revue *Icare*, n° 101, 1982, p. 66.
Poujade R.-J., « Bir Hakeim, victoire aérienne », *Le cinquantenaire de Bir Hakeim*. Délégation à la mémoire et à l'information historique, Amicale 1re DFL, 1992.

Témoignages anonymes

« Anecdotes diverses », Bir Hakeim. Mai-juin 1942. Il y a quarante ans, revue *Icare*, n° 101, 1982, p. 64-65.
Aspirant anonyme, dans Blond, Georges, *Histoire de la Légion étrangère*, Plon, 1964.
« Bir Hakim vu par un combattant », *Revue de la France Libre*, n° 19, juin 1949, p. 33-36

« Homélie pour un camion, par l'officier de quart », Bir Hakeim. Mai-juin 1942. Il y a quarante ans, revue *Icare*, n° 101, 1982, p. 86-90.
« Les plus belles moustaches de la brigade », Bir Hakeim. Mai-juin 1942. Il y a quarante ans, *revue Icare*, n° 101, 1982, p. 68-71, (l'article concerne le Capitaine Bricogne, l'auteur est Paul Morlon).
« Le torpillage du Nino Bixio, par un rescapé », Bir Hakeim. Mai-juin 1942. Il y a quarante ans, revue *Icare*, n° 101, 1982, p. 80.
« Réflexions diverses », Bir Hakeim. Mai-juin 1942. Il y a quarante ans, revue *Icare*, n° 101, 1982, p. 27.
« Témoignages », *Revue de la France Libre*, 18 juin 1955, p. 25-28.
« Un vétéran de Bir-Hacheim âgé de 18 ans. Léon Bouvier du Train, par le *Courrier Australien* du 3 septembre 1943 », *Icare*, n° 101, 1982.

Témoignages et études anonymes rattachés à Bir Hakeim en 1982

« Dans le même temps, sur la mer, par un marin », Bir Hakeim. Mai-juin 1942. Il y a quarante ans, revue *Icare*, n° 101, 1982, p. 73-74.
« Déroulement des opérations en Libye 1940-1943 », Bir Hakeim. Mai-juin 1942. Il y a quarante ans, revue *Icare*, n° 100, 1982, p. 12-35.
« Et si la fortune des armes avait été différente? », Bir Hakeim. Mai-juin 1942. Il y a quarante ans, revue *Icare*, n° 100, 1982, p. 93.
« La situation mondiale en mai-juin 1942 », Bir Hakeim. Mai-juin 1942. Il y a quarante ans, revue *Icare*, n° 100, 1982, p. 36-41.

2.Témoignages étrangers

a. Allemands

Durer Johann, « Le Génie de l'Afrika Corps », *Hommes de guerre*, n°21, novembre 1989.
Koch Lutz, « Témoignage de la presse allemande », *Revue de la France Libre*, n° 19, juin 1949 (rééd. « Un témoignage allemand du correspondant de presse Lutz Koch », Bir Hakeim. Mai-juin 1942. Il y a quarante ans, revue *Icare*, n° 100, 1982, p. 88-89).
— *Rommel*, Paris, Editions Corréa, 1950.
Kollatz, Paul, « Der Sturm auf Bir Hakeim », *Der Landser Ritterkreutzträger*, n°217, 1966, p. 18-25, (un récit très curieux, passablement romancé, du dernier assaut contre la position tenue par P. Messmer).
Rommel Erwin, *La guerre sans haine*, vol. 1 : « *Les années de victoire* », Paris, Presses de la Cité, 1952, il faut recourir à la version la plus récente *La guerre sans haine*, Paris, Nouveau Monde éditions, 2010, préface de Maurice Vaïsse.
Schmidt, Heinz Werner, *With Rommel in the desert*, London, G. Harap and co, 1951.
Schultz, Joh, *So Fiel Bir Hakeim*, München, 1957-1961.
Sylvester Claus, *Journal d'un soldat de l'Afrika Korps*, Editions j'ai lu, 1967.

b. Britanniques

Borden, Mary, *Journey down a blind alley*, London, Harper and Bros, 1946.
Hastings, Major RHWS, *The Rifle Brigade*, Aldershot, Gale and Polder, 1950.
Hart, Peter, *The South Notts Hussars, The Western Desert*, London, Leo Cooper, 1996.
Millet, Rachel, *Spearette*, London, Fernhouse, 1998.
« Témoignage de l'Armée britannique », *Revue de la France Libre*, n° 19, juin 1949, p. 38.
Thompson, Julian, *Forgotten voices, Desert Victory*, London, Ebury Publishing, 2011.
Le texte du correspondant de guerre le plus célèbre (et le mieux écrit) :
Moorehead, Alan, *African Trilogy : The Desert War 1940-1943*, London, Penguin, 2000.

c. Italiens

Serra, Enrico, *Carristi dell'Ariete (fogli di un diario: 1941 - 1942)*, edizione fuori commercio, Enrico Serra, Roma, 1979.
Taeggi, Oderisio Piscicelli, *Diario di un combattente - nell'Africa Settentrionale*, Longanesi 1971, prima stesura, Laterza, Bari 1946.
« Témoignage de l'Armée italienne », *Revue de la France Libre*, n° 19, juin 1949, p. 43.
L'étude de Viglione Francesco, « *Tentativo di Ricostruzione di un Mattino di Guerra del 132° reggimento carri*, Ariete », SME - Ufficio Storico 1988, *Studi Storico Militari*, 1987, p. 533-700, contient des extraits de témoignages des tankistes suivants : lieutenant Bianchi, lieutenant Serra, lieutenant Bazzochi, lieutenant Giaroli. D'autres témoins sont cités, mais pas leurs lettres ou textes, l'auteur lui-même est très discret sur ses activités au sein du 132e régiment de chars.

3. Témoignages d'officiers et d'hommes politiques sur la guerre en Méditerranée et dans le désert

Barberot Roger, *A bras le cœur*, Paris, R. Laffont, 1972.
Catroux Georges, *Dans la bataille de Méditerranée*, Paris, Julliard, 1950.
Churchill Winston, «Les opérations vues par Winston Churchill», Bir Hakeim. Mai-juin 1942. Il y a quarante ans, revue *Icare*, n° 100, 1982, p. 90 (Extraits des célèbres *Mémoires*).
Le général de Gaulle est bien entendu un cas à part, on ne peut que renvoyer à l'édition complète de la correspondance et des discours chez Plon : *Mémoires de Guerre*, *Discours et Messages* (5 vol.), *Lettres Notes et Carnets* (13 vol.).
De Gaulle Charles (Général)
« Discours du Général de Gaulle du 11 juin 1942 », Bir Hakeim. Mai-juin 1942. Il y a quarante ans, revue *Icare*, n° 101, 1982, p. 2.
« La Bataille de Bir Hacheim » (extraits des *Mémoires de guerre*, tome 1 : *l'Appel*), *Revue de la France Libre*, n° spécial Bir Hakeim, mai-juin 1942. XXVe anniversaire, juin 1967, p. 6-8 (rééd. « La Bataille décrite par le Général de Gaulle. Extrait des *Mémoires de guerre* », Bir Hakeim. Mai-juin 1942. Il y a quarante ans, revue *Icare*, n° 100 1982, p. 86-87).

Larminat général Edgard de, *Chroniques Irrévérencieuses*, Paris, Plon, 1962.
Soustelle, Jacques, *Envers et contre tout*, Paris, Robert Laffont, 1947.

VI. Archives Audio-visuelles

A. INA (Paris)

Sons et images du temps de guerre

a. Radio

Un sud americano en Bir Hakeim, BBC, juin 1942.
Editoriaux de Philippe Henriot des 22 février et 3 mars 1944 contre le journal *Bir Hakeim*.

b. Images

Le général Rommel et ses troupes vers Bir Hakeim et Tobrouk (26 juin 1942, *Actualités Françaises*).
Prise de Bir Hakeim et de Tobrouk (10 juillet 1942, *Actualités Françaises*).
Le général de Gaulle dans le Moyen Orient, 1er janvier 1944, *Office Français d'Informations Cinématographiques.*
La France au combat, 1er janvier 1944, *Office Français d'Informations Cinématographiques*
Bir Hakeim un an après, sorti en 1943, mais catalogué : 1er janvier 1944, *Office Français d'Informations Cinématographiques.*
Soldats de la République, 1er janvier 1944, *Office Français d'Informations Cinématographiques.*
Rétrospective 18 juin, 1940-1944, *Actualités Françaises*, s.d., probablement début 1944.

Les images des années cinquante à 2012 (actualités filmées et télévision) :

a. Bir Hakeim, La France Libre, El Alamein

4 avril 1950 René Pleven préside une manifestation pour le retour des corps tombés à Bir Hakeim, JT 20h.
Anniversaire de la bataille de Bir Hakeim, 3, novembre 1955, JT 20h.
Pèlerinage à Bir Hakeim, 8 novembre 1955, *Actualités Françaises.*
1er décembre 1955, Bir Hakeim et Tobrouk, *Actualités Françaises.*
23 janvier 1958 Inauguration de la statue La France renaissante (rushes, sans son).
4 juin 1962, Anniversaire de Bir Hakeim à Avignon, JT 13h.
18 juin 1962 Bir Hakeim, cérémonie au Monuments aux morts (Paris).
18 juin 1962 Bir Hakeim, El Alamein, *Magazine du Temps passé*, ORTF, (Frédéric Rossif, conseiller historique, Robert Aron).
21 avril 1965, Le bataillon du Pacifique, JT20h.
18 juin 1967, Cérémonies du 18 juin, monument de la France Libre, JT13h.

18 juin 1967, Les Français Libres à Bir Hakeim, Edition spéciale, émission de Thierry de Scitivaux.

3 septembre 1970, La mort du général Koenig JT 20h.

26 juin 1972, Une certaine idée de la France, JT 20h.

27 février 1967, La bataille du désert (série *les Grandes Batailles du passé*, H. de Turenne, D. Costelle).

1er novembre 1972, *Mémoires du général de Gaulle, l'Appel 1940-1942*, adaptation par le réalisateur Pierre Cardinal.

8 novembre 1972, *Mémoires du général de Gaulle, L'Unité 1942-1944* (*idem*).

6 juillet 1980, *La France combattante*, émission de Roger Stéphane, Antenne 2.

6 juin 1984, Portrait du général Koenig JTA2 20h

25 octobre 1992, Pierre Bérégovoy à El Alamein, JT 20h, Antenne2

4 décembre 1994, *Les mille un compagnons ou l'Ordre de la Libération.*

20 juillet 2008, Plaque à la station Bir Hakeim inaugurée par M. Delanoë, cette plaque rentre dans le cadre de la lutte contre les crimes racistes et antisémites et commémore la « rafle du Vel d'Hiv ».

Fonds Henri Rolland Coty, Mémoires de résistants non diffusés, interviews de Jean Simon et de P. Messmer, s.d.

Interview non diffusée de Sir Edward Tomkins, Capitaine de la 20e mission à Bir Hakeim s.d.

Juin 2012, *Bir Hakeim 1942, quand la France renaît*, Timothy Miller, Cineteve, Fondation de la France Libre, France 5.

b. Rommel à la télévision

26 février 1969, *Les dossiers de l'écran*, le maréchal Rommel.

17 juin 1995 et re diffusion 23 juillet 1997 *Le Monde en guerre*, La guerre du désert, La 5, émission de Jean-Luc Hess, film de Peter Batty.

25 juillet 2001, Les guerriers d'Hitler, Rommel l'idole, *Mercredis de l'Histoire*, Arte

7 mai 2003, *Le mythe Rommel, Le guerrier*, Arte, Maurice Philip Remy.

7/08/2010 *Le guerrier et Le conspirateur* (*Le mythe Rommel/2*) Arte (rediffusion de l'émission précédente).

16 octobre 2009 *Le trésor de Rommel*, Thalassa FR3.

15 septembre 2009, *Apocalypse*, D. Costelle, D. Clarke France 2.

23 avril 2005 Rommel traître et héros, *Les carnets d'Histoire parallèle*, Marc Ferro.

La radio de 1945 à 2012

3 mai et 3 juin 1952, *Bir Hakeim*, Paris vous parle (RTF)

29 octobre 1954, *Le magazine de la France d'Outremer* (Pierre Ichal, René Pottier)

26 octobre 1961 1967, *cérémonie pour l'anniversaire de Bir Hakeim*, Inter actualités, 13h

1er juillet 1965, *Dialogue du général de Gaulle avec d'anciens combattants africains* (document Ocora)

6 aout 1965, *La bataille de Bir Hakeim*, France Inter (G. Théodore)

8 janvier 1966, *De Gaulle raconté par les témoins de sa vie*, France Inter.
1er juin 1966, *Commémorations du 18 juin*, par les anciens combattants français, France Inter, l'émission est suivie de témoignages anonymes.
3 septembre 1970, *Mort du général Koenig*, France Inter
24 mai 1967, Bir Hakeim, dans *A voix haute à voix basse*, France Inter.
18 juin 1967, *25e anniversaire de Bir Hakeim*, Inter actualités, 13h.
8 septembre 1970, *Obsèques du général Koenig* aux Invalides, Inter actualités magazine (Yves Mourousi).
26 mai et 27 mai 1982, Bir Hakeim, *L'Histoire a quarante ans*, France Inter, Henri Amouroux.
29 mai 1982, Bir Hakeim, *La Tribune de l'Histoire*, France Inter, Alain Decaux.
9 mai 1990, *Les oubliés de l'armistice*, Antipodes, France Culture, Madeleine Mukamabano, (sur les tirailleurs sénégalais dans la guerre).
4 mai et 11 mai 1992, Bir Hakeim, *L'Histoire en direct*, France Culture, Patrice Gélinet (avec Pierre Messmer, Bernard Saint Hillier, August Von Kageneck, François Broche).
27 juin 1992, Bir Hakeim, *La Tribune de l'Histoire*, France Inter, Alain Decaux, Patrice Gélinet.
8 octobre 1996, *Les jours du siècle, Bir Hakeim*, France Inter, Patrice Gélinet.
9 décembre 1997, Pierre Messmer, *A voix nue*, entretien avec Philippe de Saint Robert, sur France Culture.
6 septembre 2001, *2000 ans d'Histoire*, El Alamein, (Patrice Gélinet avec Pierre Messmer), sur France Inter.
12 février 2008, *2000 ans d'Histoire*, Bir Hakeim, (Patrice Gélinet avec François Broche), sur France Inter.

Disque sur De Gaulle

De Gaulle, Guilde internationale du disque, s.d. contient des extraits de discours, dont celui qui concerne Bir Hakeim et qui vient juste après l'Appel du 18 juin.

B. Archives orales

SHD Vincennes

3K6 Général Bernard Saint-Hillier, Bandes V, VI, VII enregistrées le 11 septembre 1997.
3K 106 M. Jacques Curtis (cameraman), enregistrement du 3 juillet 2006.

Mémorial Leclerc

Interview de P. de Hautecloque, 28 septembre 1999.

Imperial War Museum, Londres

Entretiens enregistrés de la série « Oral History »

Carmichael John, (1982, Indian Army), n°6207.
Crawshay William (1992, officier, 20e Mission Militaire), n° 12521.
Eves William, (1993, Infirmier), n°1866.
Lewis Peter (1989, officier, 8th Durham Light Infantry), n°10657.
Powell Hugh, (1988, Quaker et infirmier, Ambulance Hadfield Spears), n° 10351.
Rodgers John (sans date, soldat, 6th Durham Light Infantry), n° 11202.
Rowlands Albert (1993, Quaker et infirmier, Ambulance Hadfield Spears), n° 13631.

VII. Entretiens personnels

Parmi les vétérans de la Brigade, notre principal interlocuteur, a été Gérard Théodore, Compagnon de la Libération, aspirant au 1er RA, gravement blessé durant la bataille, disparu en 2012. Nous lui devons beaucoup de remarques et une qualité d'entretiens oraux et d'échanges épistolaires assez rares.

Jean- Mathieu Boris, 18 novembre 2007, 4 décembre 2007, 1er RA.
Hubert Germain, Compagnon de la Libération, lieutenant, ancien ministre, 2 avril et 7 mai 2009, 13e DBLE.
Pierre Heitzmann, 15 novembre 2007, et 4 mars 2008, BIM.
Claude Le Peu, Compagnon de la Libération, 8 juin 2009, 1er RA.
Jacques Pigneaux de Laroche, 26 juin 2007, 23 juillet 2007, 1er RA.
Roger Nordmann, 19 juin 2007, 26 Juin 2007, 1er RA.
Bernard Lucas, 4 juin 2009, 1e compagnie du Génie.
Pierre Mayolle, médecin, 12 avril 2008 et 27 juin 2008, BM2.
Jean Renoux, 25 avril 2008, 101e compagnie auto.
André Salvat, Compagnon de la Libération, 23 et 27 mars 2009, BIM.
Léon Tartivot, 1er juin 2008, BIM.
Gérard Théodore, Compagnon de la Libération, 20 juin 2007, 2 novembre 2007, 20 janvier 2008, 20 février 2008, 2 mai 2008, 5 novembre 2008, 28 janvier 2009, 20 juillet 2009, 23 novembre 2009, 1er RA.

Bibliographie

Nous avons renoncé à inclure dans la bibliographie l'ensemble des (très nombreux) titres consultés concernant l'histoire politique et culturelle de la France, l'histoire de la 3e République et de la Seconde Guerre mondiale et de la Résistance intérieure française. On trouvera en outre d'autres références dans les notes, avec des articles et des livres qu'il n'a pas été jugé utile d'incorporer ici.

I. La guerre

A. Généralités

Audoin-Roúzeau, Stéphane, Becker, Annette, Ingrao, Christian, Rousso, Henry (dir.), *La Violence de la guerre, 1914-1945*, Bruxelles, Complexe, 2002.

Barnavi, Elie, *Dix thèses sur la guerre*, Paris, Flammarion, 2014.

Bell, David, A, *The First Total War Napoleon's Europe and the Birth of Modern Warfare*. Londres, Bloomsbury, Publishing, 2007.

Cabanes, Bruno (dir.), *Une histoire de la guerre du XIXe siècle à nos jours*, Paris, Le Seuil, 2018.

Cardini, Franco, *La culture de la guerre*, Paris, Gallimard, 1992.

Chaline, Olivier, *La bataille de la Montagne Blanche, un mystique chez les guerriers*, Paris, Noesis, 1999.

Drévillon, Hervé, *Batailles, Scènes de guerre de la Table ronde aux tranchées*, Paris, Le Seuil, 2007.

Guiomar, Jean-Yves, *L'Invention de la guerre totale. XVIIIème-XXème siècle*, Paris, Editions du Félin, 2004.

Hanson, Victor Davis, *Carnage et culture, Les grandes batailles qui ont fait l'Occident*, Paris, Flammarion, 2002.

Hanson, Victor Davis, *Le Modèle occidental de la guerre*, Paris, Les Belles Lettres, 1990.
Howard, Michael, *La Guerre en Occident*, Paris, Fayard, 1988.
Keegan, John, *Histoire de la guerre du néolithique à la guerre du Golfe*. Paris, Dagorno, 1996.
Paret, Peter (dir.), *Makers of Modern Strategy. From Machiavelli to the Nuclear Age*, Oxford, Clarendon, 1986.
Puiseux, Hélène, *Les figures de la guerre. Représentations et sensibilités 1839-1996*, Paris, Gallimard, 1997.
Strachan, Hew, *European Armies and the Conduct of War*, London, 1983.
Van Creveld, Martin, *Supplying War : Logistics from Wallenstein to Patton*, Cambridge, Cambridge University Press, 1977.

B. Combat et combattants

Audoin-Rouzeau, Stéphane, *Combattre : une anthropologie historique de la guerre moderne (X1Xe-XXe siècles)*, Paris, Seuil, 2008.
Audoin-Rouzeau, Stéphane, *Les armes et la chair*, Paris, Armand Colin, 2009,
Audoin-Rouzeau, Stéphane, « Massacres, le corps et la guerre », dans Alain Corbin, Jean-Jacques Courtine, Georges Vigarello, *Histoire du corps*, t.3, Paris, Le Seuil, 2006, p. 281-321.
Audoin-Rouzeau, Stéphane, Becker, Annette, *14-18. Retrouver la guerre*, Paris, Gallimard, 2000.
Addison, Paul, Calder, Angus, *Time to Kill*, London, Random House, 1997.
Boniface, Xavier, « La religion, la guerre et la violence (1914-1945) », *Revue historique des armées*, n° 3, 2003, p. 35-46.
Bourke, Joanna, *An intimate History of Killing*, London, Granta Books, 1999.
Cochet, François, (dir.), *Former les soldats au feu*, Paris, Riveneuve éditions, 2011.
Ellis, John, *The Sharp End: The Fighting Man in World War II*, New-York, 1993.
Fussell, Paul, *The Great War and Modern Memory*, Oxford, Oxford University Press, 1981.
Gray, Jesse Glenn, *Au combat, Réflexions sur les hommes à la guerre*, Préface de Hannah Arendt, Paris, Tallandier, 2013.
Holmes, Richard, *Acts of War: The Behaviour of Men in Battle*, London, Cassell, 2004.
Holmes, Richard, *Dusty Warriors: Modern Soldiers at War*, Harper&Collins, London, 2006 (sur les opérations de guerre en Irak 2003-2005).
Keegan, John, *The Face of Battle*, London, Penguin Books, 1976.
Lee, David, *Up close and personal, The reality of close quarter fighting*, London Greenhill, 2006.
Leed, Eric J., *No man's land*, Cambridge, Cambridge University Press, 1979.
Lynn, John, *De la guerre. Une histoire du combat, des origines* à *nos jours*, Paris, Tallandier, 2003.
Murray, Leo, *Brains and bullets, How psychology wins wars*, London, Biteback Publishing Ltd, 2013.
Mosse, Georges, *De la Grande Guerre au totalitarisme*, Paris, Hachette,1990.
Rowland, David, *The stress of battle, London*, The Stationary Office, 2006.

Storr, Jim, *The Human face of war*, London, Continuum, 2009.
Strachan, Hew « ‹Training, Morale and Modern War » *Journal of Contemporary History*, 41(2) (London, 2006).

C. Soldats et guerriers, divers

Barrois, Claude, *Psychanalyse du guerrier*, Paris, Hachette, 1993.
Cochet François, *Etre soldat, de la Révolution à nos jours*, Paris, Armand Colin, 2013
Drévillon Hervé, *L'individu et la guerre*, Paris, Belin, 2013.
French, Shannon E., *The code of the warrior, exploring warrior values, past and present*, New-York, Rowman and Littlefield, 2017.
Roynette, Odile, *Les mots des soldats*, Paris, Belin, 2004.

D. Prisonniers de guerre

Afflerbach, Holger, & Strachan, Hew, *How fighting ends, A History of surrender*, Oxford, OUP, 2012.
Bravo Anna, *La conta dei salvati*, Roma, Editori Laterza, 2013.
Caucanas, Sylvie, Cazals, Rémy, Payen, Pascal, (dir.), *Les Prisonniers de guerre dans l'histoire, Contacts entre peuple et cultures*, Toulouse, Privat, 2003.
Cochet, François, *Soldats sans armes, les captivités*, Bruxelles, Bruylant, 1998.
Gayme Eveline, *Les prisonniers de guerre Français*, Paris, Economica, 2010.
Moore Bob & Kent Fedorovitch (dir.), *Prisoners of war and their captors in World War II*, Oxford, Berg, 1996.

E. Volontariat militaire

Arielli Nir, *From Byron to Bin Laden, a history of foreign war volunteers*, Harvard, H.U.P., 2017.
Arielli Nir, et Collins, Bruce (dir.), *Transnational Soldiers. Foreign Military Enlistment in the Modern Era*, Houndmills-New York, Palgrave Macmillan, 2013.
Carrard, Philippe, *Nous avons combattu pour Hitler*, Paris, Armand Colin, 2011.
Checkel, Jeffrey, (dir.), *Transnational Dynamics of Civil War*, Cambridge, Cambridge UniversityPress, 2013.
Grévy, Jérôme, Heyriès, Hubert, et Maltone, Carmela, (dir.), *Garibaldi et garibaldiens en France et en Espagne. Histoire d'une passion pour la démocratie*, Pessac, Presses universitaires de Bordeaux, 2011.
Heyriès, Hubert, Muracciole, Jean-François, *Le soldat volontaire en Europe au XXème siècle. De l'engagement politique à l'engagement professionnel. Actes du colloque international de Montpellier*, du 3 au 5 avril 2003, Montpellier, Presses universitaires de la Méditerranée, 2007.
Krüger, Christine et Levsen, Sonja (dir.), *War Volunteering in Modern Times. From the French Revolution to the Second World War*, Basingstoke, Palgrave, Macmilllan, 2011.
Leleu, Jean Luc, *La Waffen SS. Soldats politiques en guerre*, Paris, Perrin, 2007.

Malet, David, *Foreign Fighters. Transnational Identity in Civil Conflicts*, Oxford-New York, Oxford University Press, 2013.

II. Armée française : généralités (à l'exclusion de la bibliographie spécifique des troupes coloniales)

Bertaud, Jean-Paul, Serman, William, *Nouvelle histoire militaire de la France*, 1789-1919, Paris, Fayard, 1997.
Cochet, François, *Les Français en guerres*, Paris, Perrin, 2017.
Corvisier, André, (dir.), *Histoire militaire de la France*, t.2 ; *De 1715 à 1871, sous la direction de la République (1789-1889)*, t.3 *De 1889 à 1940*, et t. 4 *De 1940 à nos jours*, Paris, PUF, 1992.
Crépin, Annie, *La conscription en débat ou le triple apprentissage de la nation, de la citoyenneté, de la République (1798-1889)*, Artois Presses Université, 1998.
Crépin, Annie, *Défendre la France, les Français, la guerre et le service militaire*, Rennes, P.U.R, 2005.
Crépin, Annie, *Histoire de la conscription*, Paris, Gallimard, 2009.
Drévillon, Hervé, Wieviorka, Olivier, *Histoire militaire de la France*, t.1 *Des Mérovingiens au Second Empire*, t.2, *De 1870 à nos jours*, Paris, Perrin, 2018.
Girardet, Raoul, *la société militaire de 1815 à nos jours* (1953), Paris, Perrin, 1998.
Masson, Philippe, *Histoire de l'armée française*, Paris, Perrin, 2002.
Roynette, Odile, *Bons pour le service. L'expérience de la caserne à la fin du XIXe siècle*, Paris, Belin, 2000.

III. Histoire de la Seconde Guerre mondiale

Aglan, Alya, et Frank, Robert, *1937-1947, La guerre-monde*, Paris, Gallimard, 2015, 2 volumes.
Hinsley, F. H. *British Intelligence in the Second World War*, London, Her Majesty Stationary Office, 1981.
Ellis, John, *Brute Force, Allied Strategy and Tactics in the Second World War*,London, Andre Deutsch, 1990.
Keegan John, *La Deuxième Guerre mondiale*, Paris, Perrin, 1989.
Keegan John (dir.), *Grand Atlas de la Seconde Guerre mondiale*, Paris, Larousse, 1990,
Liddell Hart Basil, *Histoire de la Seconde Guerre mondiale*, Paris, Marabout, 1985.
Montagnon, Pierre, *La grande Histoire de la Seconde Guerre mondiale*, Paris, Pygmalion, 1999.

IV. Bir Hakeim dans la guerre du désert en 1942

A. Instruments de travail

Andrieu, Claire, Braud, Philippe, Piketty, Guillaume (dir.), *Dictionnaire de Gaulle*, Paris, Robert Laffont, 2006.

Broche, François, Caïtuccoli Georges, Muracciole Jean-François (dir.), *Dictionnaire de la France Libre*, Paris, Robert Laffont, 2010.
Rioux Jean-Pierre (dir.), *Dictionnaire de la France coloniale*, Paris, Flammarion, 2007.
Trouplin Vladimir (dir.), *Dictionnaire des compagnons de la Libération*, Paris, Elydis, 2010.

B. Histoire de la campagne du désert dans la guerre

1. Le théatre méditerranéen

Ball Simon, *The Bitter Sea, The Struggle for Mastery in the Mediterranean*, London, Harper, 2010.
Bennett, Ralph, *Ultra and Mediterranean Strategy,1941-1945*, London, Hamish Hamilton, 1989.
D'Este, Carlo, *World War II in the Mediterranean*, Chappel Hill, Algonquin Books, 1990.
La Guerre en Méditerranée (1939-1945), actes du colloque international (Paris, 8 au 11 avril 1969), Paris, CNRS, 1971.Porch Douglas, *Hitler's Mediterranean Gamble:the North African and the Mediterranean campaigns in World War II*, London, Weidenfeld & Nicholson, 2004.

2. La guerre dans le désert

Agar-Hamilton, J.A.I. *Crisis in the desert, May-July 1942*, London, Oxford University Press, 1952.
Arbarétier, Vincent, *Rommel et la stratégie de l'Axe en Méditerranée*, Paris, Economica, 2009.
Ball Simon, *Alamein, Great Battles*, Oxford University Press, 2016.
Bauer, Eddy, et Botte, Luce, *Guerre dans le désert*, Editions Christophe Colomb, 1985.
Bungay Stephen, *Alamein*, London, Aurum, 2002.
Carver, Field Marshal Michael, *Dilemmas of the Desert War: A New Look at the Libyan Campaign 1940 – 1942* , London, B.T. Baswortth, 1986.
Carver, Field Marshal Michael, *El Alamein*, London, *Wordsworth* 1962.
Carver, Field Marshal Michael, *Tobruk*,,London, Pan Books, 1964.
Doherty, Richard, *The Sound of History, El Alamein, 1942*, London, Spelmount Publishers, 2002.
Labanca Nicola, Reynolds David, Wieviorka Olivier (dir.), *La guerre du désert*, Paris, Tallandier, 2019.
Levine, Alan J., *The war against Rommel's supply lines*, London, Stackpole books, 2008.
Pitt, Barrie, *The Crucible of War: Wavell's Command: The Definitive History of the Desert War*, vol. I, Jonathan Cape Ltd London, 1986.
The Crucible of War: Auchinleck 's Command: The Definitive History of the Desert War, vol. II, Jonathan Cape Ltd, 1986.
The Crucible of War: Montgomery and Alamein: The Definitive History of the Desert War, vol. III London, Jonathan Cape Ltd, 1986.

Playfair, I. S. O., Stitt, G. M. S., Molony, C.J.C. and Toomer, S.E., *The Mediterranean and Middle East*, vol. I, *The Early Success against Italy, History of the Second World War*, London, HMSO, 1954.

Playfair I. S. O., Flynn, F. C., Molony, C.J. C. and Toomer, S.E., *The Mediterranean and Middle East*, vol. II, *The Germans Come to the Help of Their Ally, History of the Second World War*, London, HMSO,1956.

Playfair, I. S. O., Molony, C. J. C., Flynn, F. C. and Gleave, T. P., *The Mediterranean and Middle East*, vol. III, *British Fortunes Reach their Lowest Ebb. History of the Second World War*, London, HMSO, 1960.

Playfair, I. S. O., Molony, C. J. C., Flynn, F. C. and Gleave, T. P *The Mediterranean and Middle East*, vol. IV, *The Destruction of the Axis Forces in Africa. History of the Second World War* London, HMSO, 1966.

Shores Christopher, Massimello, Giovanni, *A History of the Mediterranean air war 1940-1945*, London, Grubb Street, 2012.

Shores Christopher, Ring Hans, *Fighters over the desert*, New-York, Arco Publishing Company. 1969.

Watson, Bruce, Allen, *Exit Rommel*, London, Stackpole books, 2007.

3. La question de l'arrière dans la guerre du désert

Voir en premier lieu : Destremau Christian, *Le Moyen-Orient pendant la Seconde Guerre mondiale*, Paris, Perrin, 2015.

En outre titre de rappel et d'exemples, car la bibliographie est considérable et relève d'abord de l'histoire politique :

Herf, Jeffrey, *Nazi Propaganda for the Arab World*, New Haven, Yale University Press, 2009.

Kelly, Saul, *Politics on the desert, Britain and Lybia during WWII*, London, Silphium Press, 2010.

Khoury, Philip, *Syria and the French Mandate*, London I.B. Tauris, 1987.

Vatikiotis P. J., *The History of Modern Egypt*, London, Weidenfeld, 1991.

C. La bataille de Bir Hakeim

Arzallier, Jean-Jacques, *Le prix de la seconde guerre mondiale, La difficulté de l'estimation : l'exemple de Bir Hakeim*, Portail consulté en 2015 et maintenant disparu, *History4war.com.*

Bergot Erwan, *Bir Hakeim*, Presses de la Cité, 1989.

Broche François, *Bir Hakeim, La France renaissante*, Paris, Italiques, 2003.

Broche François, *Bir Hakeim mai-juin 1942*, Perrin, 2008 (rééd. sous le titre : *Bir Hakeim*, coll. Tempus, 2012).

Broche François, *La cathédrale des sables, Bir Hakeim (26-mai-11 juin 1942)*, Paris, Belin, 2019.

Broche François, *La cathédrale des sables, Bir Hakeim*, Paris, Belin, 2019.

Crémieux-Brilhac Jean-Louis, « Les atouts du printemps 1942 : III. Bir Hakeim », *La France Libre. De l'appel du 18 juin à la Libération*, Gallimard, 1996.

Porte Rémi, plusieurs articles dont « Bir Hakeim, face aux panzers de Rommel », *Les Dossiers de la Seconde Guerre Mondiale*, n°6, octobre-décembre 2006.

Holmes Richard, *Bir Hacheim, Desert Citadel*, London, The Pan-Ballantine Illustrated, 1970.

Laurent Daniel, Mas Cédric, *Bir Hackeim, Dossier spécial La guerre du désert - Histomag44*, n° 73, septembre-octobre 2011.

Lormier Dominique, *La bataille de Bir Hakeim : une résistance héroïque*, Calmann-Lévy, 2009.

Mathias Jean, *Bir Hakeim*, Éditions de Minuit, 1955.

Mordal Jacques, *Bir-Hakeim*, Éditions Amiot-Dumont, 1952.

St-Hillier Bernard, *Bir Hakeim 1942, Sur les traces de la 1e Légion romaine*, Paris, 1992.

D. Histoire des Armées

1. France : France Libre et armée coloniale

Les Armées françaises pendant la Seconde Guerre mondiale, 1939-1945, actes de colloque (Paris, 7-10 mai 1985), Paris, Institut d'histoire des conflits contemporains, 1986.

Clayton Anthony, *Histoire de l'armée française en Afrique, 1830-1962*, Paris, Albin Michel, 1988.

Champeaux Antoine, Deroo Éric, *La Force noire : gloires et infortunes d'une légende coloniale*, Paris, Tallandier, 2006,

L'épopée de la 1ere division française libre, Fondation de la France Libre, IAPCA, 2010.

Echenberg, Myron, *Les Tirailleurs sénégalais en Afrique Occidentale française*, Paris, Karthala, 2009.

Fargettas, Julien, *Les tirailleurs sénégalais*, Paris, Tallandier, 2012.

Frémeaux Jacques, « La participation des contingents d'outre-mer aux opérations militaires, 1943-1944 », dans *Les Armées françaises pendant la Seconde Guerre mondiale, 1939-1945*, actes de colloque (Paris, 7-10 mai 1985), Paris, Institut d'histoire des conflits contemporains, 1986, p. 355-363.

Gaujac, Paul, *L'armée de la victoire*, Limoges, Lavauzelle, 1984.

Ganachaud, Georges, *Les FFL et l'armée d'Afrique*, Paris, Tallandier, 1990.

Gaspar Celaya, Diego, *La guerra continua, voluntarios espanoles al servicio de la Francia libre, (1940-1945)*, Madrid, Marcial Pons Historia, 2015.

Gras Yves (Général), *La1re DFL au combat*, Presses de la Cité, 1983.

Launey Stéphane, « Les services cinématographiques militaires français pendant la Seconde Guerre mondiale », *Revue Historique des Armées*, n°252, 3e trimestre 2008, p. 27-39.

Le Gac Julie, *Vaincre sans gloire, Le Corps expéditionnaire Français en Italie*, Paris, Les Belles Lettres, 2013.

Lormier, Dominique, *C'est nous les Africains*, Paris, Calmann-Lévy, 2006.

Le Naour Jean-Yves, *La Honte noire. L'Allemagne et les troupes coloniales françaises, 1914-1945*, Paris, Hachette, 2003,

Mabon Armelle, *Prisonniers de guerre « indigènes »*, Paris, La Découverte, 2010.

Muracciole Jean-François, *Les Français libres, l'autre résistance*, Paris, Tallandier, 2009.

Nzenze, Mireille, *L'armée française en AEF 1919-1958*, thèse sous la direction de J.C. Allain, 1998.

Onana, Charles, *La France et ses tirailleurs*, Paris, Duboiris, 2003. (pour l'adjudant Koudoukou p.101).

Porch, Douglas, *La Légion étrangère*, Paris, Fayard, 1994.

Thomas, Martin C.; « The Vichy government and French Colonial Prisoners of war », *French Historical Studies*, n°.4, vol. 225, 2002, p.657-692.

Vincent, Jean-Noël, *Les FFL en Afrique du Nord (1940-1943)*, Paris, 1983.

Vernet, Jacques, *Le Réarmement et la réorganisation de l'armée française, 1943- 1946*, Vincennes, Service historique de l'Armée de terre, 1980,

Vigneras Marcel, *Rearming the French*, Washington DC, Department of the Army, Office of the chief of military history, 1957.

2. Unités combattantes de la France Libre

Broche, François, *Le Bataillon des guitaristes*, Éditions Fayard, 1970.

Comor, André-Paul, *L'épopée de la 13e demi-Brigade de Légion Etrangère*, Paris, Nouvelles Editions Latines, 1988.

Dufour Pierre, *La Légion étrangère 1939-1945*, Paris, Heimdal, 2000.

Dufour, Pierre, *Le 1er* Régiment d'artillerie de Marine, Limoges, Lavauzelle, 2006.

État-Major Général, *Historique des Forces Françaises Libres*, tome V : *Opérations de la 2re DFL en Libye et en Cyrénaïque (mars-août 1942)*, Paris, EMGG, 1952.

Fleury Georges, *Les fusiliers marins de la France Libre. De Londres à Bir Hacheim, de l'Italie au Rhin*, Grasset, 1980.

Le Goyet, Patrick, « Le bataillon d'infanterie de marine et du Pacifique », *Revue Historique des armées*, n°1, 1965, p.115-140.

Magon de la Villehuchet, Général, https://www.birhakeim-association.org/le-genie-vainqueur.html

Richardot Pierre, « La 13e DBLE et la bataille de Bir Hakeim », *Revue 2e Guerre Mondiale*, 2006, p.54-62.

3. Service de santé de la France Libre

Chauliac Guy, *Les services de santé de la France Libre 1940 à 1943*, Éditions Guy Chauliac, 1994.

Michel (Dr Bernard François) et Quelen, André, *Le Service médical au service de la France Libre du 18 juin 1940 au 18 juin 1942*, Éditions Elzévir, 2010.

Sicé Adolphe, « Le service de santé de la France Libre pendant les campagnes de 1940, 1941, 1942 », *La Presse Médicale*, n°2416, p. 332-340, n°2523, p.345-352, juin 1945.

4. Grande Bretagne et Commonwealth

Brown, W. Baker, *History of the Corps of Royal Engineers, 1938-1948*, volume VIII, Institution of Royal Engineers, 1958.

Barnett Corelli, *Desert generals*, London, Kimber, 1959, traduction : *Les généraux du désert*, Le livre contemporain, 1960.

Carver, Field Marshal Michael, *Britain' s Army in the 20th Century*, London, Wordsworth, 1999.

Crang, Jeremy A., *The British Army and the People's War, 1939-1945* Manchester, Manchester University Press, 2000.

Crew, F. (ed.), *History of the Second World War: United Kingdom Medical Services - Army Medical Services, vol. I, Campaigns*, London, 1957.

Fennell Jonathan, *Combat and morale in the North African campaign*, Cambridge, Cambridge University Press, 2010.

Jonathan Fennell, *Fighting the People's War (Armies of the Second World War)*, Cambridge, Cambridge University Press, 2019.

Fisher David, *The War Magician: The man who conjured victory in the desert*, New-York, Berkley Publishing Corporation, 1983.

Fraser, David, *And We Shall Shock Them: The British Army in the Second World War*, London, 1999.

French, David, « Discipline and the Death Penalty in the British Army in the War against Germany during the Second World War», *The Journal of Contemporary History*, 33(4), October 1998.

French, David, *Raising Churchill's Army: The British Army and the War against Germany 1919-1945*, Oxford, Oxford University Press, 2000.

Hastings, Major R. H. W. S., *The Rifle Brigade in the Second World War*, Aldershot, Gale & Polden, 1950.

Johnston, Mark, *At the Front Line: Experiences of Australian Soldiers in World War II*, Cambridge, Cambridge University Press, 1996.

MacKenzie, S. P., *British War Films, 1939-1945*, London, Hambledon Continuum, 2001.

Mellor, W. Franklin (ed.), *Casualties and Medical Statistics, History of the Second World War*, London, H.M. Stationary Office, 1972.

The History of the Corps of Royal Engineers VIII World War II, 1938-48, France and Belgium 1939-40, Norway, Middle East, East Africa, Western Desert, North West Africa and Home Front, Chatham, Royal Engineers.

Scoullar, J.L.,*Battle for Egypt: The Summer of 1942 . Official History of New Zealand in the Second World War 1939-1945*, Wellington, War History Branch, 1955.

Smith, Lyn, *Pacifists in action*, York, William Sessions Limited, 1998.

Sadler John, *Ghost Patrol, A history of the Long Range Desert Group*, Oxford, Casemate, 2015.

Urban Mark, *The Tank war*, London, Abacus, 2013.

Walker, Allan S., *Clinical Probelems of War. Australia in the War of 1939 - 1945*, vol. I, Canberra, War History Branch, 1952.

Walker, Allan, *Middle East and Far East. Australia in the War of 1939- 1945*, vol. II, Canberra, War History Branch, 1953.

Wilmington, Martin W., *The Middle East Supply Center*, New-York, State University of New-York Press, 1971.

5. Allemagne
Généralités, Rommel, la guerre du désert vue du côté de l'Afrika Korps

Inévitablement, l'anecdotique est ici très représenté (dans toutes les langues), à côté de travaux plus recommandables.

Bartov, Omer, *L'armée d'Hitler*, Paris, Hachette, 1999.

Carell Paul, *L'Afrika Korps*, Robert Laffont, 1960.

Citino, Robert M., *Death of the Wehrmacht: The German Campaigns of 1942*, Lawrence, University of Kansas Press, 2007.

Fitere, Jean-Marie, *Panzers en Afrique*, Paris, Presses de la Cité, 1980.

Forty, G., *Afrika Korps at War*, London, Littlehampton Book Services Ltd, 1978.

Gertz von Esebeck, Hanns, *Das Deutsche Afrika Korps*, Limes, Verlag, 1949.

Irving David, *The Trail of the Fox, the life of Field-Marshal Erwin Rommel*, Weidenfeld and Nicolson, London, 1977, 448 p.

Heckmann, Wolf, *Rommel's war in Africa*, London, Granada, 1981, préface du général Sir John Hackett.

Kahn, Volmar, *Mit Rommel in der Wuste Motorbuch*, Verlag, Stuttgart, 1975.

Kriebel, Rainer, *Inside the Afrika Korps*, London, Grenhill, 1992, réimpression de l'étude rédigée par Kriebel pour l'armée américaine en 1949.

Kitchen, Martin, *Rommel's Desert War: Waging World War II in North Africa*, 1941-1943 , Cambridge University Press, Cambridge, 2009 .

Lannoy, François de, *Afrika Korps*, Paris, Heimdal, 2002.

Law, R.D. et Bender, J., *Uniforms, organization and History of the Afrika Korps*, San Jose, James Bender Publishing, 1983.

Lemay, Benoit, *Rommel*, Paris, Perrin, 2009.

Liddell Hart, B. H. (ed.), *The Rommel Papers*, New York, Da Capo, 1953. (pour les remarques et notes).

Macksey Kenneth, *Afrika Korps, Rommel et ses hommes*, Verviers, Gérard, 1970.

Mas Cédric, *L'Afrikakorps 1942*, vol. 2, hors-série n°8 de *Batailles & Blindés, 2012.*

« Rommel », *Ligne de Front*, Mars-avril 2009.

Masson, Philippe, *Histoire de l'armée allemande*, Paris, Perrin, 1994.

McGuirk, David., *Rommel's Army in Africa*, London, Hutchinson, 1987.

Rondeau, Benoit, *Afrikakorps, l'armée de Rommel*, Paris, Tallandier, 2013.

Showalter, Dennis, *Patton and Rommel*, New-York, Berkeley Caliber, 2005.

Stumpf Reinhard, « Der Feldzug nach El Alamein », in Horst Booz, Werner Rahn, Reinhard Stumpf, Bernd Wegner, *Das Deutsche Reich und der Zweite Weltkrieg*, Deutsche Verlag-Anstallt, 1990, Band. 6 p. 595-623.

6. Italie, organisation de l'armée, opérations et unités

Ceva Lucio, *Africa Settentrionale 1940-43*, Roma, Bonacci, 1982.

Ceva Lucio, *La condotta italiana della guerra; Cavallero e il Comando Supremo 1941-42*, Roma, Feltrinelli, 1975.

Cloutier, Patrick, *Regio esercito, The italian royal army in Mussolini's wars*, Jphn Patrick Cloutier ed. (à Compte d'auteur).

Del Rosso Attilio, « Autocannone et portee in Africa settentrionale,», *Storia militare* , n°145 ; dec. 2005, p.4-18, n°148, Gen. 2006, p. 30-42.

Del Rosso Attilio « Bir Hakeim », *Storia miltare*, Nov.2007, p.17-30 ; traduction/adaptation par Zambon, David, 2009 « Les tankistes de la division blindée Ariete à Bir Hakeim », *Batailles & Blindés*, février-mars 2009, n° 29, p. 18-25.

Guglielmi, Domenico « Le 132e Reggimento Carri de la Libye à l'Irak », Batailles et Blindés, n°22, 2007, p.44-51.

L'8 bersaglieri, Historique, Manuscrit (transmis par David Zambon).

Knox, Mac Gregor, *Hitler's, Italian allies*, Cambridge, Cambridge University Press, 1999.

Loi Salvatore, *Aggredisci e vincerai, Storia della divisione motorizzata Trieste*, Mursia, Milano, 1983. (Contient des témoignages et des extraits de journaux de marche en annexe).

Montanari, Mario ; *Le operazione in Africa Settentrionale, vol. III Gennaio-novembre 1942*, Roma, 1985.

Petacco, Arrigo, *L'armata del deserto*, Roma, Mondadori, 2010.

Rochat Georgio, *Le guerre italiane 1935-43, dal impero d'Ethiopia alla disfetta* Torino, Einaudi, 2005.

Rochat Georgio, « Le guerre del fascismo », dans Walter Barberis (dir.) *Storia d'Italia*, t.18, Turin, Giulio Einaudi editore, 2002, p. 695-726.

Rodogno, David, *Fascism's European Empire*, Cambridge, Cambridge University Press, 2006.

Segreto Luciano, « L'industria de la guerra », dans Walter Barberis (dir.) *Storia d'Italia*, t.18, Turin, Giulio Einaudi editore, 2002, p. 645-694.

Viglione Francesco, « *Tentativo di Ricostruzione di un Mattino di Guerra del 132° reggimento carri*, Ariete », SME - Ufficio Storico 1988, *Studi Storico Militari*, 1987, p. 533-700. Ce travail d'un ancien tankiste du 132e régiment de chars se limite à la période des 25-27 mai 1942.

Zambon David, *132a Divisione Corazzata "Ariete"*, Paris, Caraktère éditions, 2014.

Walker Ian W., *Iron Hulls, iron hearts*, Trowbridge, Crowood Press, 2006.

7. Biographies de militaires du côté Allié

Audigier, François, Cochet, François, Lachaise, Bernard et Vaïsse, Maurice, *Pierre Messmer au croisement du militaire, du colonial et du politique*, Riveneuve éditions, 2012.

Joubert, Pierre-Yves et Lalande, Marie-Françoise, *Le Général André Lalande, 1913-1995 : droit fil dans la trame de l'histoire*, Écritures, Brive, 1997.

Notin, Jean-Christophe, *Le Général Saint-Hillier*, Perrin, 2009.

Oulmont, Philippe (dir.), *Larminat, un fidèle hors série*, Paris, Little Big Man, 2008.

Le maréchal Koenig

Collectif, (dir. C. Quetel), *Koenig, L'homme de Bir Hakeim*, Caen, Mémorial de Caen, 1992.

Robinet, Louis -Gabriel, *Koenig, un chevalier*, Paris, France-Empire, 1973.

Lormier, Dominique, *Kœnig : l'homme de Bir Hakeim*, Éditions du Toucan, 2012.

Vial Philippe, « Un ministre paradoxal, le général Koenig», dans Forcade, Olivier, Duhamel, Eric, Vial, Philippe (dir.), *Militaires en république 1870-1962*, Paris, Publications de la Sorbonne, 1999, p. 255-292.

Les frères ennemis britanniques du désert, Auchinleck et Montgomery :

Connell John, *Auchinleck*, London, Cassell, 1959.

Warner, Philip, *Auchinleck The Lonely Soldier*, Barnsley, Pen and Sword, 2006.

Brighton, Terry, *Monty, Patton and Rommel at war*, London, Penguin, 2008.

Capet, Antoine, *Montgomery*, Paris, Perrin 2014.

Hamilton, Nigel, *The Full Monty: Montgomery of Alamein 1887-1942*, London, Penguin, 2002.

V. Histoire de la France Libre, stratégie, diplomatie

A. La France Libre

Crémieux-Brilhac Jean-Louis, *La France Libre. De l'appel du 18 juin à la Libération*, Gallimard, 1996, 2 vol.

Flahaut-Domergue, Isabelle, « La propagande cinématographique de la France Libre ou la continuation du combat », dans Jean-Pierre Bertin-Maghit (dir.), *Une histoire mondiale des cinémas de propagande*, Paris, Nouveau Monde, 2008, p. 471-493

Harismendy Patrick, Le Gall Erwan, *Pour une Histoire de la France Libre*, Rennes, PUR, 2012.

La France Libre, Colloque 15-16 juin 2004, Fondation de la France Libre, Fondation De Gaulle, Limoges, Lavauzelle, 2005.

Luneau Aurélie, *Radio Londres 1940-1944*, Paris, Perrin, 2005.

Luneau Aurélie, *Je vous écris de France : Lettres inédites à la BBC 1940-1944*, L'iconoclaste, 2014.

Muracciole, Jean-François, *Histoire de la France Libre*, PUF, 1996.

Oulmont Philippe, *Pierre Denis, Français libre et citoyen du monde*, Paris, Nouveau Monde Éditions, 2012

Tirouflet Michel, *André Diethelm (1896-1954) : Le pilier de la France Libre*, Paris, Nicolas Chaudun, 2012.

B. L'empire dans la guerre

Ageron, Charles-Robert, « La survivance d'un mythe : la puissance par l'empire colonial (1944-1945) », dans *Revue française d'histoire d'Outre-mer,* 4e trimestre 1985, p. 387-403.

Cantier, Jacques, Jennings, Éric (dir.), *L'Empire colonial sous Vichy*, Paris, Odile Jacob, 2004.

Cantier, Jacques, *L'Algérie sous le régime de Vichy*, Paris, Odile Jacob, 2002.

Coquery-Vidrovitch Catherine, Ageron Charles-Robert, *Histoire de la France coloniale*, t. 3, *Le Déclin*, Paris, Armand Colin, 1996.

Guerin du Marteray Charles., *Une colonie pendant la guerre ou les origines d'une révolte, Madagascar, 1939-1947*, Thèse, Université de Nice, 1977 (Dir. M.A. Nouschi).

Jennings, Eric, *La France Libre fut africaine*, Paris, Perrin, 2014.

Lévisse-Touzé, Christine, *L'Afrique du Nord dans la guerre, 1939-1945*, Paris, Albin Michel, 1998.

Rabearimanana, Lucie, « Les malgaches durant la seconde guerre mondiale, souffrances et rêves d'émancipation », *Guerres mondiales et conflits contemporains*, n°246, avril 2012, p. 7-22.

Thobie, Jacques, Meynier, Gilbert (dir.), *Histoire de la France coloniale,* t. 2, *1914-1990,* Paris, Armand Colin, 1991.

Thomas, Martin, *The French Empire at War,* 1940-1945, Manchester, Manchester University Press, 1998.

Valensky, Chantal, *L'image et le rôle du soldat engagé par l'armée française, 1884-1920,* Thèse Paris VII, 1992, (dir. F. Raison-Jourde).

Weill, Henri, *Tahiti-France Libre, le ralliement des Établissements français d'Océanie,* Lavauzelle, 2003.

C. Autour du général de Gaulle, de la France Libre au gaullisme

1. Le général

Agulhon, Maurice, *De Gaulle. Histoire, symbole, mythe,* Paris, Plon, 2000.

De Gaulle chef de guerre, Paris, Plon, 2008.

De Gaulle en son siècle, La Documentation Française, 1991, 6 volumes.

Hazareesingh, Sudhir, *Le Mythe Gaullien,* Paris, Gallimard, 2010.

Oulmont, Philippe (dir.), *Les voies « De Gaulle » en France,* Paris, Fondation Charles de Gaulle, 2009.

Vassallo, Aude, *La télévision sous De Gaulle*, Paris, De Boeck, 2005.

2. Les Compagnons de la Libération

Hopquin Benoît, *Nous n'étions pas des héros, les Compagnons de la Libération racontent leur épopée,* Paris, Calmann Lévy, 2014.

Miquel, Pierre, *Compagnons de la Libération*, Paris, Denoël, 1995.

Notin, Jean-Christophe, *1061 compagnons*, Paris, Perrin, 2000.

Thesmar, François, *L'Ordre de la Libération ou les Compagnons par eux-mêmes*, thèse de doctorat d'histoire sous la direction de Jean-Pierre Azéma, IEP de Paris, 1991.

Weill Henri, *Les Compagnons de la Libération. Résister à 20 ans*, Privat, 2006.

3. Mémoire de la France Libre en fonction de Bir Hakeim

Muracciole, Jean-François, « Bir Hakeim, construction d'un mythe imparfait » dans, *La Fabrique de l'événement*, M.P. Noel, et F. Thomas, (dir.), Paris, Houdiard, 2008, p. 175-190.

Rochereau, *Mémoire des Français libres*, Paris, Nouveau Monde Editions, 2006.

Waechter, Matthias, « Die Schlacht von Bir Hakeim (Juni 1942) und der Mythos des Gaullismus», dans Krumeich, Gerd, und Brandt, Suzanne, (dir.), *Schlachtenmythen*, Bohlau Verlag, Kôln, Weimar, Wien, 2003, p.165-182.

VI. Les questions autour de la brigade juive à Bir Hakeim et du salut du drapeau juif par le général Koenig

Aronson, Samuel, *Hitler, the Allies, and the Jews*,Cambridge University Press, 2004.

Rabinowicz, Oskar K., *Winston Churchill on Jewish problems*, édité par T. Yoseloff. Longman, London, 1960.

Rosenberg, John Mitchell, *The story of Zionism, A Birds Eye view*, Lightning Source, 2007.

Lazar, David, *L'opinion Française et la naissance de l'Etat d'Israel*, Paris, Calmann Levy, 1972, livre tiré de la thèse *: L'opinion française devant l'avènement de l'Etat d'Israël, 1945-1949, sous la direction de René Rémond* , 1970, 2 vol. (XV- 511 f.)

Van Paassen, Pierre, Jacques Papy, *L'alliée oubliée*, Les éditions des Quatre Vents, 1947. Beckham, Martin *The Jewish Brigade : An Army With Two Masters, 1944-45*. Sarpedon Publishers, London, 1999.

Medoff, Richard, *Militant Zionism in America: The Rise and Impact of the Jabotinsky Movement in the United States*. University of Alabama Press, 2002.

Nous n'avons pu voir : Schillo Frank, *Les relations Franco-Israéliennes 1939-1959*, Thèse IEP Paris, non consultable.

A ces titres ont été ajoutés nombre de livres en Français et en Anglais, portant sur l'histoire de l'armée israélienne, qu'il est inutile de faire figurer dans cette bibliographie.

VII. Témoignage et récit de guerre

A. Témoignage

Dulong, Renaud, *Le Témoin oculaire. Les conditions sociales de l'attestation personnelle*, Paris, Éditions de l'EHESS, 1998.

Jouhaud, Christian, Ribard, Dinah, Schapira, Nicolas(dir.), *Histoire, Littérature, Témoignage*, Paris, Gallimard, 2009.

Norton Cru, Jean, *Du témoignage*, Paris, Allia, 1998.

Wieviorka, Annette, *L'ère du témoin*, Paris, Hachette, 2002.

B. Réflexions sur l'écriture de l'histoire de la guerre

« Ecrire la guerre, de Homère à Edward Bond », *Le Magazine Littéraire*, n°378, juillet-août 1999.
Kaempfer, Jean, *Poétique du récit de guerre*, Paris, José Corti, 1998.
Lyon-Caen, Judith, *La griffe du temps, ce que l'histoire peut dire de la littérature*, Paris, Gallimard, 2019.
Venayre, Sylvain, Lapray, Xavier, *Ecrire la guerre de l'Antiquité à nos jours*, Paris, Citadelles, 2018.
Venayre, Sylvain, *Une guerre au loin, Annam 1883*, Paris, Les Belles Lettres, 2016.

C. Mise en forme du récit personnel

Didier, Béatrice, *Le journal intime*, Paris, PUF, 1976.
Genette, Gérard, *Figures III*, Paris, Seuil, 1972.
Girard, Alain, *Le journal intime*, Paris, PUF, 1963.
Lejeune, Philippe, *Je est un autre, l'autobiographie, de la littérature aux médias*, Paris, Seuil, 1980.
Lejeune, Philippe, *Le pacte autobiographique*, Paris, Seuil, 1996.
Lejeune, Philippe, *L'autobiographie en France*, Paris, Armand Colin, 1998.
Touzin, Marie-Madeleine, *L'écriture autobiographique*, Paris, Bertrand Lacoste, 1993.

VIII. De l'événement à la mémoire

A. Evènement

Dosse, François, *Renaissance de l'événement, un défi pour l'historien entre sphinx et phénix*, Paris, PUF, 2010.
Pierre Laborie, *Penser l'événement*, Paris, Gallimard, 2019.
Nora, Pierre, « Le retour de l'événement », dans *Faire de l'histoire t.1: Nouveaux problèmes*, p.210-227.
Ricoeur, Paul, « Evénement et sens », dans J.L. Petit, *L'événement en perspective*, Paris, E.H.E.S.S., 1991, p. 41-56.

B. Mémoires

1. Discours général, mémoire, histoire, société

Augé, Marc, *Pour une anthropologie des mondes contemporains*, Paris, Aubier, 1994.
Becker, Jean-Jacques, « La mémoire objet d'histoire ? », dans *Ecrire l'histoire du temps présent*, hommage à François Bédarida, Paris, C.N.R.S., 1993, p. 115-122.
Candau, Joel, *Anthropologie de la mémoire*, Paris, P.U.F., 1996.

Davallon, Jean, Dujardin, Paul, Sabatier, Gilles, (dir.), *Politique de la mémoire*, Lyon, P.U.L., 1993.

Halbwachs, Marcel, *Les cadres sociaux de la mémoire*, Paris, Gallimard, 1925 (Réédition), Albin Michel, 1994, (postface de G.Namer).

Halbwachs, Marcel, *La mémoire collective*, Paris, Albin-Michel, 1995.

Joutard Philippe, *Histoire et mémoires, conflits et alliances*, Paris, La Découverte, 2015.

Le Goff, Jacques, *Histoire et mémoire*, Paris, Gallimard, 1988.

Namer, Gérard, *Mémoire et société*, Paris, Klincksiek, 1987.

Namer Gérard, *La Commémoration en France de 1945 à nos jours*, Paris, L'Harmattan, 1987.

Nora, Pierre, (dir.), *Les lieux de mémoire*, Paris Gallimard, 7 volumes, 1997.

Nora, Pierre, « Entre mémoire et histoire », dans Pierre Nora (dir.), *Les Lieux de mémoire*, t. 1: *La République*, Paris, Gallimard, 1984,

Ory, Pascal, *Une nation pour mémoire*, Paris, F.N.S.P., 1992.

Peschanski, Denis, Maréchal, Denis, *Les chantiers de la mémoire*, Paris, INA éditions, 2013.

Ricoeur, Paul, *La mémoire, l'histoire, l'oubli*, Paris, Le Seuil, 2000.

2. Combats mémoriels et mémoires de guerre

Blanchard, Pascal, Veyrat-Masson, Isabelle, *Les guerres de mémoires, la France et son histoire*, Paris, La Découverte, 2008.

Crivello, Maryline, Garcia, Patrick, Offenstadt, Nicolas, *Concurrence des passés, usages politiques du passé dans la France contemporaine*, Aix-en-Provence, Publications de l'Université de Provence, 2006.

Dalisson, Rémi, *Les guerres et la mémoire*, Paris, CNRS éditions, 2013.

Cabanel, Patrick, et Laborie, Pierre, *Penser la défaite*, Toulouse, Privat, 2002.

Cyrulnik, Boris, entretien avec Denis Peschanski, *Mémoire et traumatisme, L'individu et la fabrique des grands récits, Paris, INA-Edition, 2012.*

Journoud, Pierre, «1954-2004, la mémoire de Dien Bien Phu en France et au Vietnam », dans *La Fabrique de l'événement*, (dir. M.P. Noel, et F. Thomas), Paris, Houdiard, 2008, p. 222-239.

Laborie, Pierre, *Le chagrin et le venin*, Paris, Bayard, 2011.

MacLeod, Jenny (dir.), *Defeat and Memory*, London, Palgrave, 2008.

Rousso, Henry, *Le syndrome de Vichy*, Paris, Le Seuil, 1990.

Wieviorka, Olivier, *La Mémoire désunie, Le souvenir politique des années sombres de la Libération à nos jours*, Paris, Le Seuil, 2010.

Winter, Jay, *Sites of Memory, sites of mourning, The Great War in European Cultural History*, Cambridge, Cambridge University Press, 1995

Winter, Jay, *War beyond words, Languages of remembrance*, Cambridge, Cambridge University Press, 2018.

IX. Histoire et culture(s)

A. Histoire culturelle, généralités

Bourke, Peter, *What is cultural History?* Cambridge, Polity, 2008 (2nd ed.).
Goestschel, Pascale, Loyer Emmanuelle, *Histoire culturelle de la France,* Paris Armand Colin, 2005.
Martin Laurent, Venayre, Sylvain, *L'histoire culturelle du contemporain*, Actes du colloque de Cerisy, Paris, Nouveau Monde éditions, 2005.
Ory, Pascal, *L'histoire culturelle,* Paris, PUF, 2004.
Poirrier, Philippe, *L'histoire culturelle, un tournant mondial de l'historiographie ?,* Dijon, EUD, 2008.

B. Culture de masse

Almeida, Fabrice d', Delporte, Christian, *Histoire des médias en France,* Paris, Flammarion, 2003.
Barbier, Frédéric, Bertho-Lavenir, Catherine, *Histoire des Médias de Diderot à Internet,* Paris, Armand Colin, 1996.
Fleury-Villatte, Béatrice (dir.), *Récit médiatique et histoire,* Paris, L'Harmattan/INA, 2003.
Kalifa, Dominique, *La culture de masse en France,* Paris, La Découverte, 2001.
Rioux, Jean-Pierre, Sirinelli, Jean-François, *La culture de masse en France,* Paris, Fayard, 2002.
Venayre, Sylvain, *La gloire de l'aventure, Genèse d'une mystique moderne,* Paris, Aubier, 2002.

C. Presse de différentes époques, radio, télévision

Bourdon, Jérôme, *Histoire de la télévision sous de Gaulle,* Paris, Anthropos, 1990.
Bourdon, Jérôme, *Haute-fidélité, Pouvoir et télévision, 1935-1994,* Paris, Le Seuil, 1994.
Delporte, Christian, *Histoire du journalisme et des journalistes en France,* Paris, PUF, 1995.
Feyel, Gilles, *La Presse en France, des origines à 1945,* Paris, Ellipse, 1999.
Lindeperg, Sylvie *Les écrans de l'ombre, La seconde guerre mondiale dans le cinéma français,* Paris, Le Seuil, 2014,
Lindeperg, Sylvie, *Clio de 5 à 7,* Paris, CNRS Edition, 2000.
Veyrat-Masson, Isabelle, *Quand la télévision explore le temps, L'Histoire au petit écran,* Paris, Fayard, 2000.

D. Deuxième Guerre mondiale : problèmes français

Bédarida, Renée, *Les Armes de l'esprit, Témoignage chrétien*, Paris, Editions ouvrières, 1977.
Eck, Hélène, (dir.), *La Guerre des ondes. Histoire des radios de langue française pendant la Deuxième Guerre mondiale,* Bruxelles, Paris, Complexe, 1985.

Veillon, Dominique, *Le Franc-Tireur, Un journal clandestin, un mouvement de résistance, 1940-1944*, Paris, Flammarion, 1977.

Wieviorka, Olivier, *Une certaine idée de la Résistance, Défense de la France*, Paris, Le Seuil, 1995.

E. Images de guerre et histoire

Bertin-Maghit Jean-Pierre, Fleury-Villatte Béatrice (dir.), *Les Institutions de l'image*, Paris, éditions de l'EHESS, 2001.

Delporte, Christian, Gervereau, Laurent, Maréchal Denis (dir.), *Quelle est la place des images en histoire*, Paris, Nouveau monde éditions, 2008.

Denis, Sebastien, Sene, David (dir.), *Images d'armées, un siècle d'images et de photographies militaires, 1915-2015*, Colloque de Paris, mars 2015, Paris, CNRS/ministère de la Défense, 2015.

L'événement, les images comme acteur de l'histoire, Catalogue d'exposition (Paris, 2007), Paris, Hazan/Editions du jeu de Paume, 2007.

Kaenel, Philippe, Vallotton, François (dir.), *Les images en guerre (1914-1945)*, Lausanne, Antipodes, 2008.

Veray, Laurent, *Avènement d'une culture visuelle de la guerre, le cinéma en France, de 1914 à 1928*, Paris, Ministère des Armées, 2019.

F. L'écriture de l'Histoire revisitée

Chartier, Roger, *Au bord de la falaise, l'histoire entre certitudes et inquiétudes*, Paris, Albin Michel, 1998.

Jablonka, Yvan, *L'histoire est une littérature contemporaine, manifeste pour les sciences sociales*, Paris, Le Seuil, 2014.

Prost, Antoine, *Douze leçons sur l'Histoire*, Paris, Le Seuil, 1996.

Ricoeur Paul, *Temps et récit*, volume III, Paris, Gallimard, 1991.

White, Hayden, *Metahistory: The Historical Imagination in 19th-century Europe*, Baltimore-London, The Johns Hopkins University Press, 1973.

Index

C

L

M

Table des matières

Sources et bibliographie

Achevé d'imprimer en décembre 2021
sur les presses de
La Manufacture - Imprimeur – 52200 Langres
Tél. : (33) 325 845 892

N° imprimeur : 211250 - Dépôt légal : décembre 2021
Imprimé en France